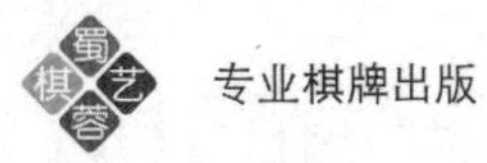

围棋接触战综合练习集

(中级到高级)

戴力清　编著

图书在版编目（CIP）数据

围棋接触战综合练习集：中级到高级/戴力清编著.
-- 成都：成都时代出版社，2023.8
ISBN 978-7-5464-3240-3

Ⅰ. ①围… Ⅱ. ①戴… Ⅲ. ①围棋-习题集 Ⅳ.
①G891.3-44

中国国家版本馆 CIP 数据核字（2023）第 075230 号

围棋接触战综合练习集：中级到高级
WEIQI JIECHUZHAN ZONGHE LIANXIJI：ZHONGJI DAO GAOJI
戴力清 编著

出 品 人 达 海
责任编辑 樊思岐
责任校对 李 航
责任印制 黄 鑫 陈淑雨
封面设计 袁 飞
装帧设计 合创同辉

出版发行 成都时代出版社
电 话 （028）86785923（编辑部）
（028）86615250（发行部）
印 刷 成都博瑞印务有限公司
规 格 165 mm×230 mm
印 张 34.5
字 数 620 千
版 次 2023 年 8 月第 1 版
印 次 2023 年 8 月第 1 次印刷
印 数 1-3000
书 号 ISBN 978-7-5464-3240-3
定 价 95.00 元

前言

因从事围棋教学，所以常常有机会观察围棋初学者下棋。其间发现一个问题，很多时候他们在全局领先的情况下，由于一个局部战斗的失败而导致全盘崩溃。也有许多成年棋友过于重视所谓的“大局观”，而忽略了局部接触战的重要性。这就好比一个习武者从来不练基本功与力量，而只练招式，到了实战必然会一触即溃。

局部战斗能力的提高并非一朝一夕的事，最重要的是在启蒙阶段就要培养良好的计算习惯，要养成下一步前算三步的习惯（充分考虑对手不同的应手），能精确算出三步之后再增加步数。这对于初学者来说确实是一件困难的事情，但同时也是涨棋路上必须跨过的一道坎。如果忽视了这一点，就会出现一直无法提高水平的情况。

接触战涉及的内容非常广泛，要训练的有常见的吃子技巧、对杀手筋、基本的死活技法、熟悉实战常见棋型、互相切断的应对等。由于对杀手筋题和死活题在市面上已有很多优秀的作品，本习题集主要针对在实战中常见的战斗棋形，很多习题出自初学者实战对局，具有很强的实用性。各位棋友可以将本书与其他讲解手筋、死活的书配合使用，从而增强围棋接触战的能力。

本书习题部分分为上篇和下篇。上篇适合初中级的读者，下篇适合高级冲段的读者。

由于水平的局限，书中难免有疏漏，恳请读者批评指正，提出宝贵意见，本人邮箱：396831973@qq.com。

戴力清

2023 年 6 月

目录

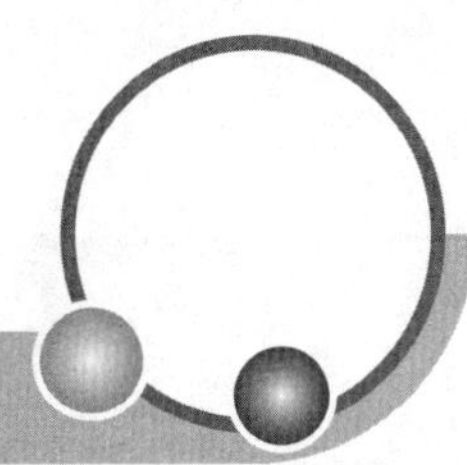

上 篇

1. 连接与切断

学习日期	月　　日
检　　查	

黑先，黑棋应该如何下？

1

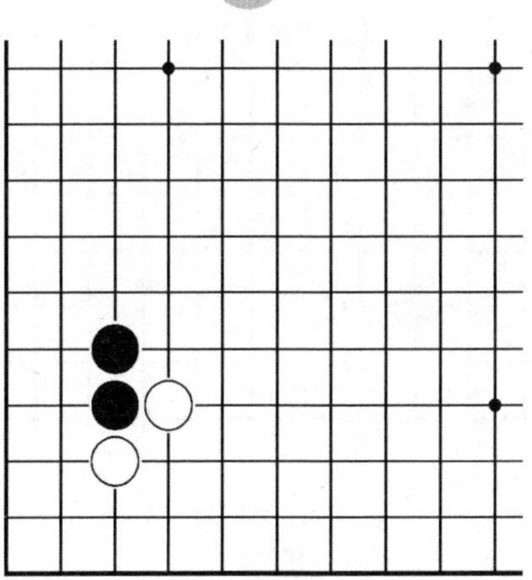

2

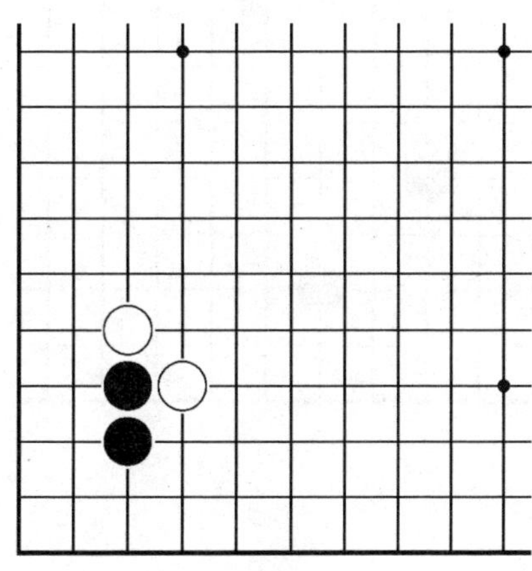

3

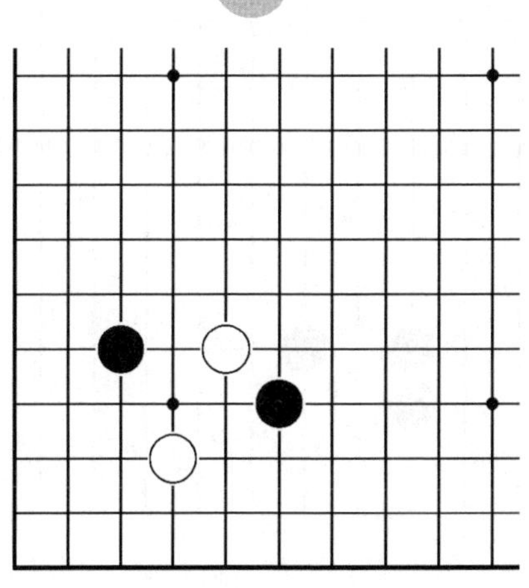

4

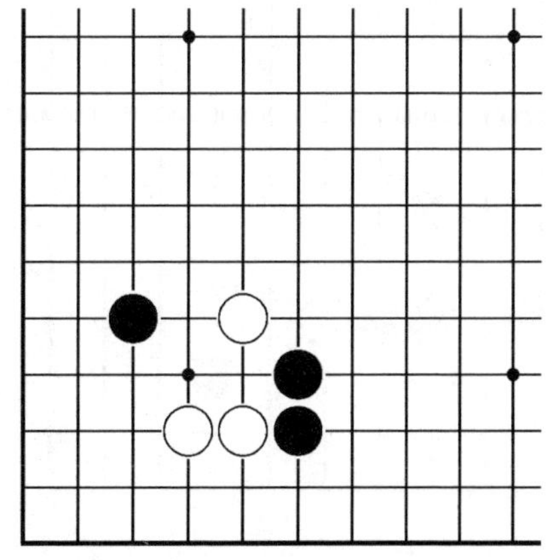

1. 连接与切断

学习日期	月 日
检 查	

黑先，黑棋应该如何下？

5

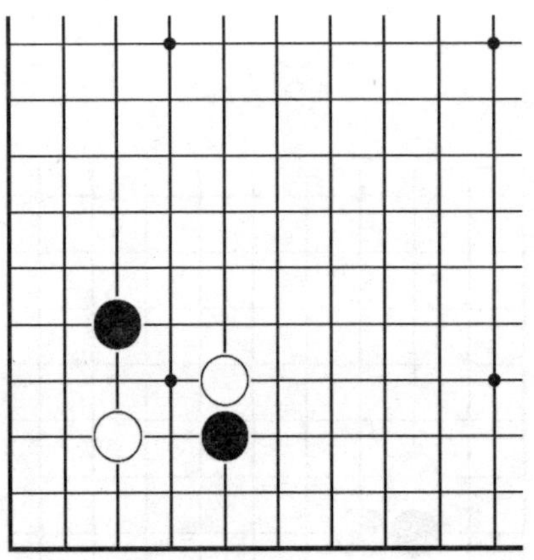

6

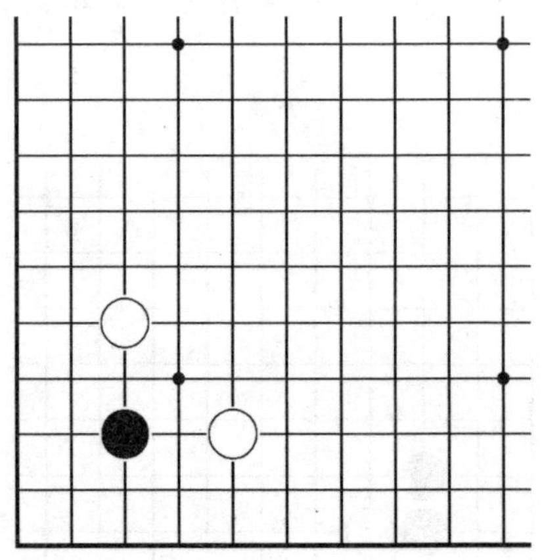

7

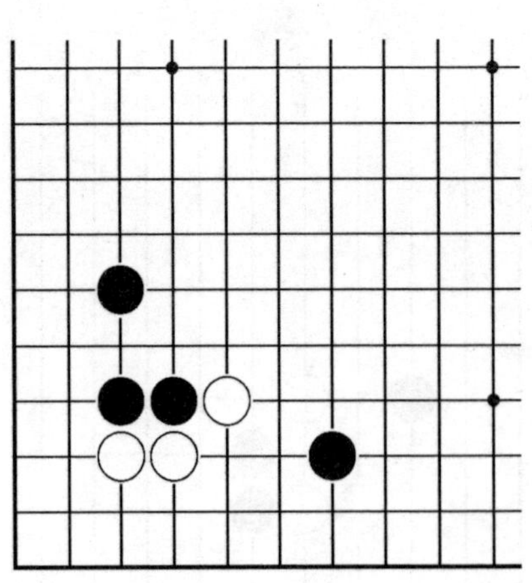

8

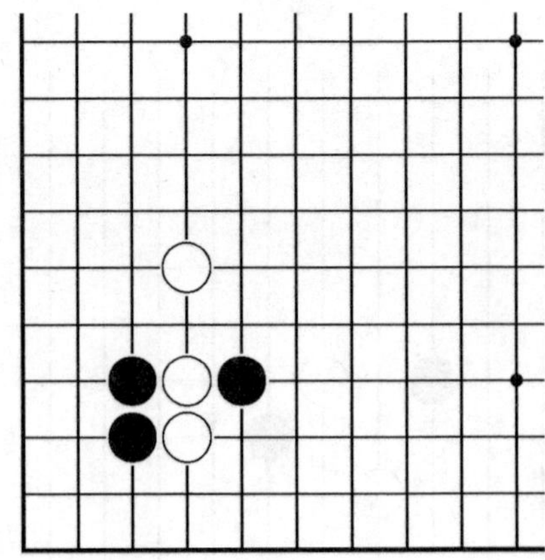

1. 连接与切断

学习日期	月　日
检　查	

黑先，黑棋应该如何下？

9

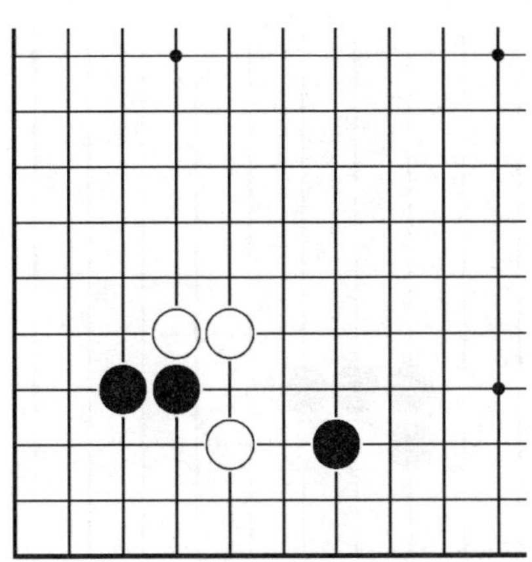

10

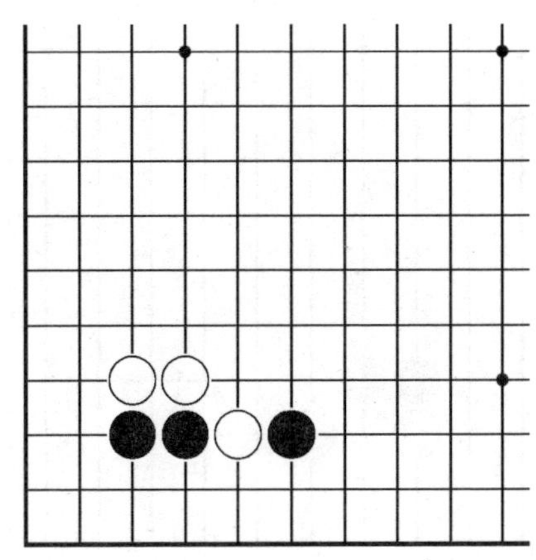

11

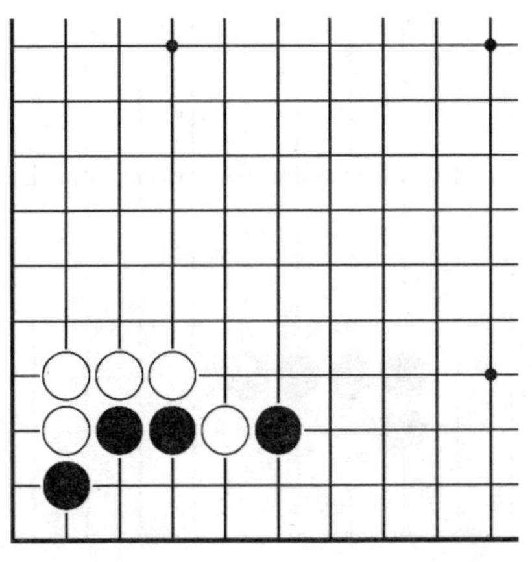

12

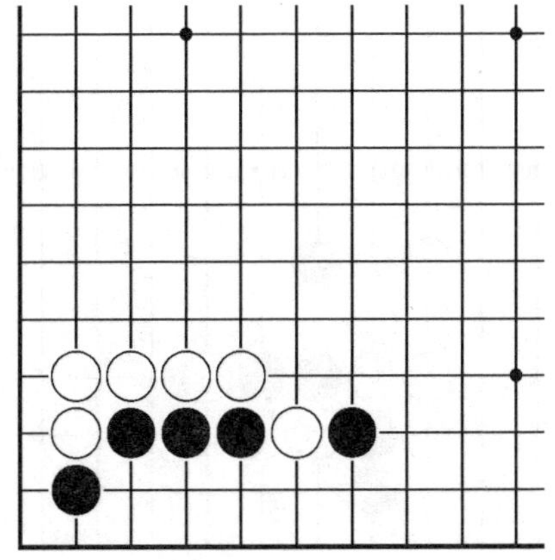

上篇

1. 连接与切断

学习日期	月　　日
检　　查	

黑先，黑棋应该如何下？

13

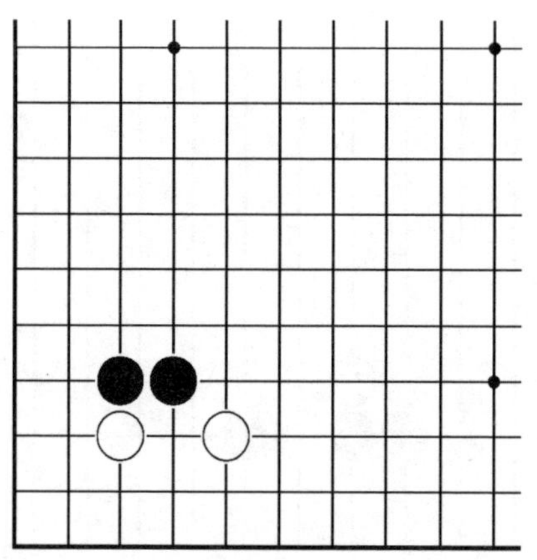

14

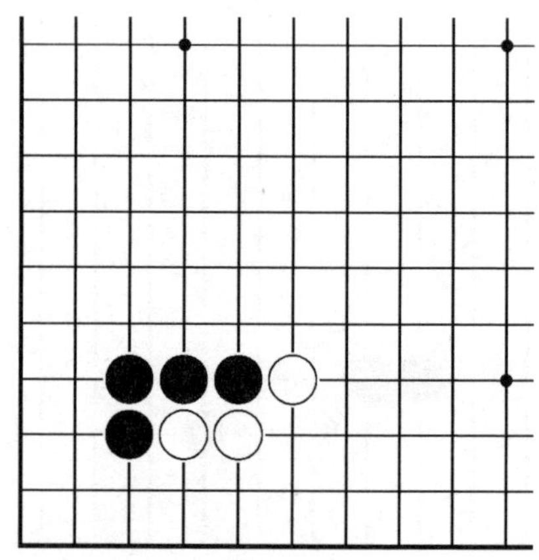

15

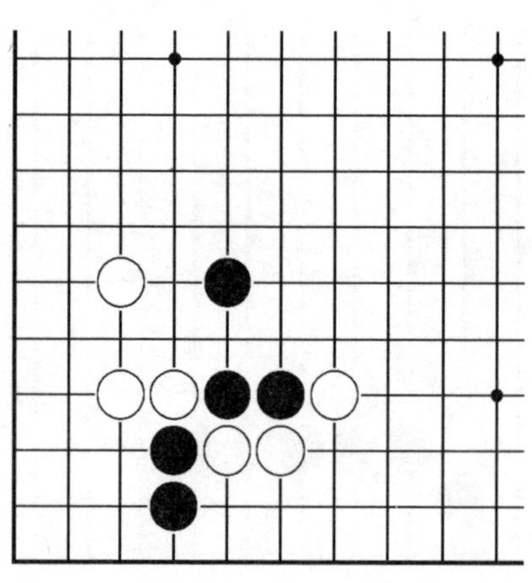

16

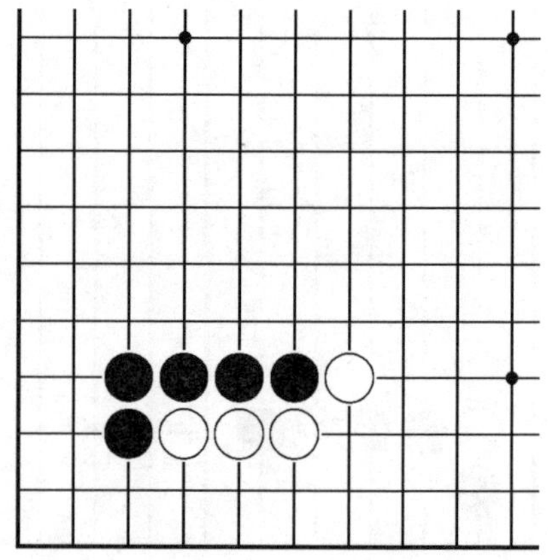

1. 连接与切断

学习日期	月　　日
检　　查	

黑先，黑棋应该如何下？

17

18

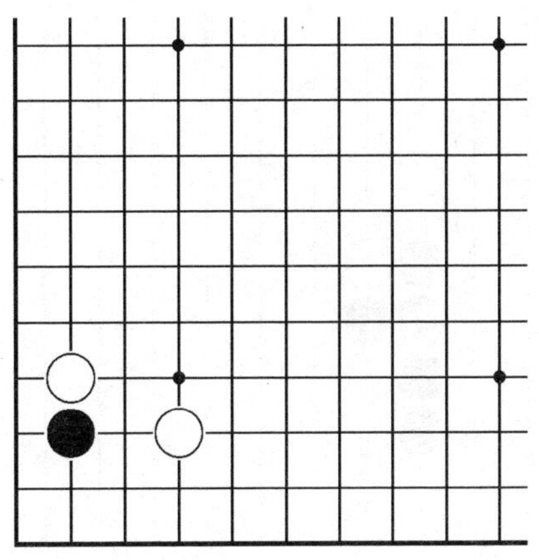

19

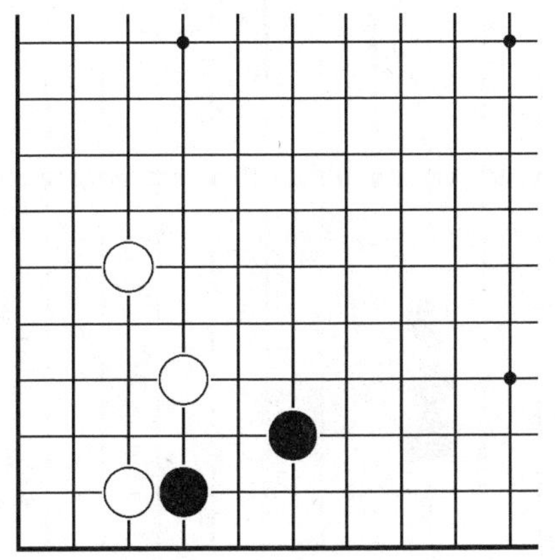

20

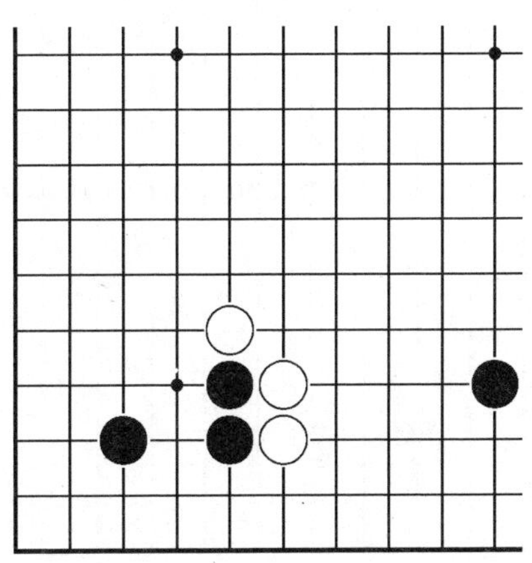

1. 连接与切断

学习日期	月　　日
检　　查	

黑先，黑棋应该如何下？

21

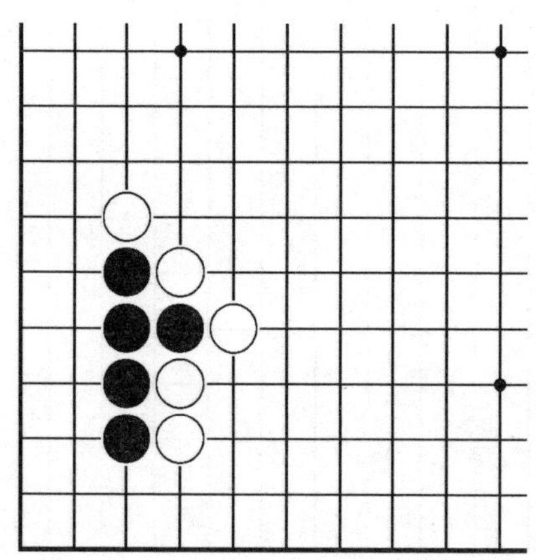

22

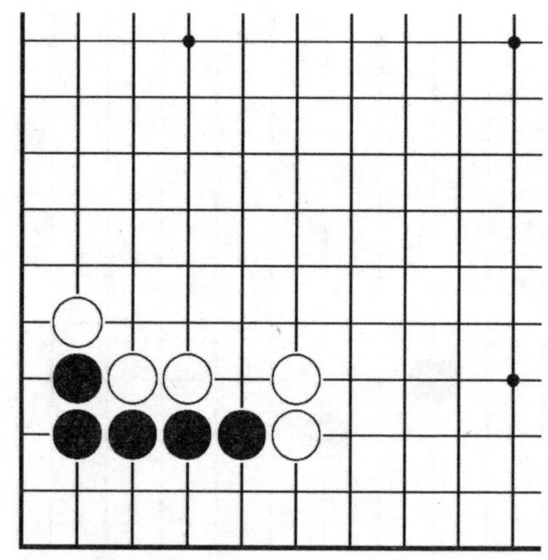

23

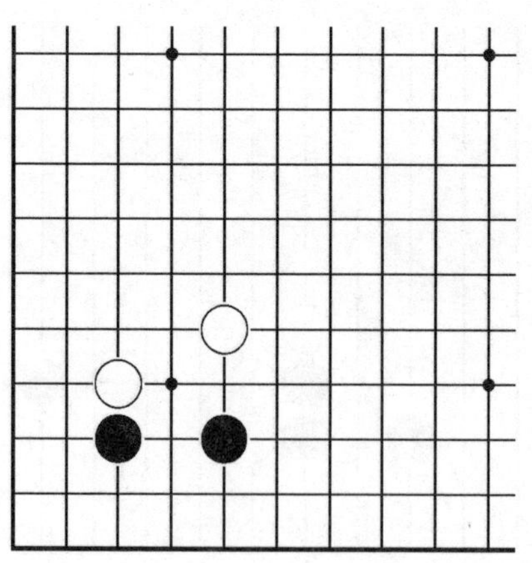

24

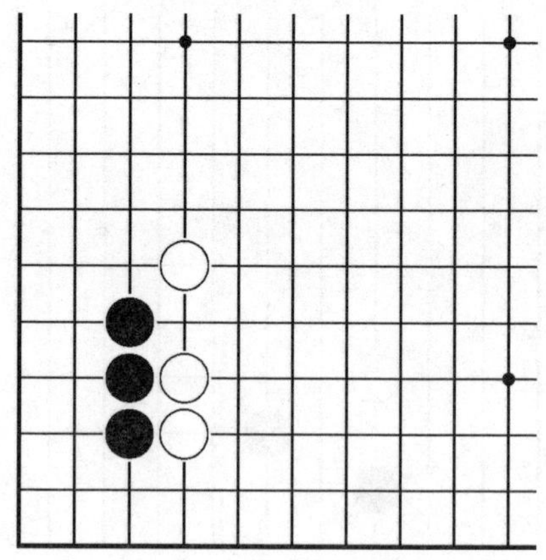

1. 连接与切断

学习日期	月　　日
检　　查	

黑先，黑棋应该如何下？

25

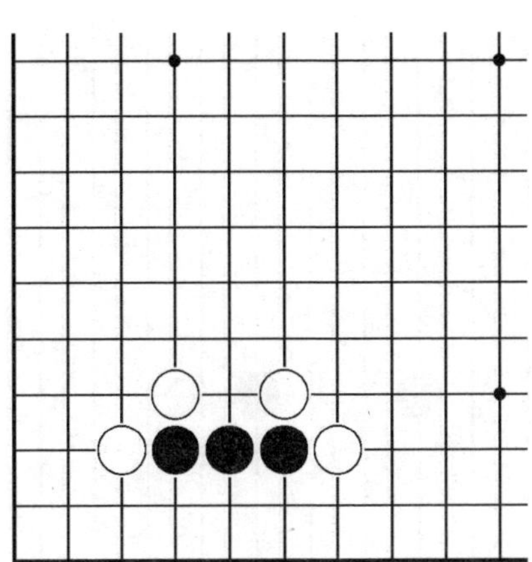

26

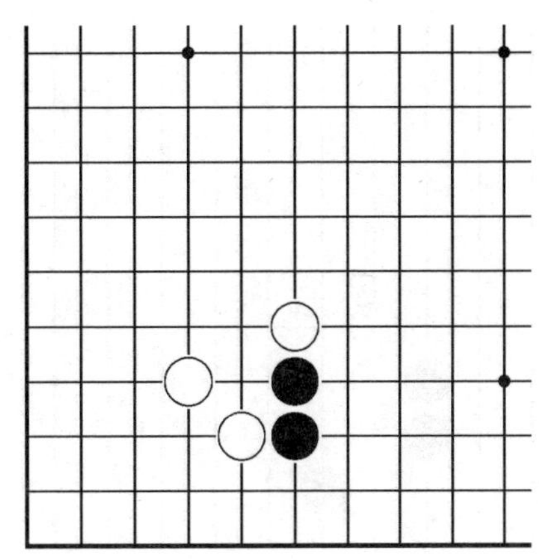

27

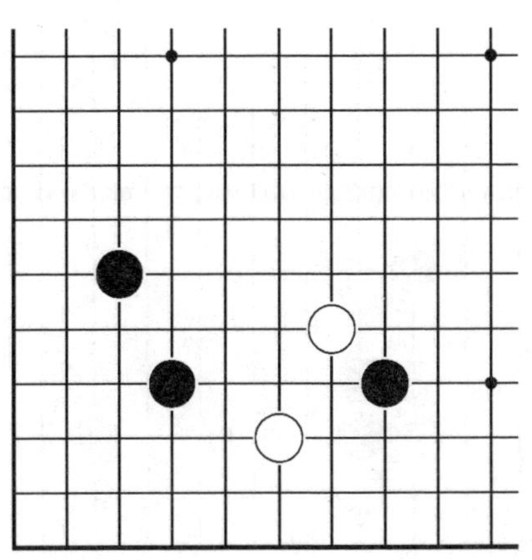

28

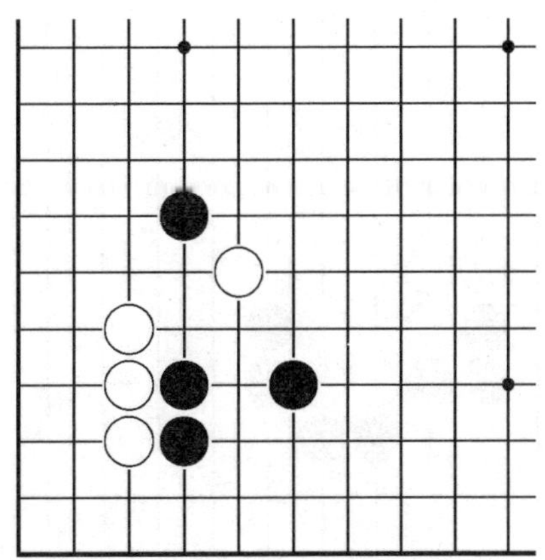

1. 连接与切断

学习日期	月　　日
检　　查	

黑先，黑棋应该如何下？

29

30

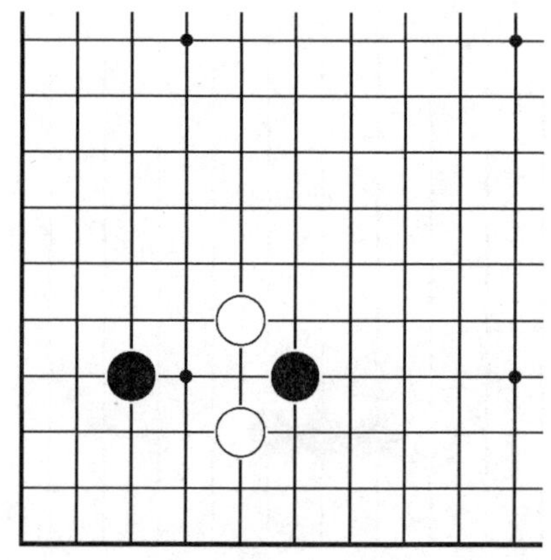

31

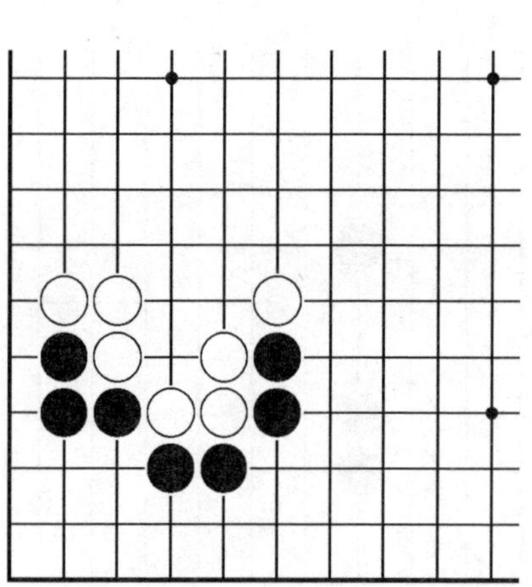

32

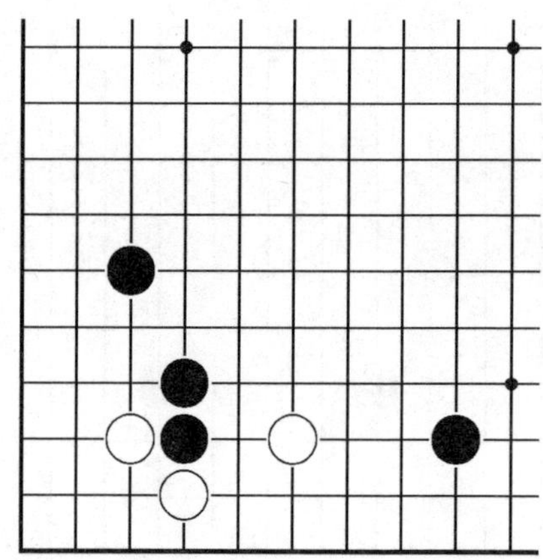

1. 连接与切断

学习日期	月　　日
检　　查	

黑先，黑棋应该如何下？

33

34

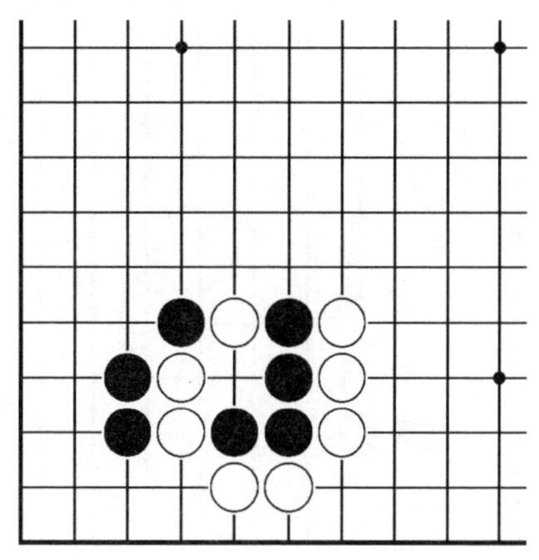

35

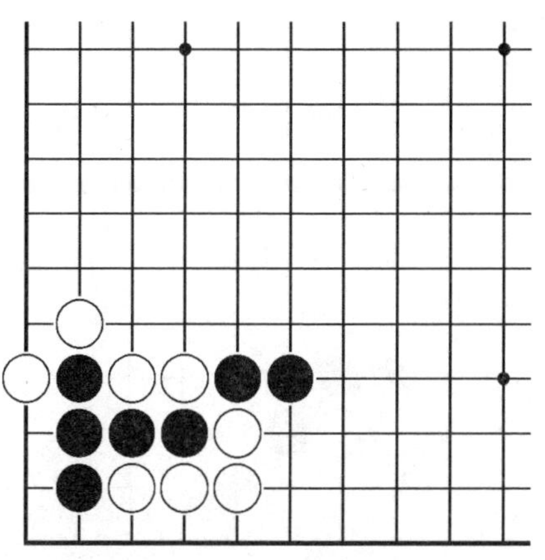

36

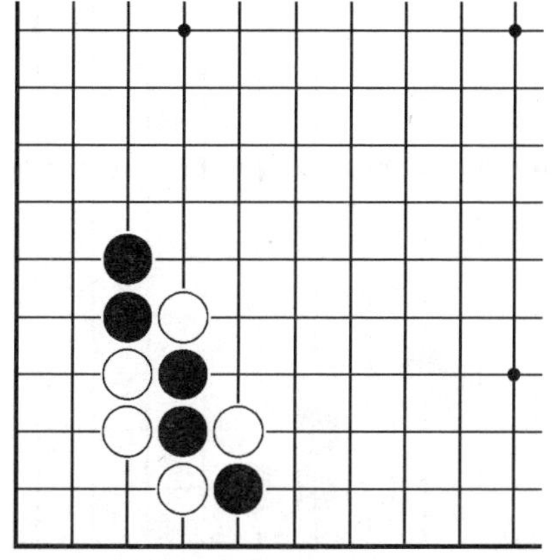

1. 连接与切断

学习日期	月　日
检　查	

黑先，黑棋应该如何下？

37

38

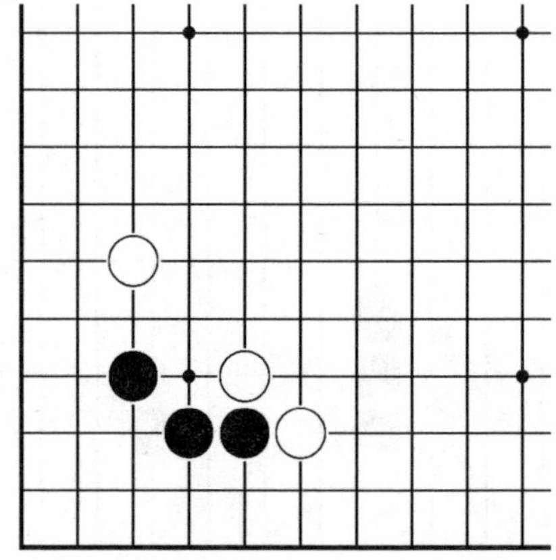

39

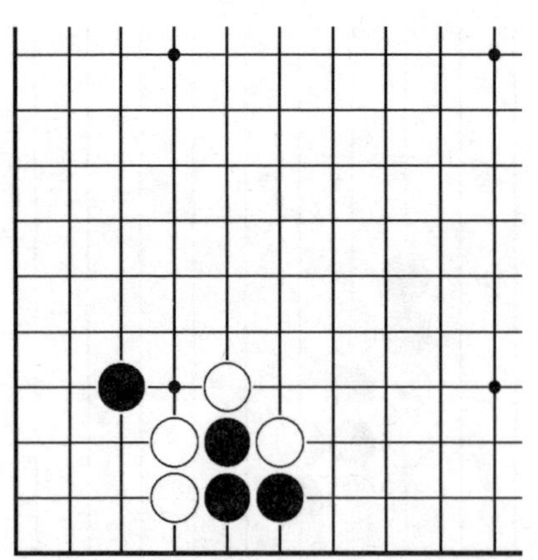

40

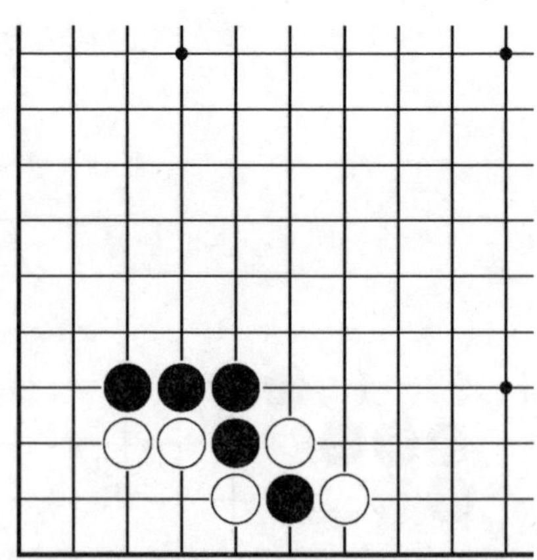

1. 连接与切断

学习日期	月　日
检　查	

黑先，黑棋应该如何下？

41

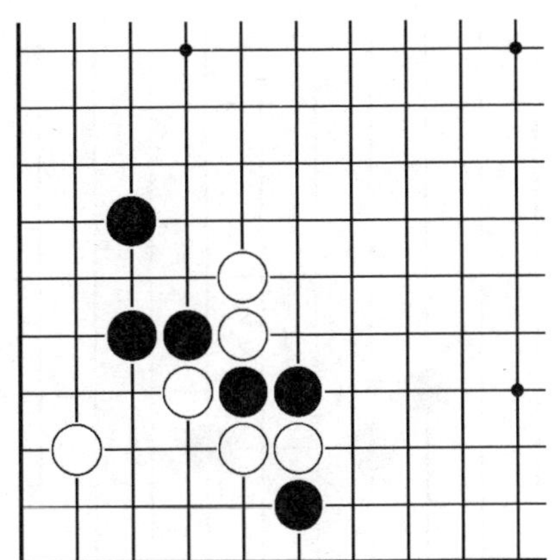

42

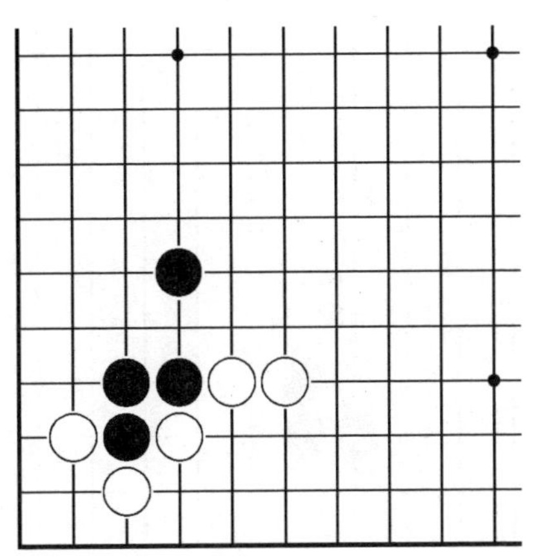

43

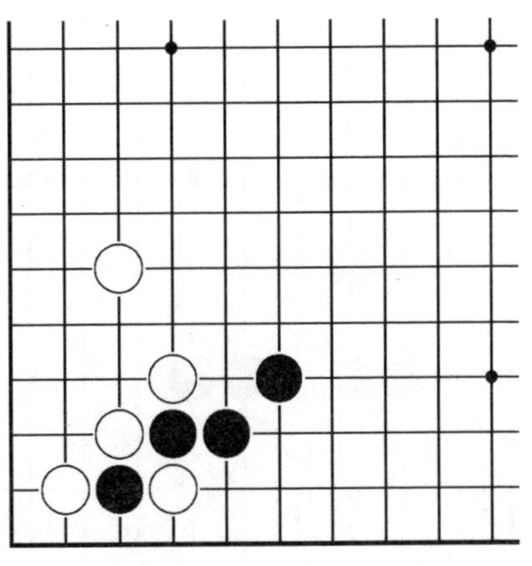

44

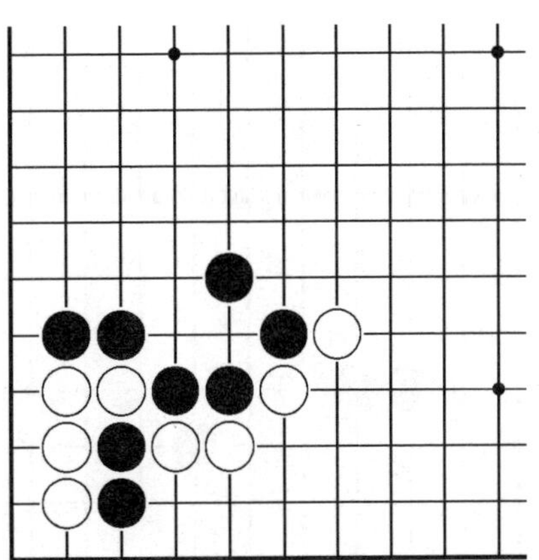

上篇

1. 连接与切断

学习日期	月　日
检　查	

黑先，黑棋应该如何下？

45

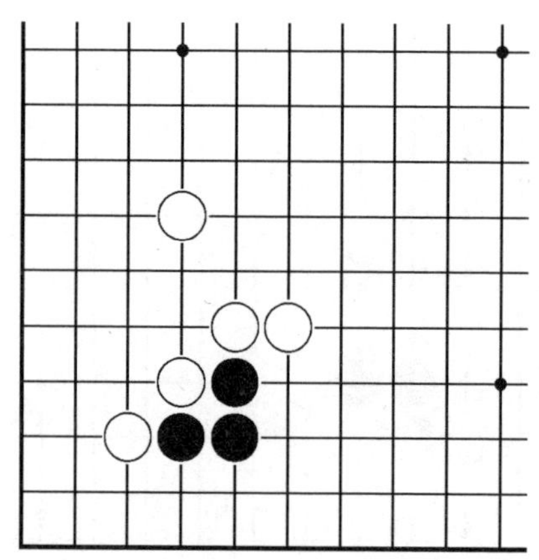

46

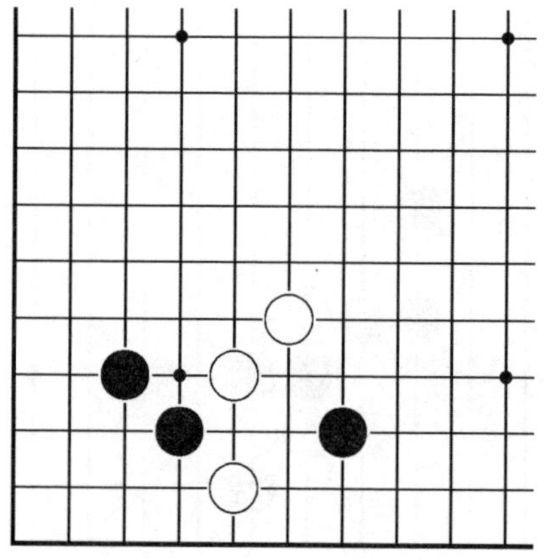

47

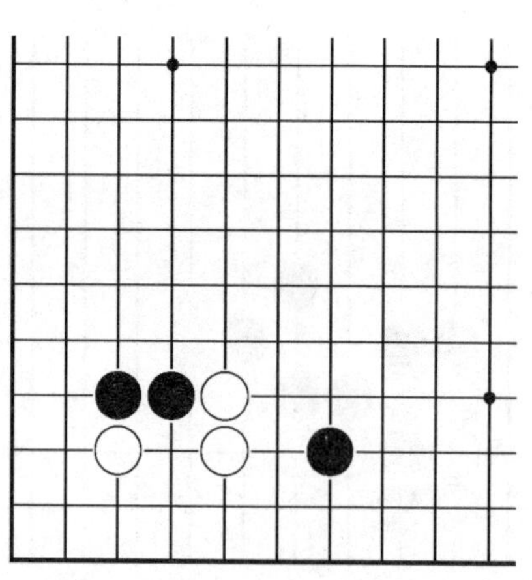

48

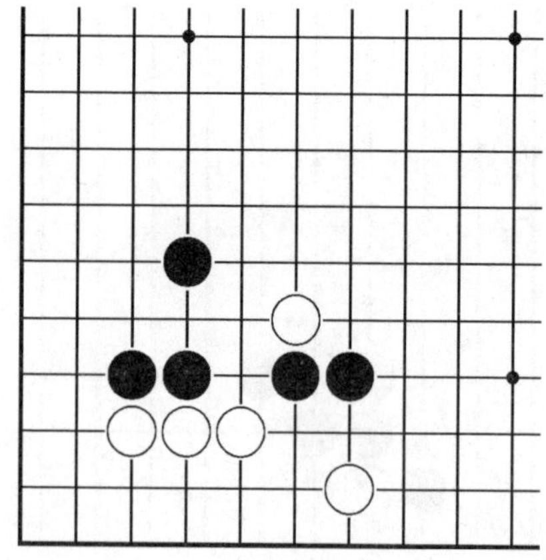

1. 连接与切断

学习日期	月　　日
检　　查	

上篇

黑先，黑棋应该如何下？

49

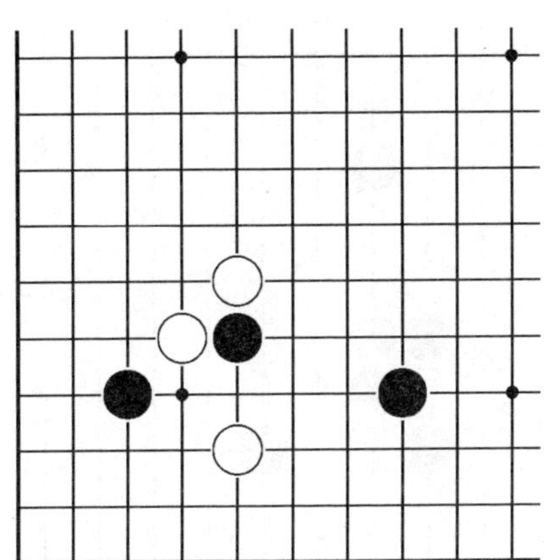

50

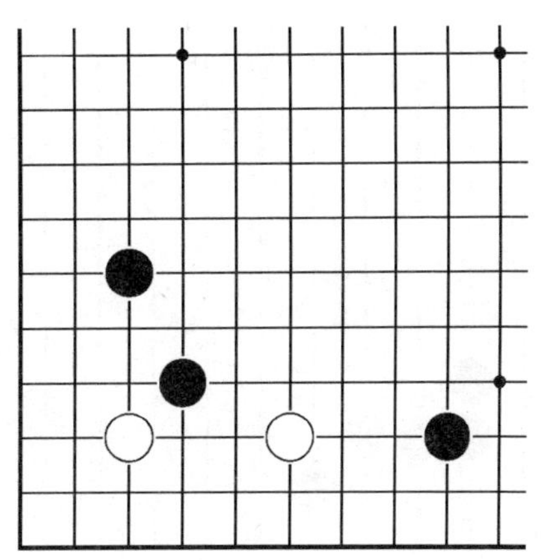

51

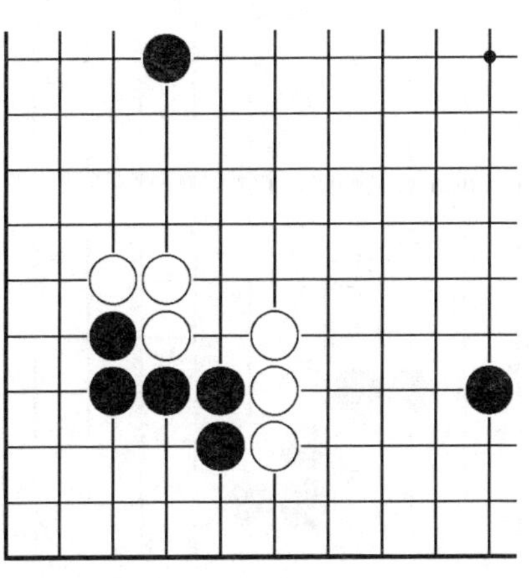

52

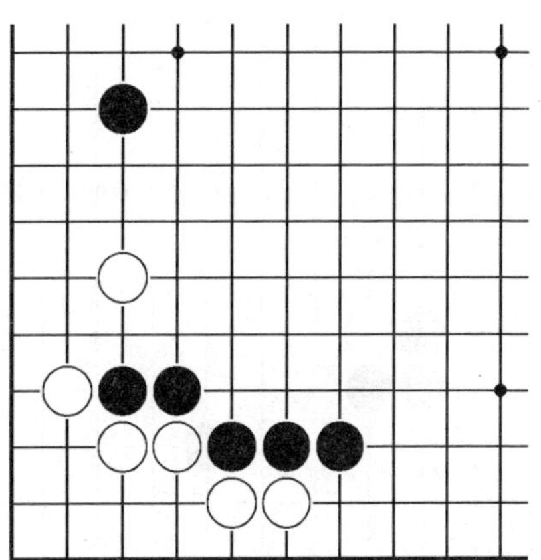

1. 连接与切断

学习日期	月　日
检　查	

黑先，黑棋应该如何下？

53

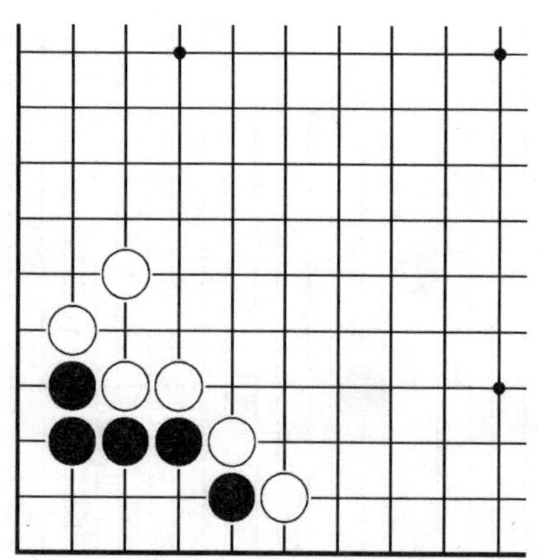

54

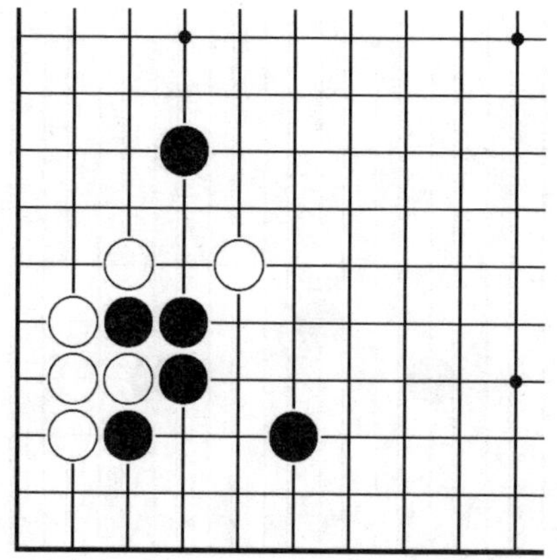

55

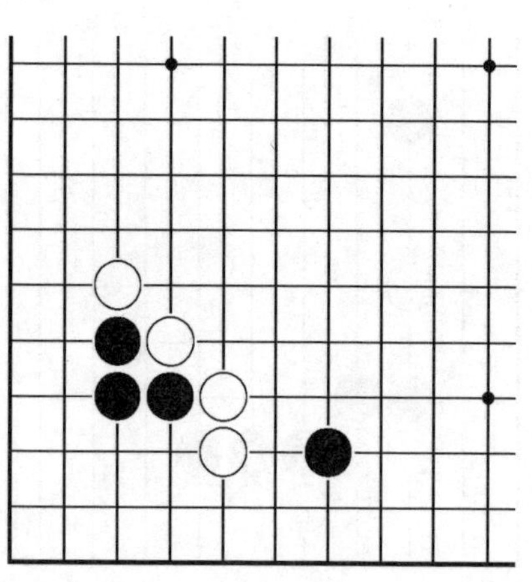

56

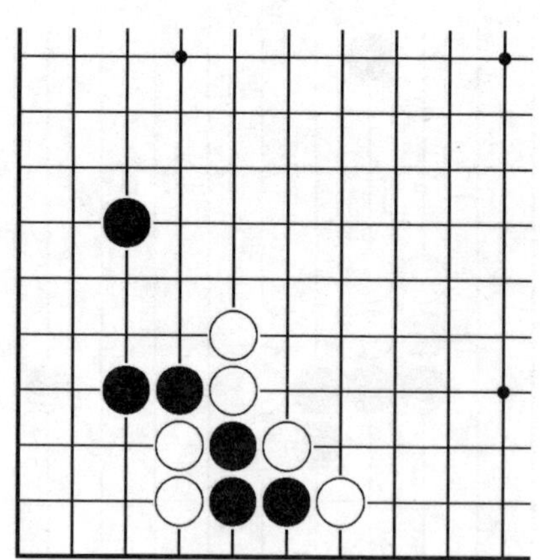

1. 连接与切断

学习日期	月　　日
检　　查	

黑先，黑棋应该如何下？

57

58

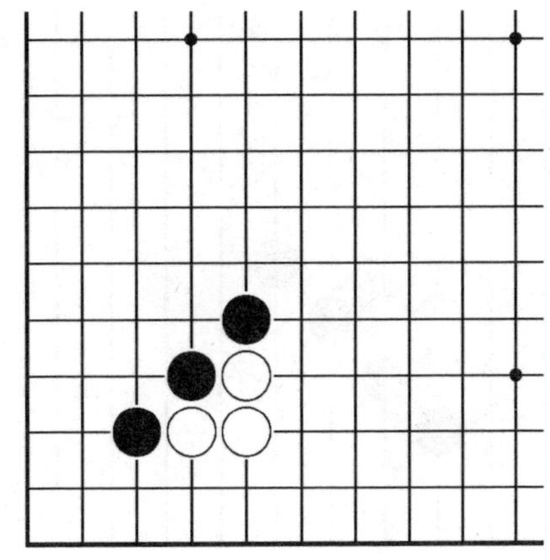

上篇

59

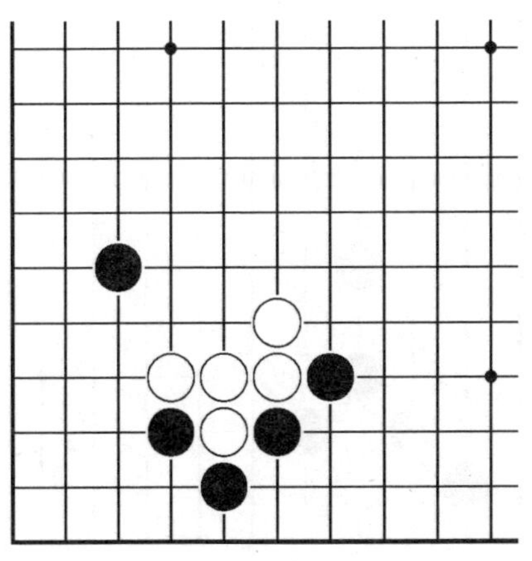

60

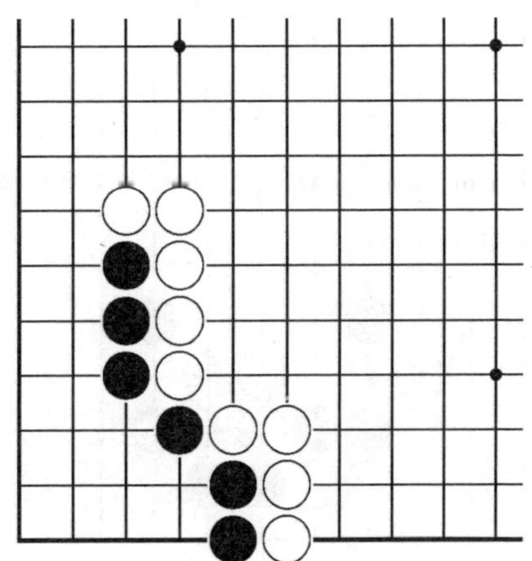

1. 连接与切断

学习日期	月　日
检　查	

黑先，黑棋应该如何下？

61

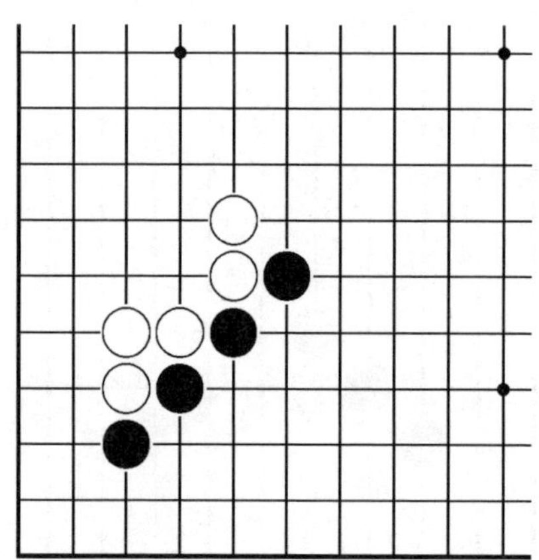

62

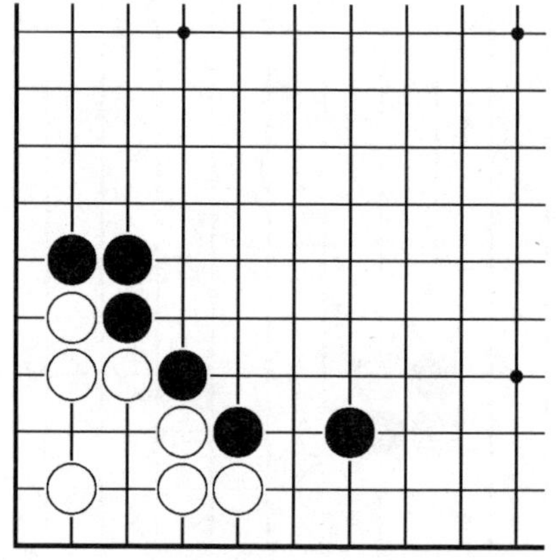

63

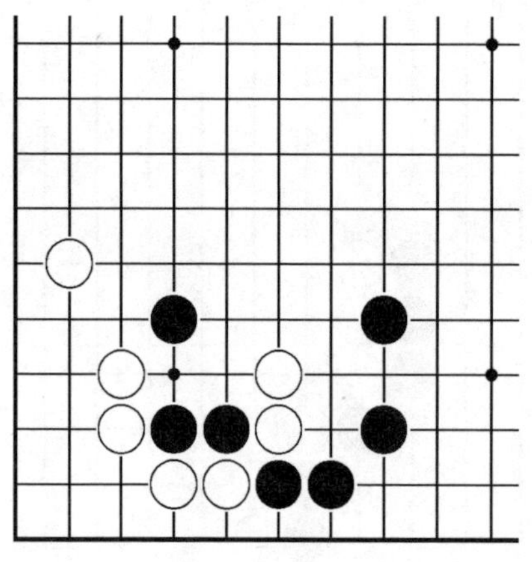

64

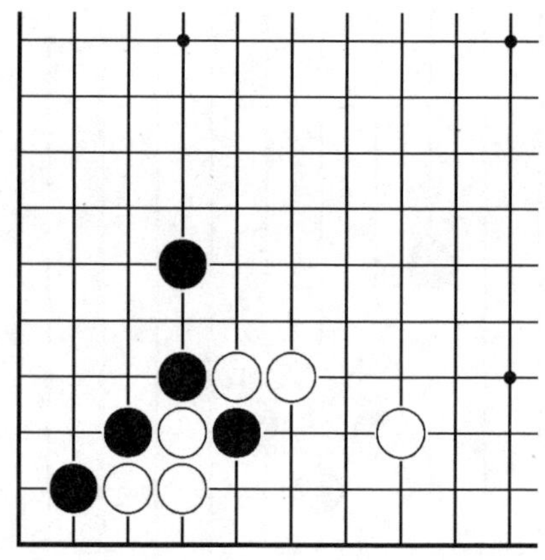

1. 连接与切断

学习日期	月 日
检 查	

黑先，黑棋应该如何下？

65

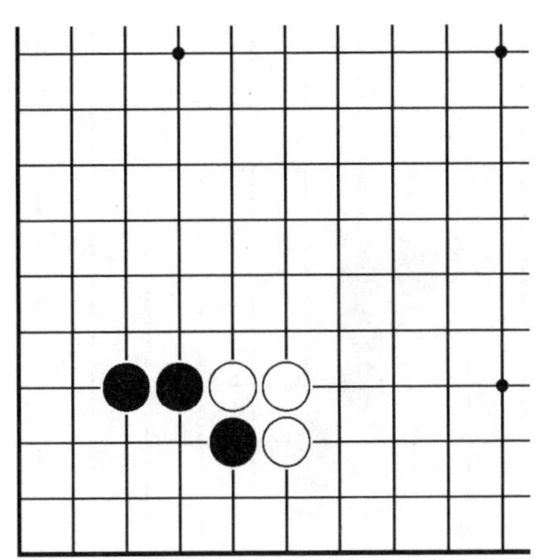

66

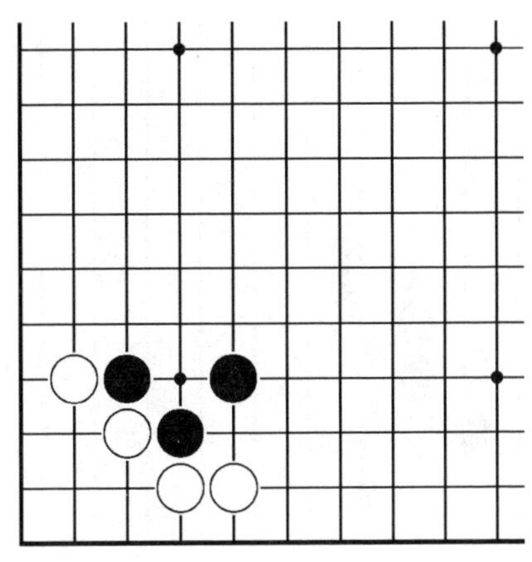

67

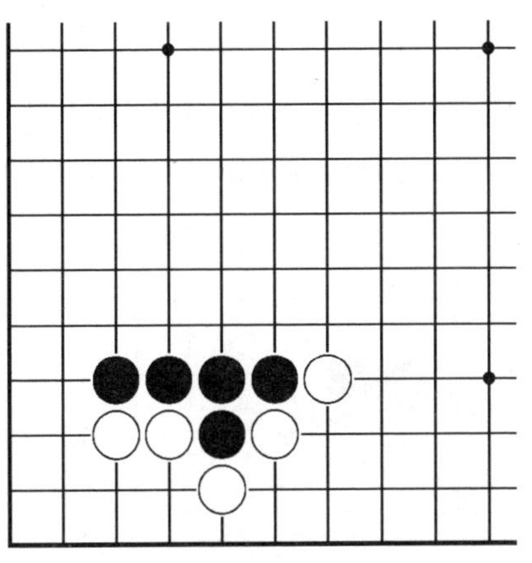

68

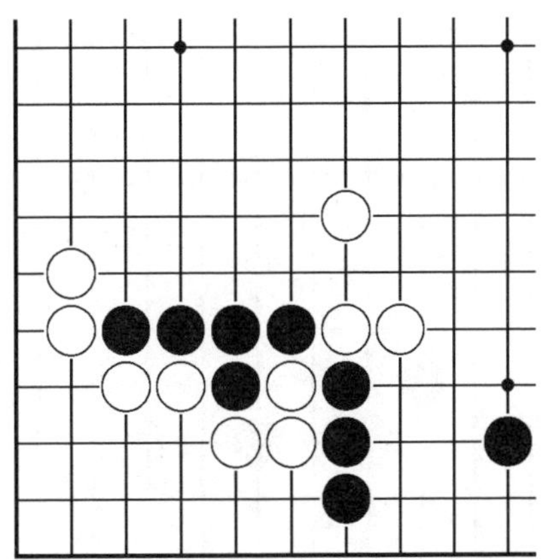

上篇

1. 连接与切断

学习日期	月　　日
检　　查	

黑先，黑棋应该如何下？

69

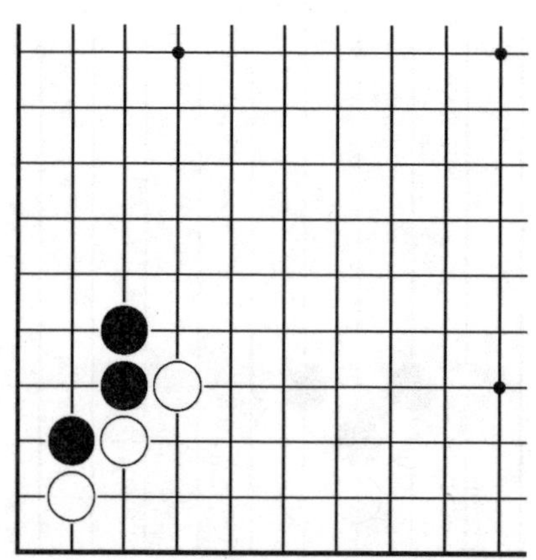

70

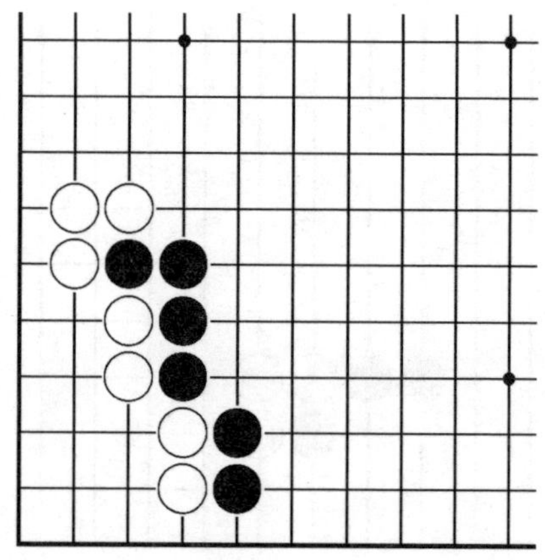

71

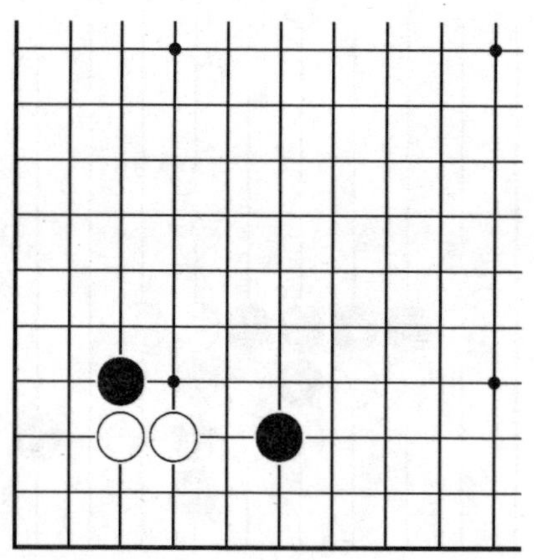

72

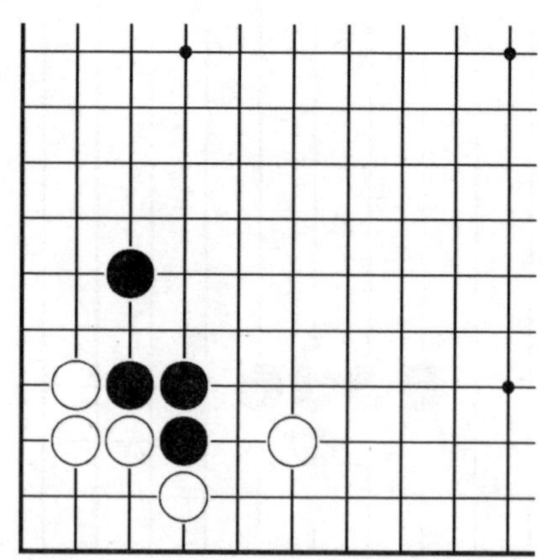

1. 连接与切断

学习日期	月　　日
检　　查	

黑先，黑棋应该如何下？

73

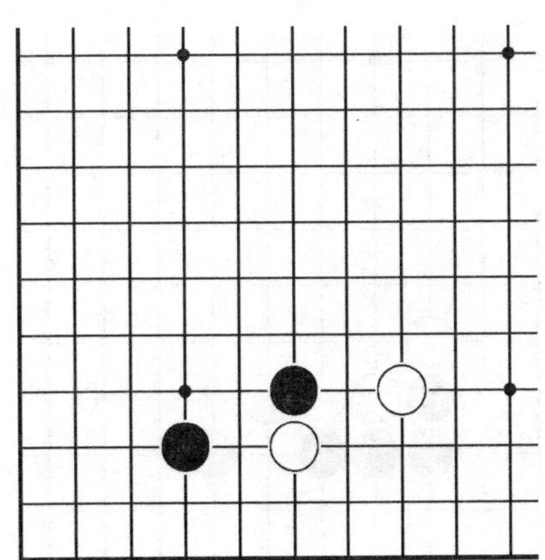

74

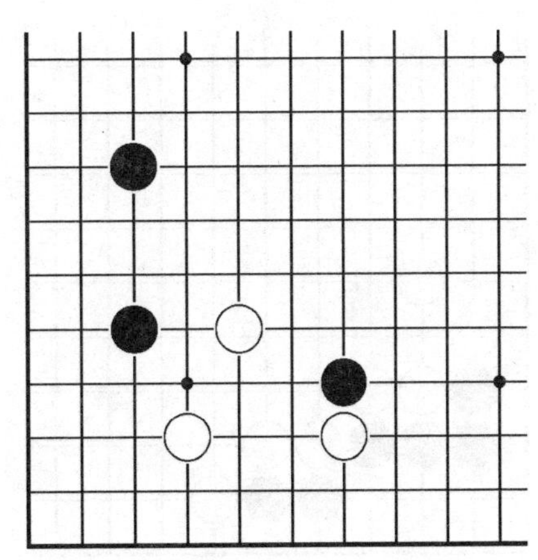

75

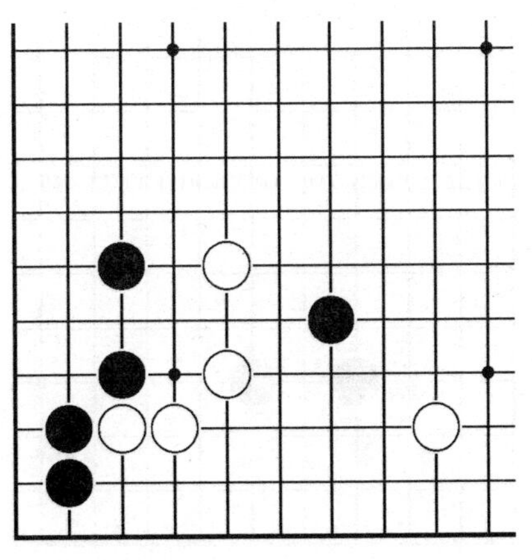

76

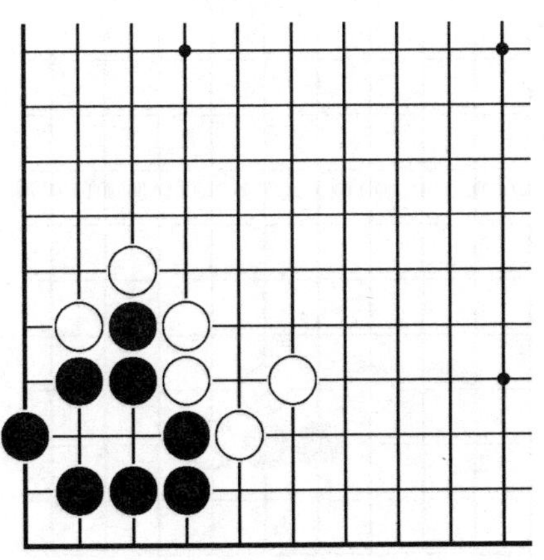

1. 连接与切断

学习日期	月　　日
检　　查	

黑先，黑棋应该如何下？

77

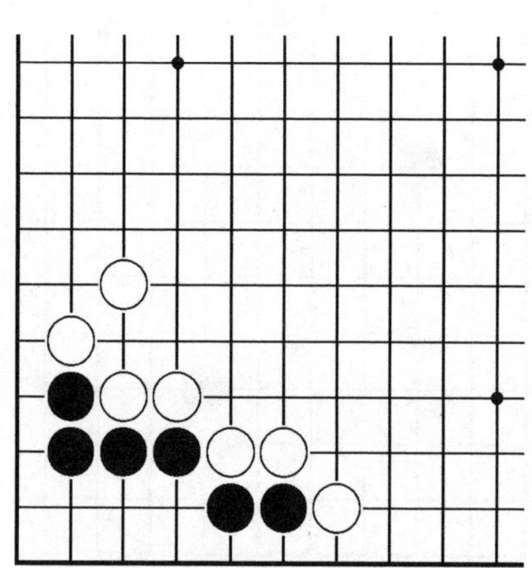

78

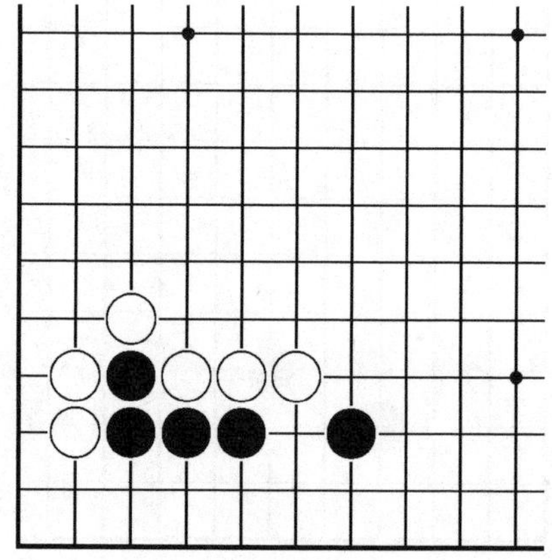

79

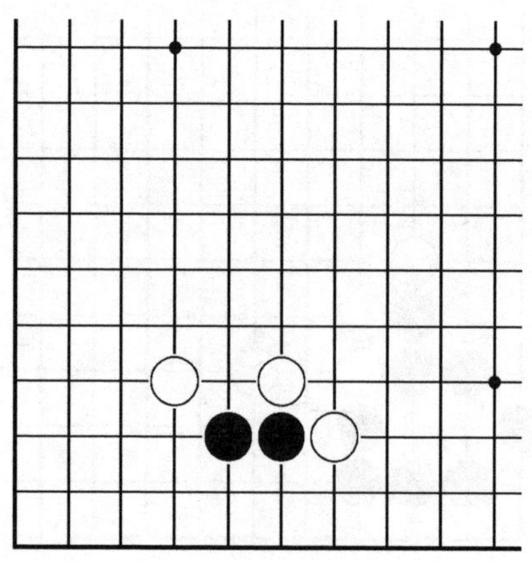

80

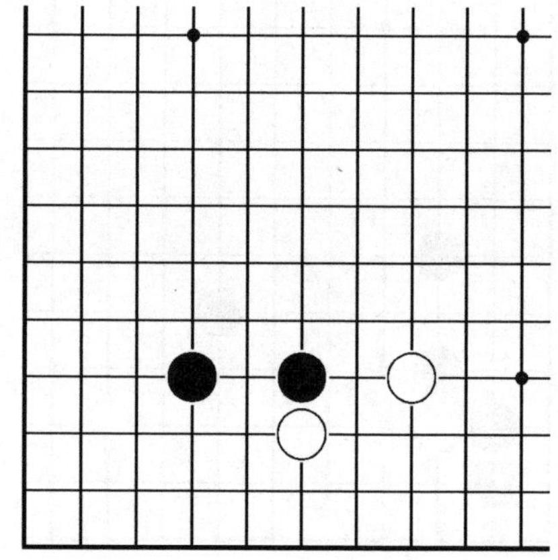

1. 连接与切断

学习日期	月　日
检　查	

上篇

黑先，黑棋应该如何下？

81

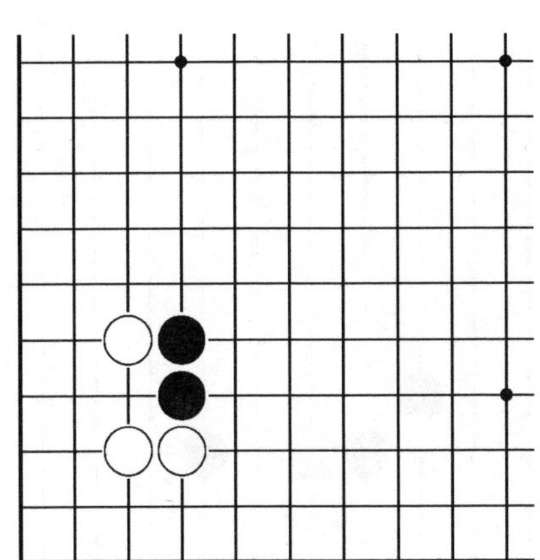

82

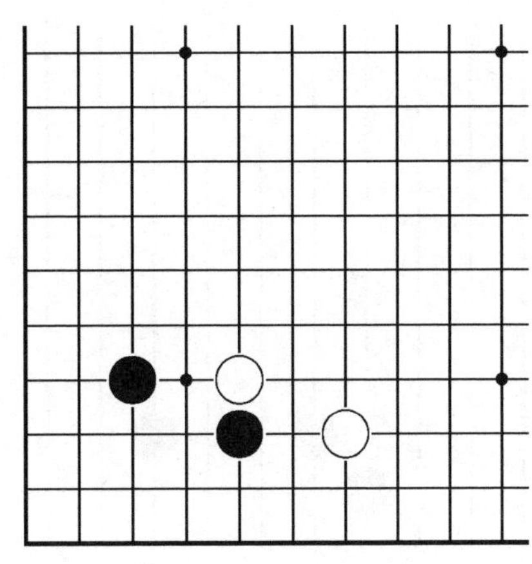

83

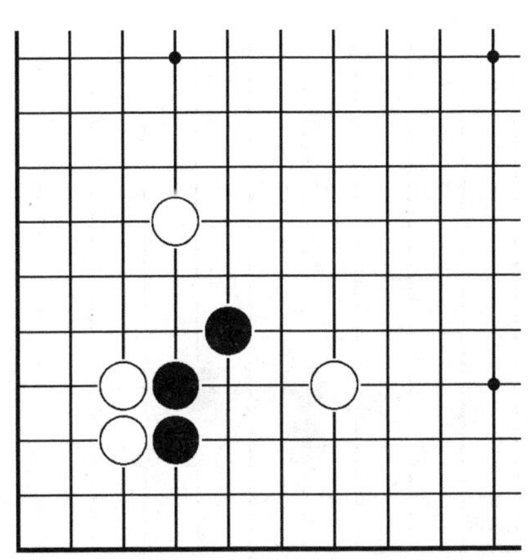

84

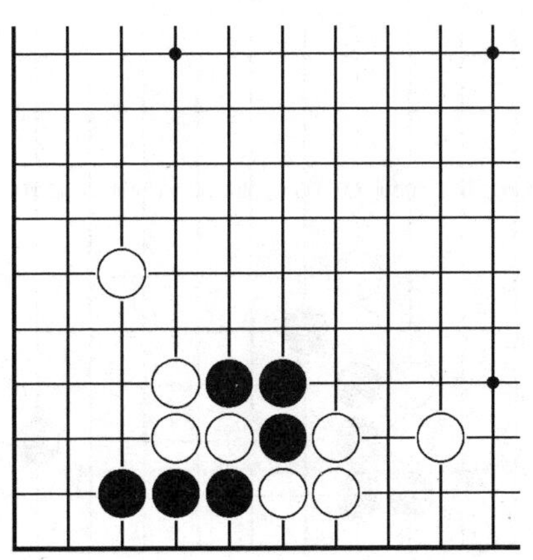

1. 连接与切断

学习日期	月　　日
检　查	

黑先，黑棋应该如何下？

85

86

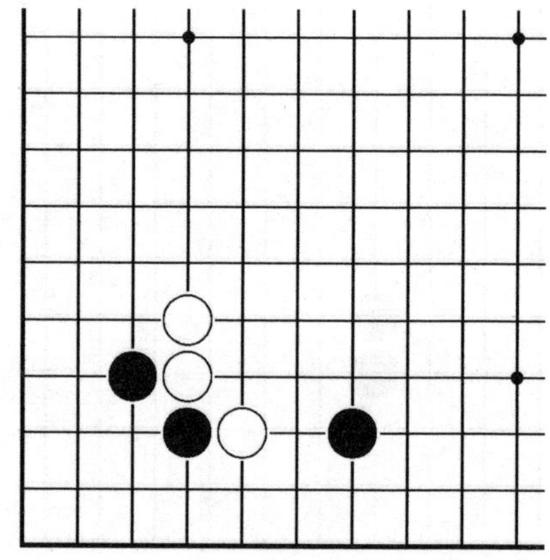

87

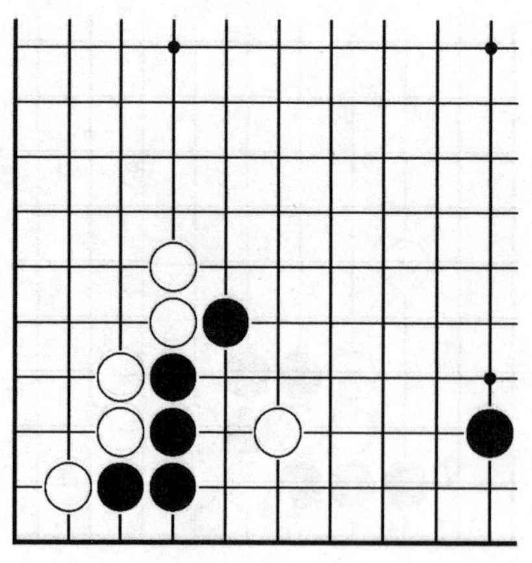

88

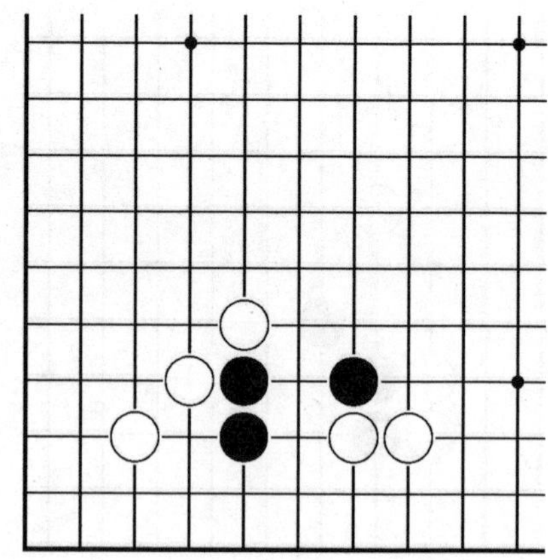

1. 连接与切断

学习日期	月　日
检　查	

黑先，黑棋应该如何下？

89

90

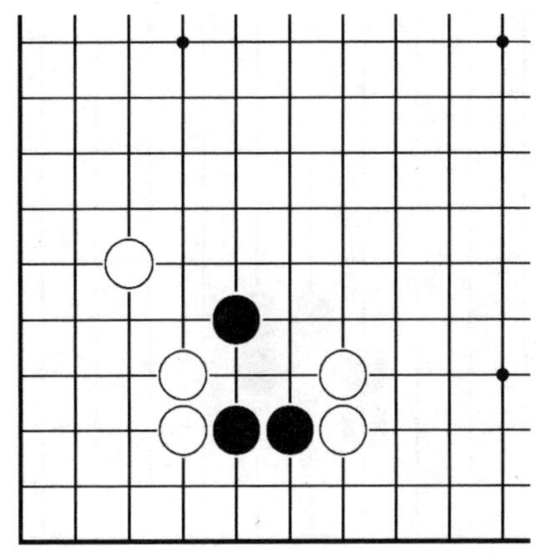

91

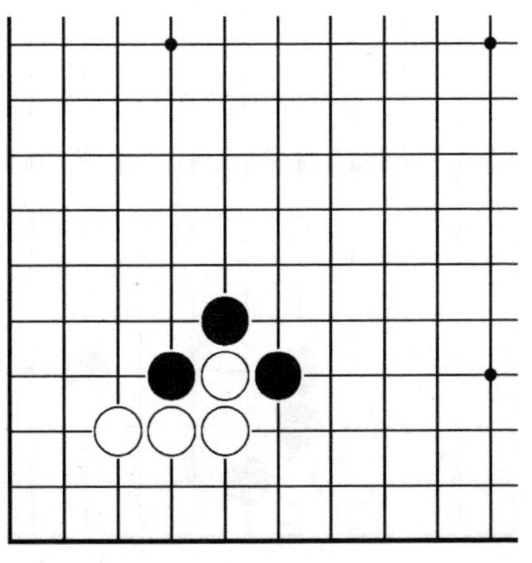

92

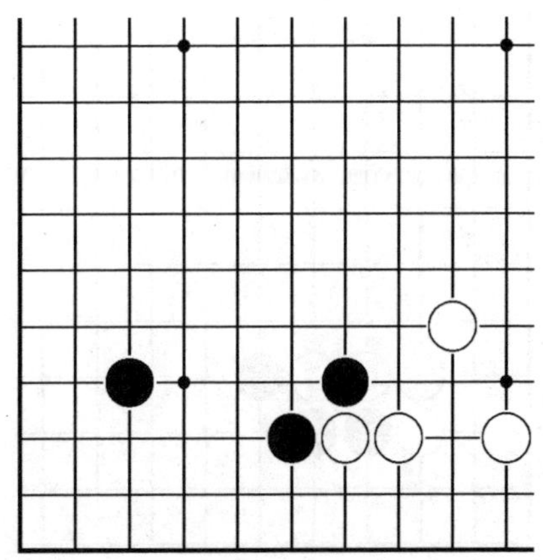

1. 连接与切断

学习日期	月　　日
检　　查	

黑先，黑棋应该如何下？

93

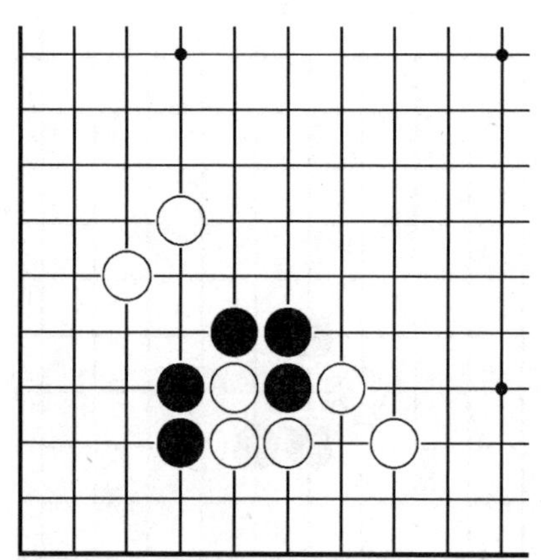

94

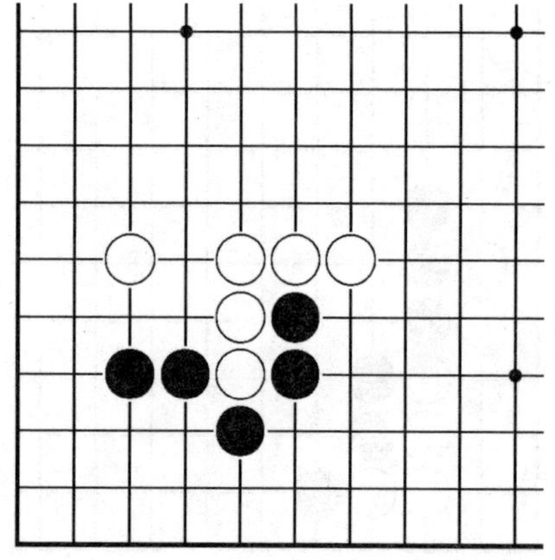

95

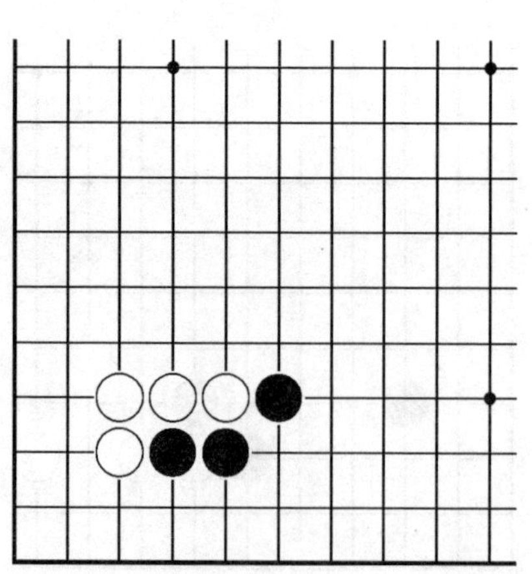

96

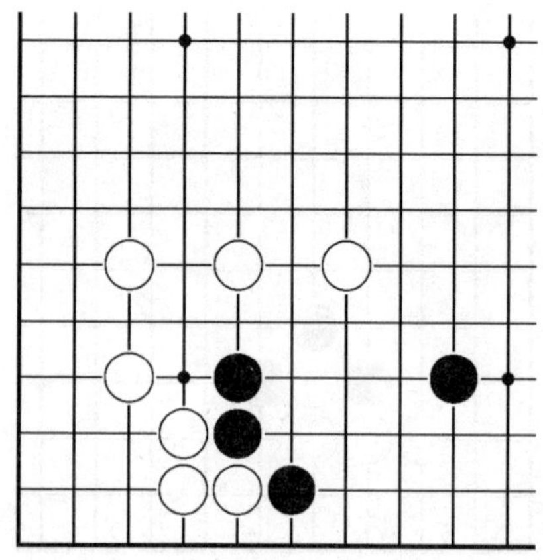

1. 连接与切断

学习日期	月　　日
检　　查	

黑先，黑棋应该如何下？

97

98

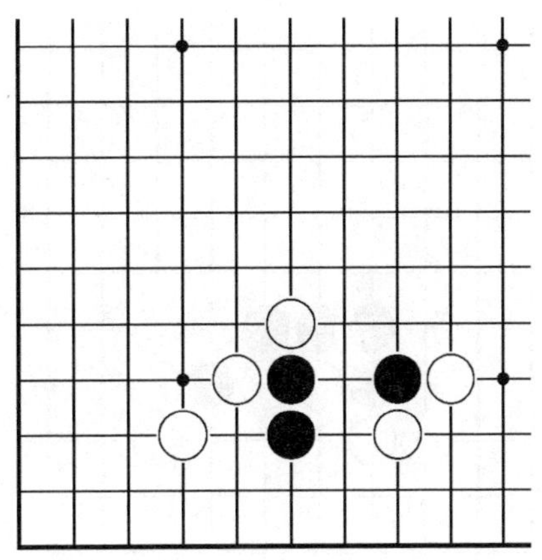

99

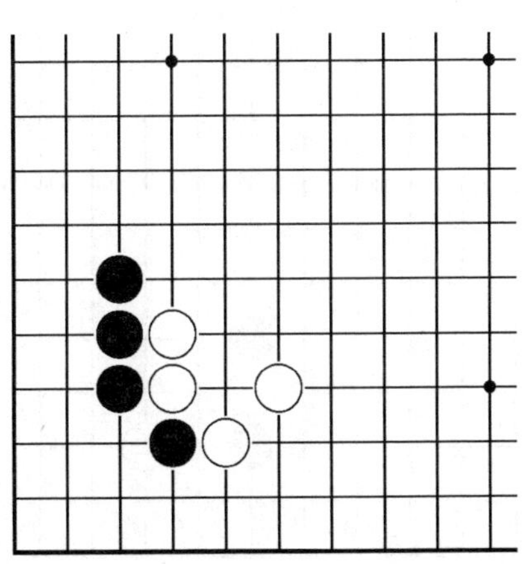

100

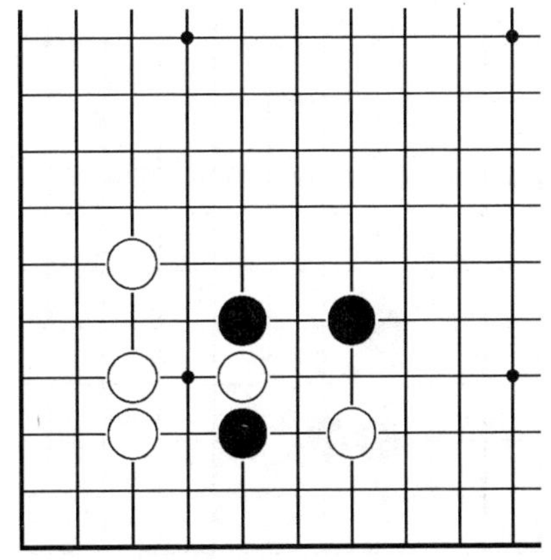

1. 连接与切断

学习日期	月　　日
检　　查	

黑先，黑棋应该如何下？

101

102

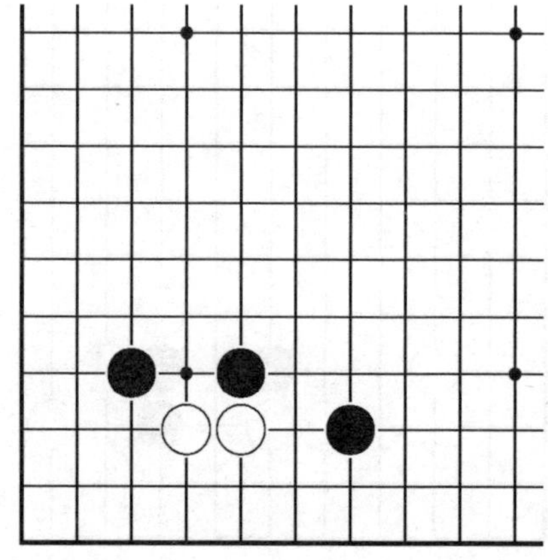

103

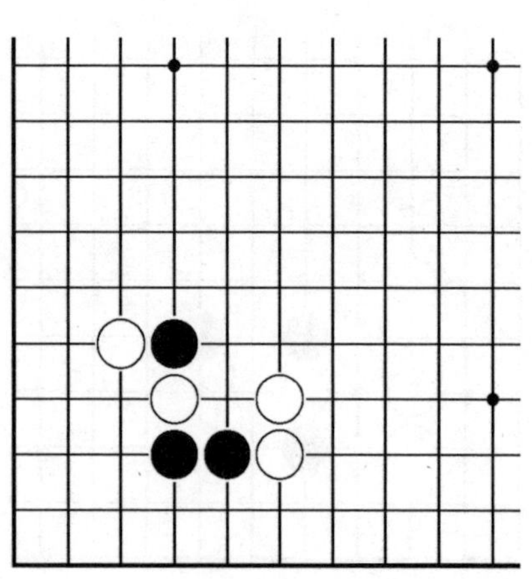

104

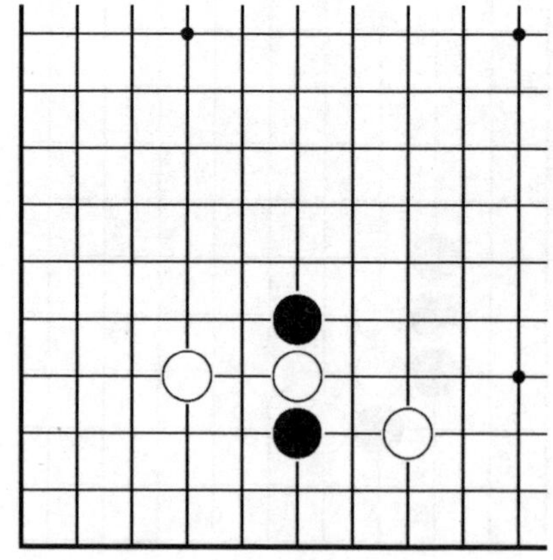

1. 连接与切断

学习日期	月　　日
检　　查	

黑先，黑棋应该如何下？

105

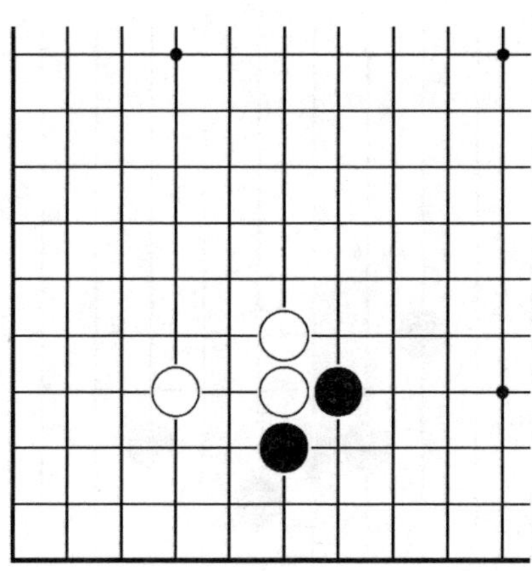

106

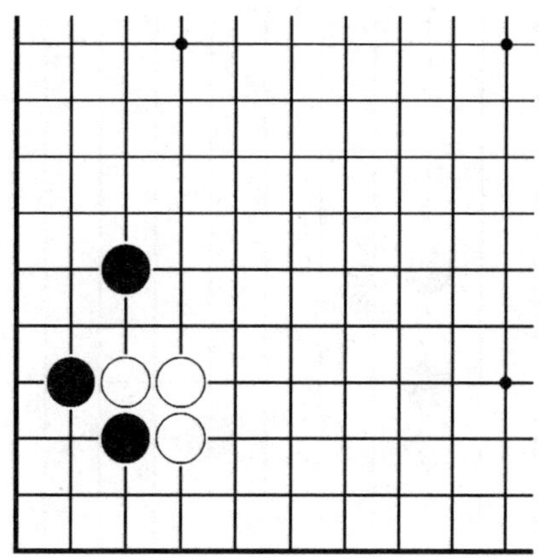

上篇

107

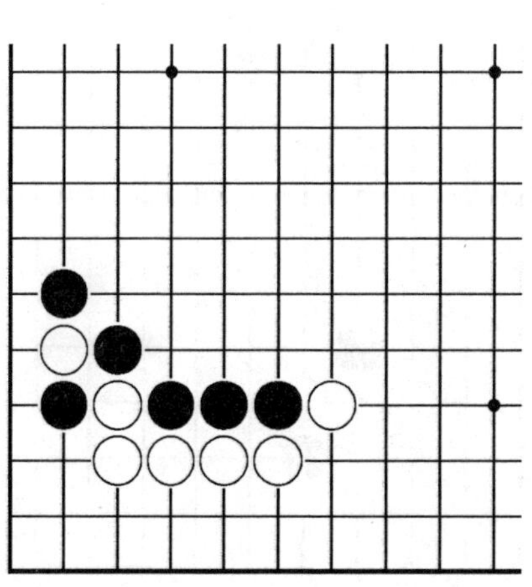

108

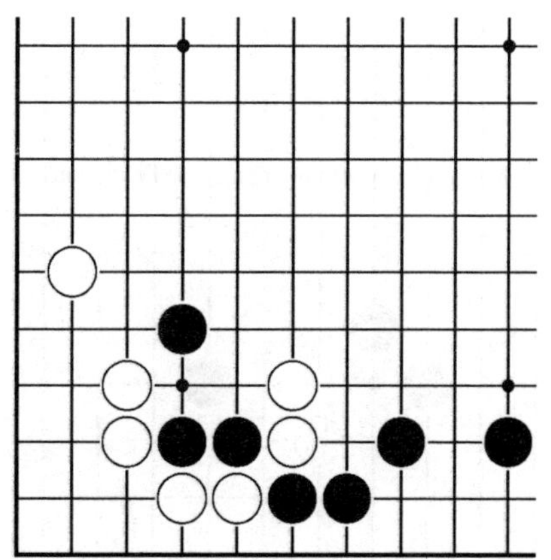

1. 连接与切断

学习日期	月　日
检　查	

黑先，黑棋应该如何下？

109

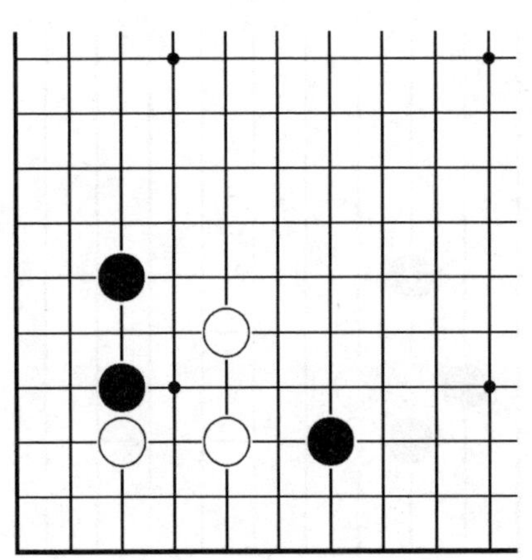

110

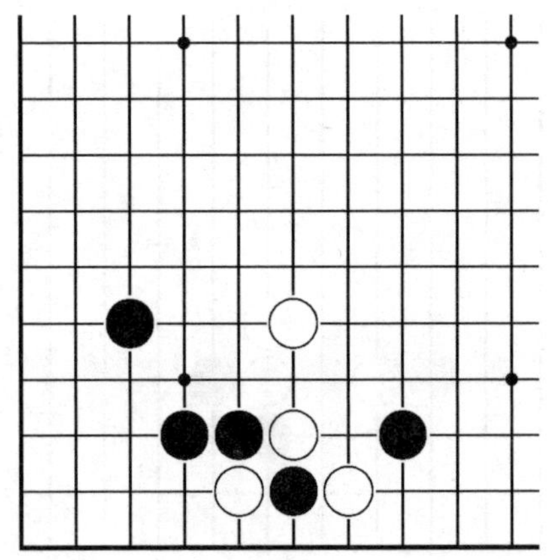

111

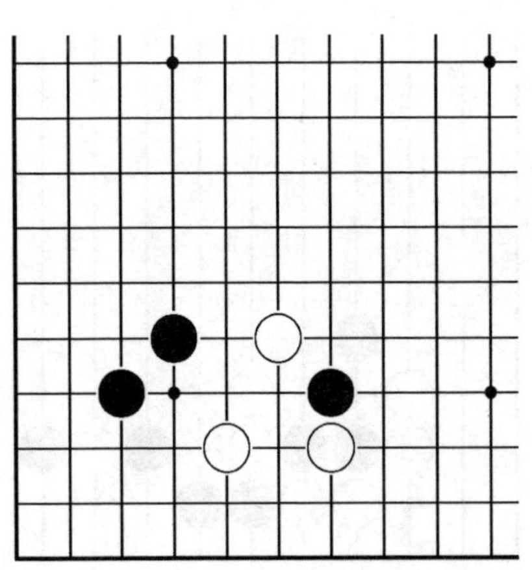

112

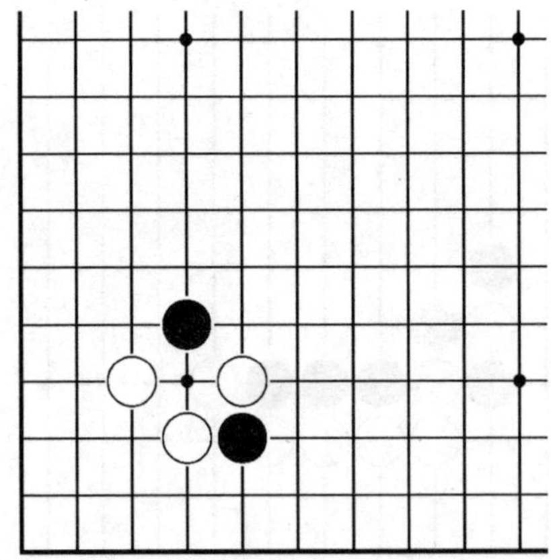

1. 连接与切断

学习日期	月　　日
检　　查	

黑先，黑棋应该如何下？

113

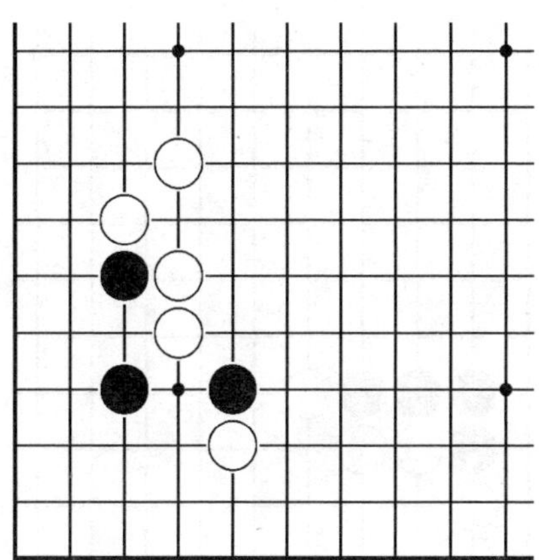

114

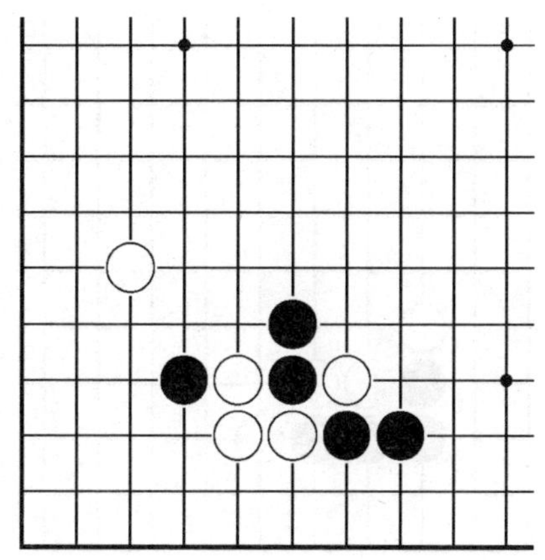

上篇

115

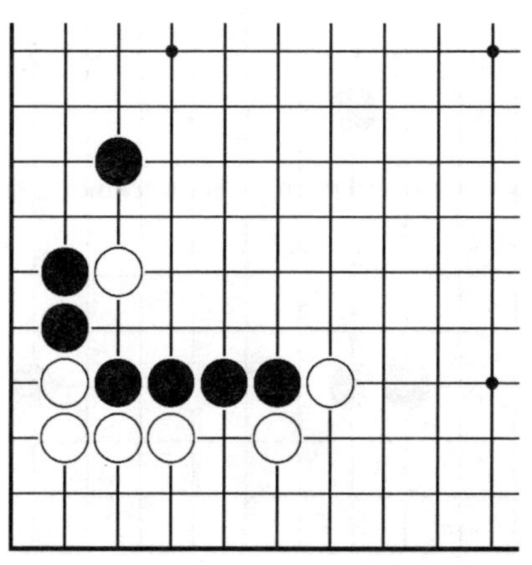

116

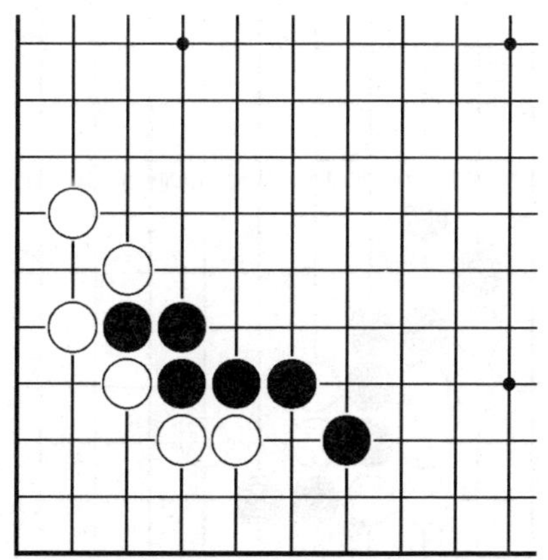

1. 连接与切断

学习日期	月　　日
检　　查	

黑先，黑棋应该如何下？

117

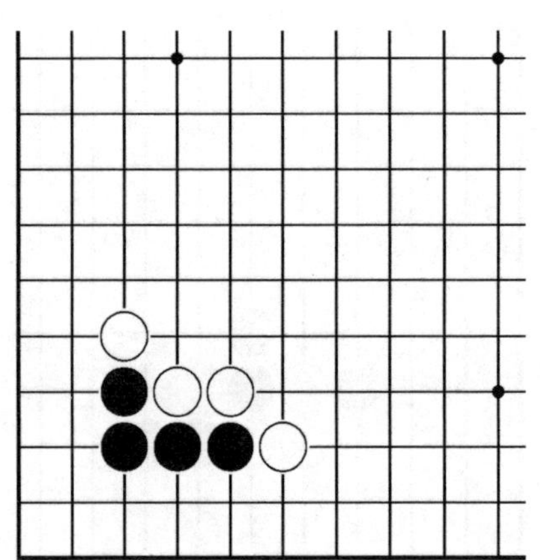

118

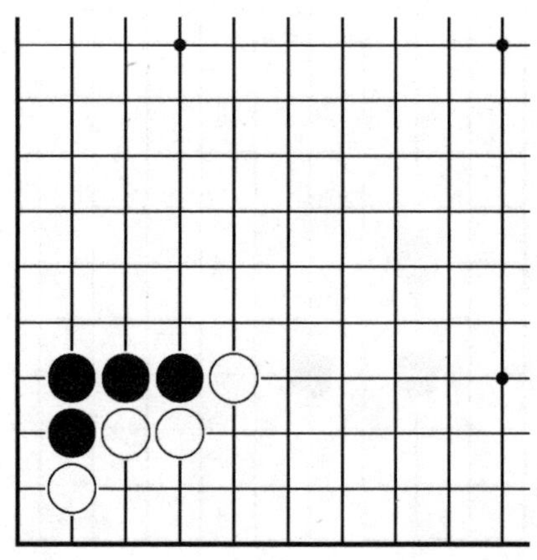

119

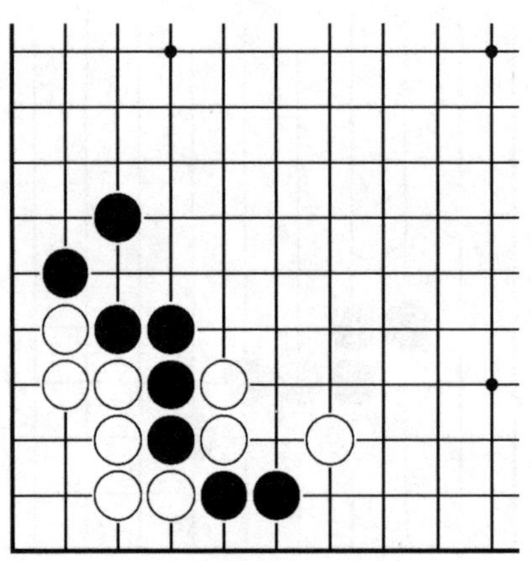

120

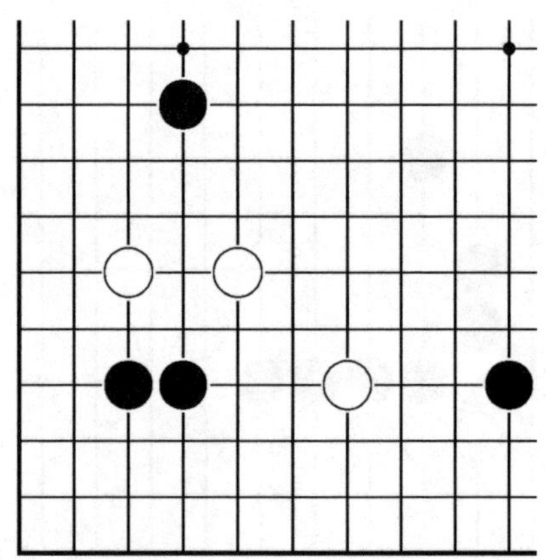

1. 连接与切断

学习日期	月　日
检　查	

黑先，黑棋应该如何下？

121

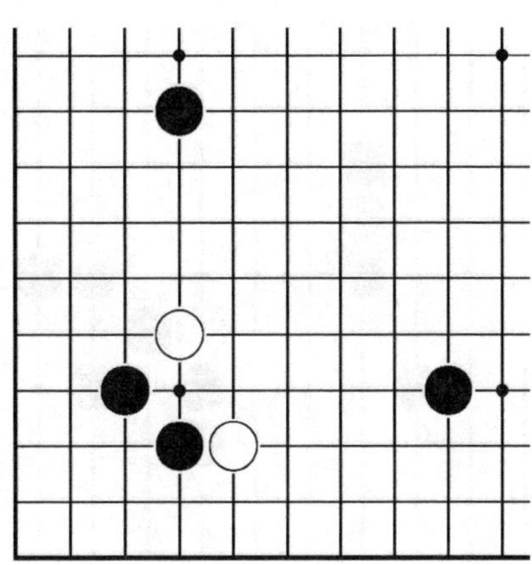

122

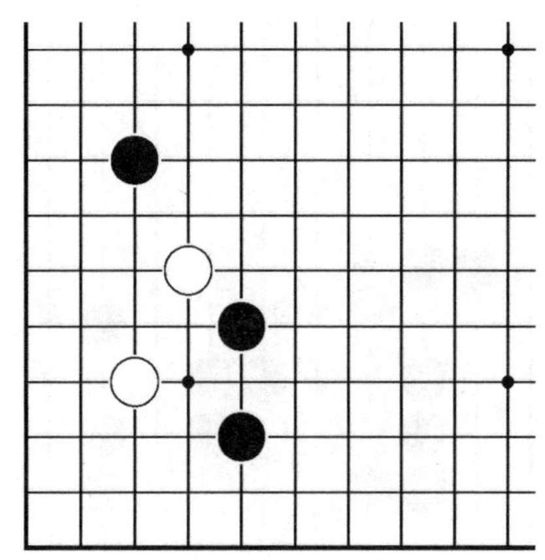

123

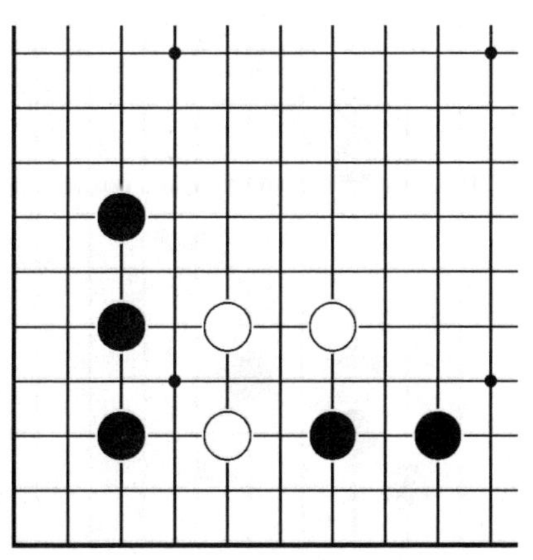

124

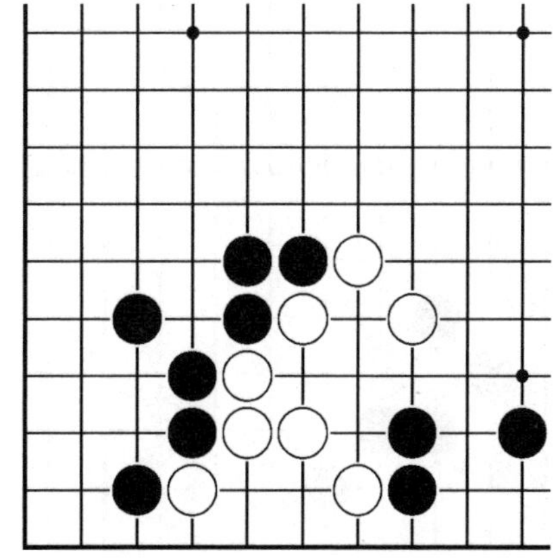

1. 连接与切断

学习日期	月 日
检 查	

黑先，黑棋应该如何下？

125

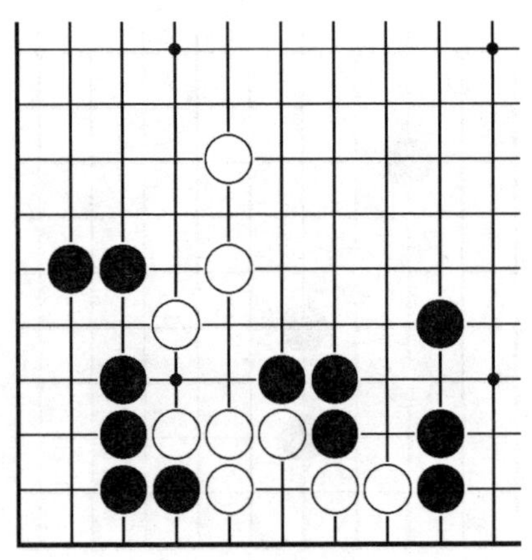

126

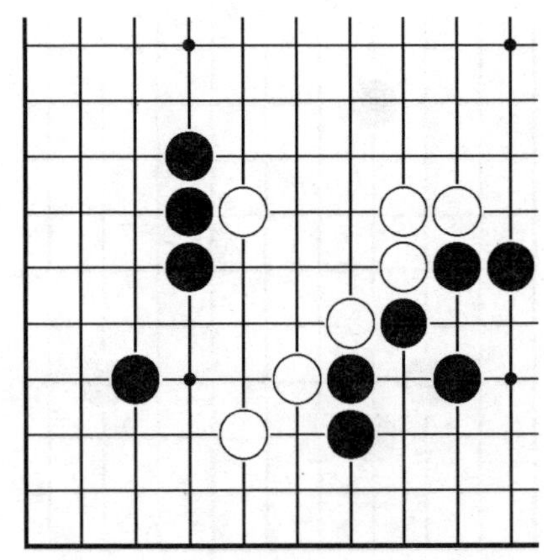

127

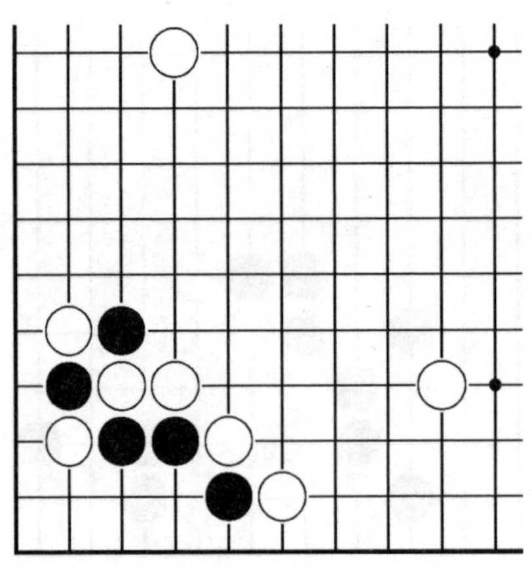

128

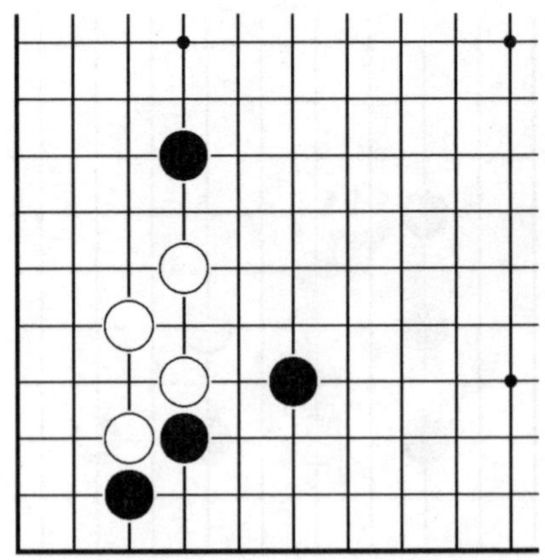

1. 连接与切断

学习日期	月　　日
检　　查	

黑先，黑棋应该如何下？

129

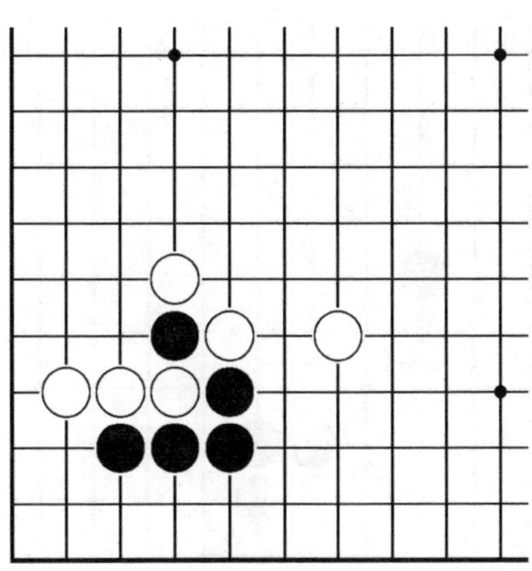

130

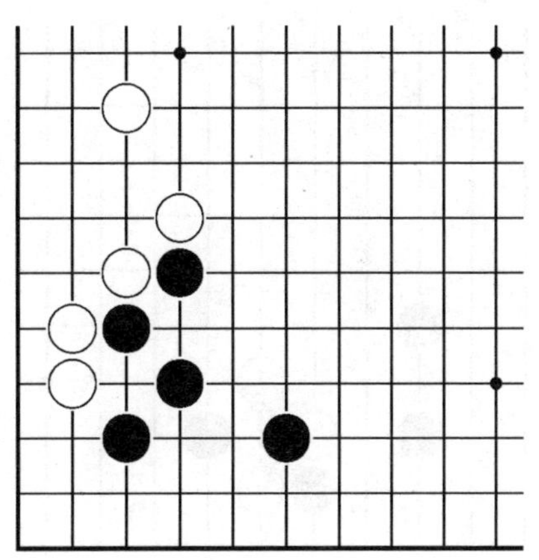

131

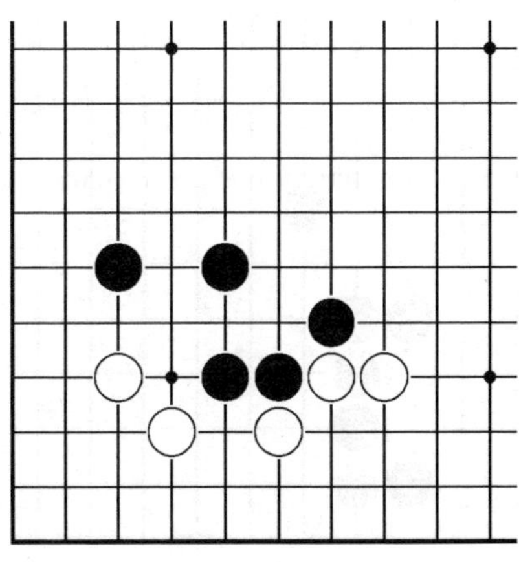

132

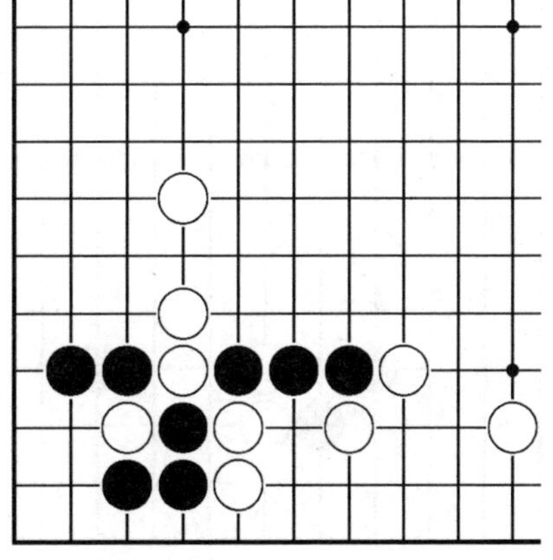

上篇

1. 连接与切断

学习日期	月　　日
检　　查	

黑先，黑棋应该如何下？

133

134

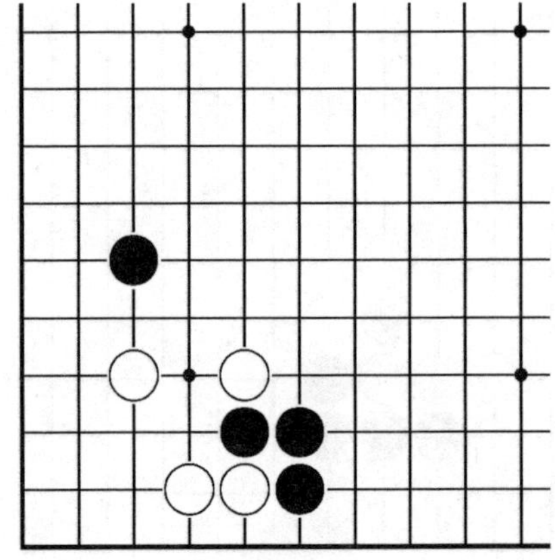

135

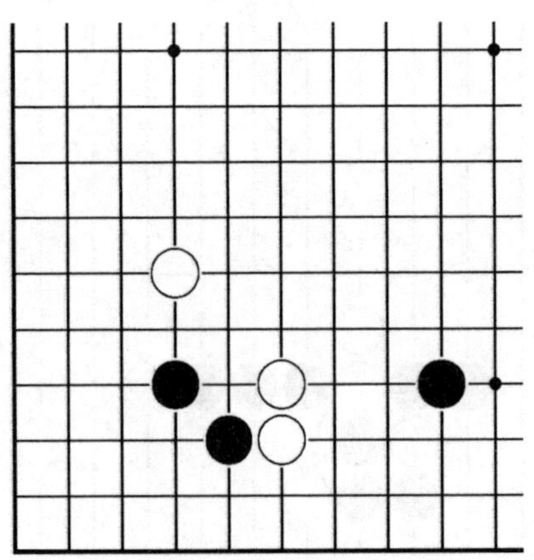

136

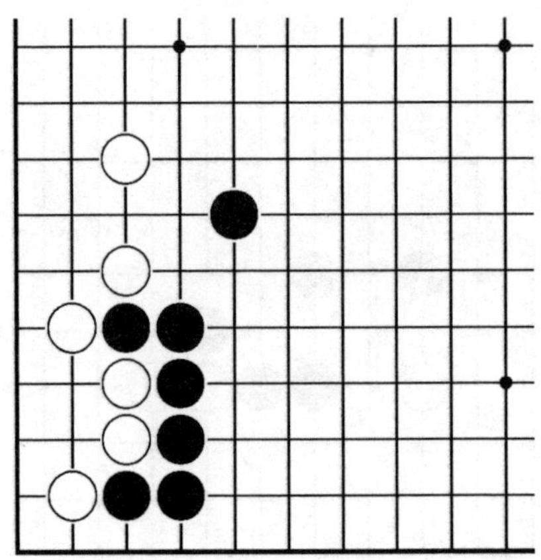

1. 连接与切断

学习日期	月　　日
检　　查	

黑先，黑棋应该如何下？

137

138

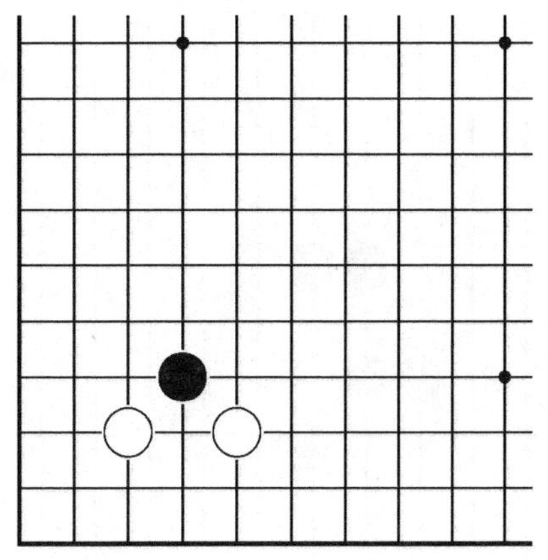

139

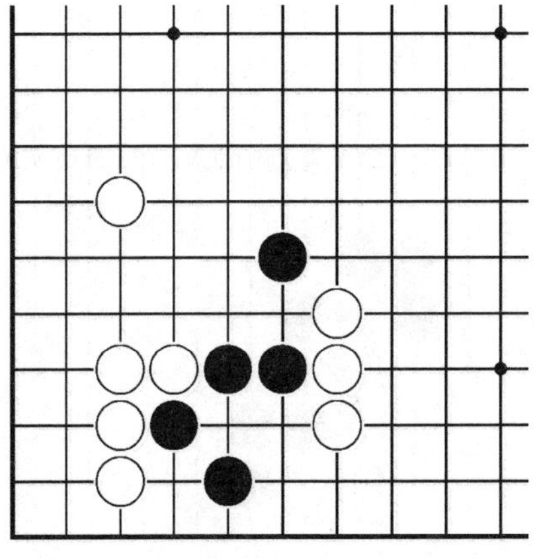

140

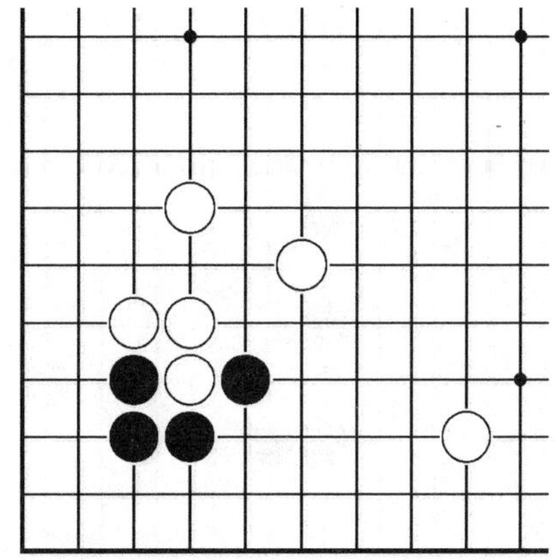

1. 连接与切断

学习日期	月　　日
检　　查	

黑先，黑棋应该如何下？

141

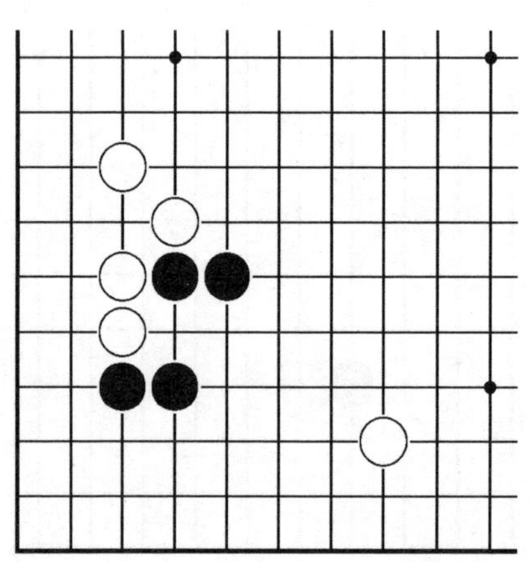

142

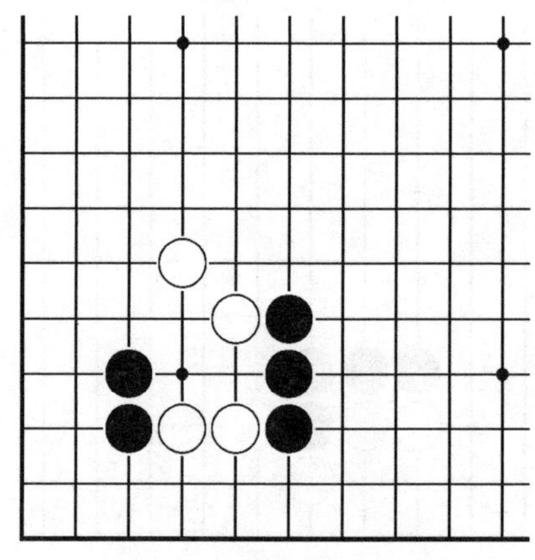

143

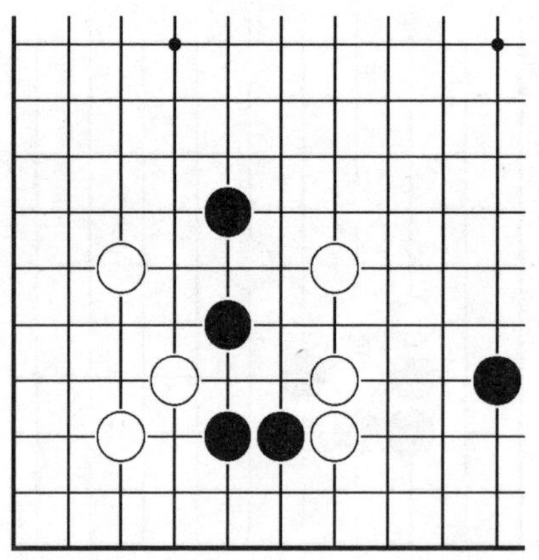

144

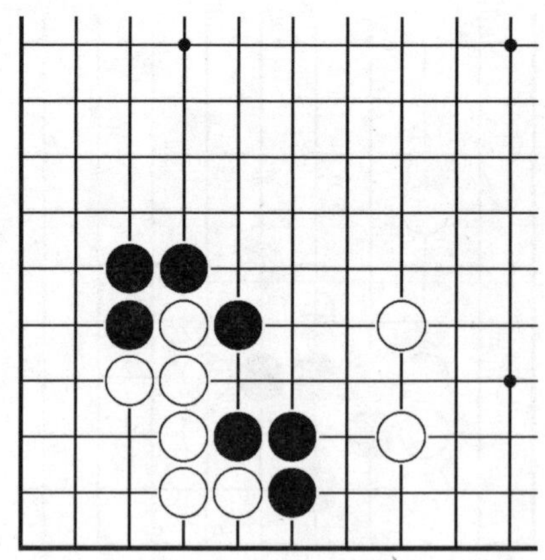

1. 连接与切断

学习日期	月　日
检　查	

黑先，黑棋应该如何下？

145

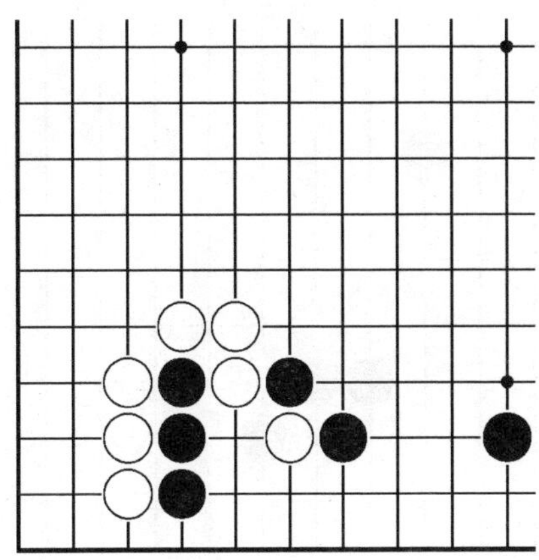

146

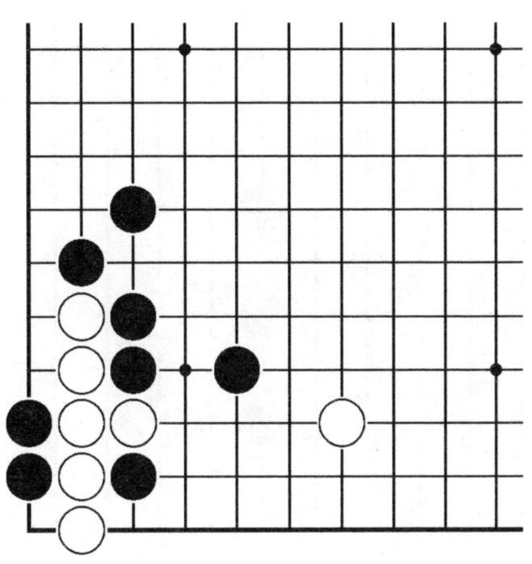

147

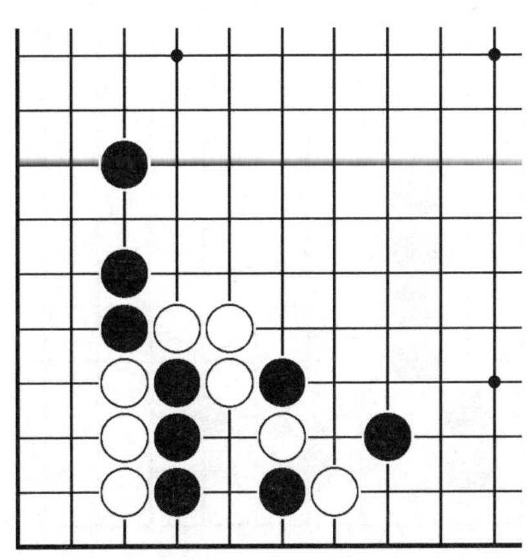

148

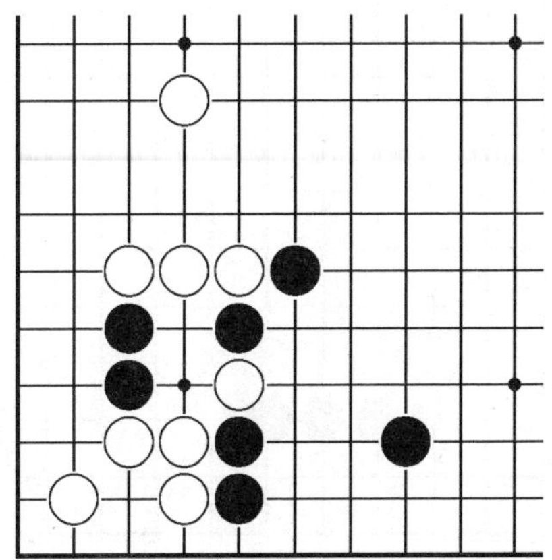

1. 连接与切断

学习日期	月　　日
检　查	

黑先，黑棋应该如何下？

149

150

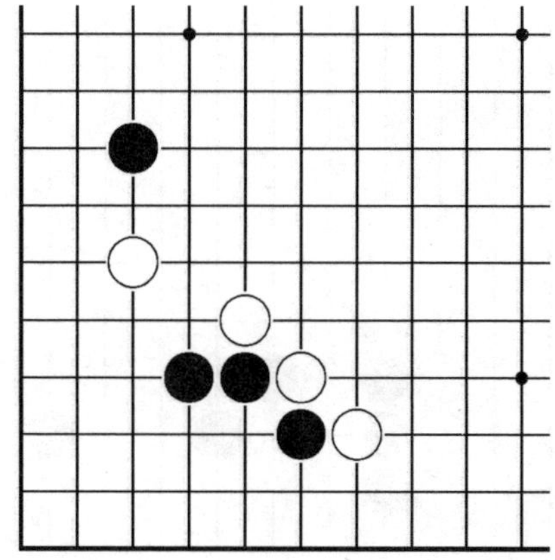

151

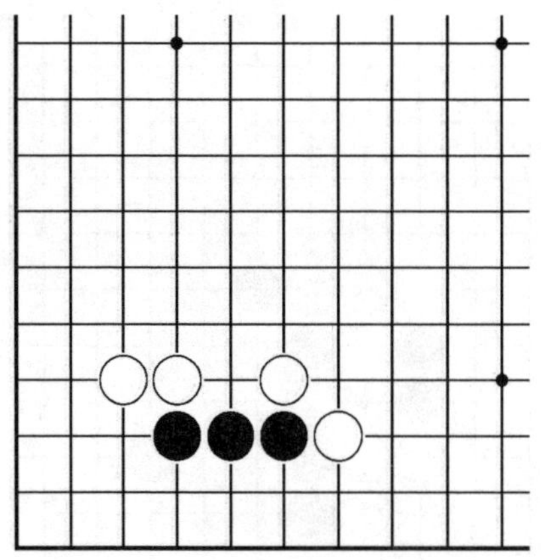

152

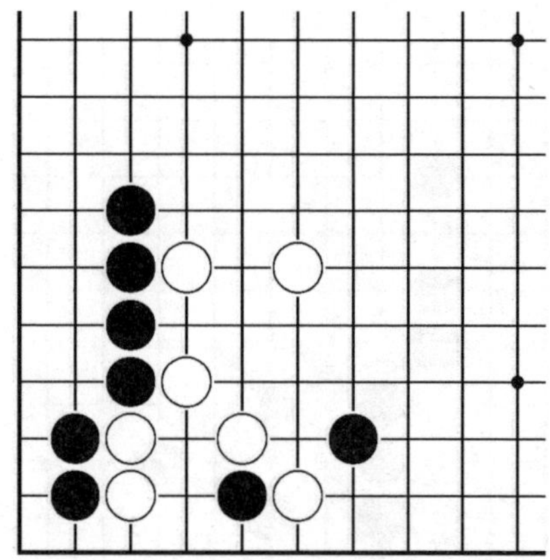

1. 连接与切断

学习日期	月　　日
检　　查	

黑先，黑棋应该如何下？

153

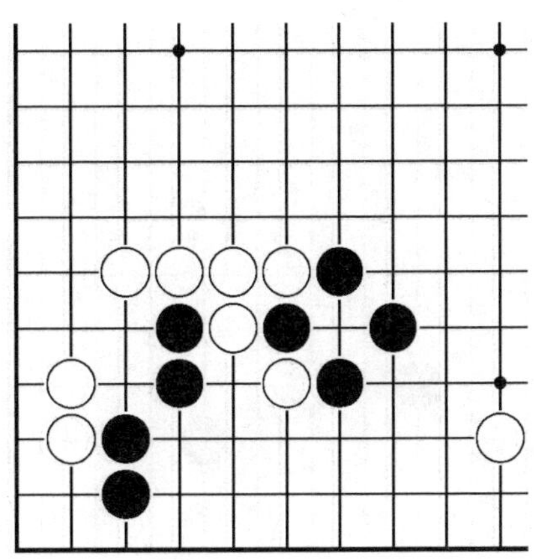

154

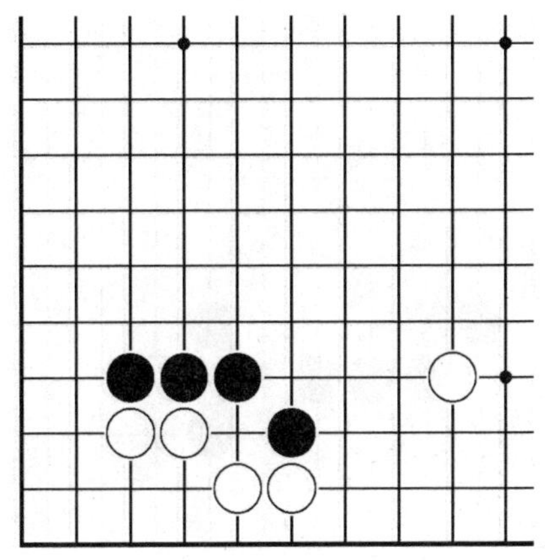

155

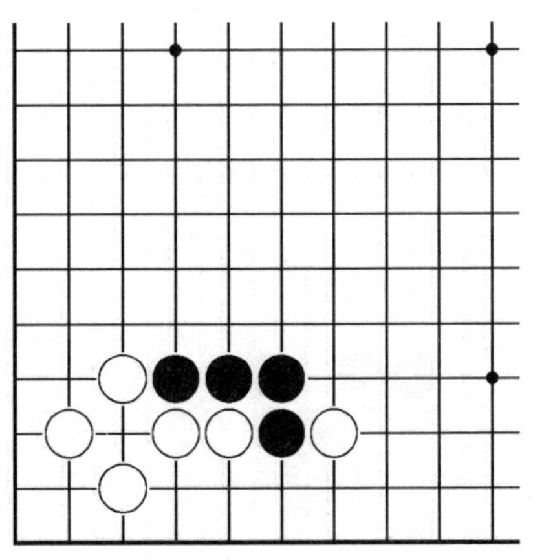

156

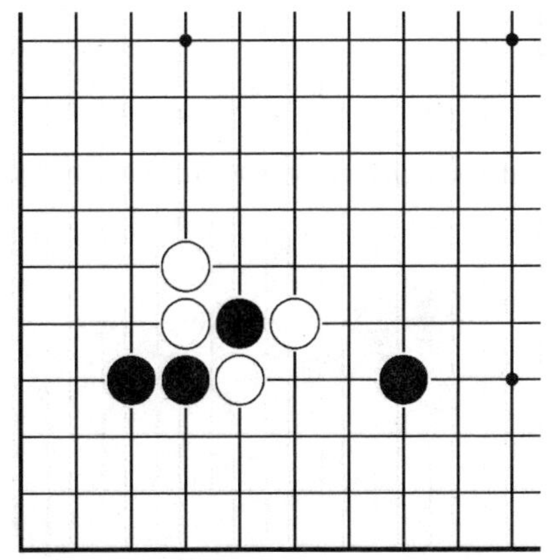

1. 连接与切断

学习日期	月　日
检　查	

黑先，黑棋应该如何下？

157

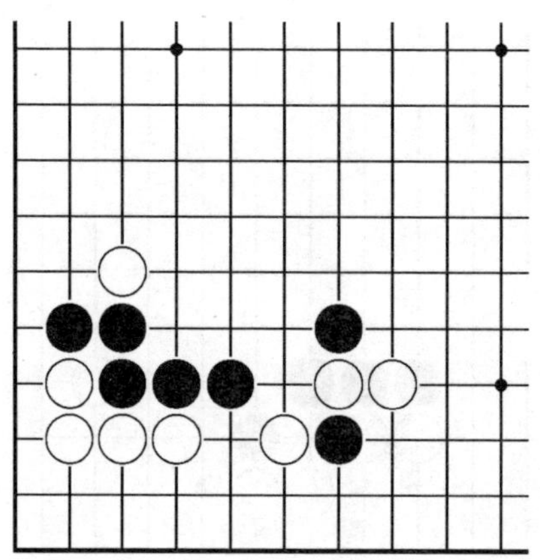

158

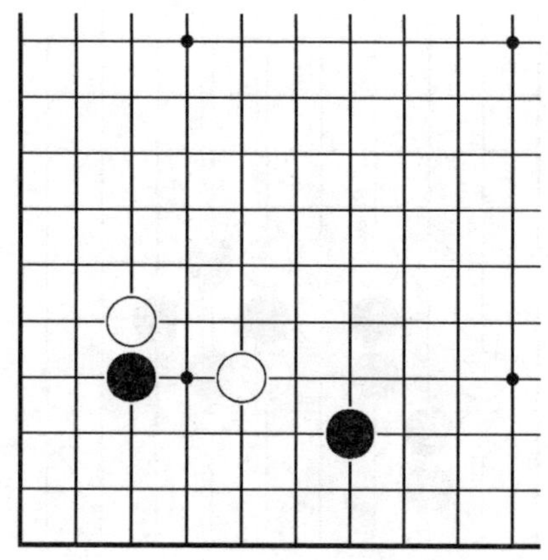

159

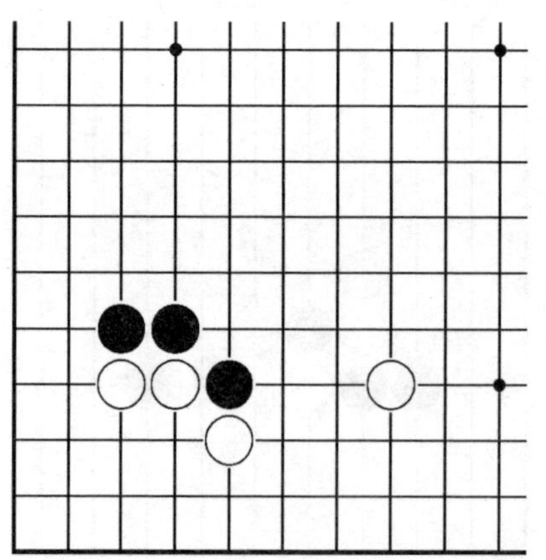

160

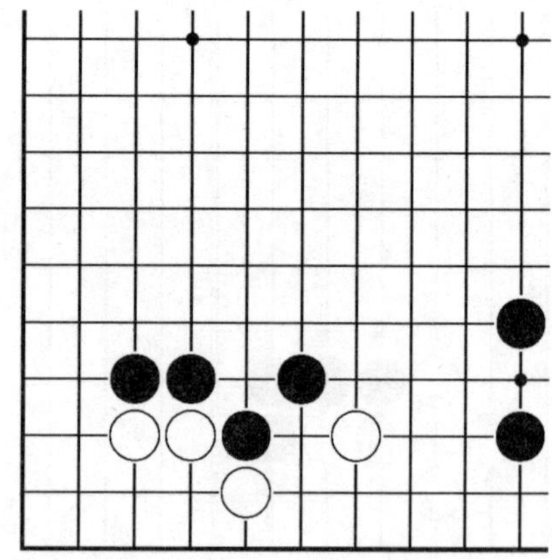

1. 连接与切断

学习日期	月　　日
检　　查	

上篇

黑先，黑棋应该如何下？

161

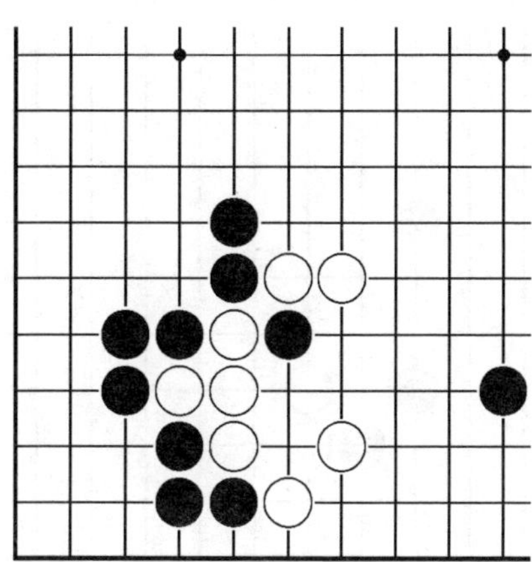

162

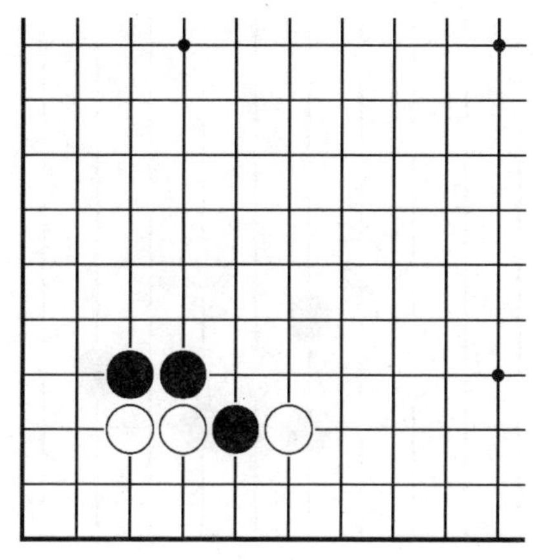

163

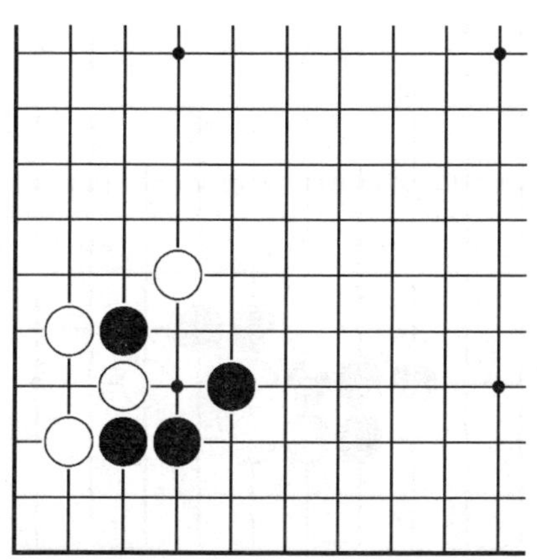

164

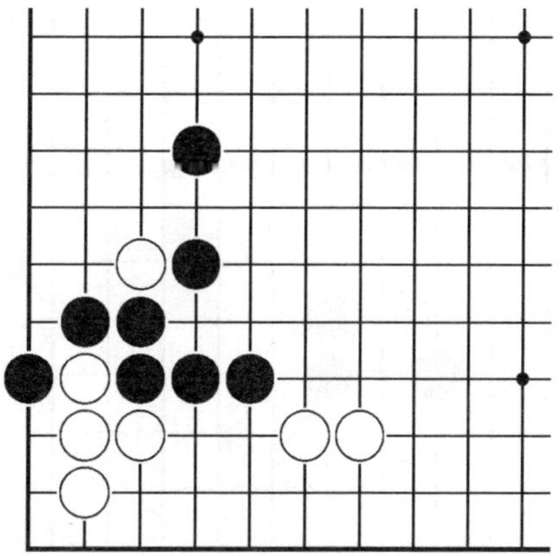

1. 连接与切断

学习日期	月　　日
检　　查	

黑先，黑棋应该如何下？

165

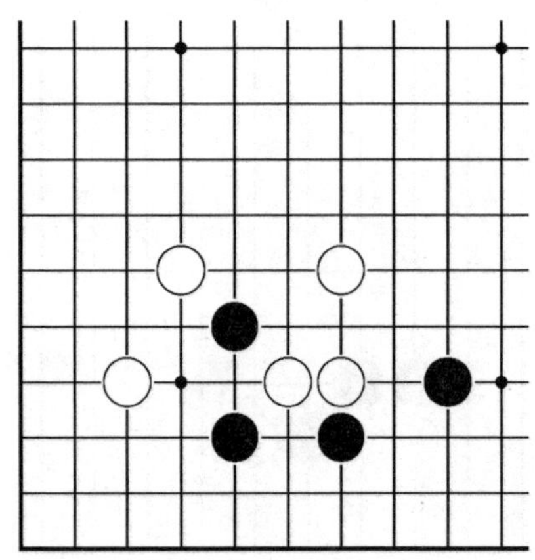

166

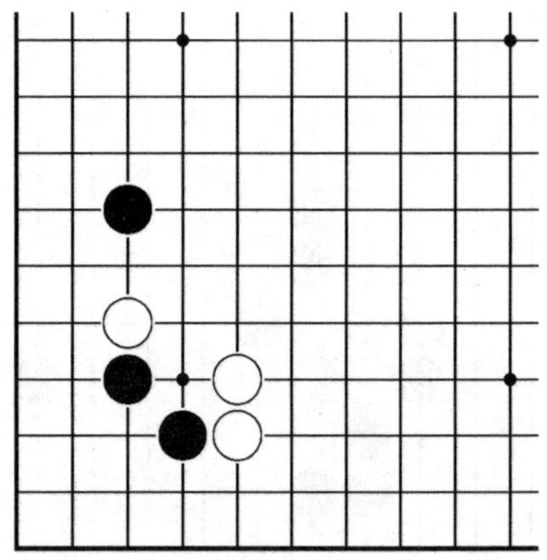

167

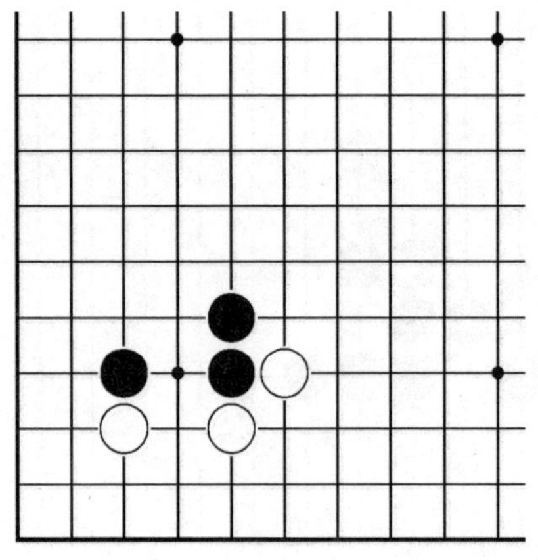

168

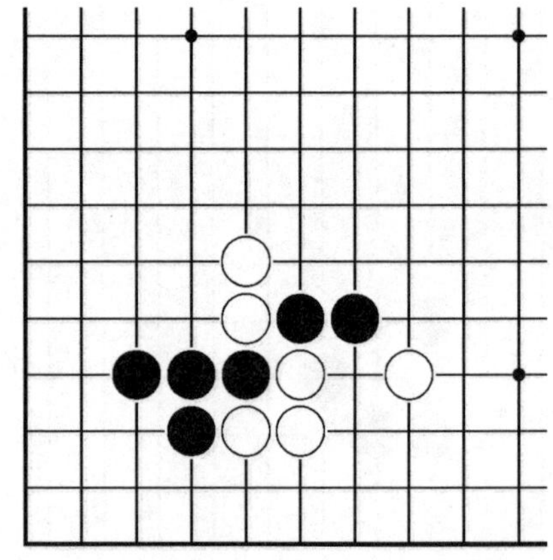

1. 连接与切断

学习日期	月　　日
检　　查	

黑先，黑棋应该如何下？

169

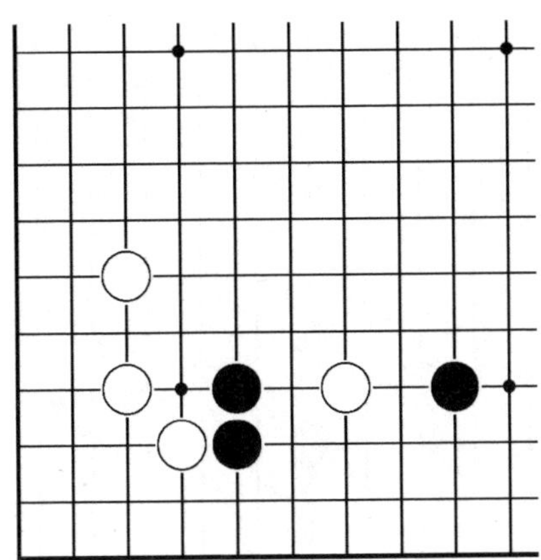

170

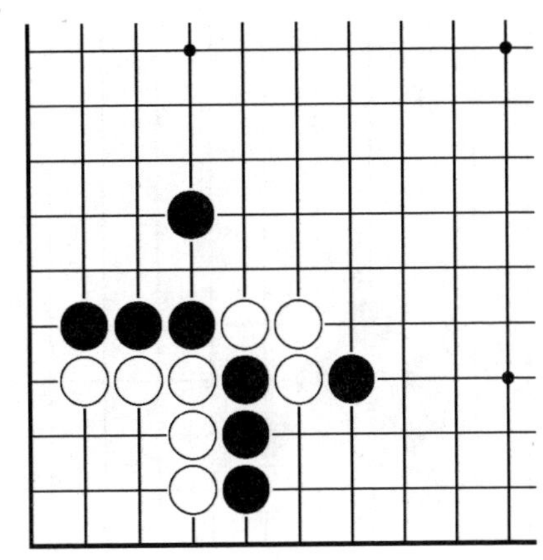

171

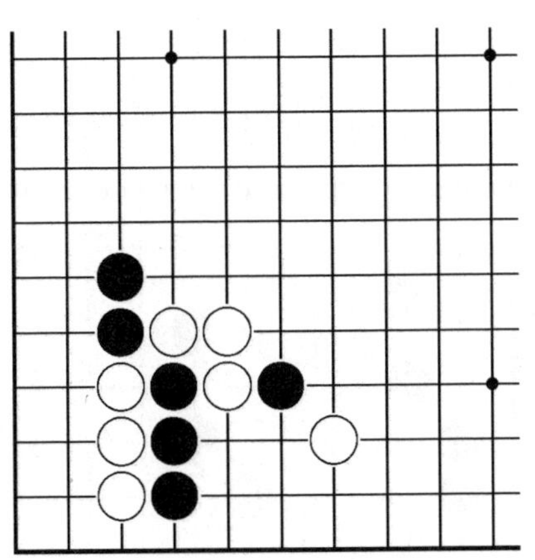

172

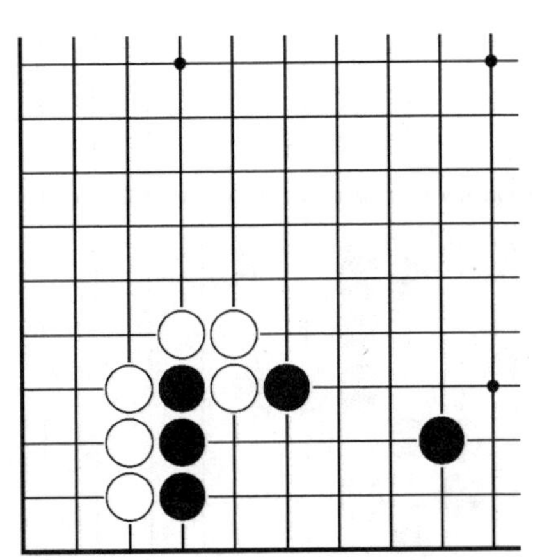

1. 连接与切断

学习日期	月　日
检　查	

黑先，黑棋应该如何下？

173

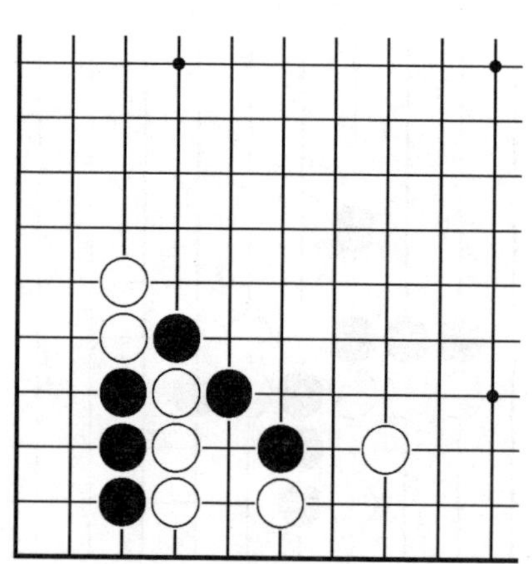

174

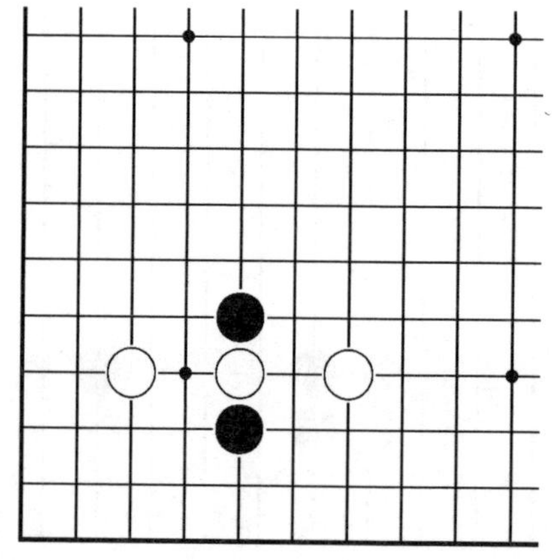

175

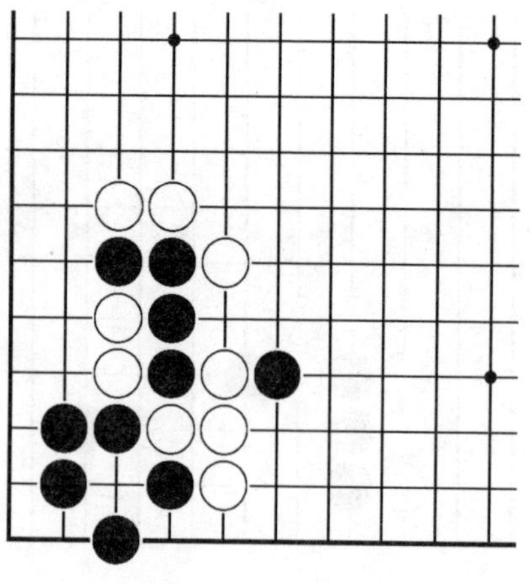

176

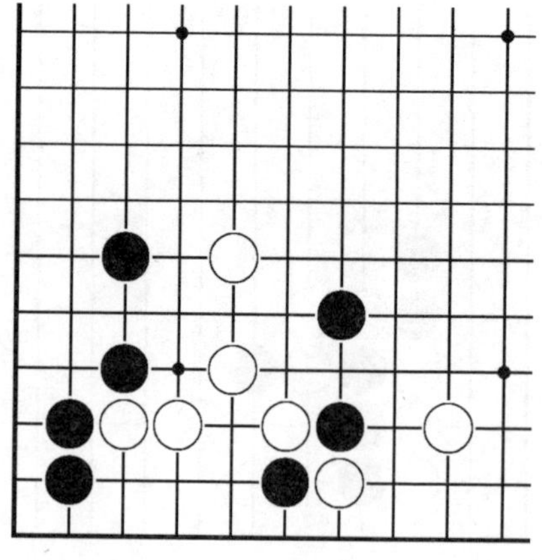

1. 连接与切断

学习日期	月 日
检 查	

黑先，黑棋应该如何下？

177

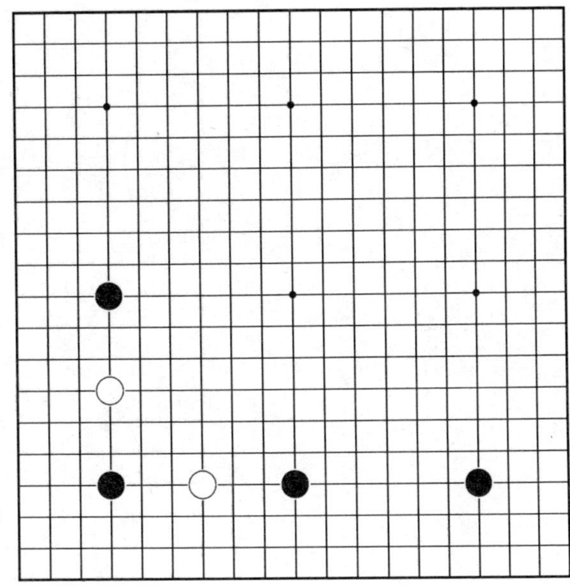

178

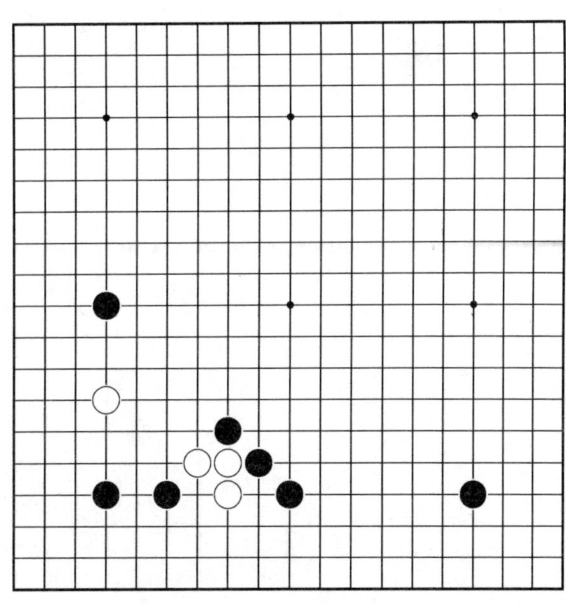

1. 连接与切断

学习日期	月　日
检　查	

黑先，黑棋应该如何下？

179

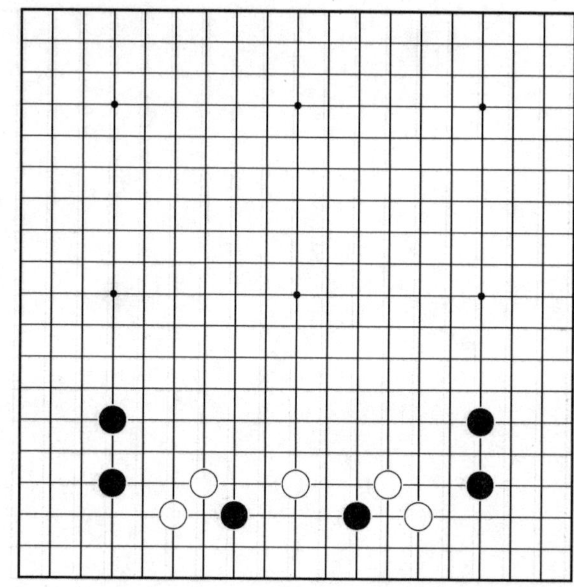

180

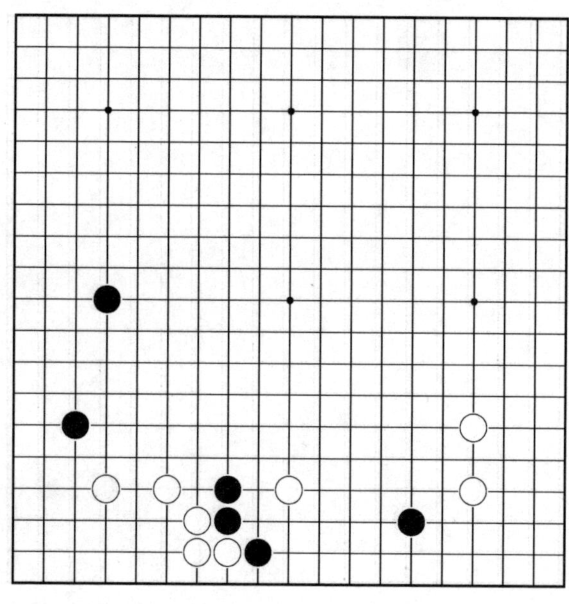

1. 连接与切断

学习日期	月　　日
检　　查	

黑先，黑棋应该如何下？

181

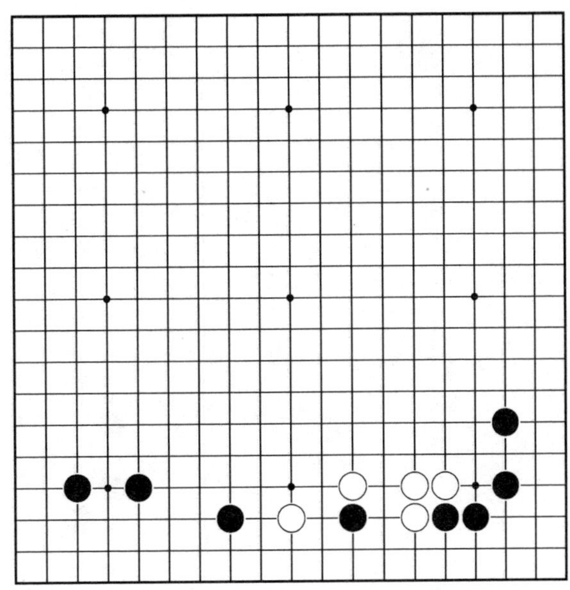

182

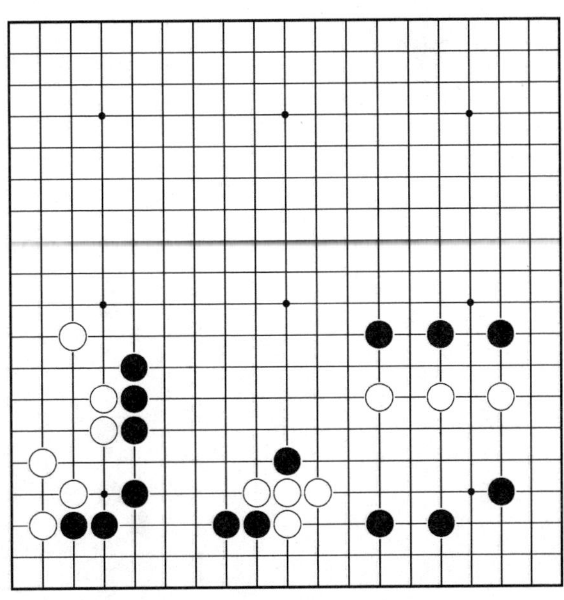

1. 连接与切断

学习日期	月 日
检 查	

黑先，黑棋应该如何下？

183

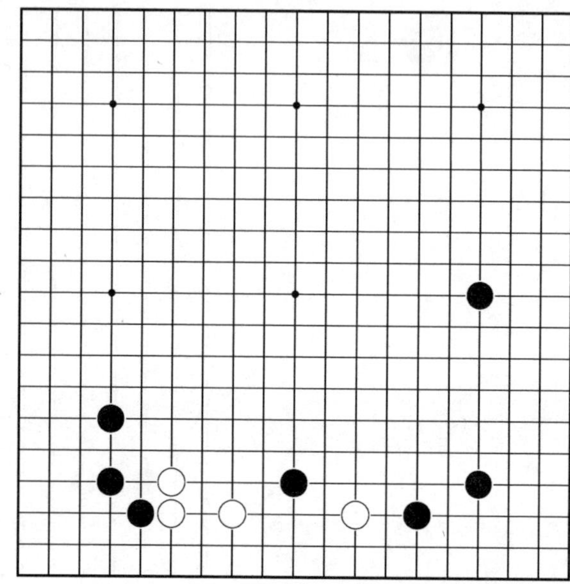

184

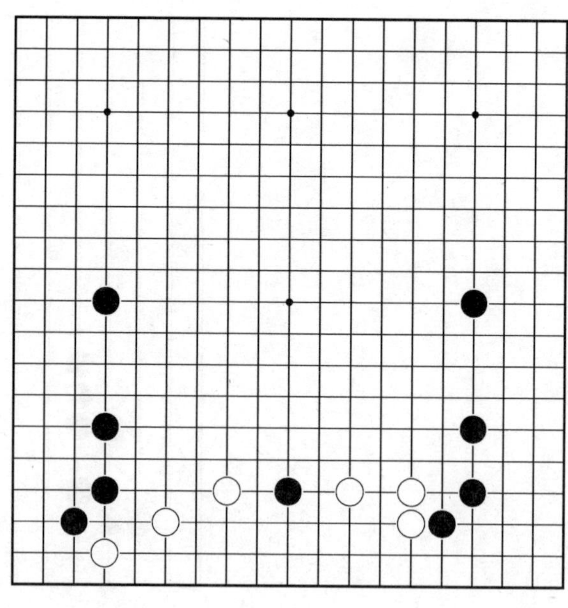

1. 连接与切断

学习日期	月 日
检 查	

黑先，黑棋应该如何下？

185

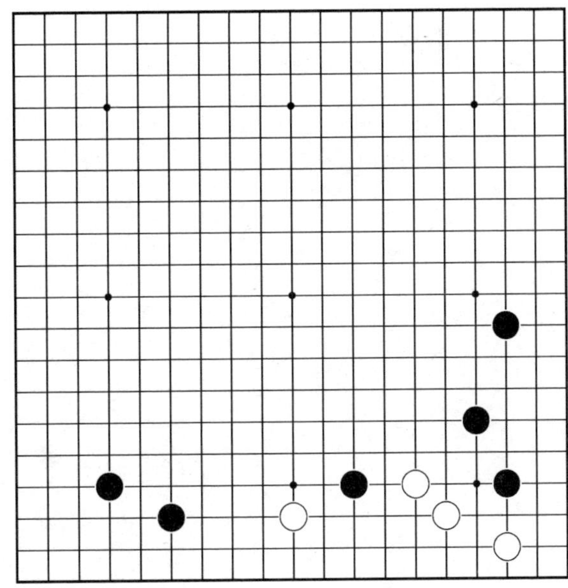

186

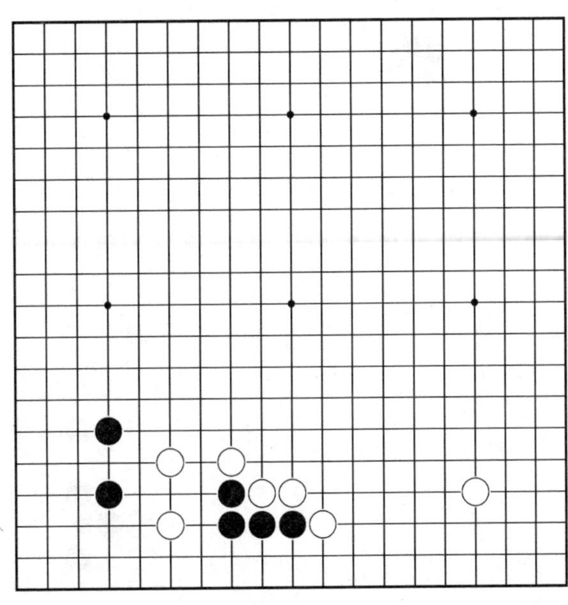

1. 连接与切断

学习日期	月　　日
检　　查	

黑先，黑棋应该如何下？

187

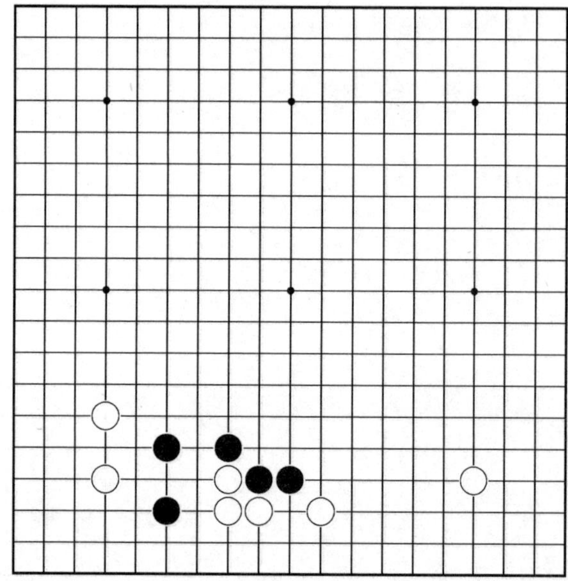

188

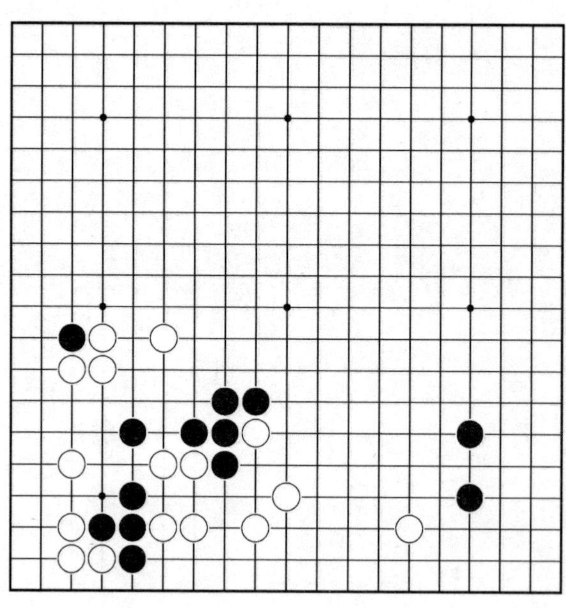

2. 出头与封锁

学习日期	月　　日
检　　查	

黑先，黑棋应该如何下？

1

2

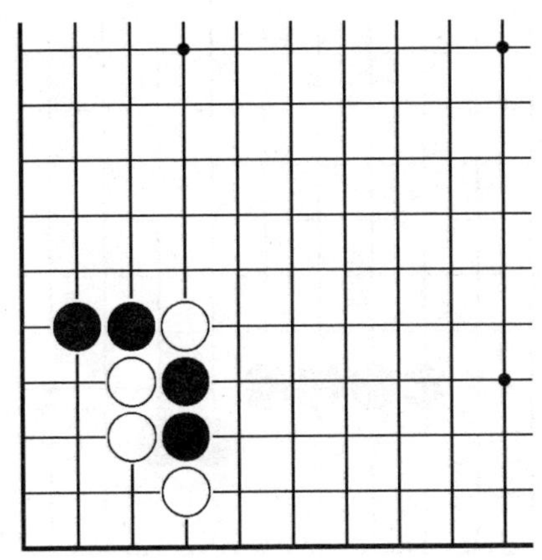

3

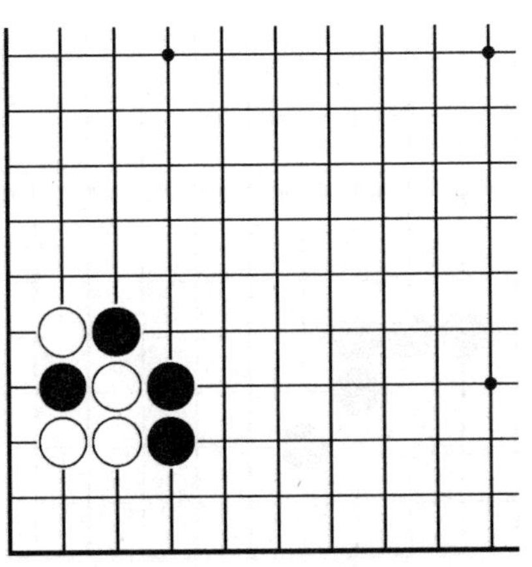

4

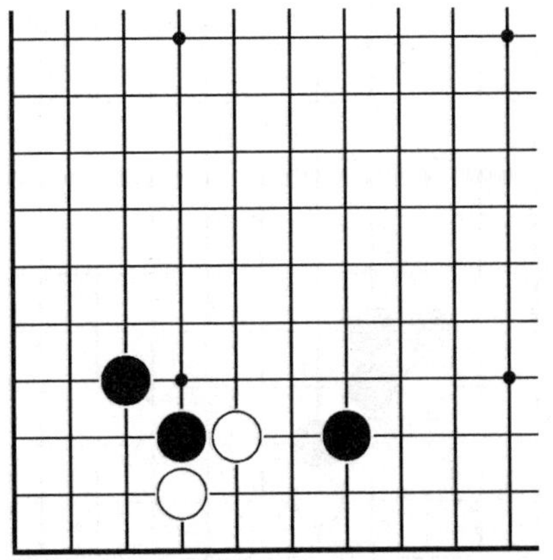

2. 出头与封锁

学习日期	月　日
检　查	

黑先，黑棋应该如何下？

5

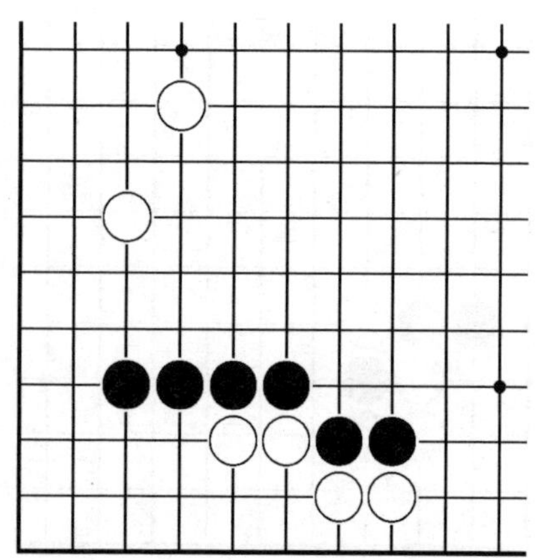

6

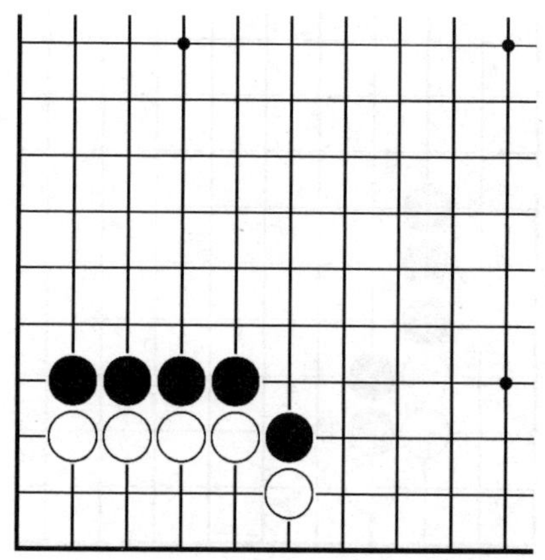

7

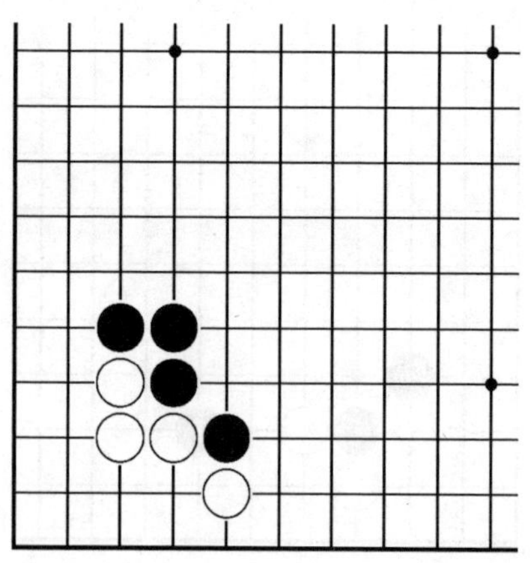

8

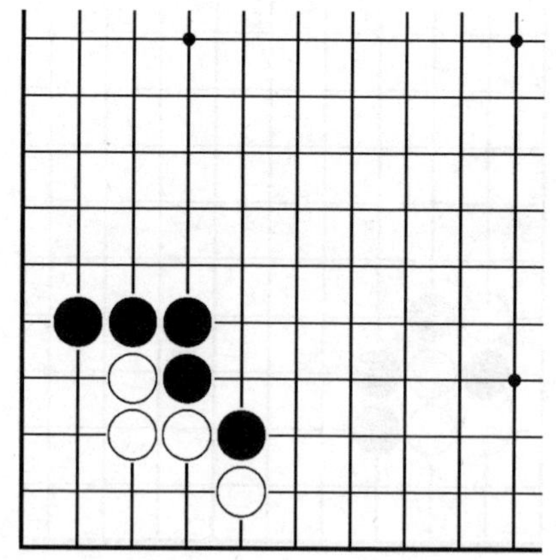

2. 出头与封锁

学习日期	月　　日
检　　查	

黑先，黑棋应该如何下？

9

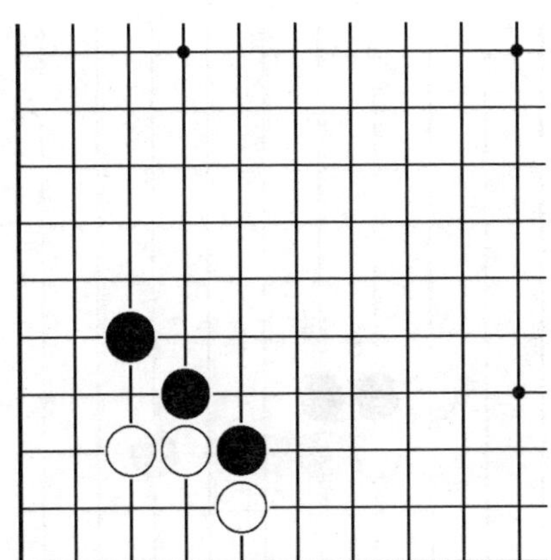

10

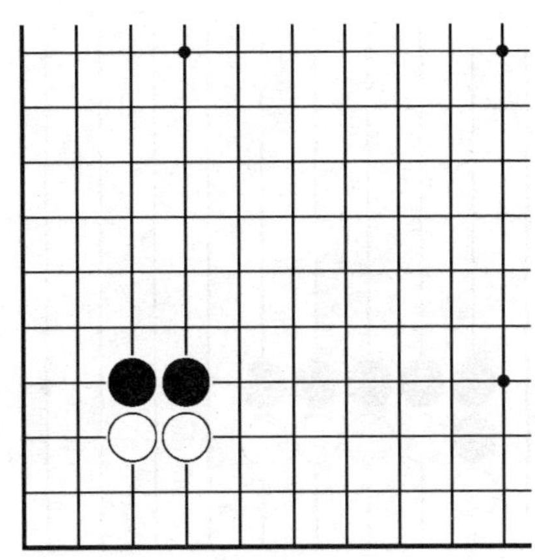

上篇

11

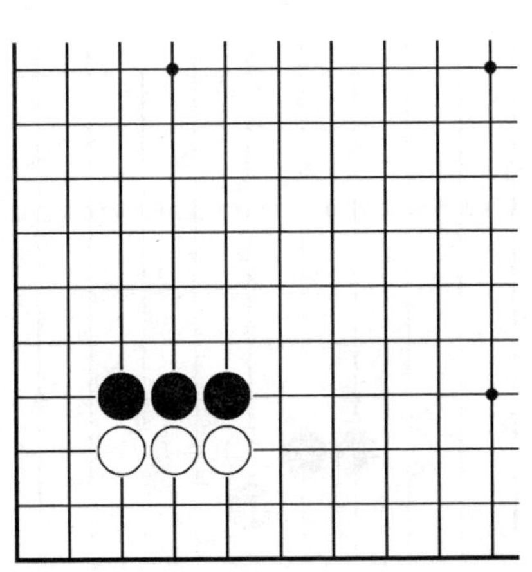

12

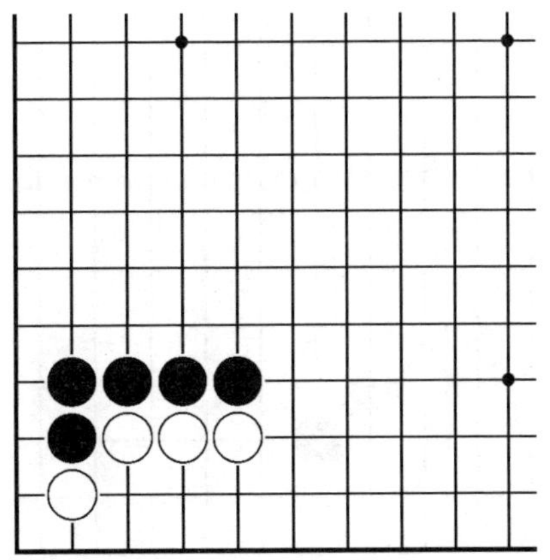

2. 出头与封锁

学习日期	月　　日
检　　查	

黑先，黑棋应该如何下？

13

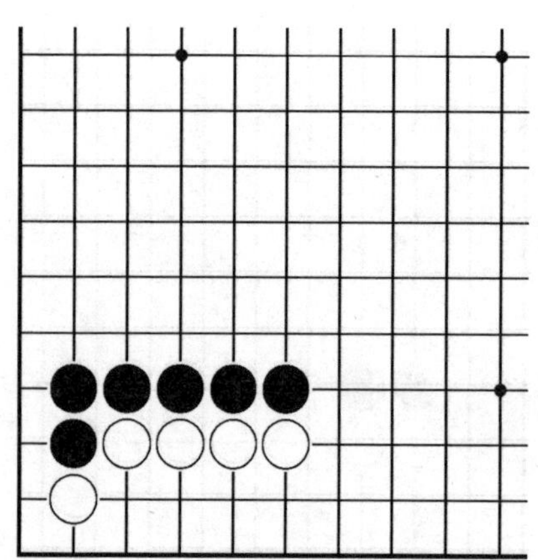

14

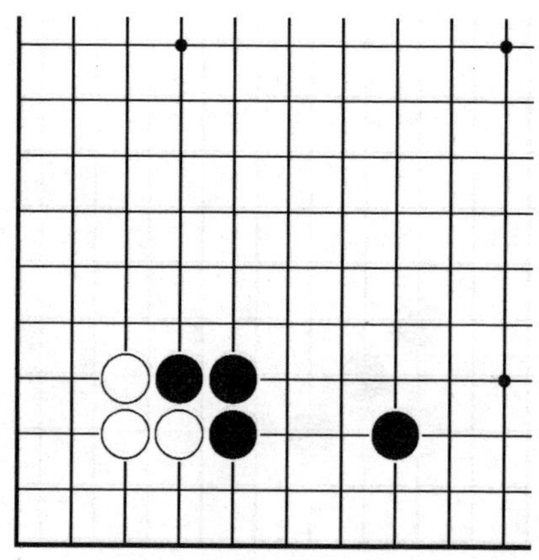

15

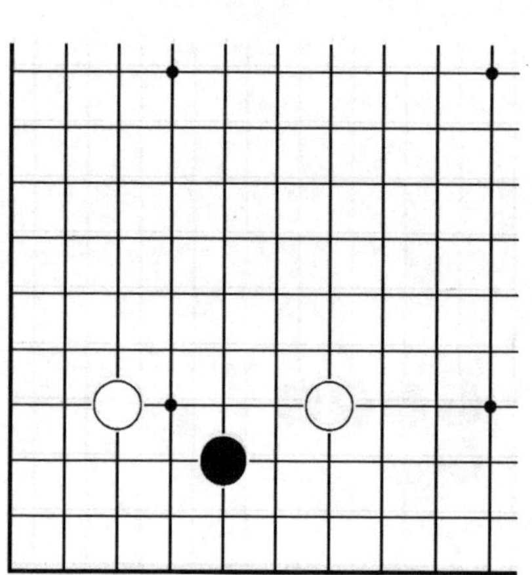

16

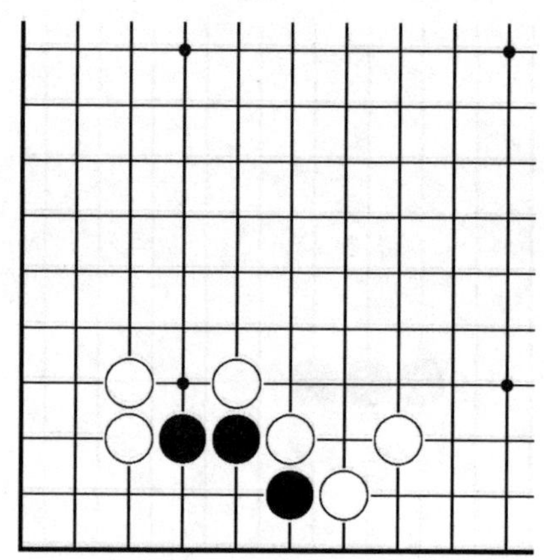

2. 出头与封锁

学习日期	月 日
检 查	

黑先，黑棋应该如何下？

17

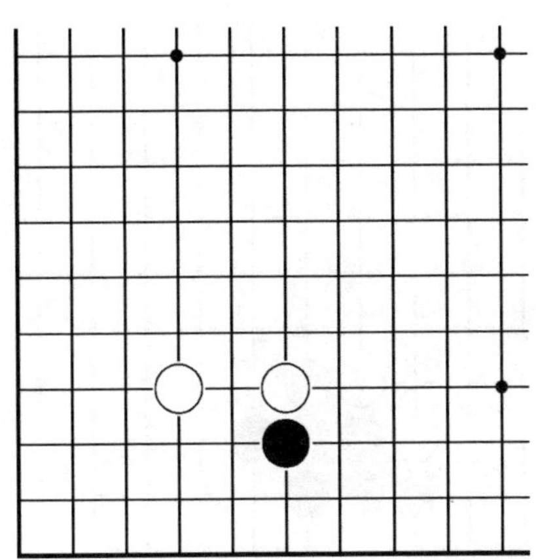

18

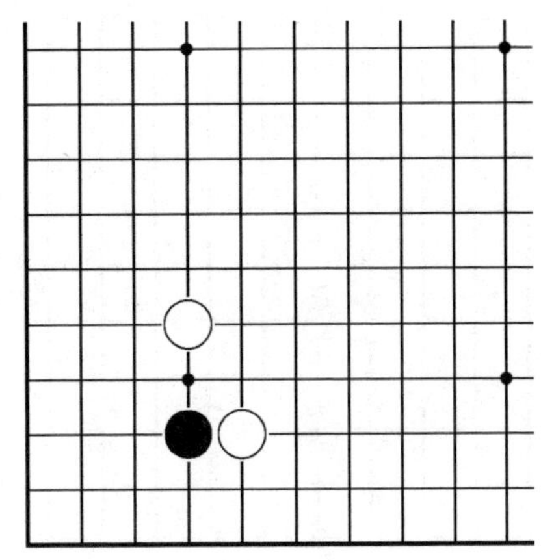

上篇

19

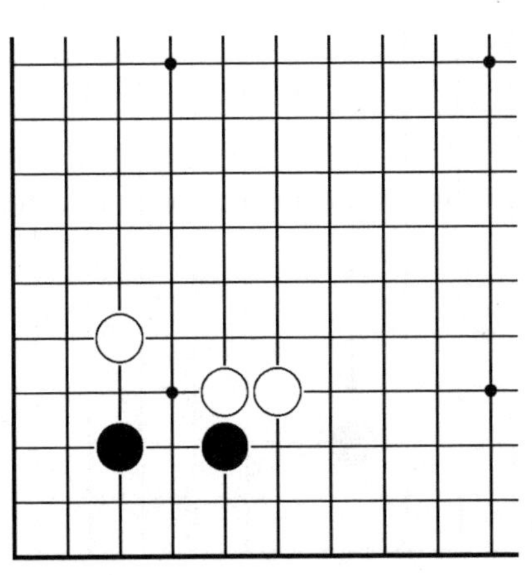

20

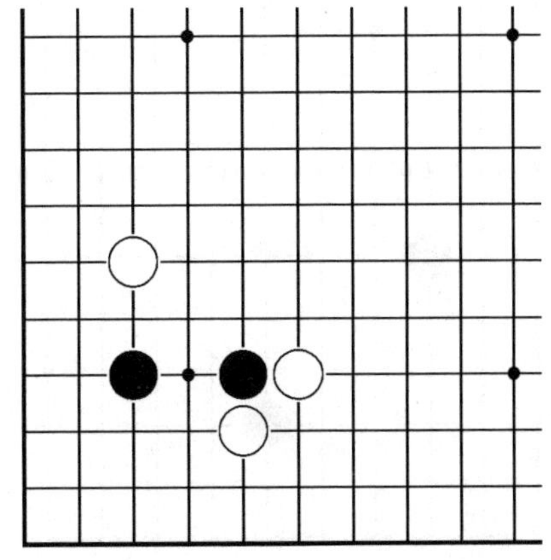

2. 出头与封锁

学习日期	月　　日
检　查	

黑先，黑棋应该如何下？

21

22

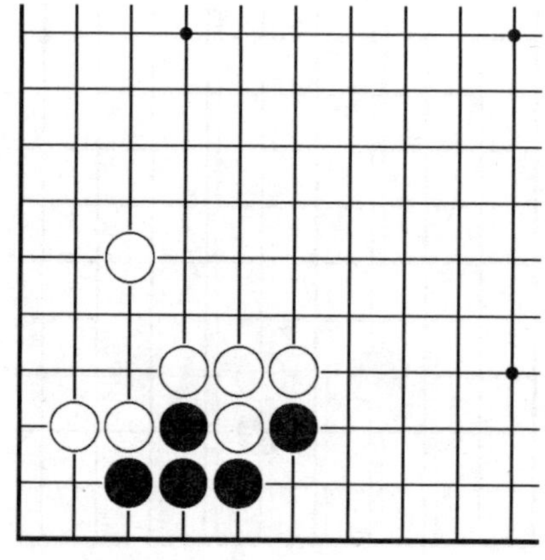

23

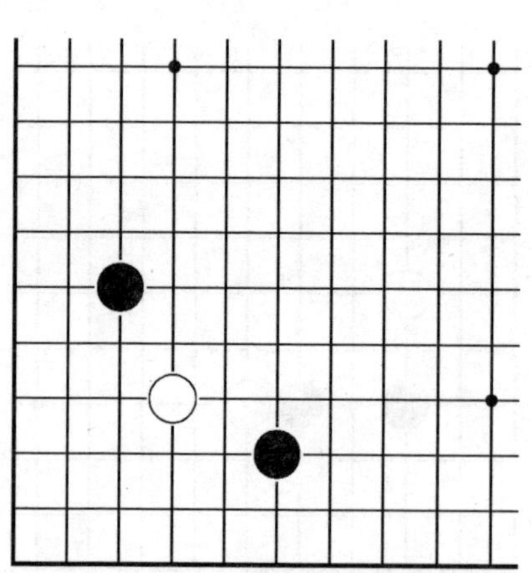

24

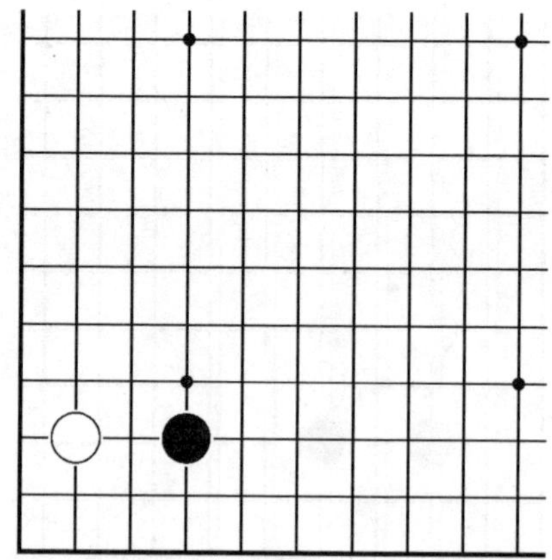

2. 出头与封锁

学习日期	月　　日
检　　查	

黑先，黑棋应该如何下？

25

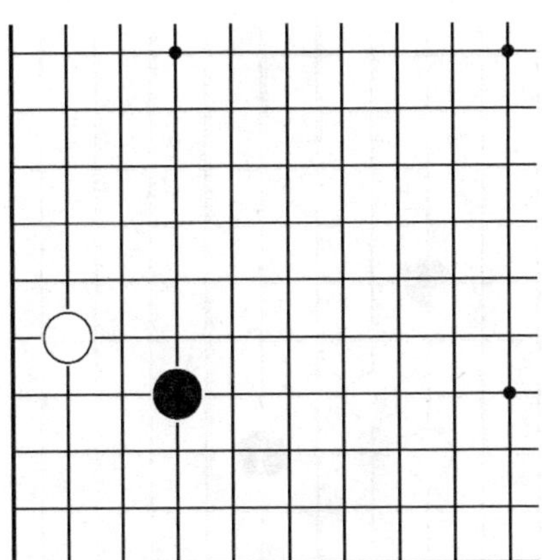

26

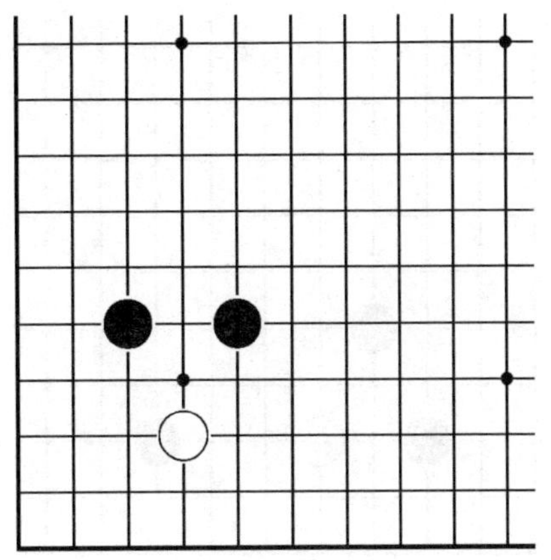

27

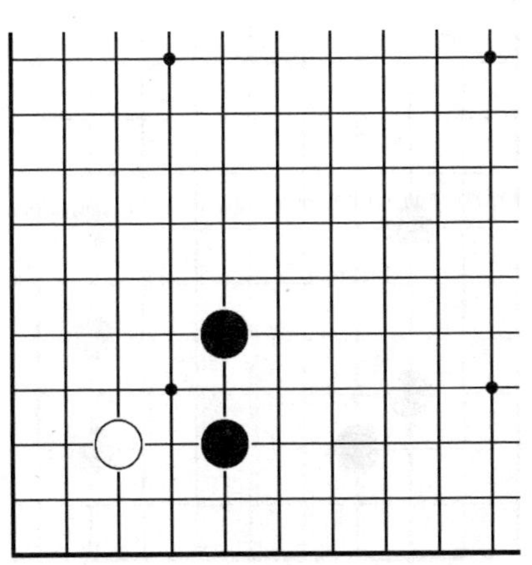

28

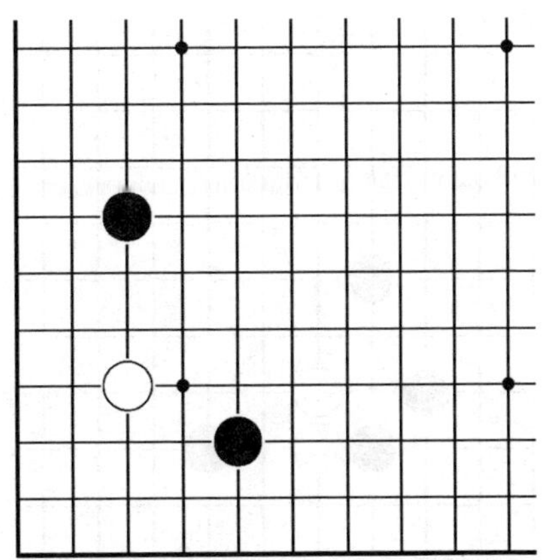

2. 出头与封锁

学习日期	月　　日
检　　查	

黑先，黑棋应该如何下？

29

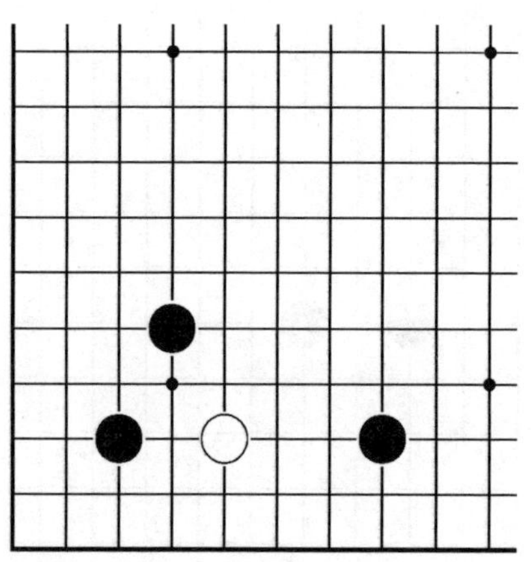

30

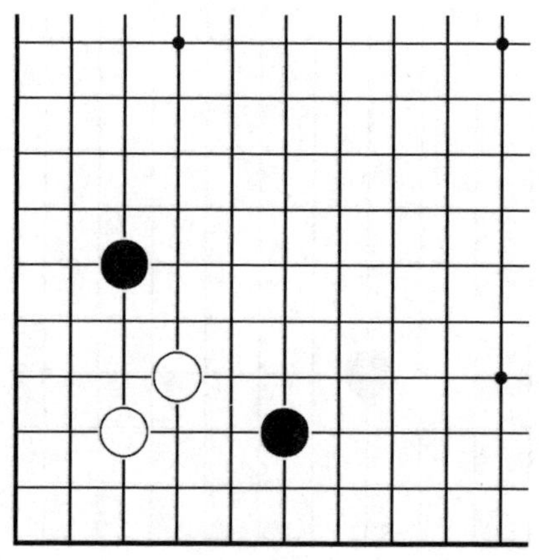

31

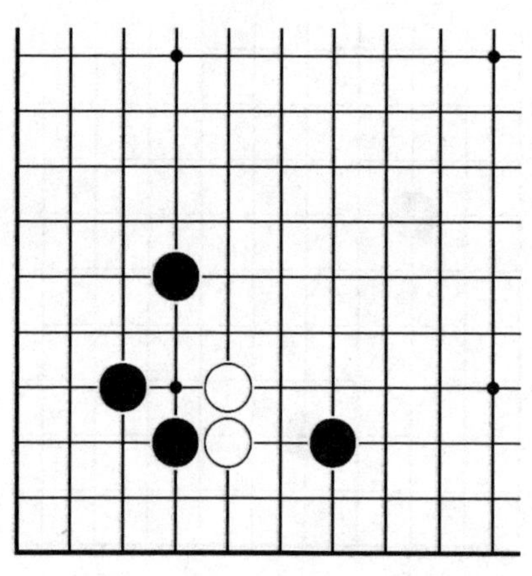

32

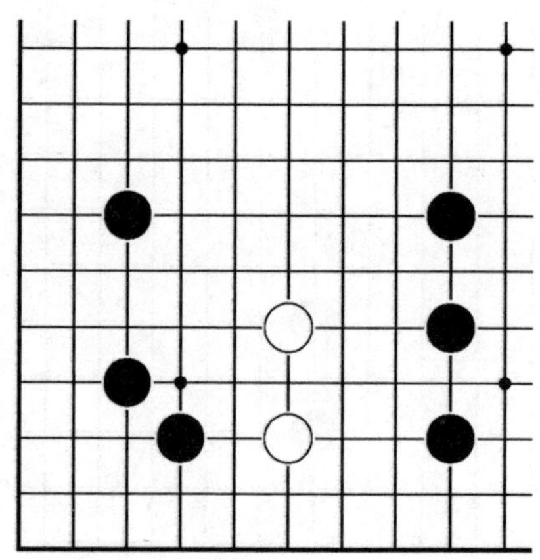

2. 出头与封锁

学习日期	月　　日
检　　查	

黑先，黑棋应该如何下？

33

34

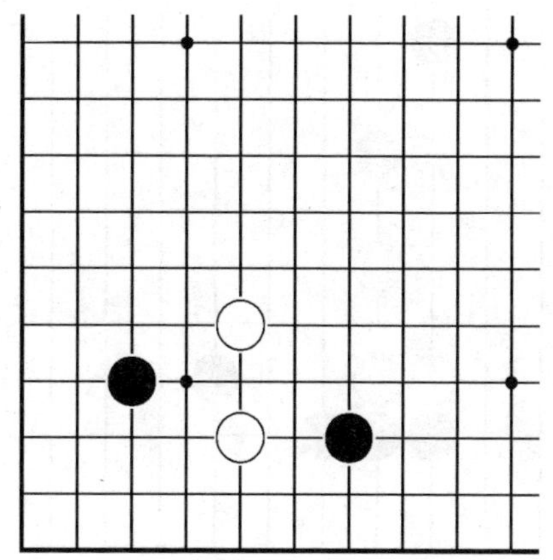

35

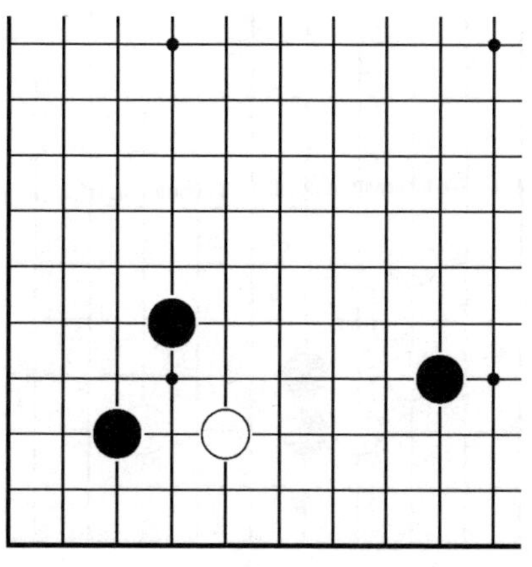

36

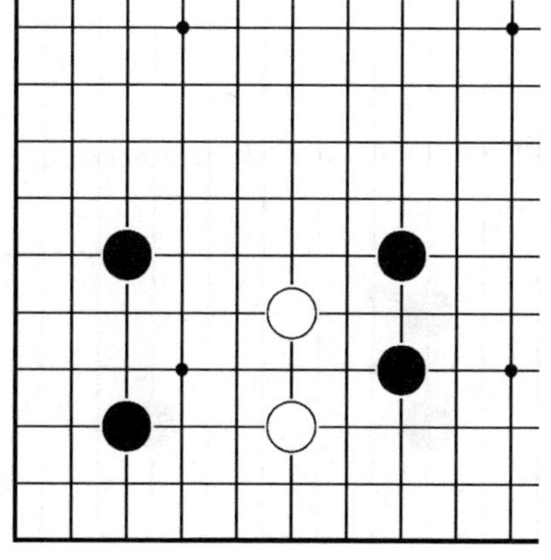

2. 出头与封锁

学习日期	月　日
检　查	

黑先，黑棋应该如何下？

37

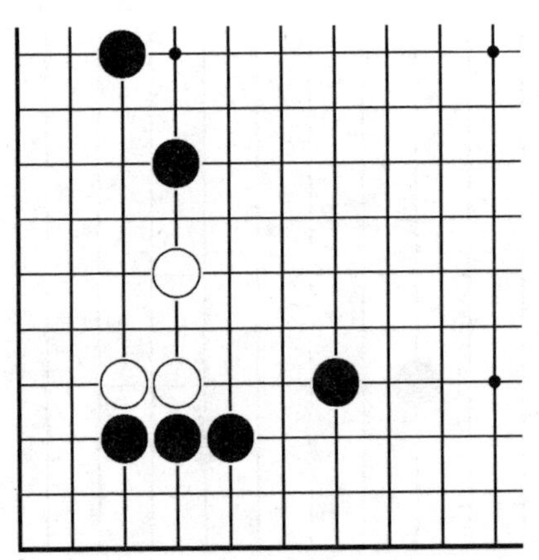

38

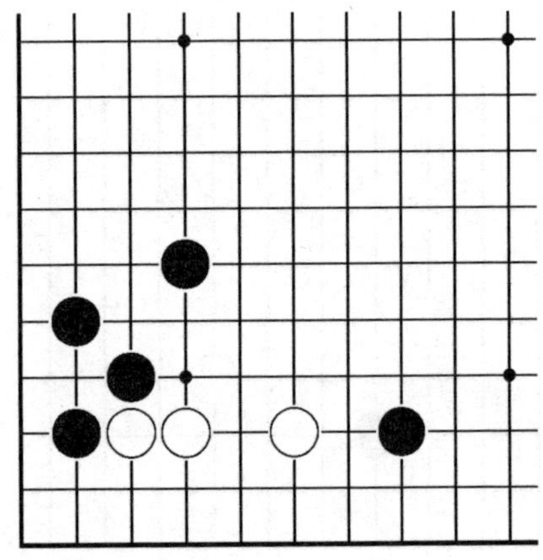

39

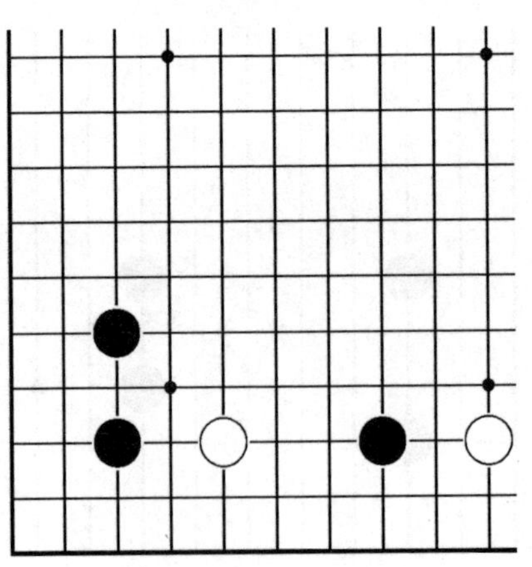

40

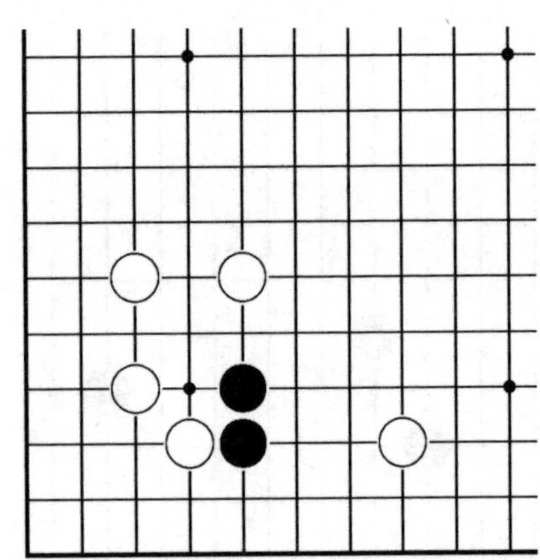

2. 出头与封锁

学习日期	月　　日
检　　查	

黑先，黑棋应该如何下？

41

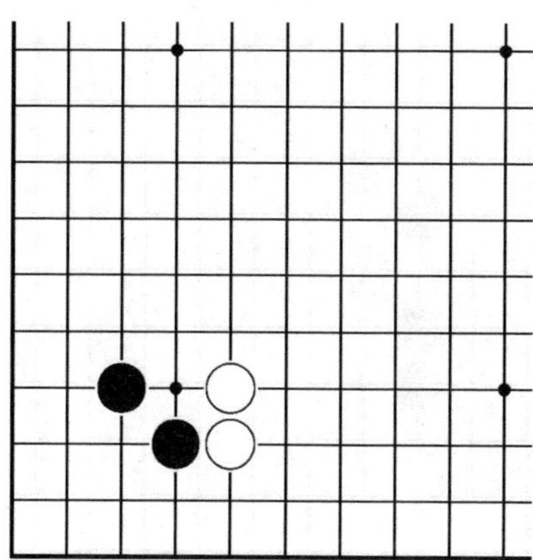

42

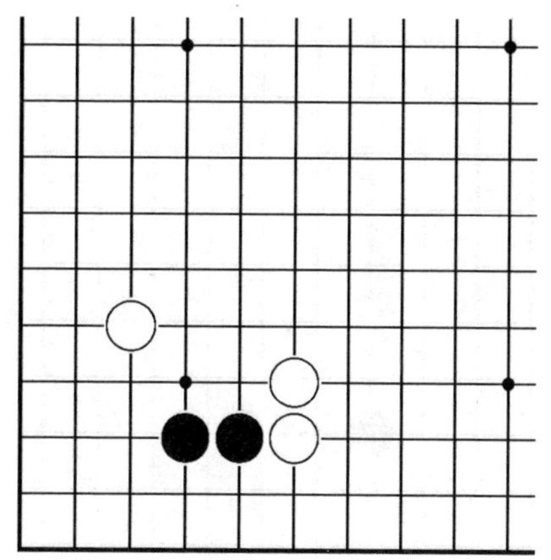

43

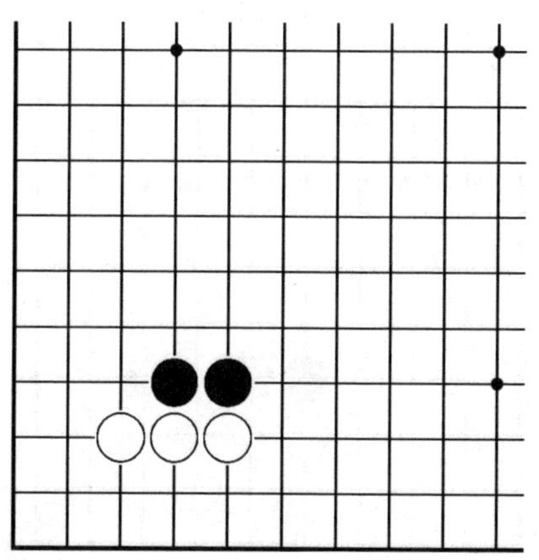

44

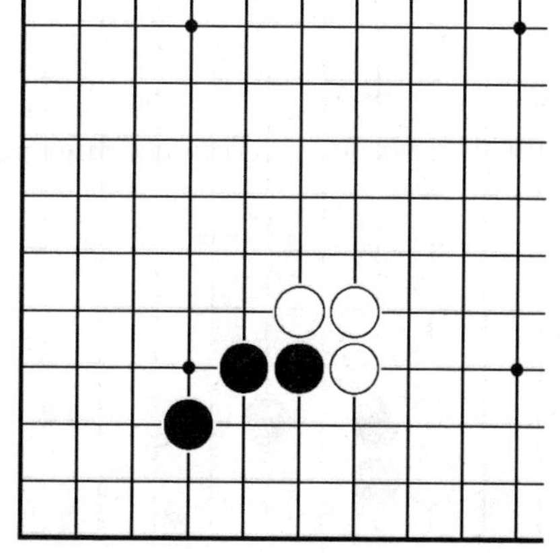

上篇

2. 出头与封锁

学习日期	月　　日
检　　查	

黑先，黑棋应该如何下？

45

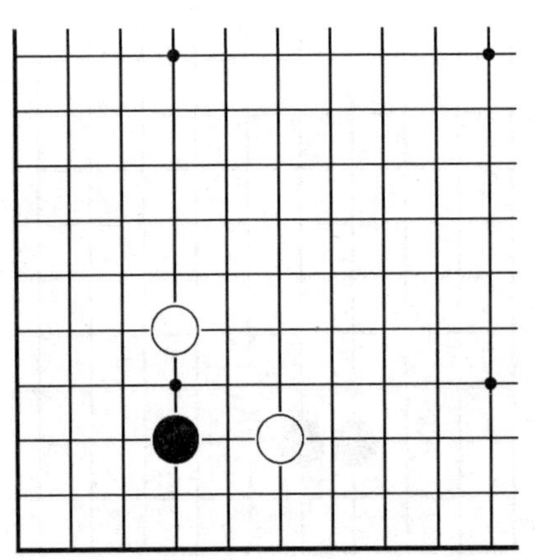

46

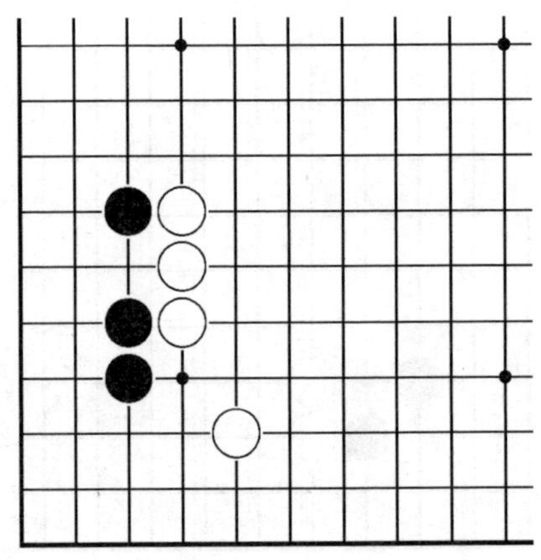

47

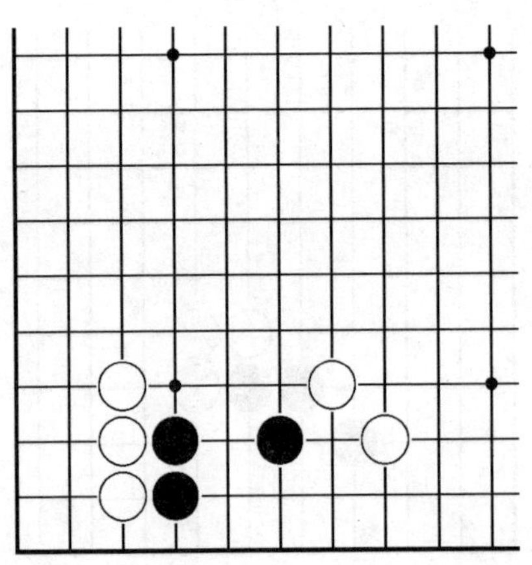

48

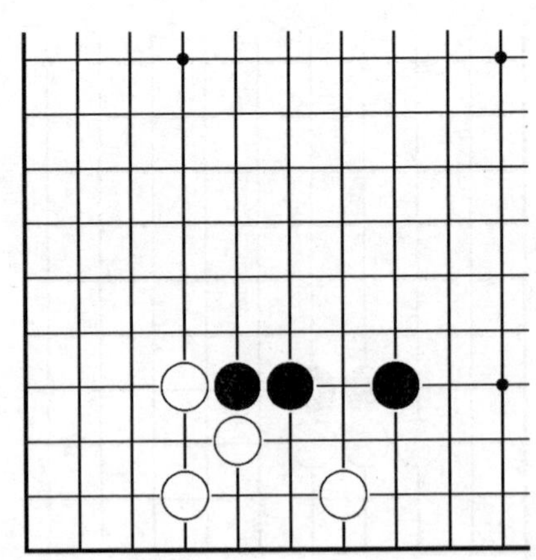

2. 出头与封锁

学习日期	月　　日
检　　查	

上篇

黑先，黑棋应该如何下？

49

50

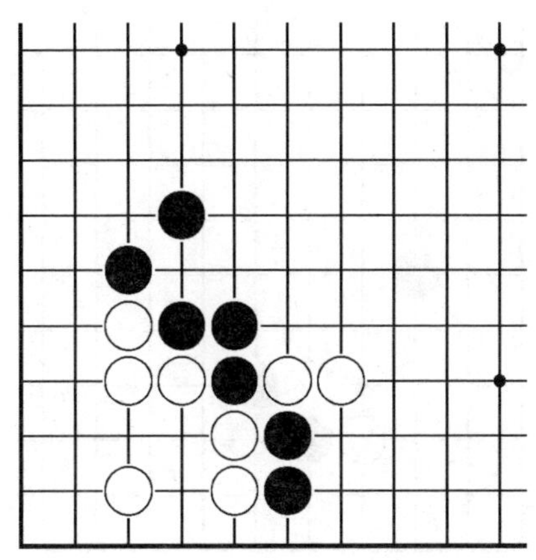

51

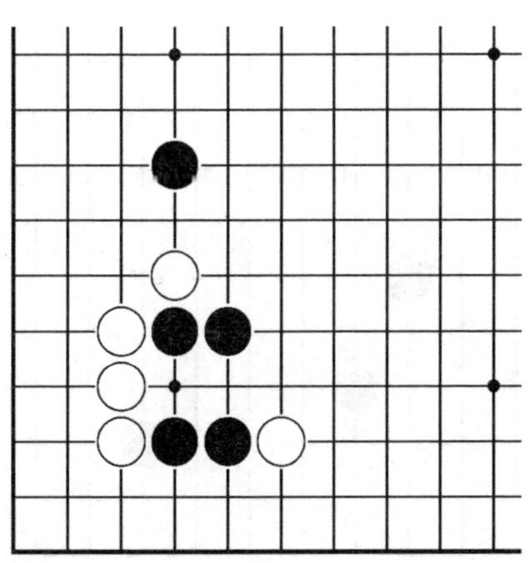

52

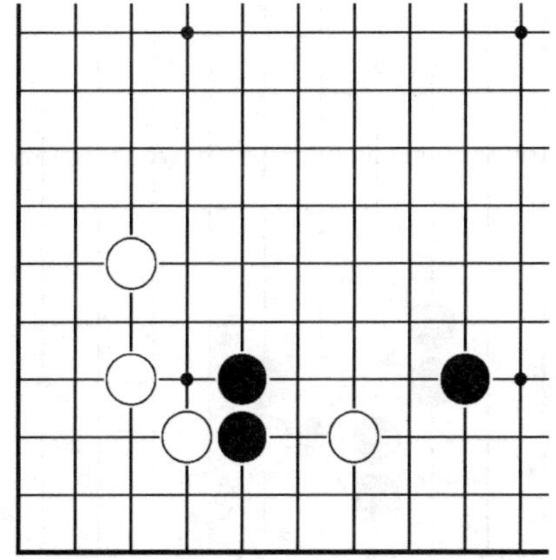

2. 出头与封锁

学习日期	月　日
检　查	

黑先，黑棋应该如何下？

53

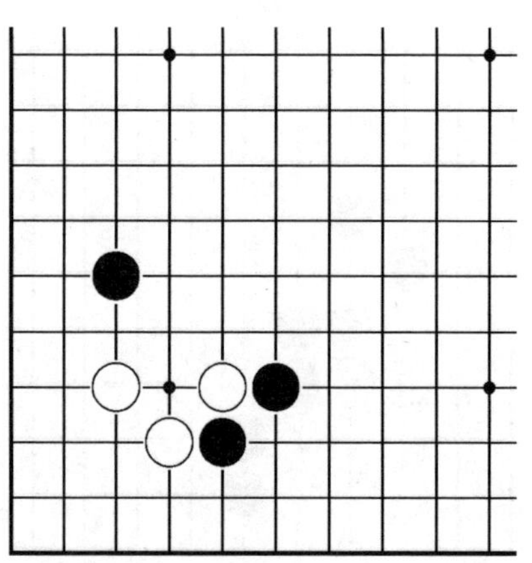

54

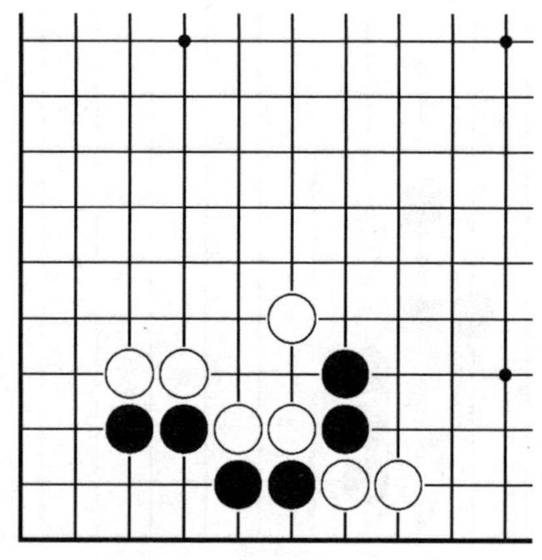

55

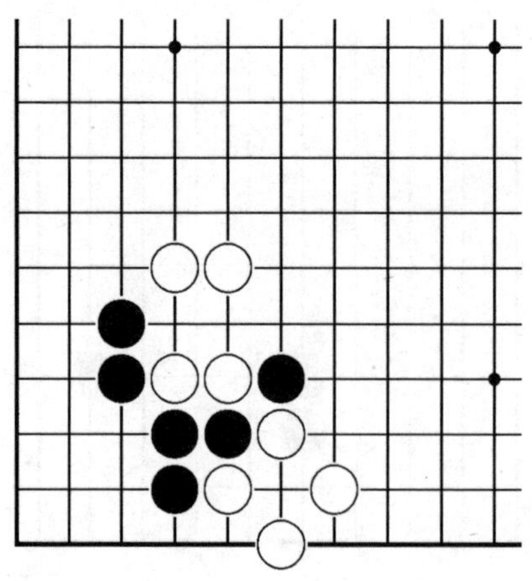

56

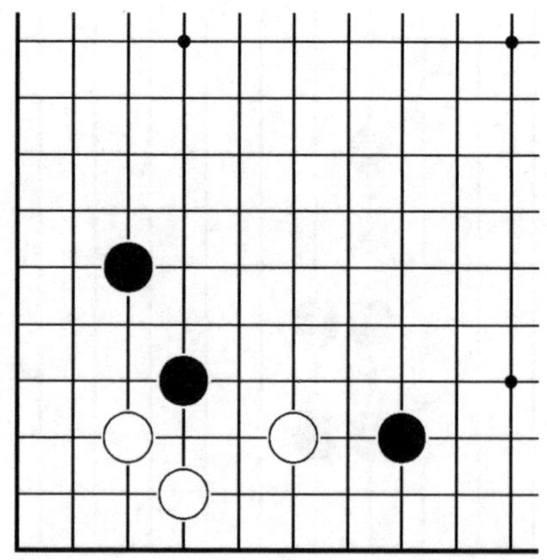

2. 出头与封锁

学习日期	月　　日
检　　查	

黑先，黑棋应该如何下？

57

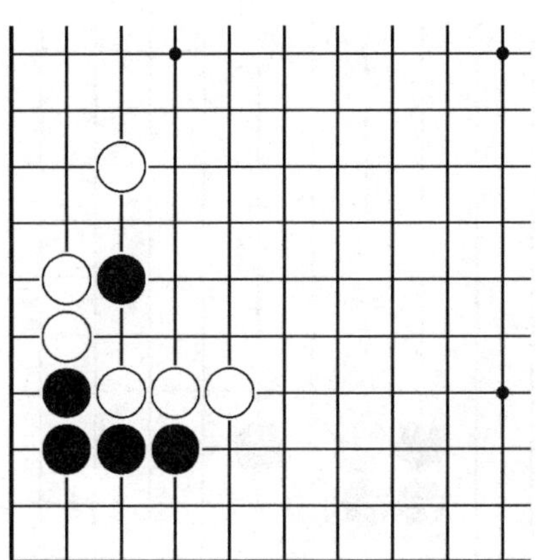

58

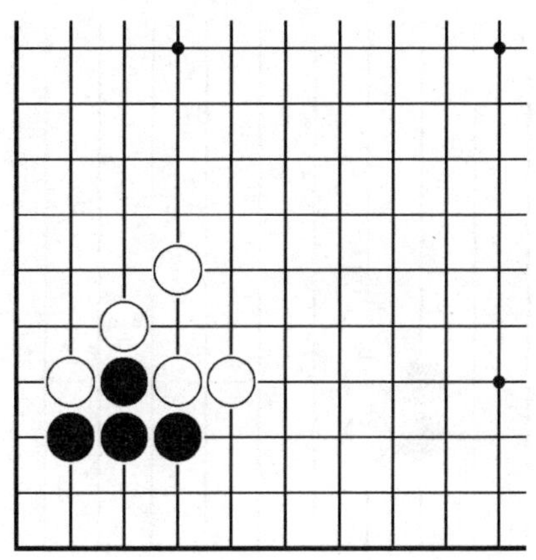

59

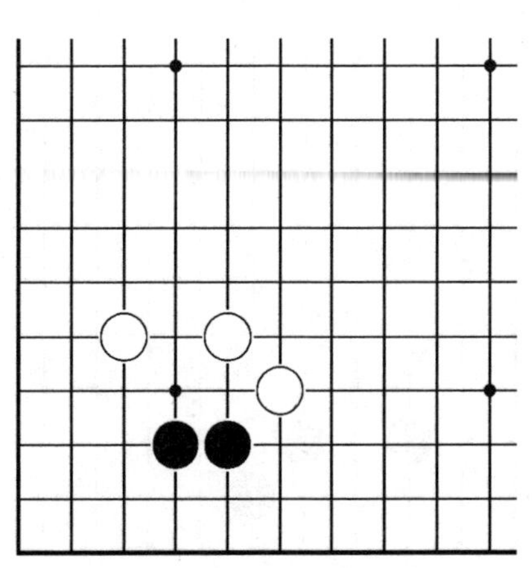

60

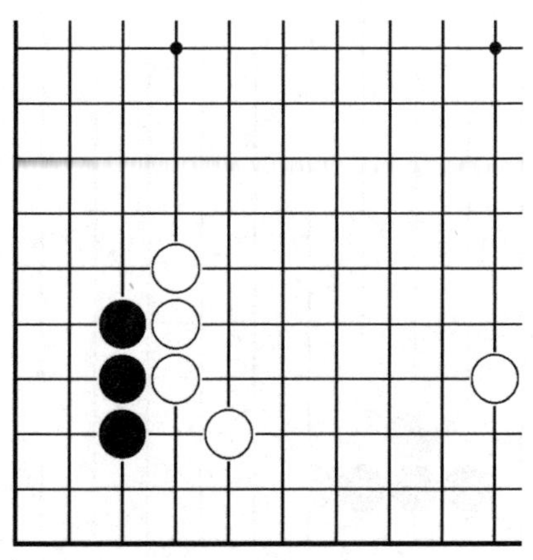

2. 出头与封锁

学习日期	月　　日
检　　查	

黑先，黑棋应该如何下？

61

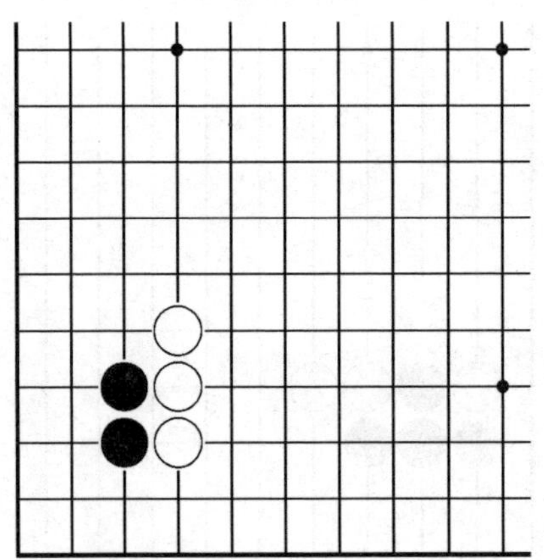

62

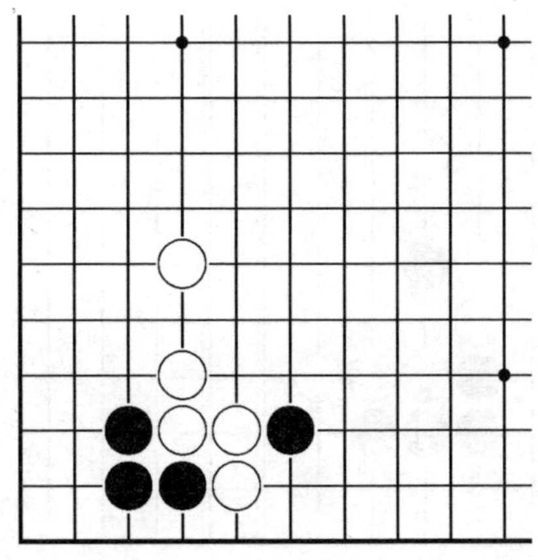

63

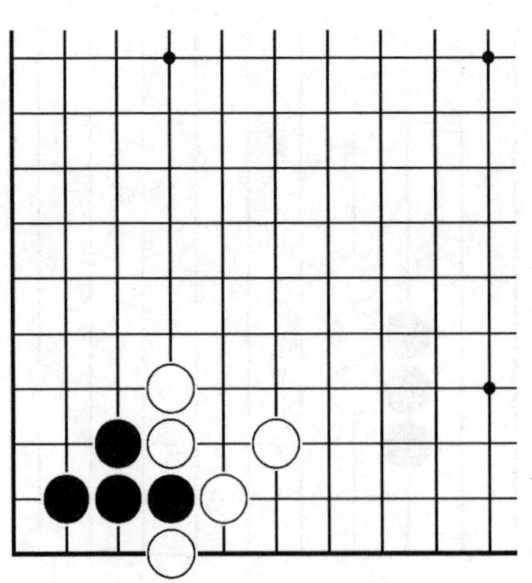

64

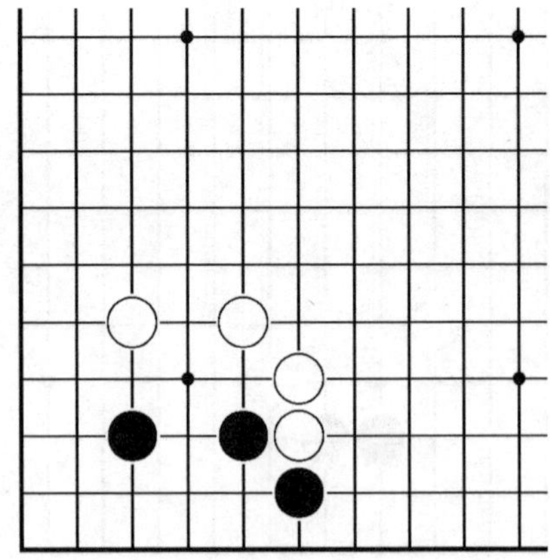

2. 出头与封锁

学习日期	月　　日
检　查	

黑先，黑棋应该如何下？

65

66

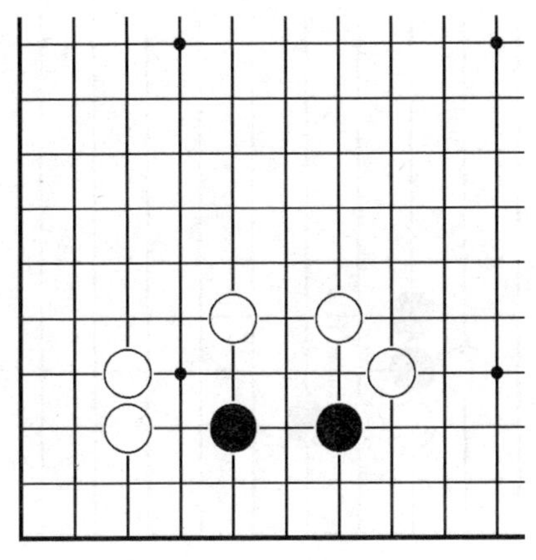

67

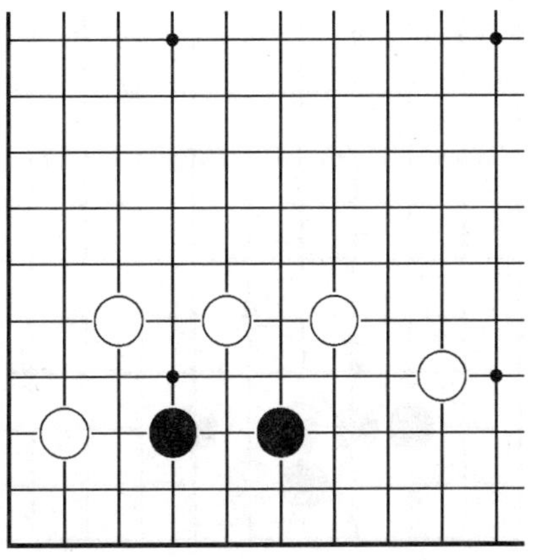

68

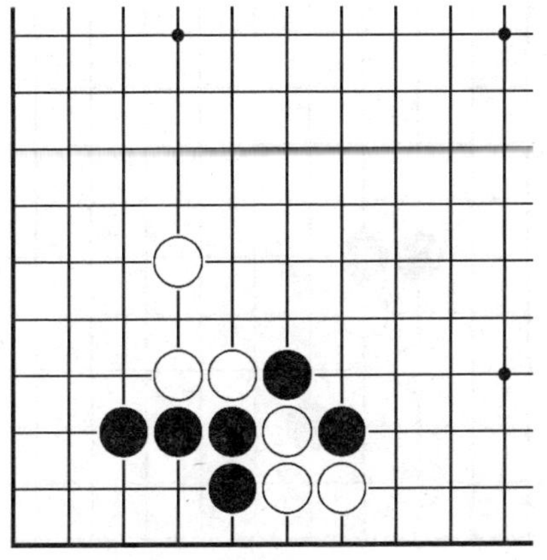

2. 出头与封锁

学习日期	月　日
检　查	

黑先，黑棋应该如何下？

69

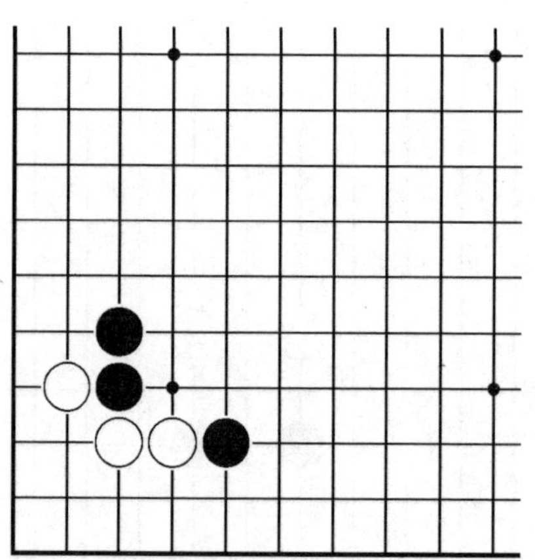

70

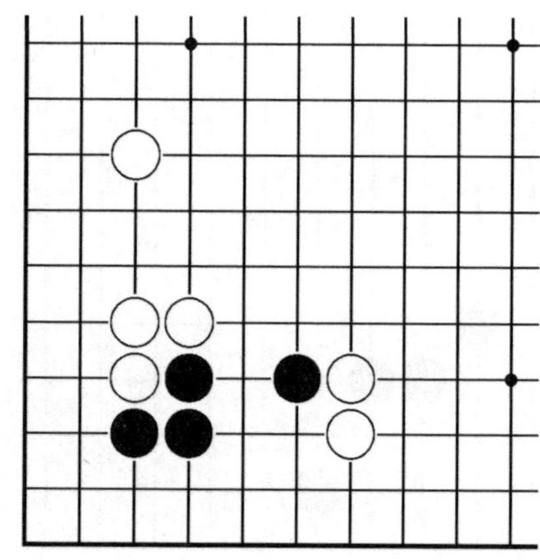

71

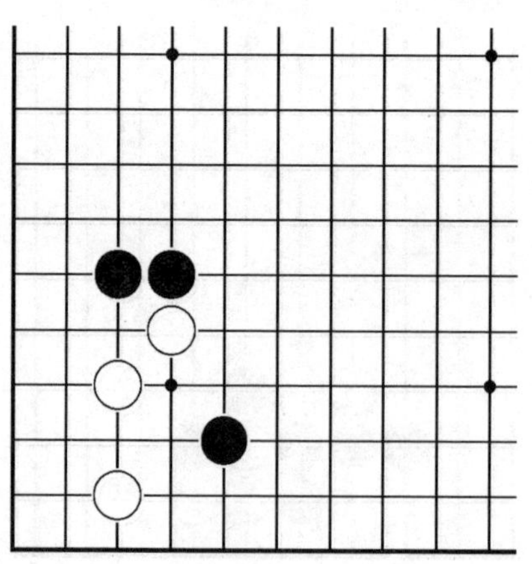

72

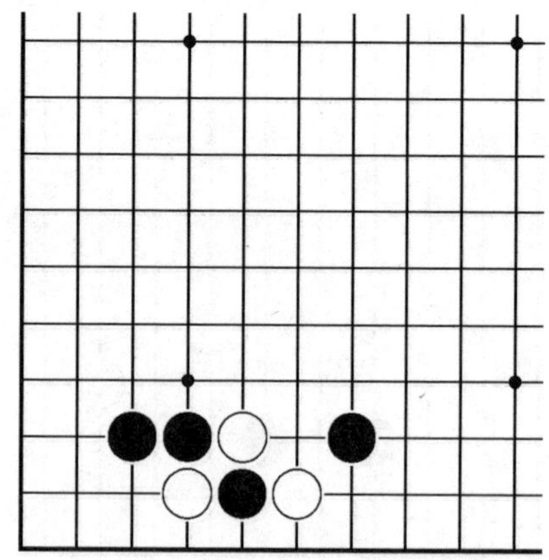

2. 出头与封锁

学习日期	月　　日
检　　查	

黑先，黑棋应该如何下？

73

74

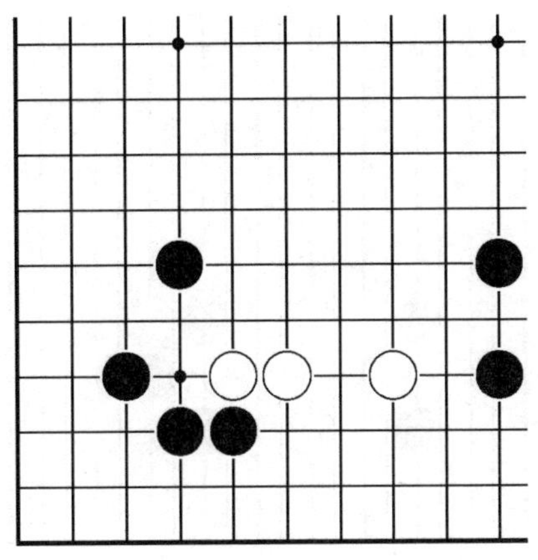

上篇

75

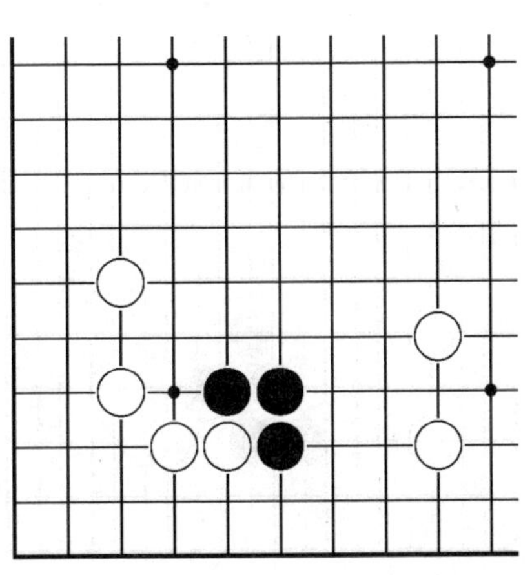

76

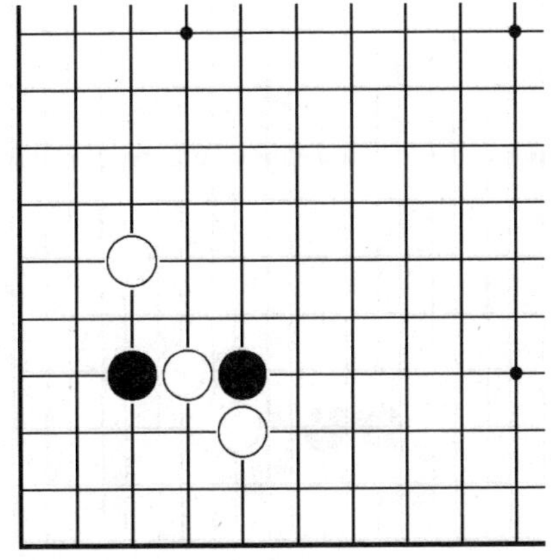

2. 出头与封锁

学习日期	月 日
检 查	

黑先，黑棋应该如何下？

77

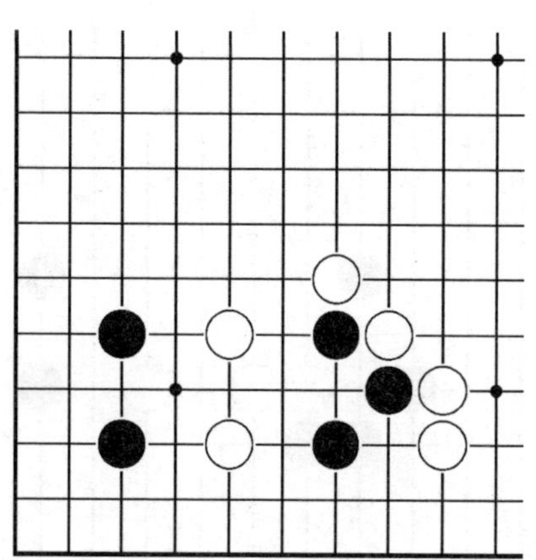

78

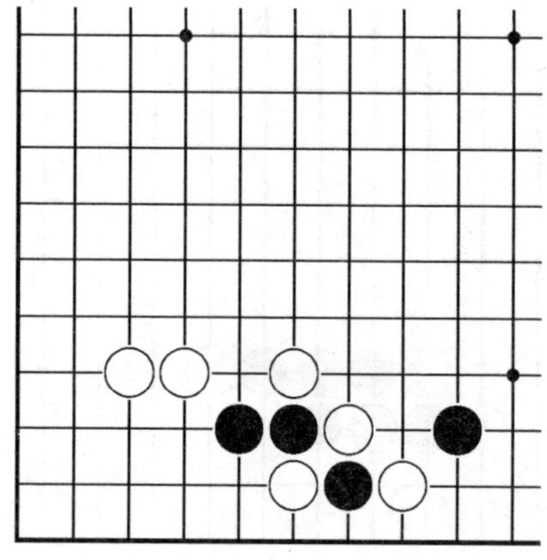

79

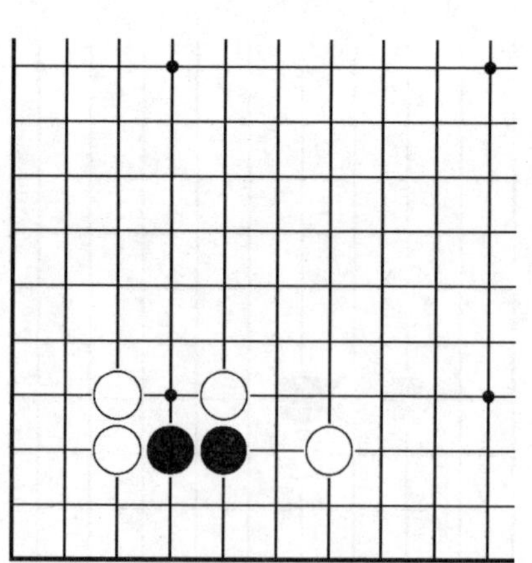

80

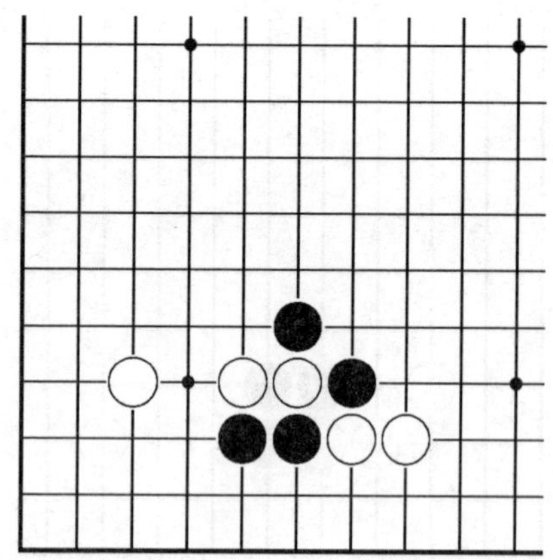

2. 出头与封锁

学习日期	月　　日
检　　查	

黑先，黑棋应该如何下？

81

82

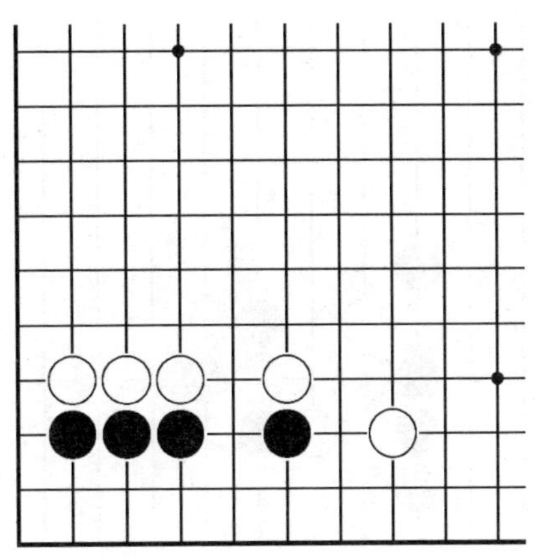

83

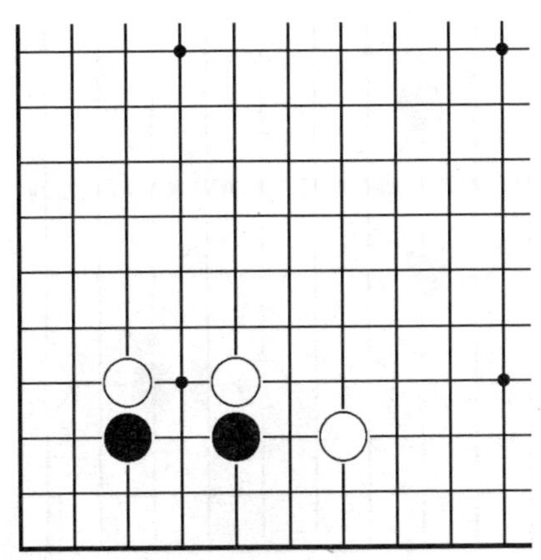

84

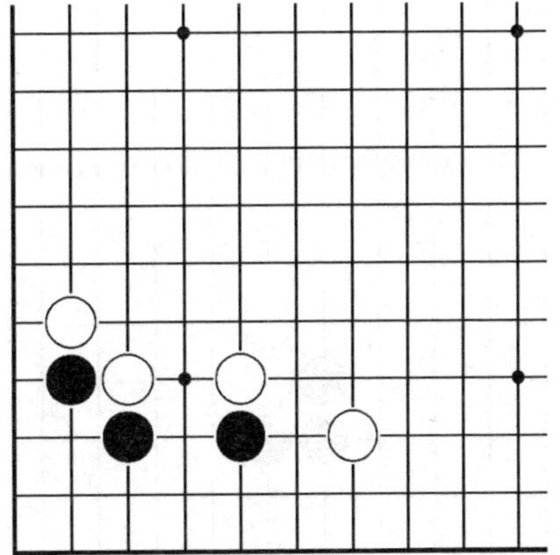

2. 出头与封锁

学习日期	月 日
检 查	

黑先，黑棋应该如何下？

85

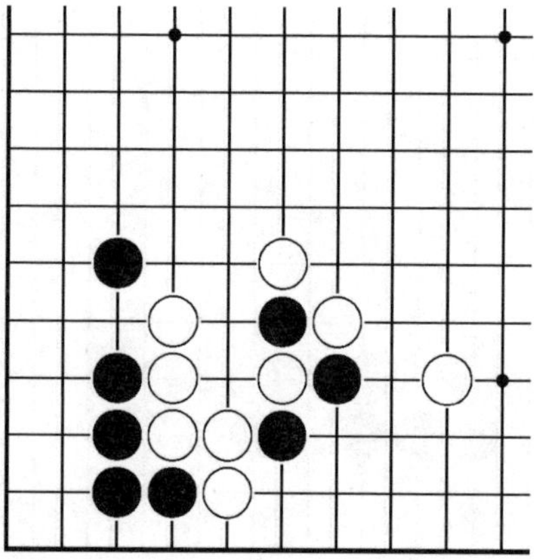

86

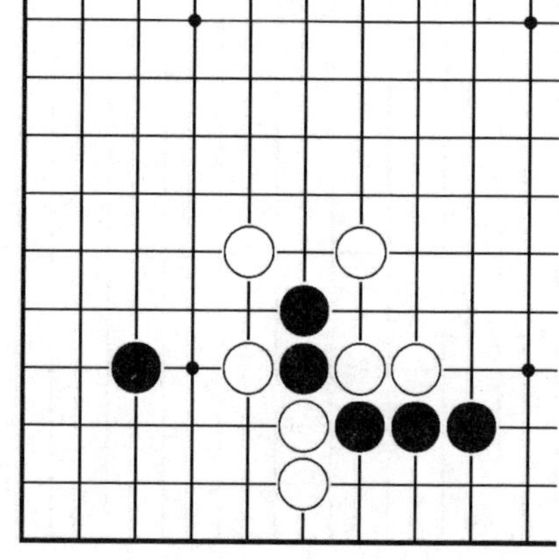

87

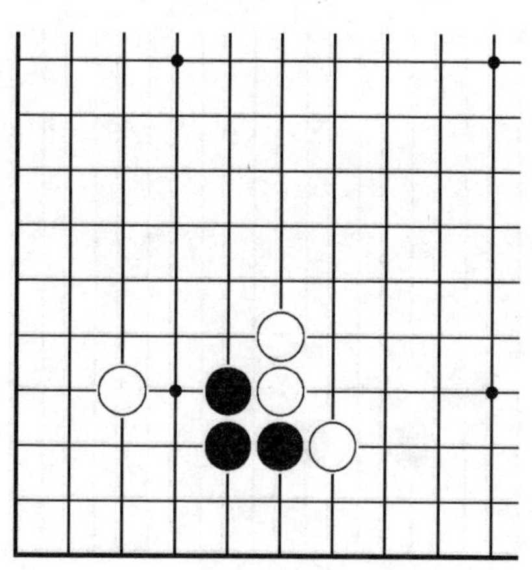

88

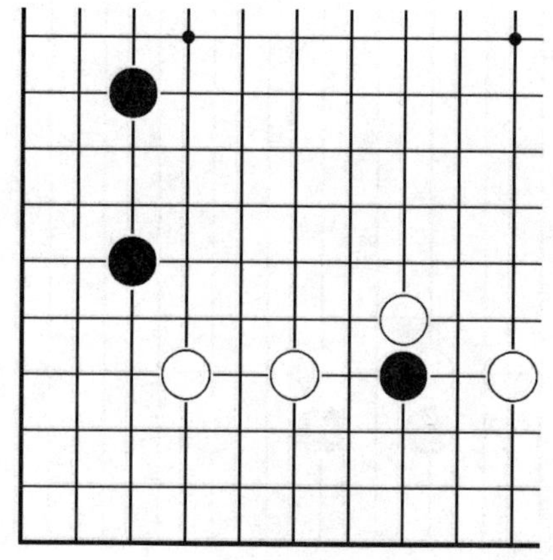

2. 出头与封锁

学习日期	月　　日
检　　查	

黑先，黑棋应该如何下？

89

90

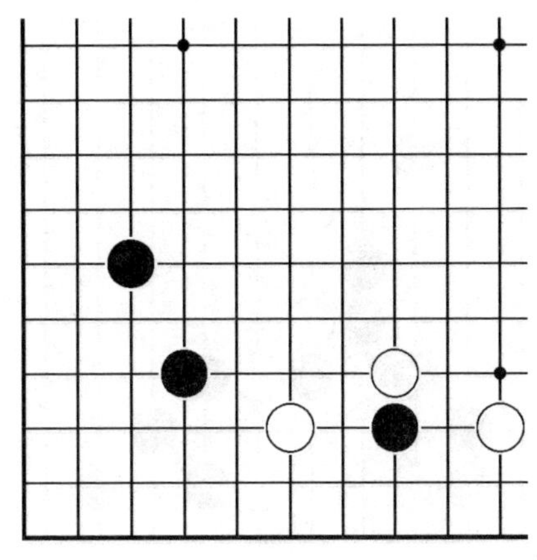

91

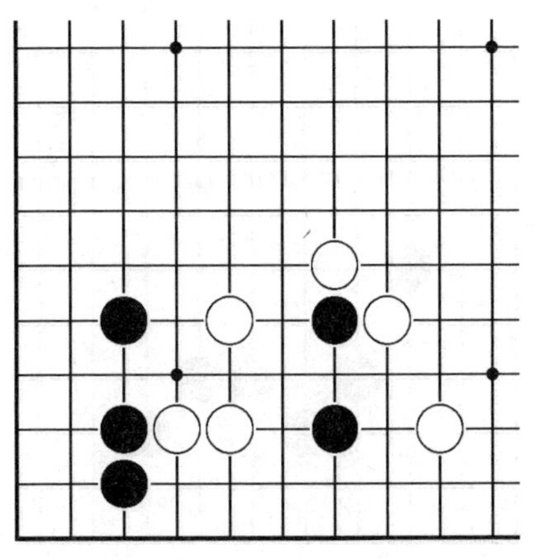

92

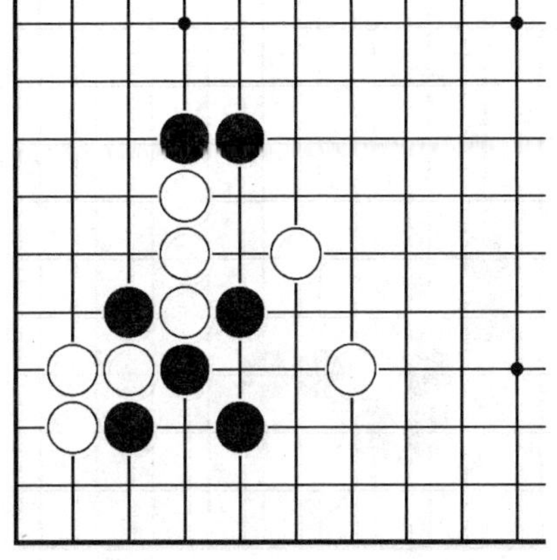

2. 出头与封锁

学习日期	月　　日
检　　查	

黑先，黑棋应该如何下？

93

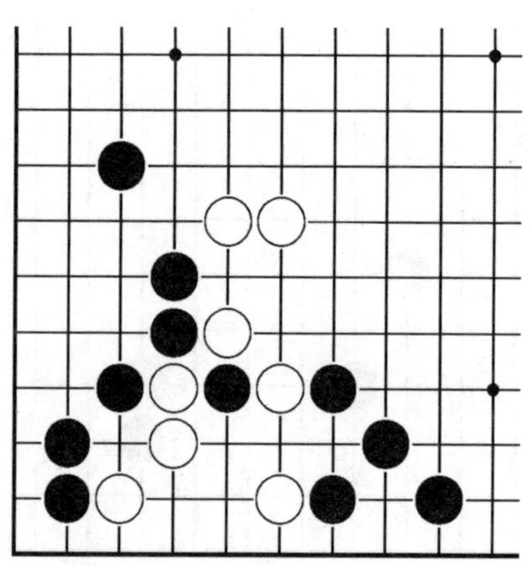

94

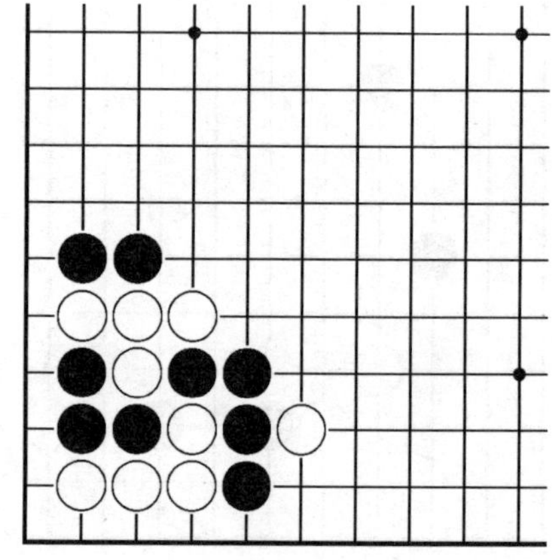

95

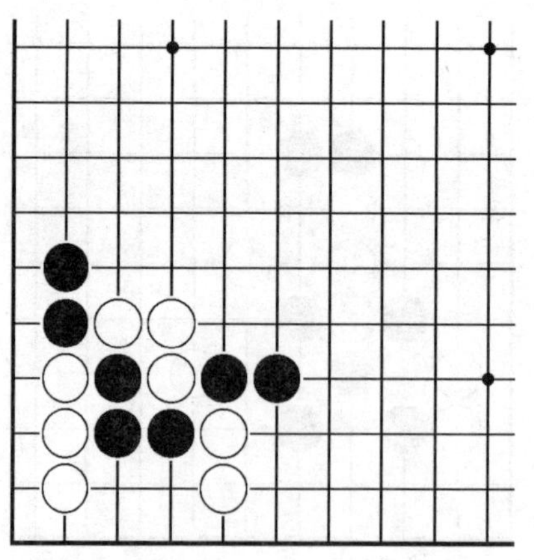

96

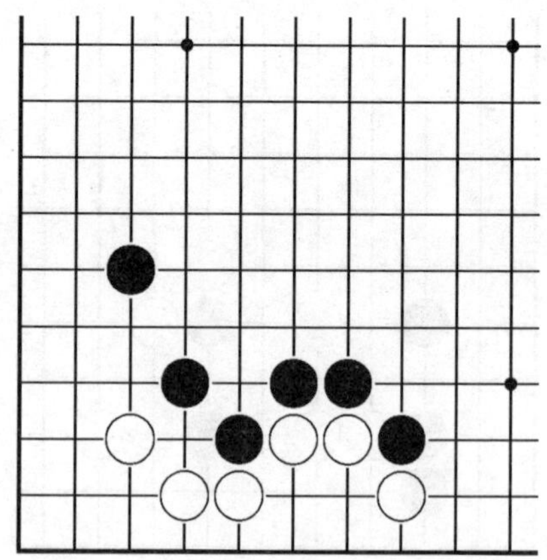

2. 出头与封锁

学习日期	月 日
检 查	

黑先，黑棋应该如何下？

97

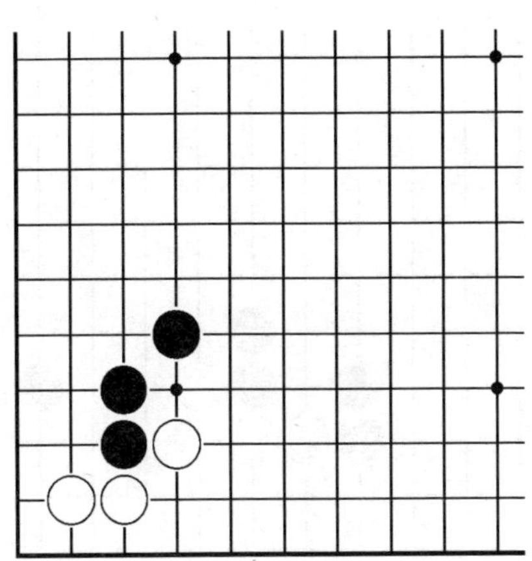

98

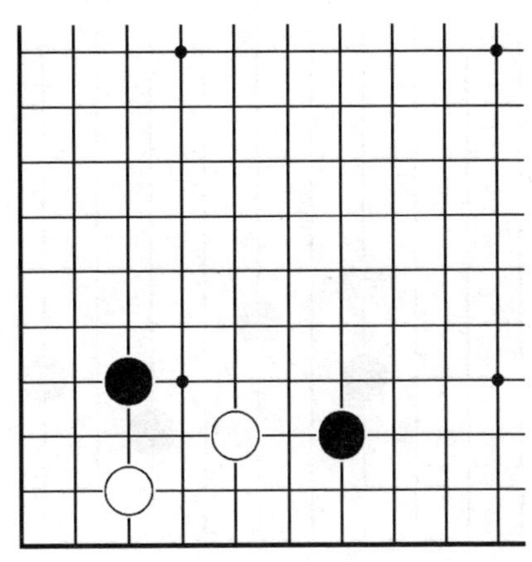

99

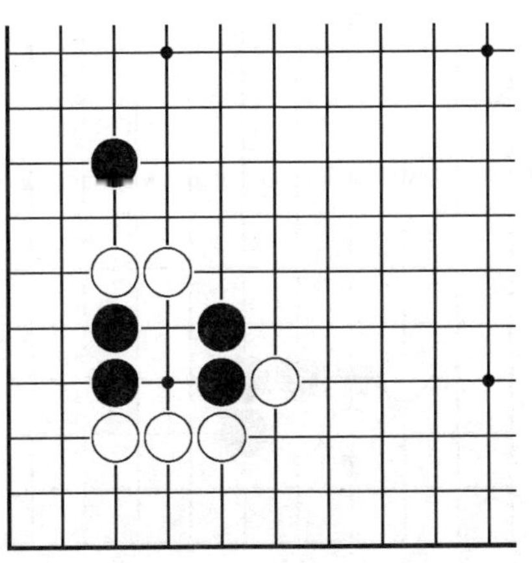

100

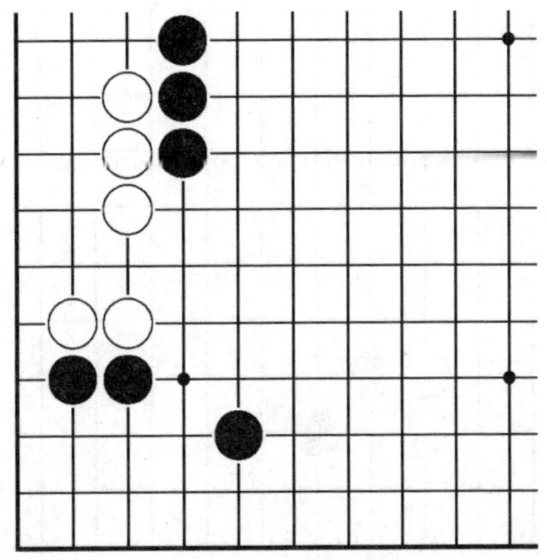

上篇

2. 出头与封锁

学习日期	月　　日
检　　查	

黑先，黑棋应该如何下？

101

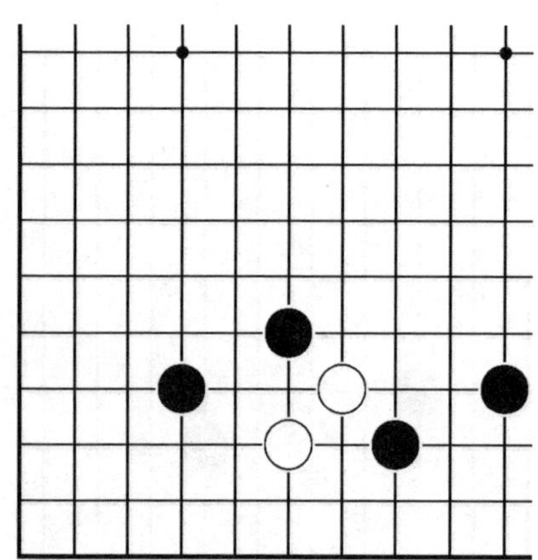

102

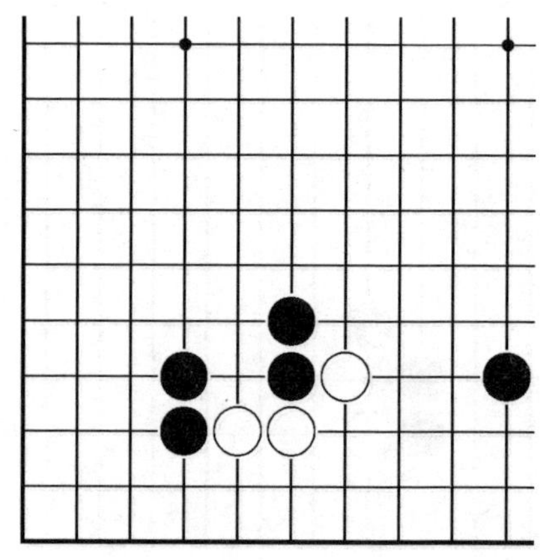

103

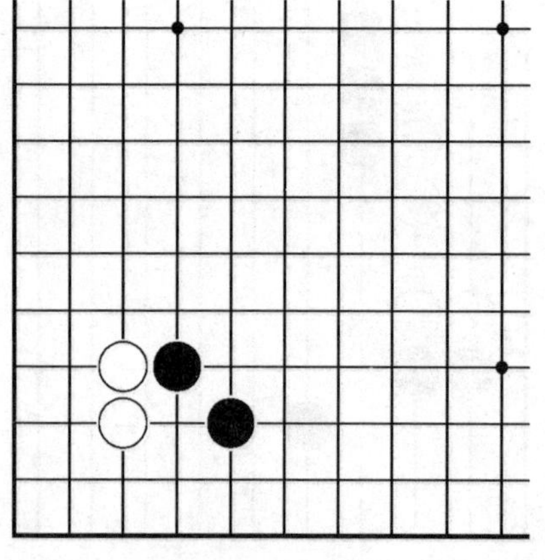

104

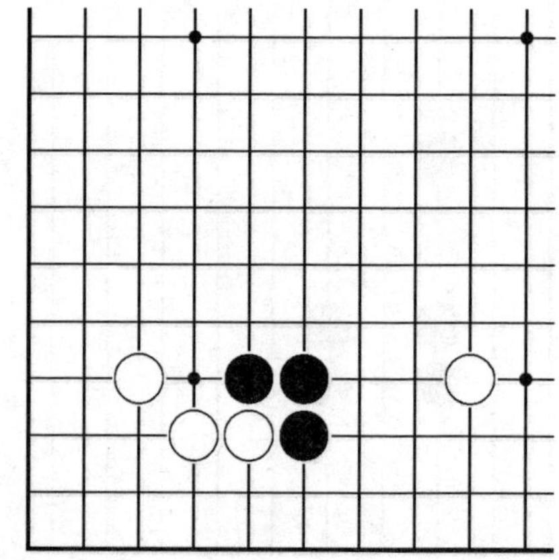

2. 出头与封锁

学习日期	月　　日
检　　查	

黑先，黑棋应该如何下？

105

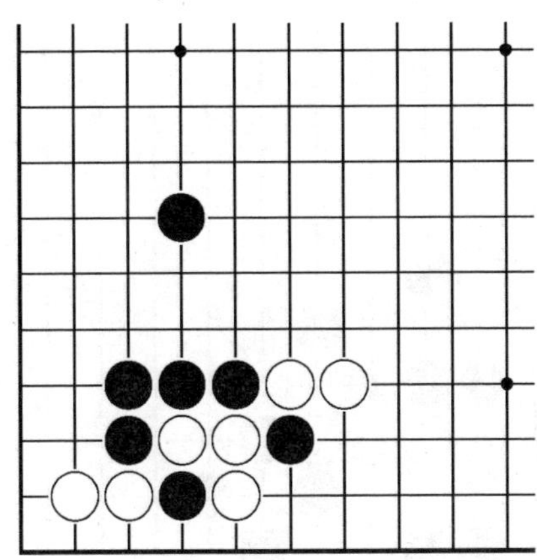

106

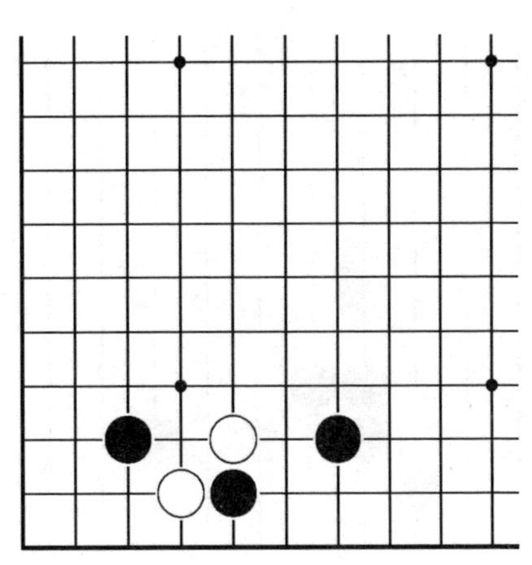

107

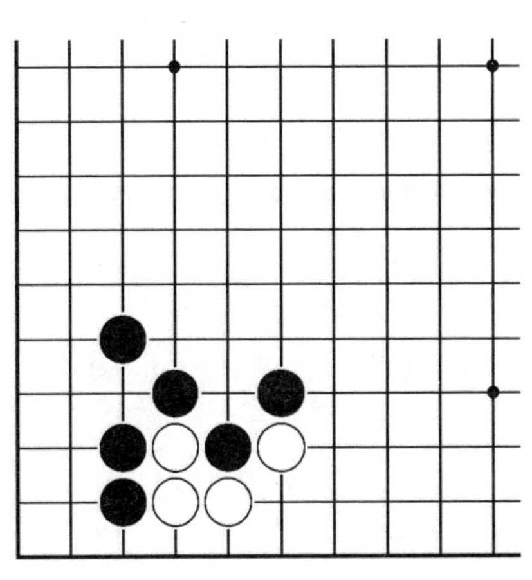

108

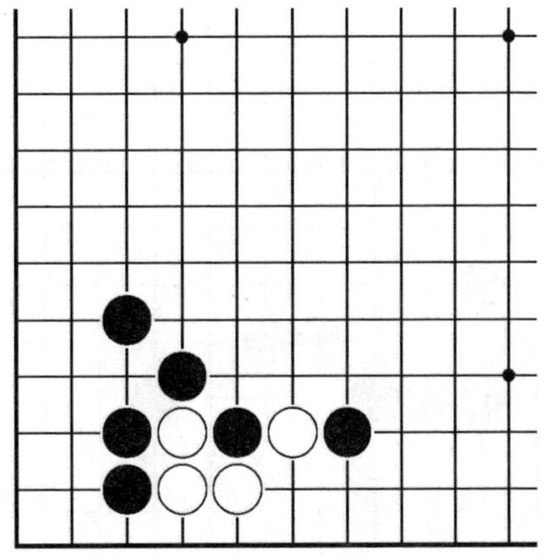

2. 出头与封锁

学习日期	月　　日
检　　查	

黑先，黑棋应该如何下？

109

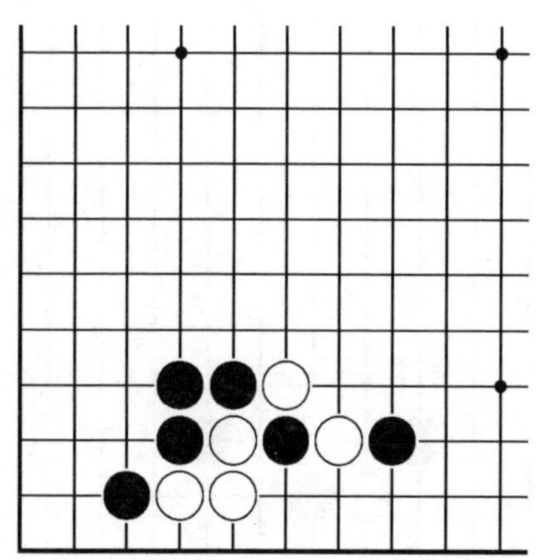

110

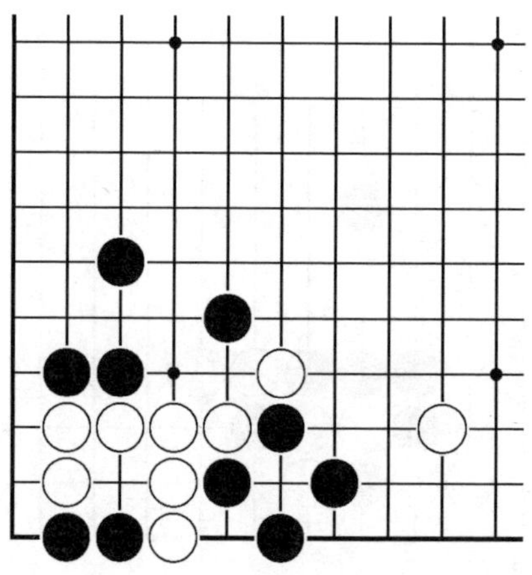

111

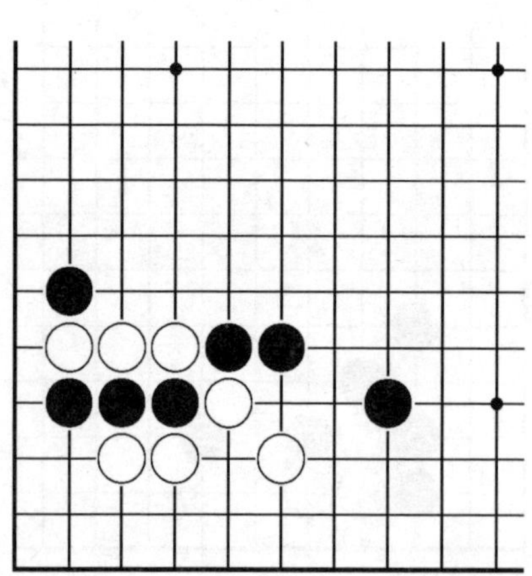

2. 出头与封锁

学习日期	月　　日
检　　查	

黑先，黑棋应该如何下？

112

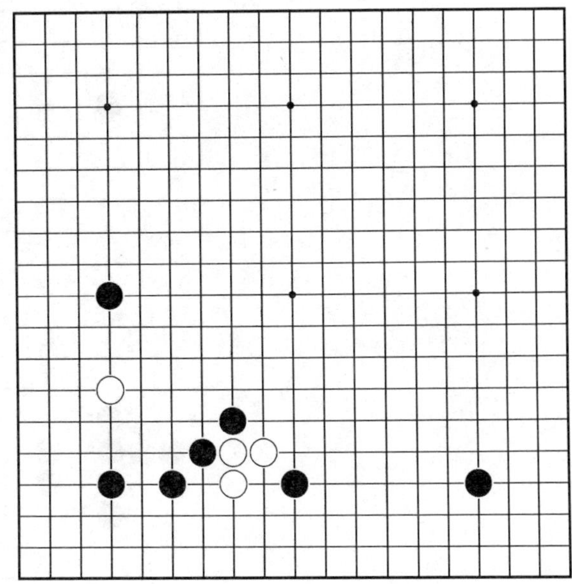

113

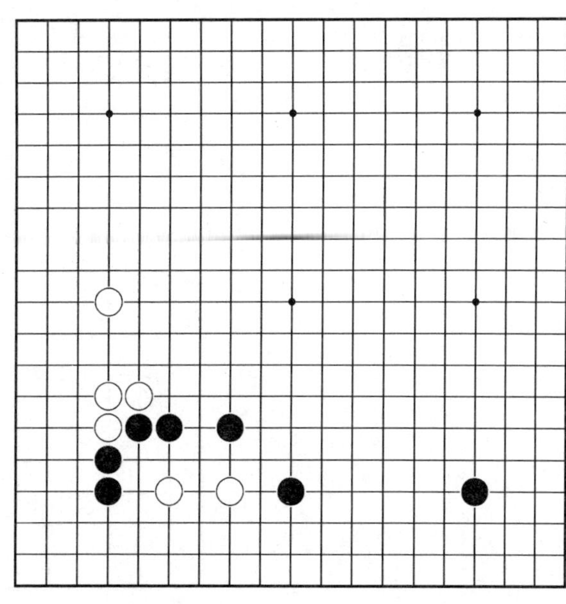

2. 出头与封锁

学习日期	月　日
检　查	

黑先，黑棋应该如何下？

114

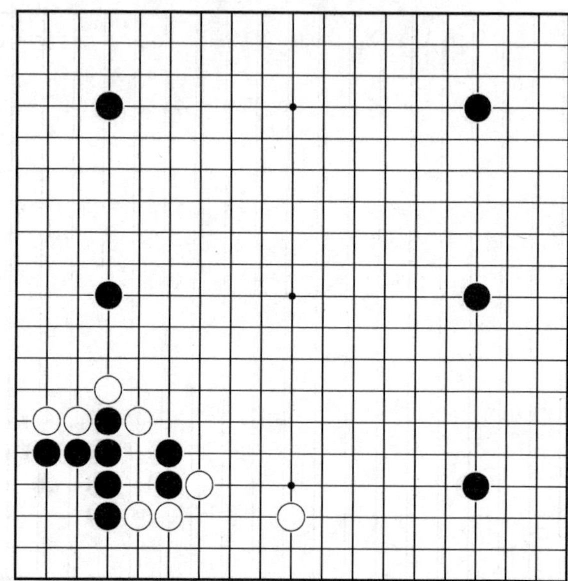

115

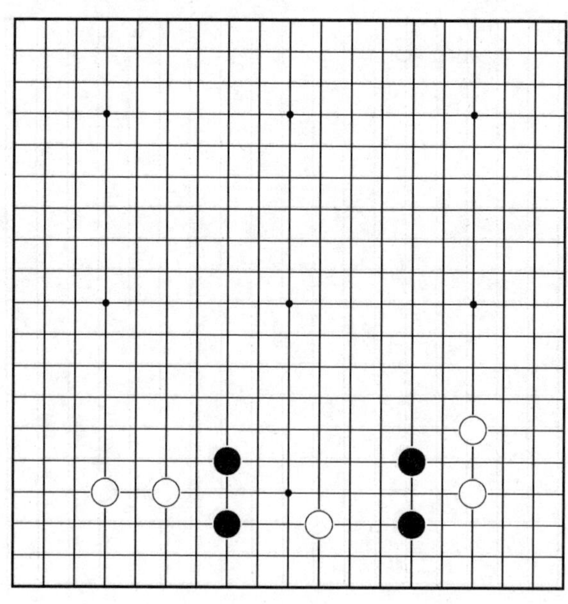

2. 出头与封锁

学习日期	月　　日
检　　查	

黑先，黑棋应该如何下？

116

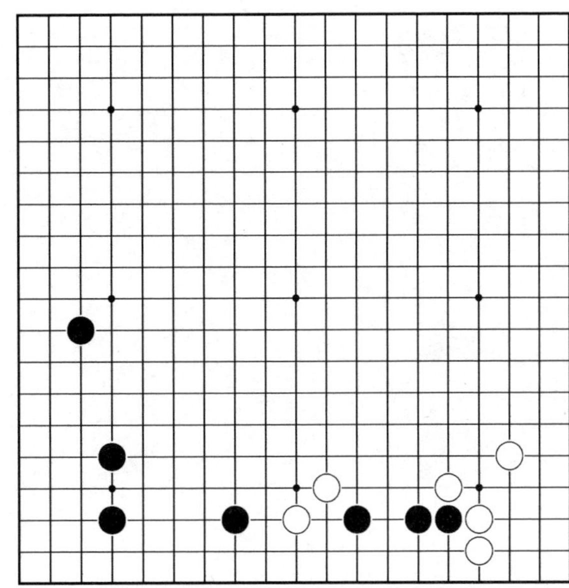

117

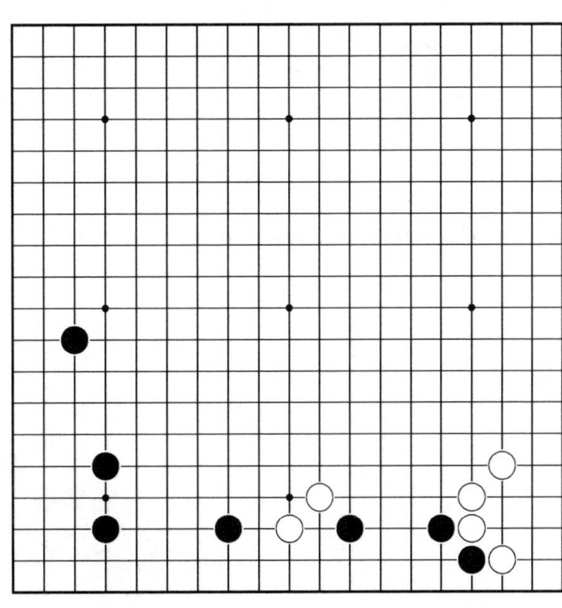

2. 出头与封锁

学习日期	月　　日
检　　查	

黑先，黑棋应该如何下？

118

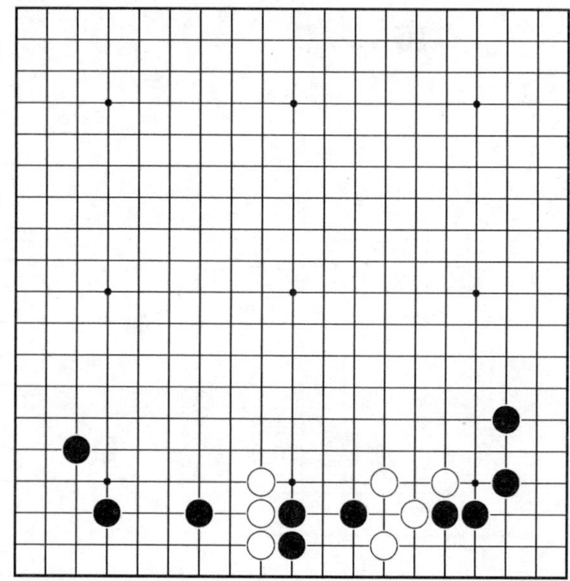

119

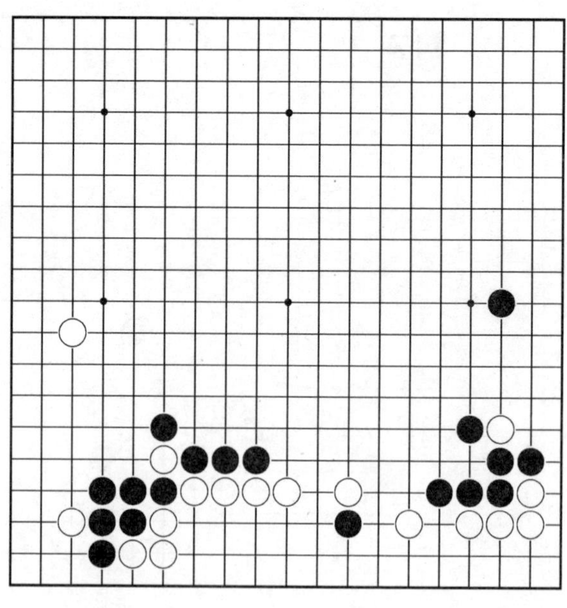

3. 子的价值

学习日期	月　　日
检　　查	

黑先，黑棋应该如何下？

1

2

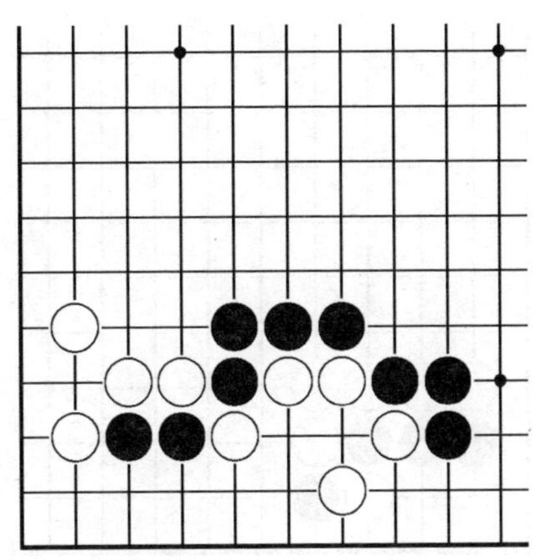

3

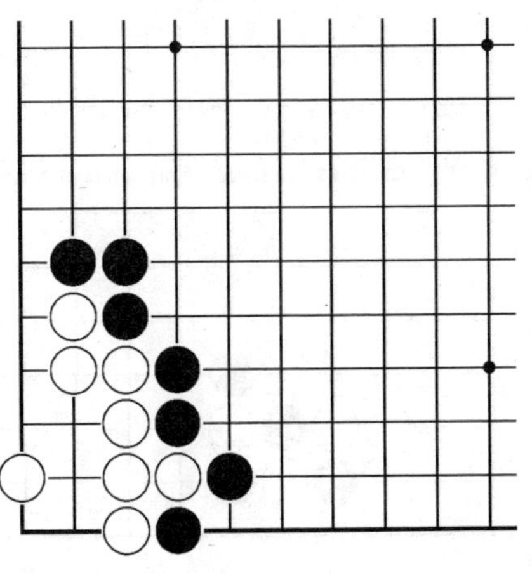

4

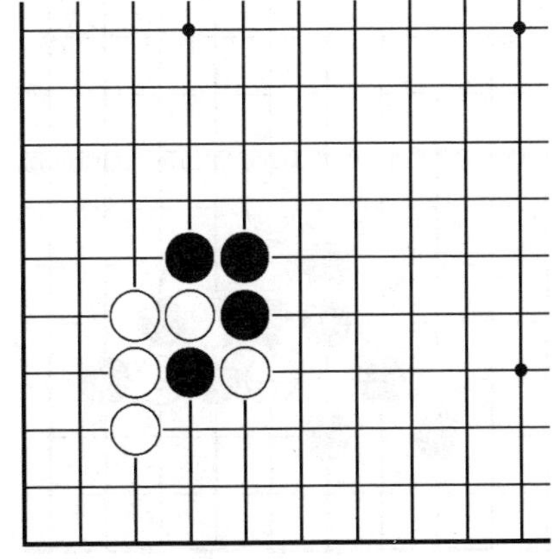

3. 子的价值

学习日期	月　日
检　查	

黑先，黑棋应该如何下？

5

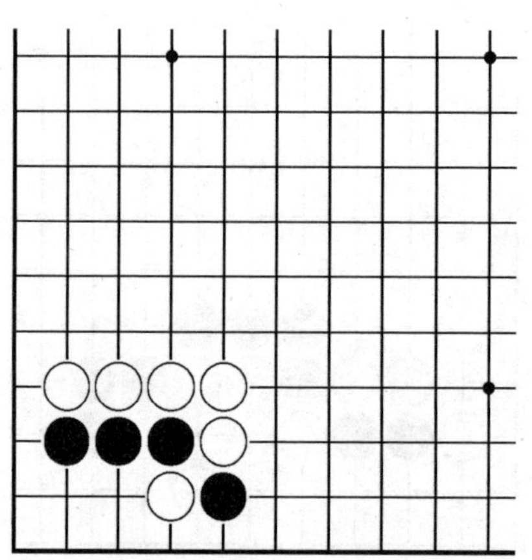

6

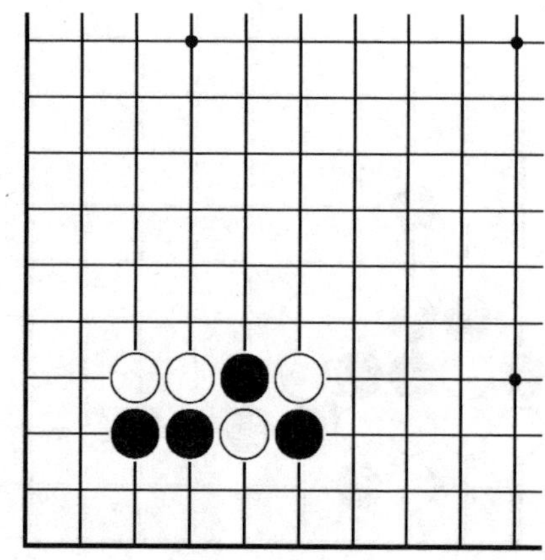

7

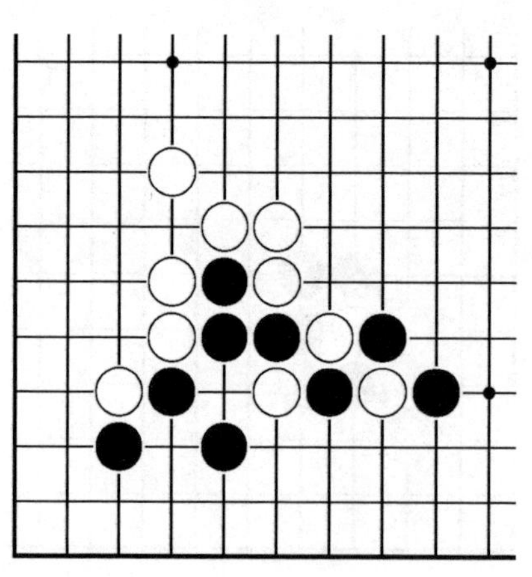

8

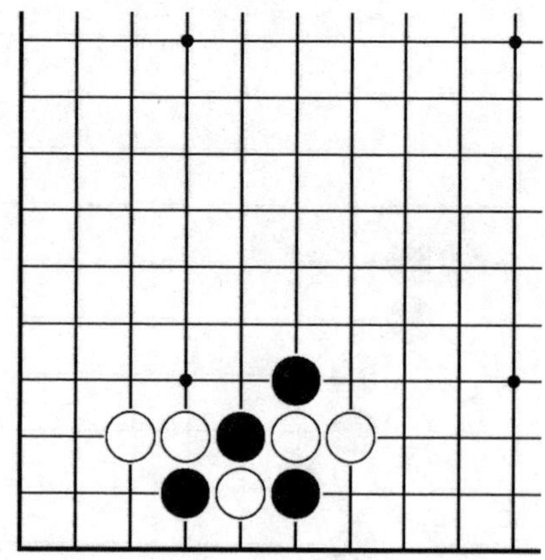

3. 子的价值

学习日期	月　　日
检　　查	

黑先，黑棋应该如何下？

9

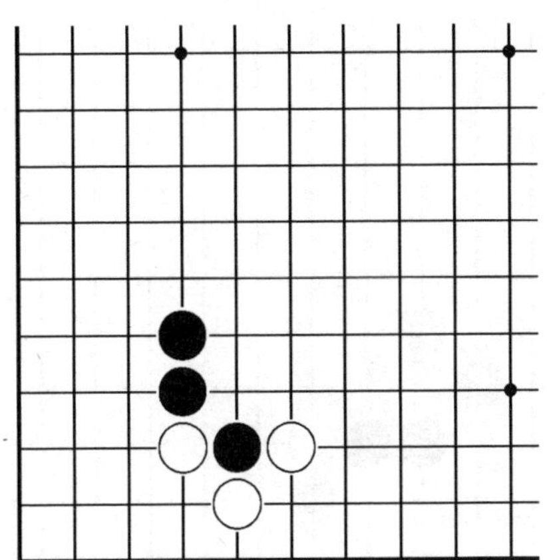

10

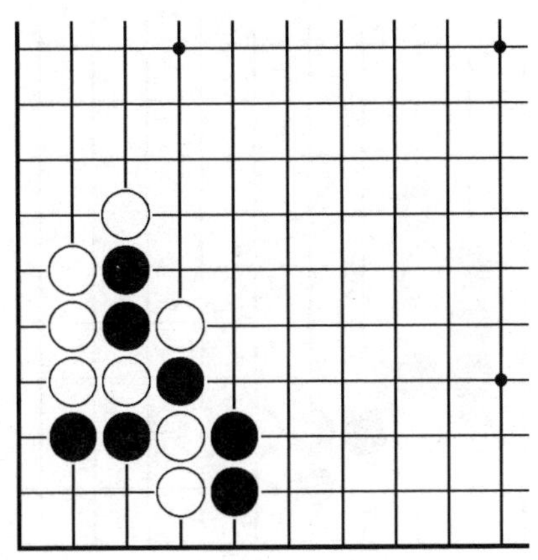

上篇

11

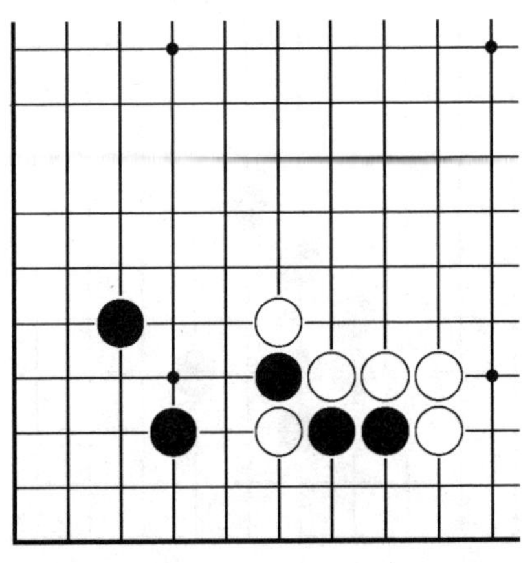

12

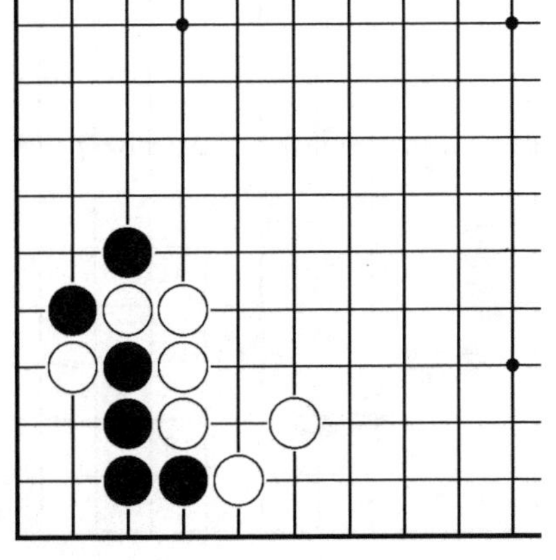

3. 子的价值

学习日期	月　　日
检　　查	

黑先，黑棋应该如何下？

13

14

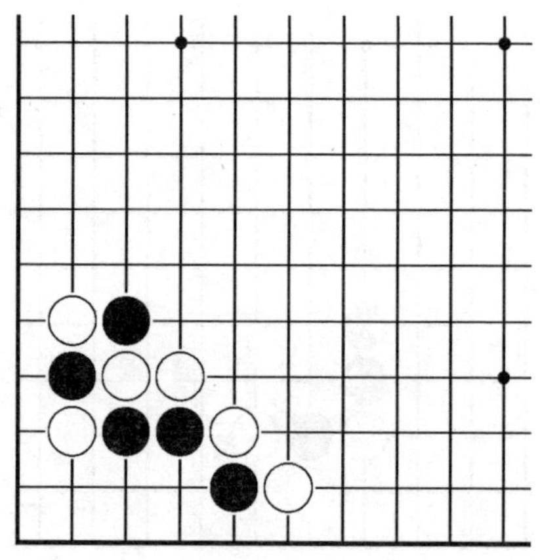

15

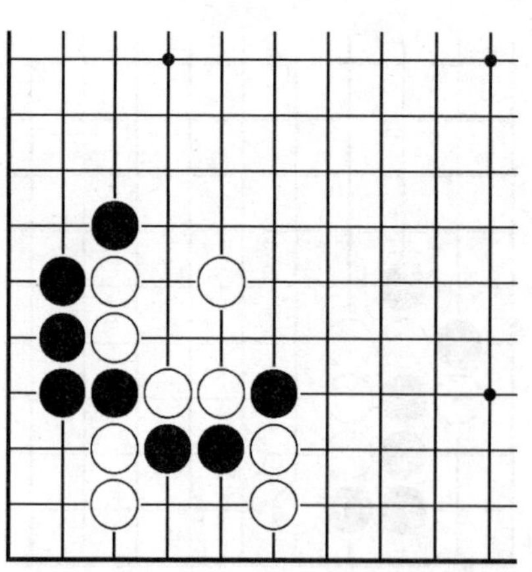

16

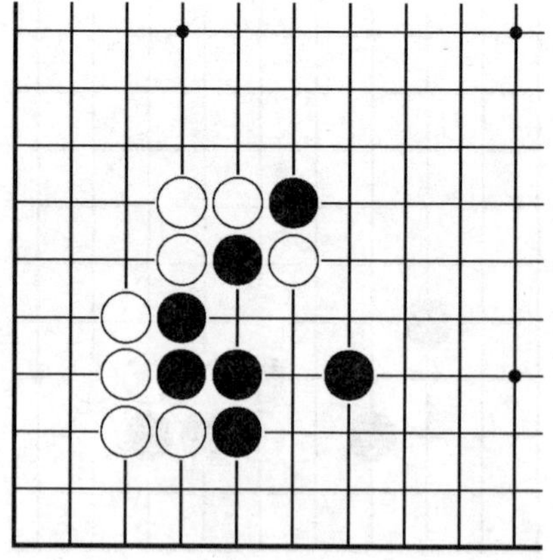

3. 子的价值

学习日期	月　　日
检　　查	

黑先，黑棋应该如何下？

17

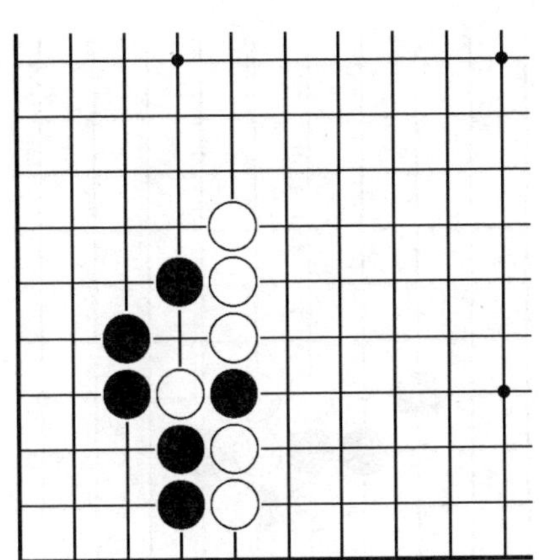

18

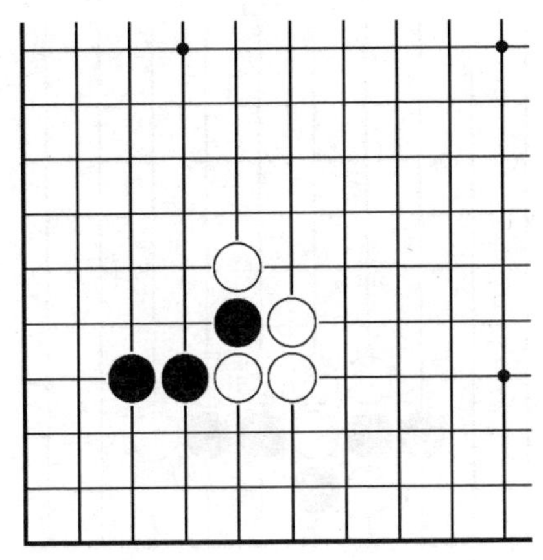

上篇

19

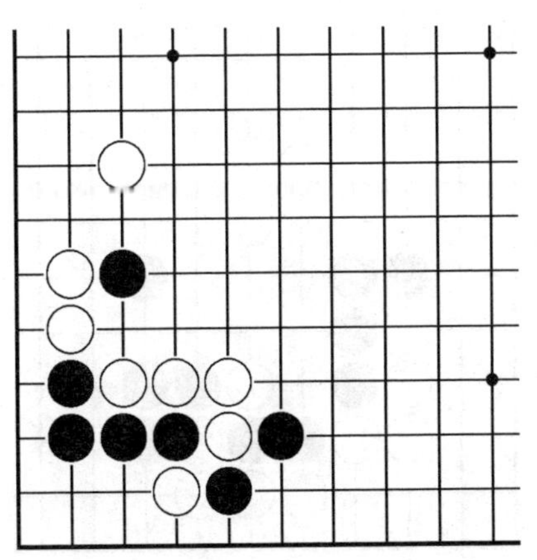

20

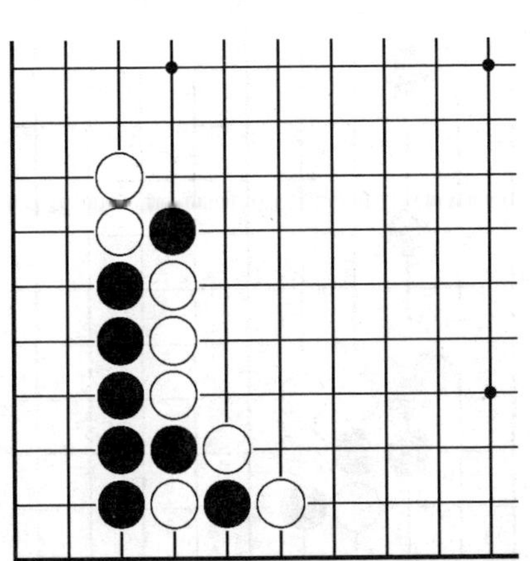

3. 子的价值

学习日期	月 日
检 查	

黑先，黑棋应该如何下？

21

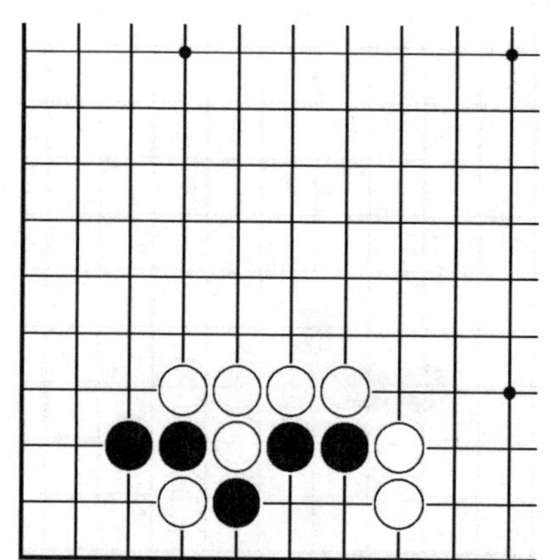

22

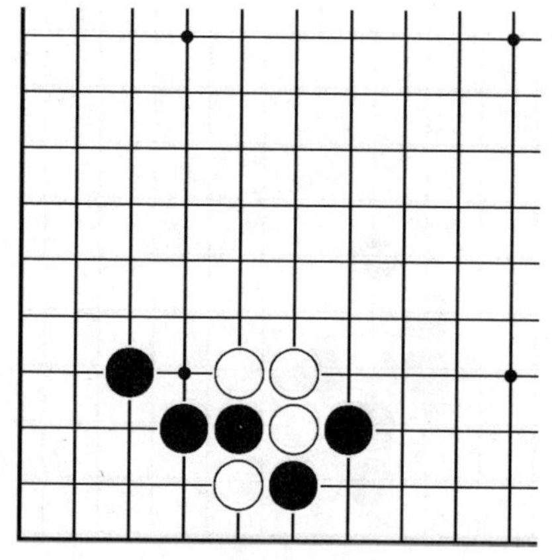

23

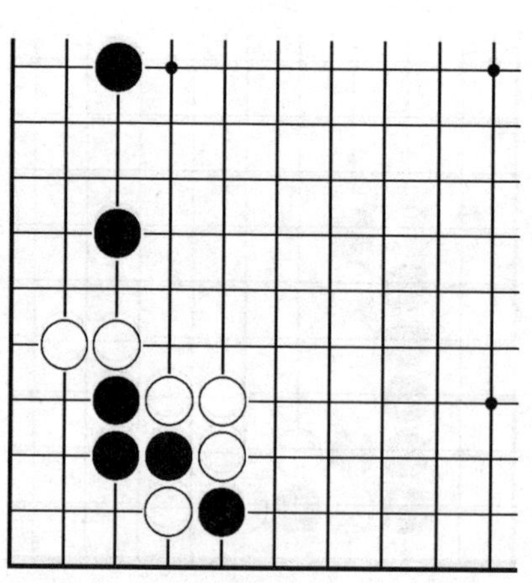

24

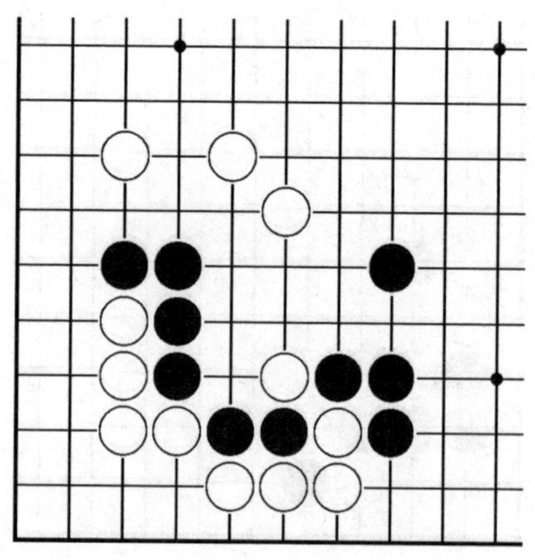

3. 子的价值

学习日期	月　　日
检　　查	

黑先，黑棋应该如何下？

25

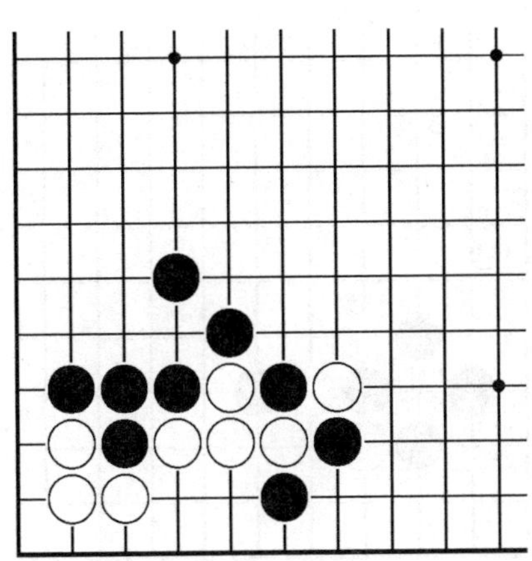

26

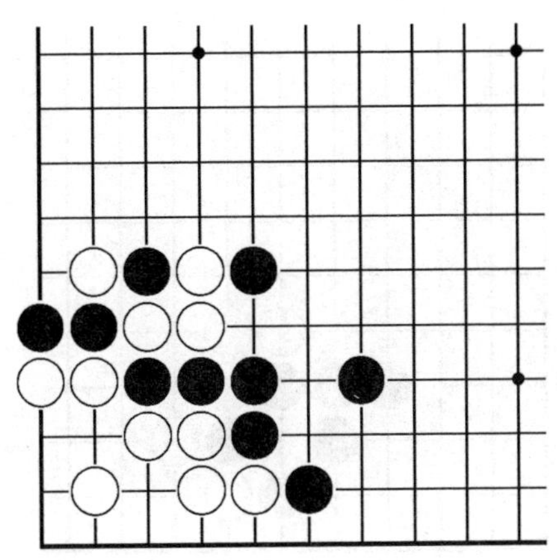

上篇

27

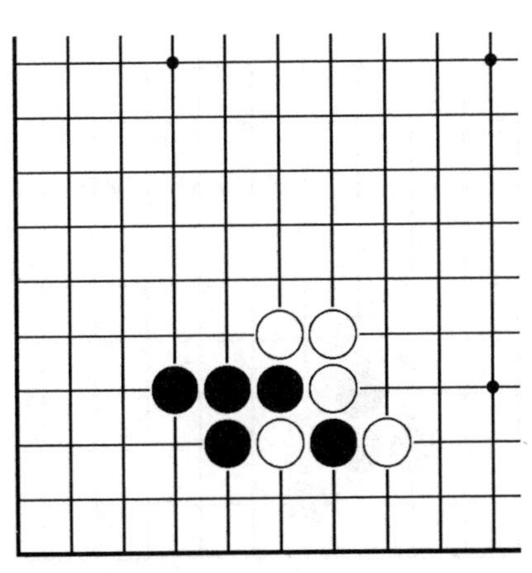

28

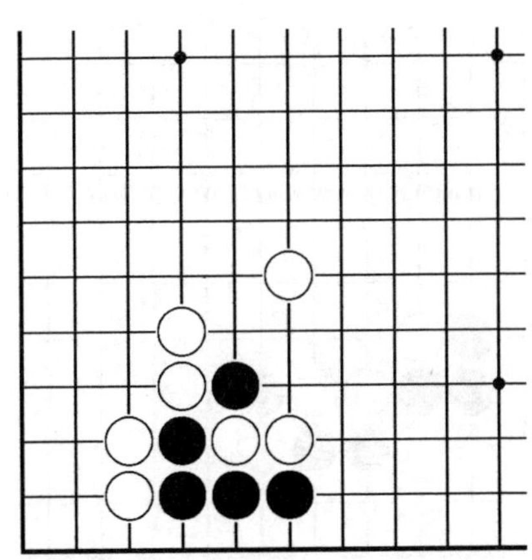

3. 子的价值

学习日期	月　日
检　查	

黑先，黑棋应该如何下？

29

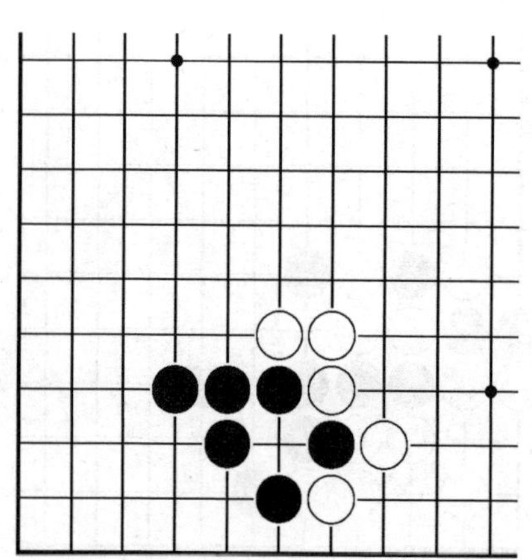

30

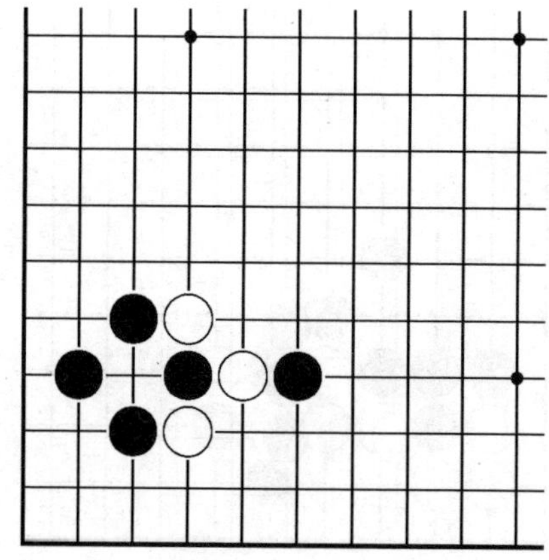

31

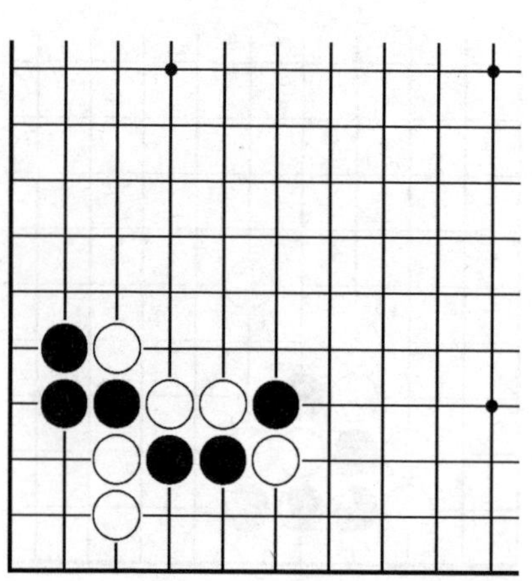

32

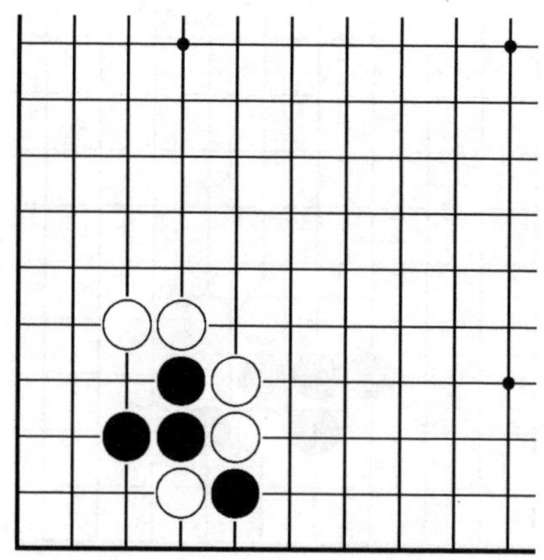

3. 子的价值

学习日期	月　　日
检　　查	

黑先，黑棋应该如何下？

33

34

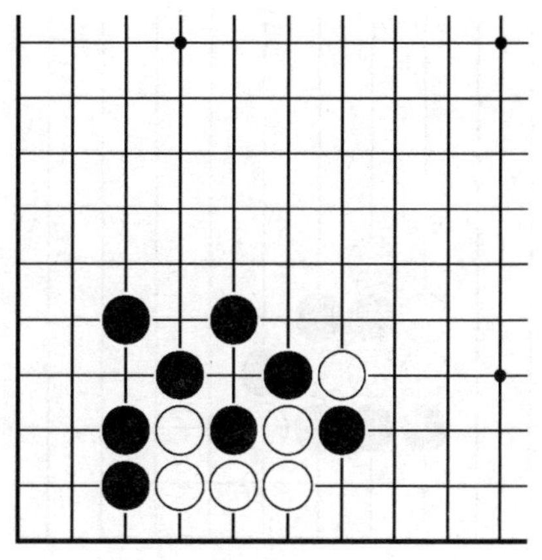

35

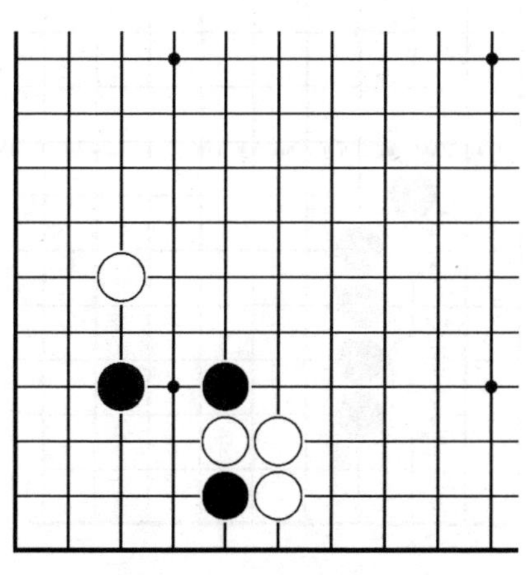

36

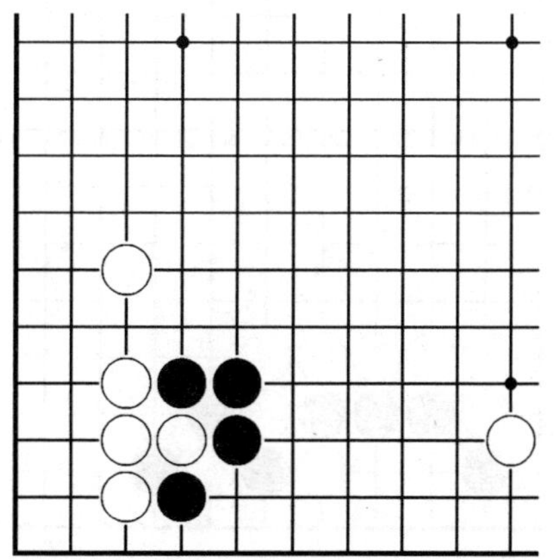

3. 子的价值

学习日期	月　日
检　查	

黑先，黑棋应该如何下？

37

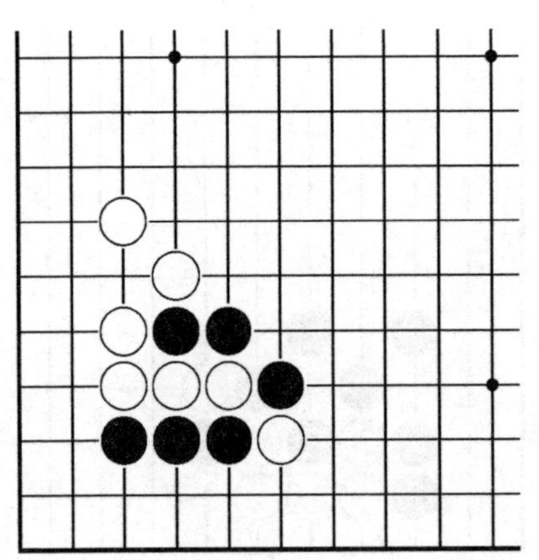

38

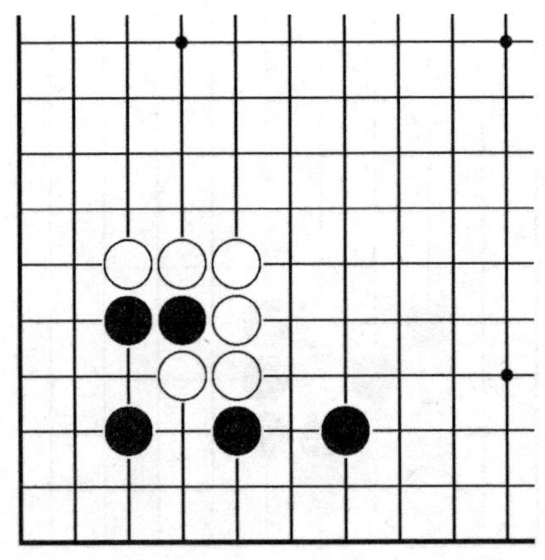

39

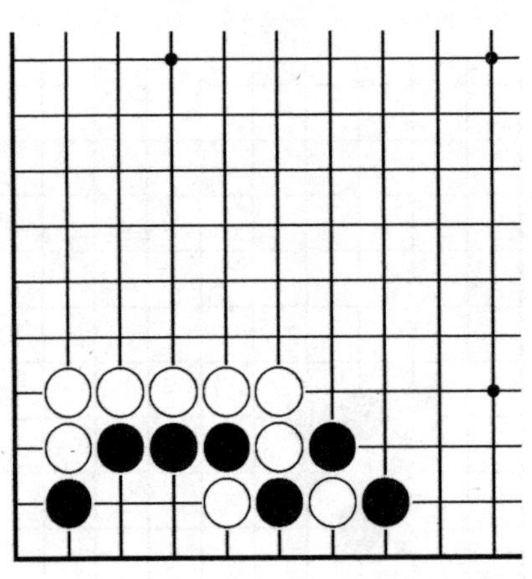

40

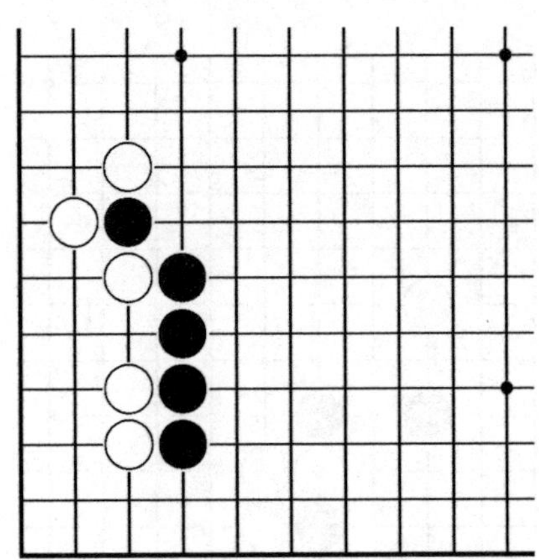

3. 子的价值

学习日期	月　　日
检　　查	

上篇

黑先，黑棋应该如何下？

41

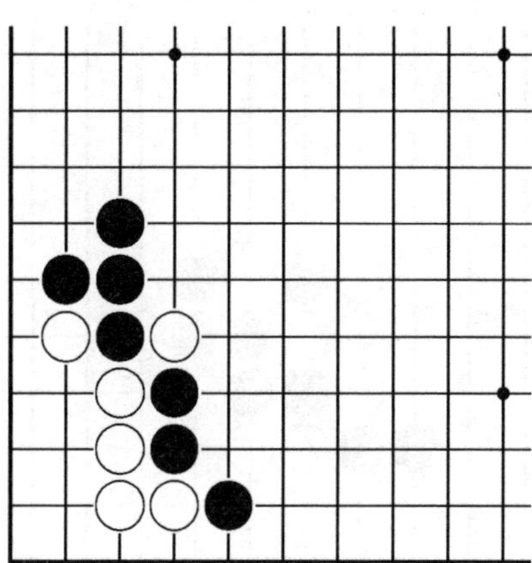

42

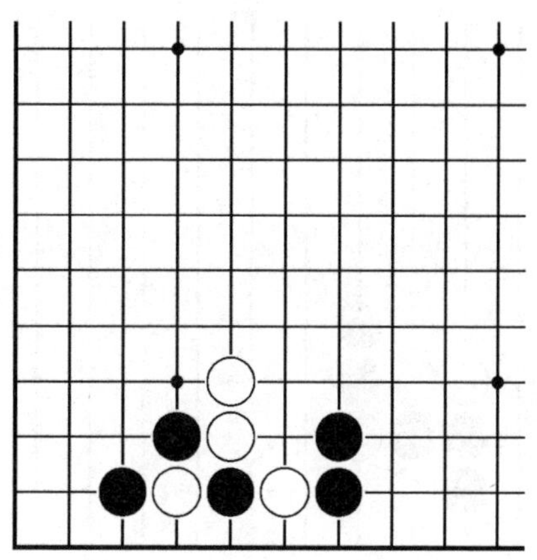

43

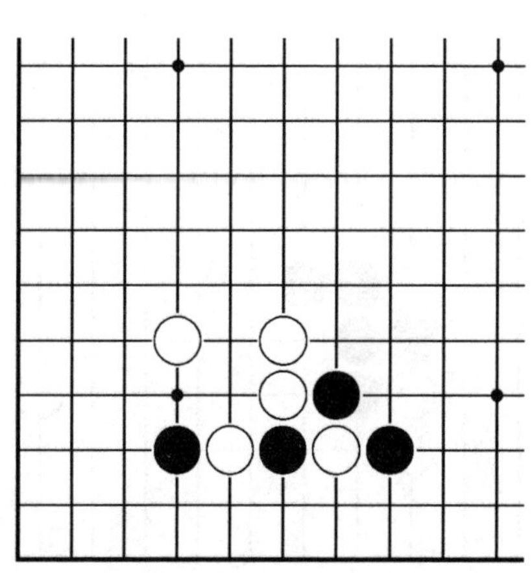

44

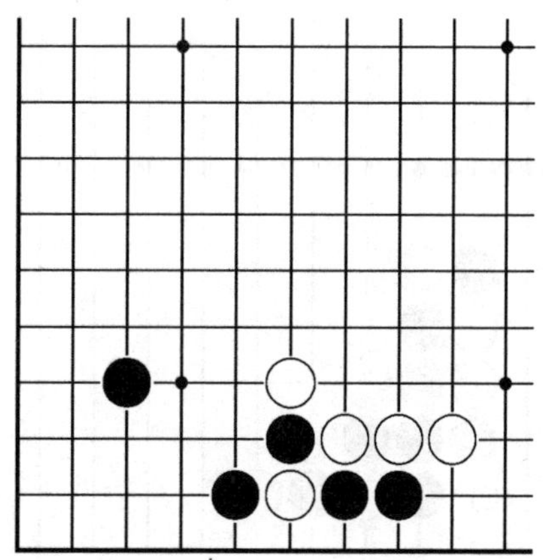

3. 子的价值

学习日期	月 日
检 查	

黑先，黑棋应该如何下？

45

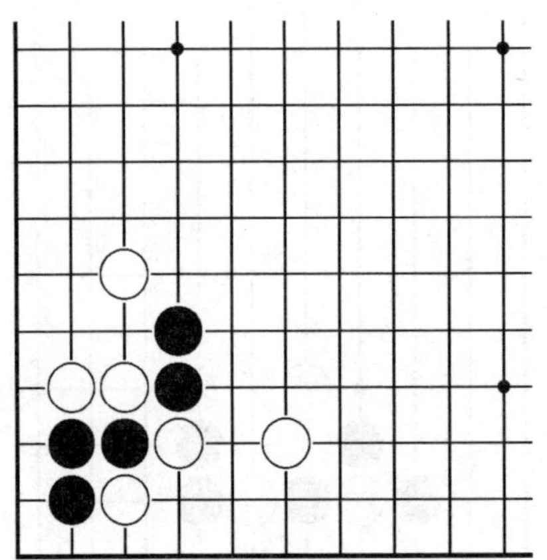

46

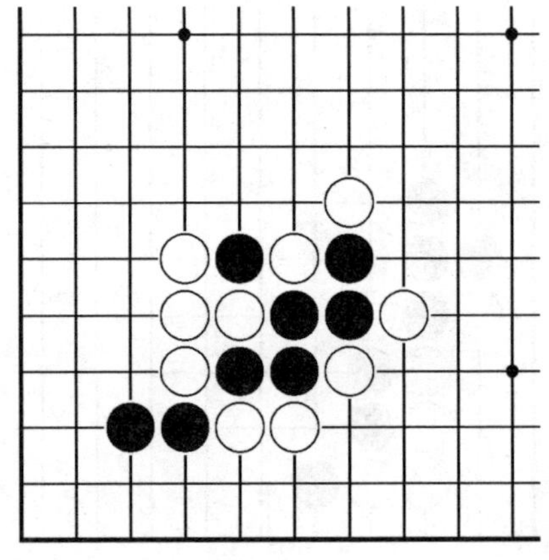

47

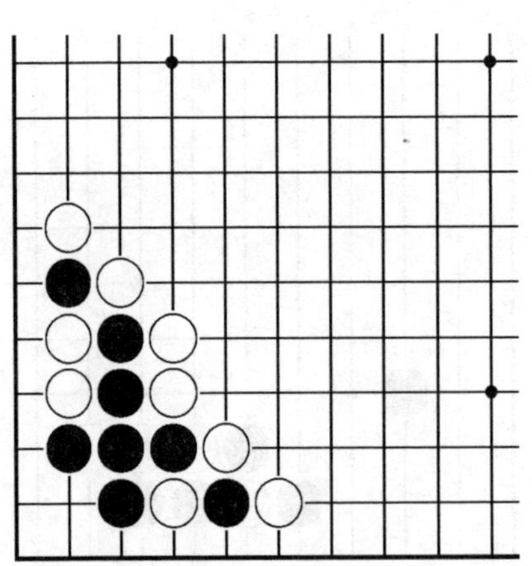

48

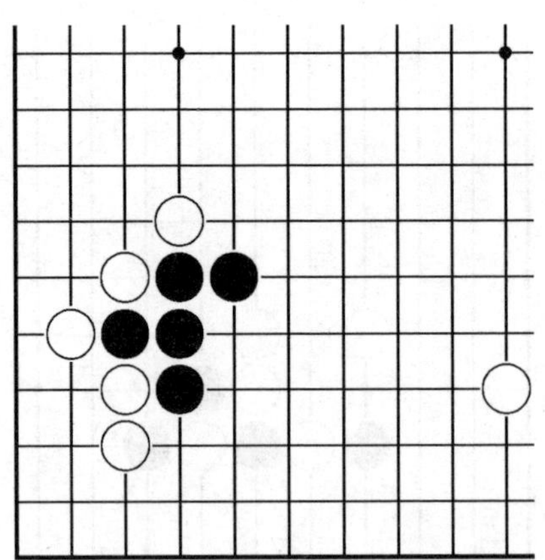

3. 子的价值

学习日期	月　　日
检　　查	

黑先，黑棋应该如何下？

49

50

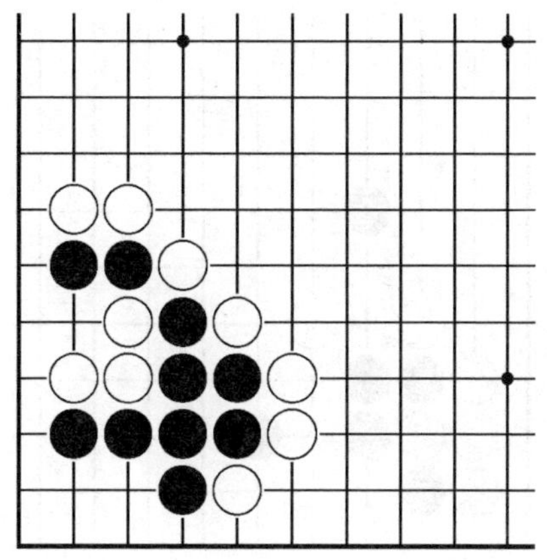

51

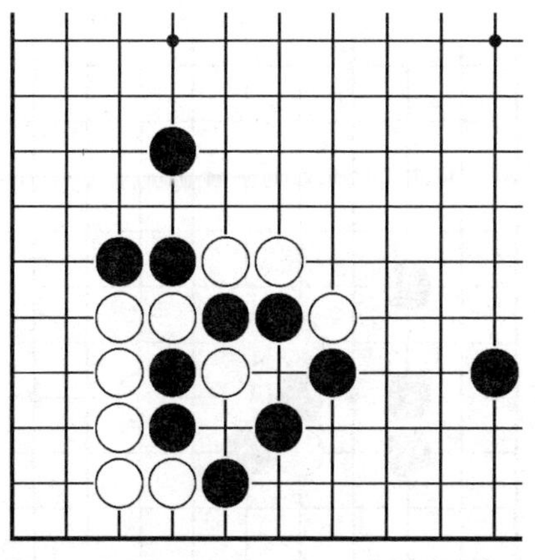

52

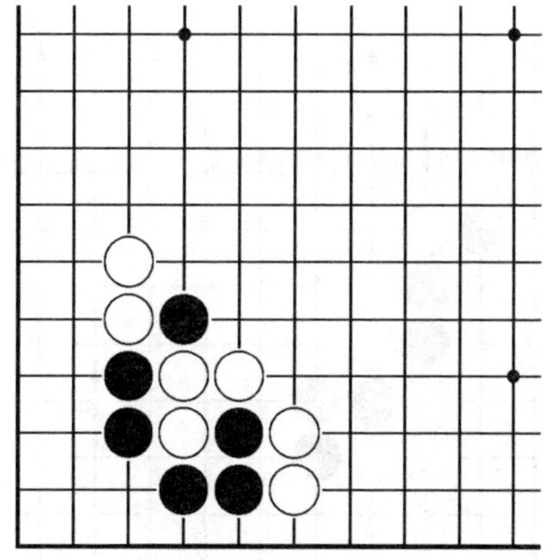

3. 子的价值

学习日期	月　　日
检　　查	

黑先，黑棋应该如何下？

53

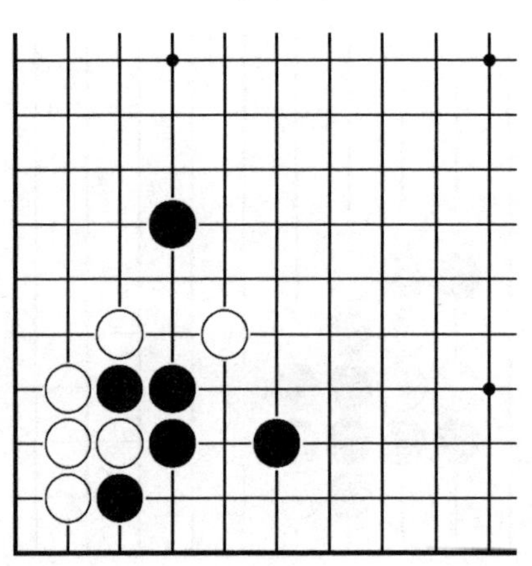

54

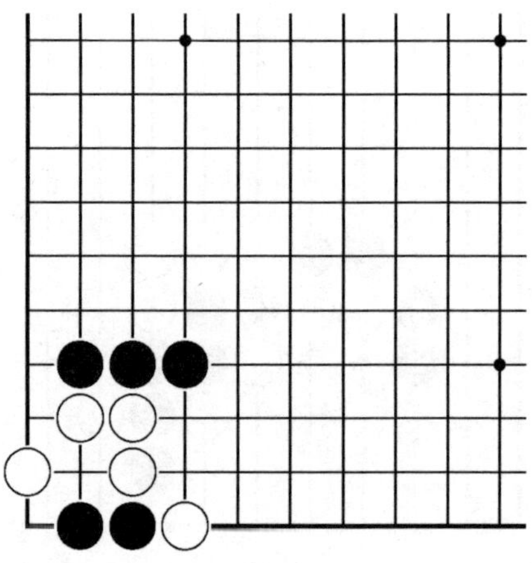

55

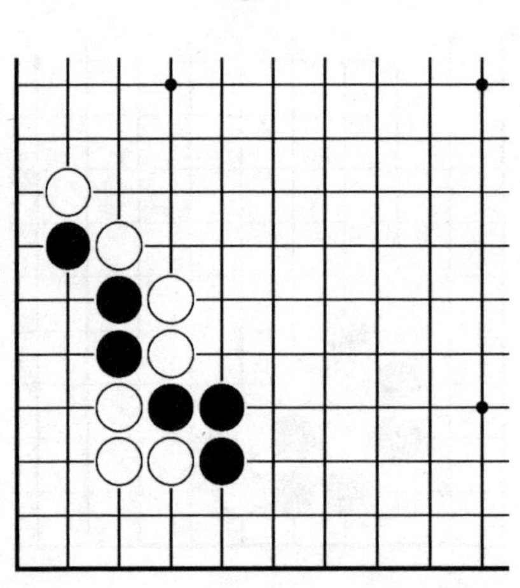

56

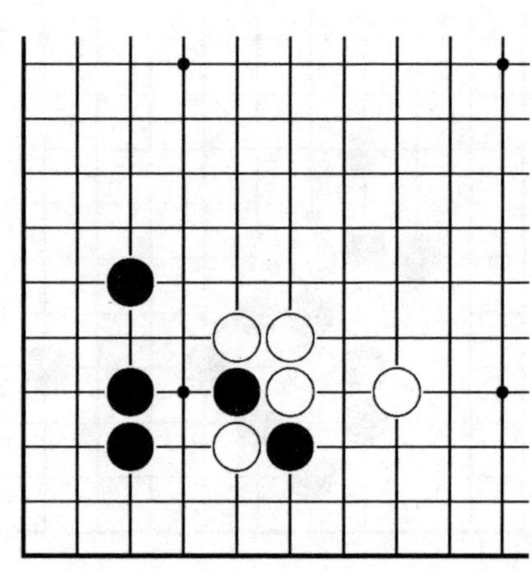

3. 子的价值

学习日期	月　　日
检　　查	

黑先，黑棋应该如何下？

57

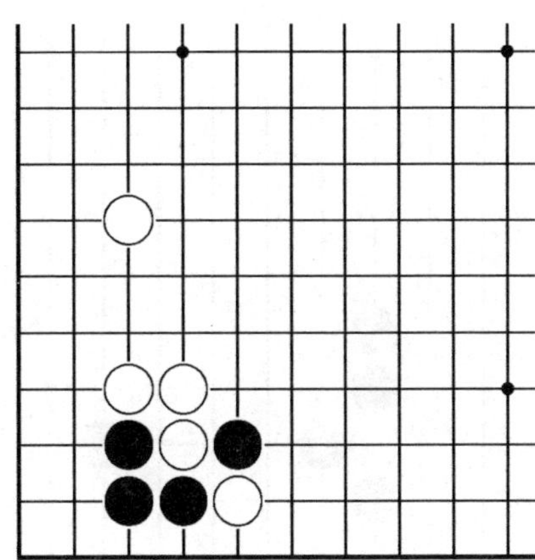

58

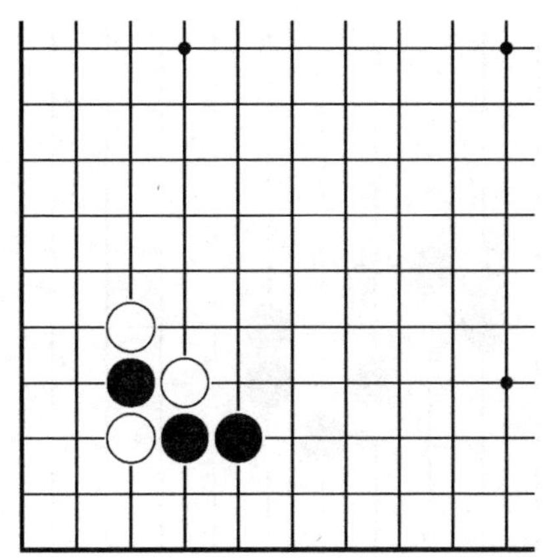

上篇

59

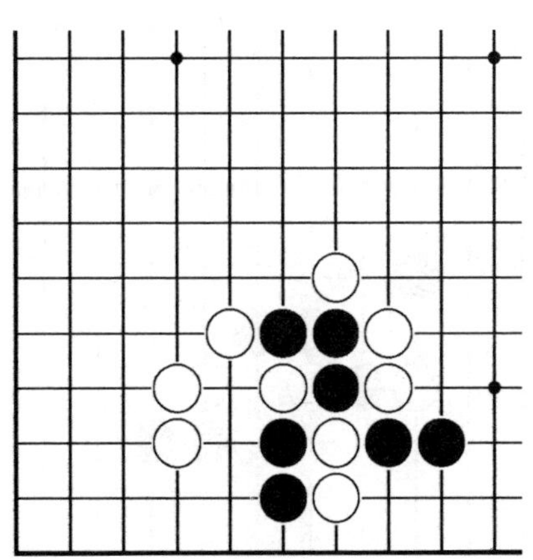

60

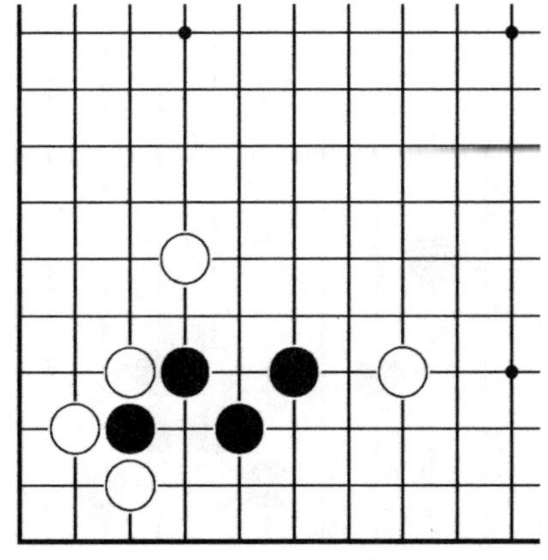

3. 子的价值

学习日期	月　　日
检　　查	

黑先，黑棋应该如何下？

61

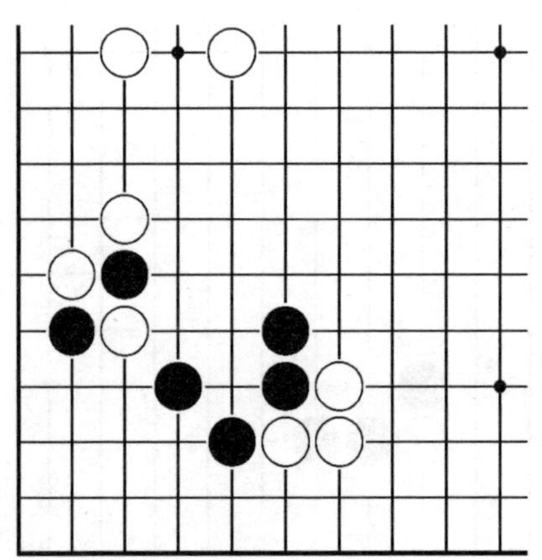

62

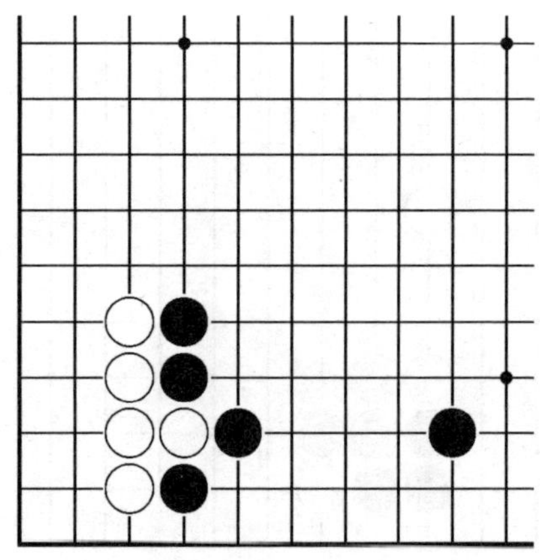

63

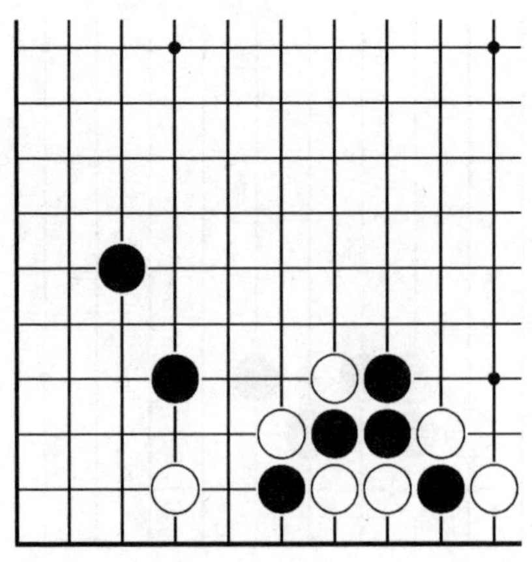

64

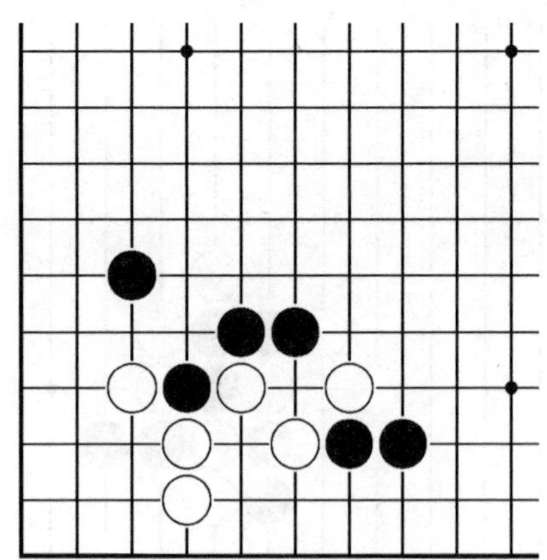

3. 子的价值

学习日期	月　　日
检　　查	

上篇

黑先，黑棋应该如何下？

65

66

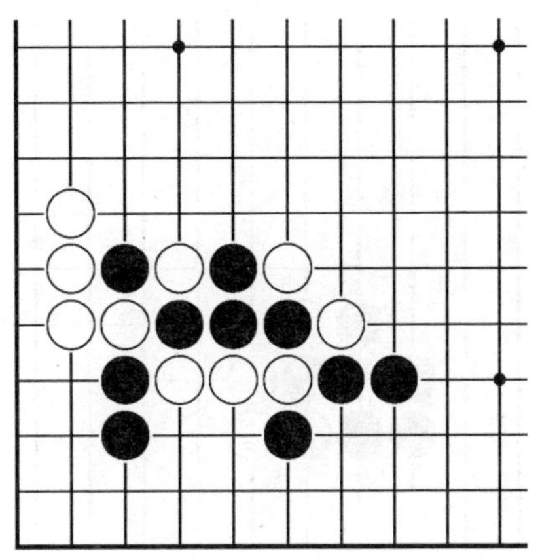

67

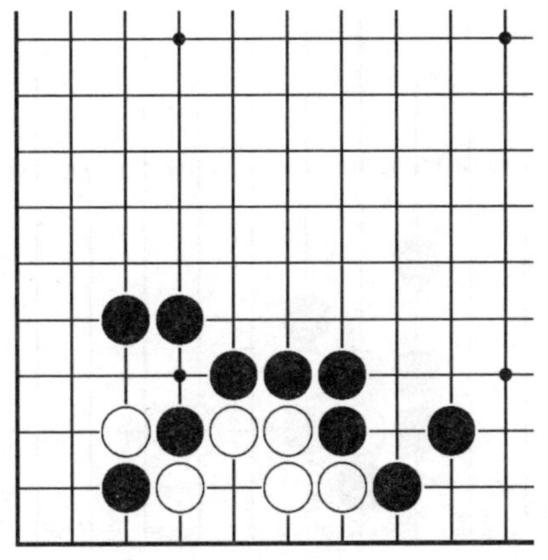

68

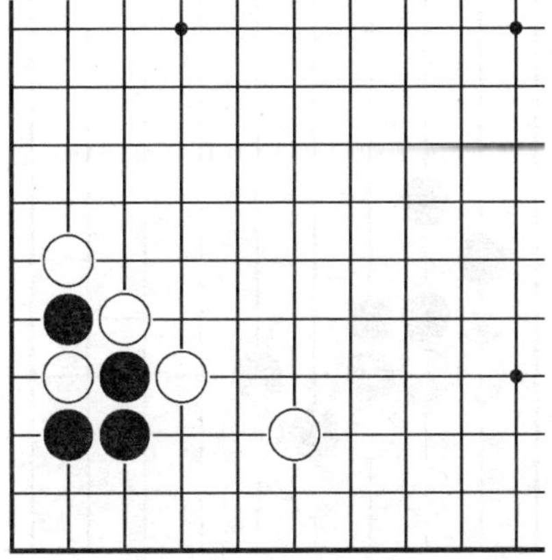

3. 子的价值

学习日期	月　　日
检　　查	

黑先，黑棋应该如何下？

69

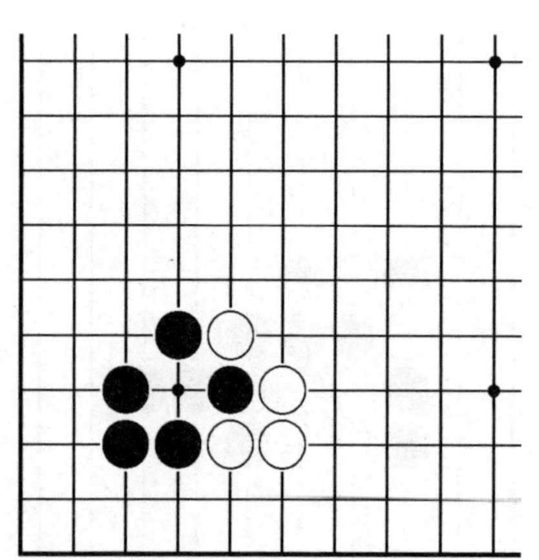

70

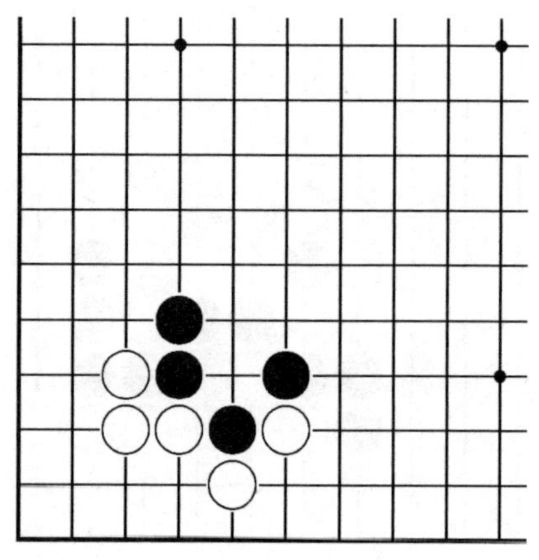

71

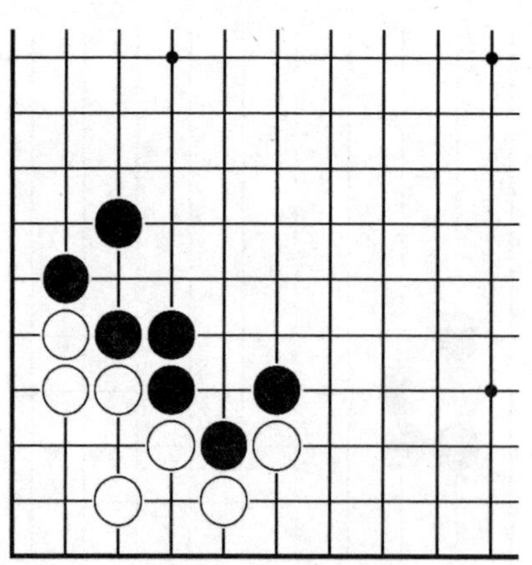

72

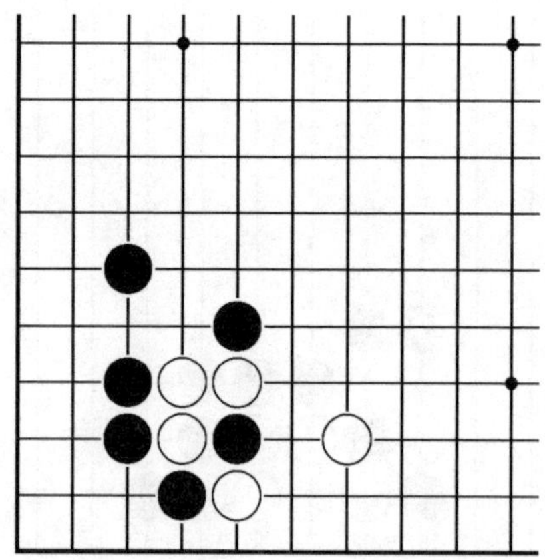

3. 子的价值

学习日期	月　　日
检　　查	

黑先，黑棋应该如何下？

73

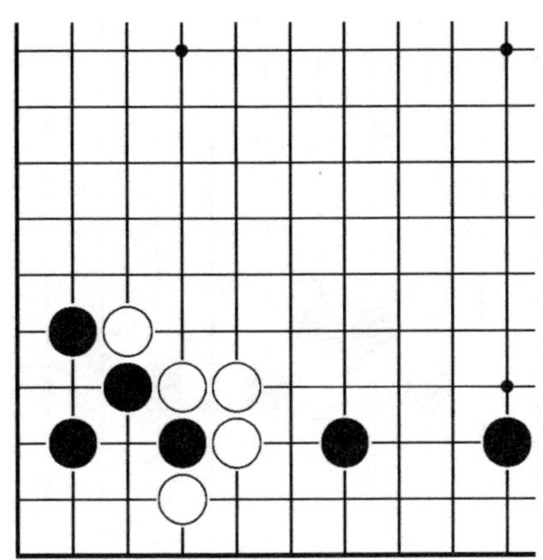

74

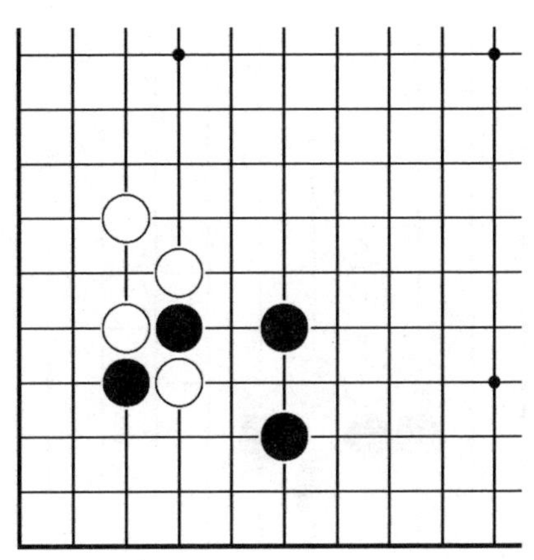

上篇

75

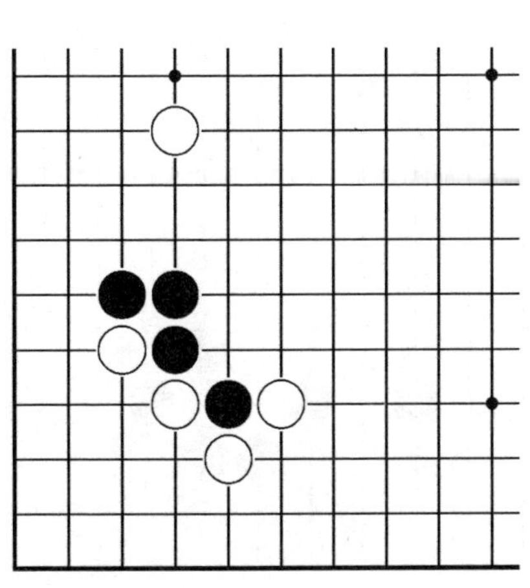

76

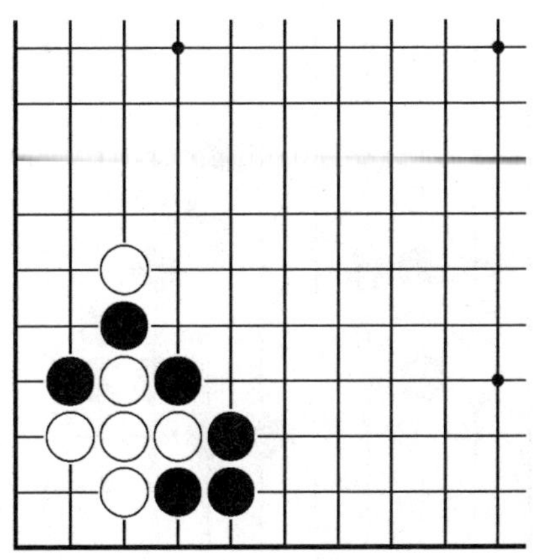

3. 子的价值

学习日期	月　日
检　查	

黑先，黑棋应该如何下？

77

78

79

80

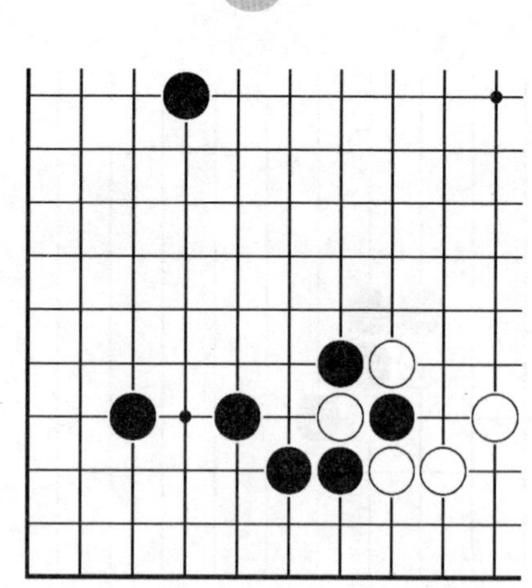

3. 子的价值

学习日期	月　　日
检　　查	

黑先，黑棋应该如何下？

81

82

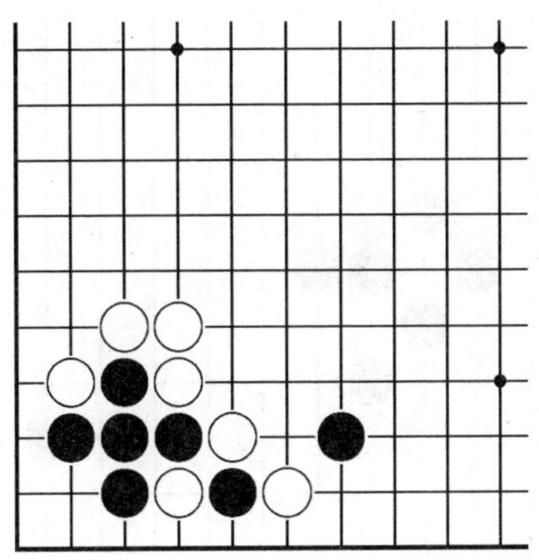

83

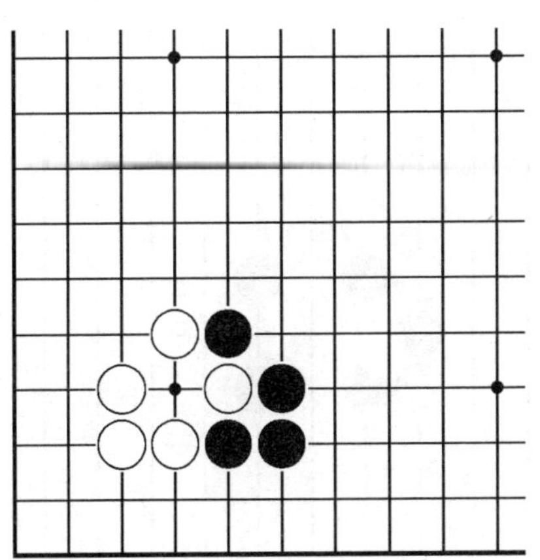

84

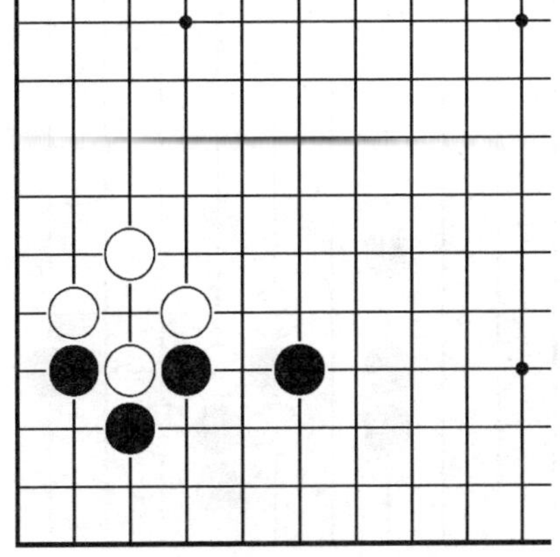

3. 子的价值

学习日期	月　　日
检　　查	

黑先，黑棋应该如何下？

85

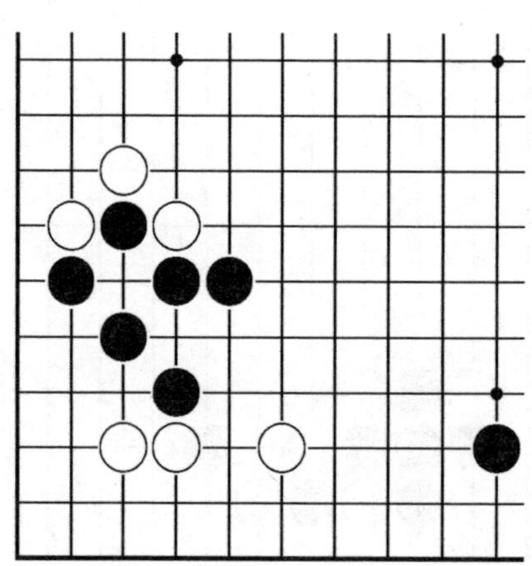

86

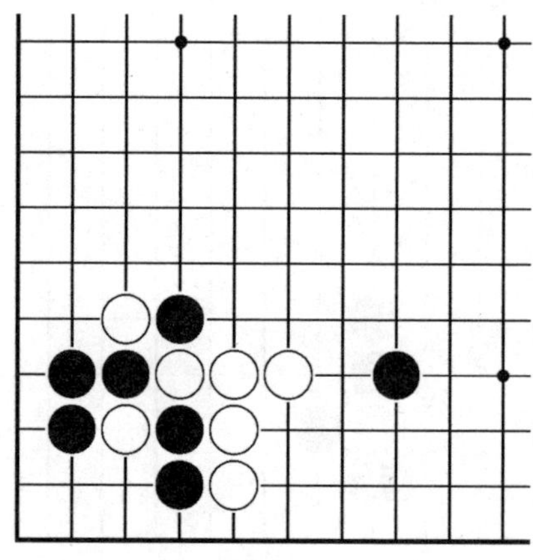

87

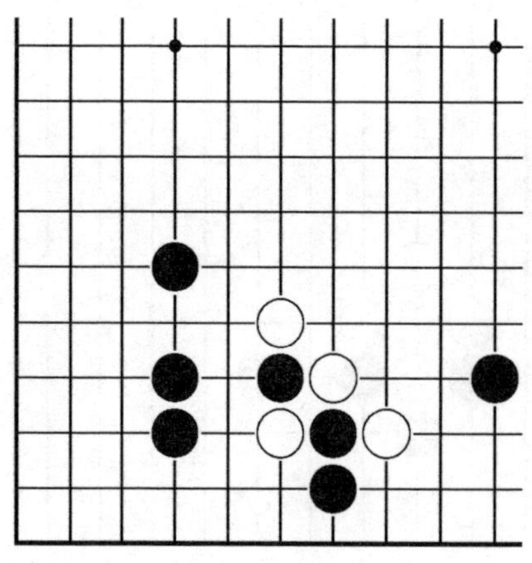

88

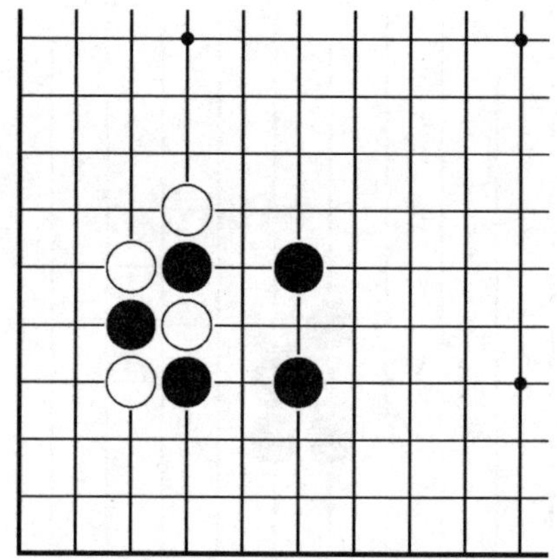

3. 子的价值

学习日期	月　　日
检　　查	

黑先，黑棋应该如何下？

89

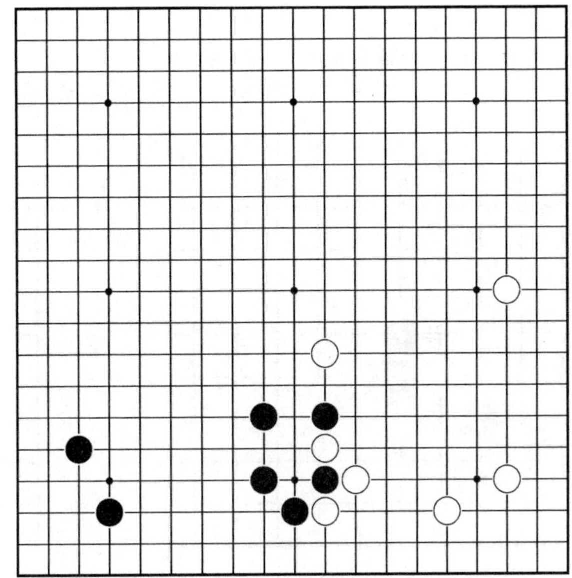

90

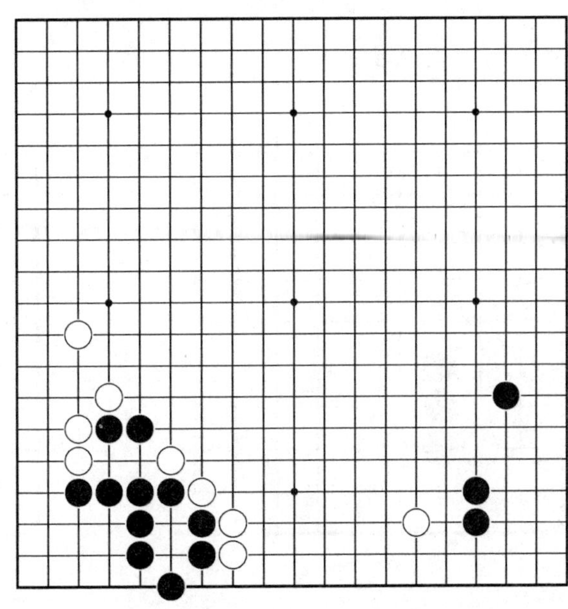

上篇

4. 棋　形

学习日期	月　日
检　查	

黑先，黑棋应该如何下？

1

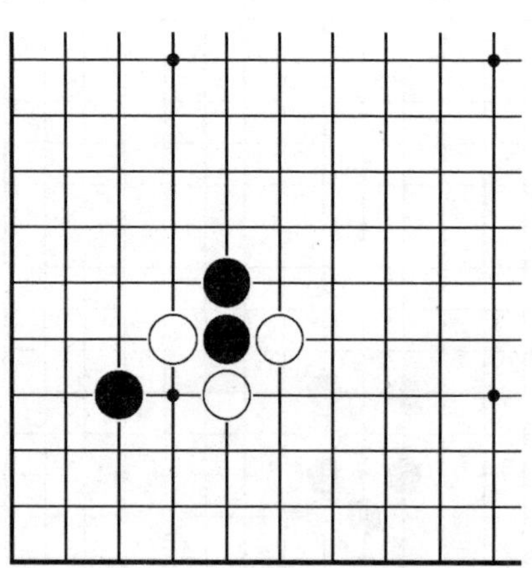

2

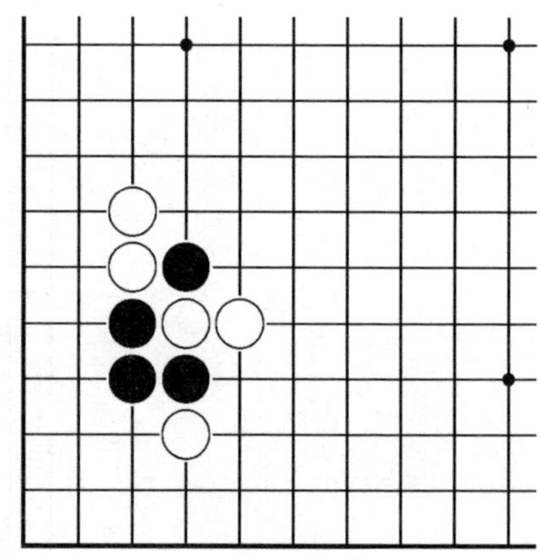

3

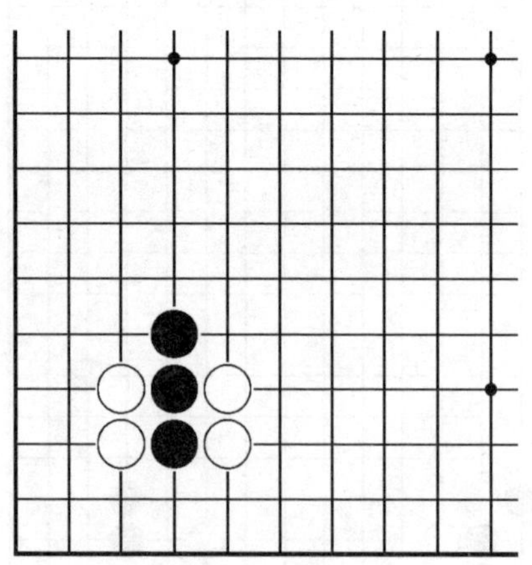

4

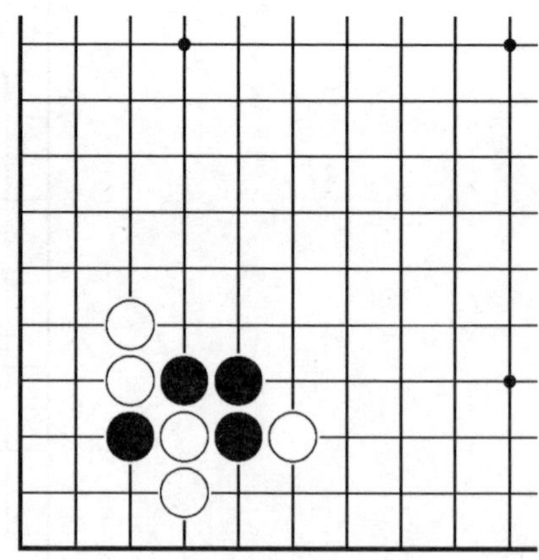

4. 棋　形

学习日期	月　　日
检　　查	

黑先，黑棋应该如何下？

5

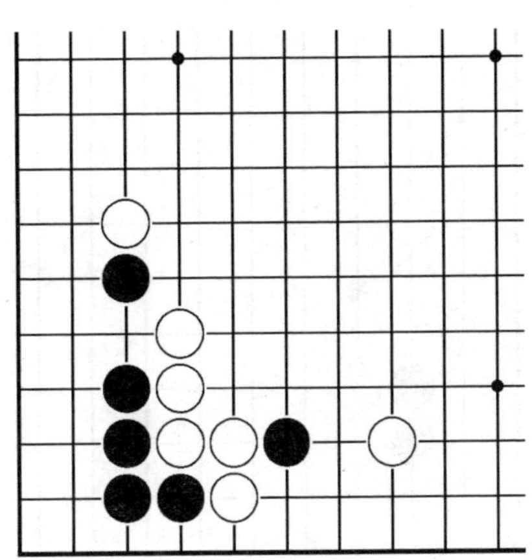

6

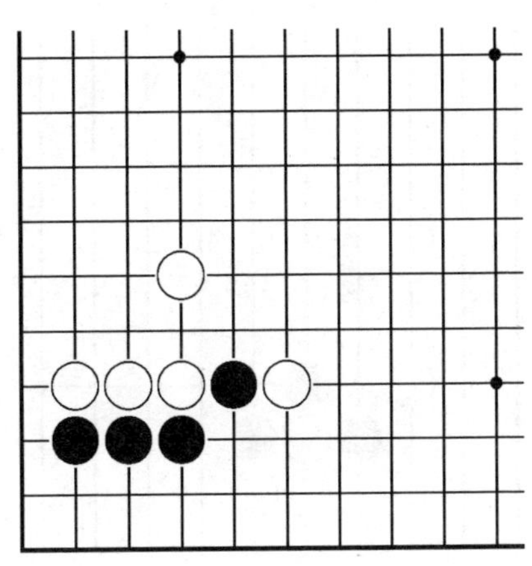

7

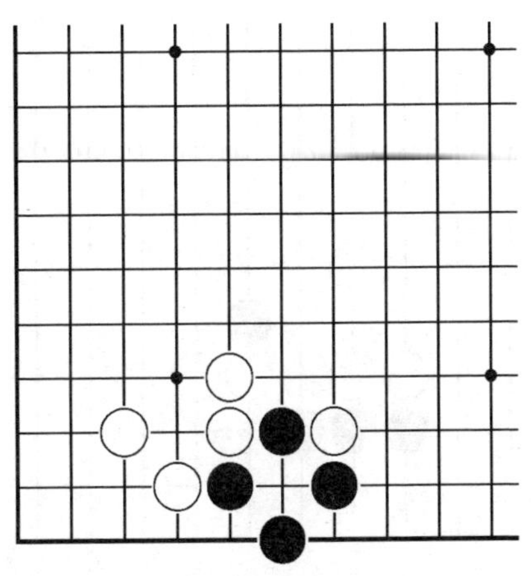

8

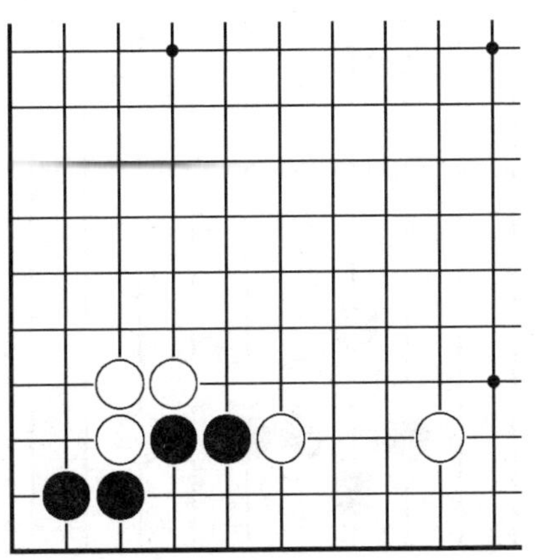

4. 棋　形

学习日期	月　　日
检　　查	

黑先，黑棋应该如何下？

9

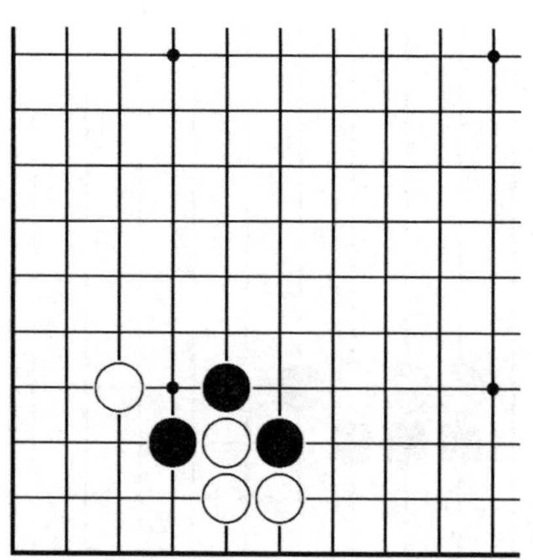

10

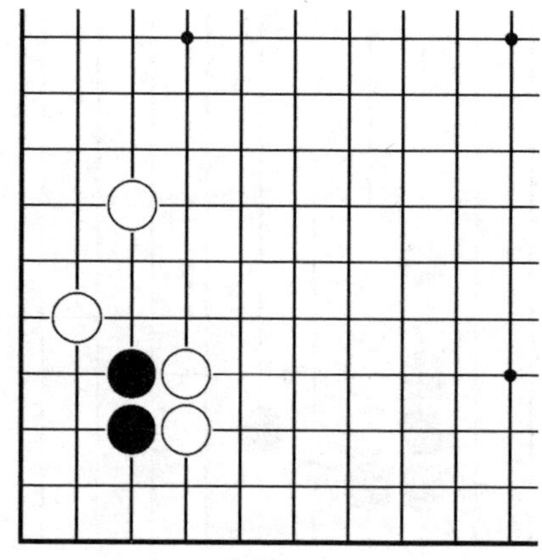

11

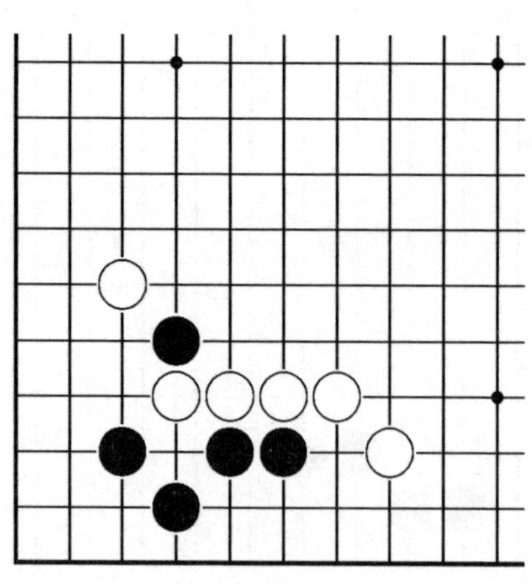

12

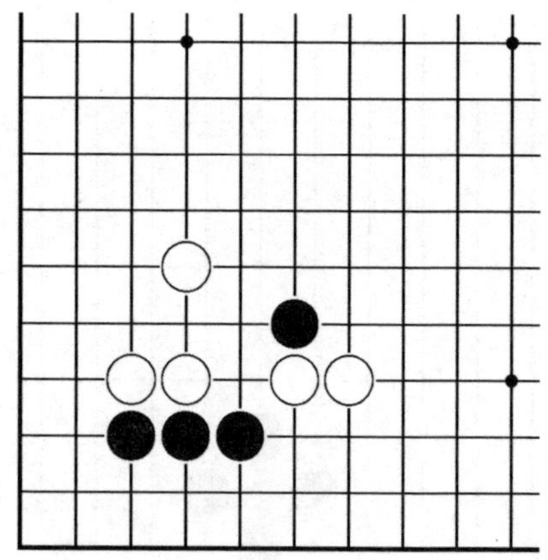

4. 棋　形

学习日期	月　　日
检　　查	

黑先，黑棋应该如何下？

13

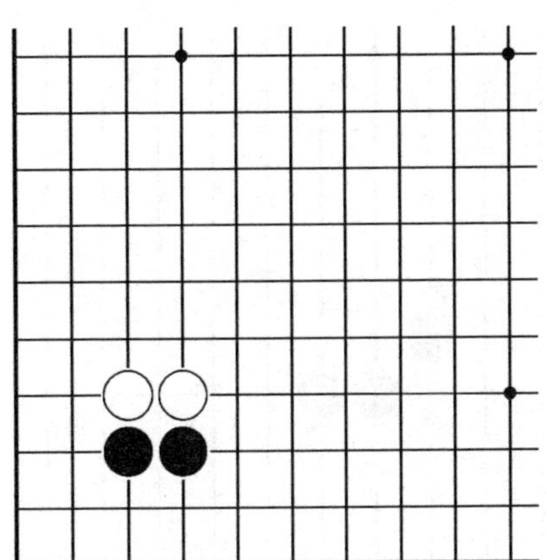

14

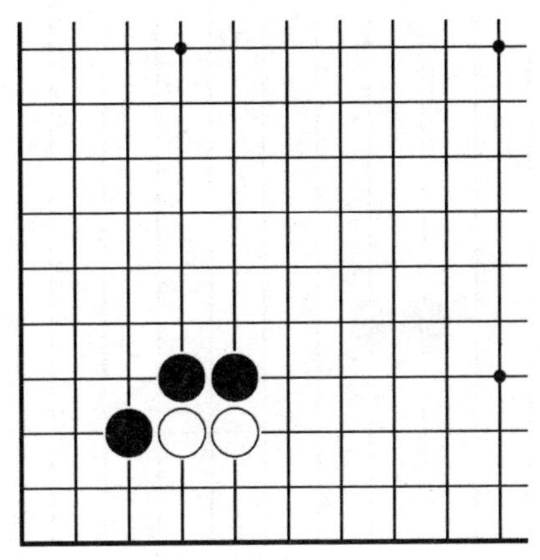

15

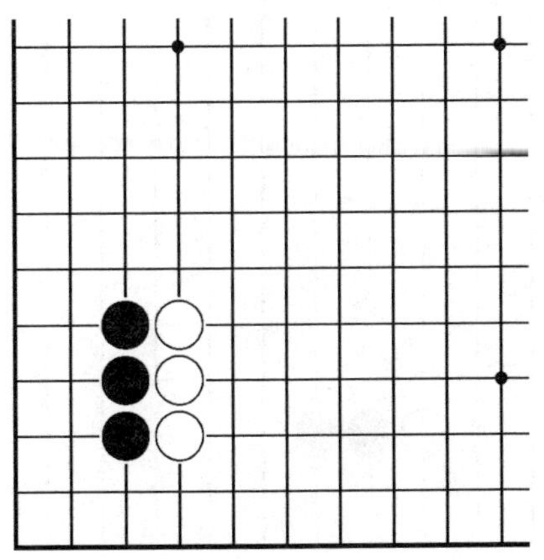

16

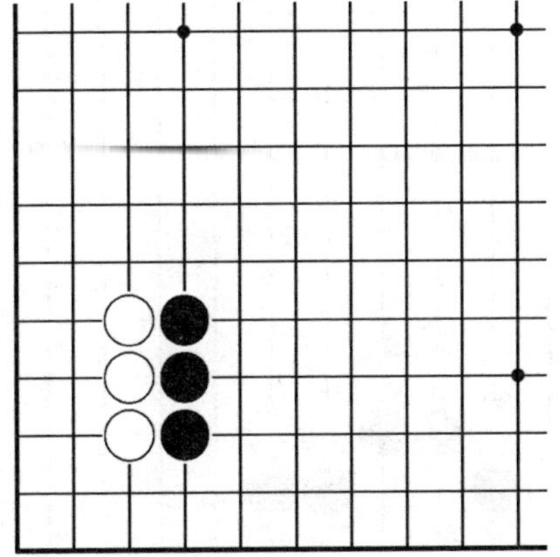

4. 棋　形

学习日期	月　　日
检　　查	

黑先，黑棋应该如何下？

17

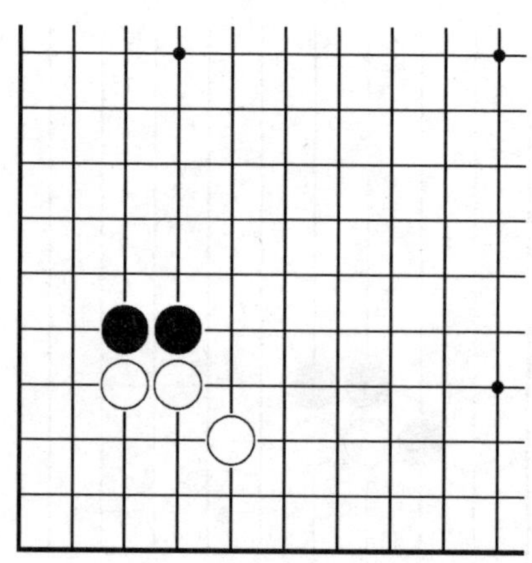

18

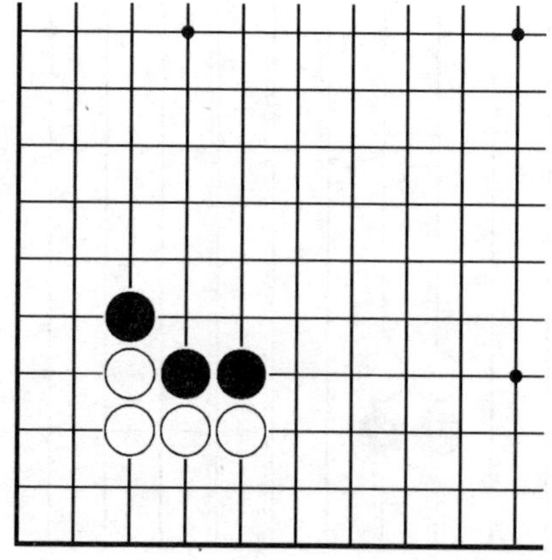

19

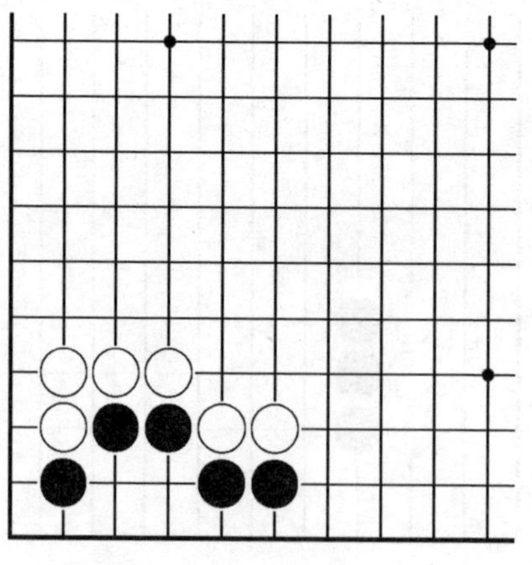

20

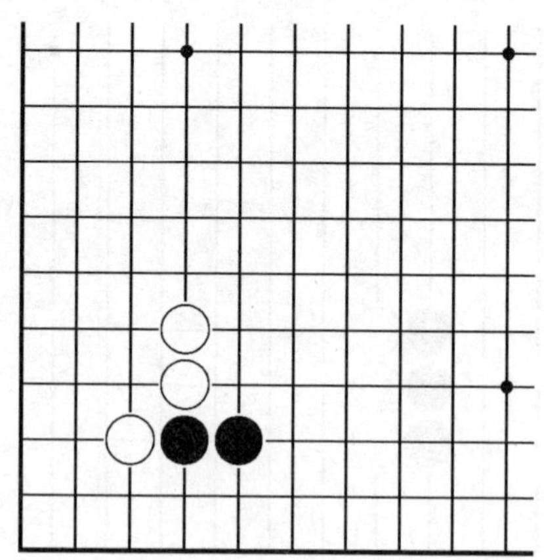

4. 棋　形

学习日期	月　　日
检　　查	

黑先，黑棋应该如何下？

21

22

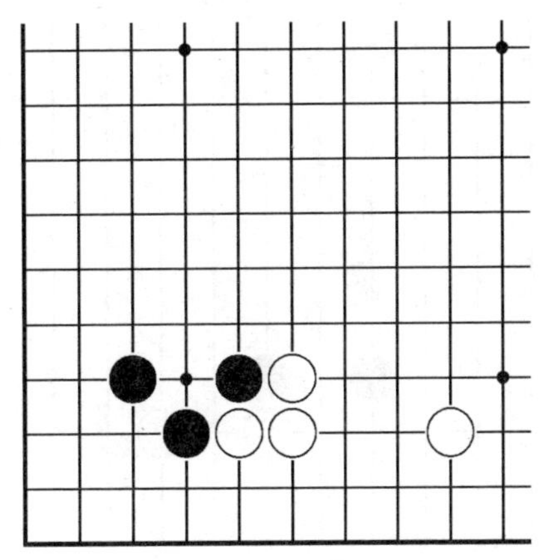

23

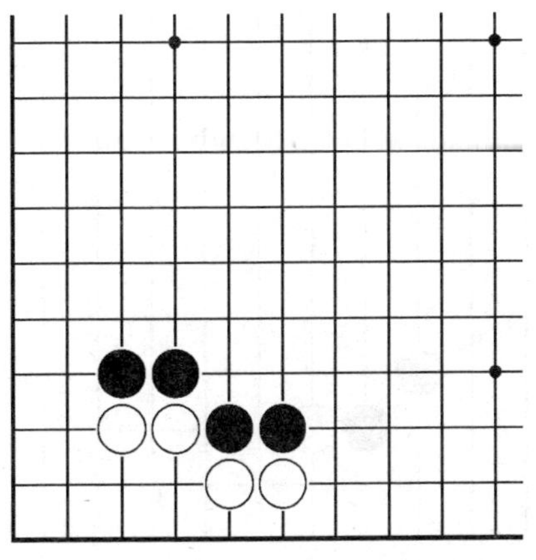

24

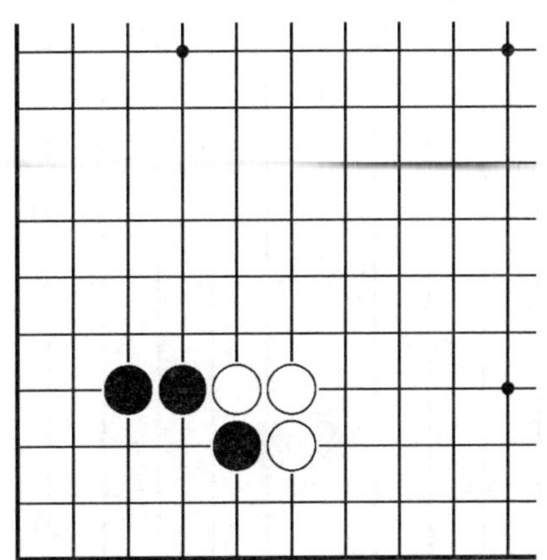

4. 棋　形

学习日期	月　　日
检　　查	

黑先，黑棋应该如何下？

25

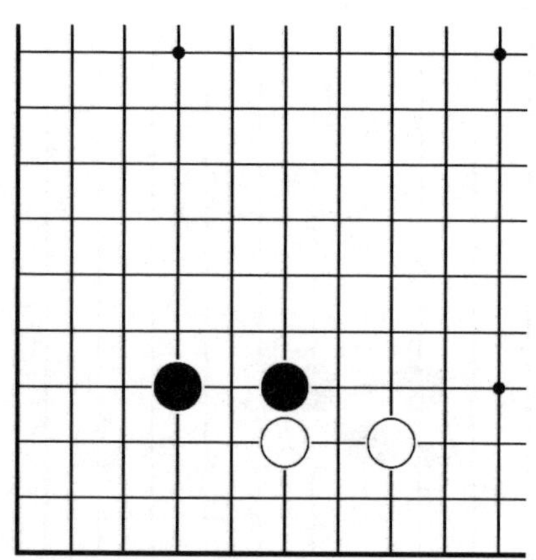

26

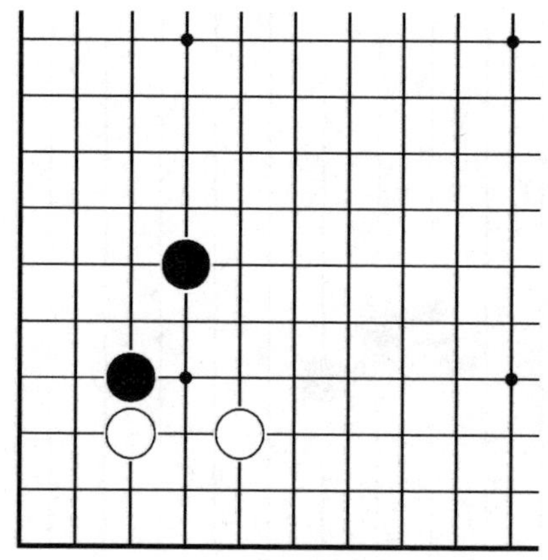

27

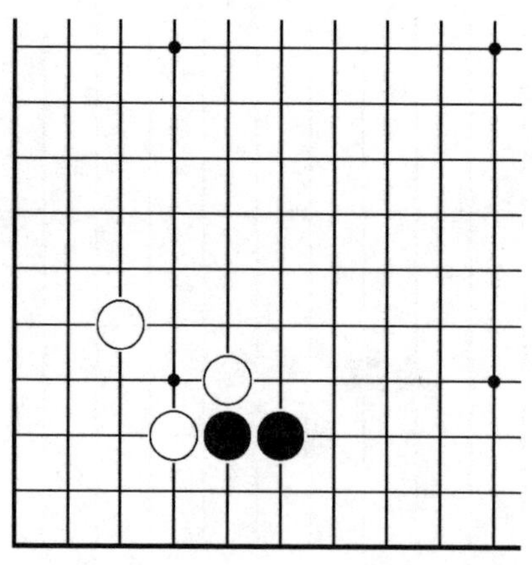

28

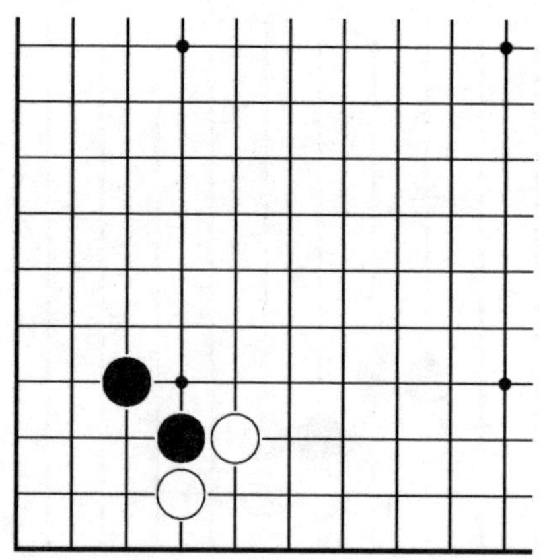

4. 棋　形

学习日期	月　　日
检　　查	

黑先，黑棋应该如何下？

29

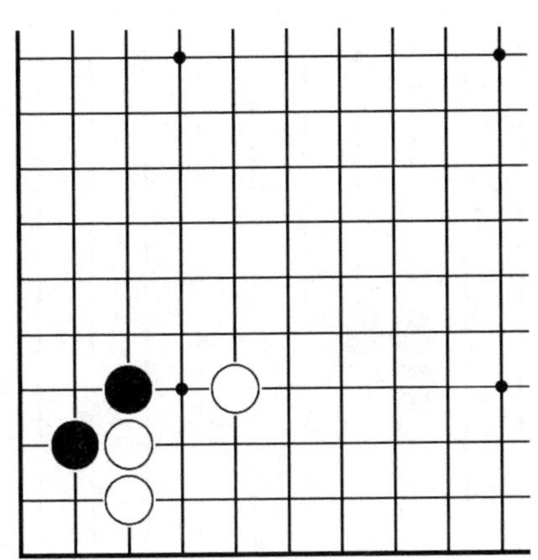

30

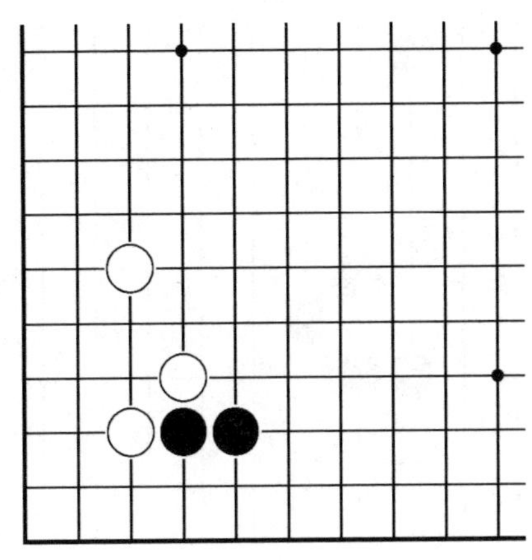

31

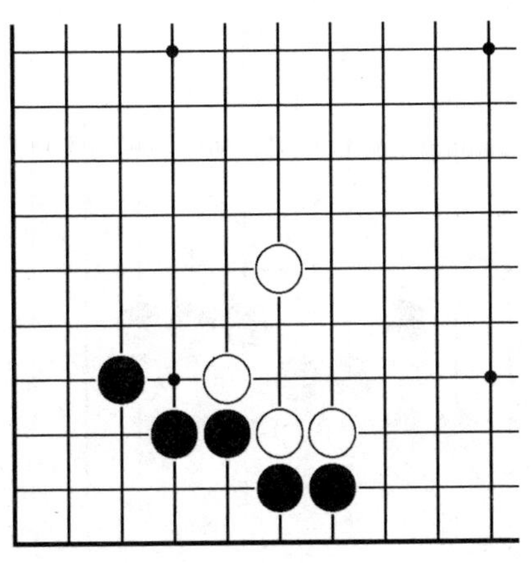

32

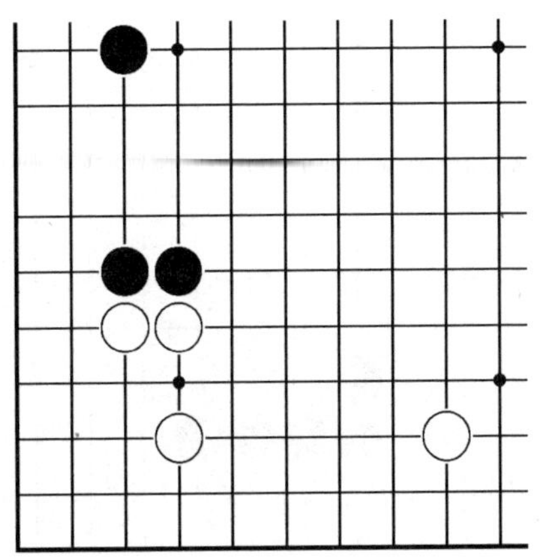

上篇

4. 棋　形

学习日期	月　　日
检　　查	

黑先，黑棋应该如何下？

33

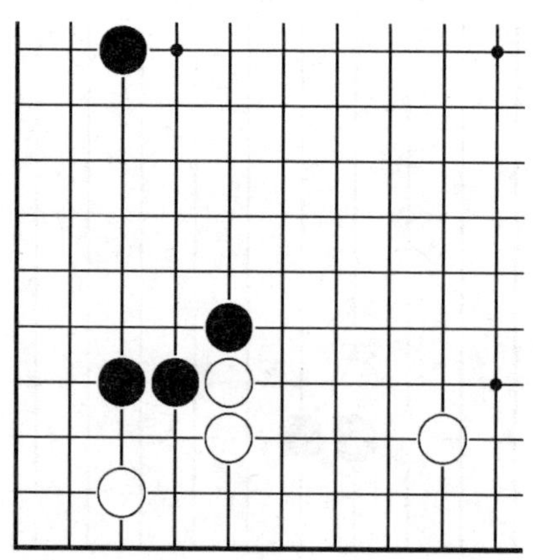

34

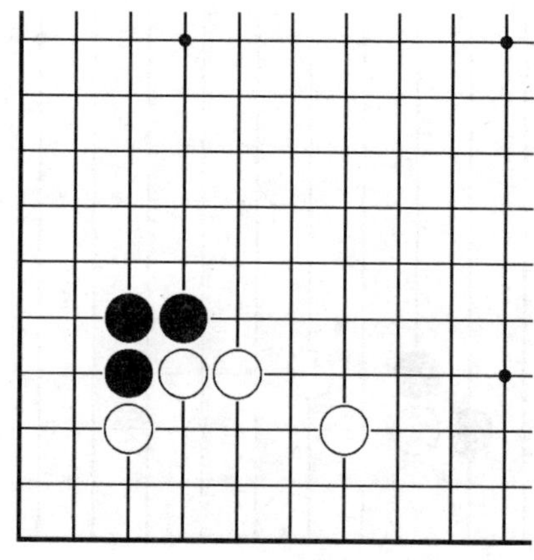

35

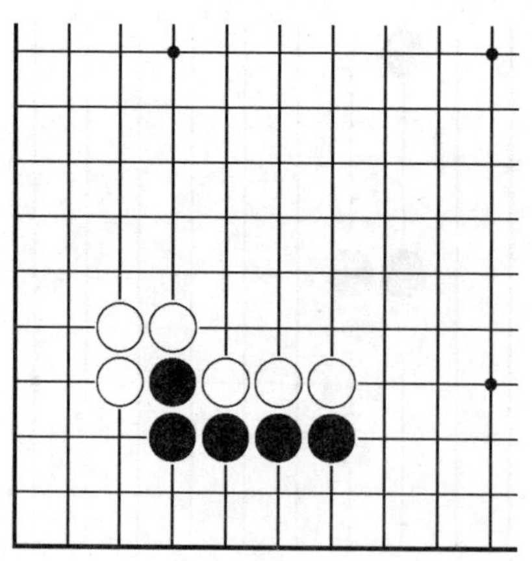

36

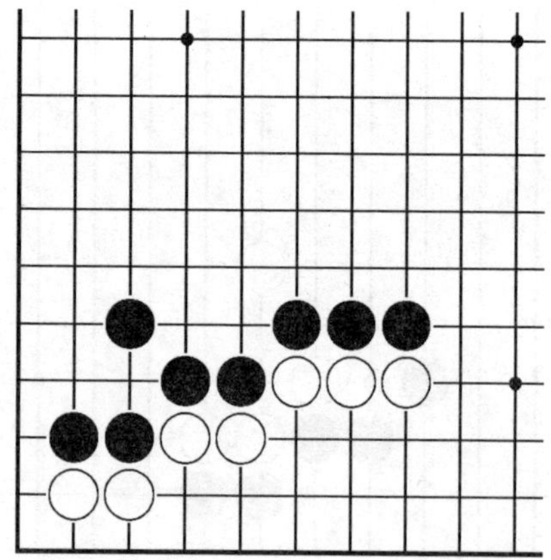

4. 棋　形

学习日期	月　　日
检　　查	

黑先，黑棋应该如何下？

37

38

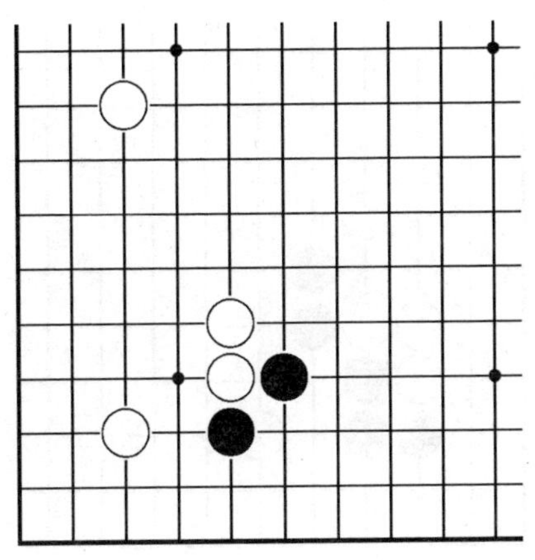

39

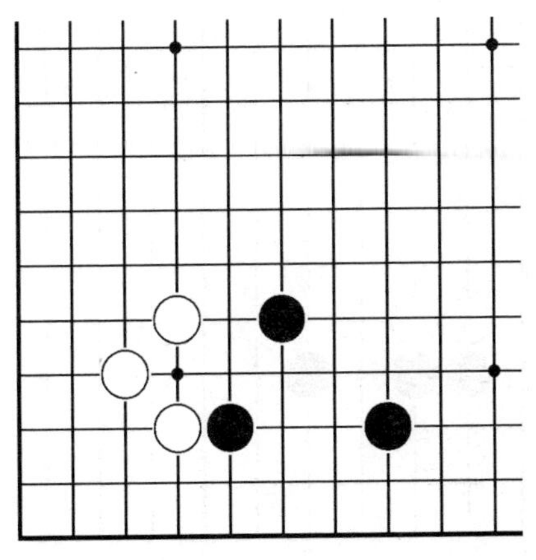

40

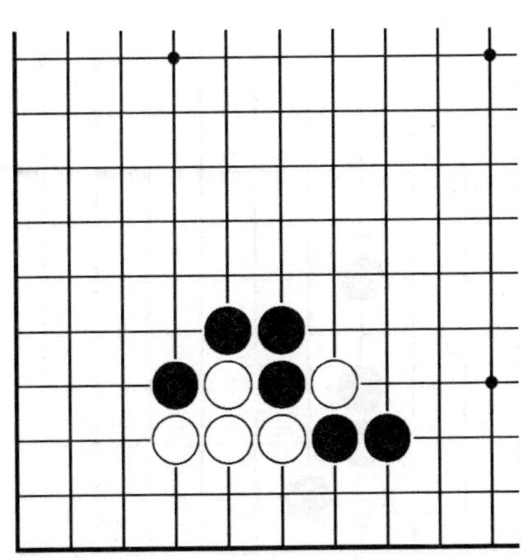

上篇

4. 棋　形

学习日期	月　　日
检　　查	

黑先，黑棋应该如何下？

41

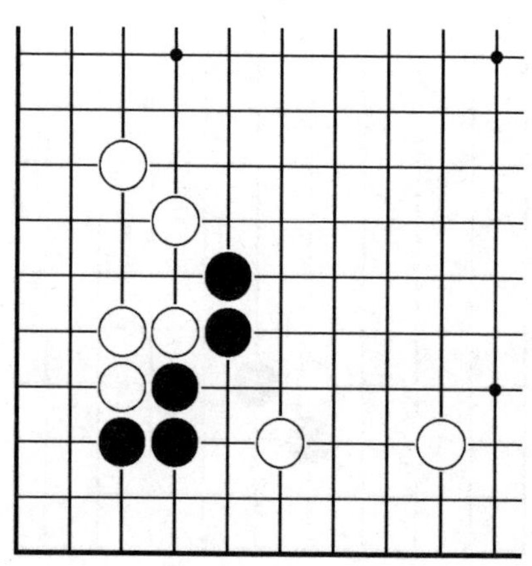

42

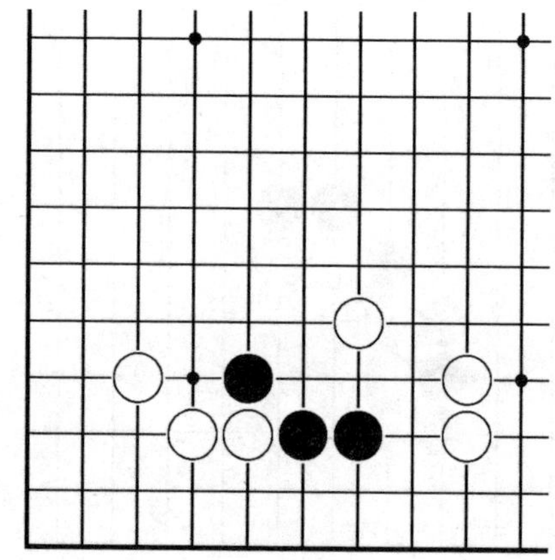

43

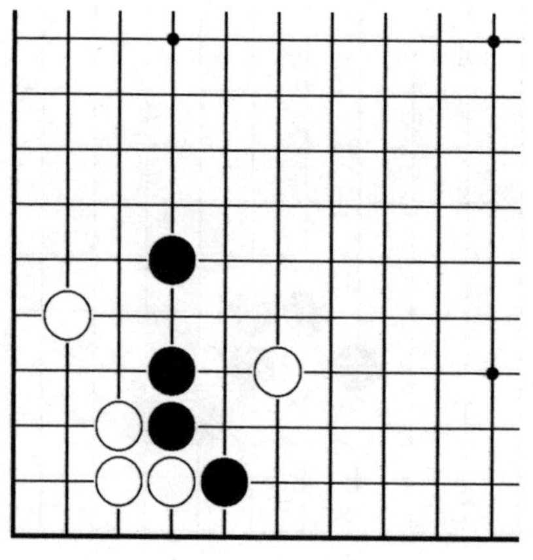

44

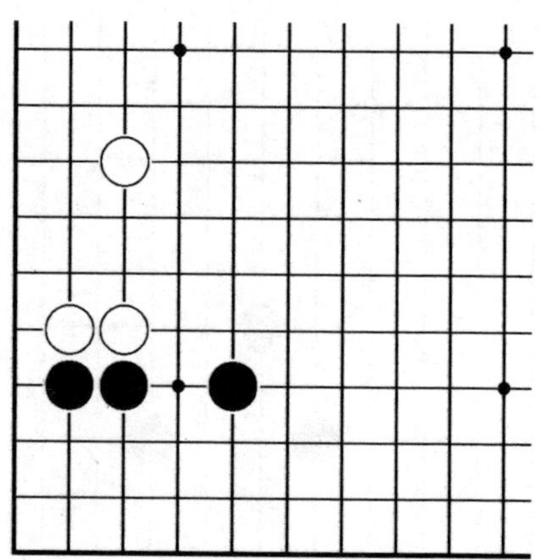

4. 棋　形

学习日期	月　　日
检　　查	

黑先，黑棋应该如何下？

45

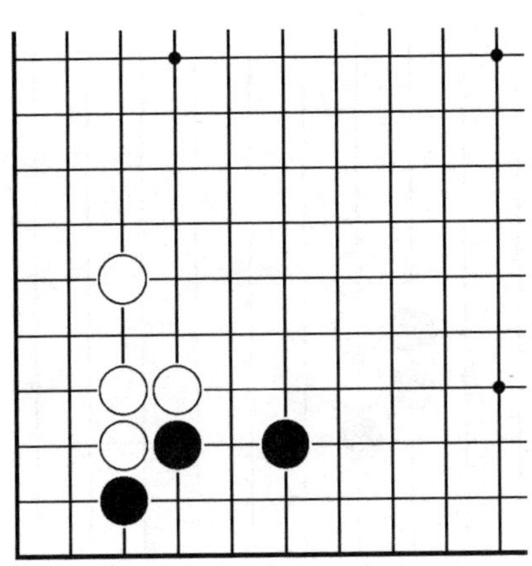

46

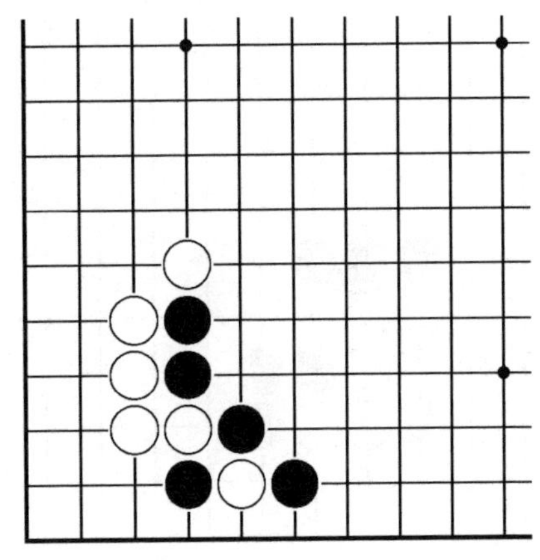

47

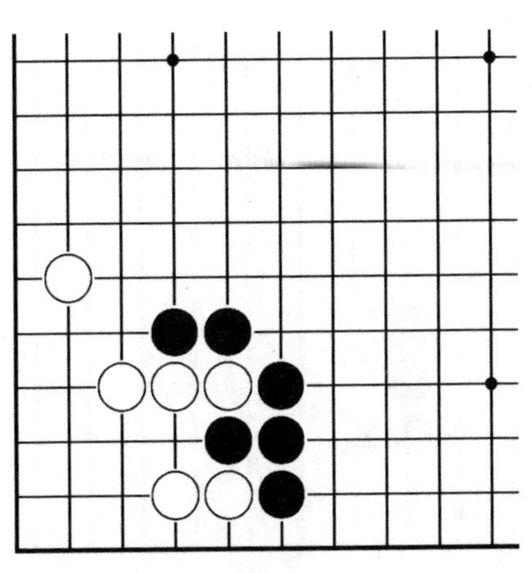

48

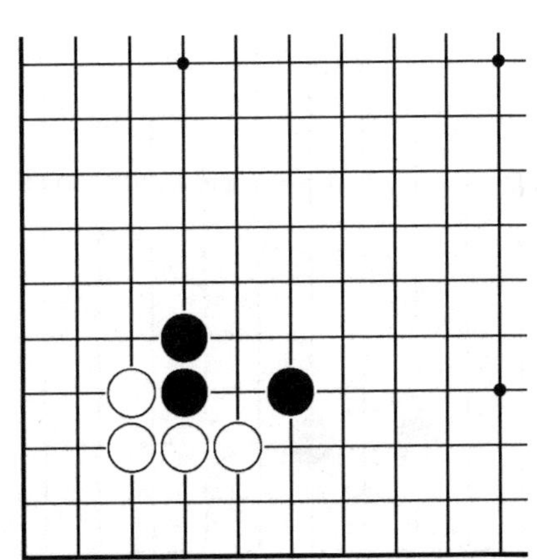

上篇

4. 棋　形

学习日期	月　　日
检　　查	

黑先，黑棋应该如何下？

49

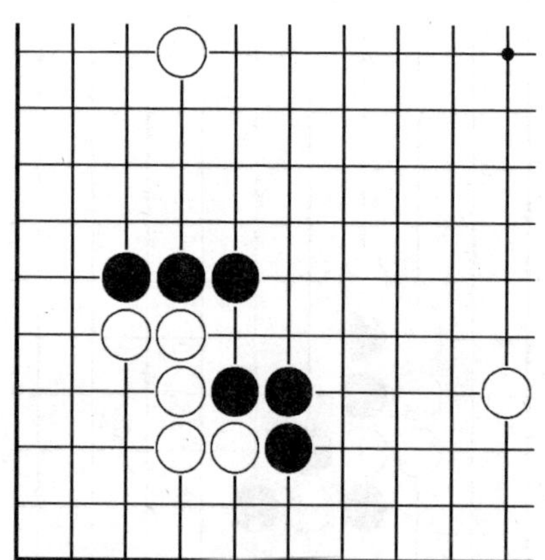

50

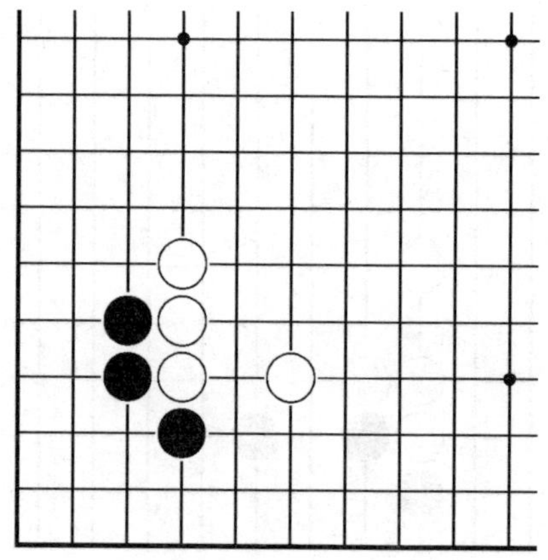

51

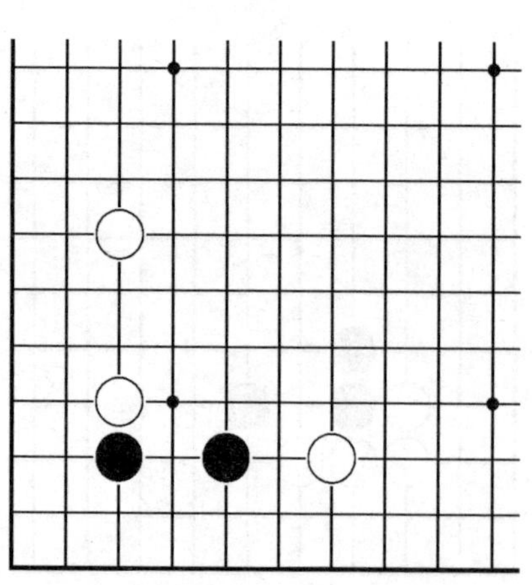

52

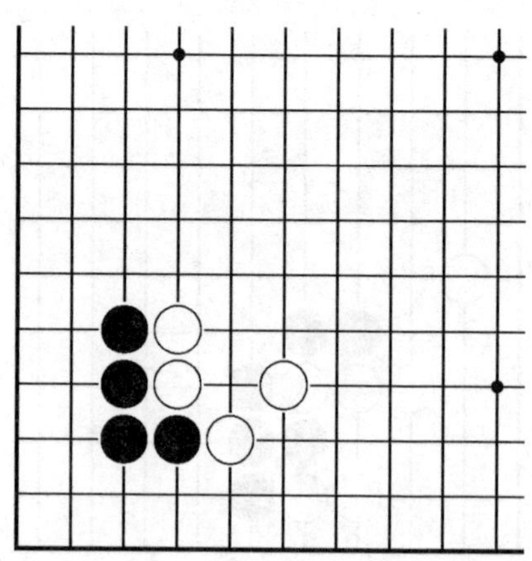

4. 棋　形

学习日期	月　　日
检　　查	

黑先，黑棋应该如何下？

53

54

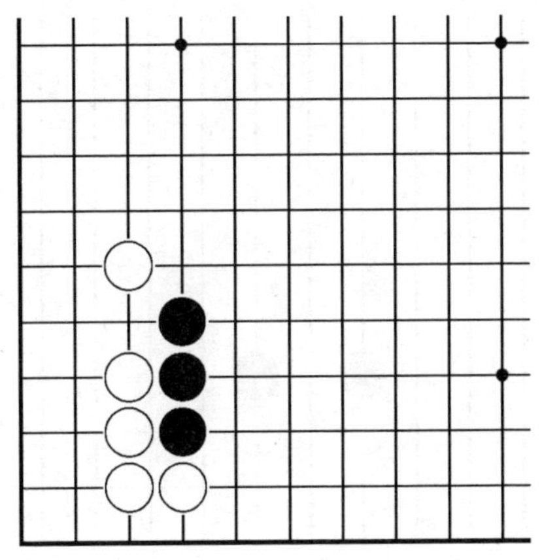

55

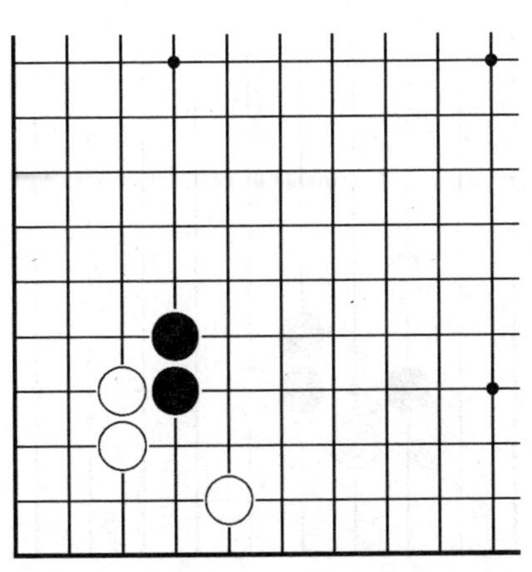

56

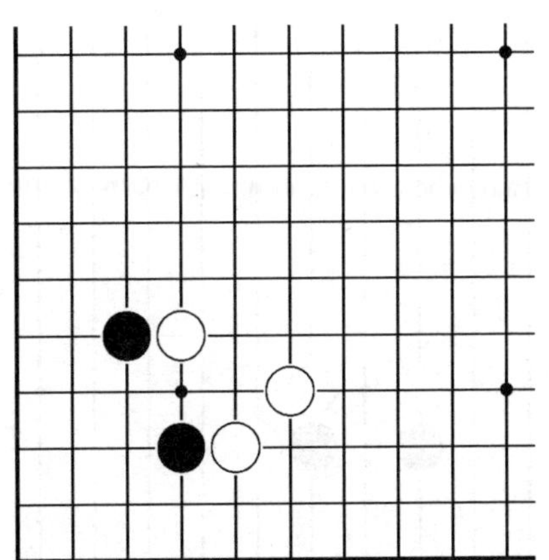

4. 棋　形

学习日期	月　　日
检　　查	

黑先，黑棋应该如何下？

57

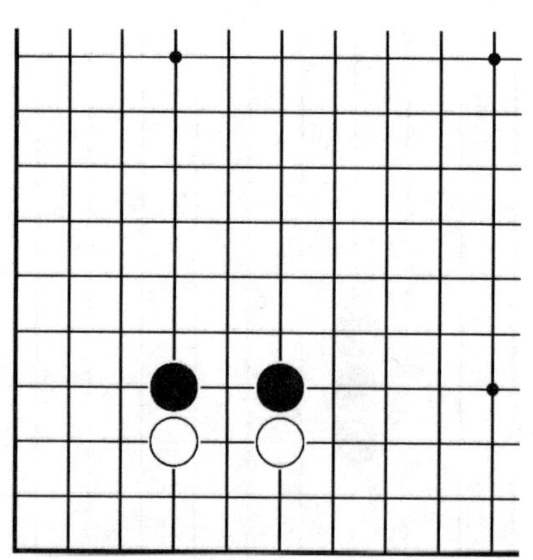

58

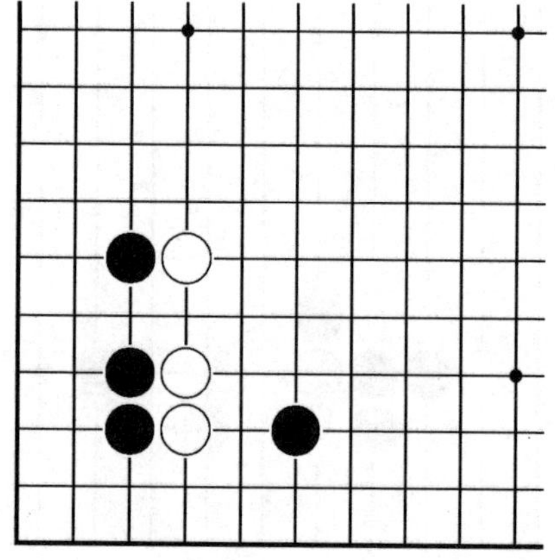

59

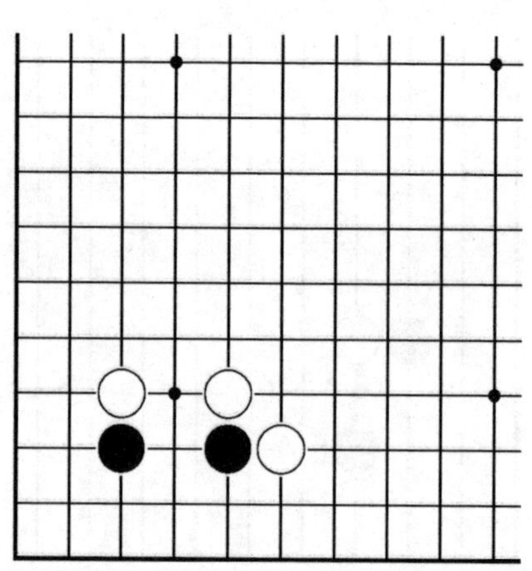

60

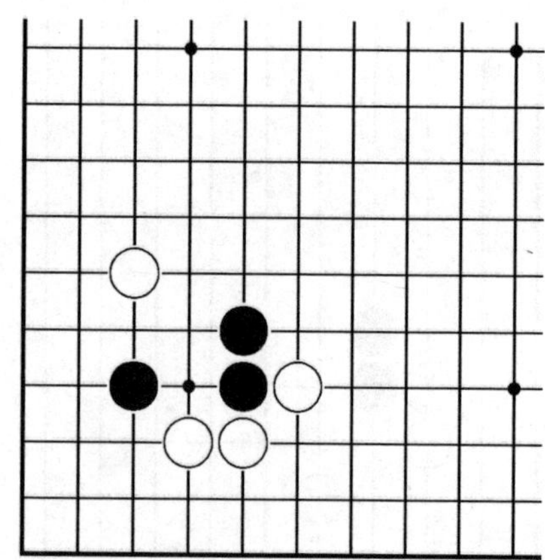

4. 棋　形

学习日期	月　　日
检　　查	

上篇

黑先，黑棋应该如何下？

61

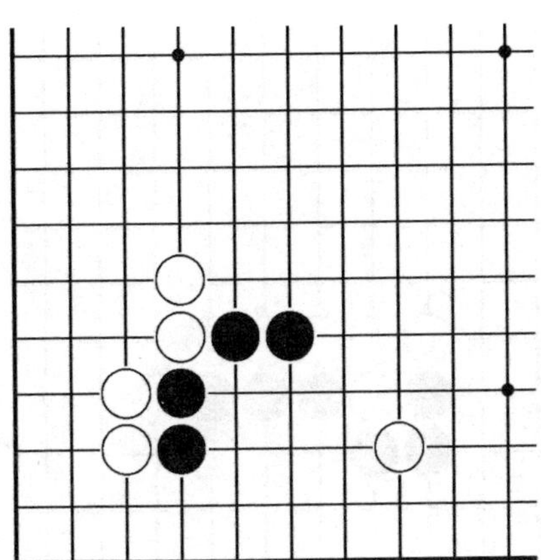

62

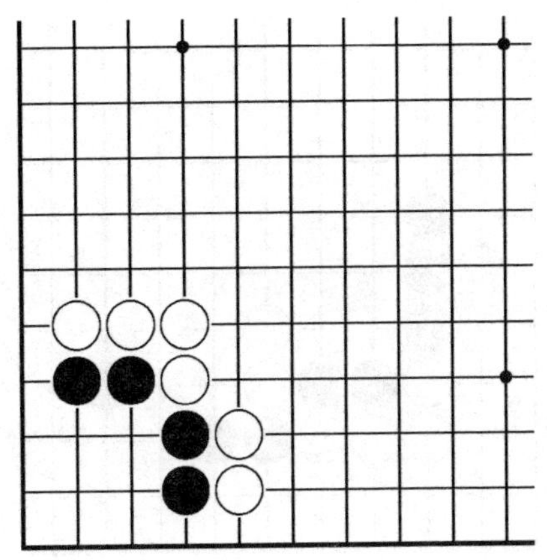

63

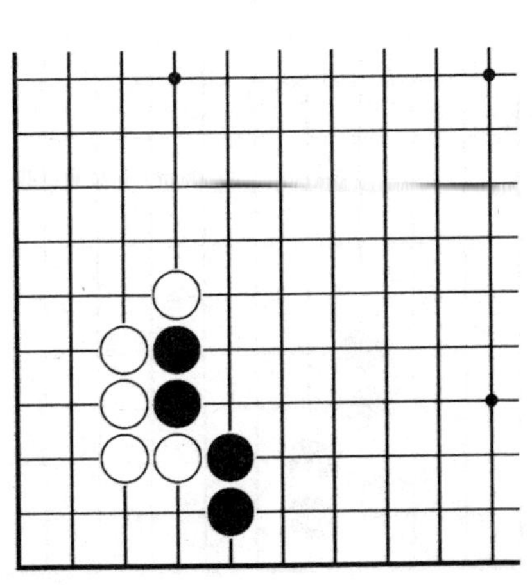

64

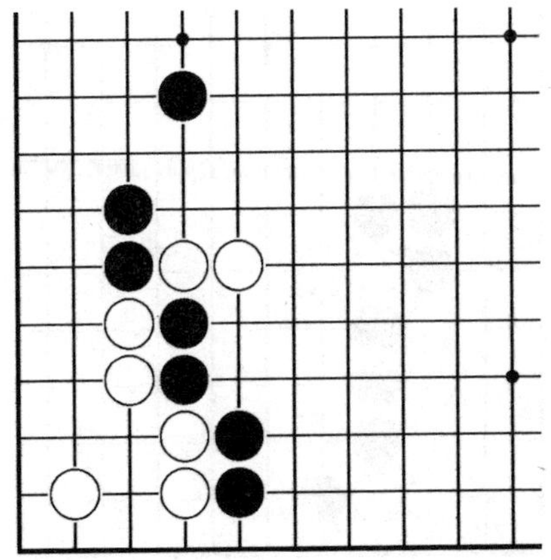

4. 棋　形

学习日期	月　　日
检　　查	

黑先，黑棋应该如何下？

65

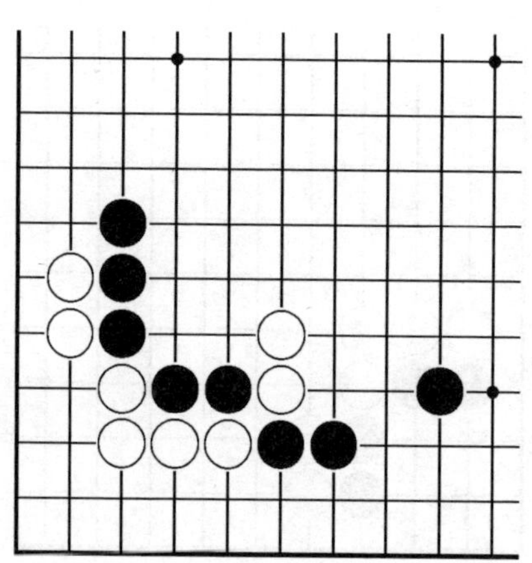

66

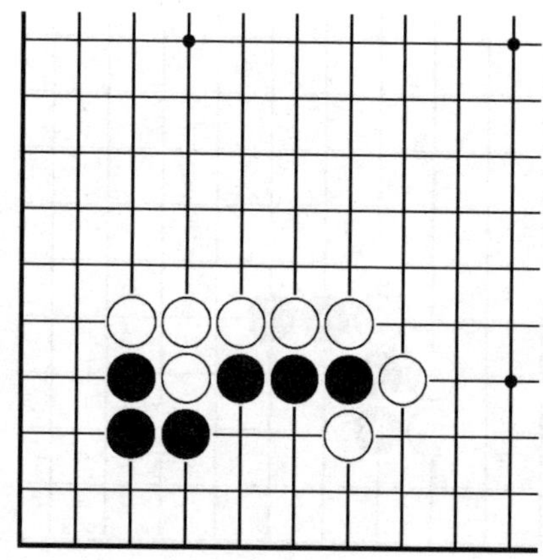

67

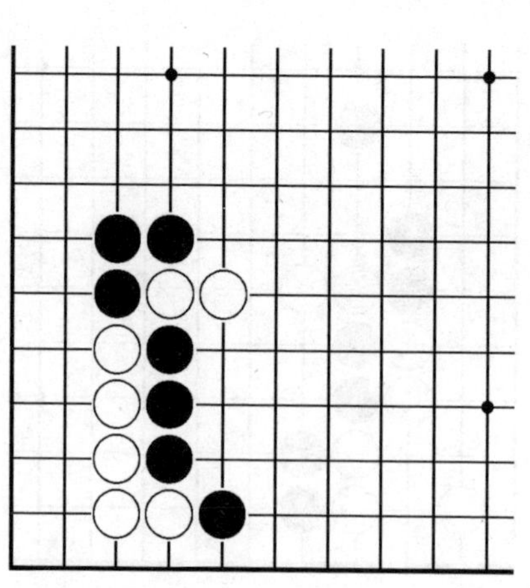

68

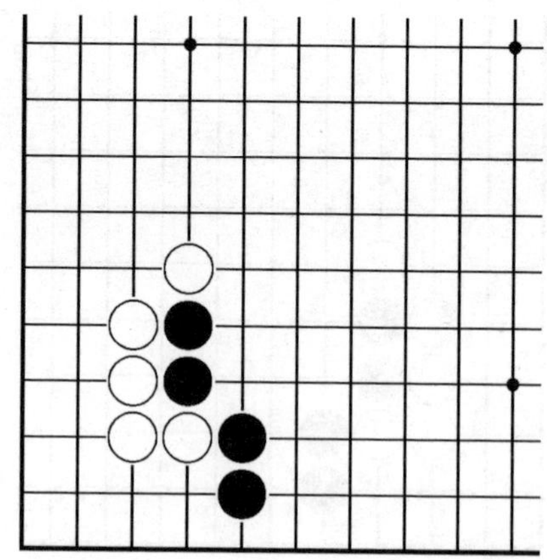

4. 棋　形

学习日期	月　　日
检　　查	

黑先，黑棋应该如何下？

69

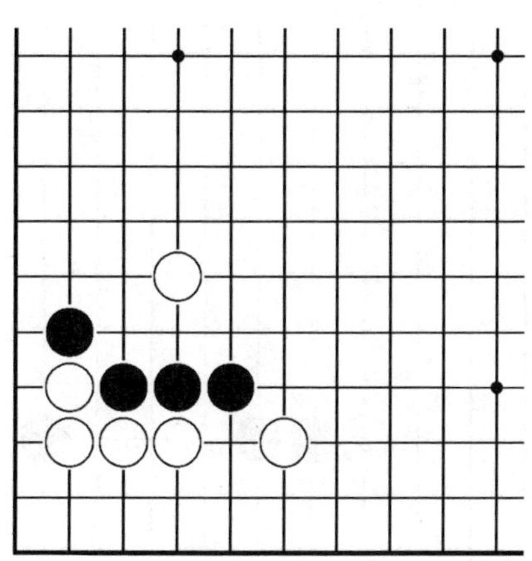

70

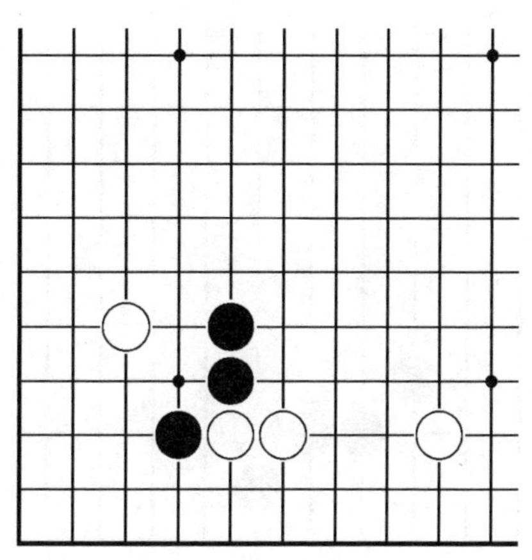

71

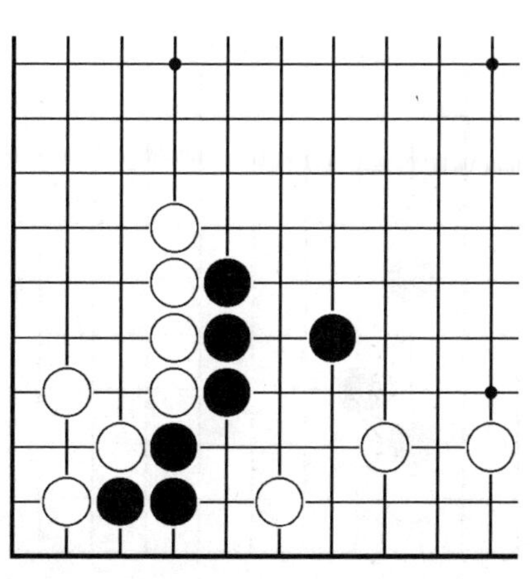

72

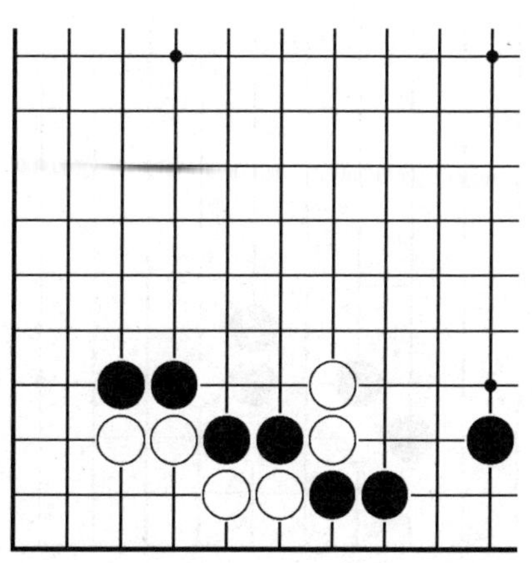

4. 棋　形

学习日期	月　　日
检　　查	

黑先，黑棋应该如何下？

73

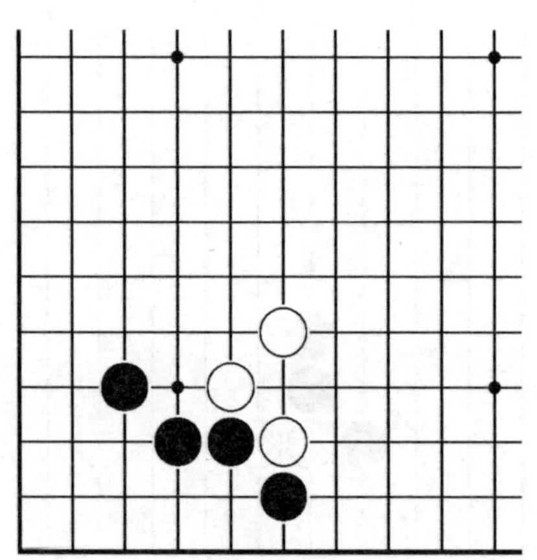

74

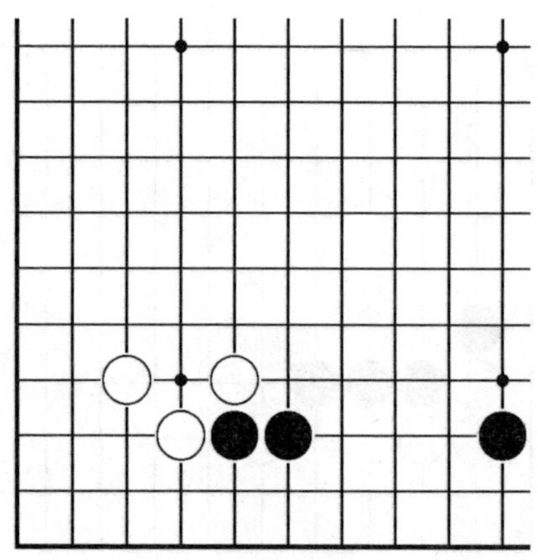

75

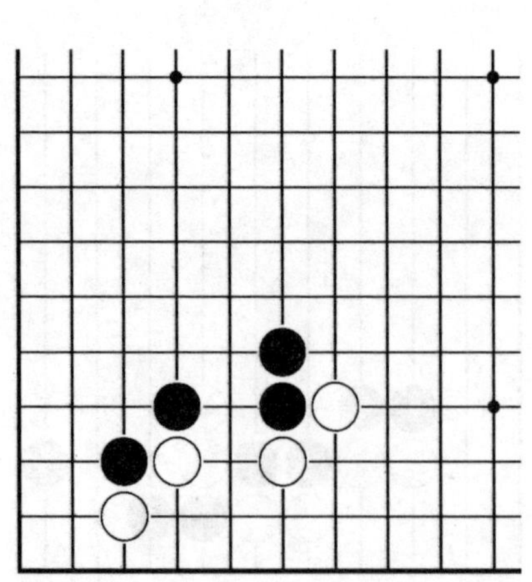

76

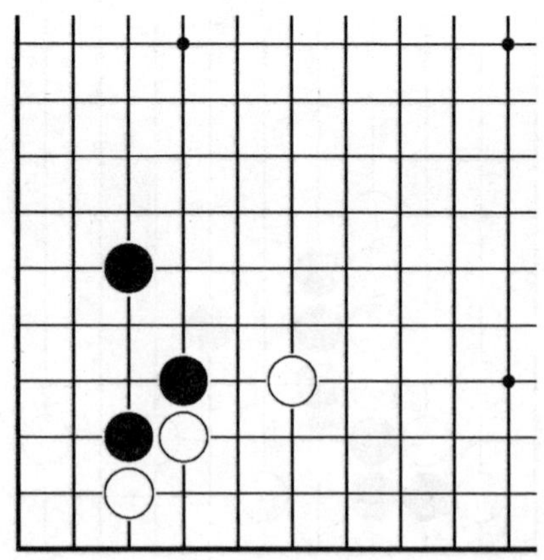

4. 棋　形

学习日期	月　　日
检　　查	

黑先，黑棋应该如何下？

77

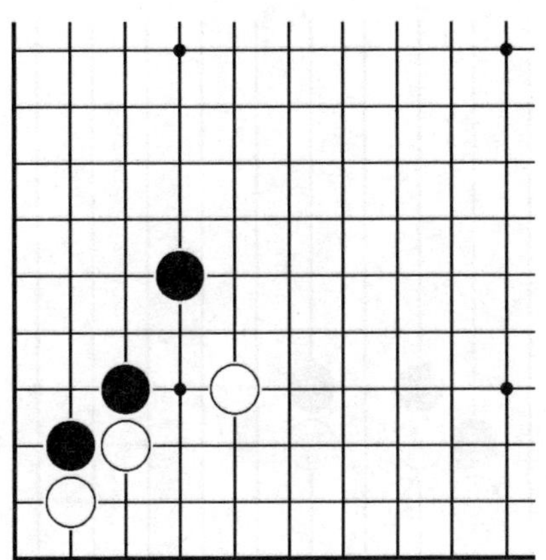

78

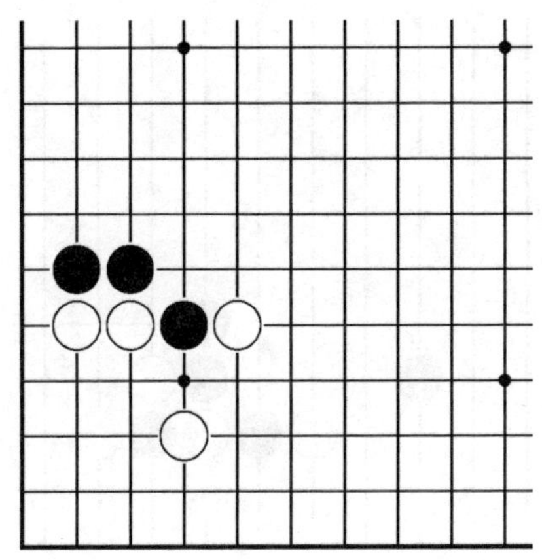

79

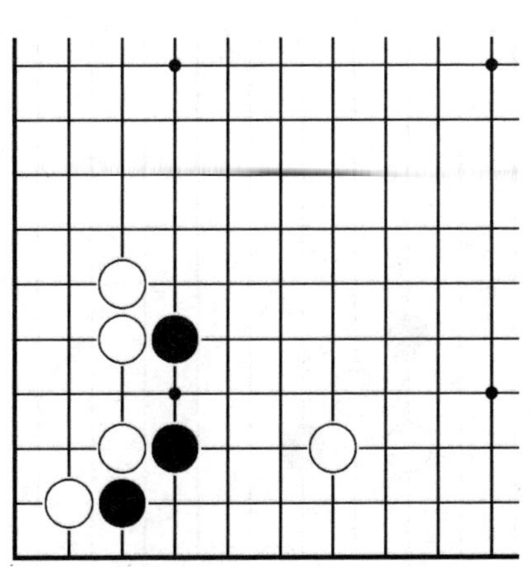

80

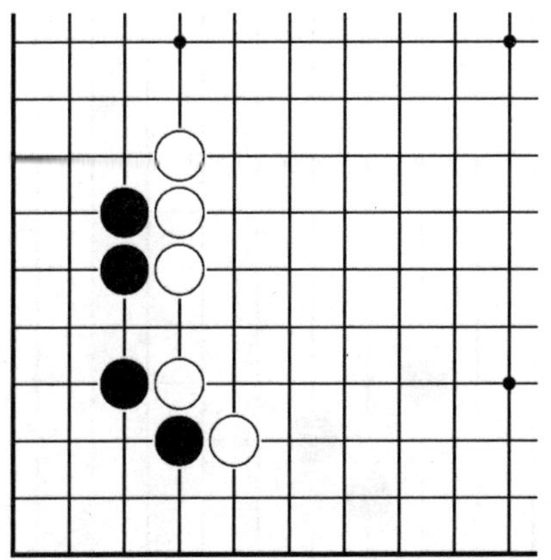

4. 棋　形

学习日期	月　　日
检　查	

黑先，黑棋应该如何下？

81

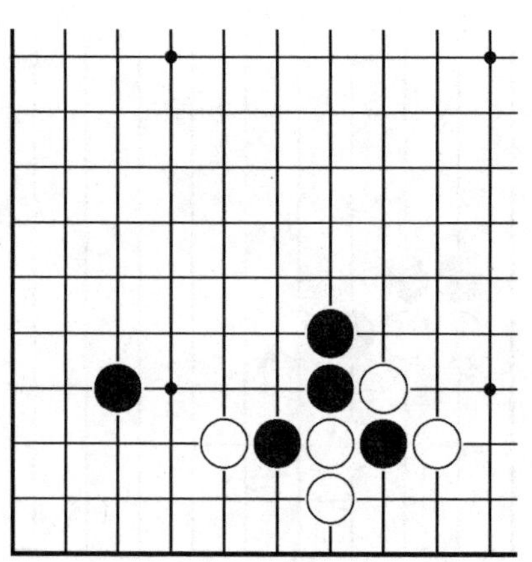

82

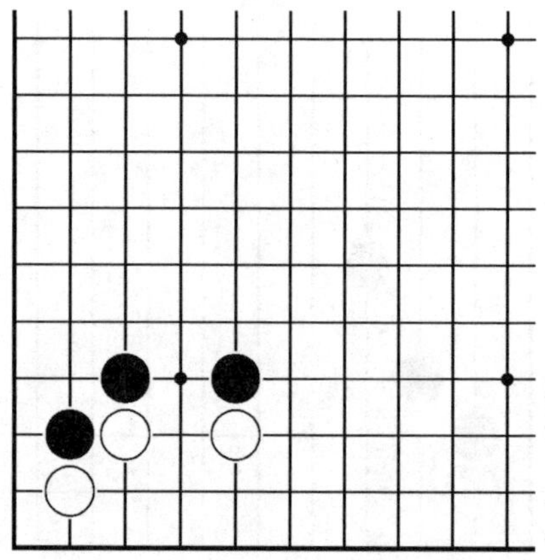

83

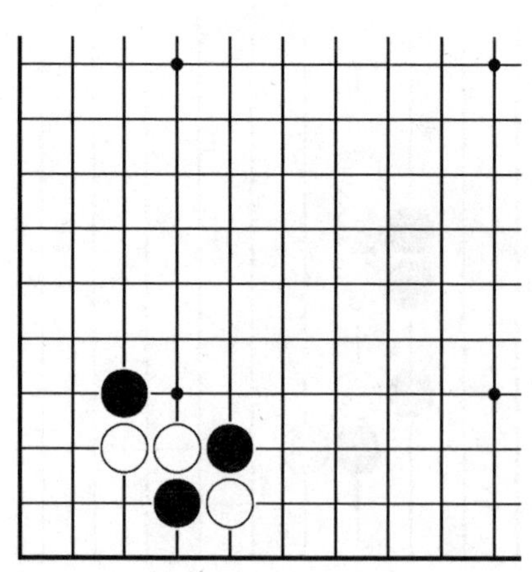

84

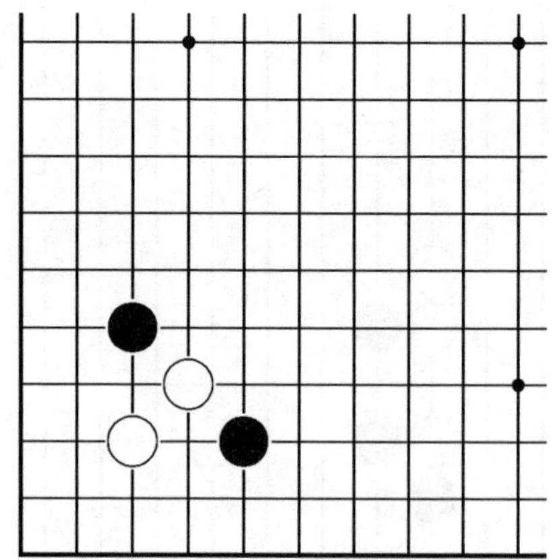

4. 棋　形

学习日期	月　　日
检　　查	

黑先，黑棋应该如何下？

85

86

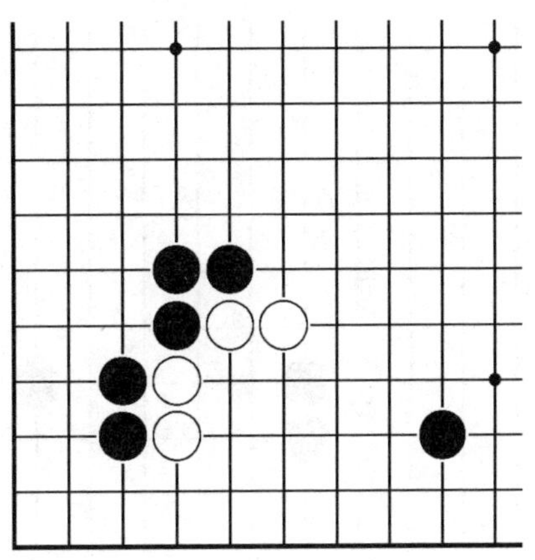

上篇

87

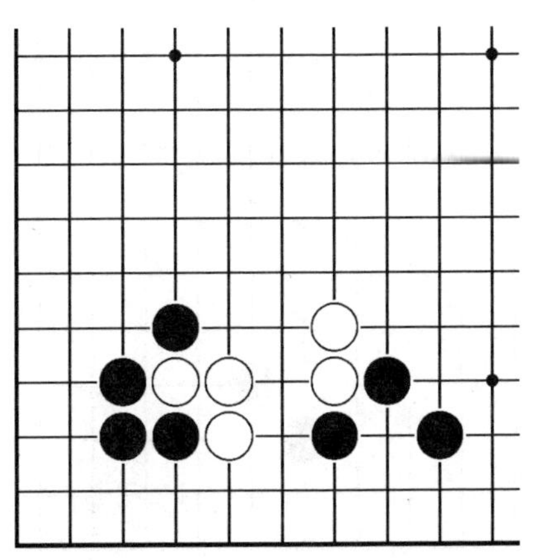

88

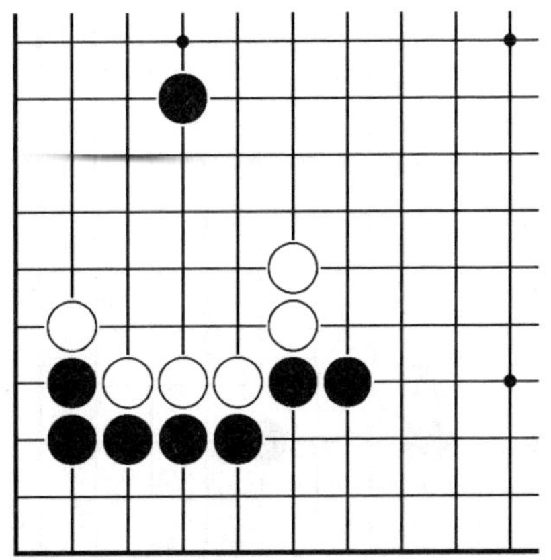

4. 棋　形

学习日期	月　　日
检　　查	

黑先，黑棋应该如何下？

89

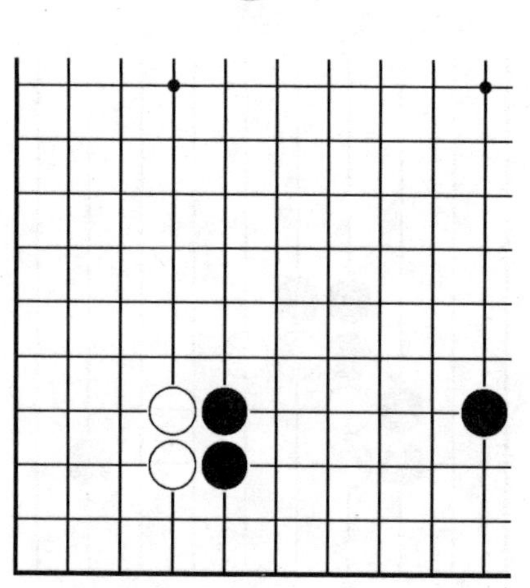

90

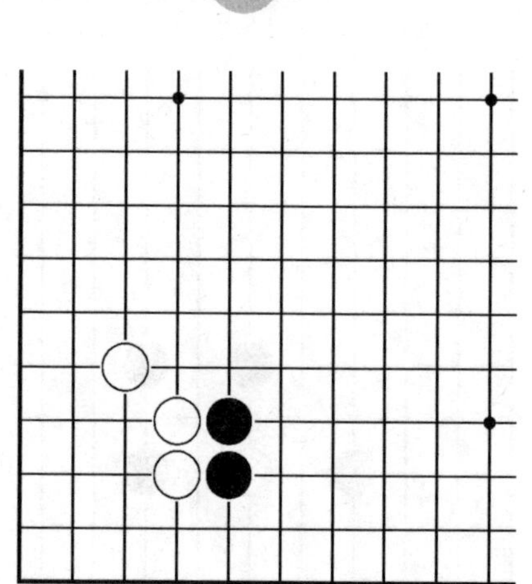

91

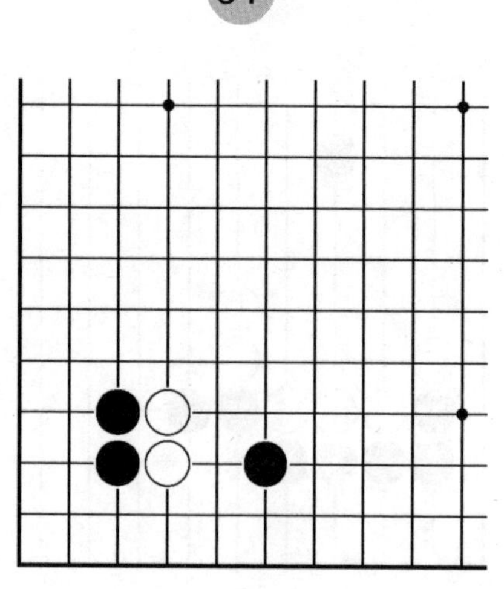

92

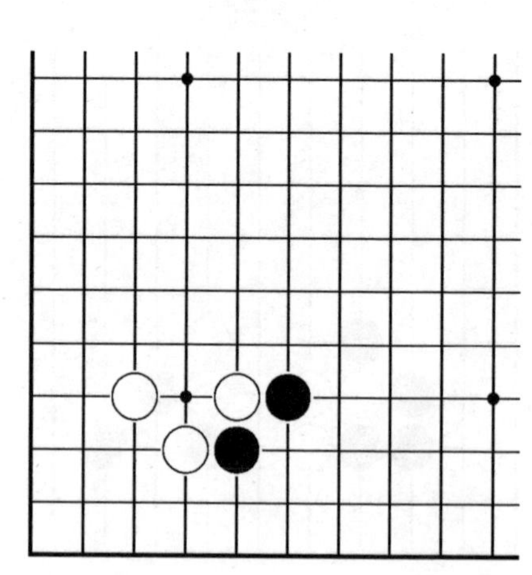

4. 棋 形

学习日期	月 日
检 查	

黑先，黑棋应该如何下？

93

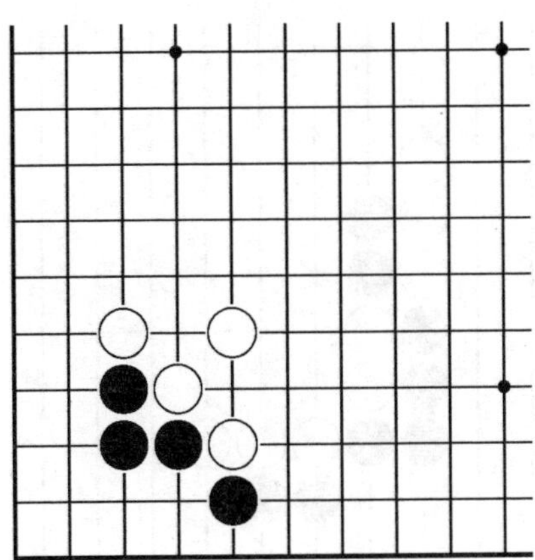

94

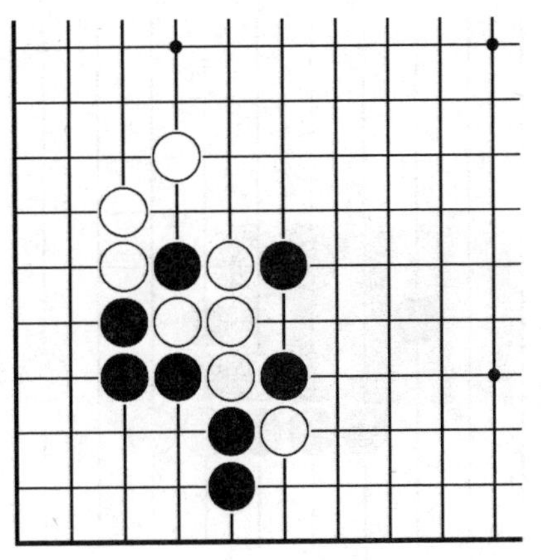

上篇

95

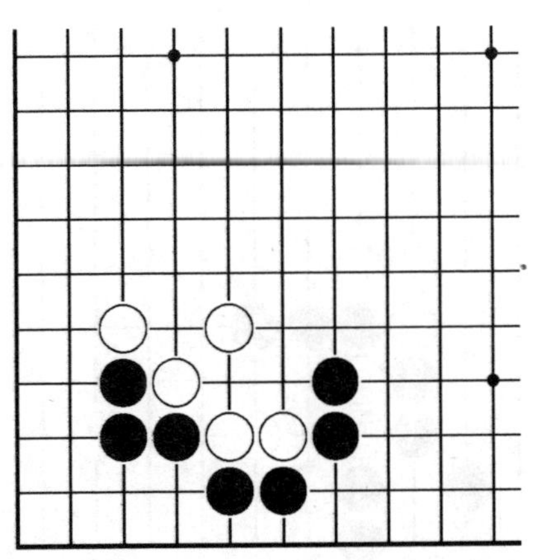

96

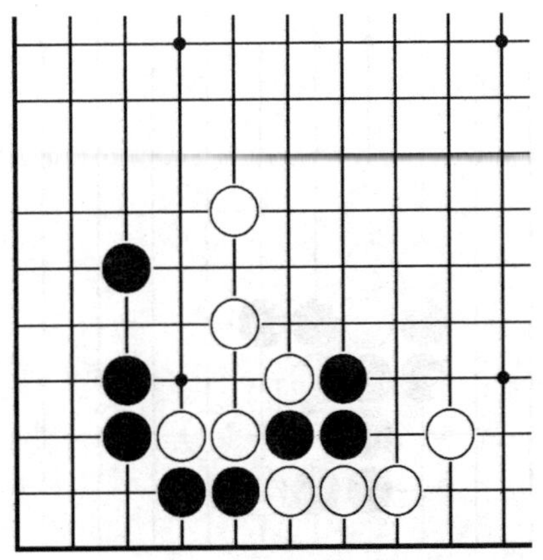

4. 棋　形

学习日期	月　日
检　查	

黑先，黑棋应该如何下？

97

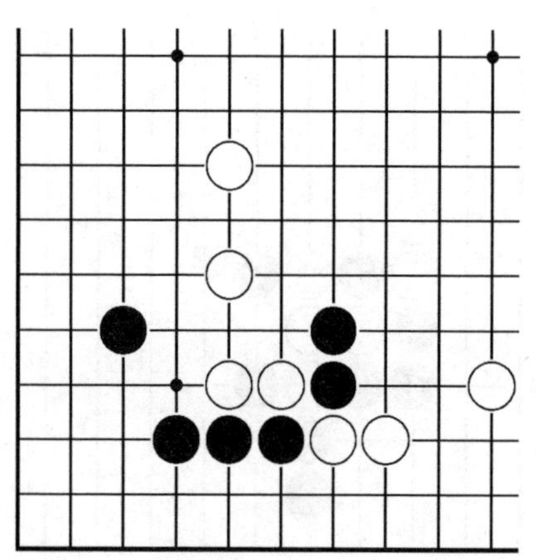

98

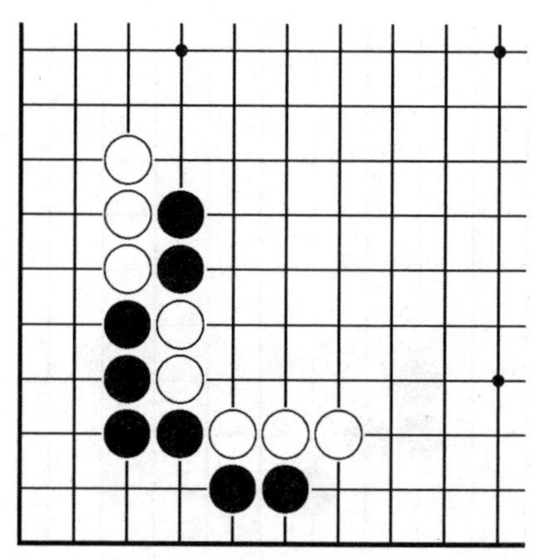

99

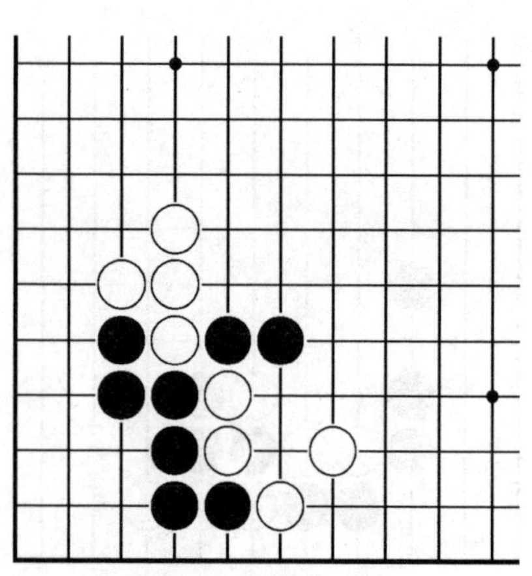

100

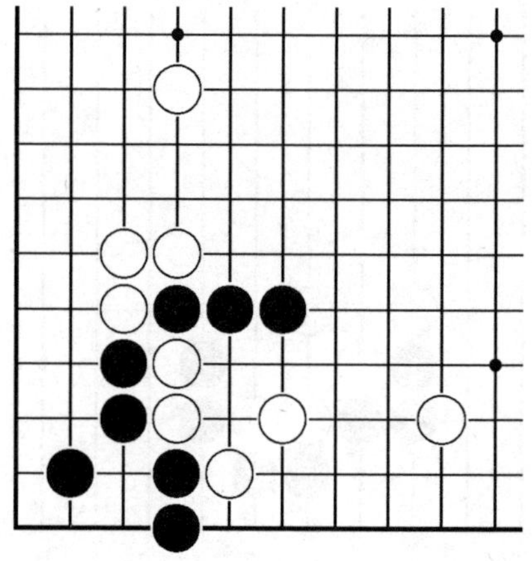

4. 棋　形

学习日期	月　　日
检　　查	

黑先，黑棋应该如何下？

101

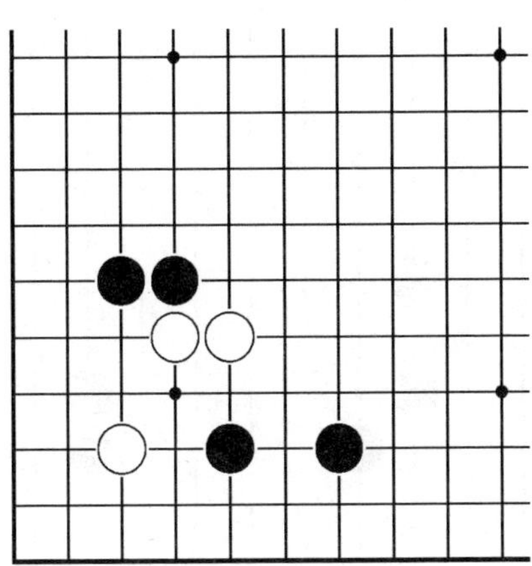

102

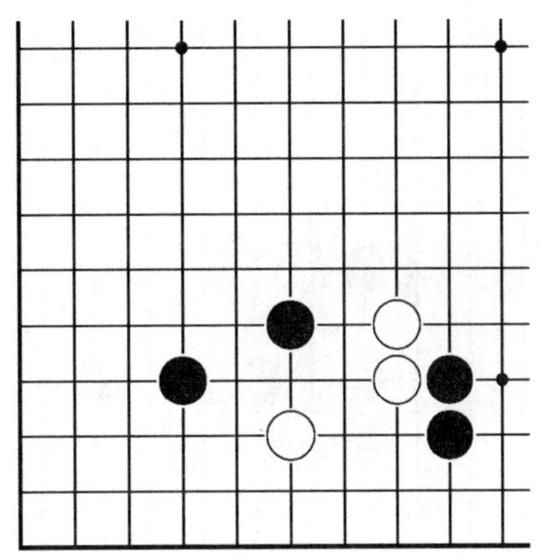

上篇

103

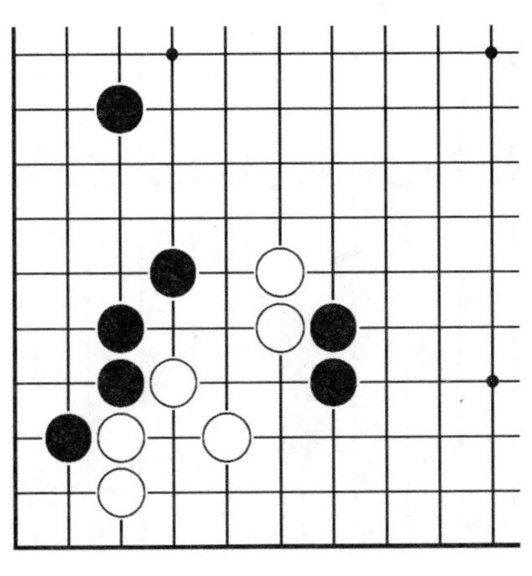

104

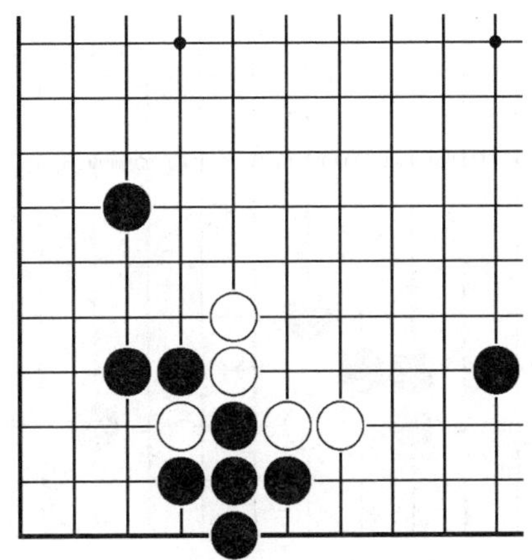

4. 棋 形

学习日期	月 日
检 查	

黑先，黑棋应该如何下？

105

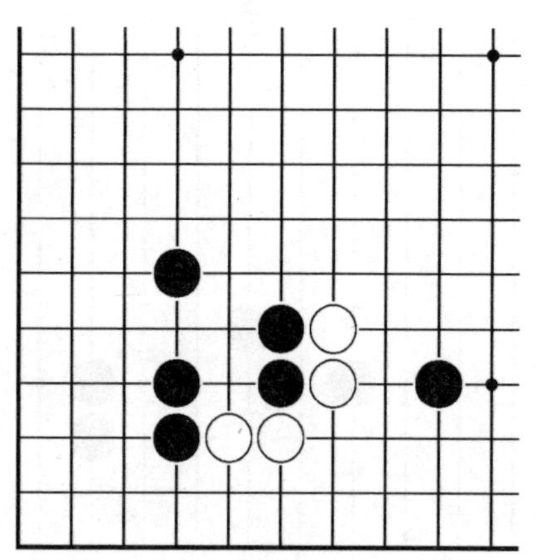

106

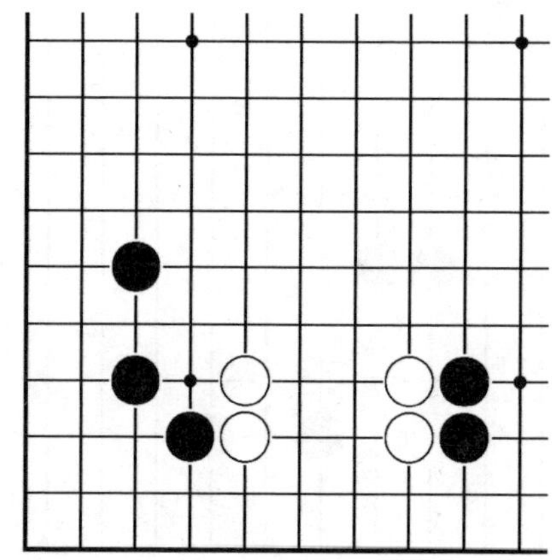

107

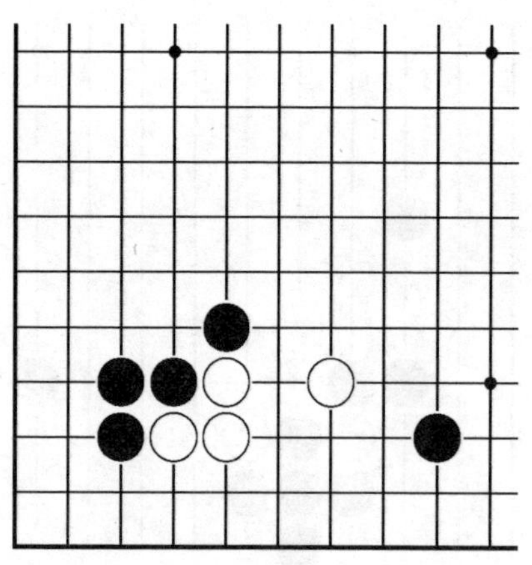

108

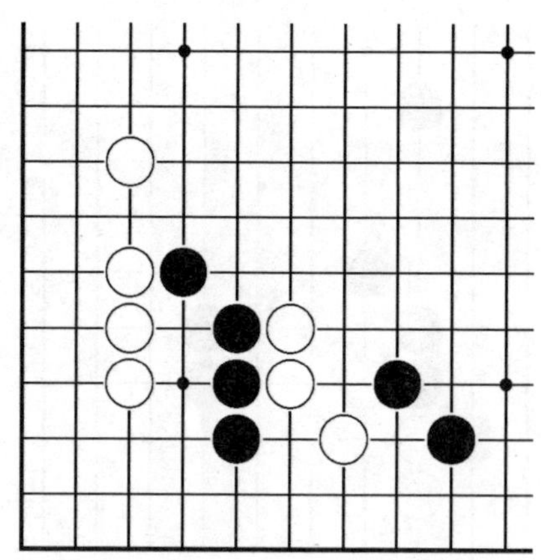

4. 棋　形

学习日期	月　日
检　查	

上篇

黑先，黑棋应该如何下？

109

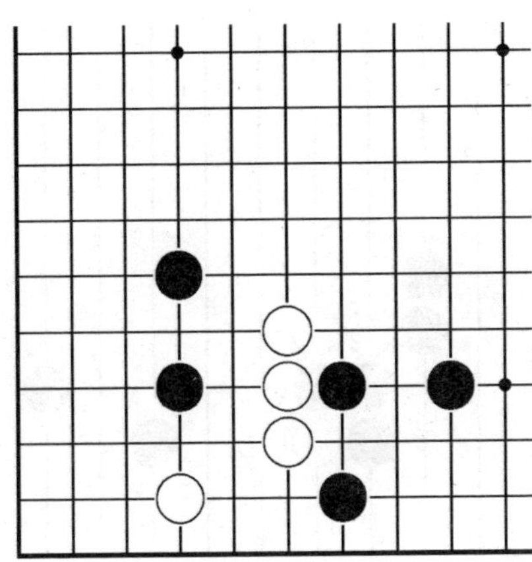

110

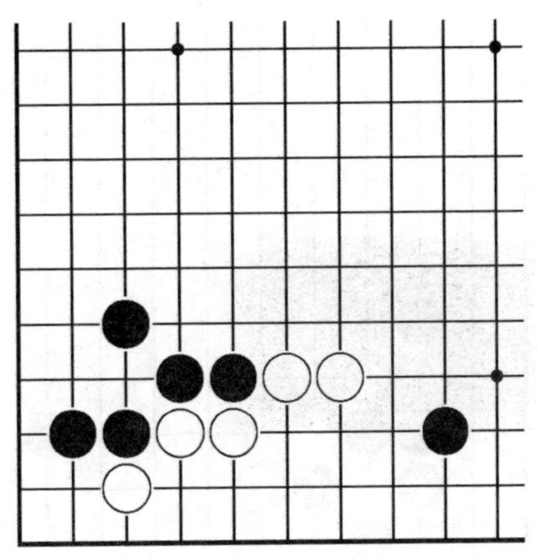

111

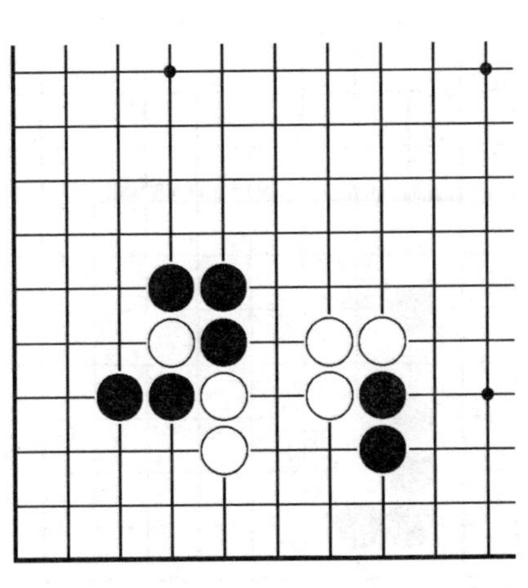

112

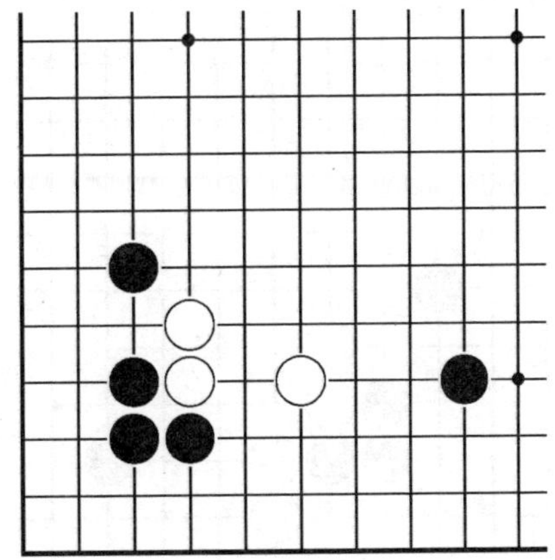

4. 棋　形

学习日期	月　日
检　查	

黑先，黑棋应该如何下？

113

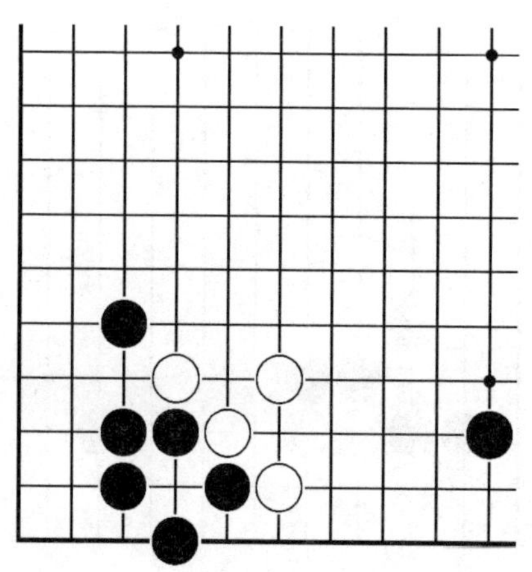

114

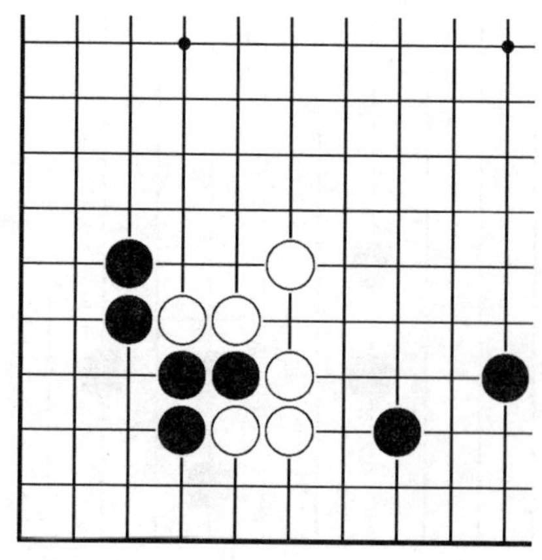

115

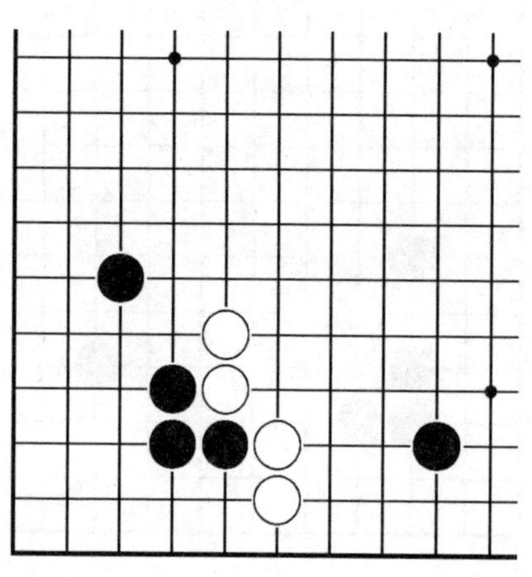

116

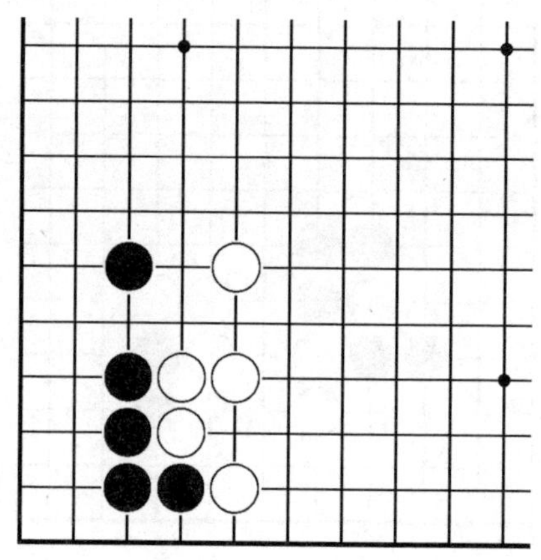

4. 棋　形

学习日期	月　　日
检　　查	

黑先，黑棋应该如何下？

117

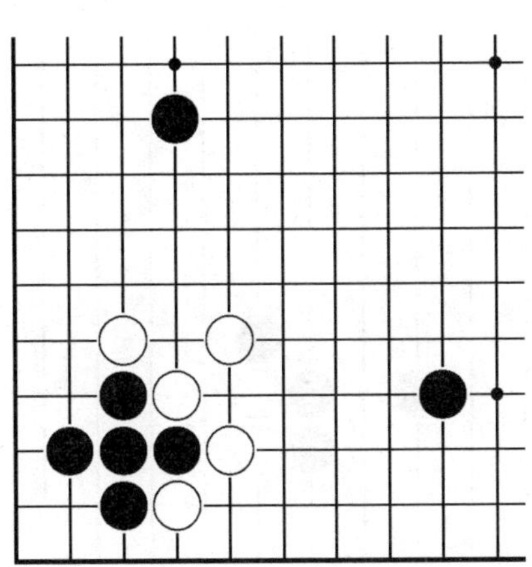

118

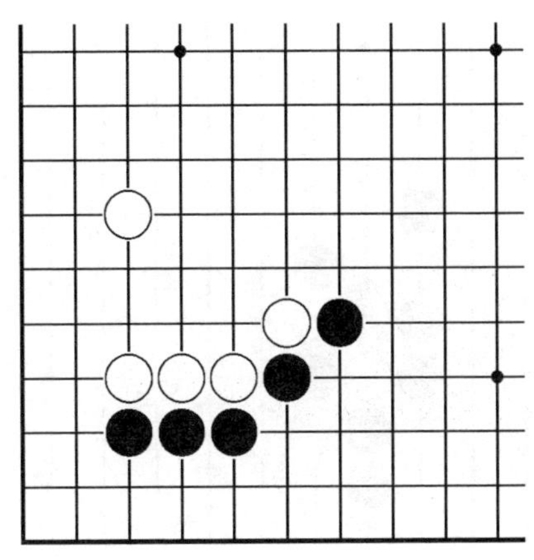

上篇

119

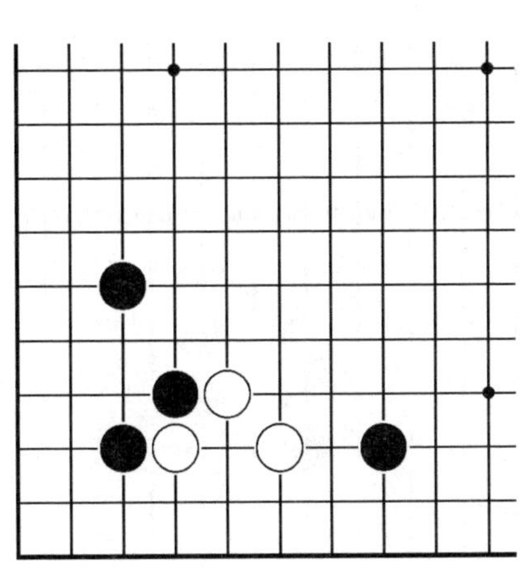

120

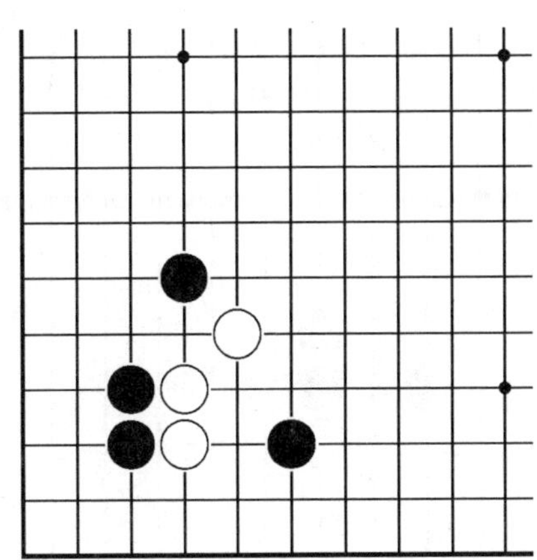

4. 棋　形

学习日期	月　　日
检　　查	

黑先，黑棋应该如何下？

121

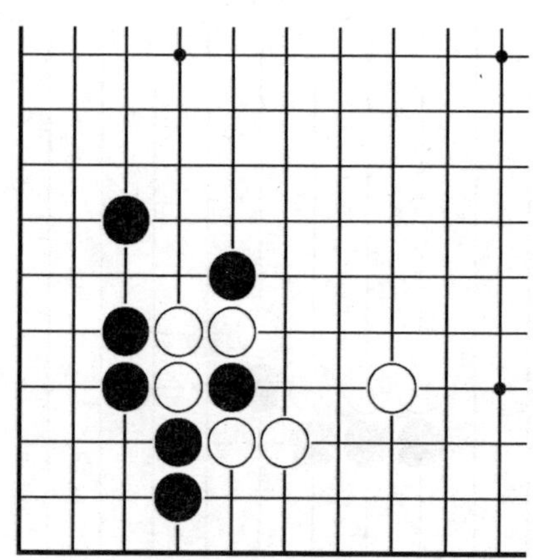

122

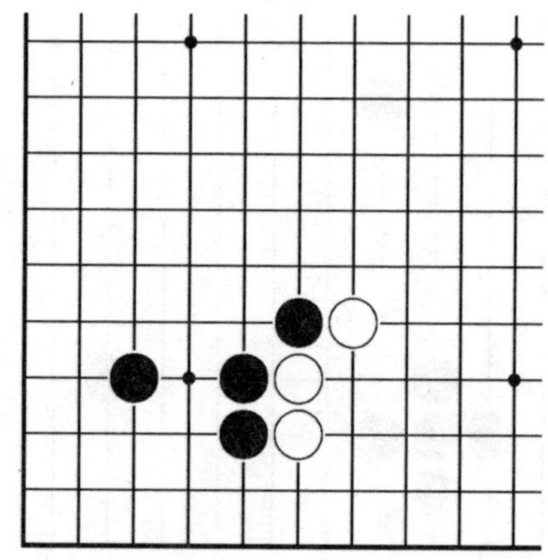

123

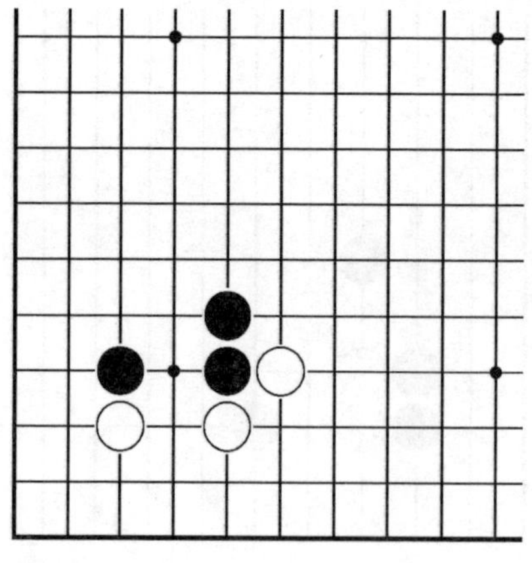

124

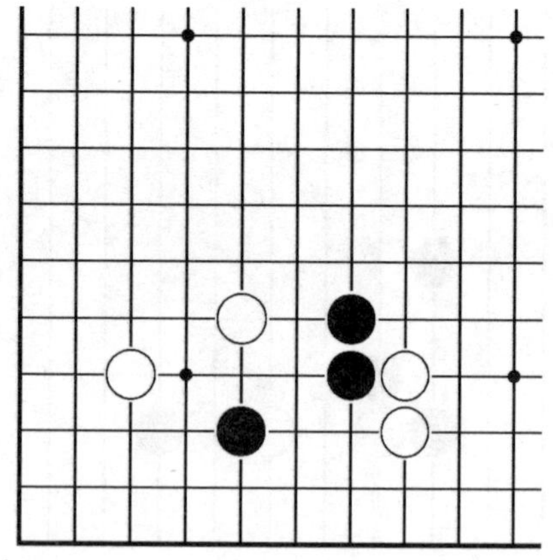

4. 棋　形

学习日期	月　　日
检　　查	

黑先，黑棋应该如何下？

125

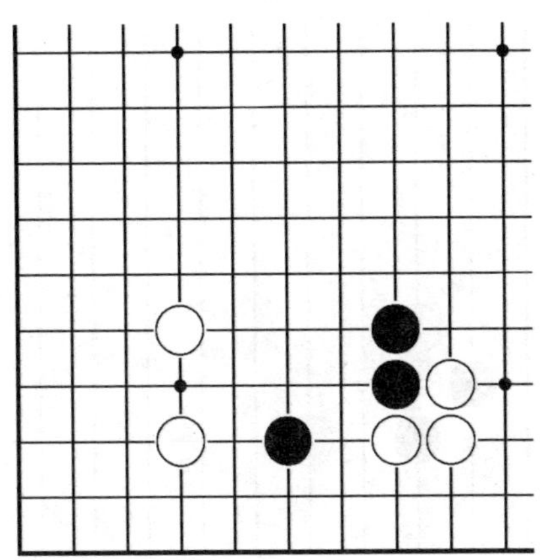

126

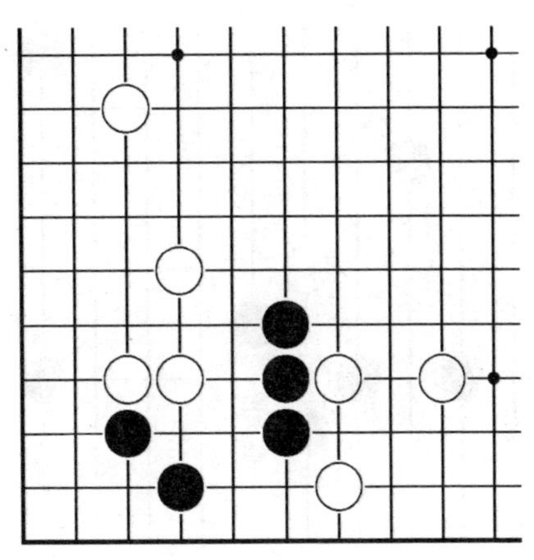

127

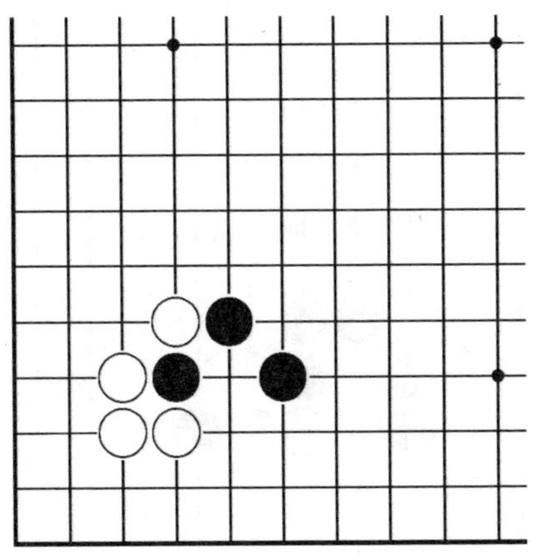

128

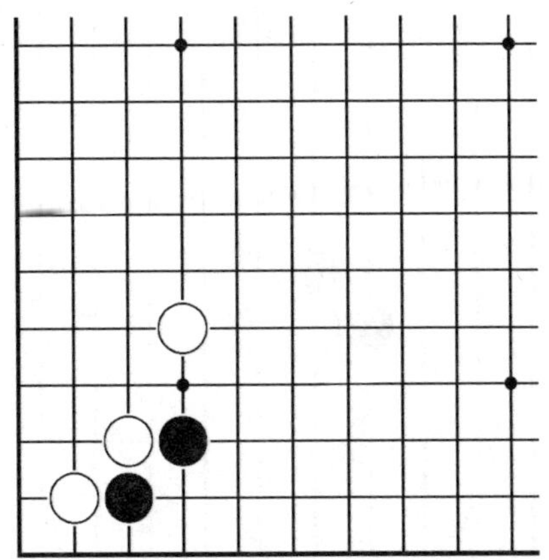

4. 棋　形

学习日期	月　　日
检　　查	

黑先，黑棋应该如何下？

129

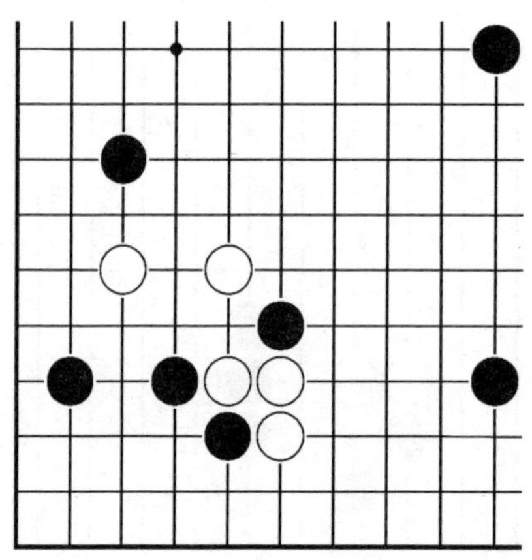

130

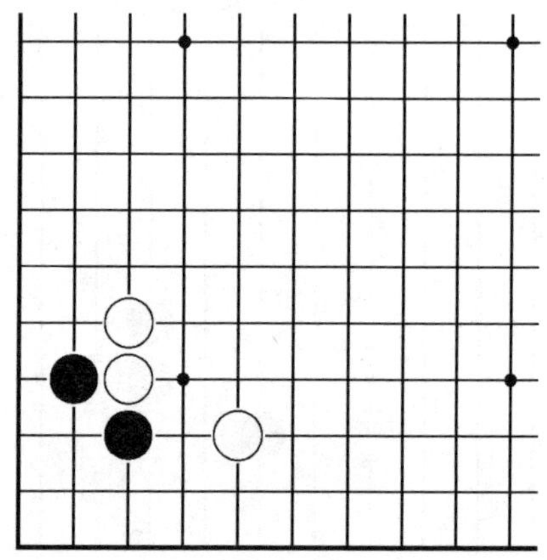

131

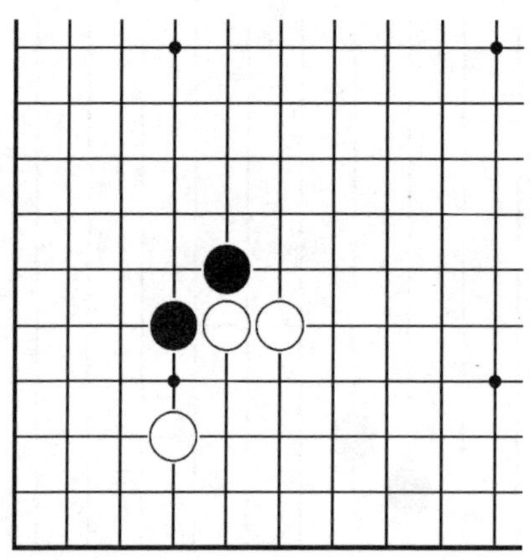

132

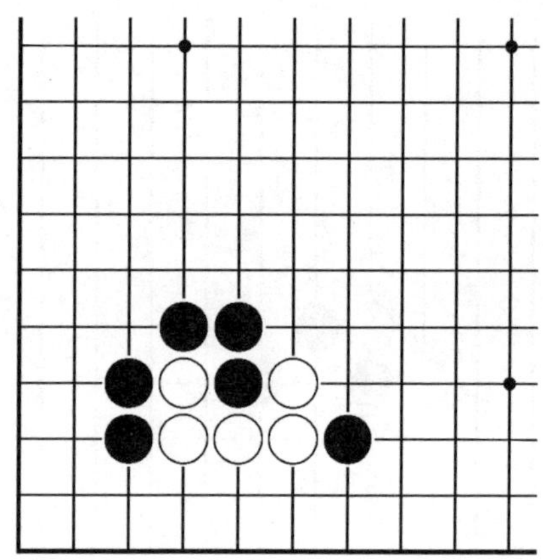

4. 棋 形

学习日期	月 日
检 查	

黑先，黑棋应该如何下？

133

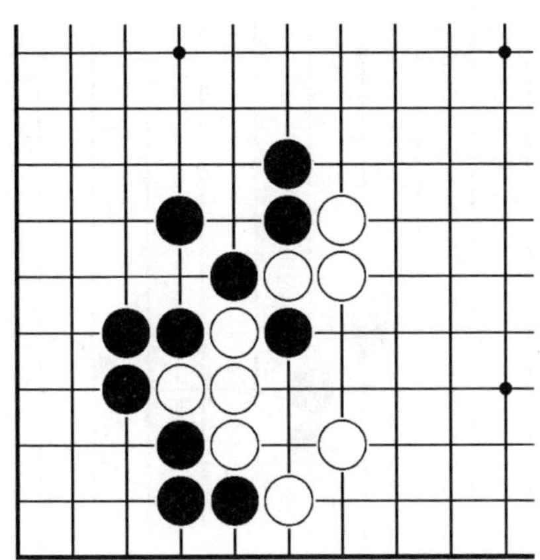

134

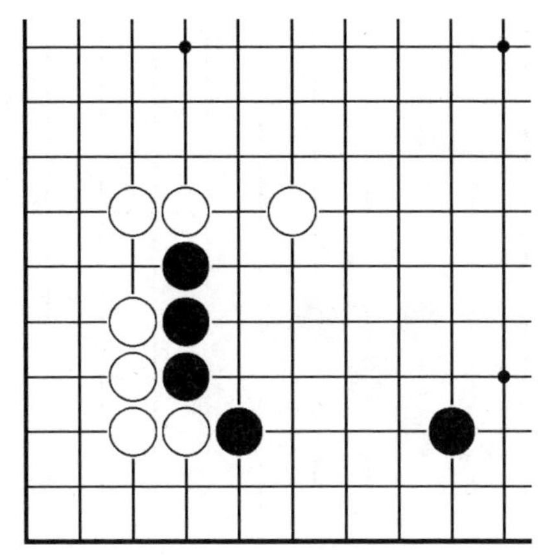

135

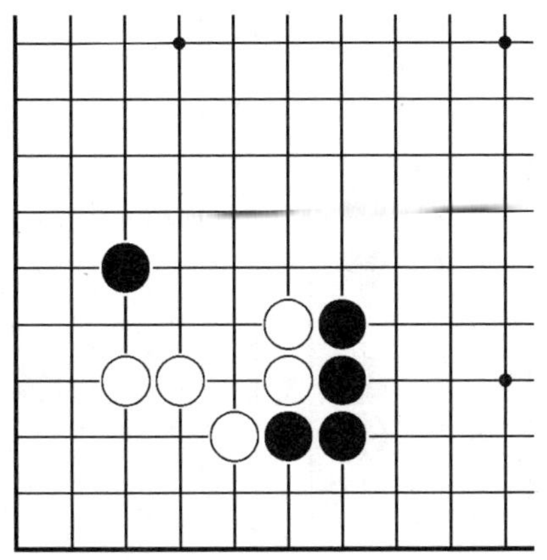

136

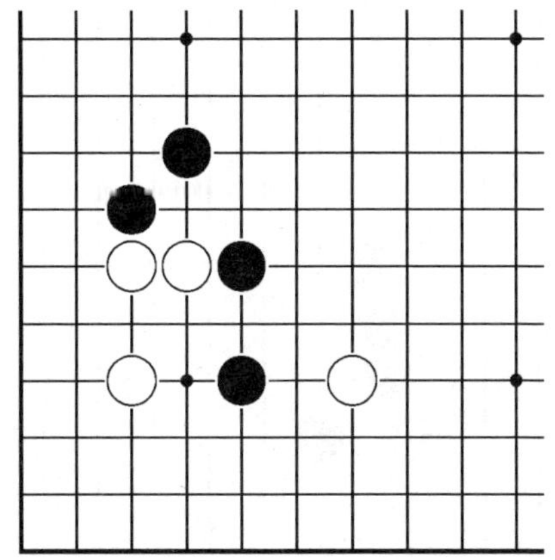

上篇

4. 棋　形

学习日期	月　　日
检　　查	

黑先，黑棋应该如何下？

137

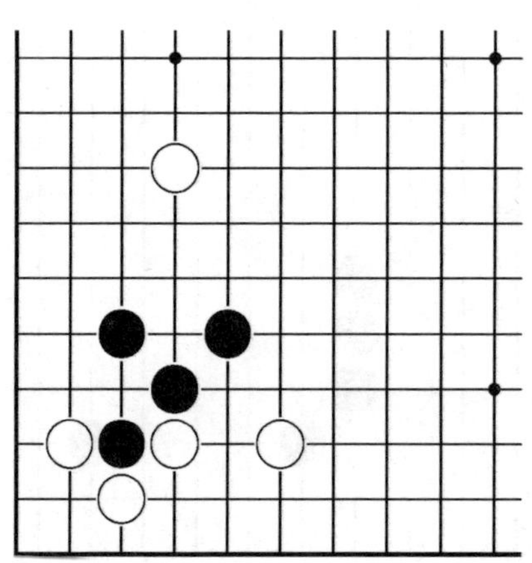

138

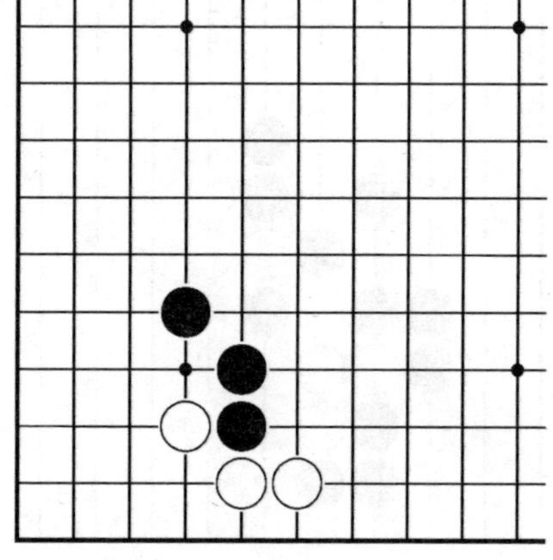

139

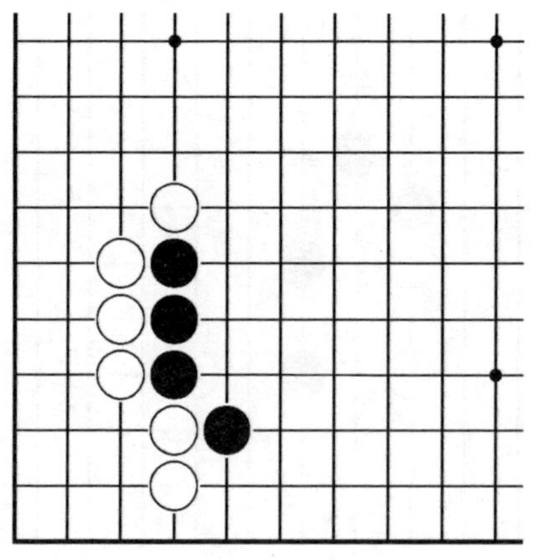

140

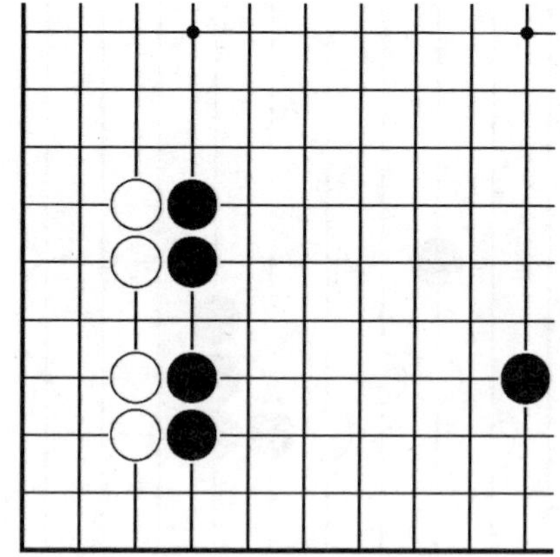

4. 棋　形

学习日期	月　　日
检　　查	

黑先，黑棋应该如何下？

141

142

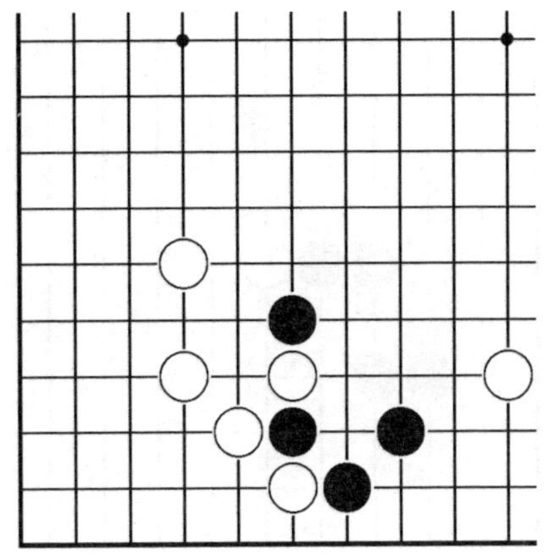

143

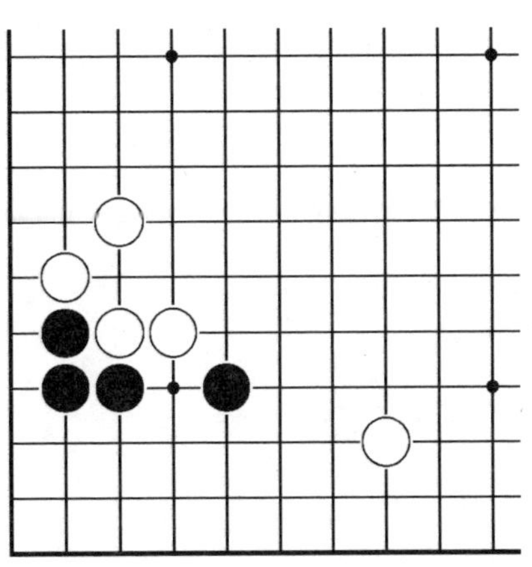

144

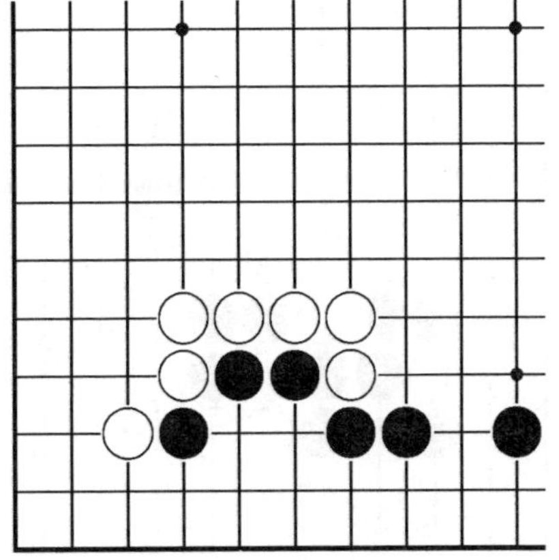

4. 棋 形

学习日期	月　　日
检　　查	

黑先，黑棋应该如何下？

145

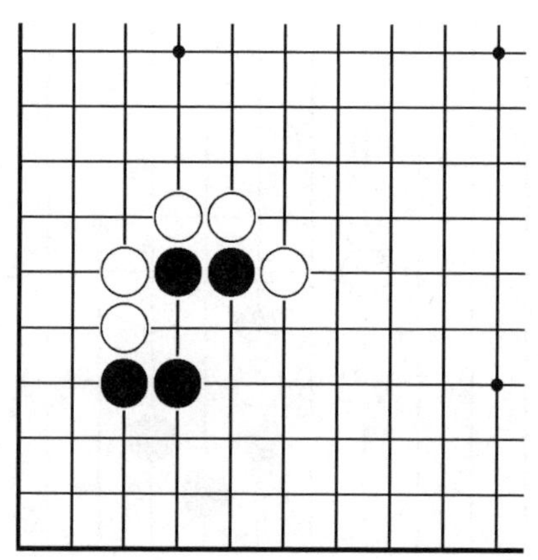

146

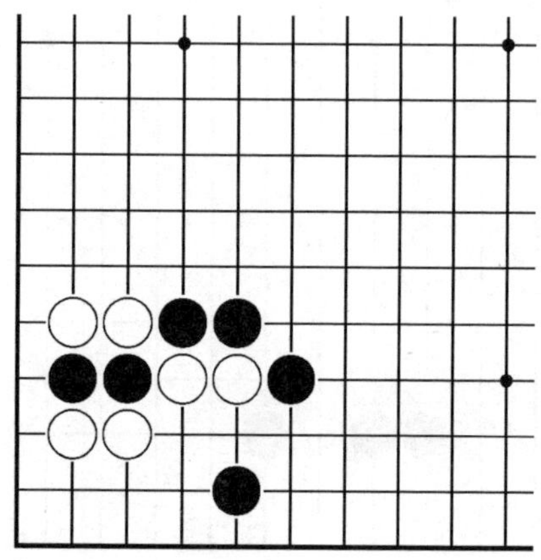

147

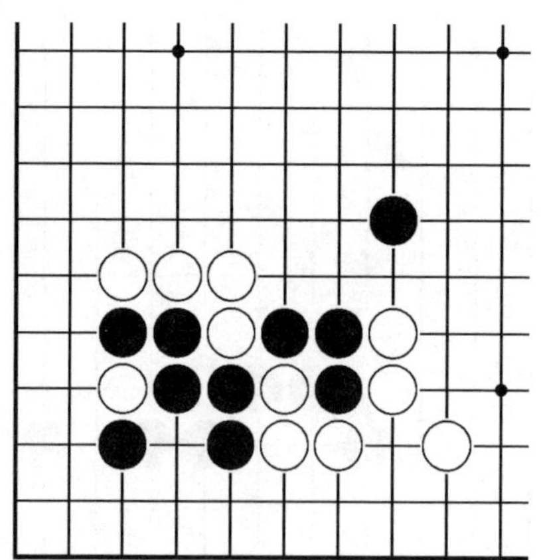

5. 互相切断的应对

学习日期	月　　日
检　　查	

黑先，黑棋应该如何下？

1

2

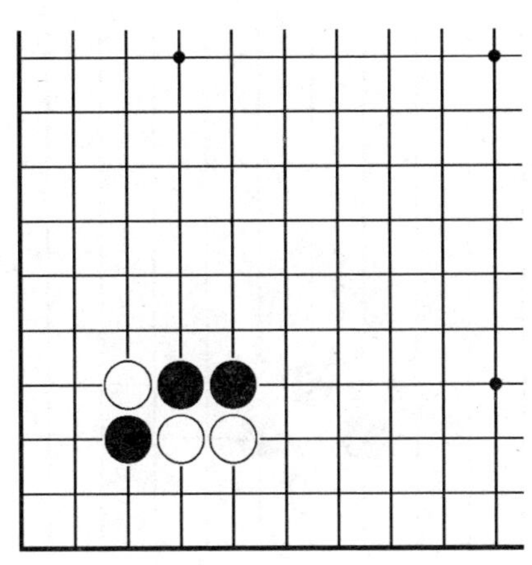

上篇

3

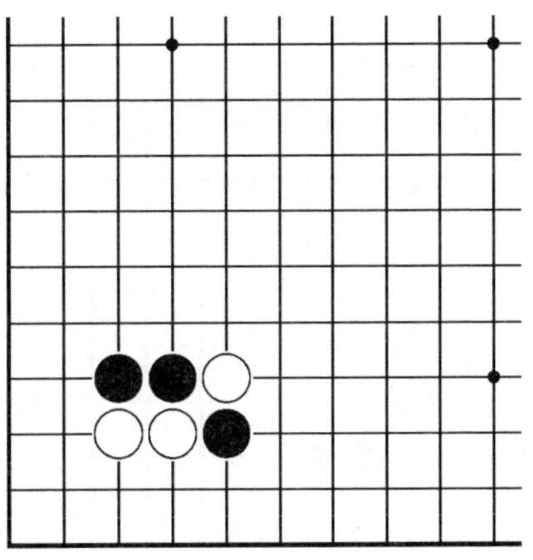

4

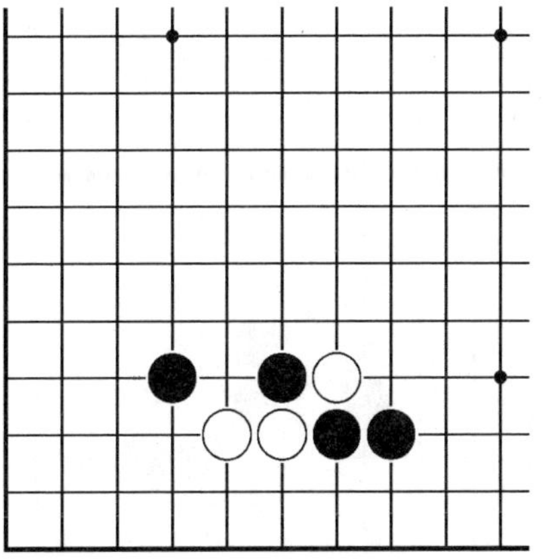

5. 互相切断的应对

学习日期	月　日
检　查	

黑先，黑棋应该如何下？

5

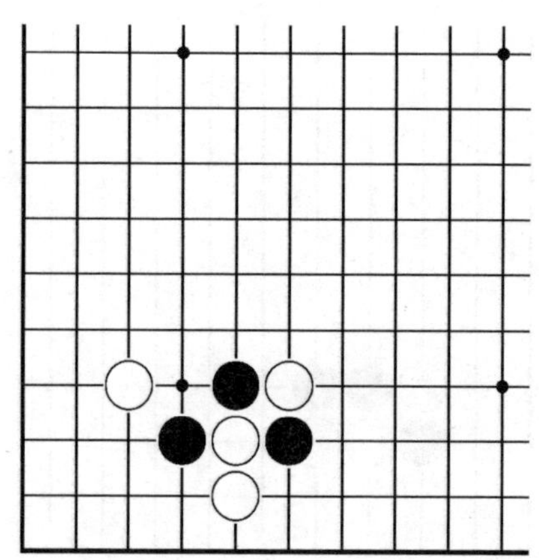

6

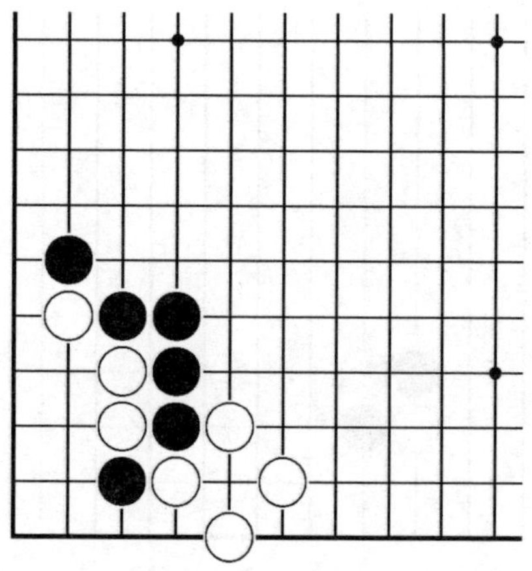

7

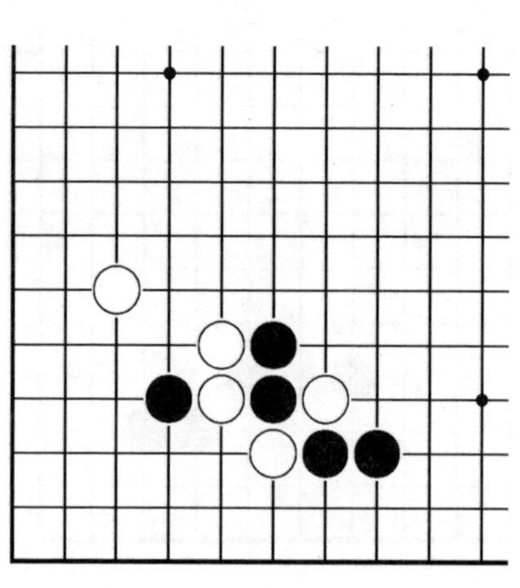

8

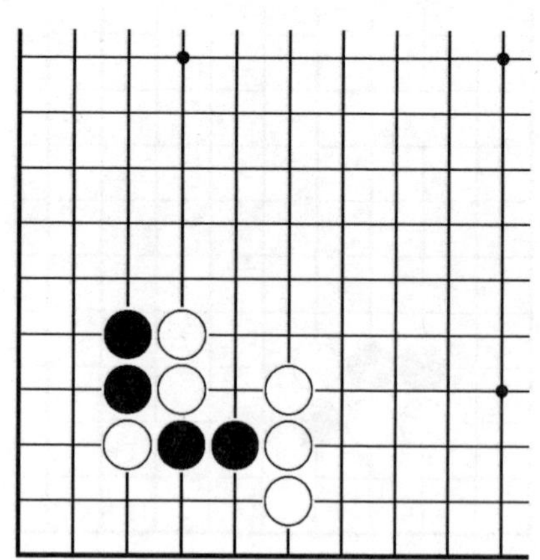

5. 互相切断的应对

学习日期	月　　日
检　　查	

黑先，黑棋应该如何下？

9

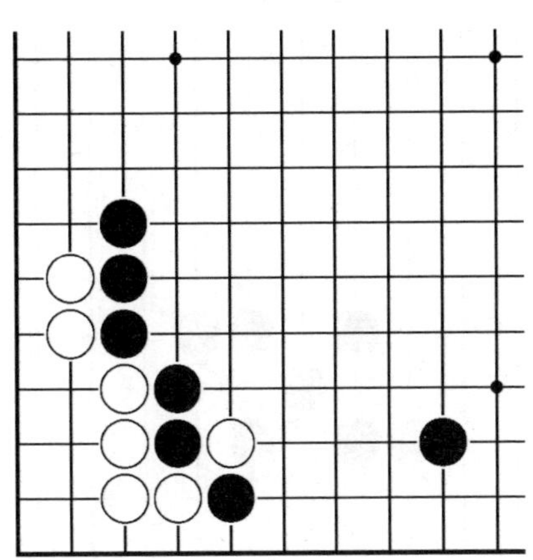

10

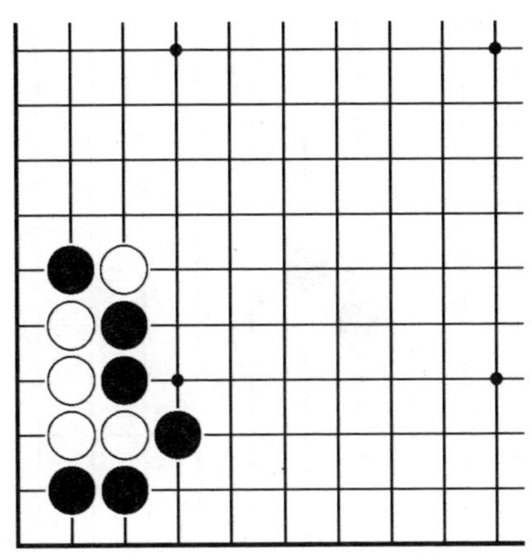

11

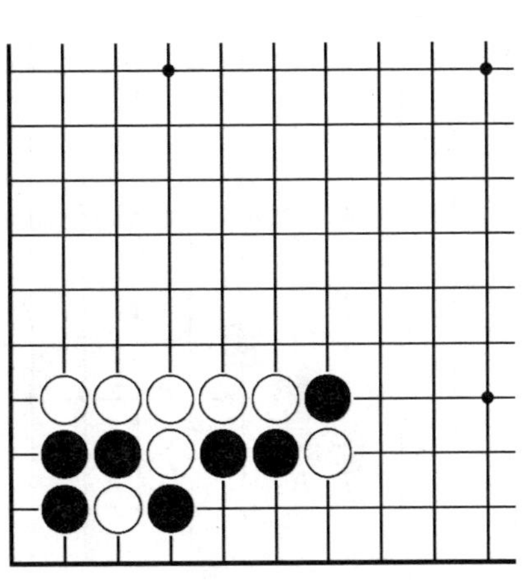

12

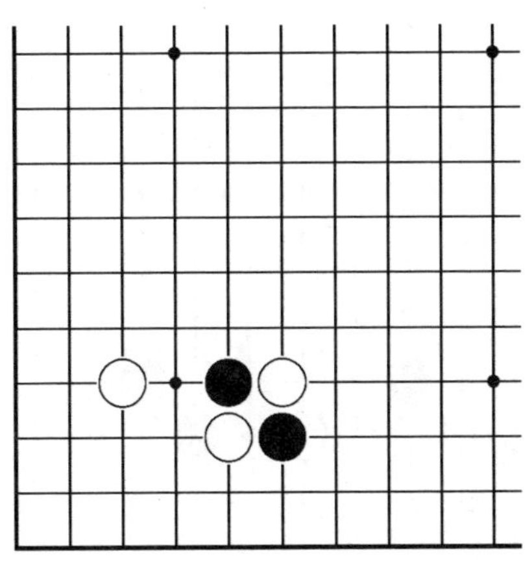

5. 互相切断的应对

学习日期	月　日
检　查	

黑先，黑棋应该如何下？

13

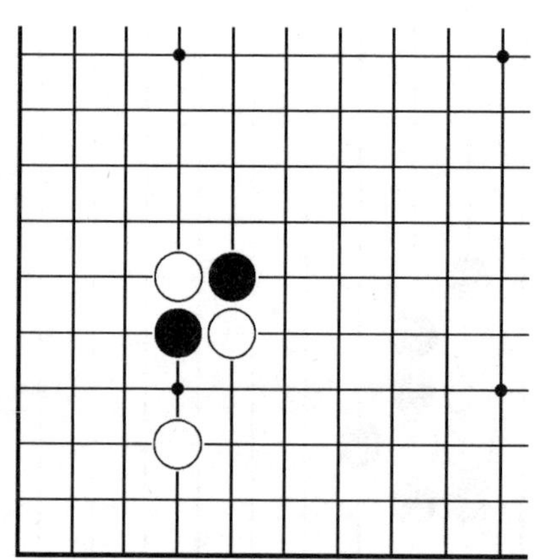

14

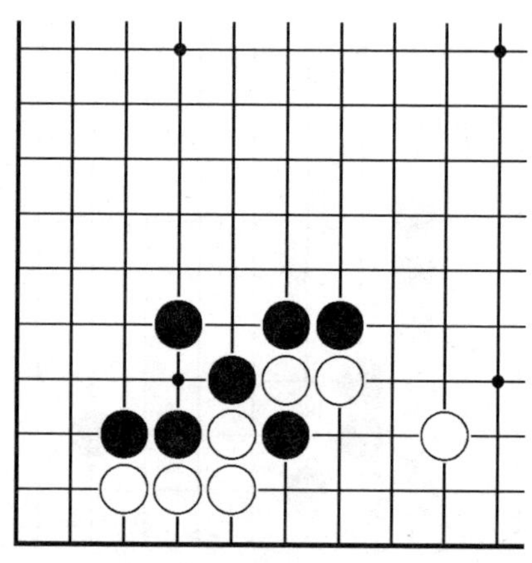

15

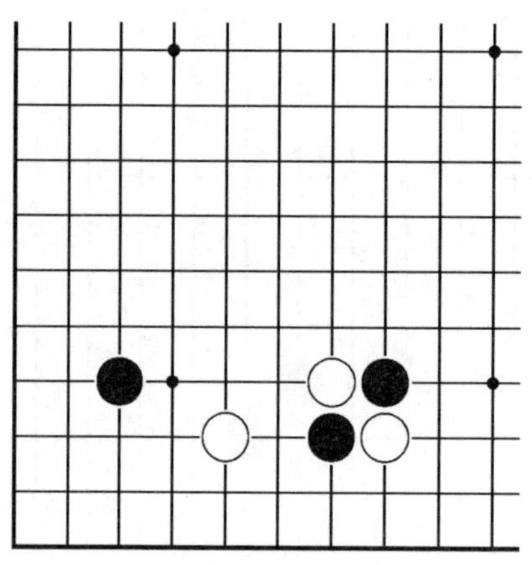

16

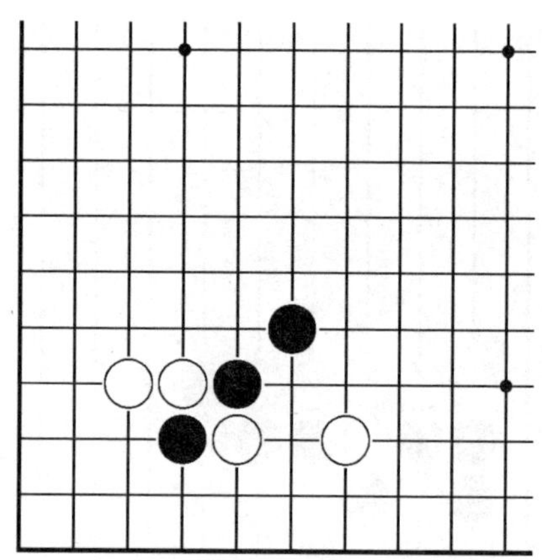

5. 互相切断的应对

学习日期	月　　日
检　　查	

上篇

黑先，黑棋应该如何下？

17

18

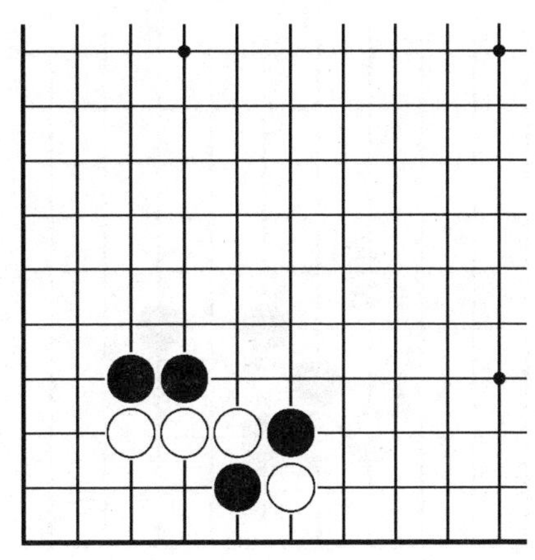

19

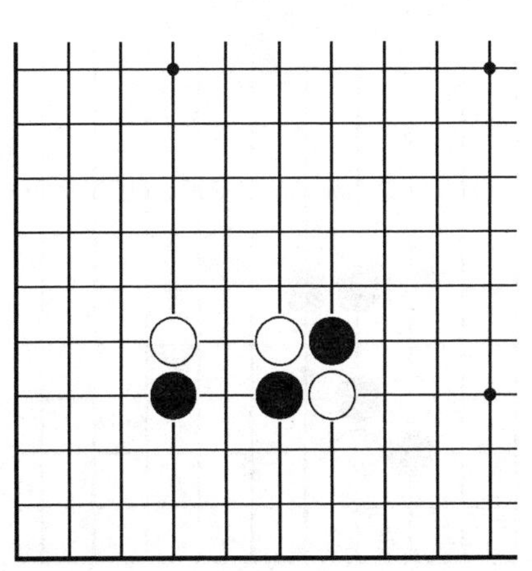

20

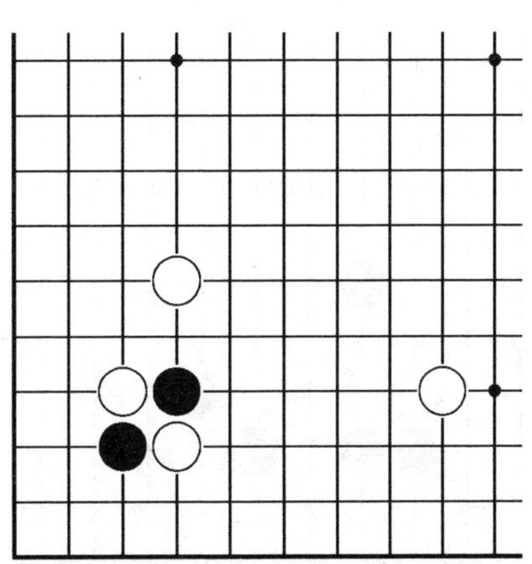

5. 互相切断的应对

学习日期	月　　日
检　　查	

黑先，黑棋应该如何下？

21

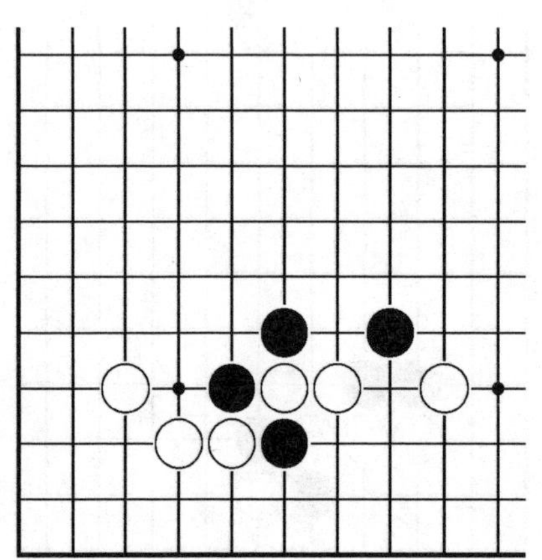

22

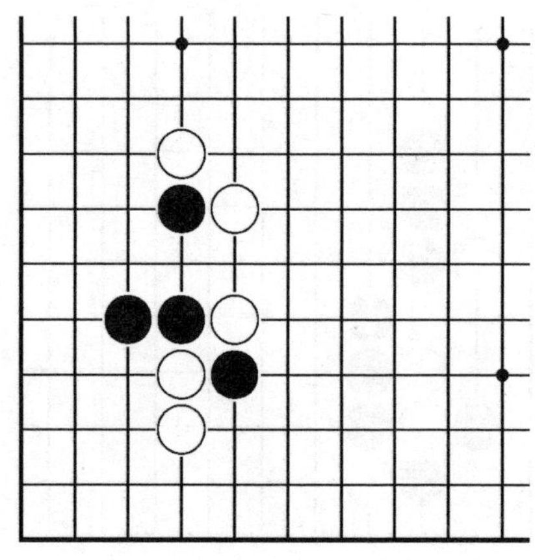

23

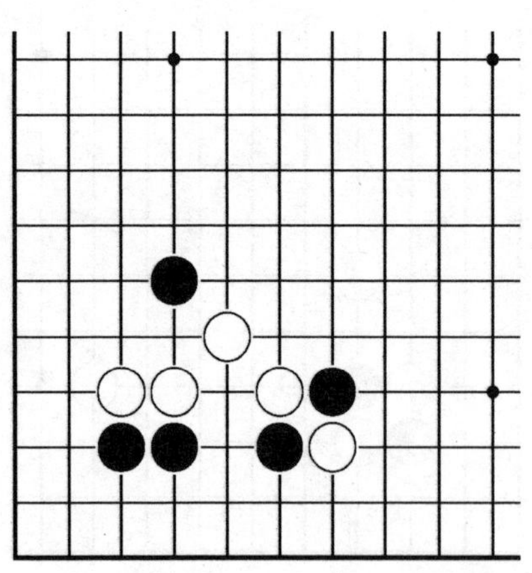

24

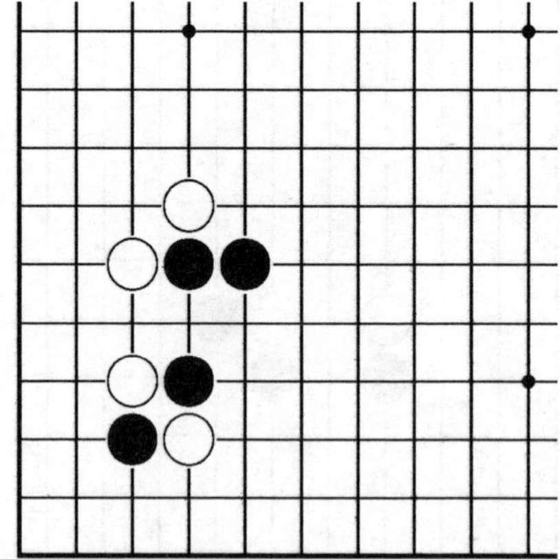

5. 互相切断的应对

学习日期	月　　日
检　　查	

黑先，黑棋应该如何下？

25

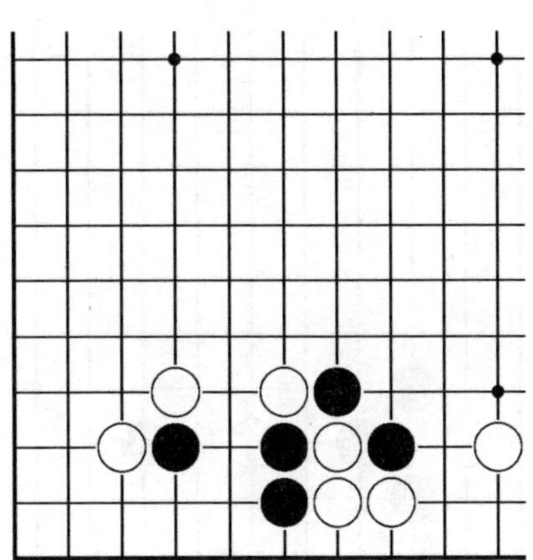

26

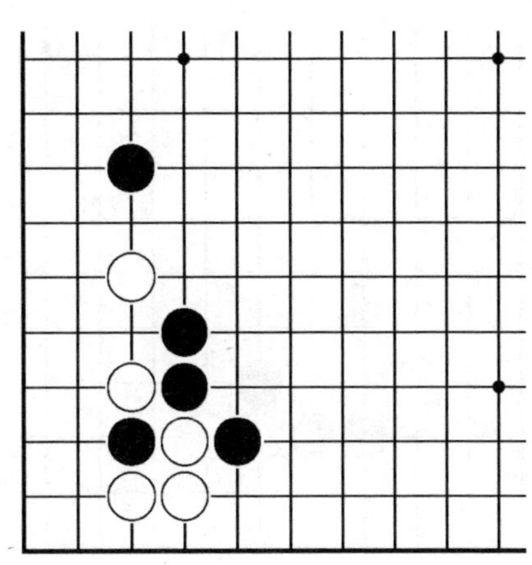

27

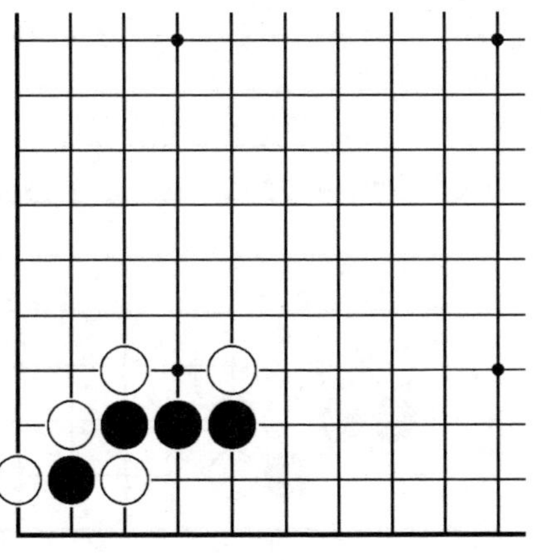

28

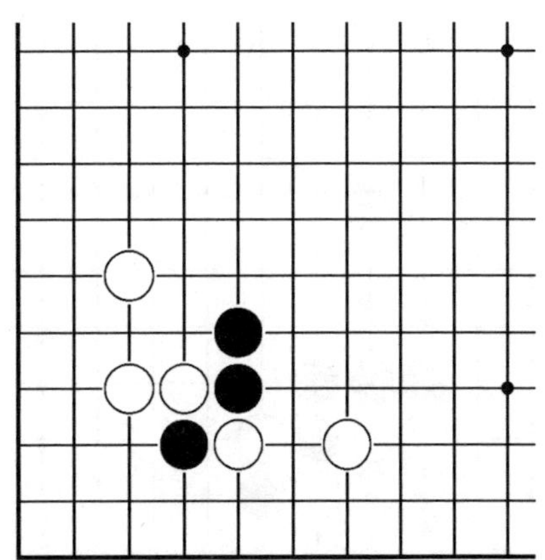

上篇

5. 互相切断的应对

学习日期	月　　日
检　　查	

黑先，黑棋应该如何下？

29

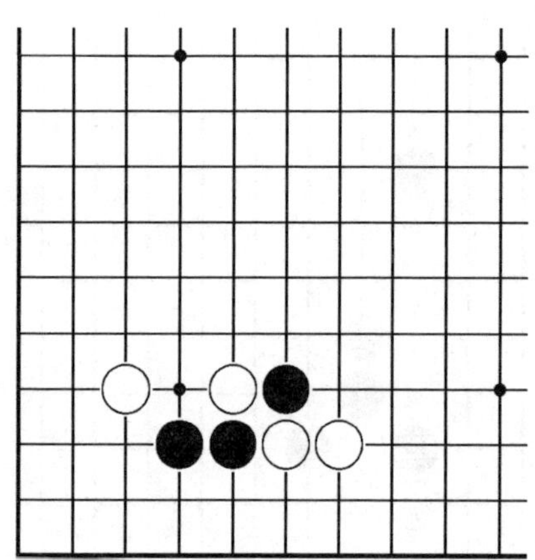

30

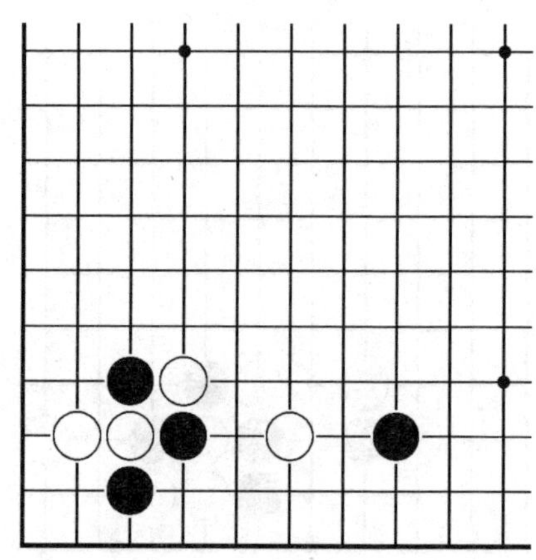

31

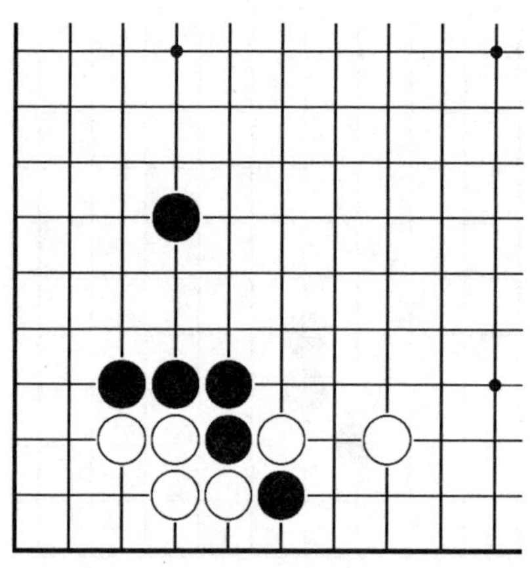

32

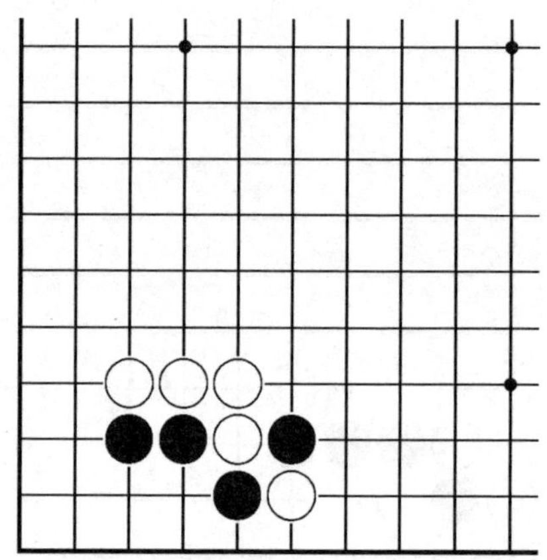

5. 互相切断的应对

学习日期	月　　日
检　　查	

黑先，黑棋应该如何下？

33

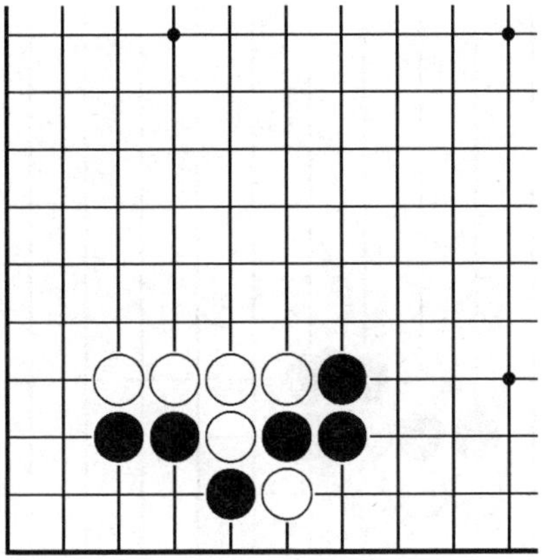

34

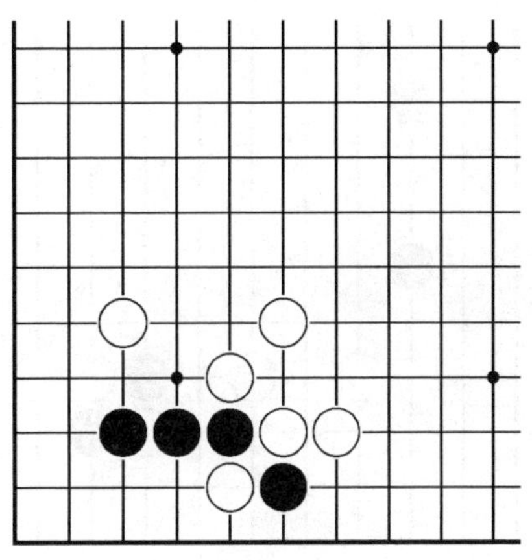

35

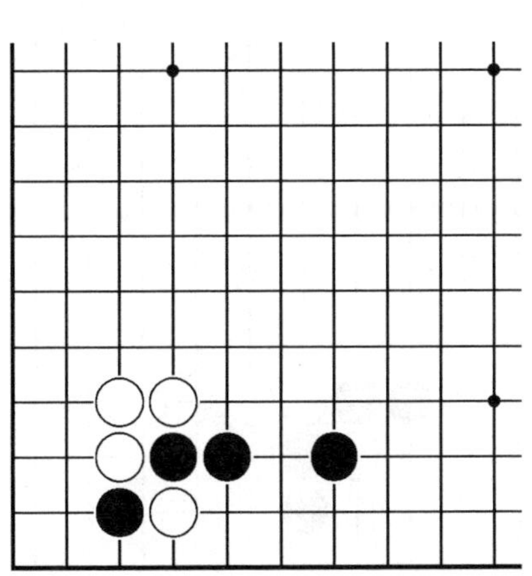

36

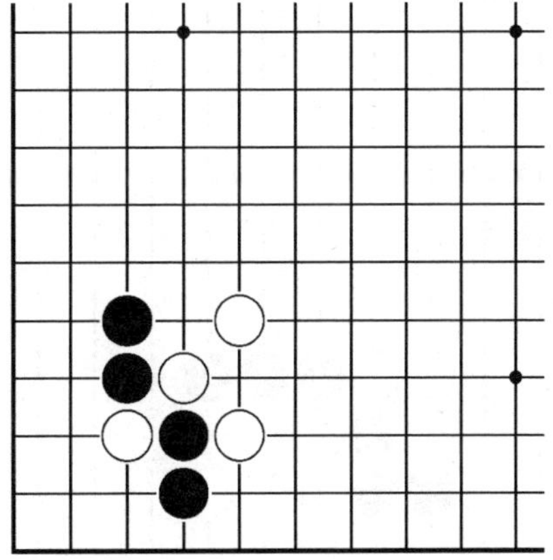

5. 互相切断的应对

学习日期	月　日
检　查	

黑先，黑棋应该如何下？

37

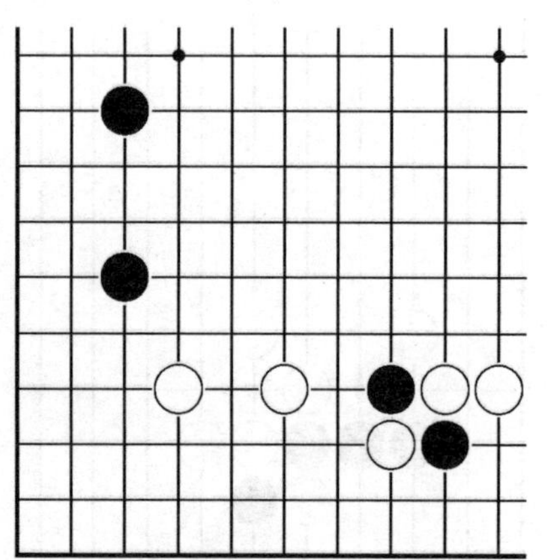

38

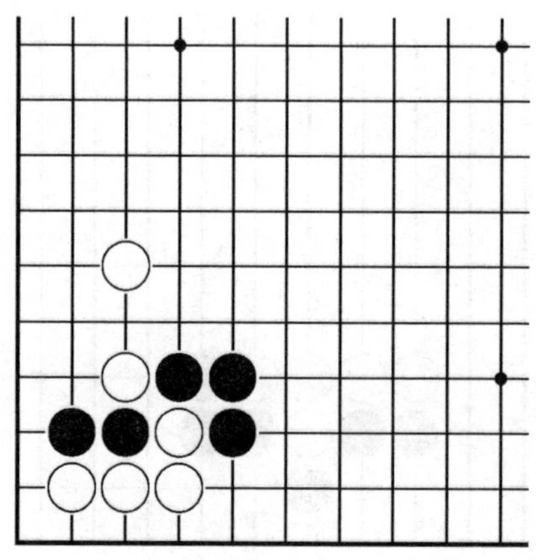

39

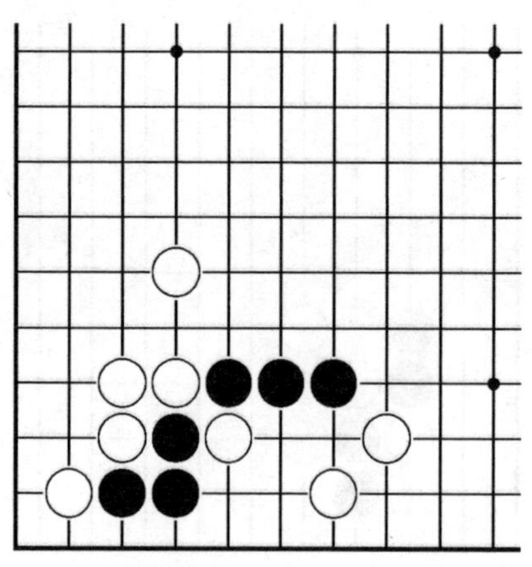

40

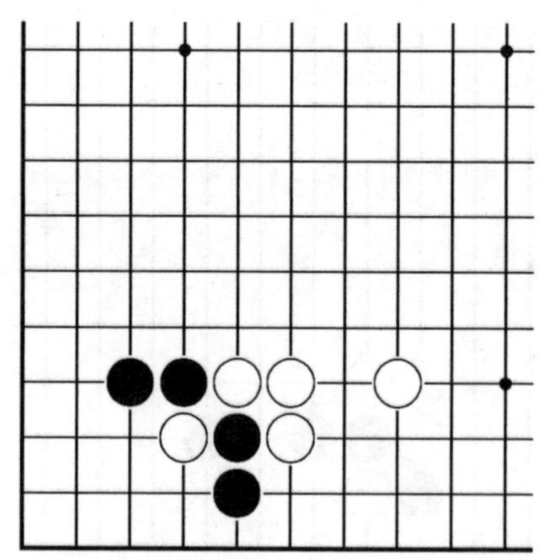

5. 互相切断的应对

学习日期	月　日
检　查	

黑先，黑棋应该如何下？

41

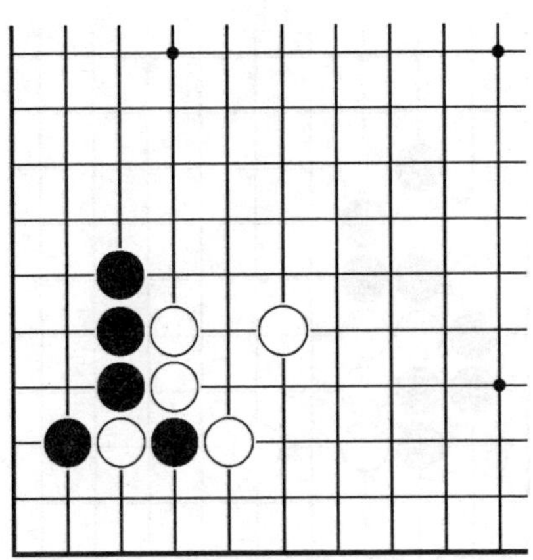

42

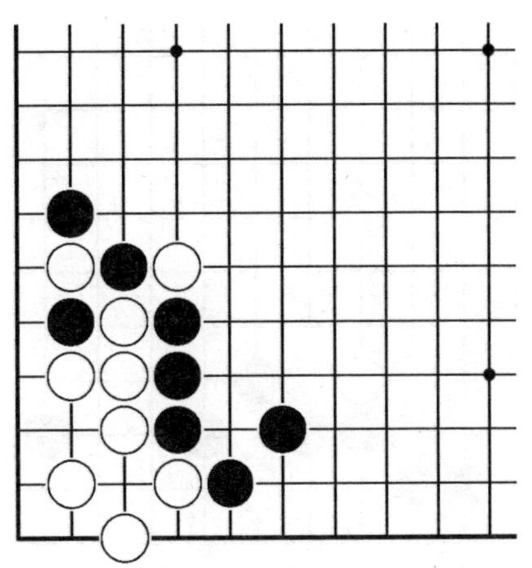

上篇

43

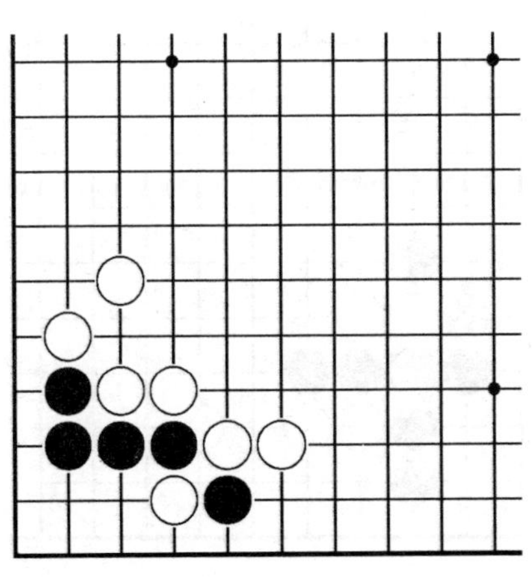

44

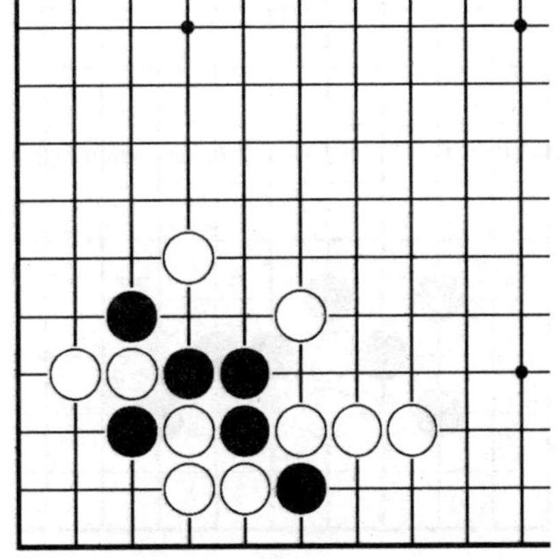

5. 互相切断的应对

学习日期	月　日
检　查	

黑先，黑棋应该如何下？

45

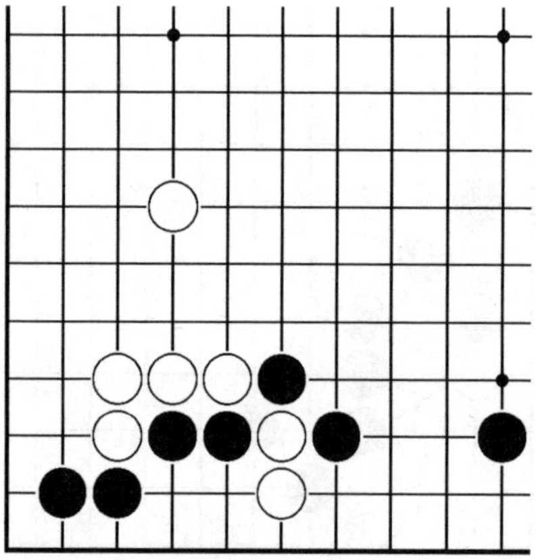

46

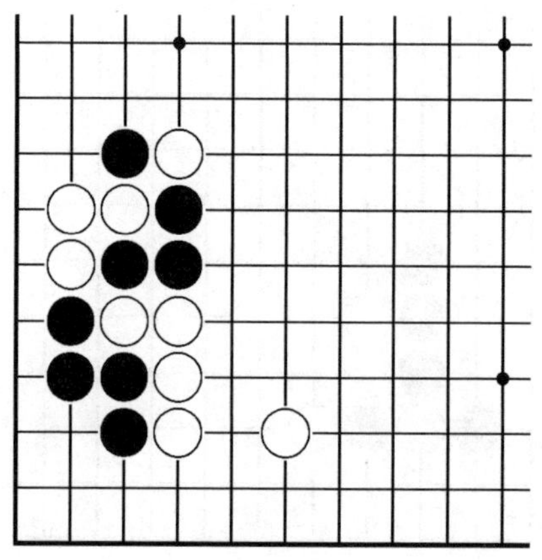

47

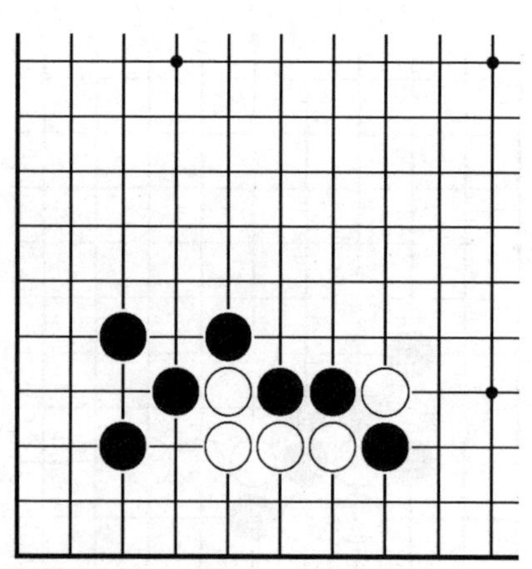

48

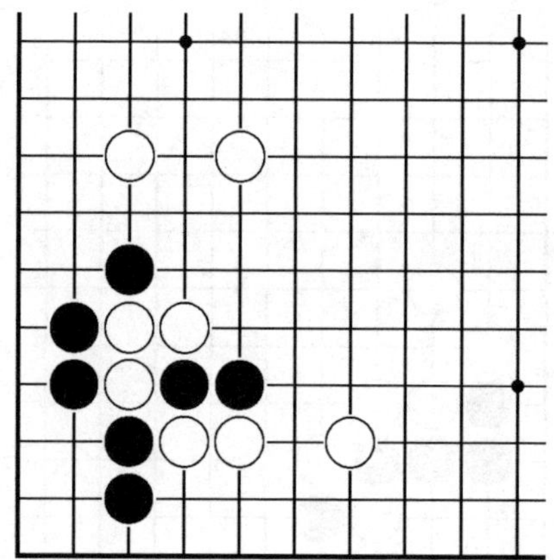

5. 互相切断的应对

学习日期	月　　日
检　　查	

黑先，黑棋应该如何下？

49

50

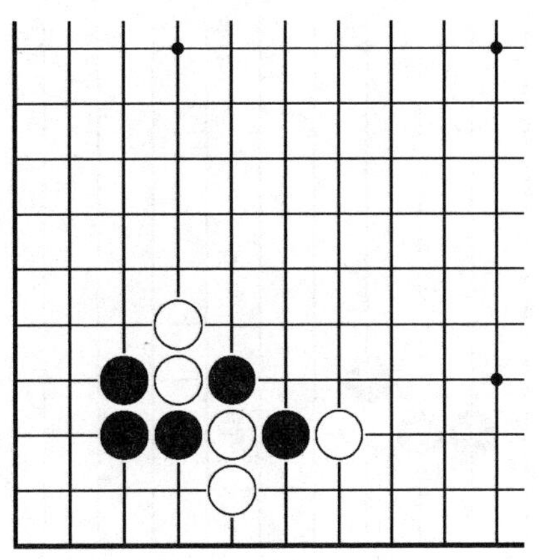

51

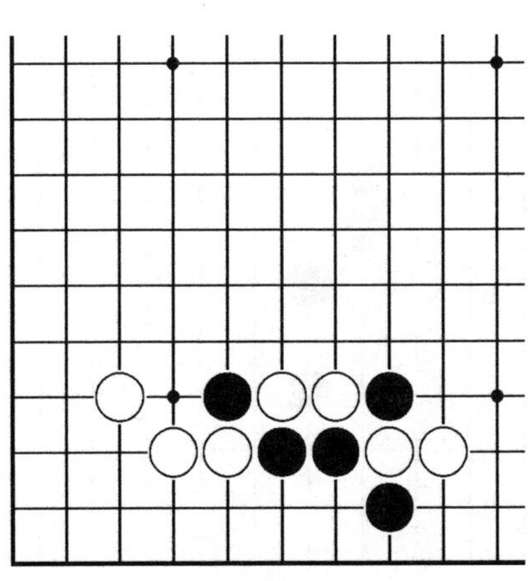

52

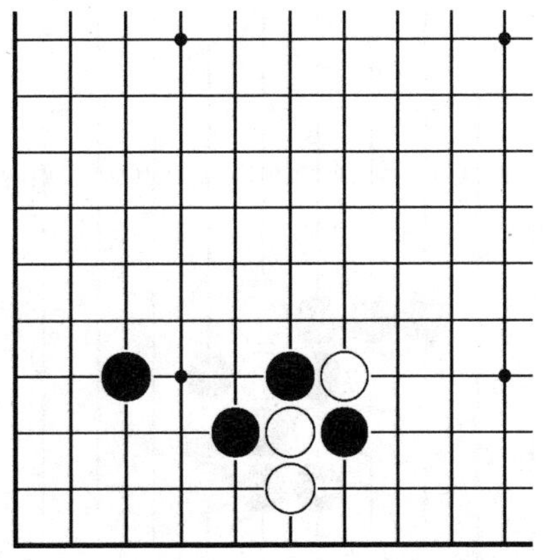

5. 互相切断的应对

学习日期	月　　日
检　　查	

黑先，黑棋应该如何下？

53

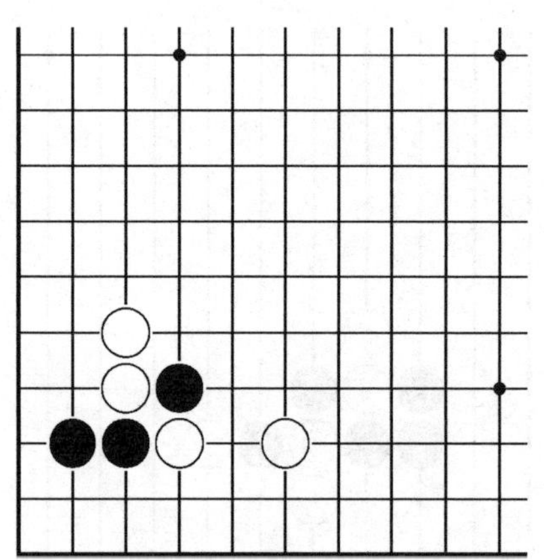

54

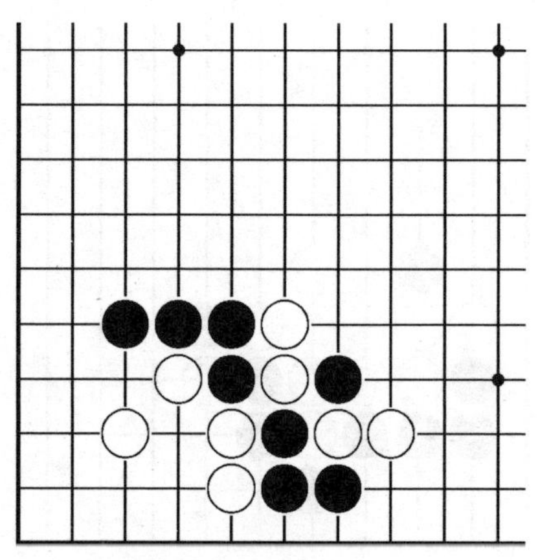

55

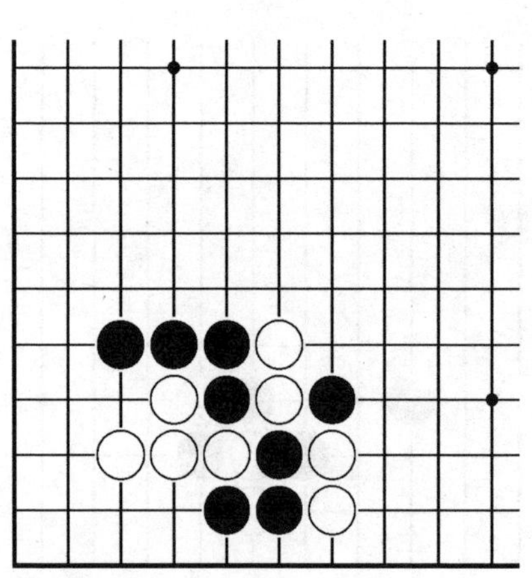

56

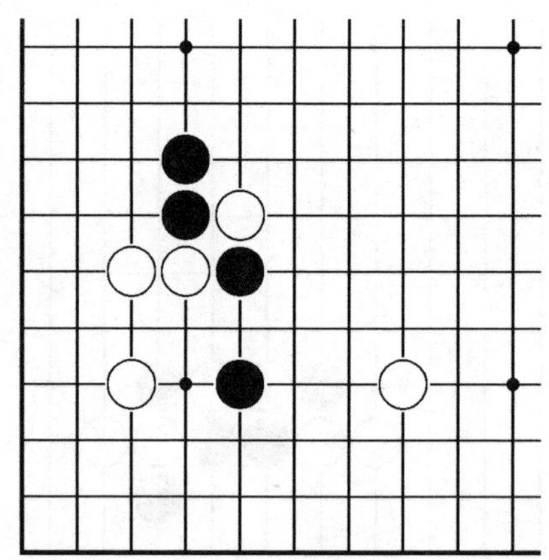

5. 互相切断的应对

学习日期	月　　日
检　　查	

黑先，黑棋应该如何下？

57

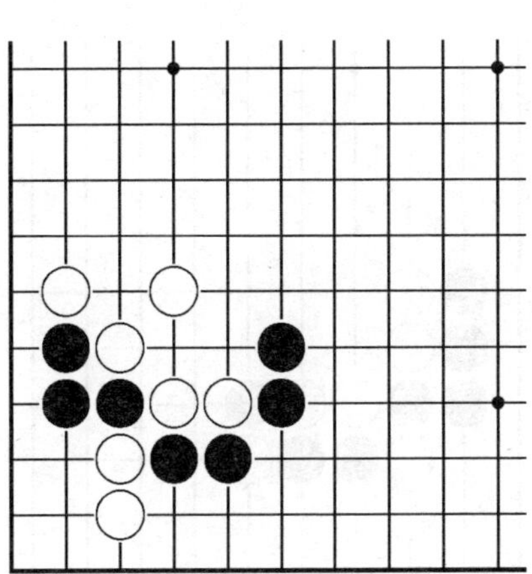

58

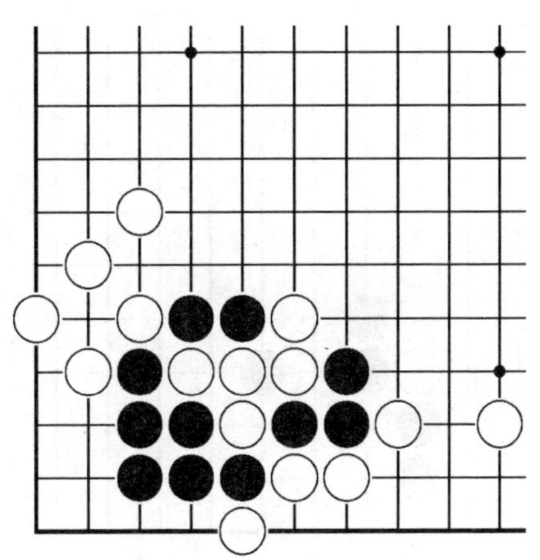

上篇

59

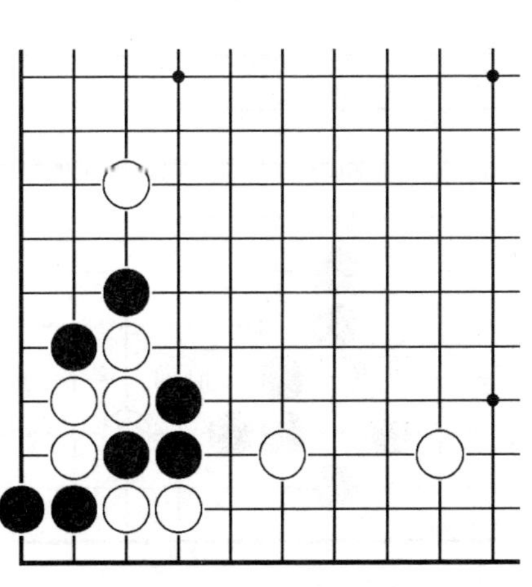

60

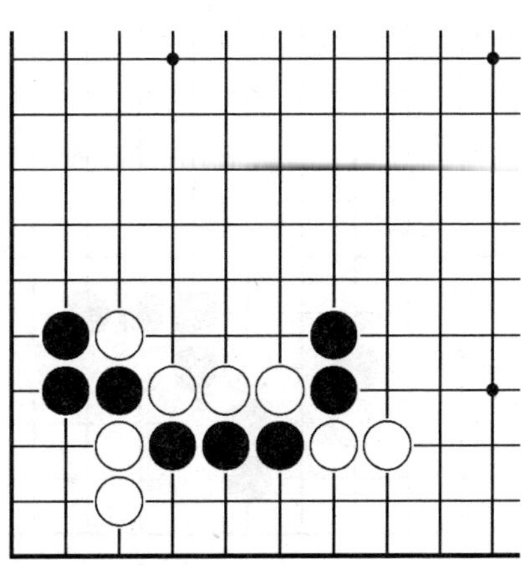

5. 互相切断的应对

学习日期	月　　日
检　　查	

黑先，黑棋应该如何下？

61

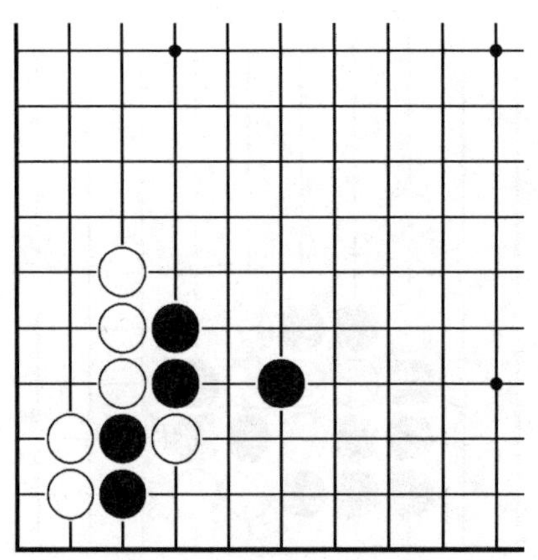

62

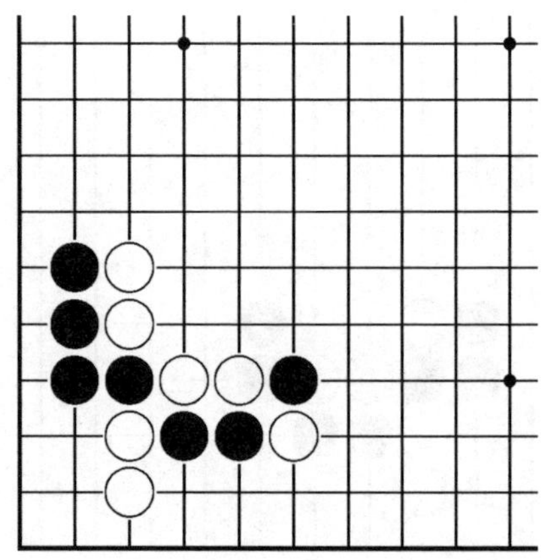

63

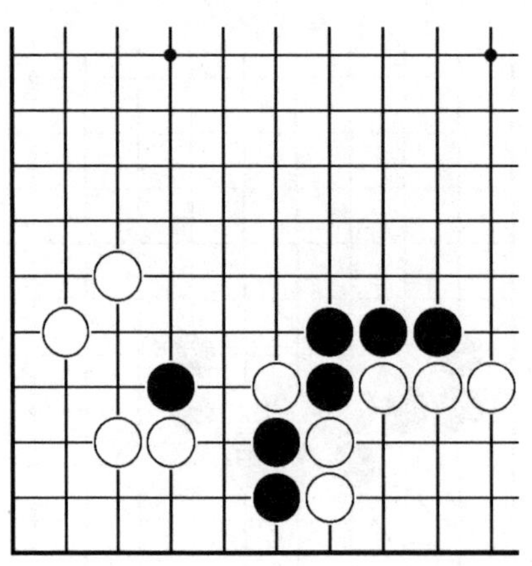

64

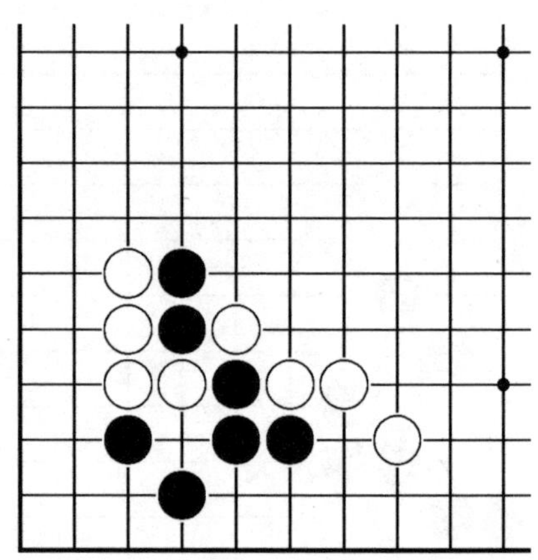

5. 互相切断的应对

学习日期	月　　日
检　　查	

上篇

黑先，黑棋应该如何下？

65

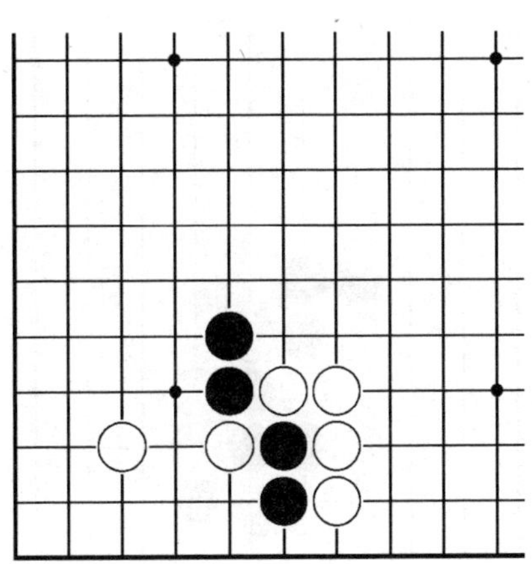

66

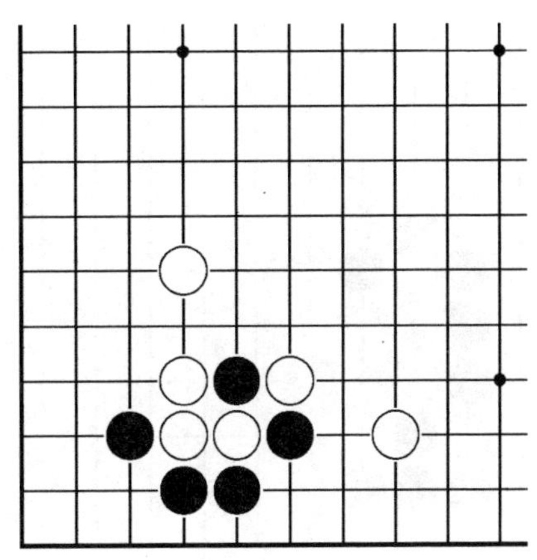

67

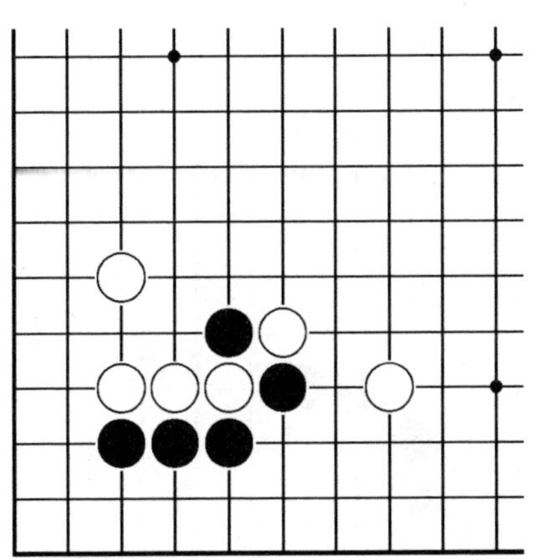

68

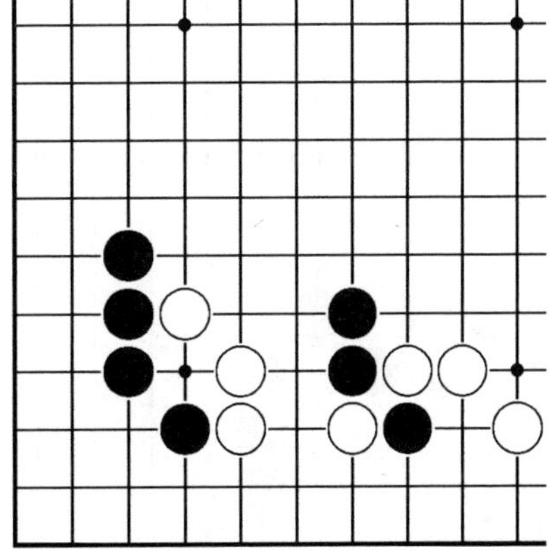

5. 互相切断的应对

学习日期	月　日
检　查	

黑先，黑棋应该如何下？

69

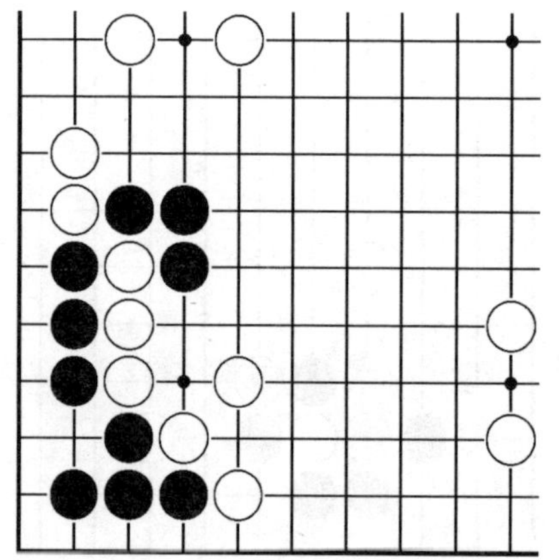

70

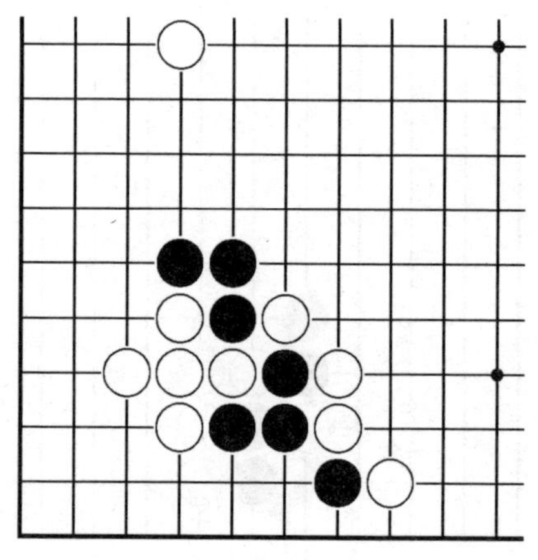

71

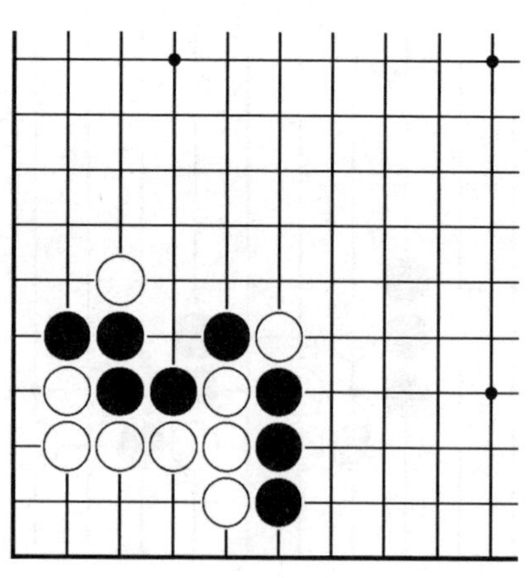

72

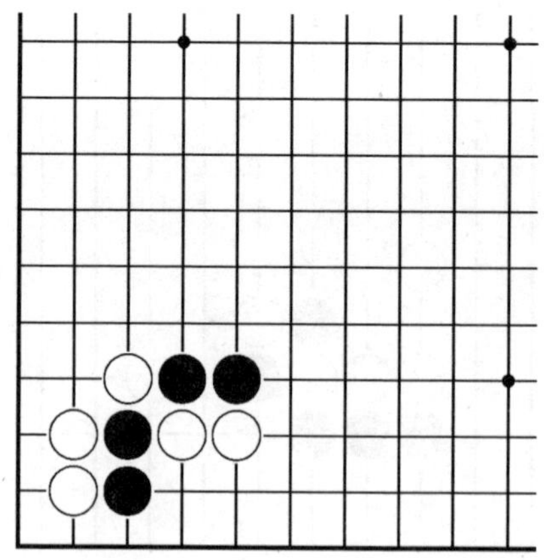

5. 互相切断的应对

学习日期	月　　日
检　　查	

黑先，黑棋应该如何下？

73

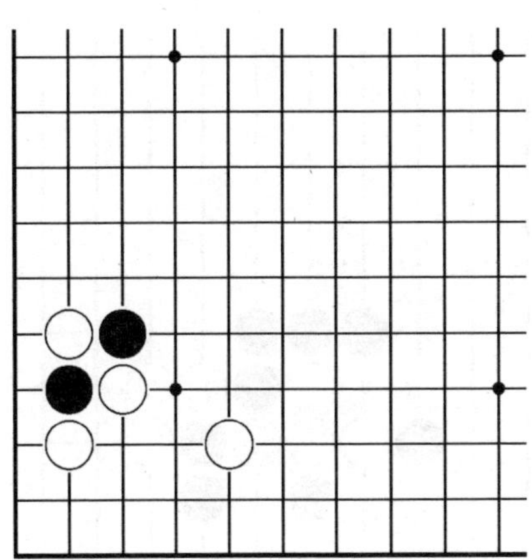

74

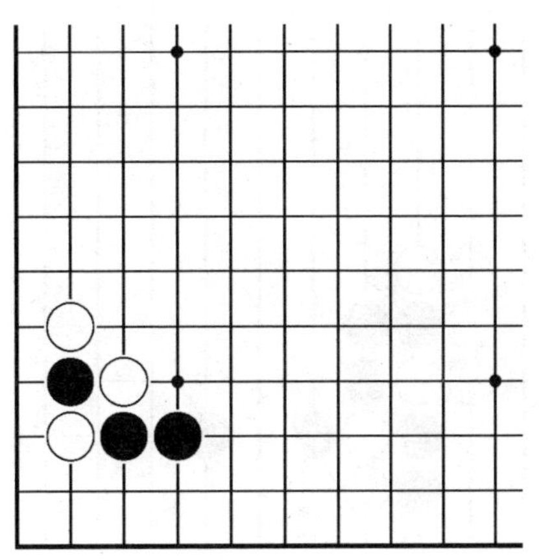

上篇

75

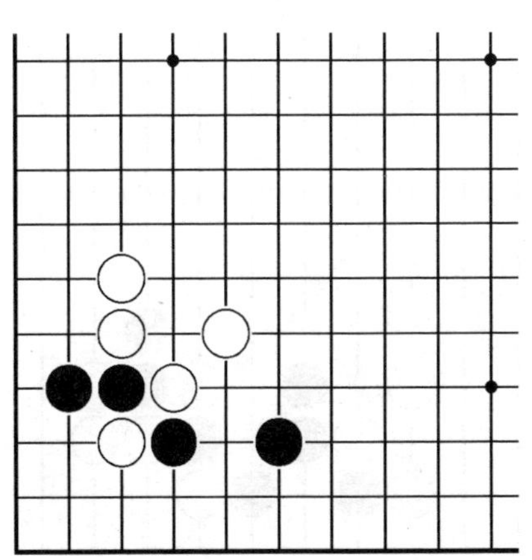

76

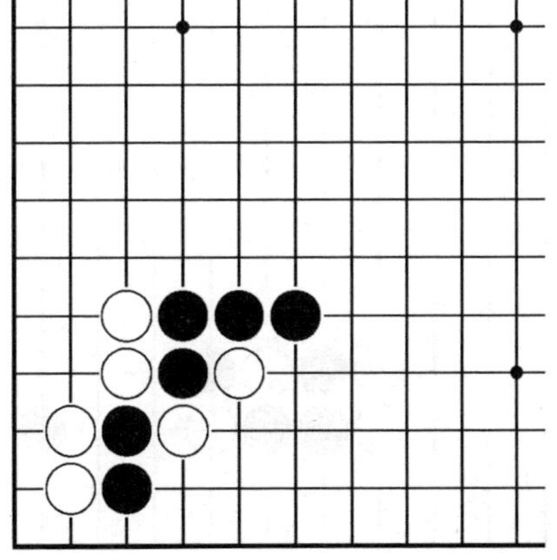

5. 互相切断的应对

学习日期	月　　日
检　　查	

黑先，黑棋应该如何下？

77

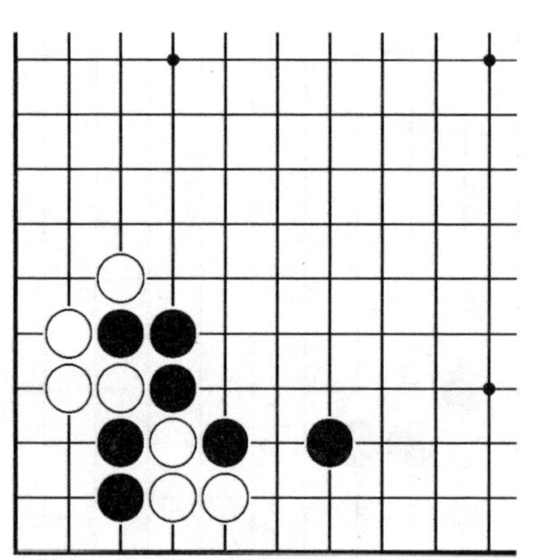

78

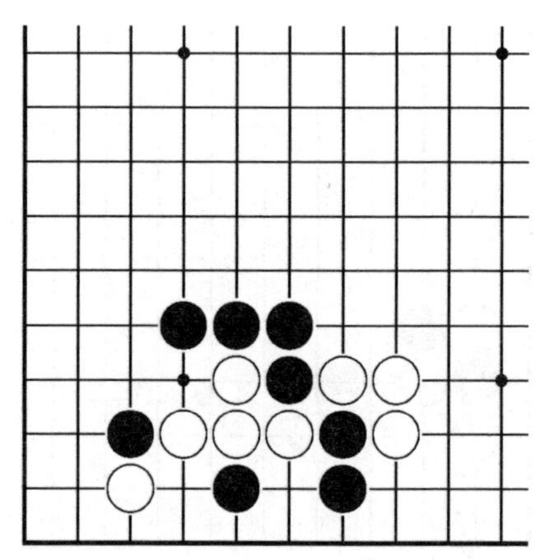

79

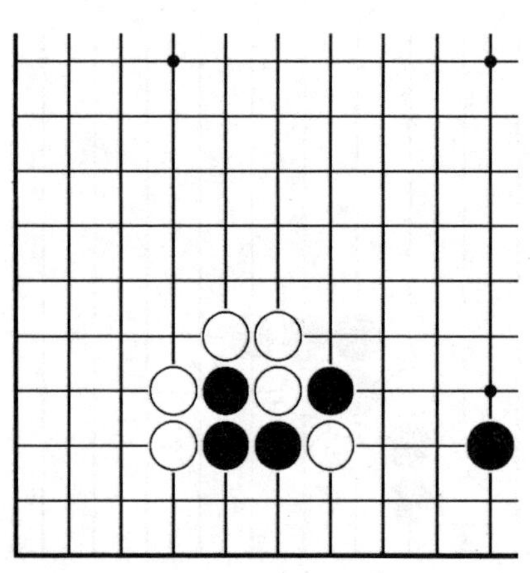

80

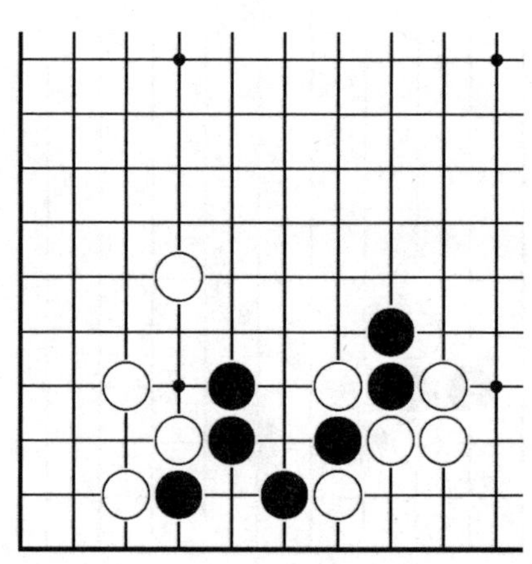

5. 互相切断的应对

学习日期	月　　日
检　　查	

黑先，黑棋应该如何下？

81

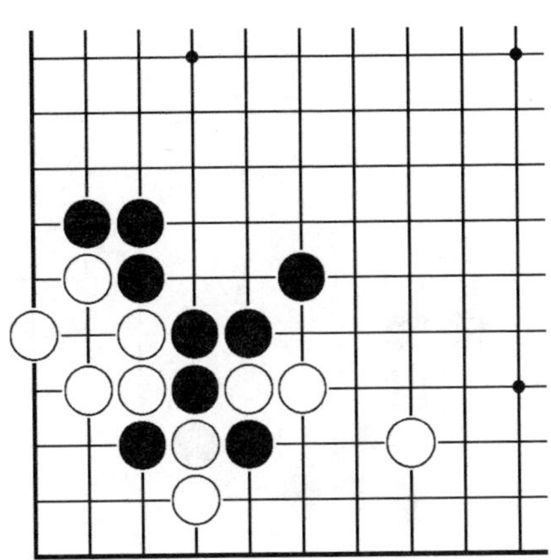

82

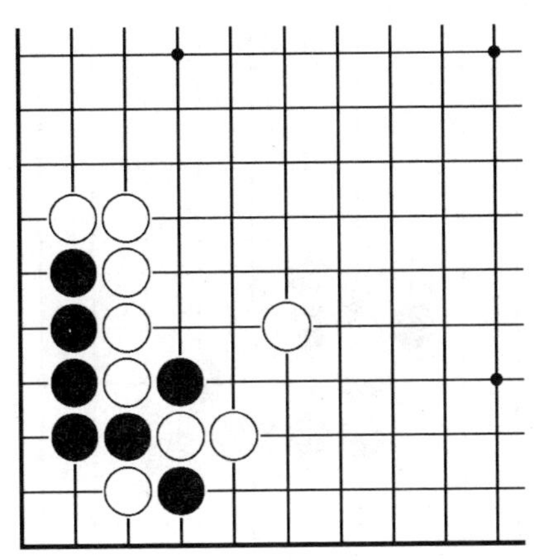

83

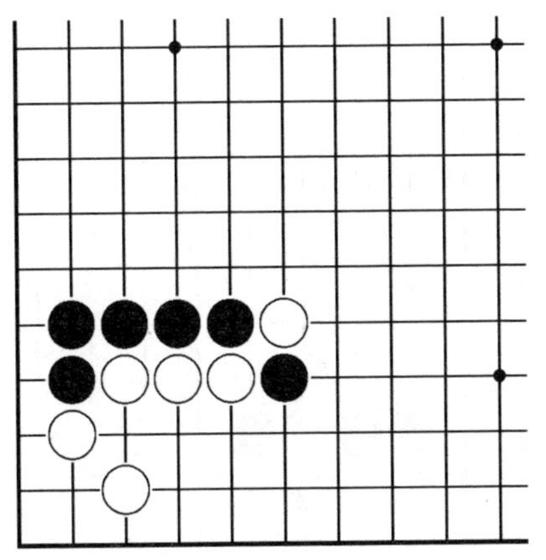

84

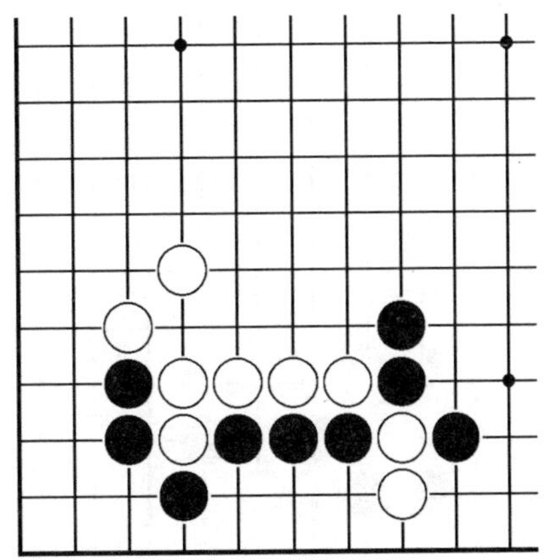

上篇

5. 互相切断的应对

学习日期	月　日
检　查	

黑先，黑棋应该如何下？

85

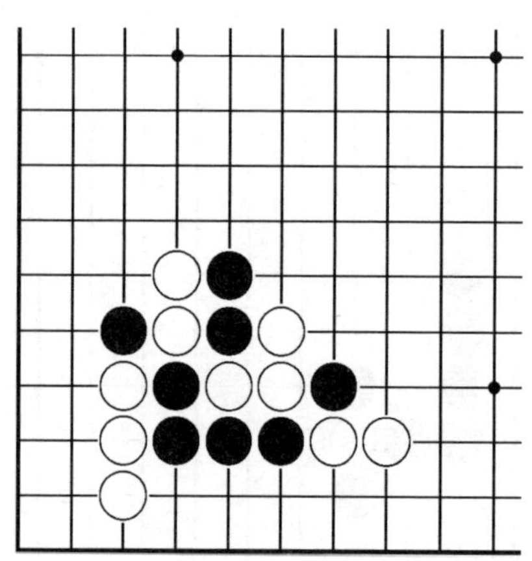

86

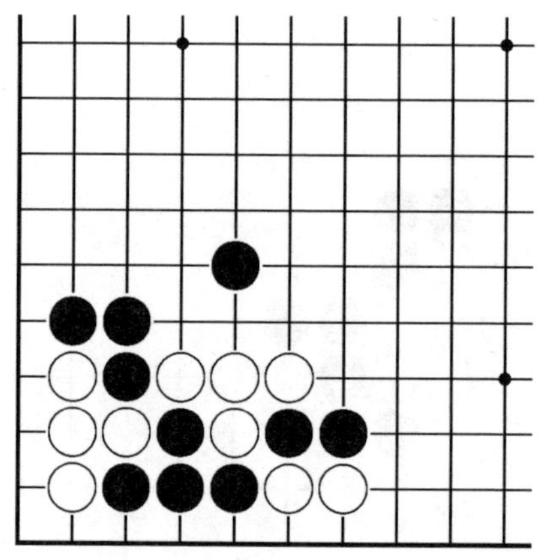

87

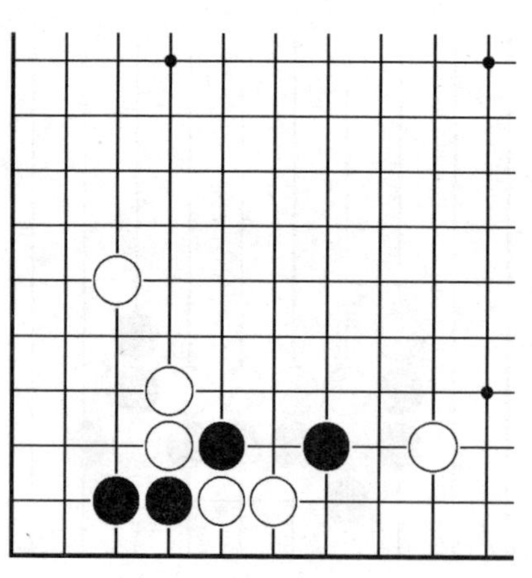

88

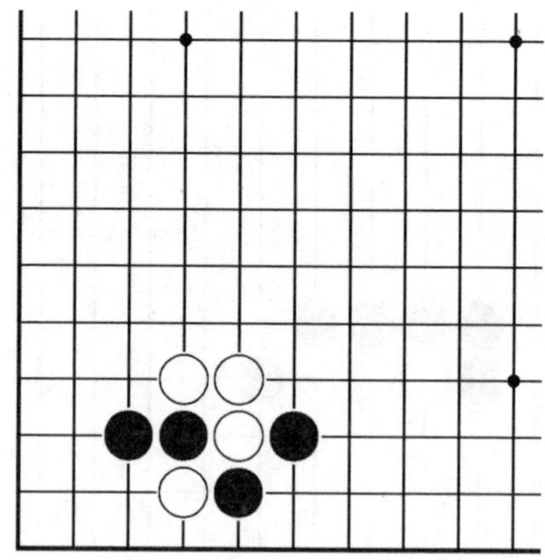

6. 全局问题

学习日期	月　　日
检　　查	

黑先，黑棋应该如何下？

1

2

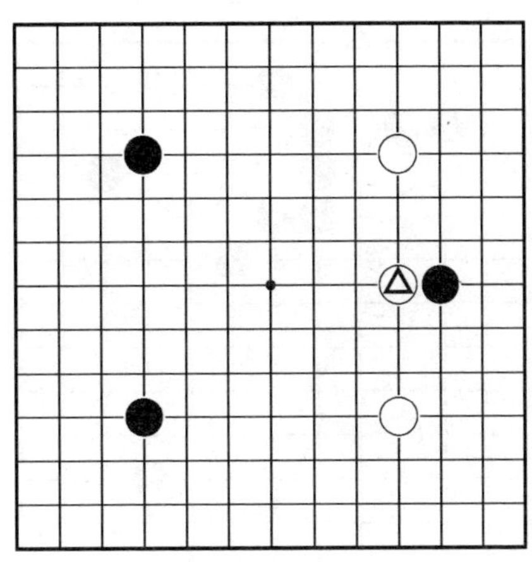

3

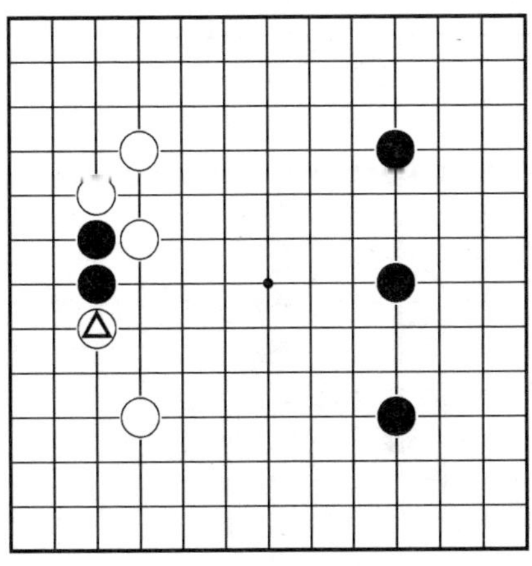

4

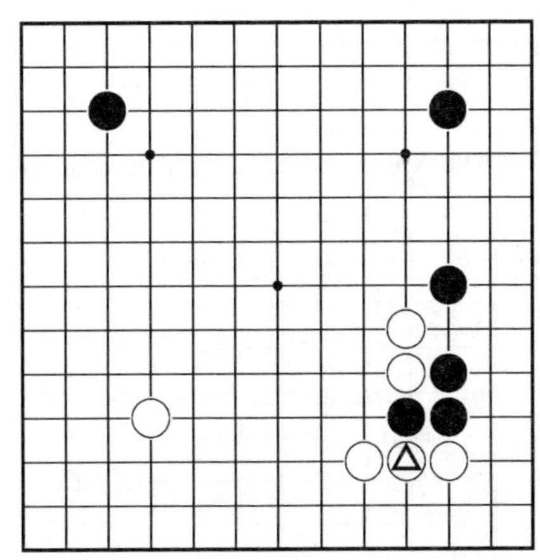

6. 全局问题

学习日期	月　　日
检　　查	

黑先，黑棋应该如何下？

5

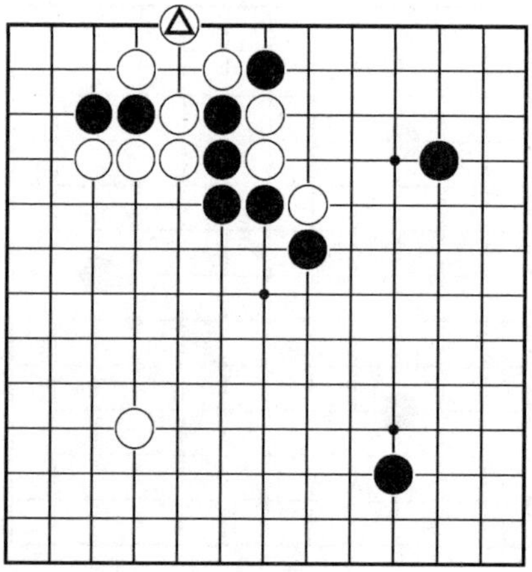

6

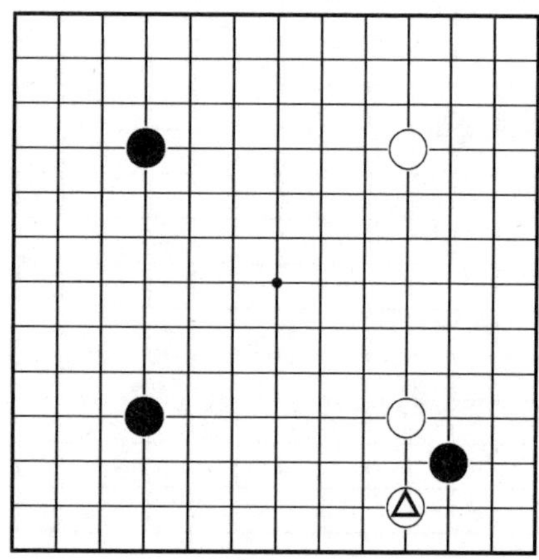

7

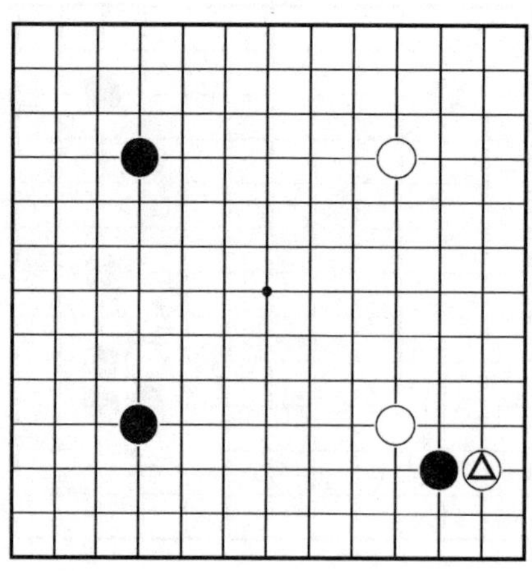

8

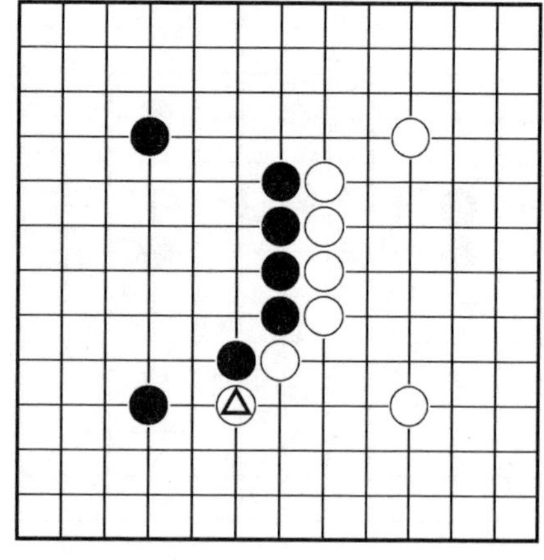

6. 全局问题

学习日期	月　　日
检　　查	

黑先，黑棋应该如何下？

9

10

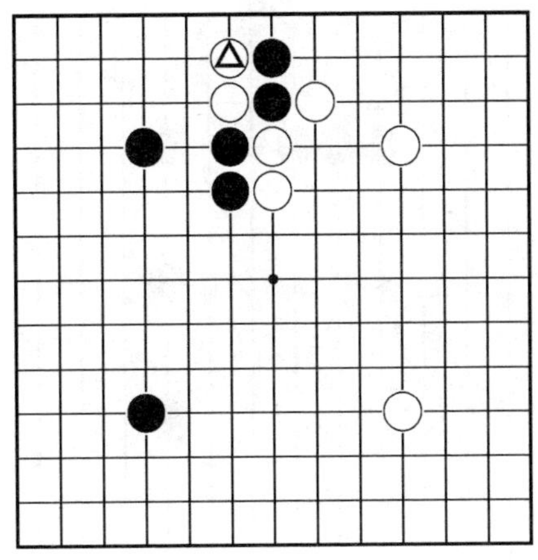

11

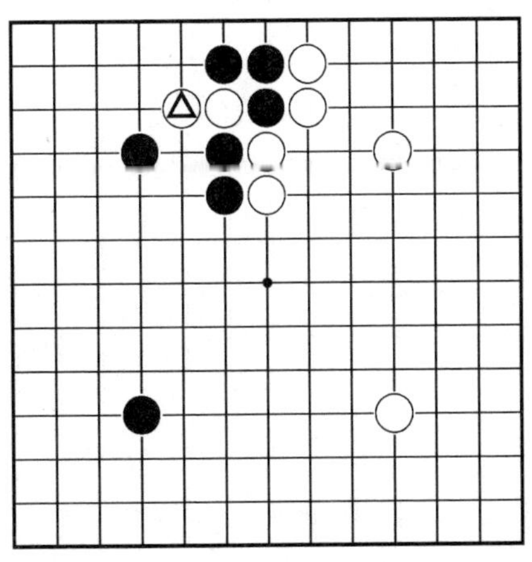

12

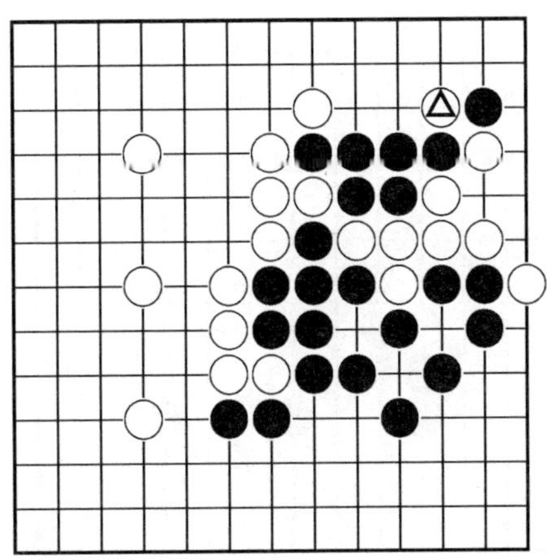

6. 全局问题

学习日期	月　　日
检　　查	

黑先，黑棋应该如何下？

13

14

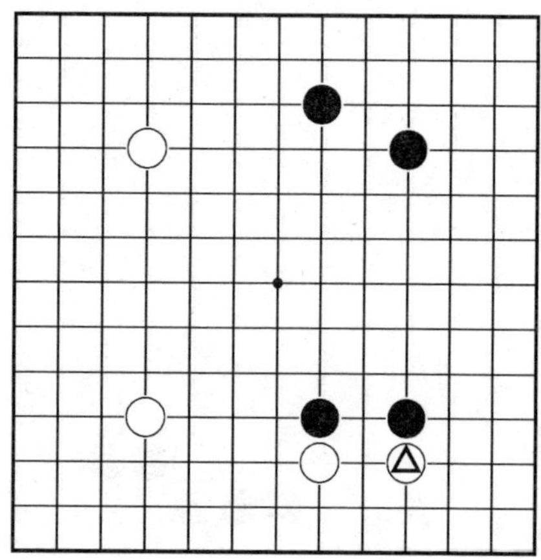

15

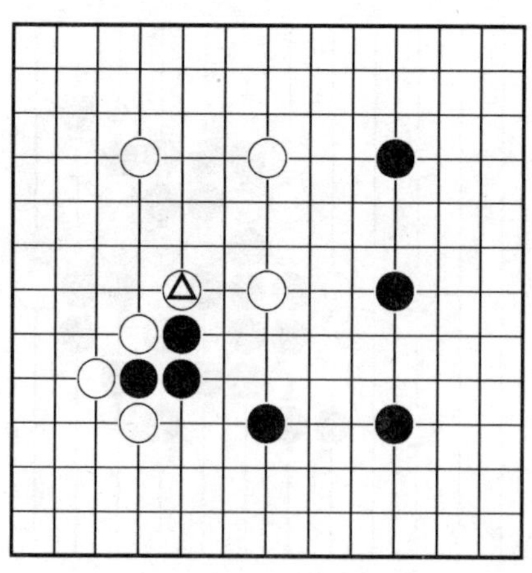

16

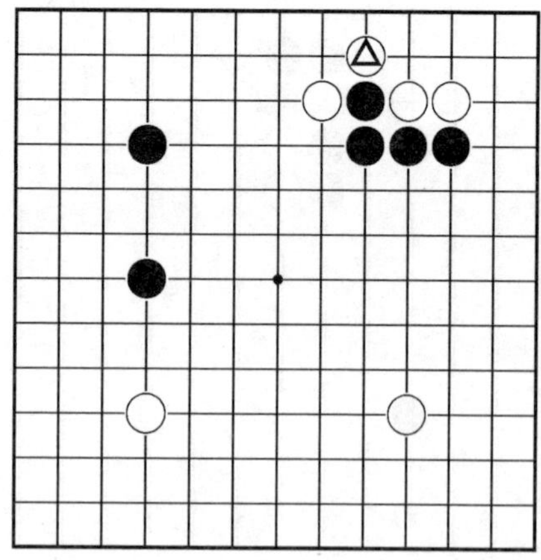

6. 全局问题

学习日期	月　　日
检　　查	

黑先，黑棋应该如何下？

17

18

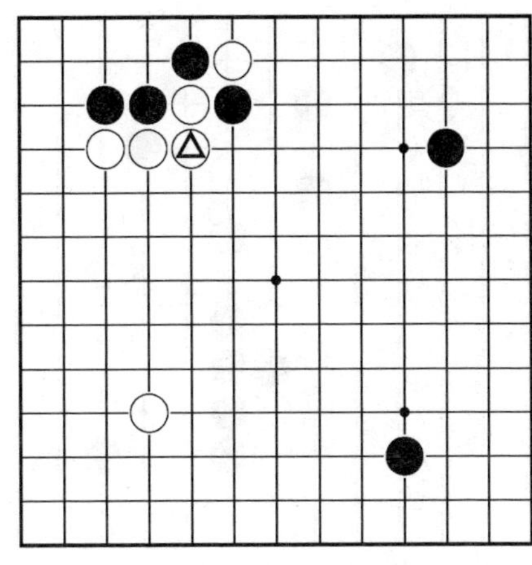

19

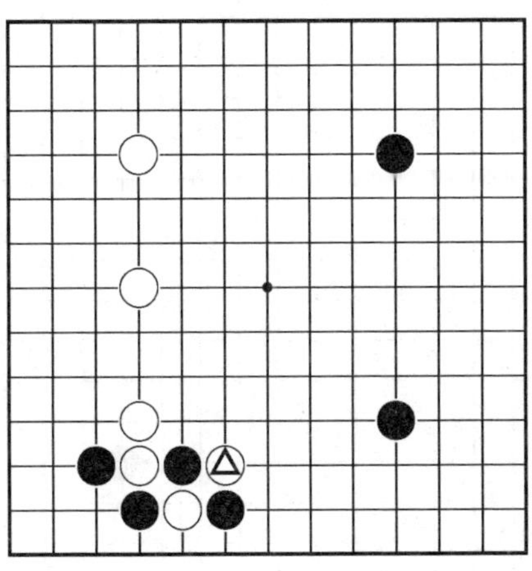

20

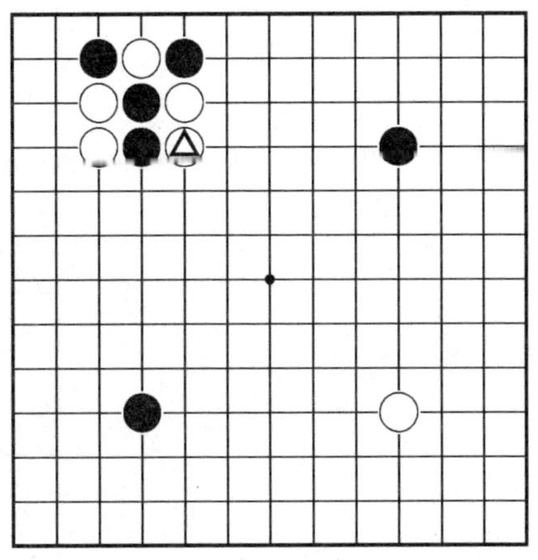

上篇

6. 全局问题

学习日期	月　日
检　查	

黑先，黑棋应该如何下？

21

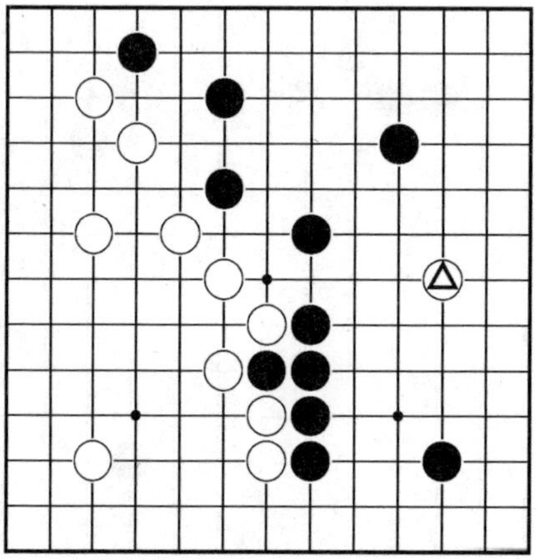

22

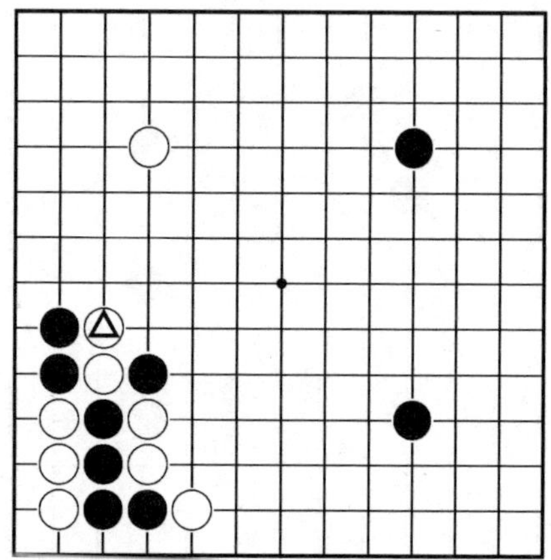

23

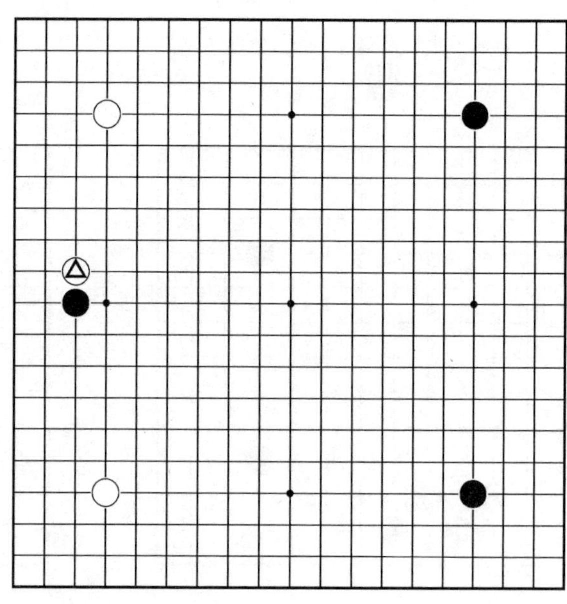

6. 全局问题

学习日期	月　　日
检　　查	

黑先，黑棋应该如何下？

24

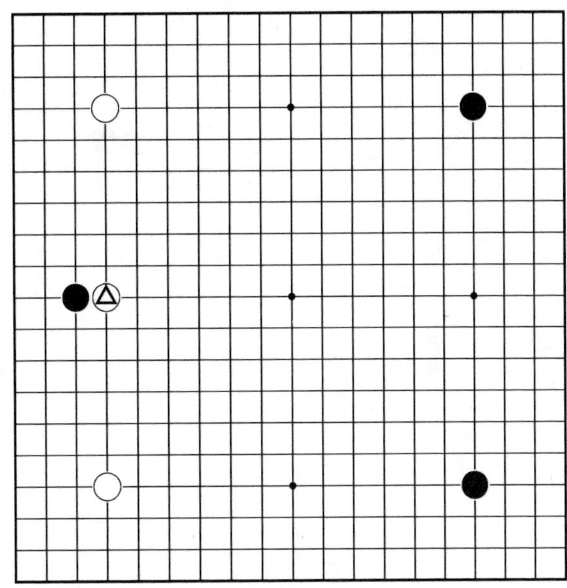

25

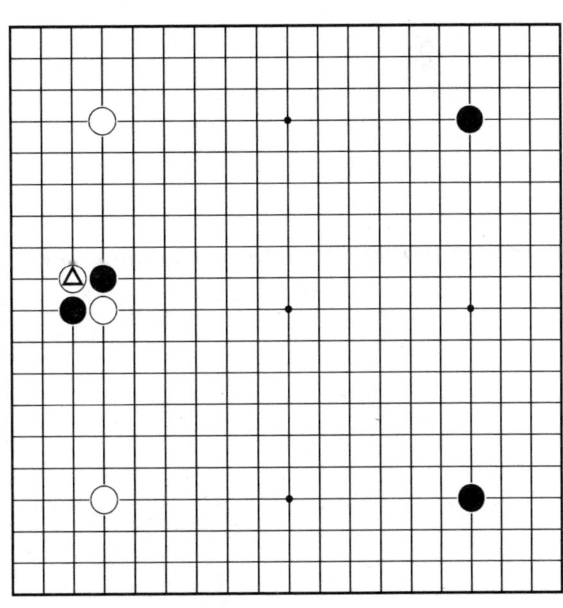

6. 全局问题

学习日期	月　　日
检　　查	

黑先，黑棋应该如何下？

26

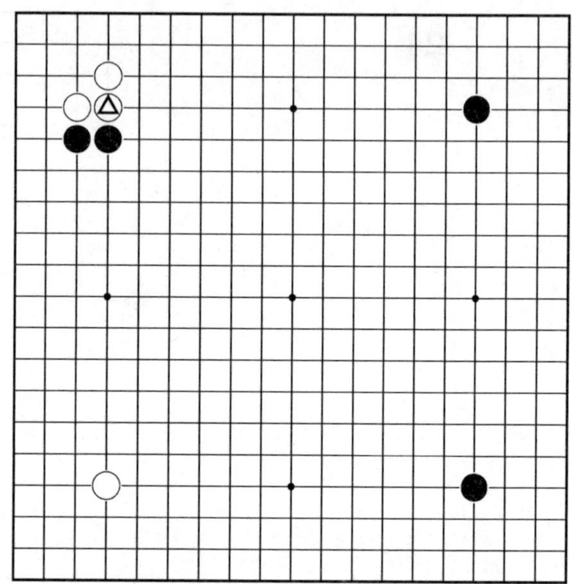

27

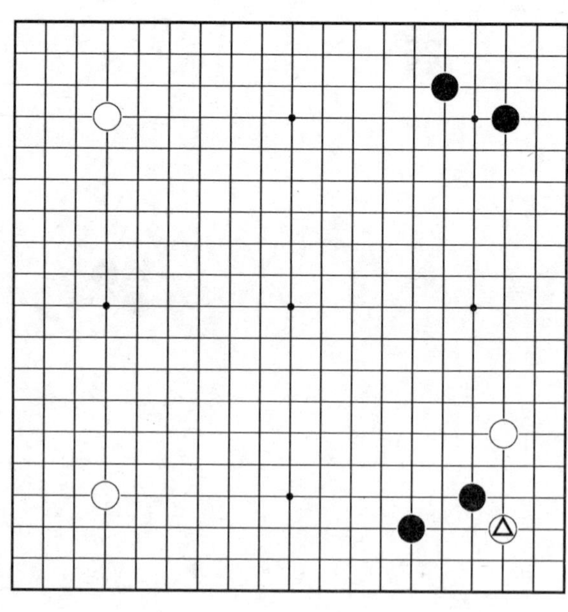

6. 全局问题

学习日期	月　日
检　查	

黑先，黑棋应该如何下？

28

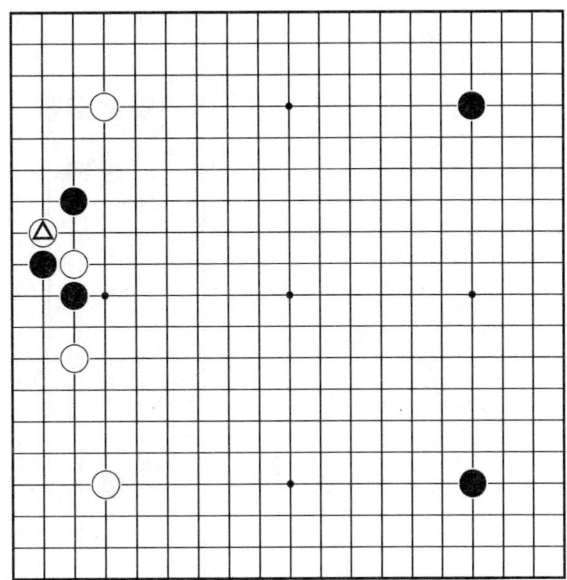

29

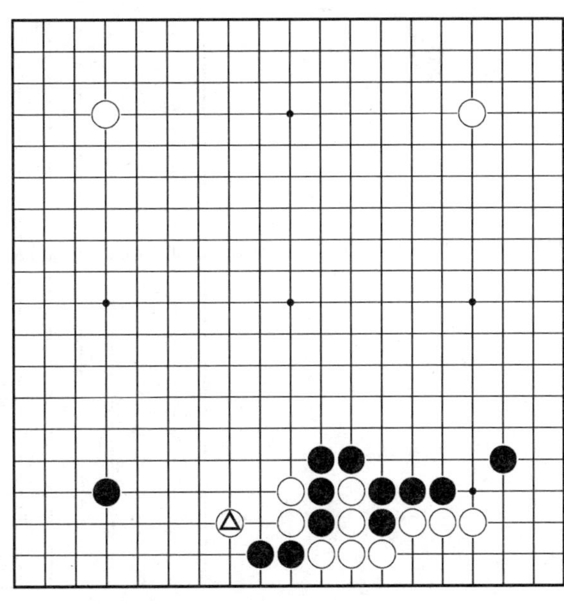

上篇

6. 全局问题

学习日期	月　日
检　查	

黑先，黑棋应该如何下？

30

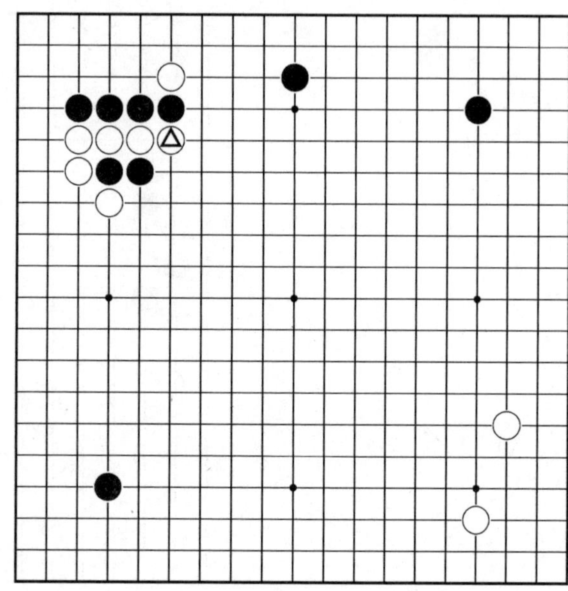

31

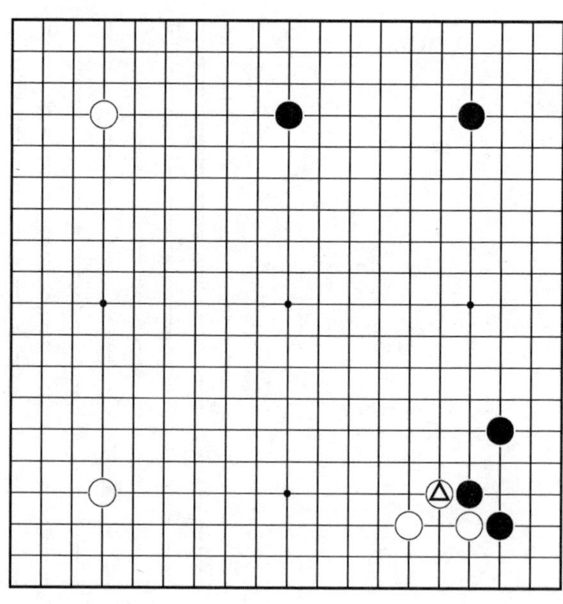

6. 全局问题

学习日期	月　　日
检　　查	

黑先，黑棋应该如何下？

32

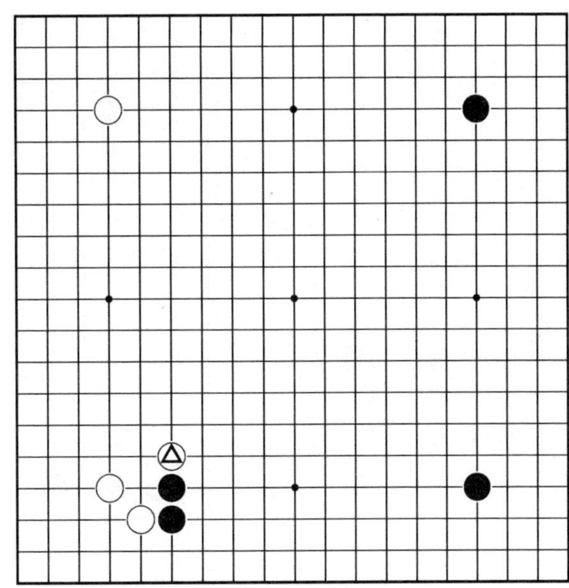

33

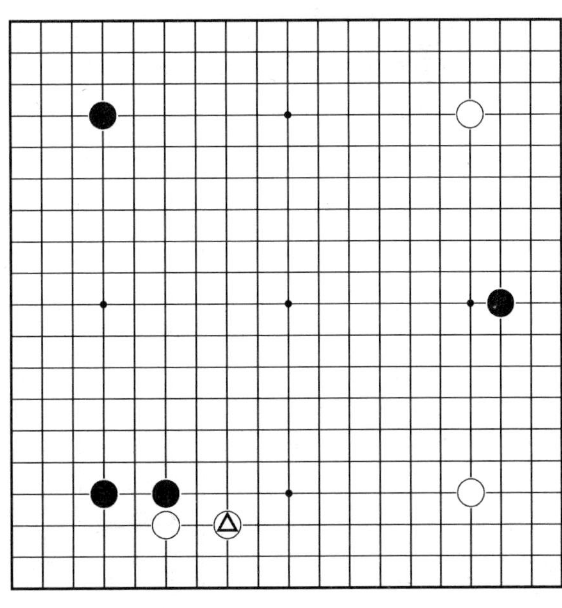

6. 全局问题

学习日期	月 日
检 查	

黑先，黑棋应该如何下？

34

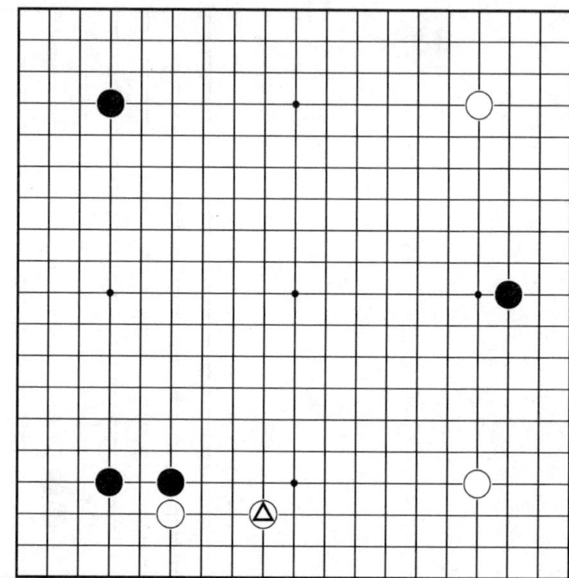

35

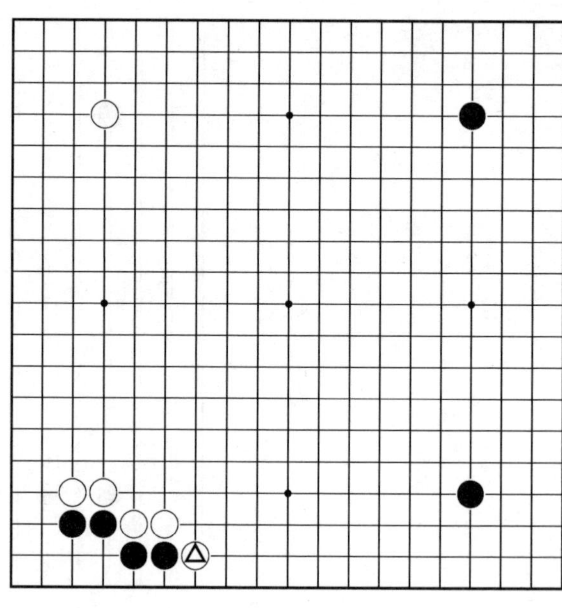

6. 全局问题

学习日期	月　　日
检　　查	

黑先，黑棋应该如何下？

36

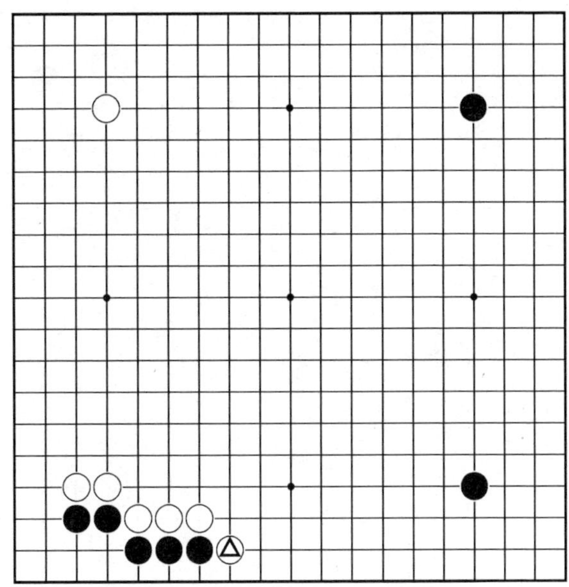

37

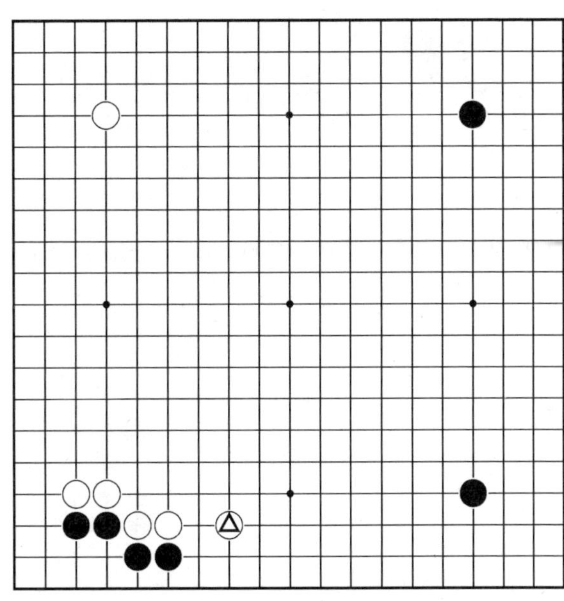

上篇

6. 全局问题

学习日期	月　日
检　查	

黑先，黑棋应该如何下？

38

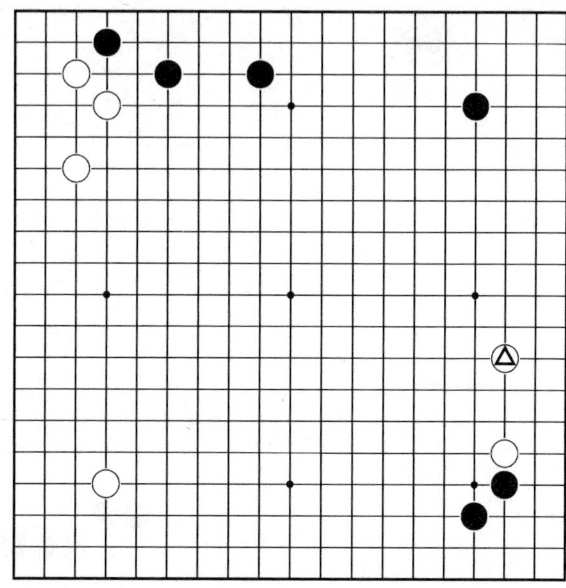

39

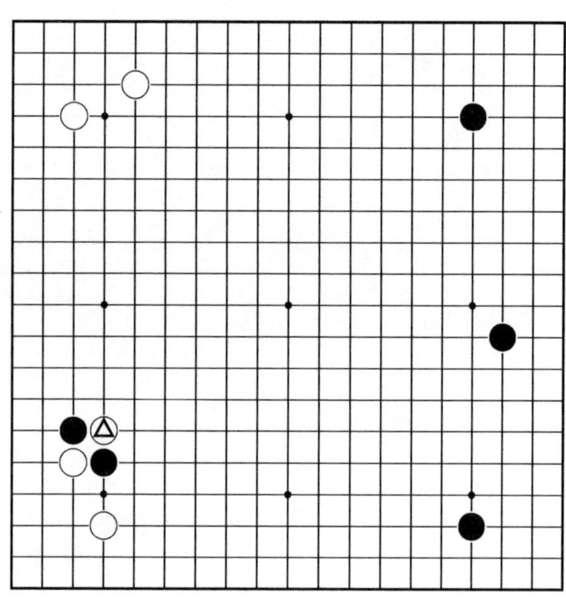

6. 全局问题

学习日期	月　　日
检　　查	

黑先，黑棋应该如何下？

40

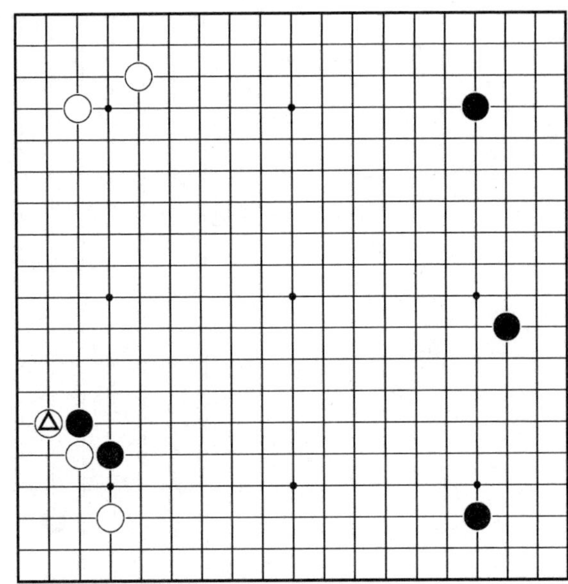

41

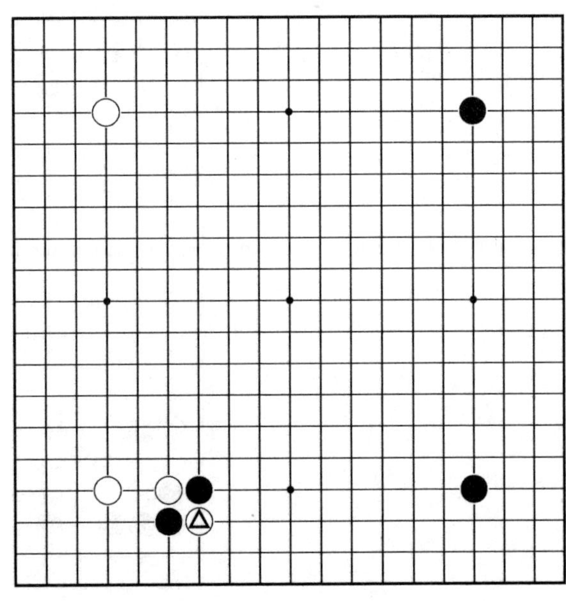

上篇

6. 全局问题

学习日期	月　　日
检　　查	

黑先，黑棋应该如何下？

42

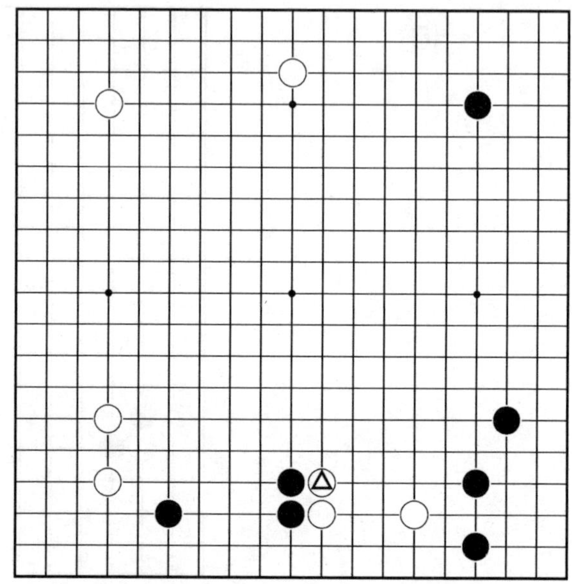

43

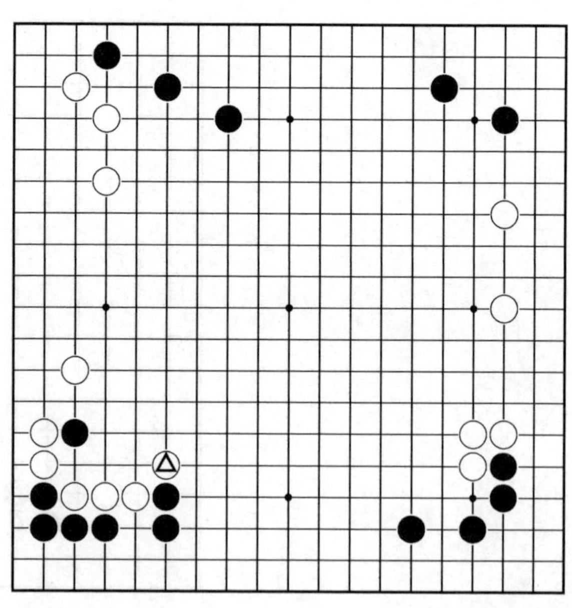

6. 全局问题

学习日期	月　　日
检　　查	

黑先，黑棋应该如何下？

44

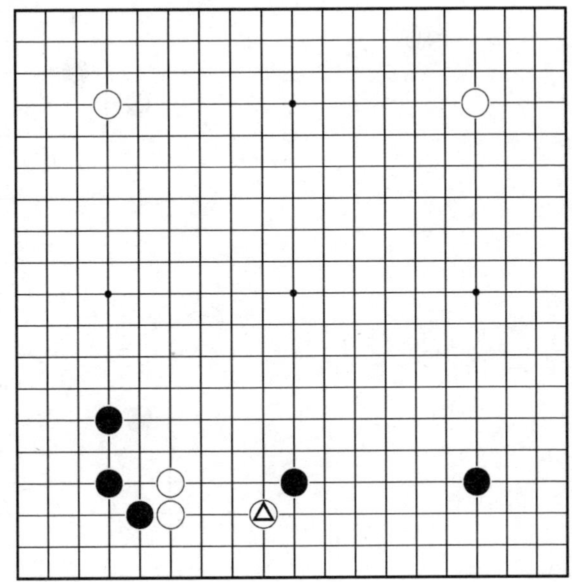

45

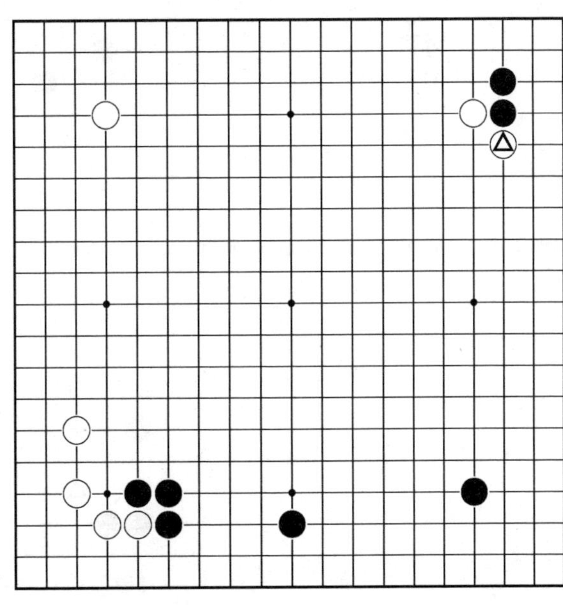

上篇

6. 全局问题

学习日期	月　日
检　查	

黑先，黑棋应该如何下？

46

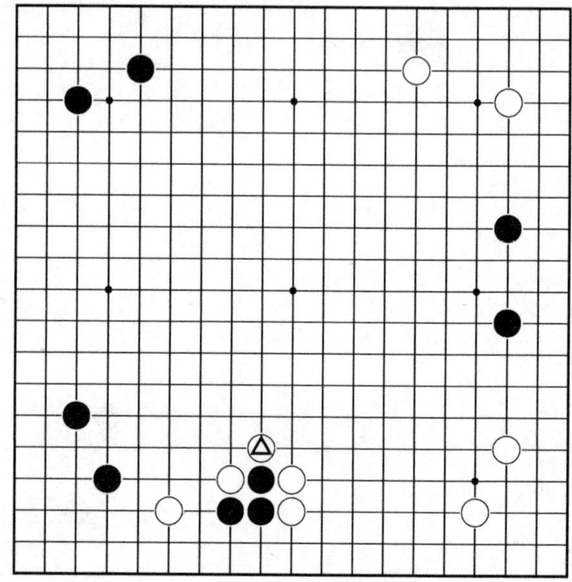

47

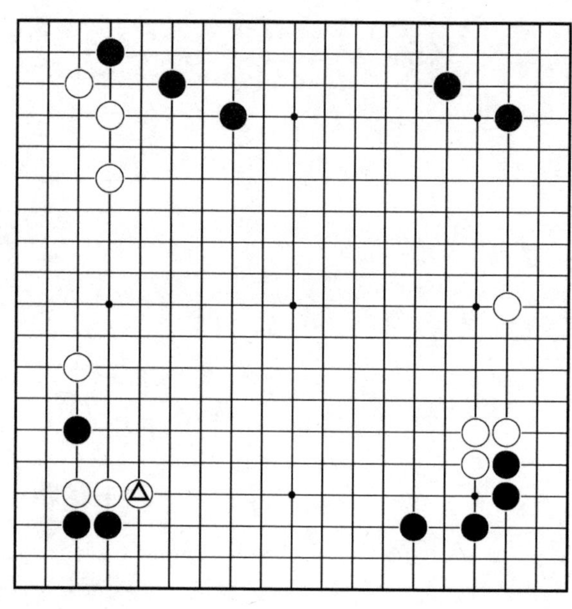

6. 全局问题

学习日期	月　　日
检　　查	

黑先，黑棋应该如何下？

48

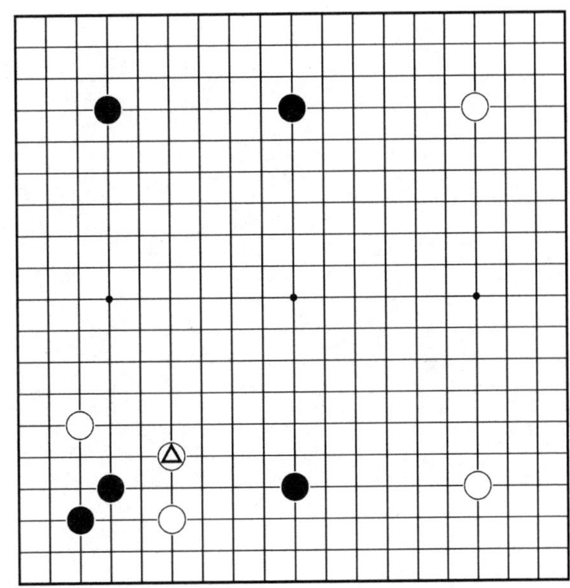

49

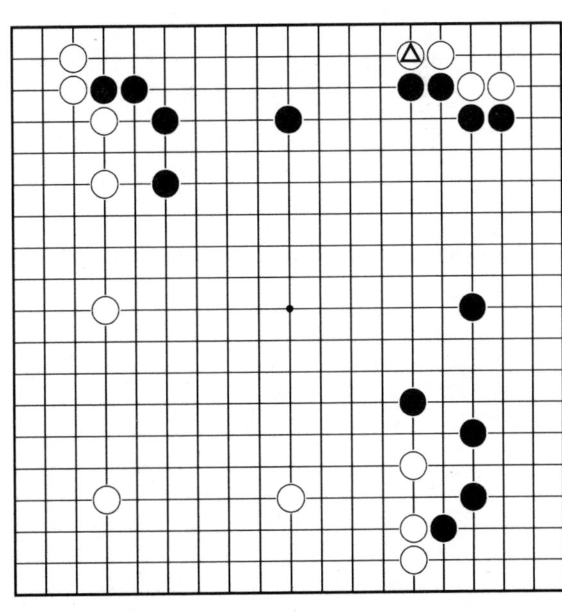

6. 全局问题

学习日期	月　日
检　查	

黑先，黑棋应该如何下？

50

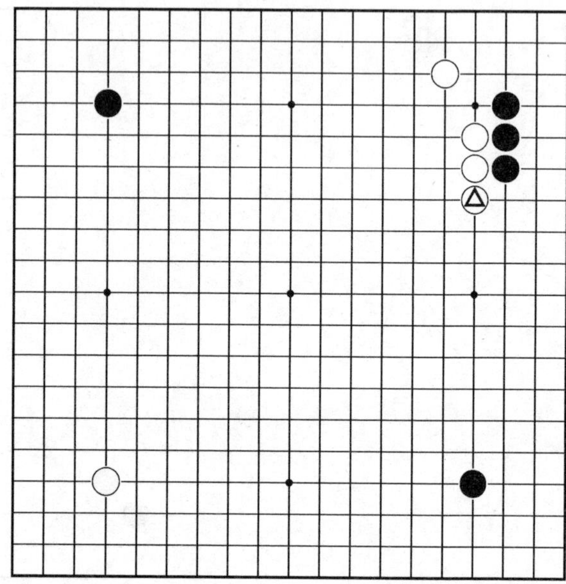

51

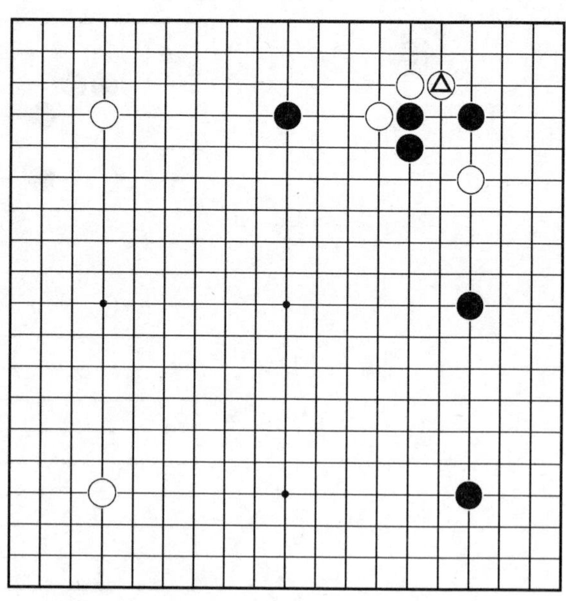

6. 全局问题

学习日期	月　日
检　查	

黑先，黑棋应该如何下？

52

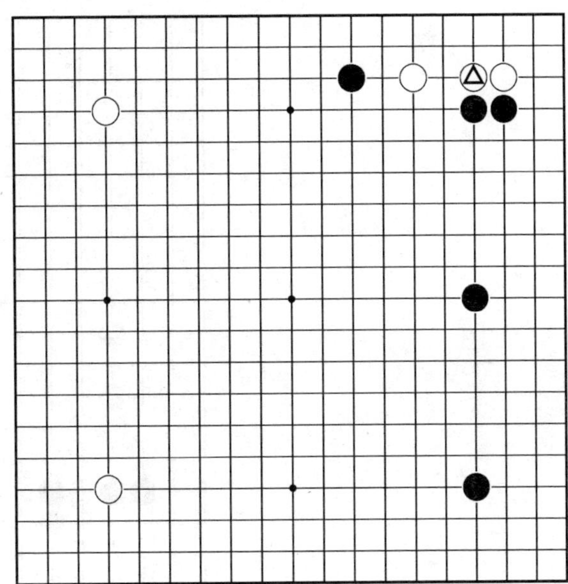

53

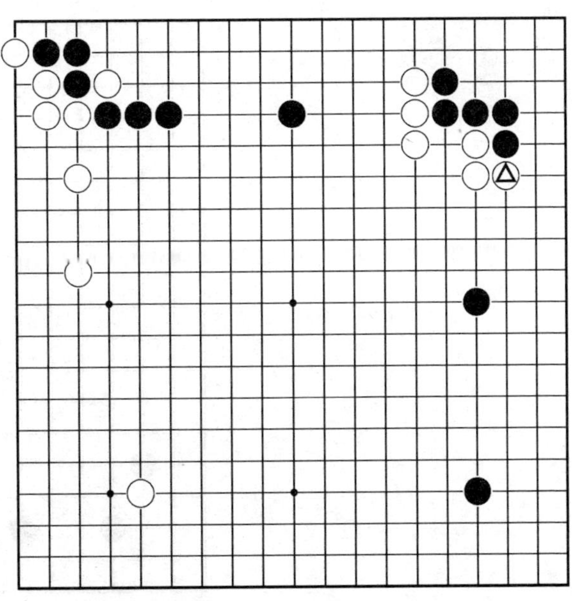

上篇

6. 全局问题

学习日期	月　　日
检　　查	

黑先，黑棋应该如何下？

54

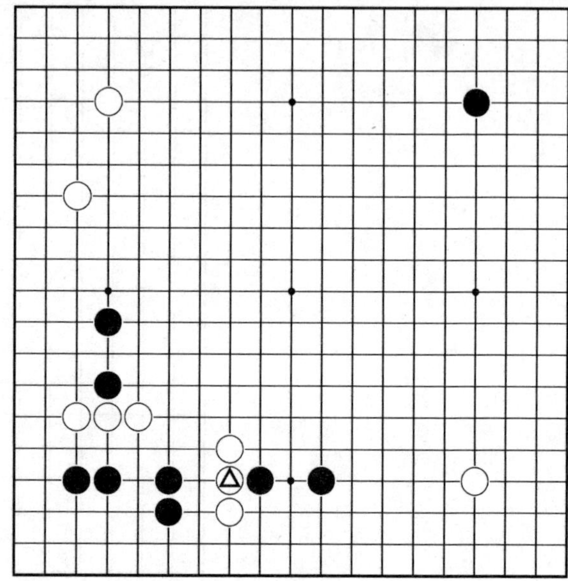

55

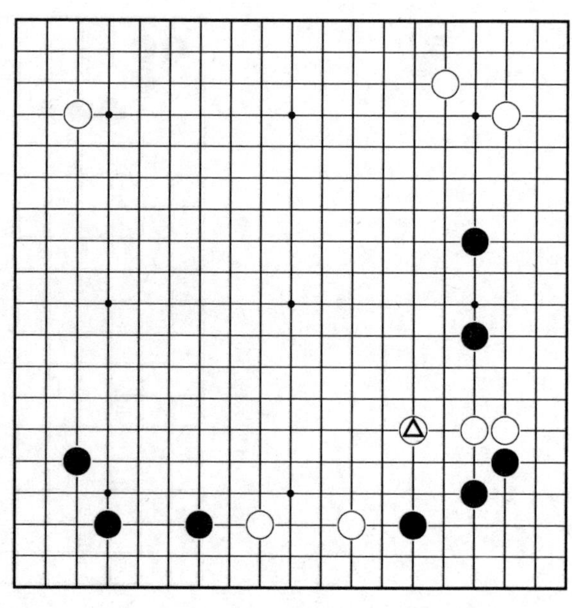

6. 全局问题

学习日期	月　　日
检　　查	

黑先，黑棋应该如何下？

56

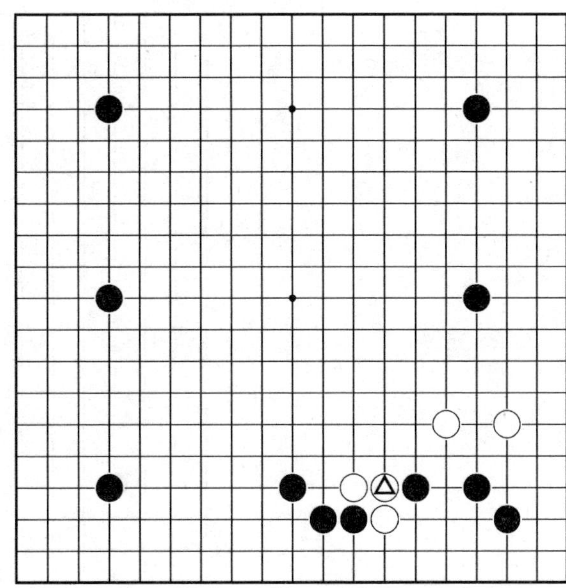

57

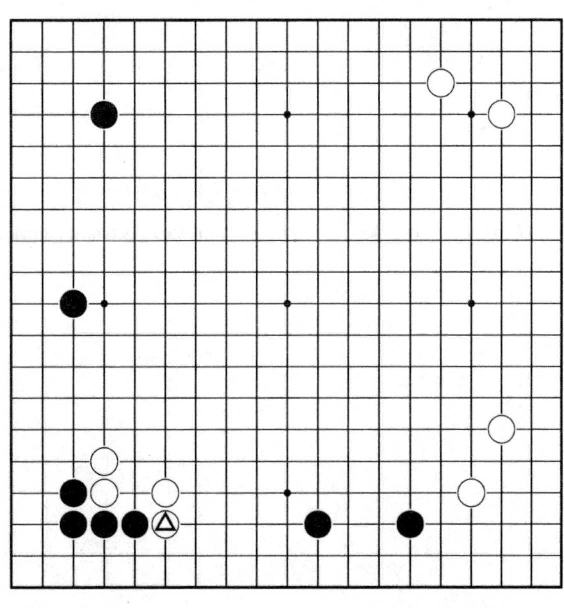

6. 全局问题

学习日期	月　日
检　查	

黑先，黑棋应该如何下？

58

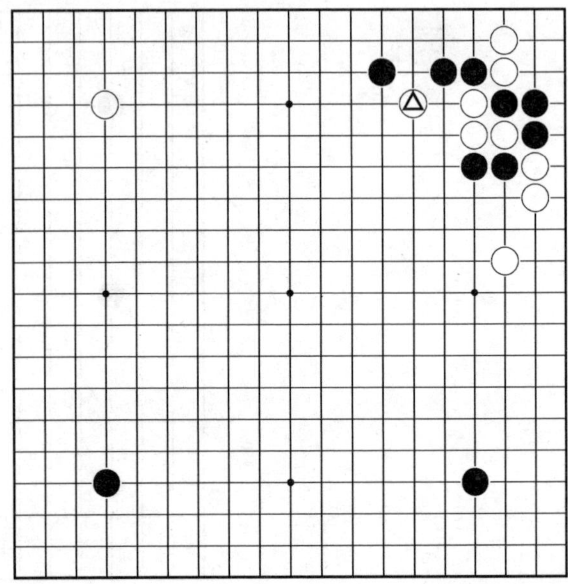

59

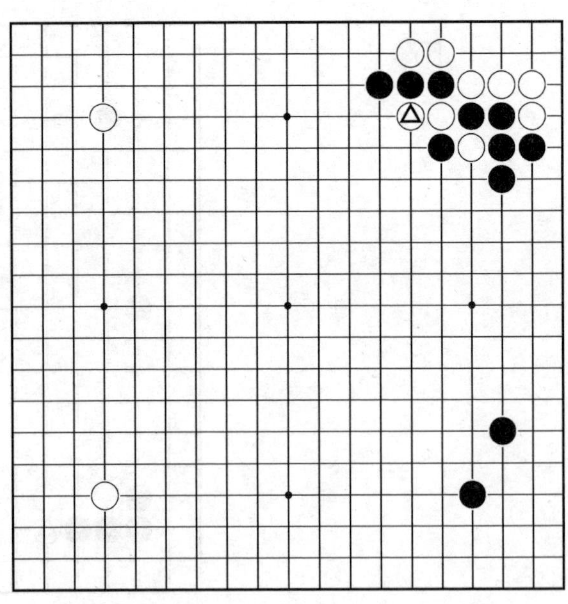

6. 全局问题

学习日期	月　　日
检　　查	

上篇

黑先，黑棋应该如何下？

60

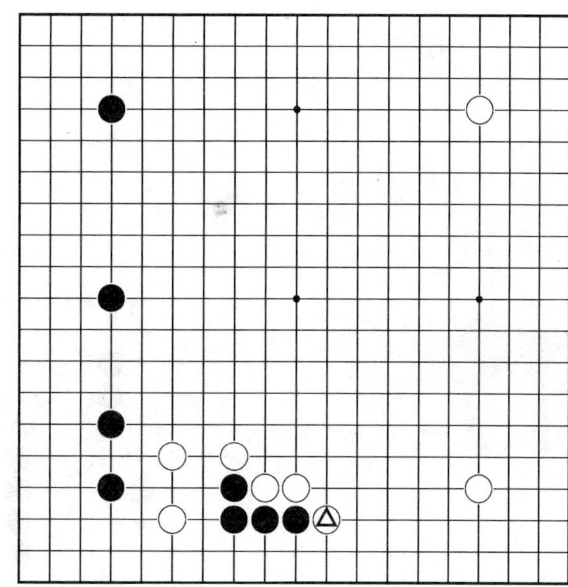

61

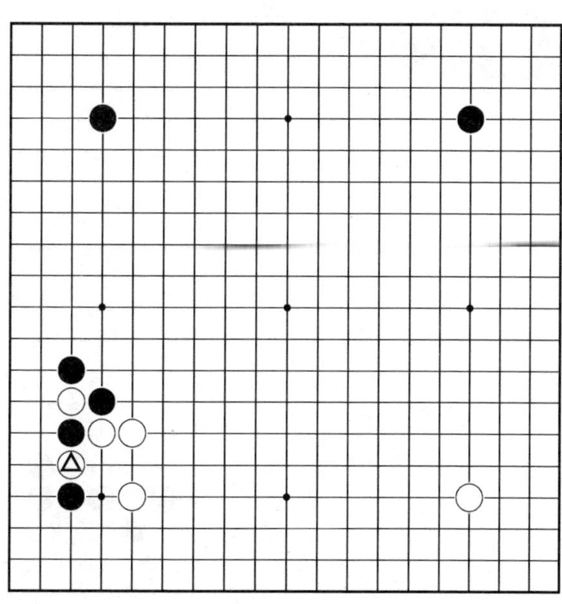

6. 全局问题

学习日期	月　　日
检　　查	

黑先，黑棋应该如何下？

62

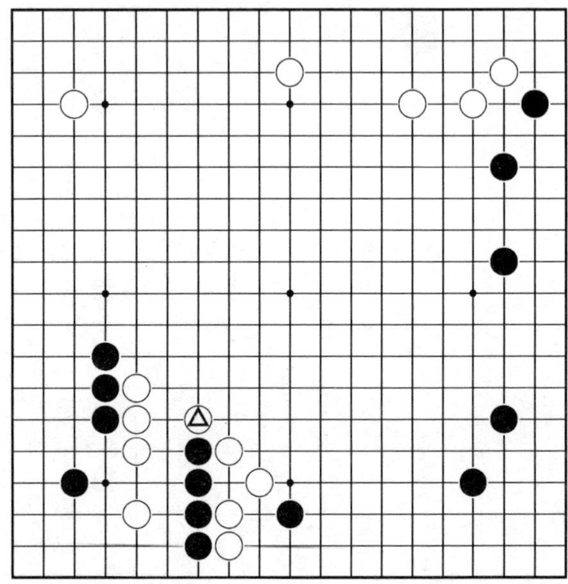

63

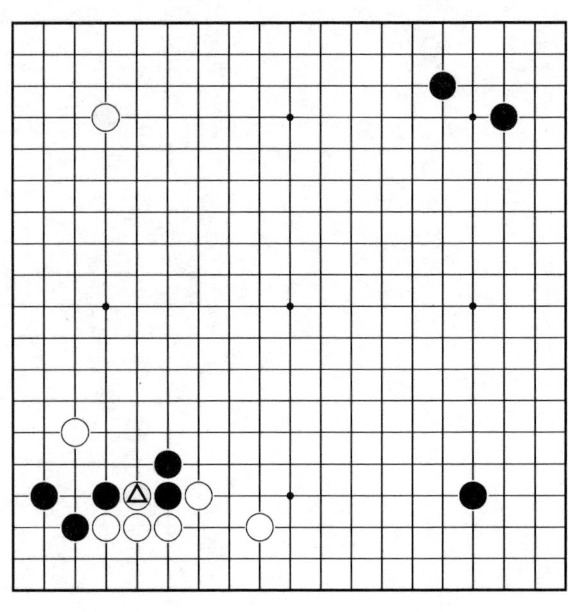

6. 全局问题

学习日期	月　　日
检　　查	

黑先，黑棋应该如何下？

64

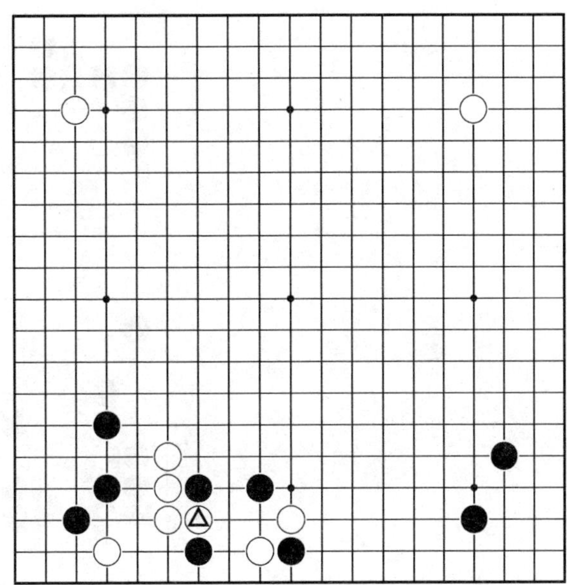

65

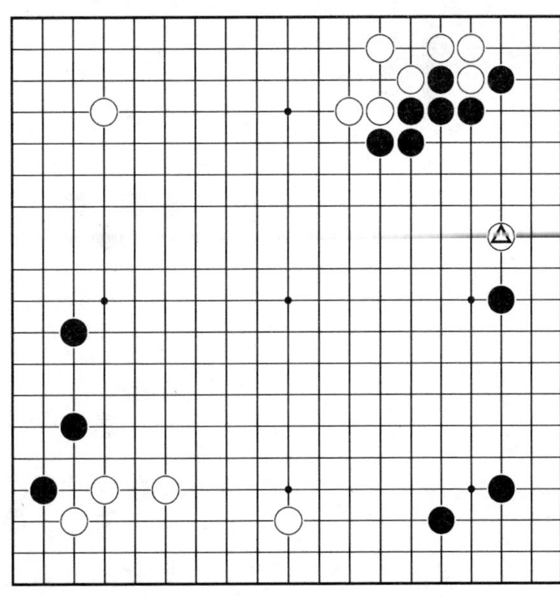

6. 全局问题

学习日期	月　日
检　查	

黑先，黑棋应该如何下？

66

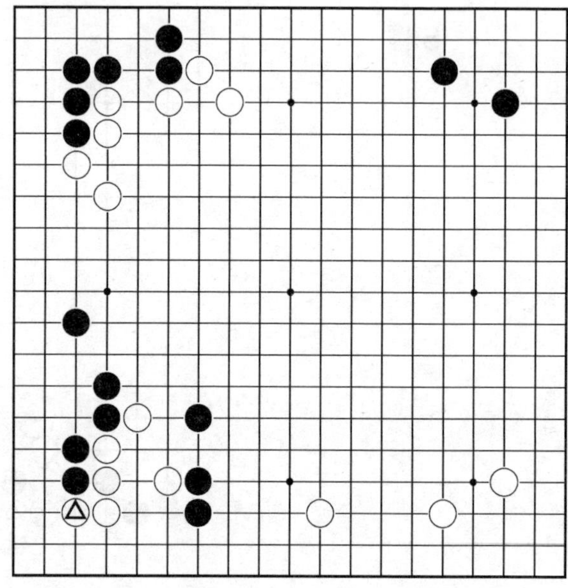

67

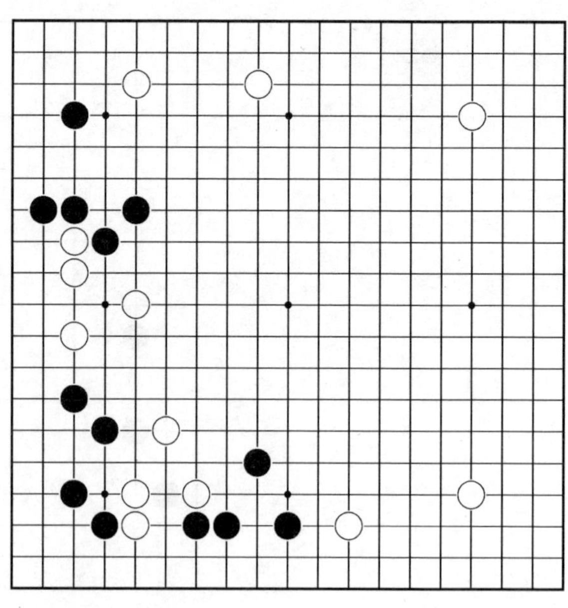

6. 全局问题

学习日期	月　　日
检　　查	

黑先，黑棋应该如何下？

68

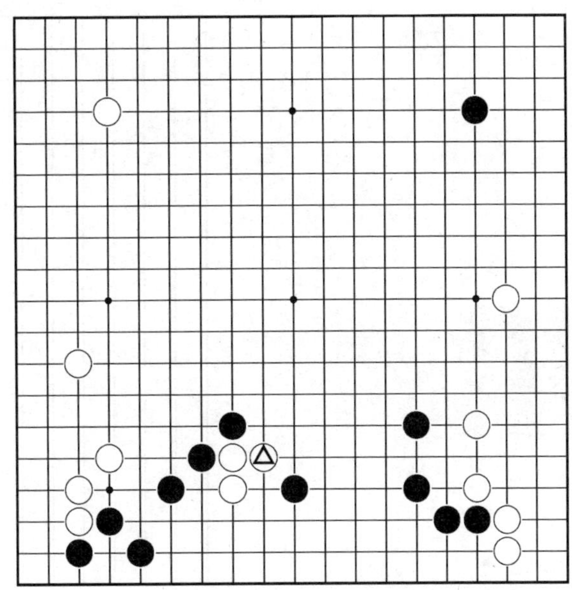

69

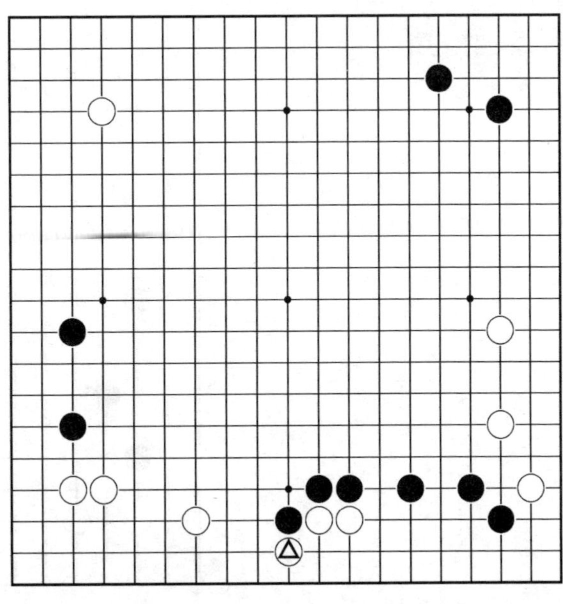

6. 全局问题

学习日期	月　　日
检　　查	

黑先，黑棋应该如何下？

70

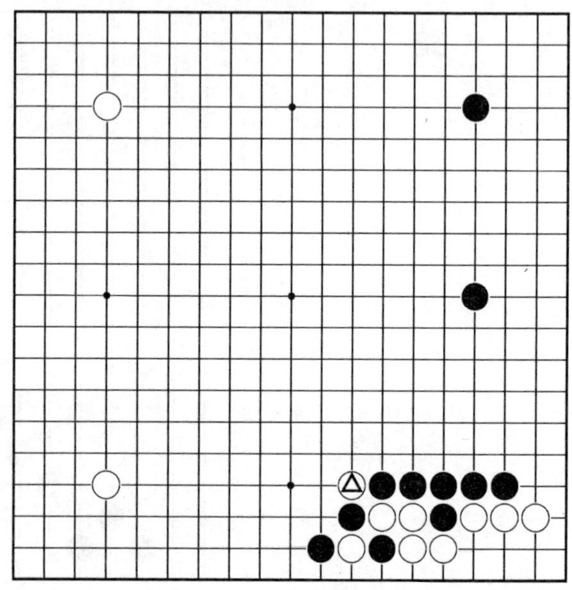

71

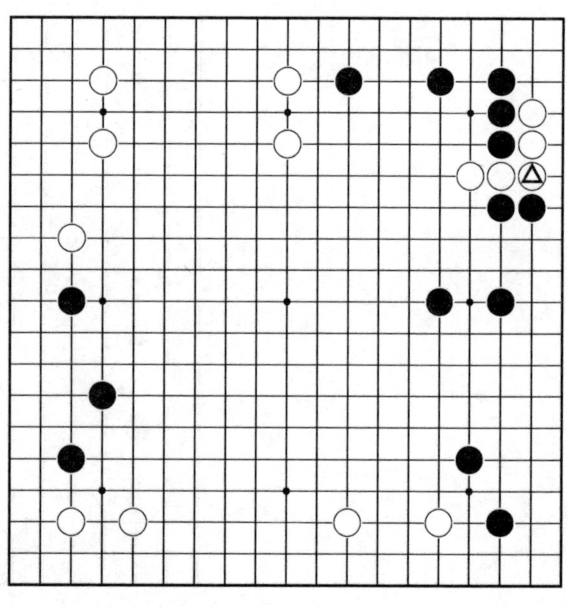

6. 全局问题

学习日期	月　　日
检　　查	

黑先，黑棋应该如何下？

72

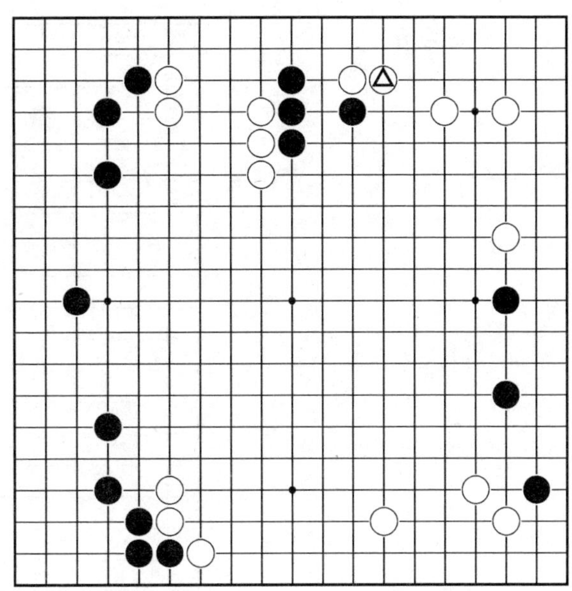

73

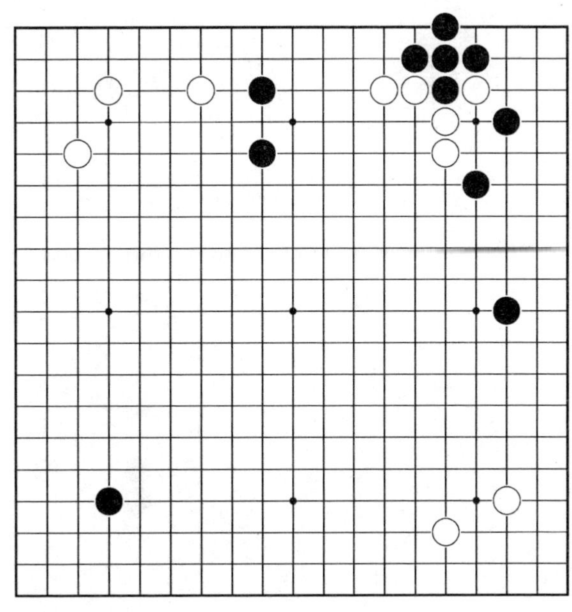

上篇

6. 全局问题

学习日期	月　　日
检　　查	

黑先，黑棋应该如何下？

74

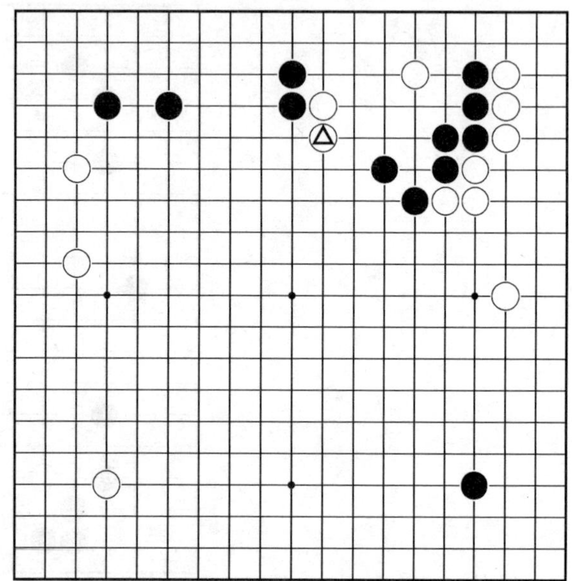

75

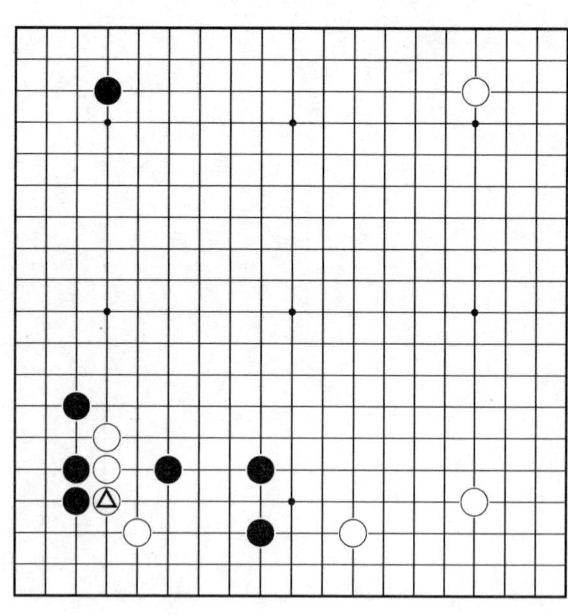

6. 全局问题

学习日期	月　　日
检　　查	

黑先，黑棋应该如何下？

76

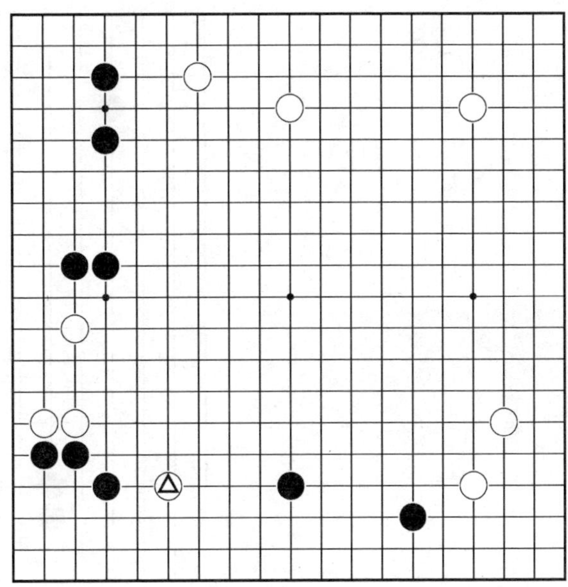

77

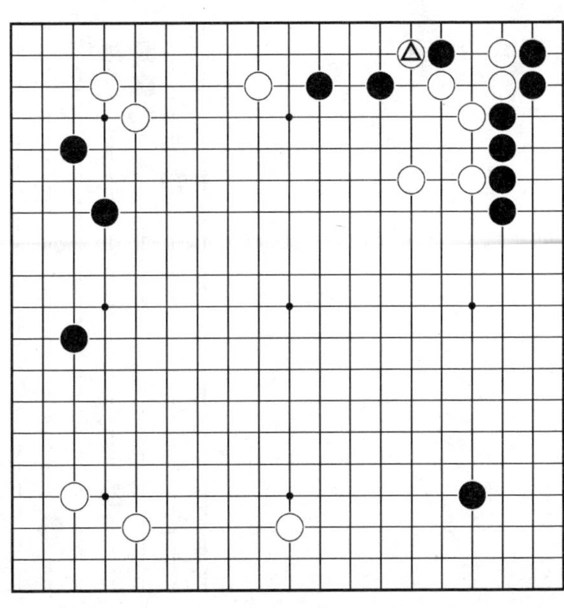

6. 全局问题

学习日期	月　日
检　查	

黑先，黑棋应该如何下？

78

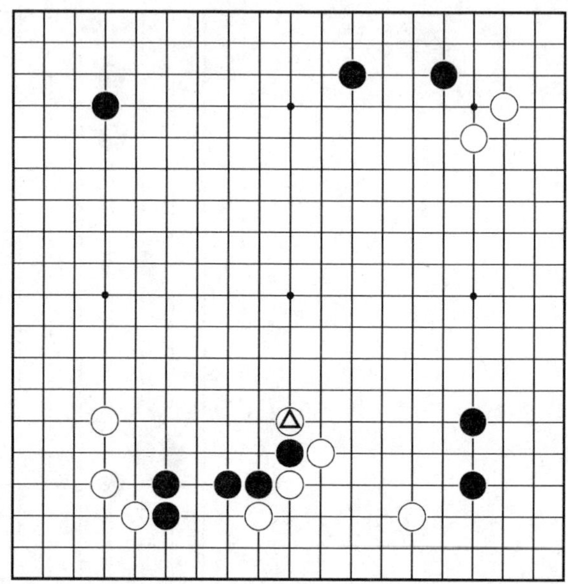

79

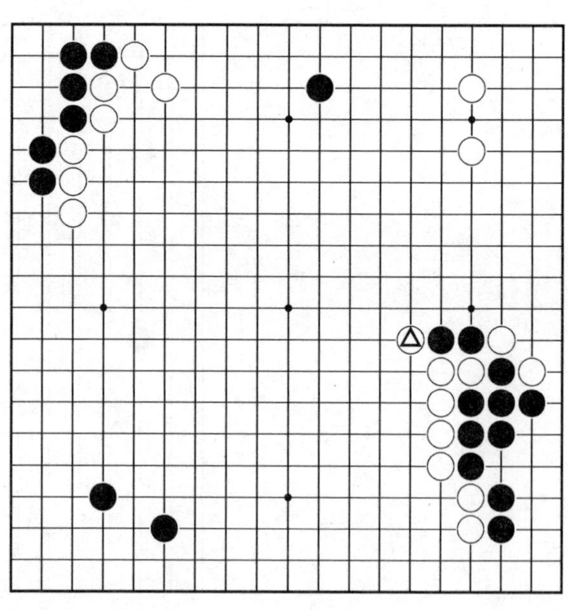

6. 全局问题

学习日期	月　　日
检　　查	

黑先，黑棋应该如何下？

80

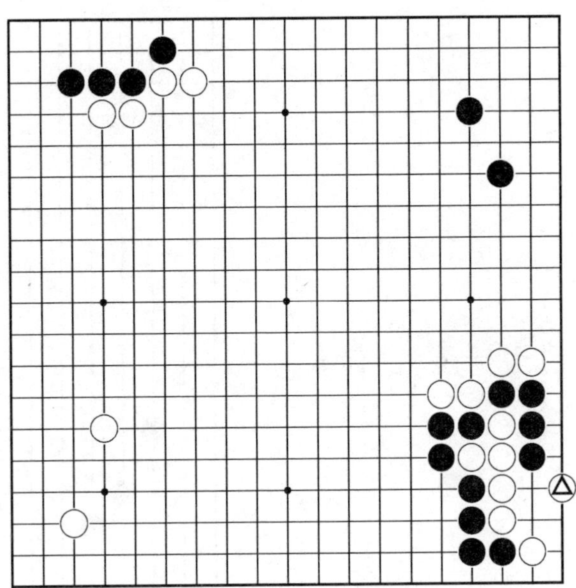

81

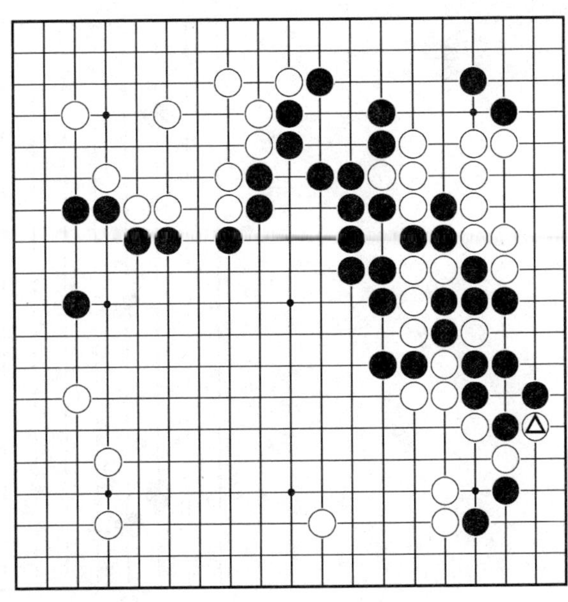

6. 全局问题

学习日期	月 日
检 查	

黑先，黑棋应该如何下？

82

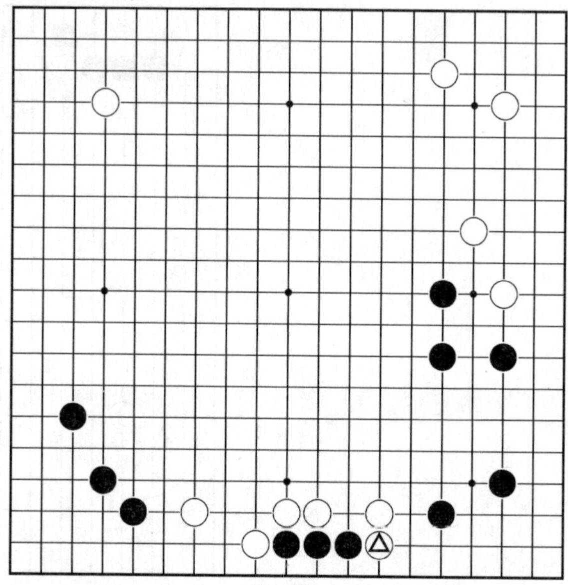

83

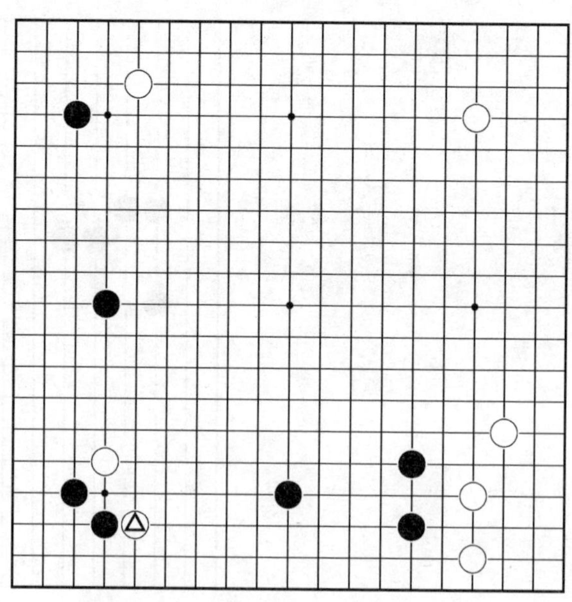

6. 全局问题

学习日期	月　　日
检　　查	

黑先，黑棋应该如何下？

84

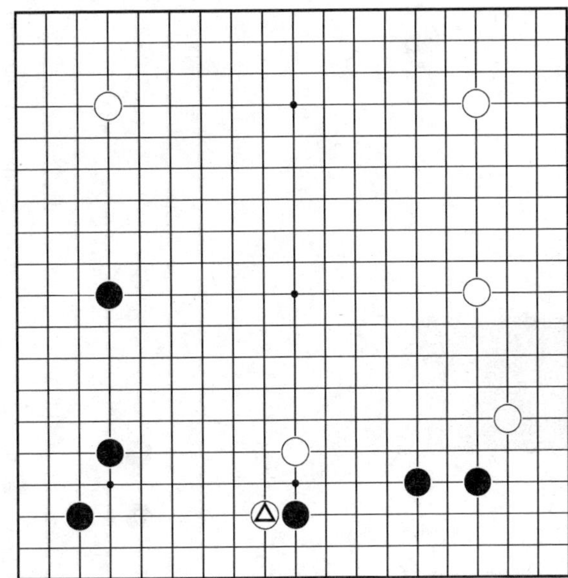

85

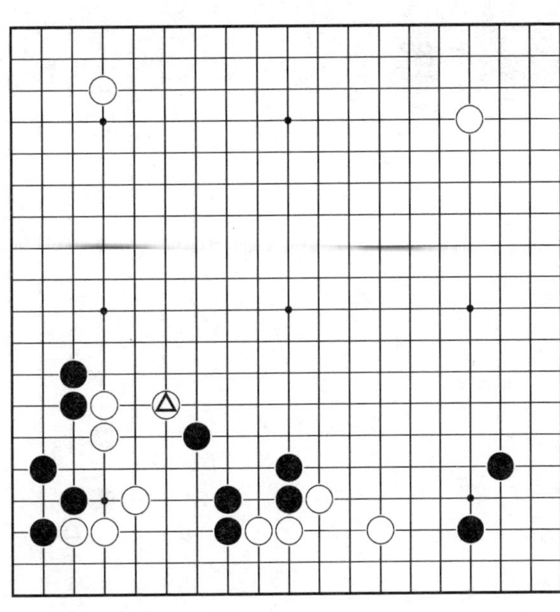

上篇

6. 全局问题

学习日期	月　　日
检　　查	

黑先，黑棋应该如何下？

86

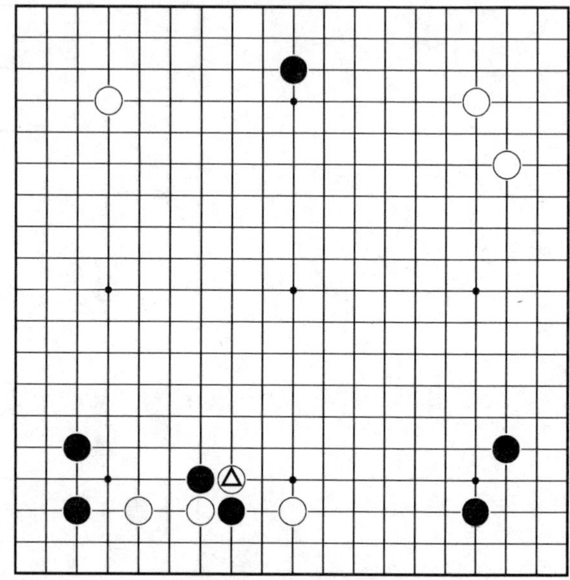

87

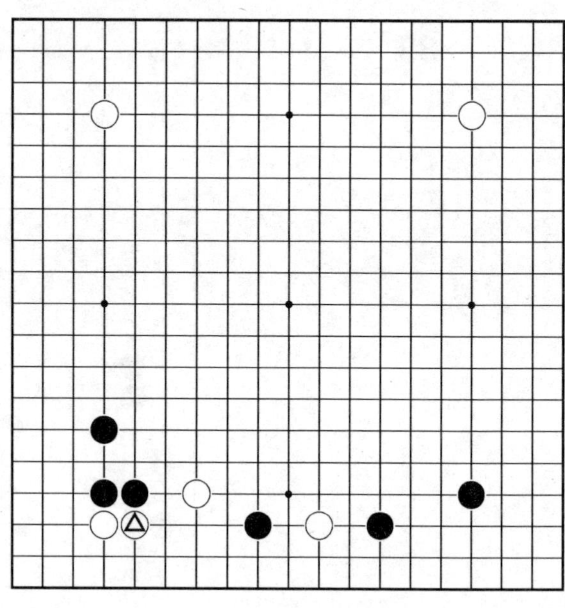

6. 全局问题

学习日期	月　　日
检　　查	

黑先，黑棋应该如何下？

88

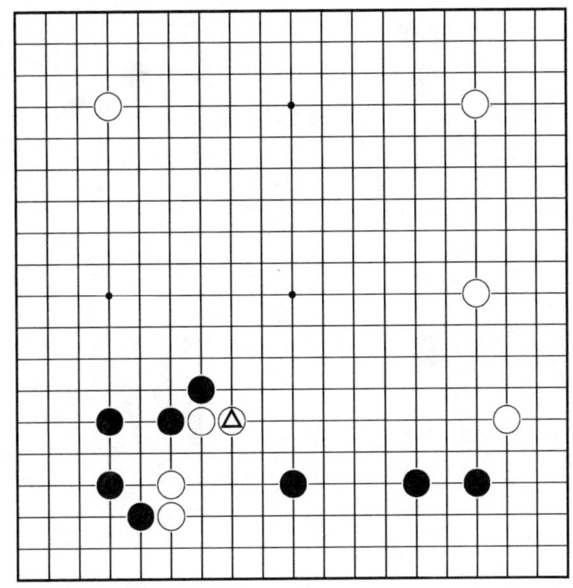

89

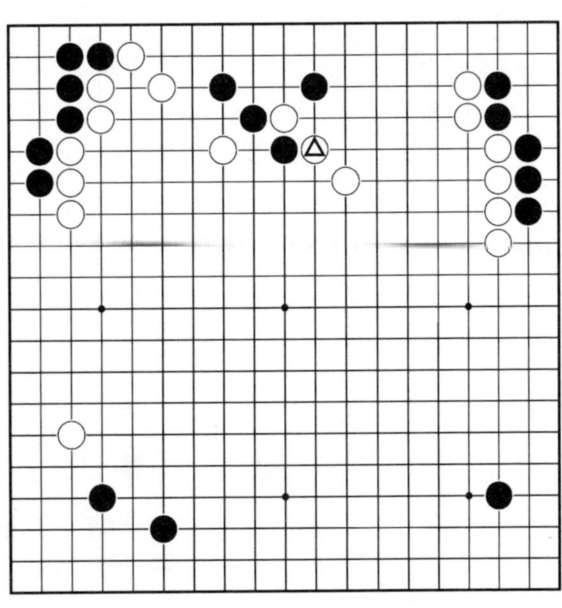

6. 全局问题

学习日期	月　日
检　查	

黑先，黑棋应该如何下？

90

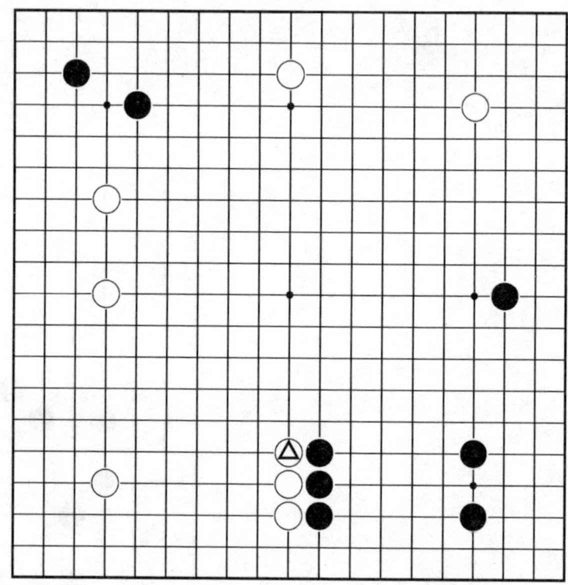

91

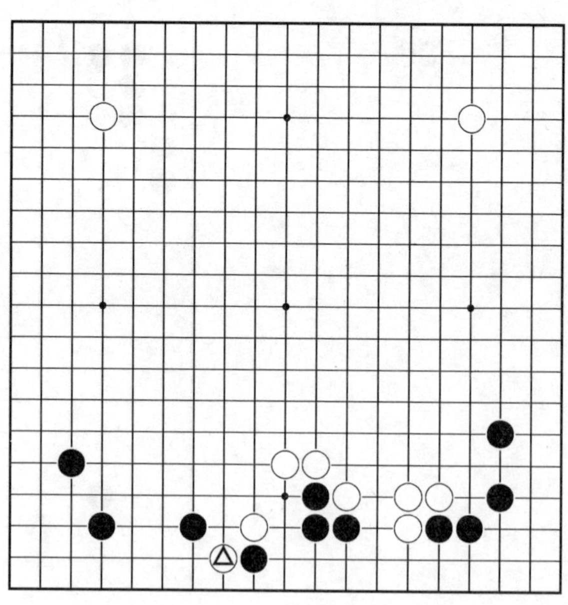

6. 全局问题

学习日期	月　日
检　查	

黑先，黑棋应该如何下？

92

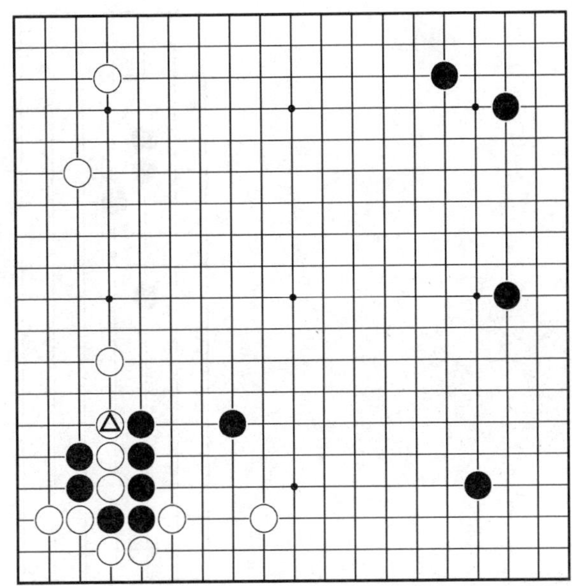

93

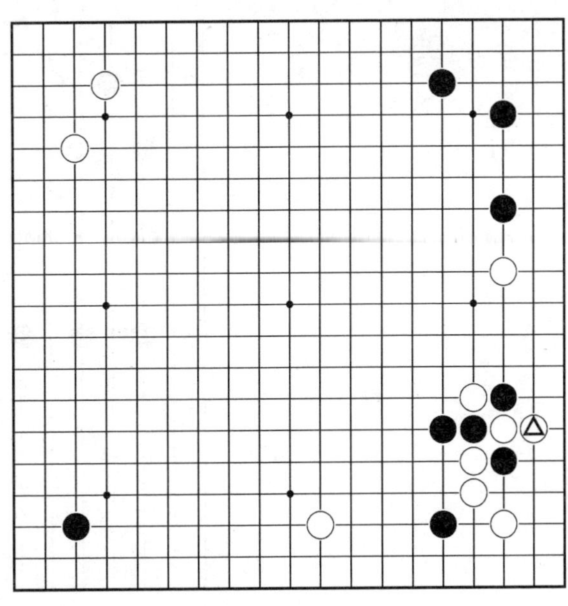

上篇

6. 全局问题

学习日期	月　日
检　查	

黑先，黑棋应该如何下？

94

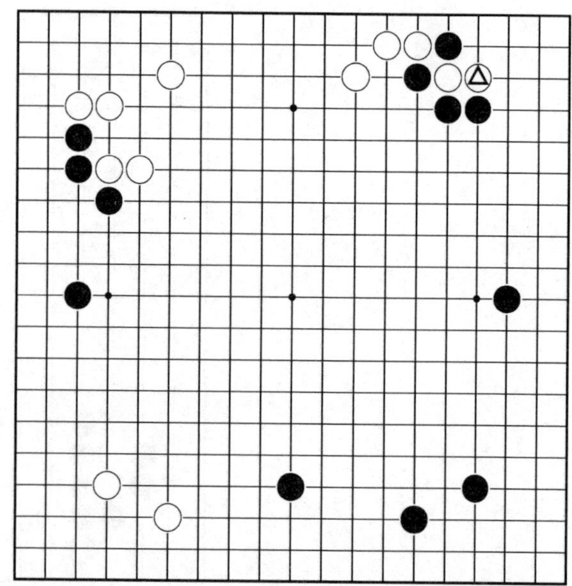

95

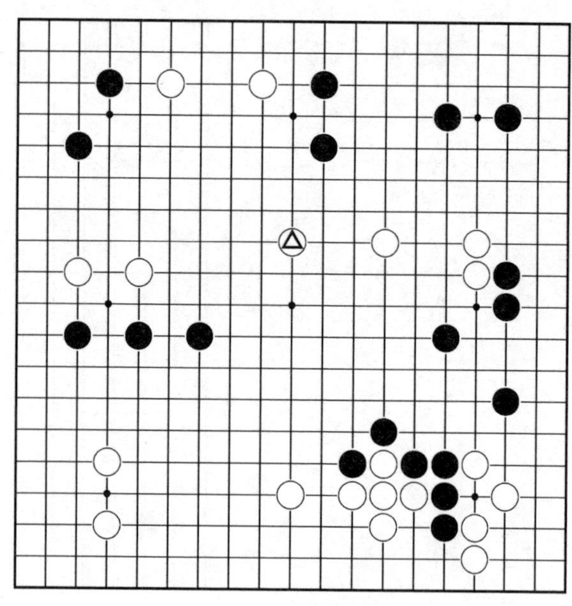

6. 全局问题

学习日期	月　　日
检　　查	

黑先，黑棋应该如何下？

96

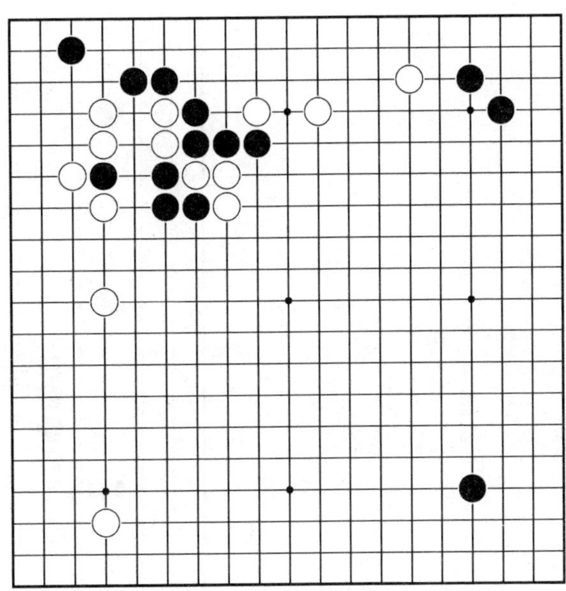

97

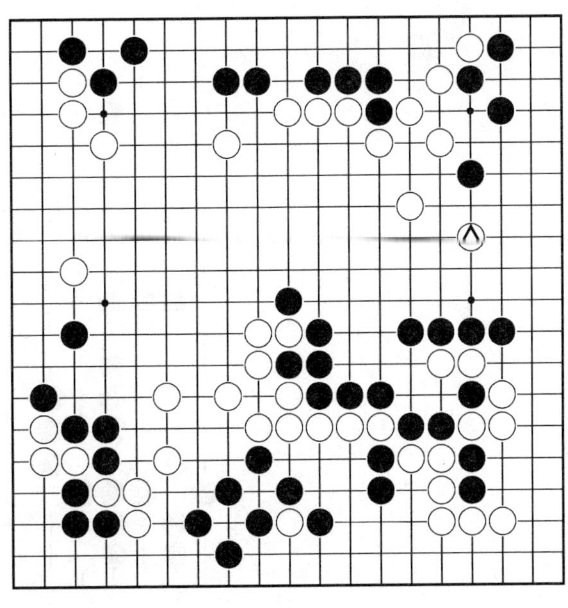

上篇

6. 全局问题

学习日期	月　日
检　查	

黑先，黑棋应该如何下？

98

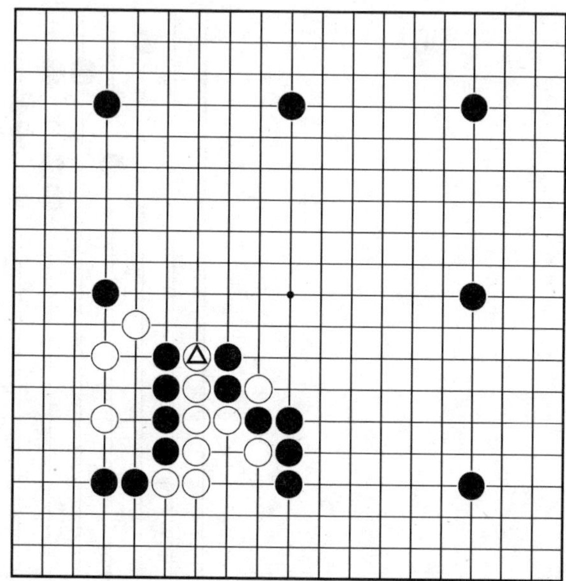

99

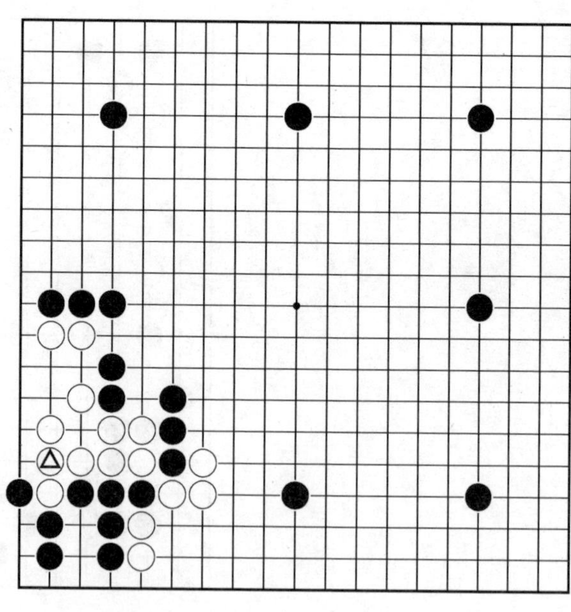

6. 全局问题

学习日期	月　　日
检　　查	

黑先，黑棋应该如何下？

100

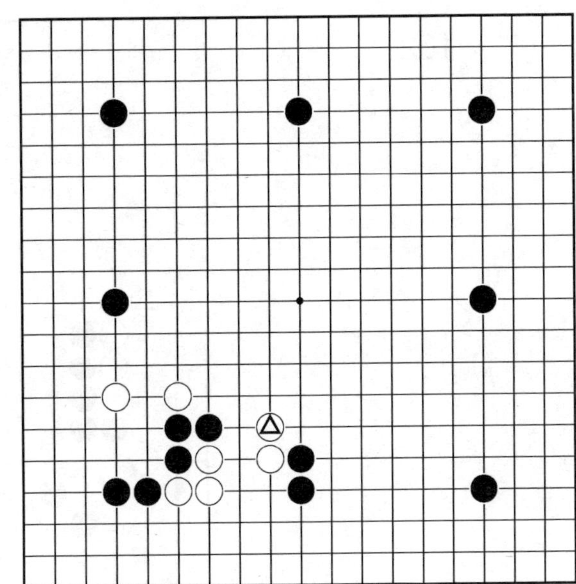

101

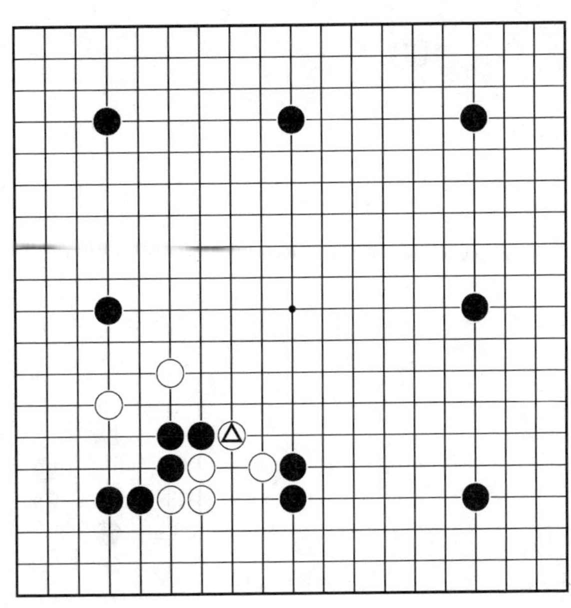

上篇

6. 全局问题

学习日期	月　　日
检　　查	

黑先，黑棋应该如何下？

102

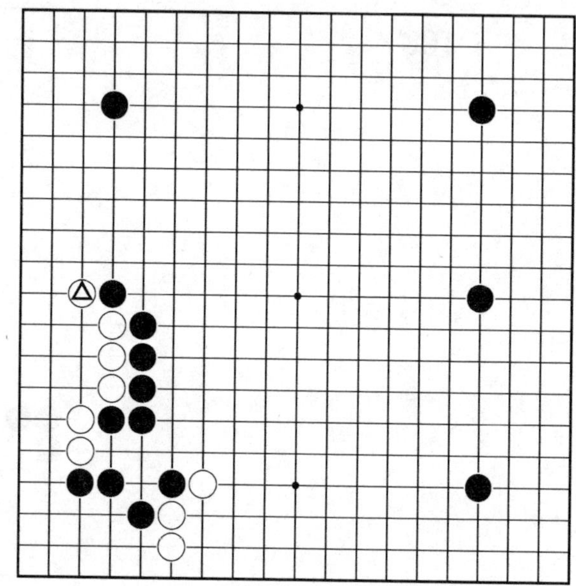

103

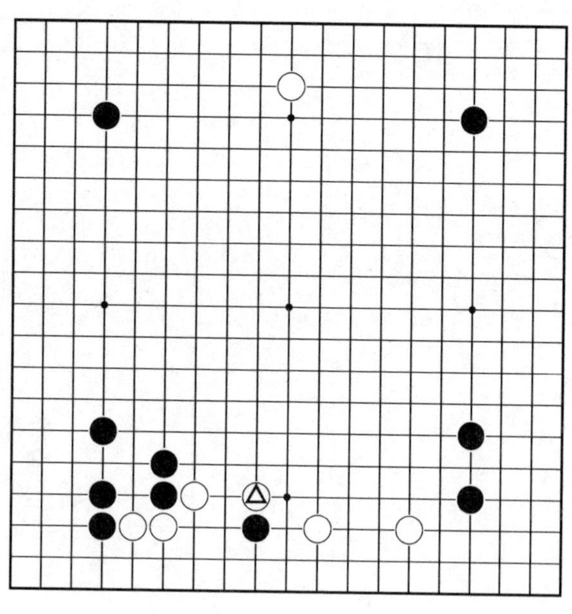

6. 全局问题

学习日期	月　　日
检　　查	

黑先，黑棋应该如何下？

104

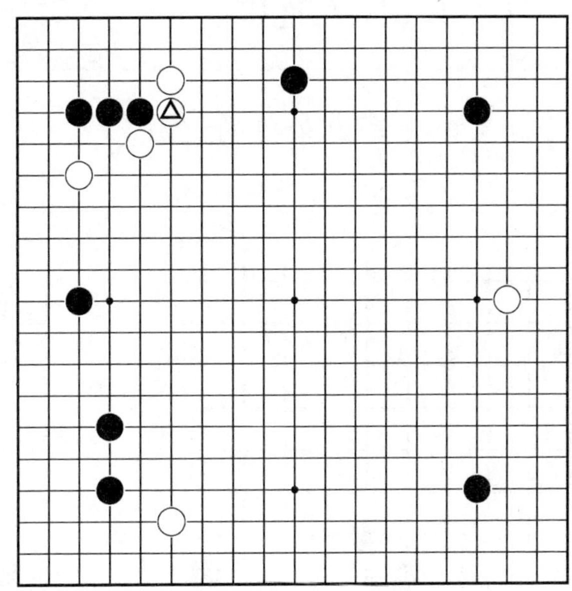

105

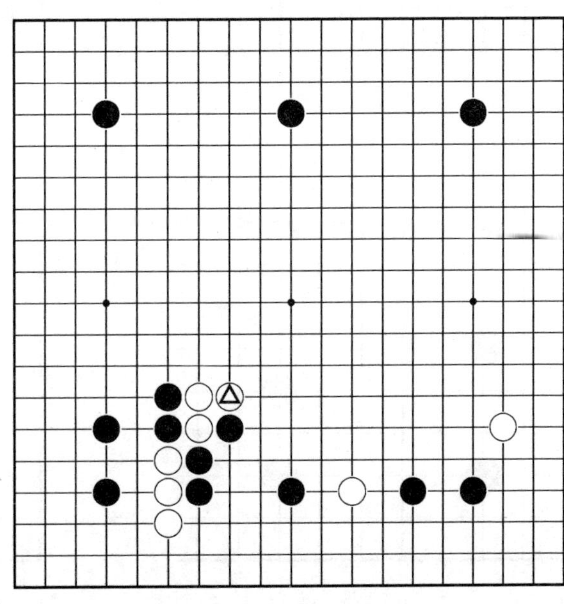

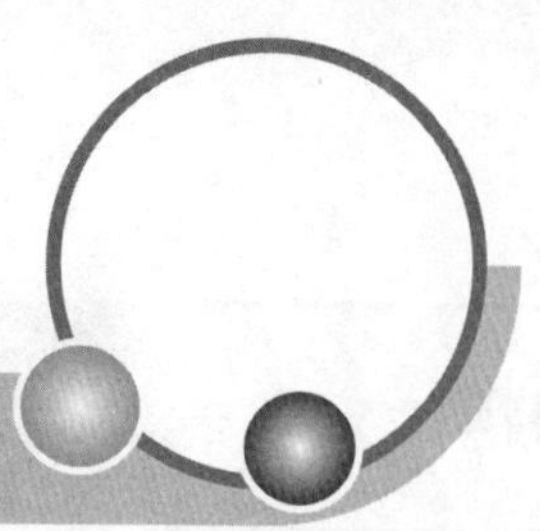

下 篇

1. 切断与连接

学习日期	月　　日
检　　查	

黑先，写出必要的过程。

1

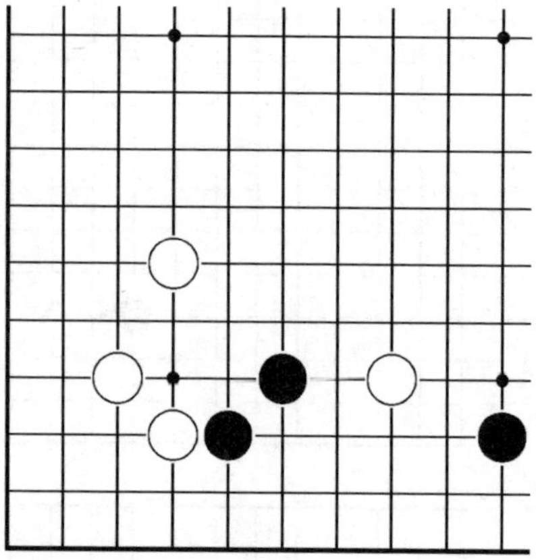

2

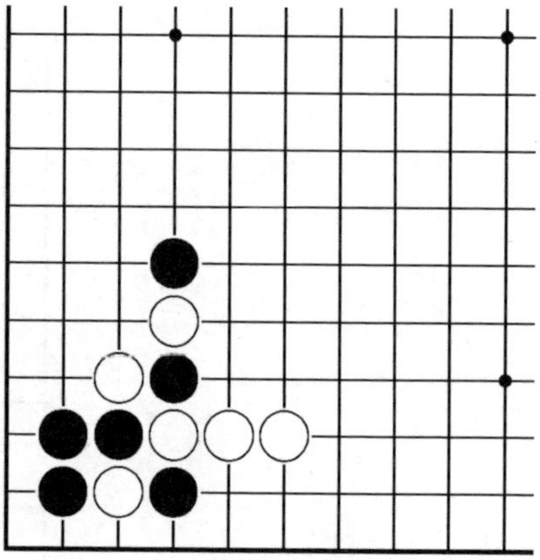

3

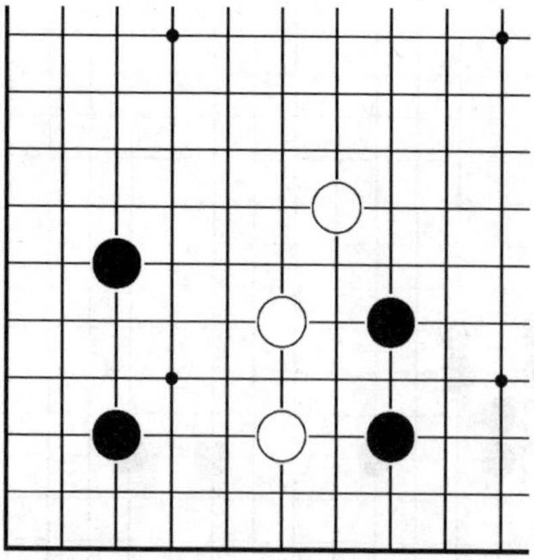

4

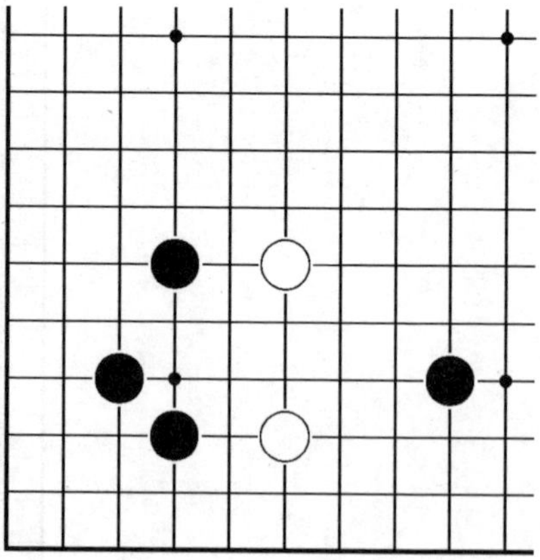

1. 切断与连接

学习日期	月　日
检　查	

黑先，写出必要的过程。

5

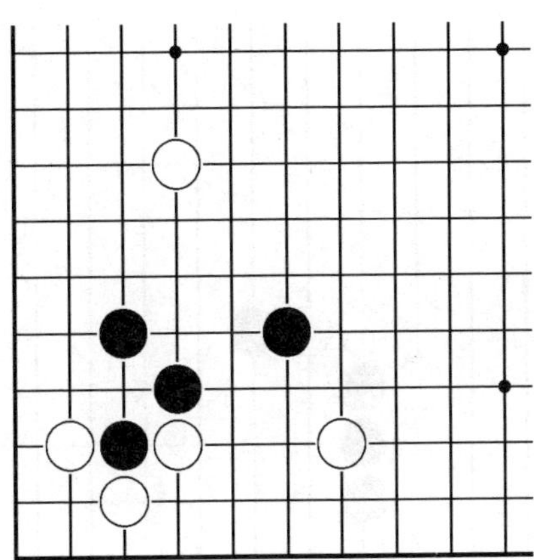

6

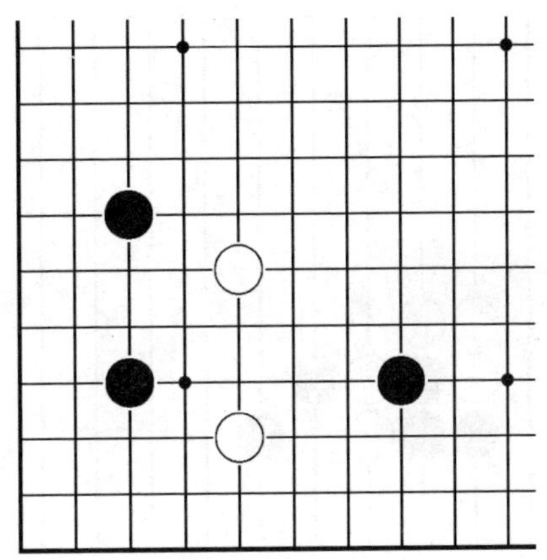

下篇

7

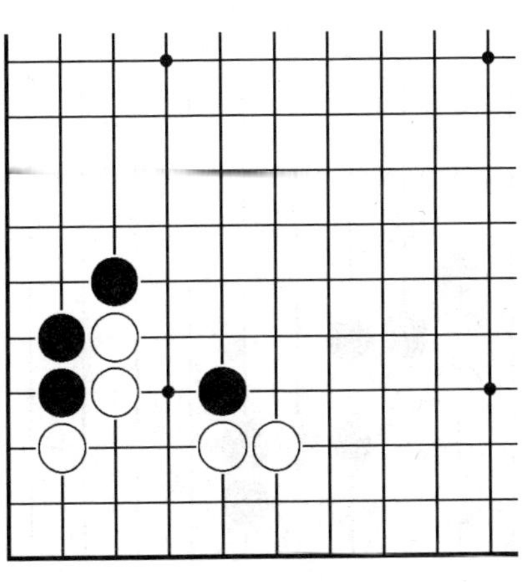

8

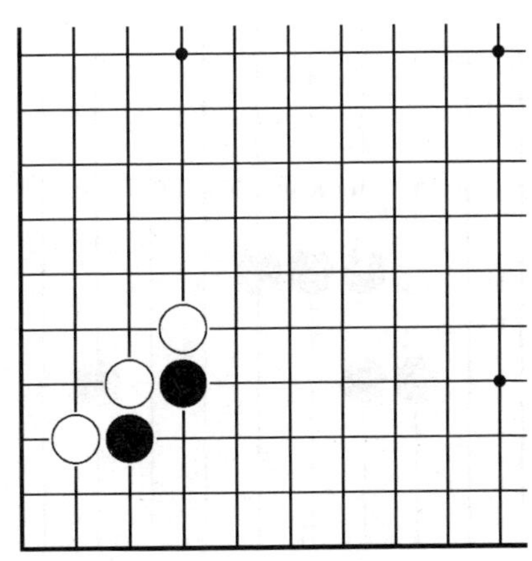

1. 切断与连接

学习日期	月　　日
检　　查	

黑先，写出必要的过程。

9

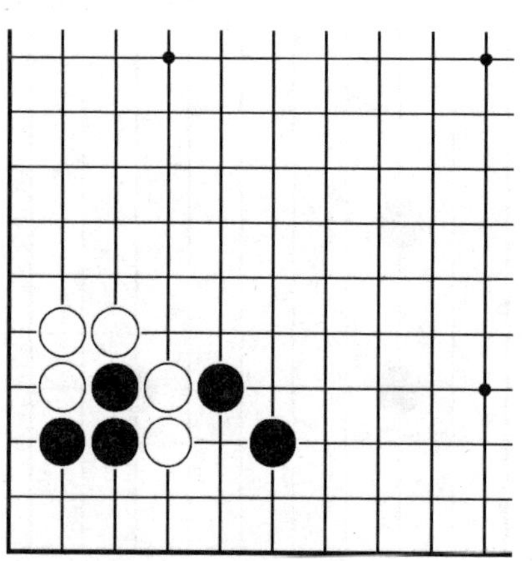

10

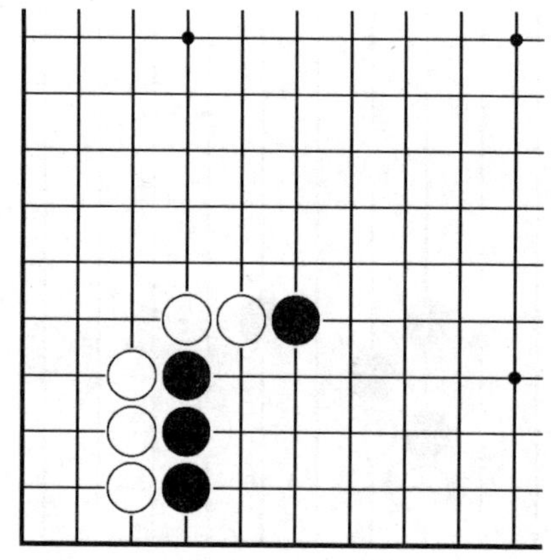

11

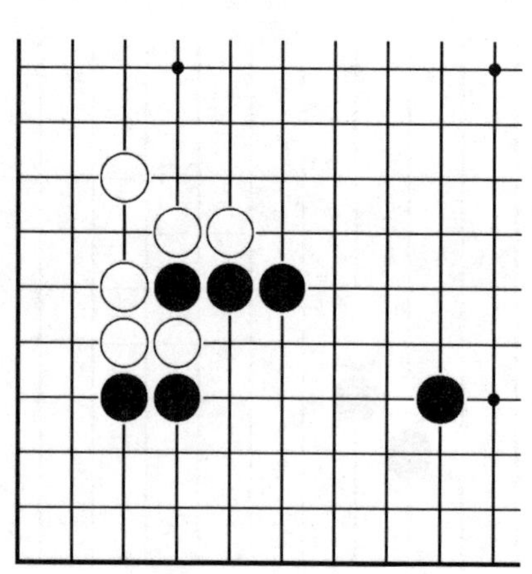

12

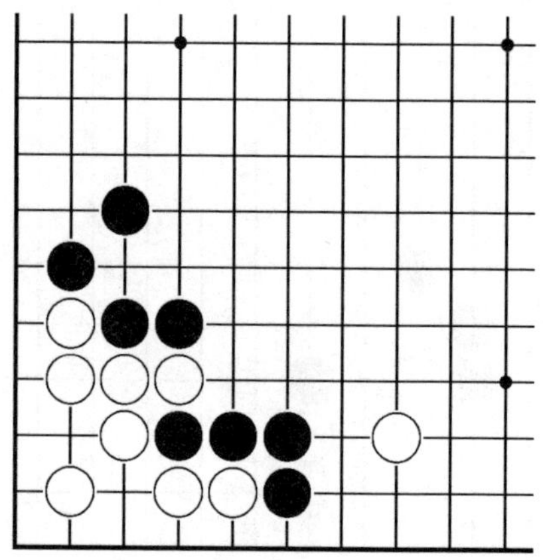

1. 切断与连接

学习日期	月　　日
检　查	

黑先，写出必要的过程。

13

14

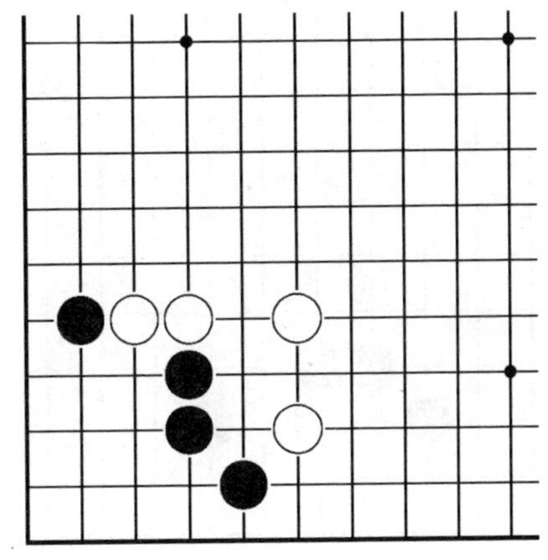

下篇

15

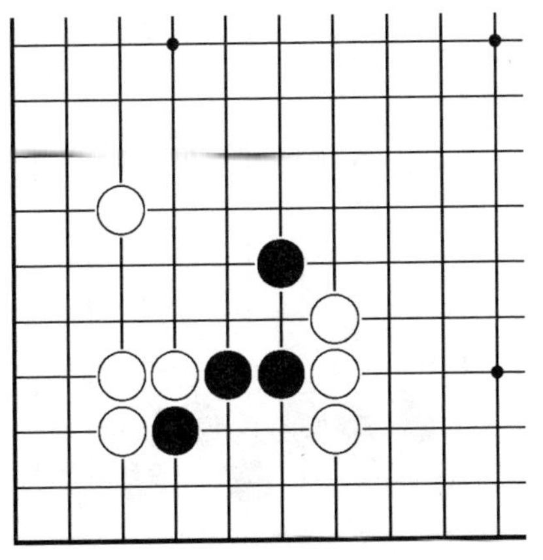

16

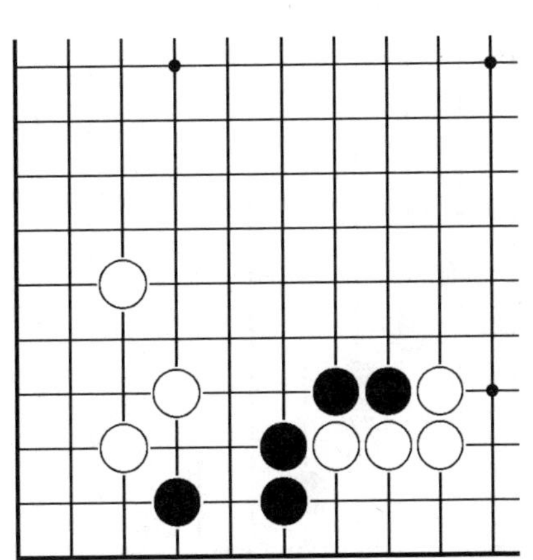

1. 切断与连接

学习日期	月　日
检　查	

黑先，写出必要的过程。

17

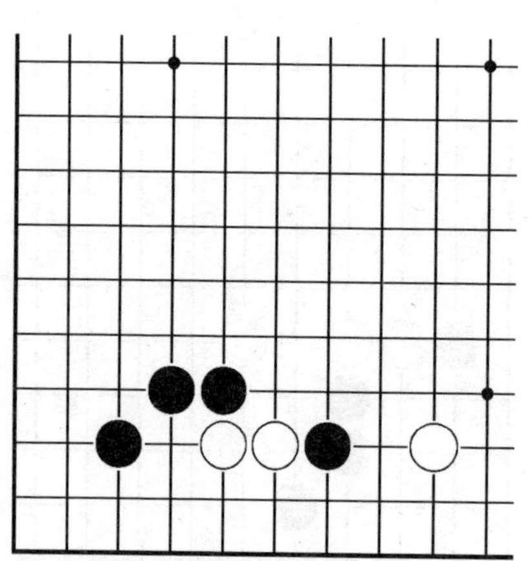

18

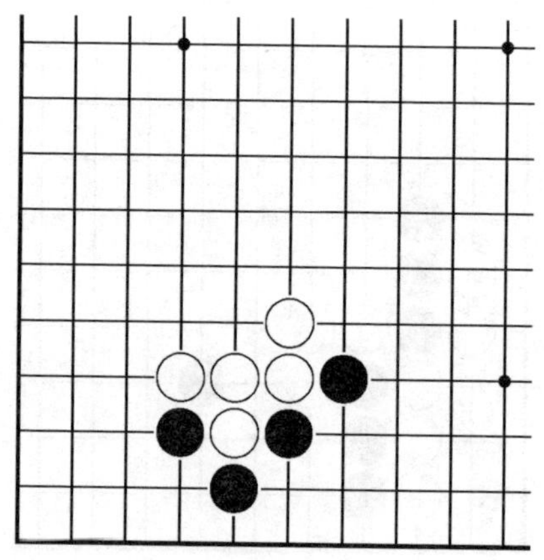

19

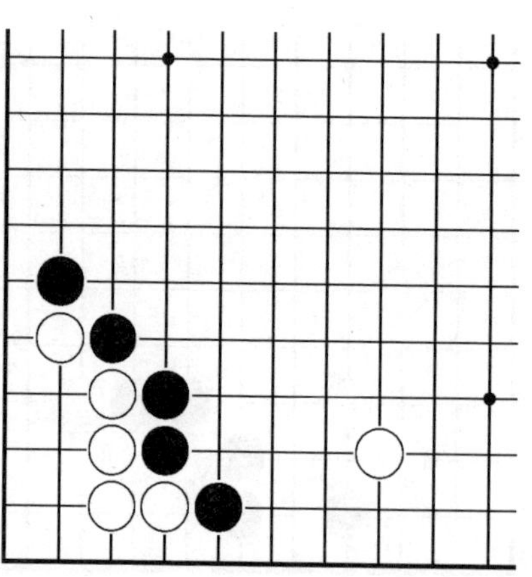

20

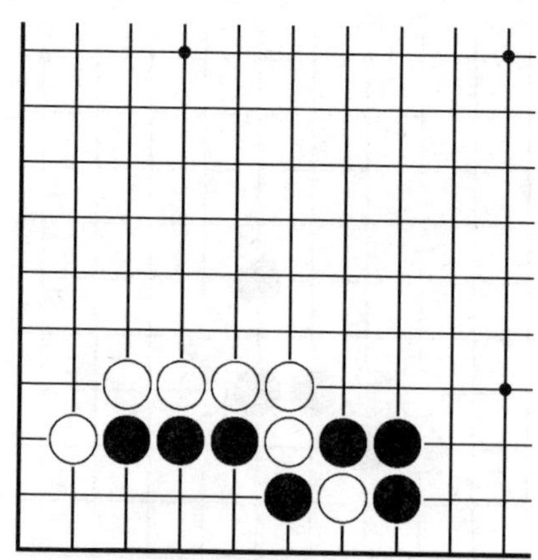

1. 切断与连接

学习日期	月　　日
检　　查	

黑先，写出必要的过程。

21

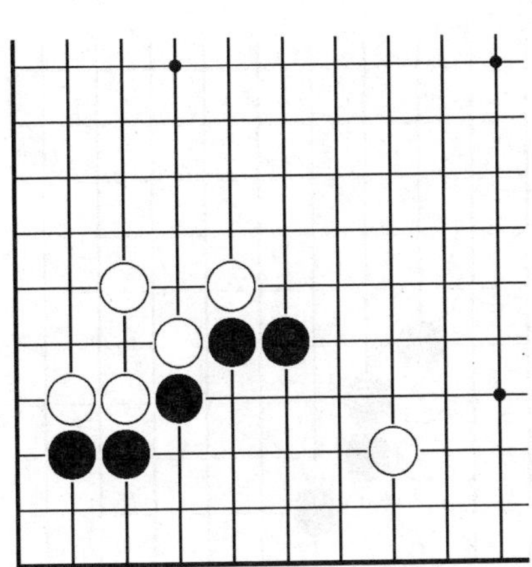

22

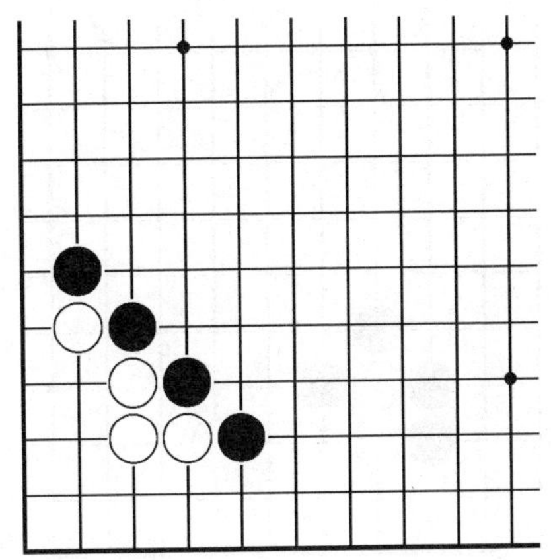

23

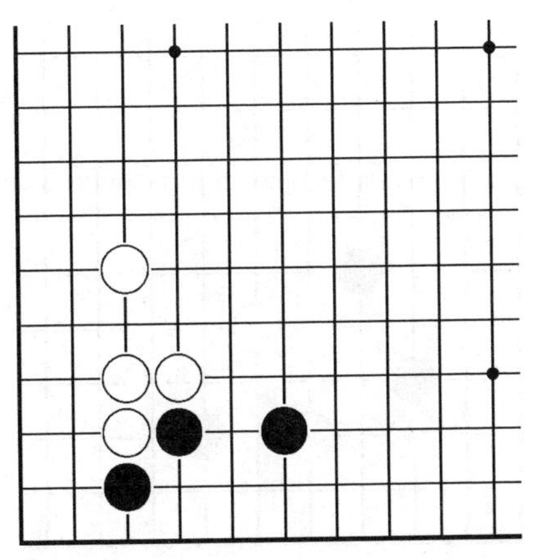

24

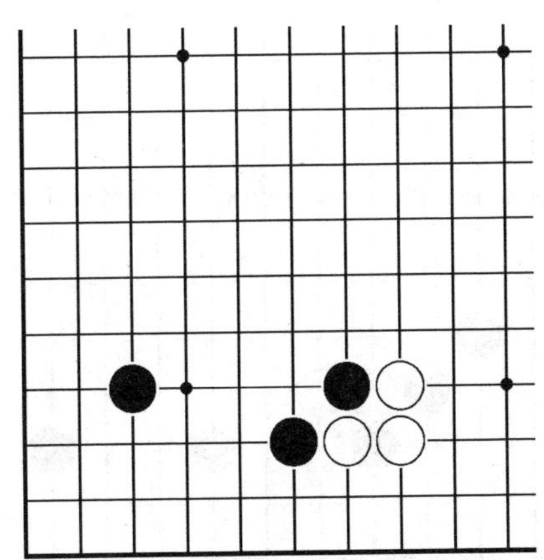

下篇

1. 切断与连接

学习日期	月　　日
检　　查	

黑先，写出必要的过程。

25

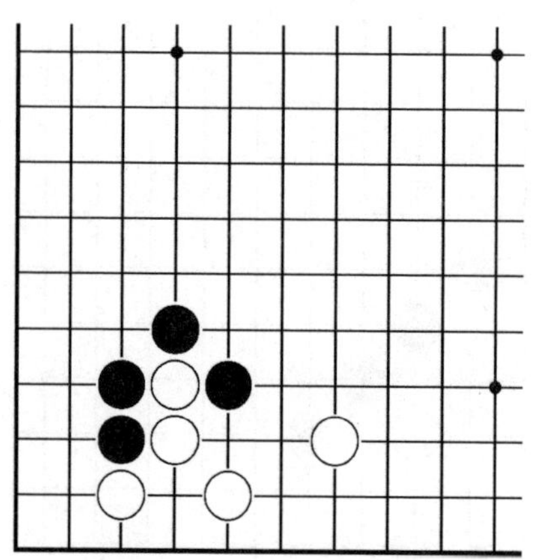

26

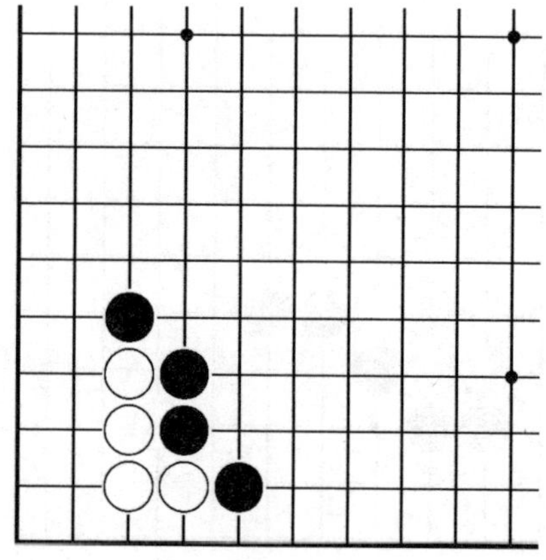

27

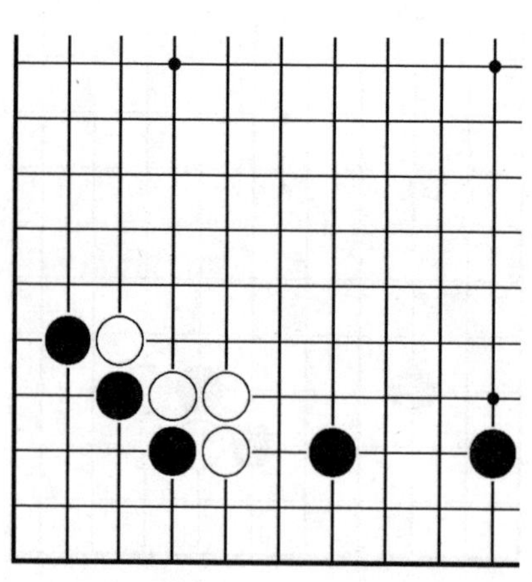

28

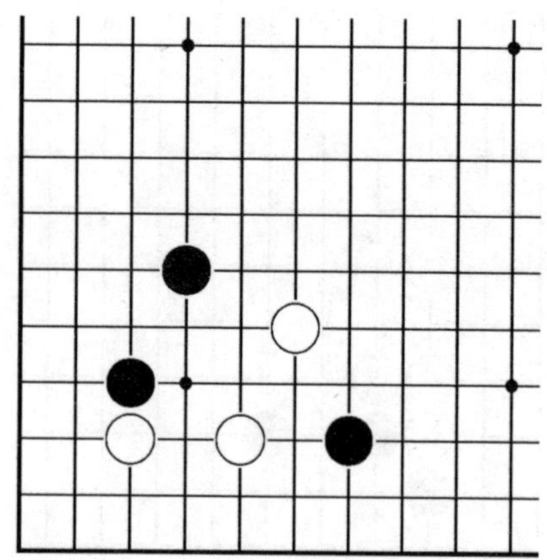

1. 切断与连接

学习日期	月　　日
检　　查	

黑先，写出必要的过程。

29

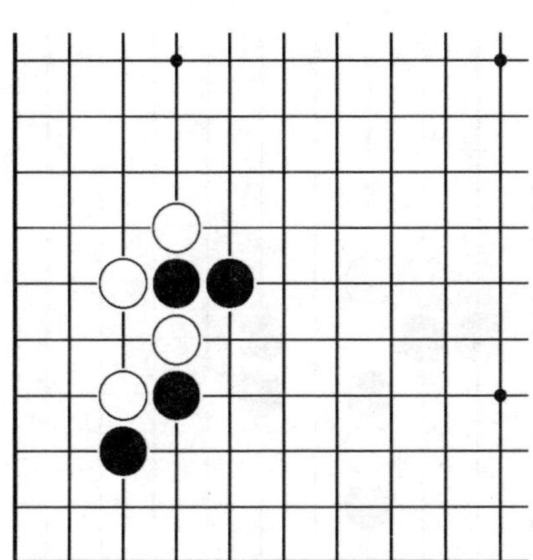

30

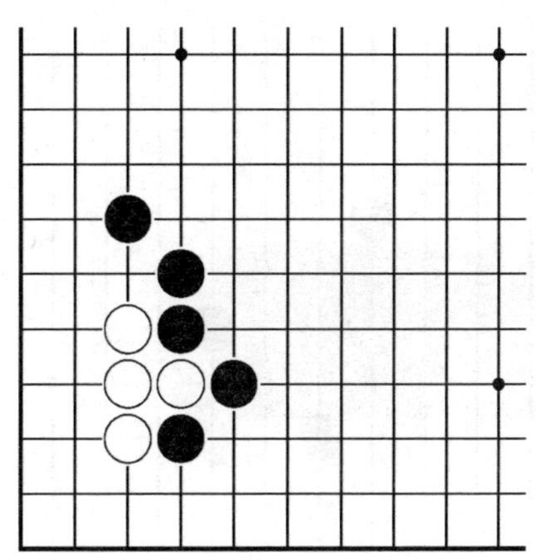

31

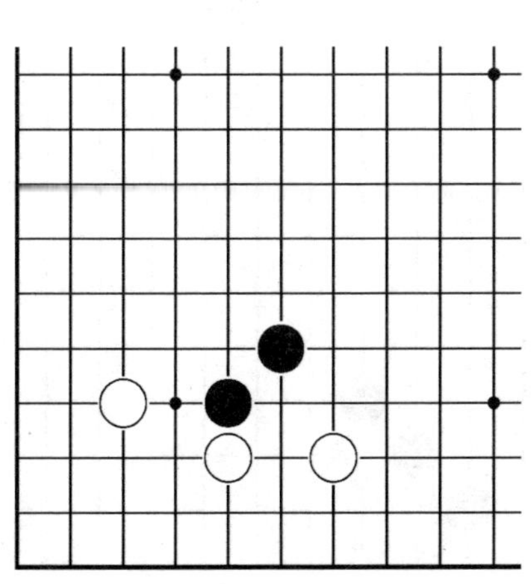

32

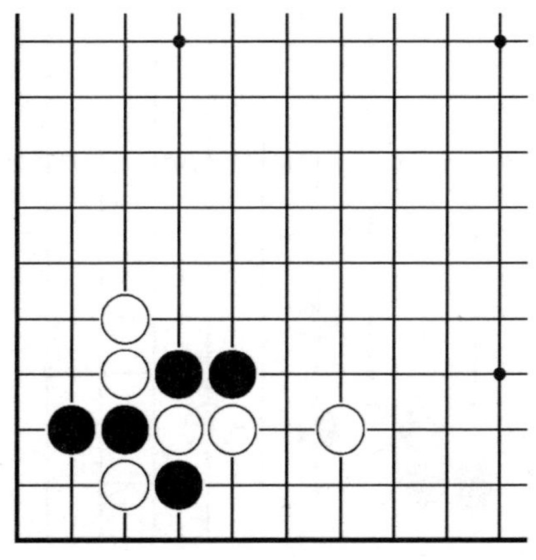

下篇

1. 切断与连接

学习日期	月 日
检 查	

黑先，写出必要的过程。

33

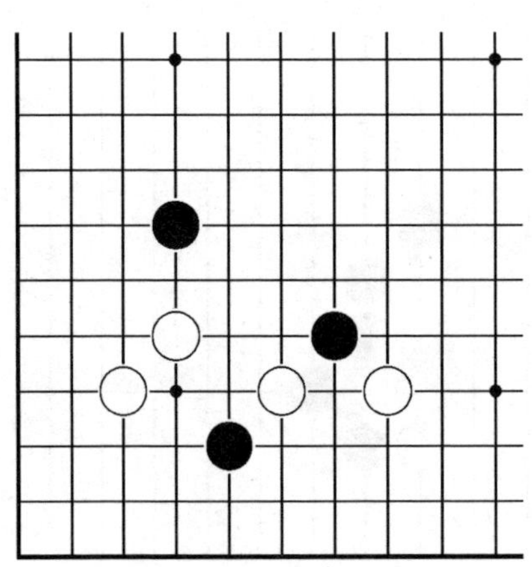

34

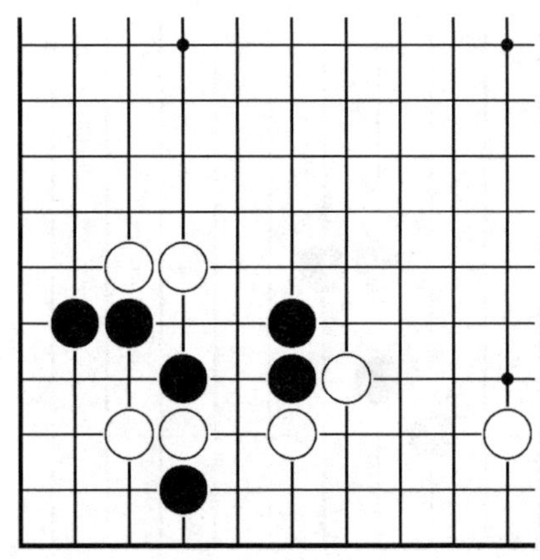

35

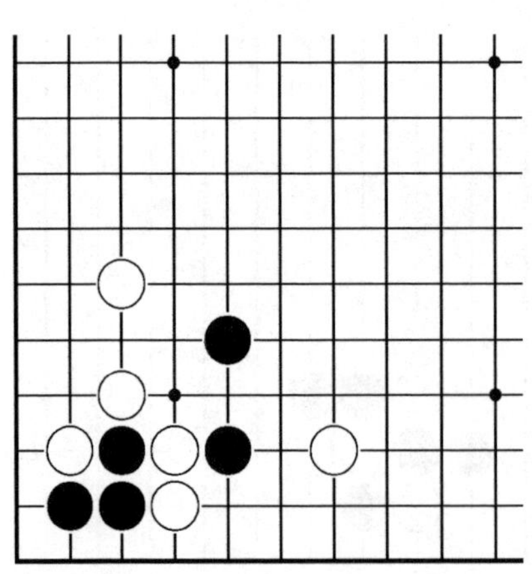

36

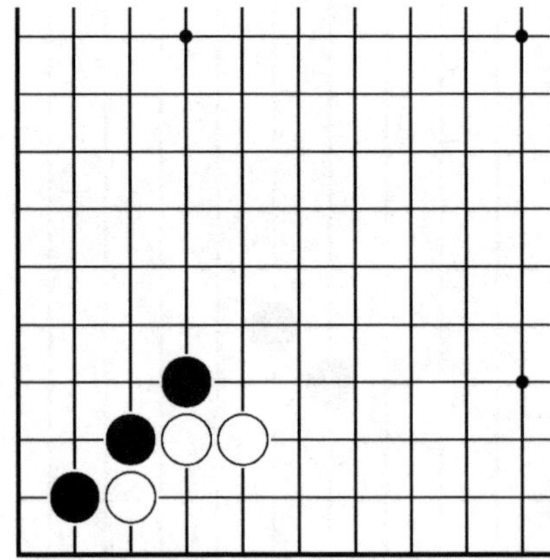

1. 切断与连接

学习日期	月　　日
检　　查	

黑先，写出必要的过程。

37

38

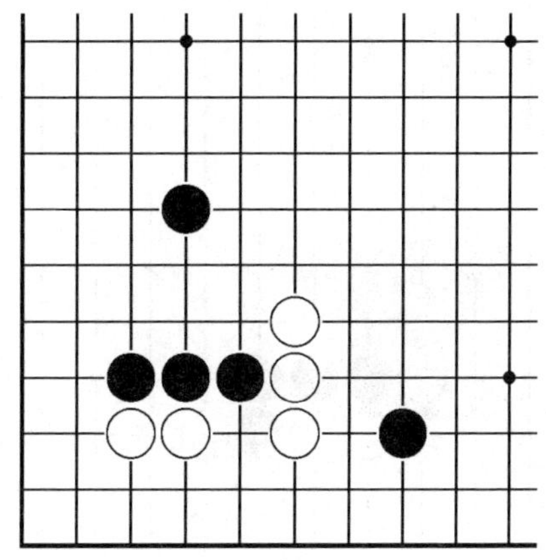

39

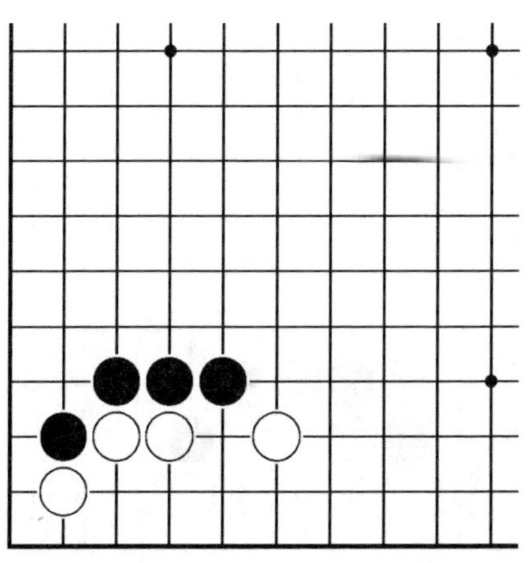

40

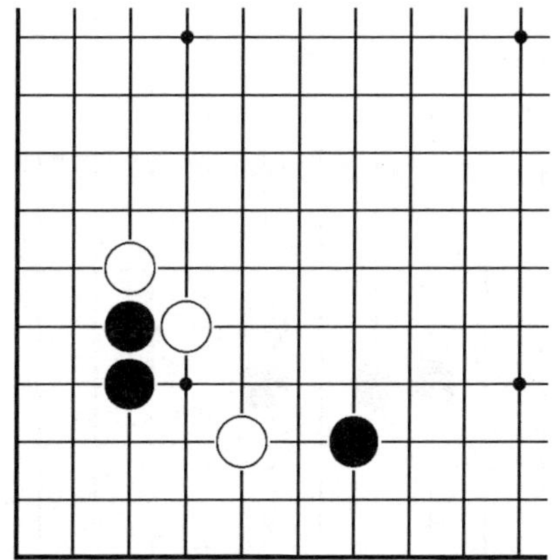

1. 切断与连接

学习日期	月　　日
检　　查	

黑先，写出必要的过程。

41

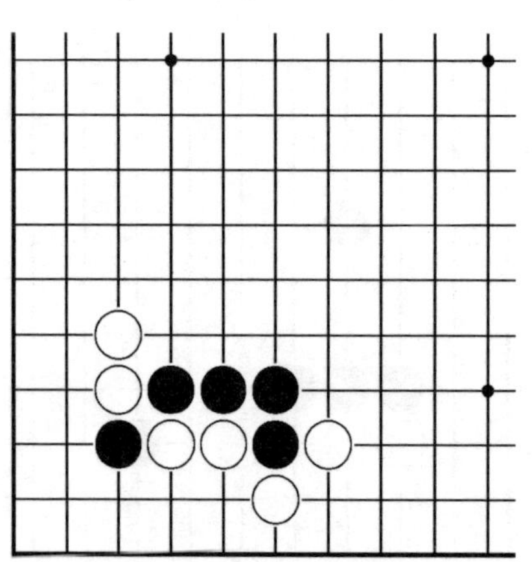

42

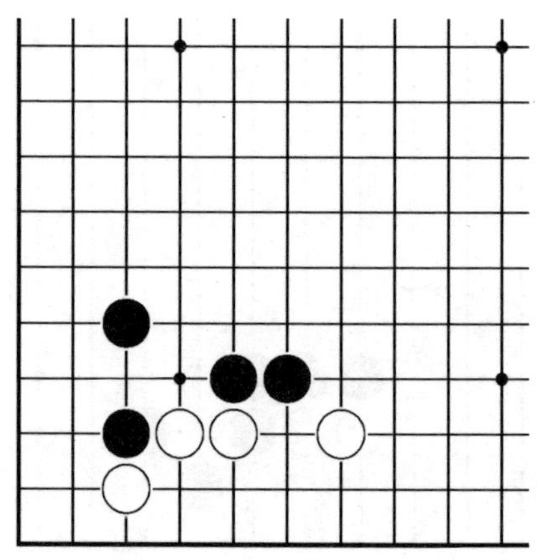

43

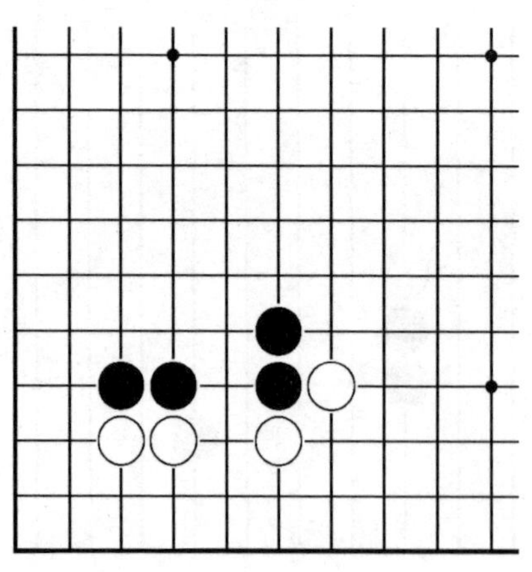

44

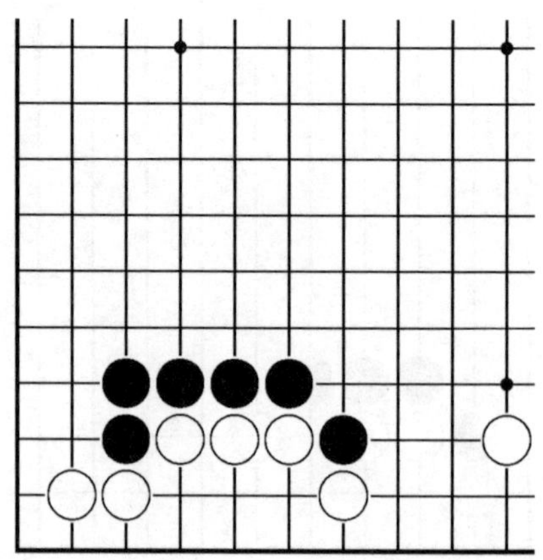

1. 切断与连接

学习日期	月　日
检　查	

黑先，写出必要的过程。

45

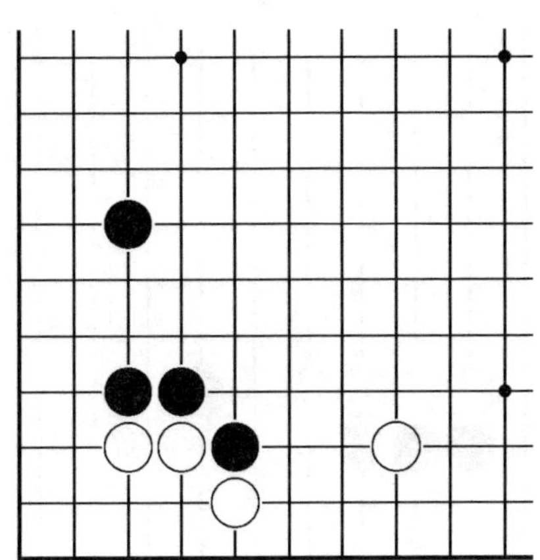

46

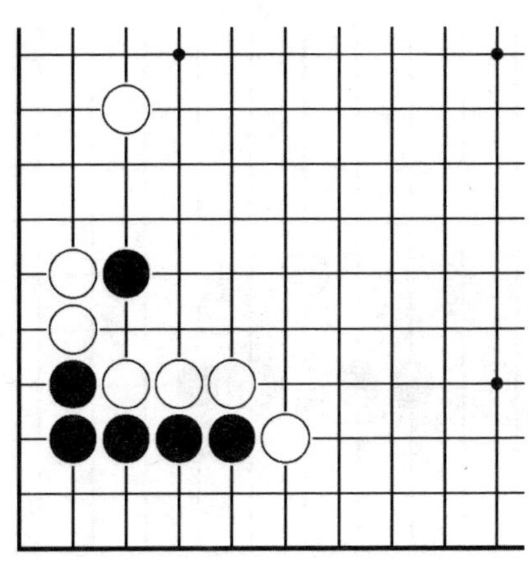

47

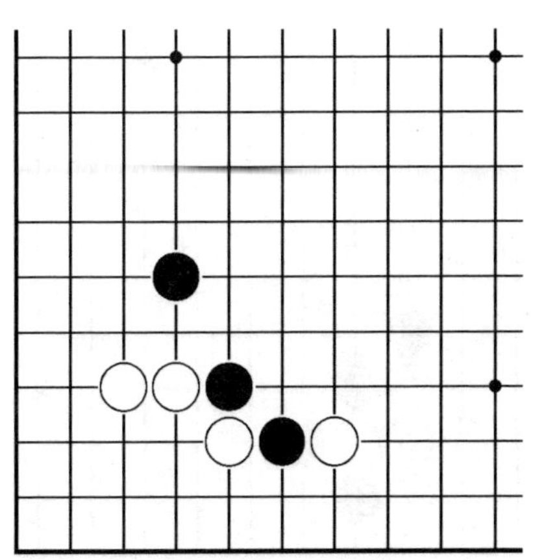

48

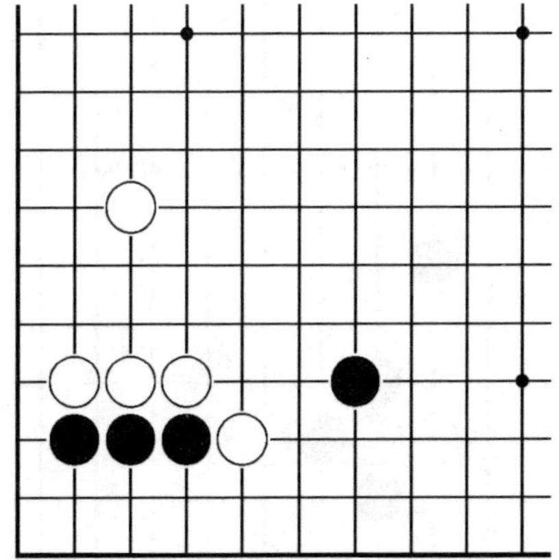

1. 切断与连接

学习日期	月　　日
检　　查	

黑先，写出必要的过程。

49

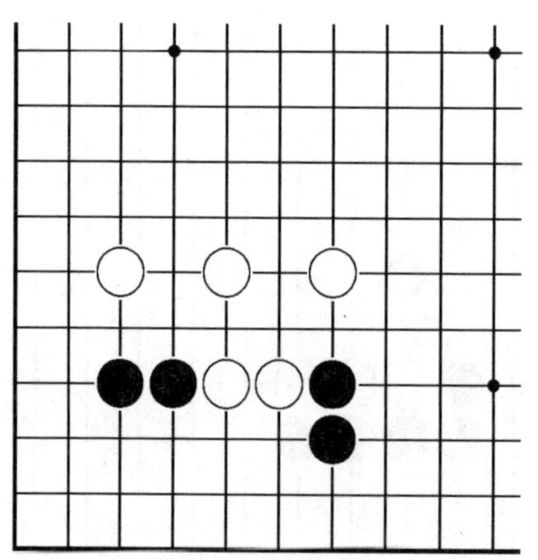

50

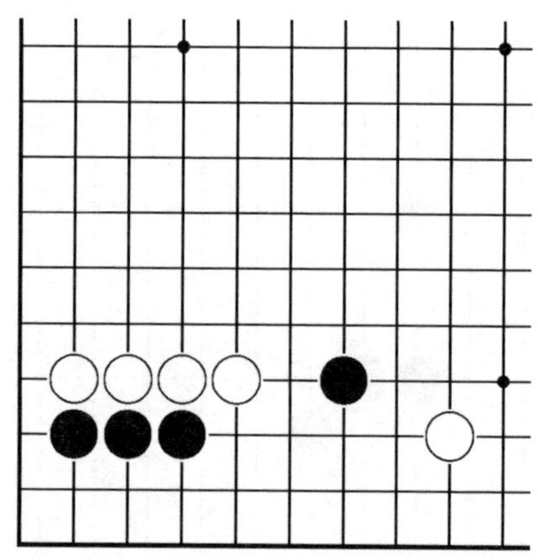

51

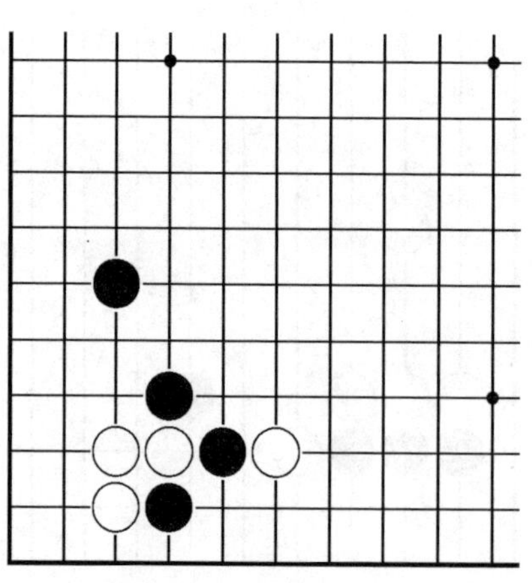

52

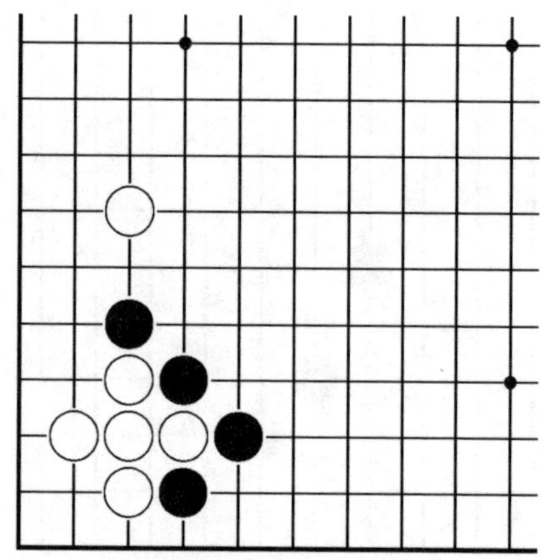

1. 切断与连接

学习日期	月　　日
检　　查	

黑先，写出必要的过程。

53

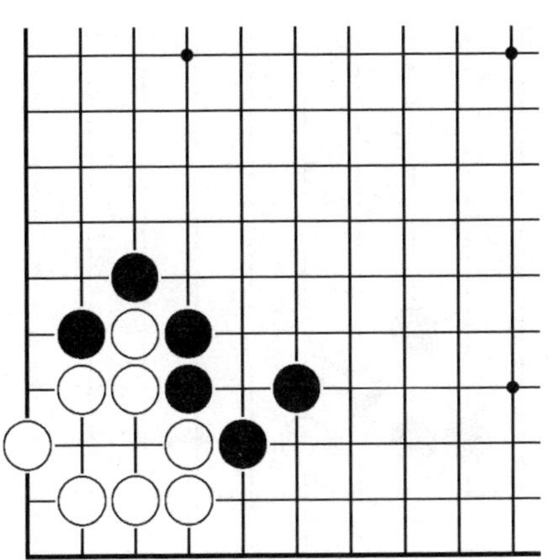

54

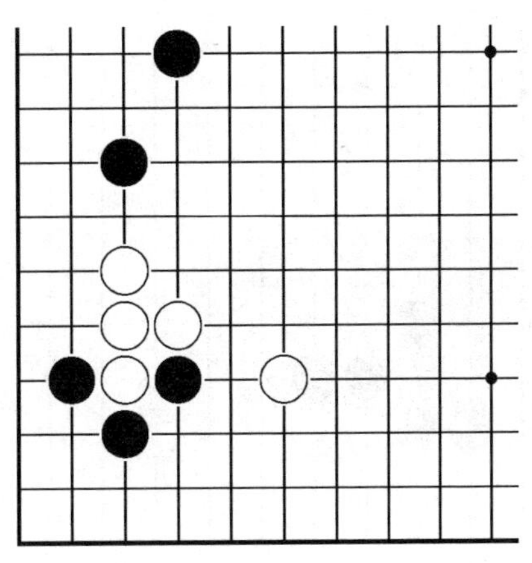

55

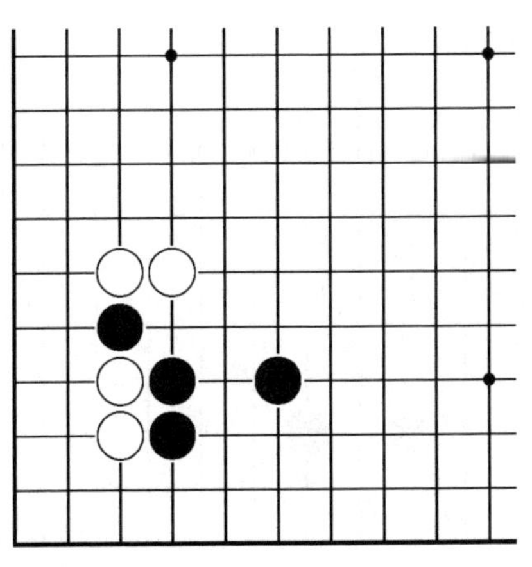

56

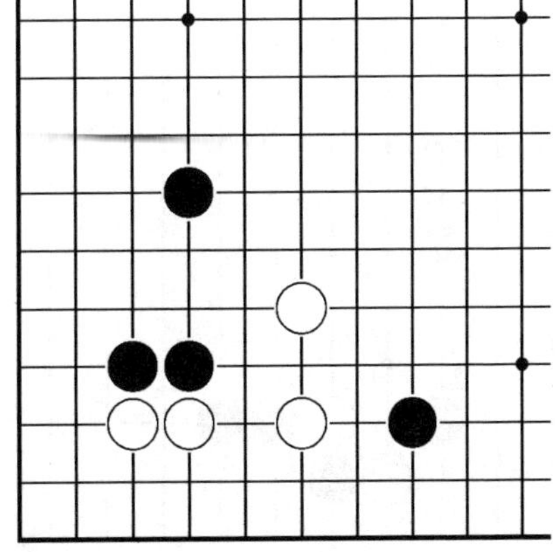

下篇

1. 切断与连接

学习日期	月　日
检　查	

黑先，写出必要的过程。

57

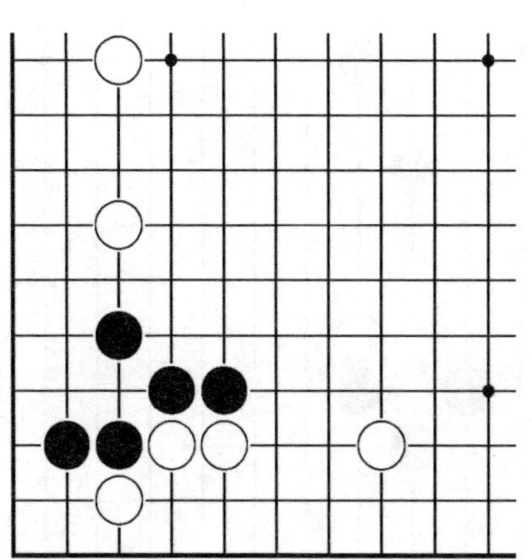

58

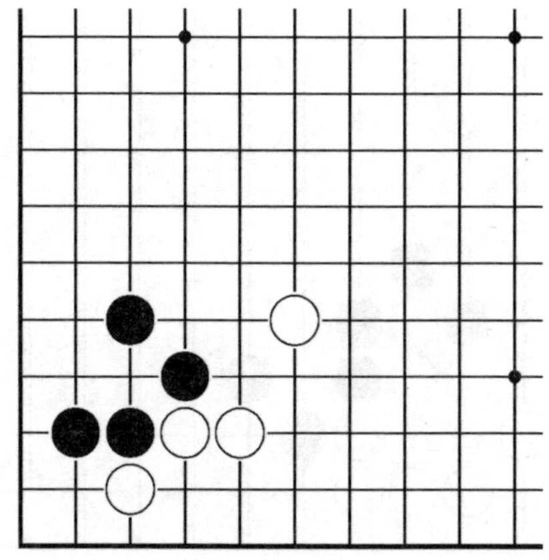

59

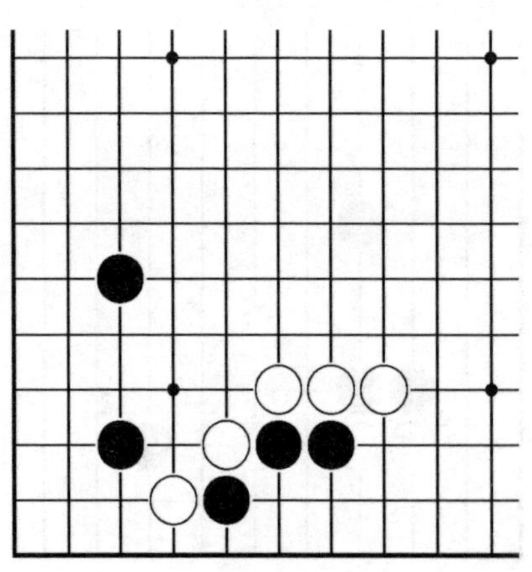

60

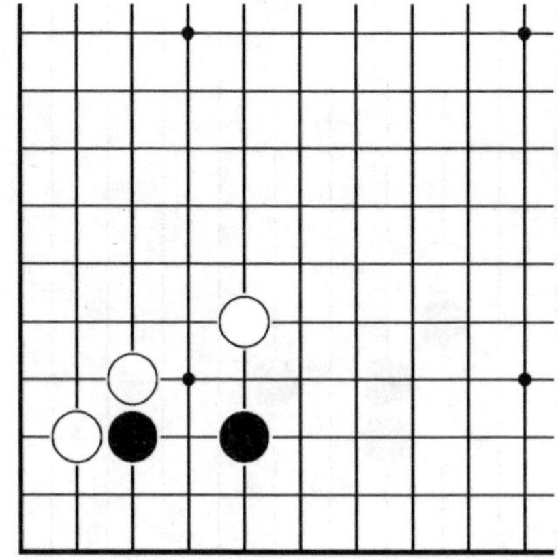

1. 切断与连接

学习日期	月　　日
检　　查	

下篇

黑先，写出必要的过程。

61

62

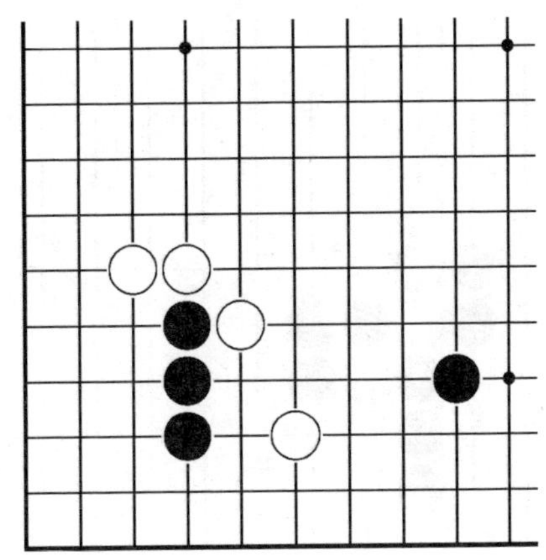

63

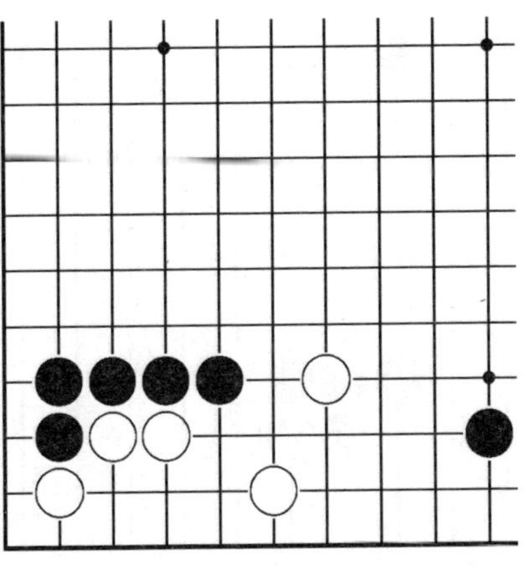

64

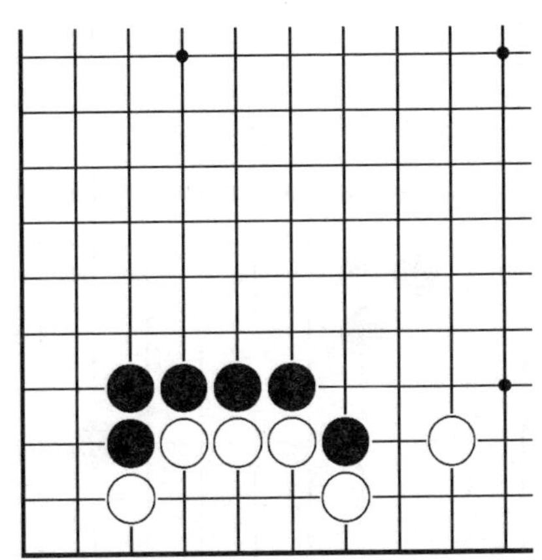

1. 切断与连接

学习日期	月 日
检 查	

黑先，写出必要的过程。

65

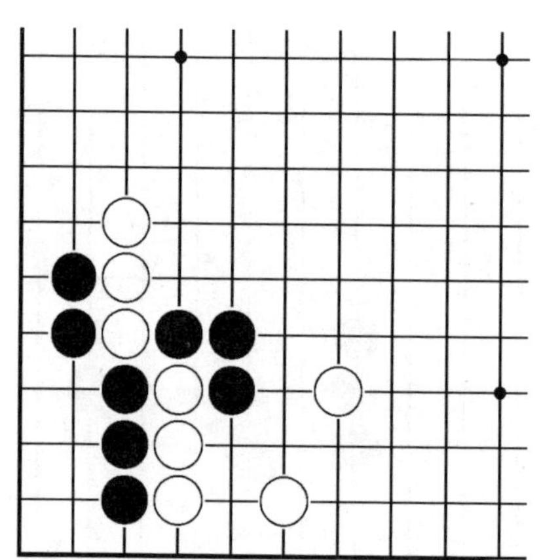

66

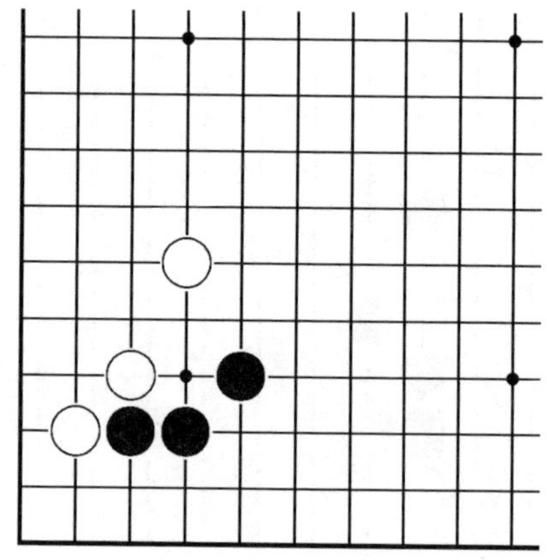

67

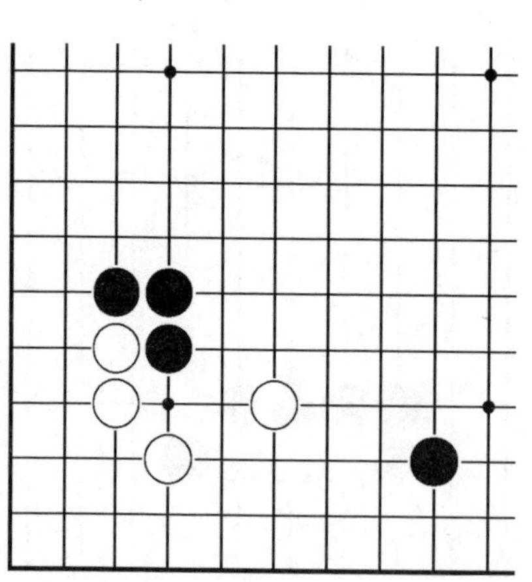

68

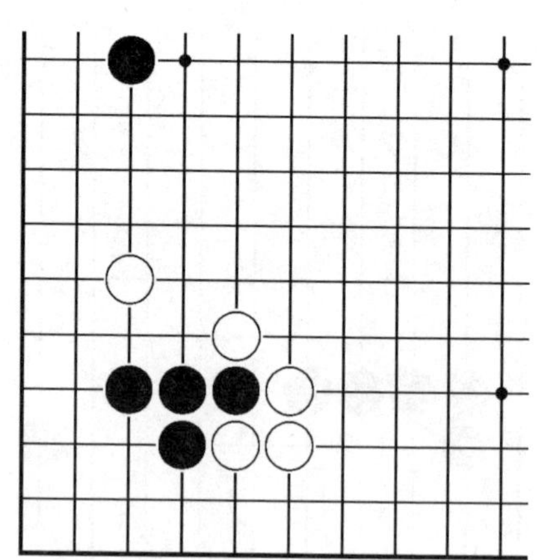

1. 切断与连接

学习日期	月 日
检 查	

黑先，写出必要的过程。

69

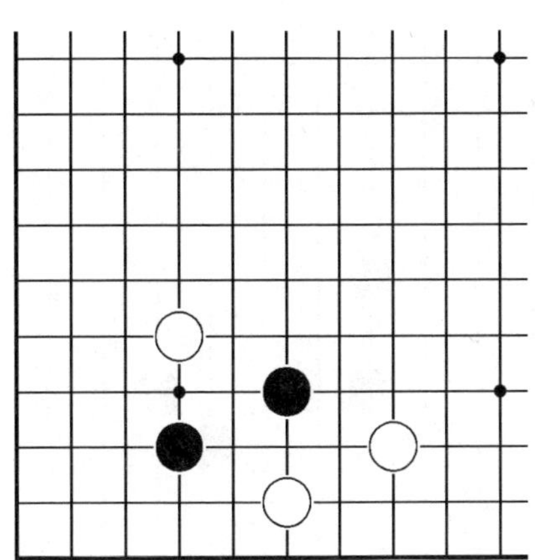

70

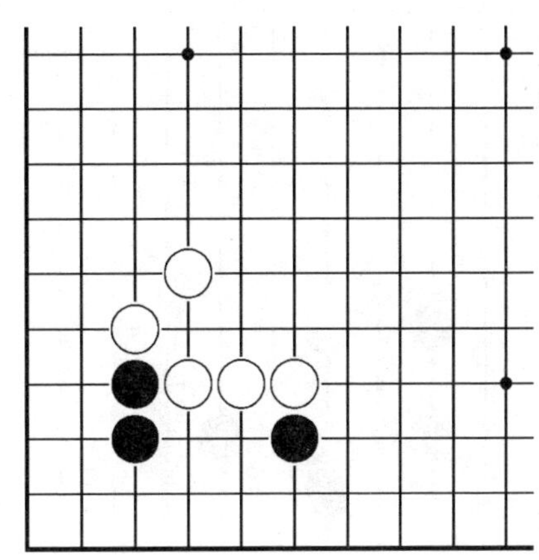

下篇

71

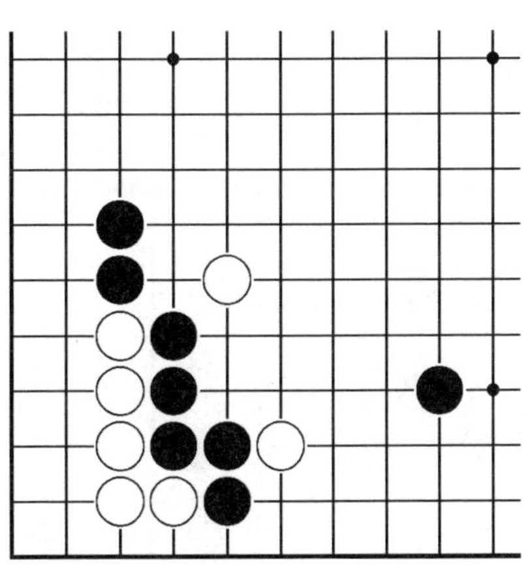

72

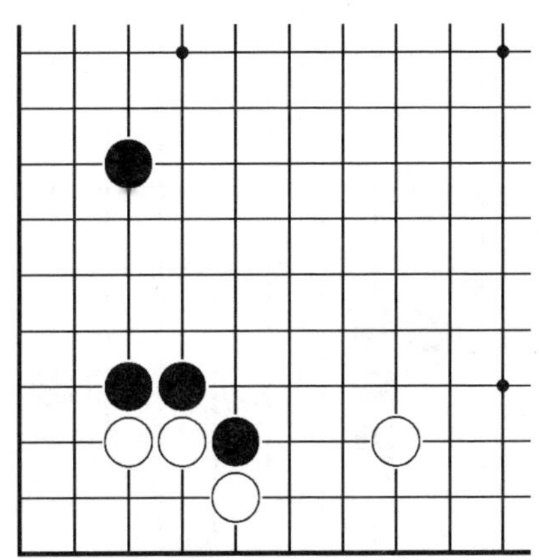

1. 切断与连接

学习日期	月 日
检 查	

黑先，写出必要的过程。

73

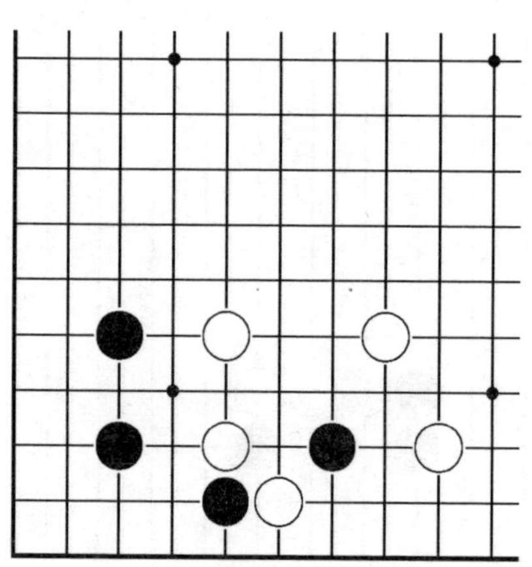

74

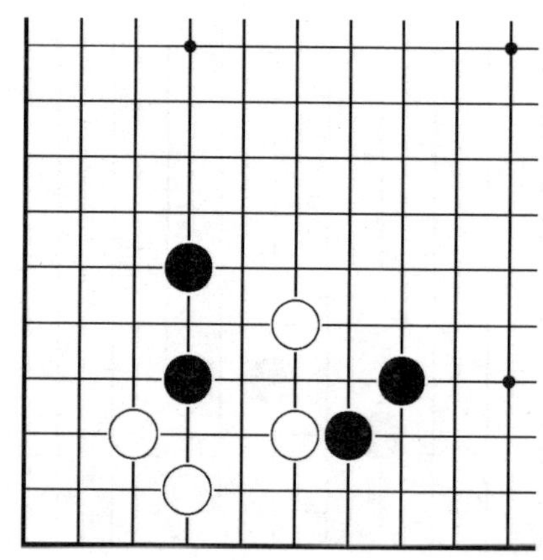

75

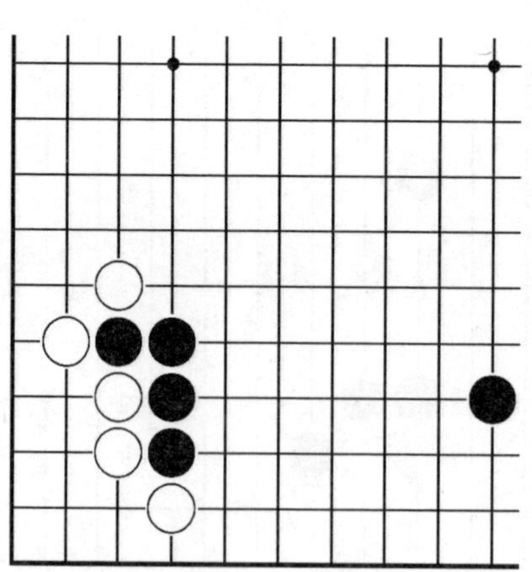

76

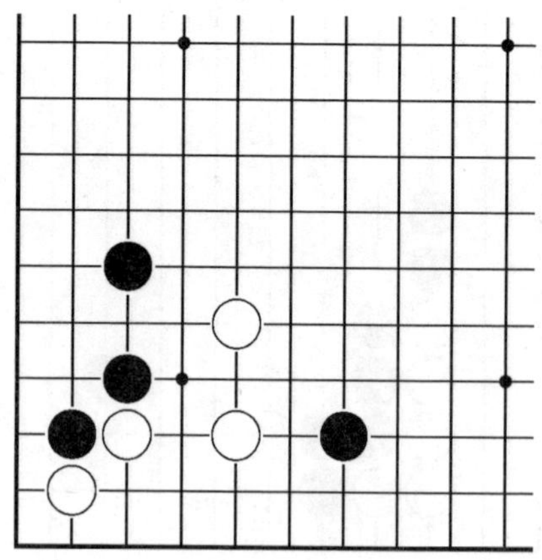

1. 切断与连接

学习日期	月　　日
检　　查	

黑先，写出必要的过程。

77

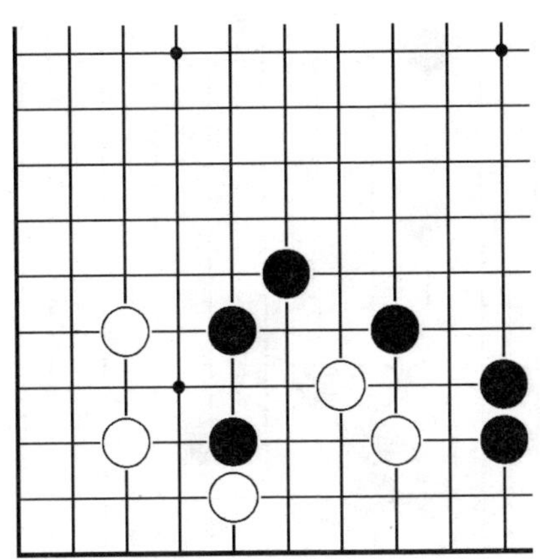

78

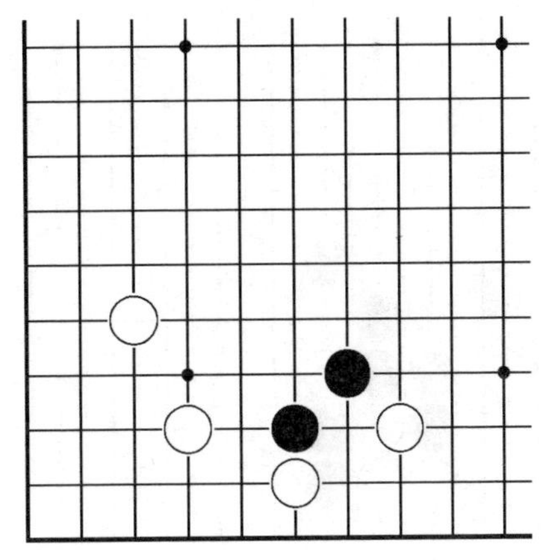

79

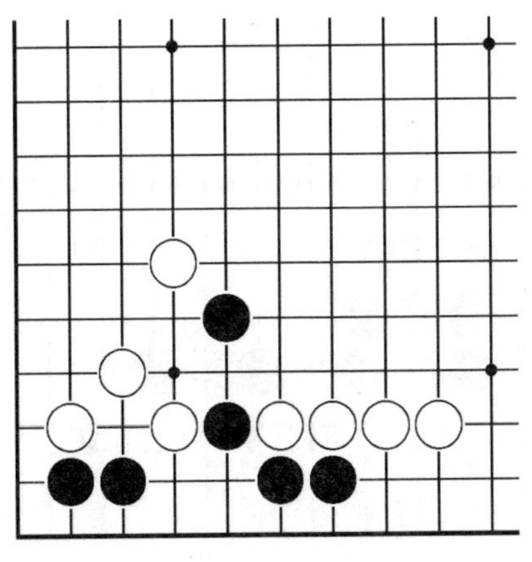

80

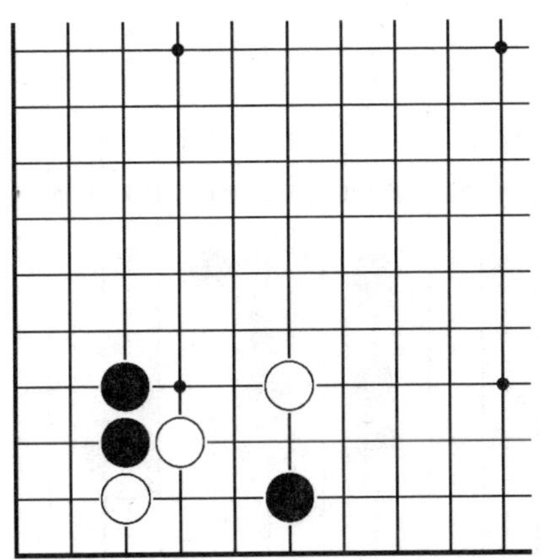

1. 切断与连接

学习日期	月　　日
检　　查	

黑先，写出必要的过程。

81

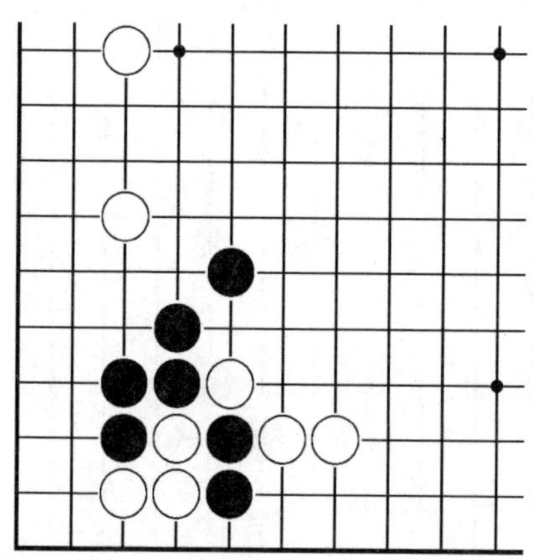

82

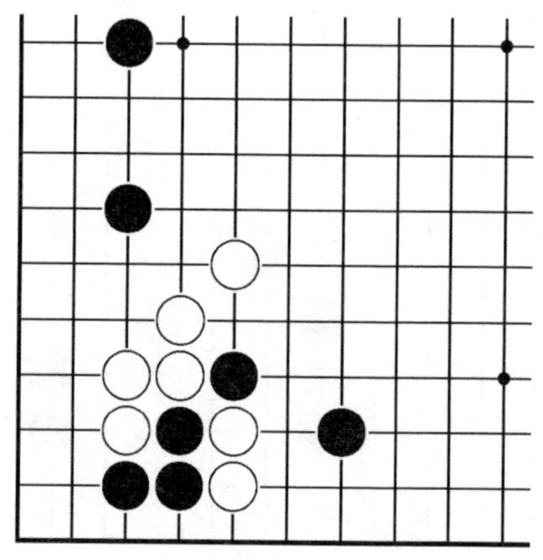

83

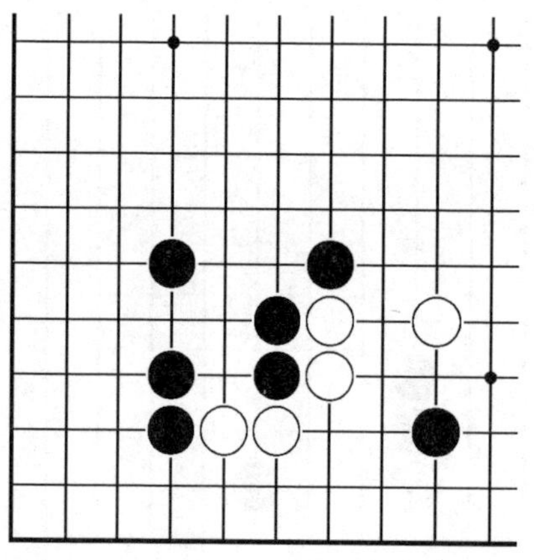

84

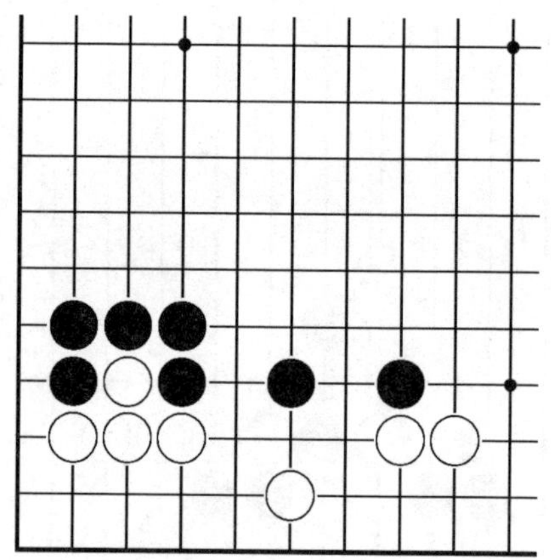

1. 切断与连接

学习日期	月　　日
检　　查	

黑先，写出必要的过程。

85

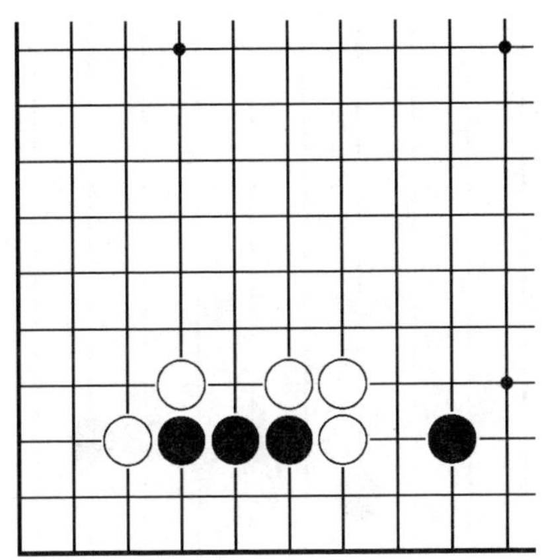

86

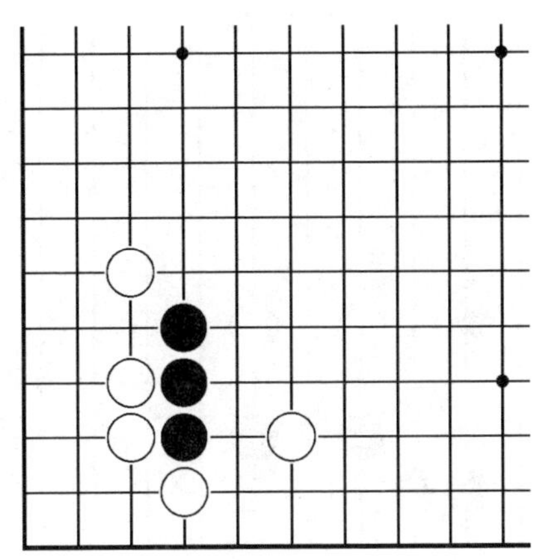

87

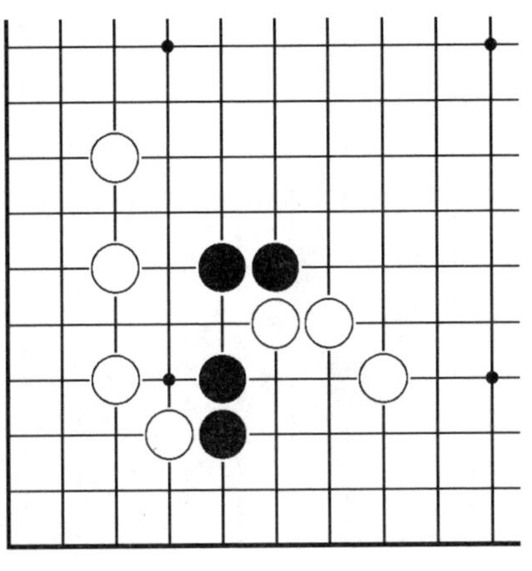

88

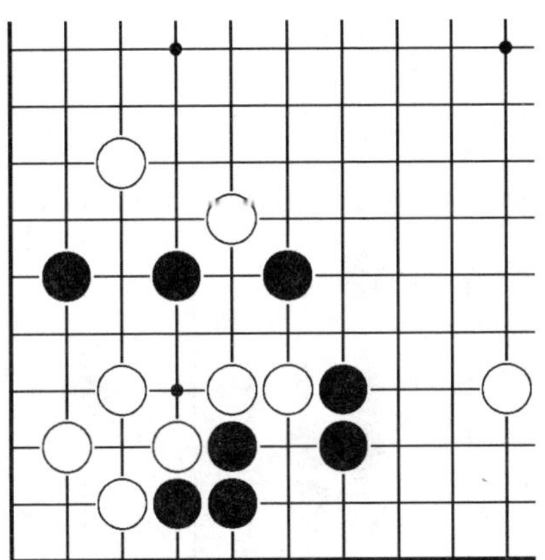

下篇

1. 切断与连接

学习日期	月　　日
检　　查	

黑先，写出必要的过程。

89

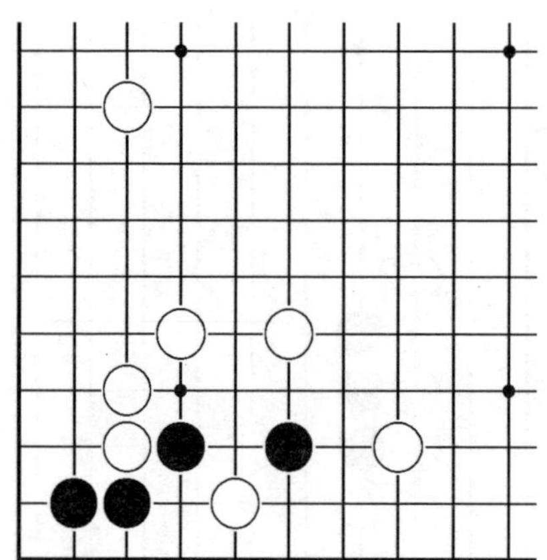

90

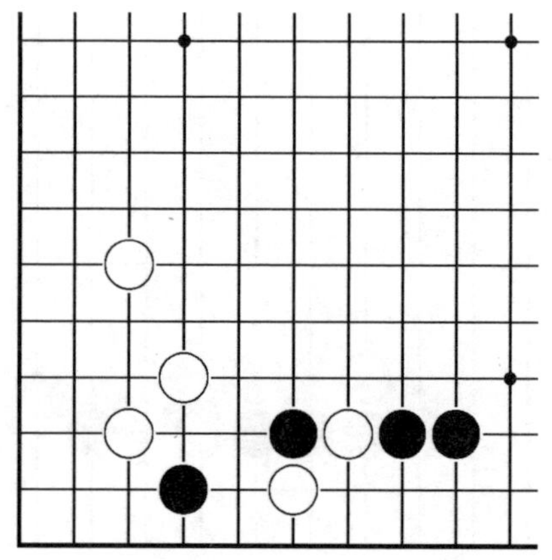

91

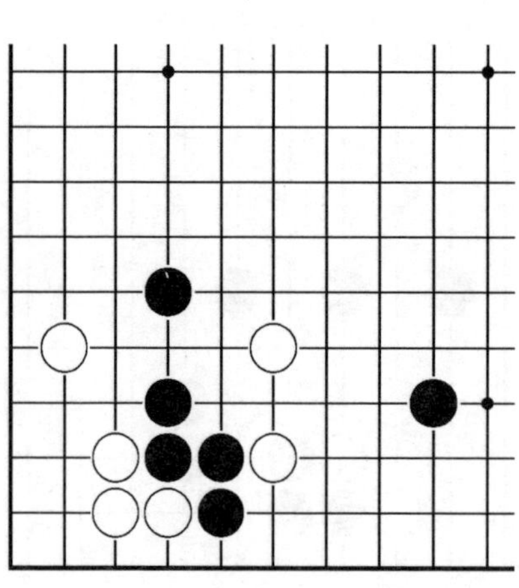

92

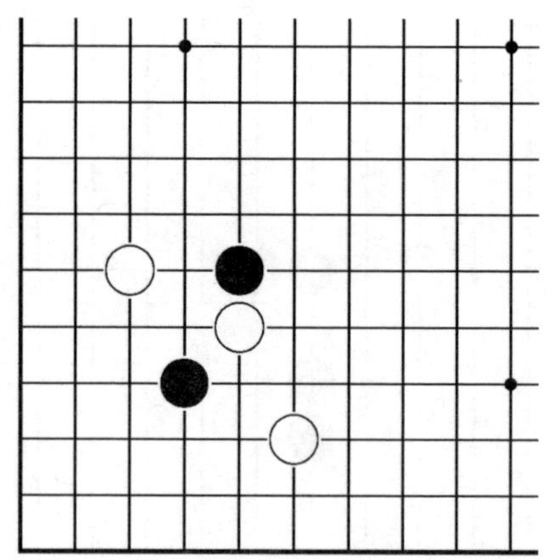

1. 切断与连接

学习日期	月　日
检　查	

黑先，写出必要的过程。

93

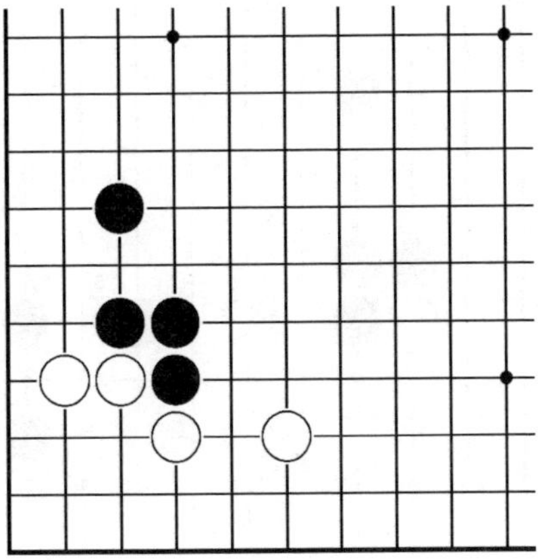

94

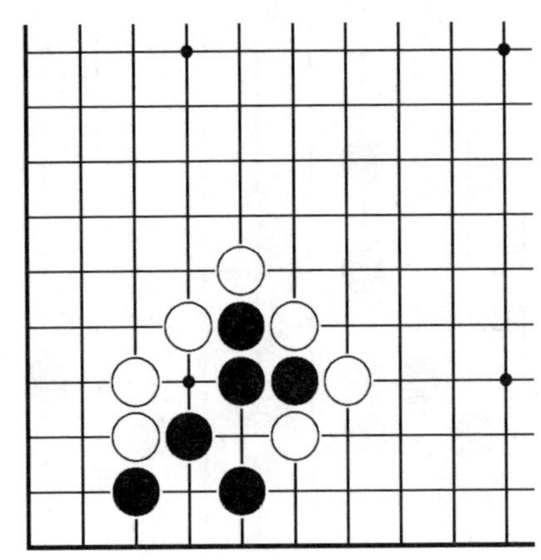

95

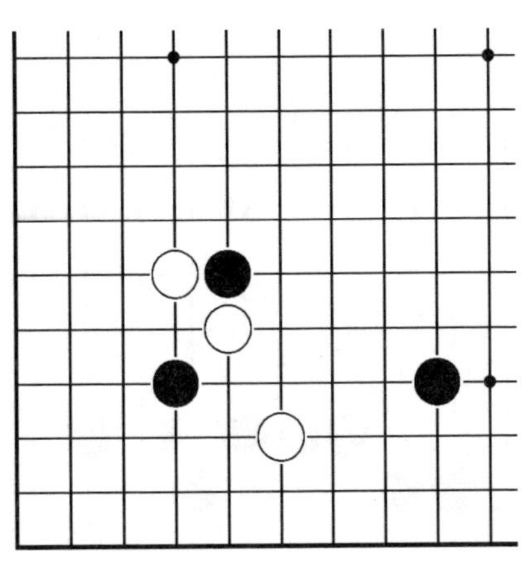

96

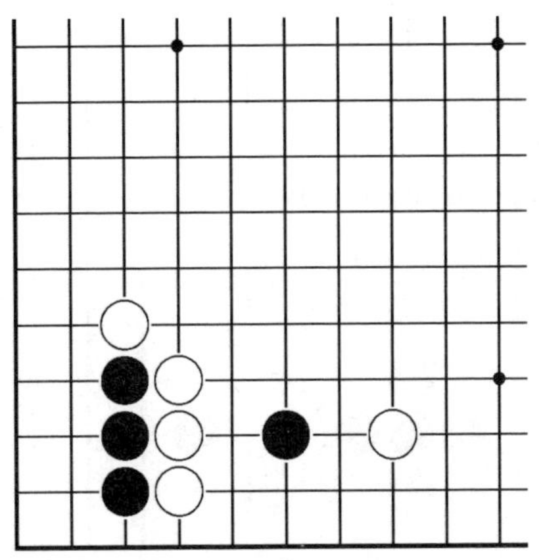

1. 切断与连接

学习日期	月　　日
检　　查	

黑先，写出必要的过程。

97

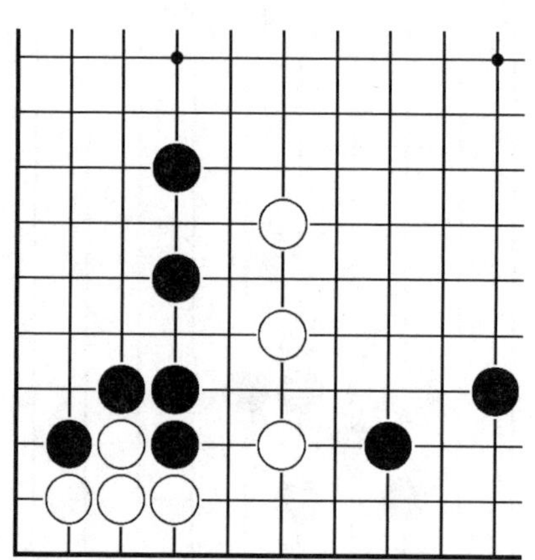

98

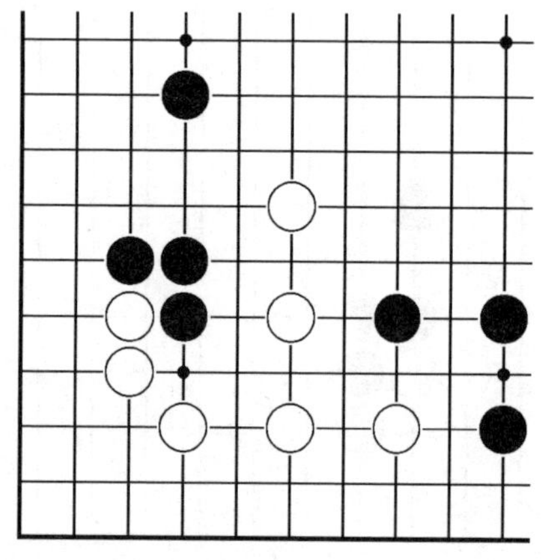

99

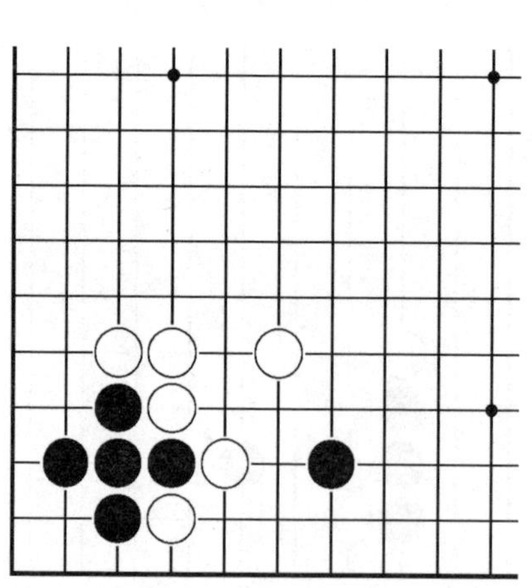

100

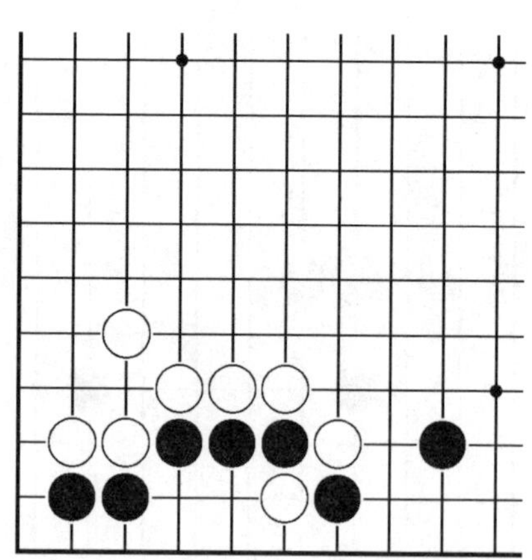

1. 切断与连接

学习日期	月　　日
检　　查	

黑先，写出必要的过程。

101

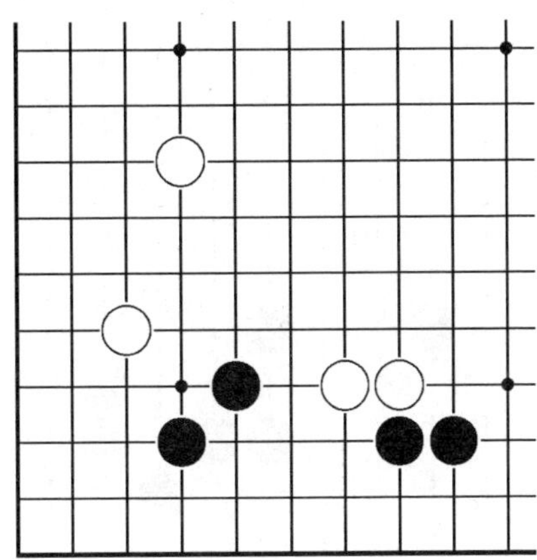

102

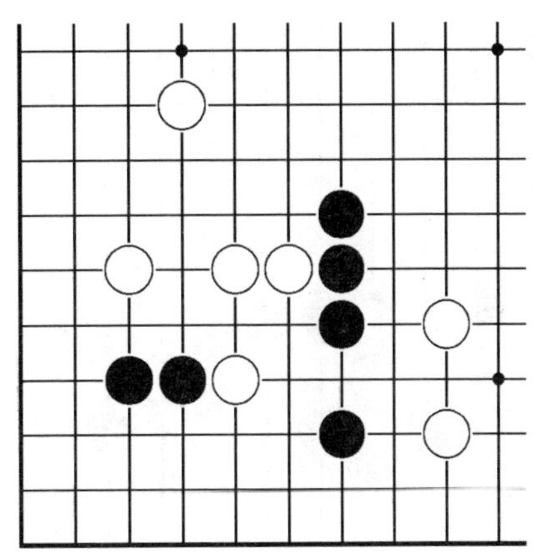

下篇

103

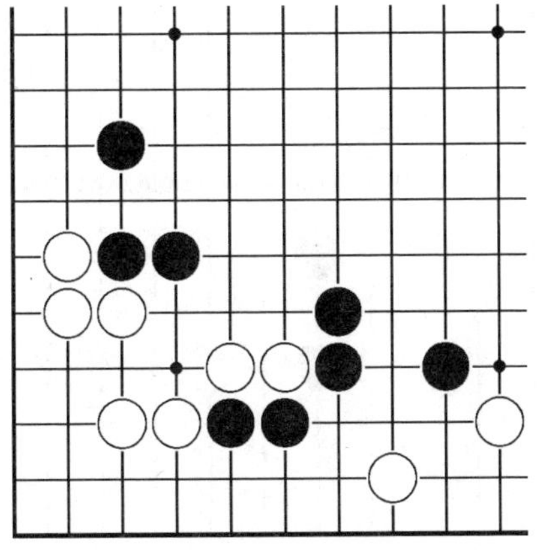

104

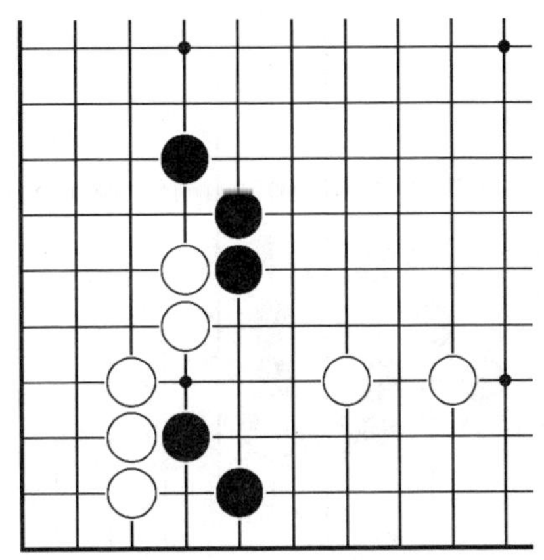

1. 切断与连接

学习日期	月　日
检　查	

黑先，写出必要的过程。

105

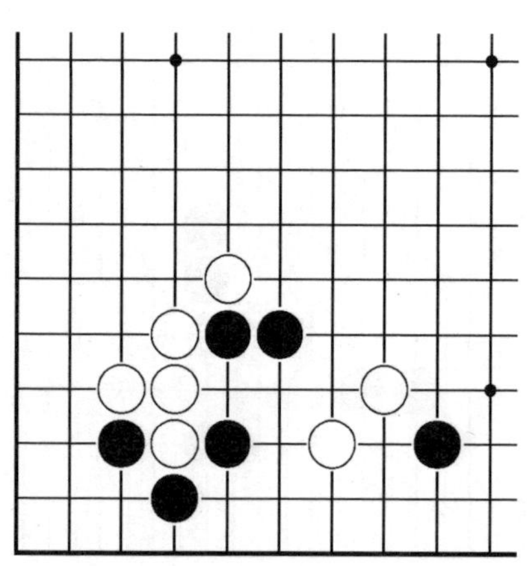

106

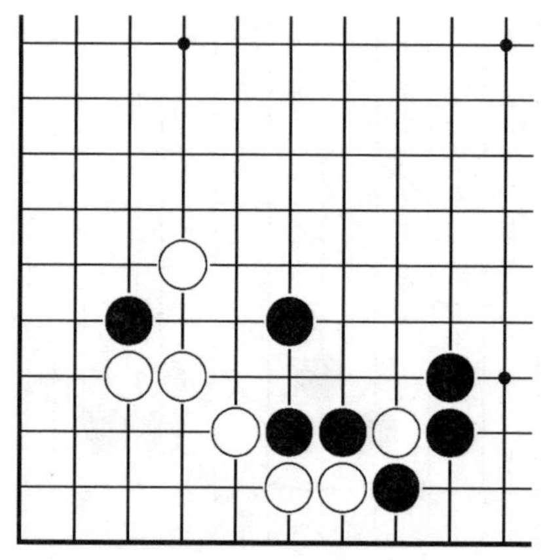

107

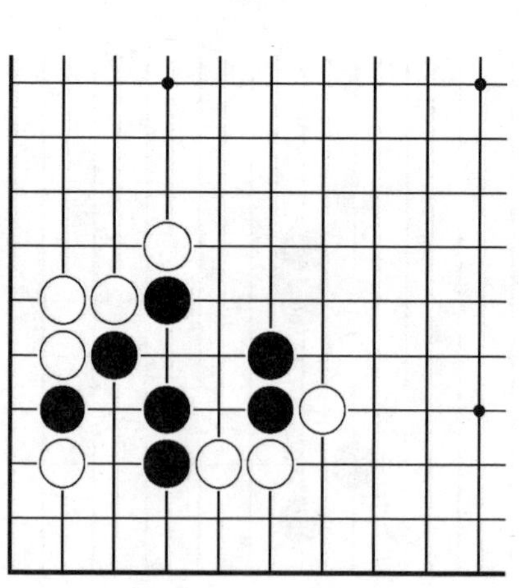

108

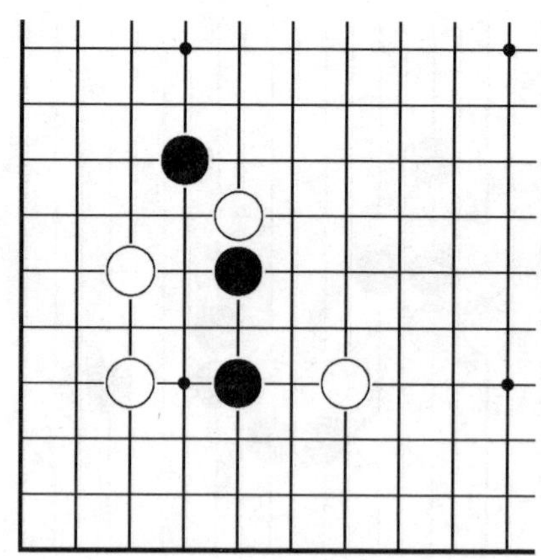

1. 切断与连接

学习日期	月 日
检 查	

黑先，写出必要的过程。

109

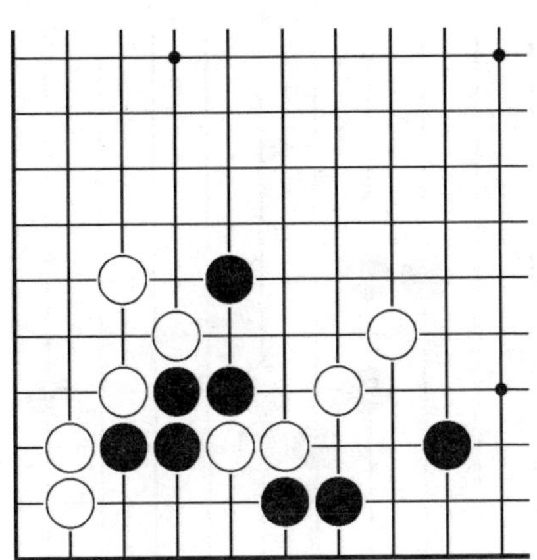

110

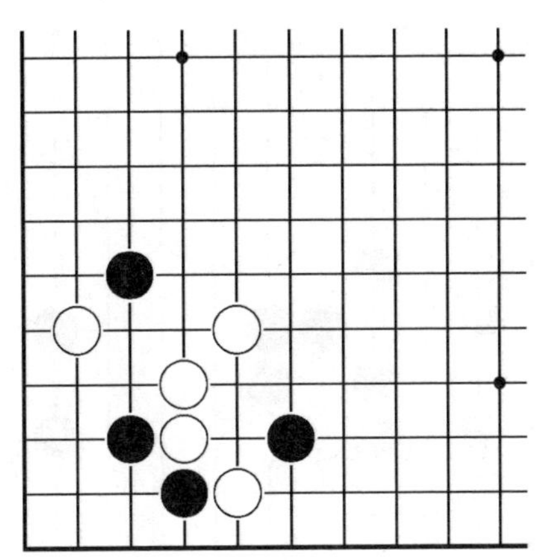

111

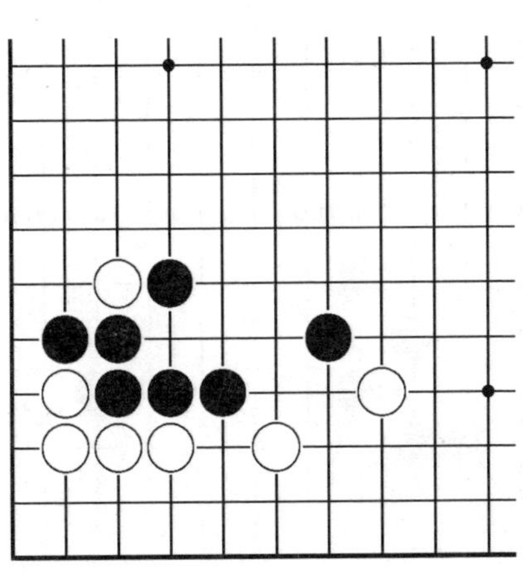

112

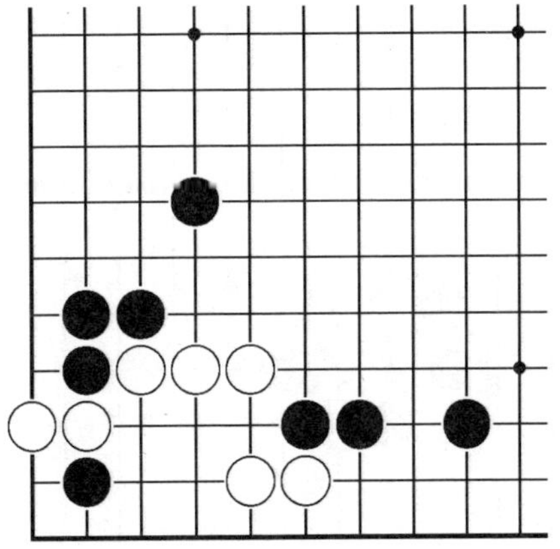

1. 切断与连接

学习日期	月　日
检　查	

黑先，写出必要的过程。

113

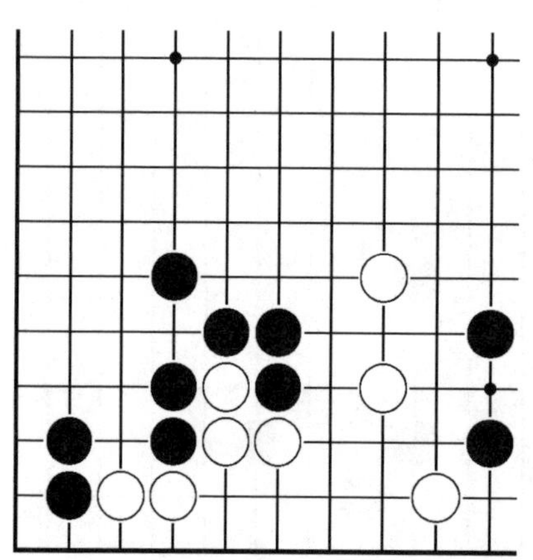

114

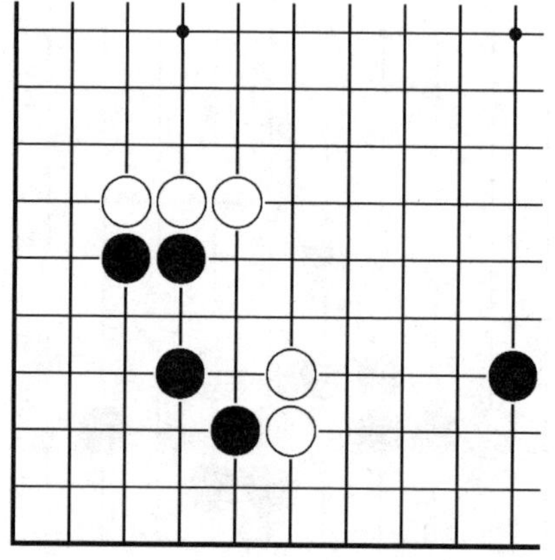

115

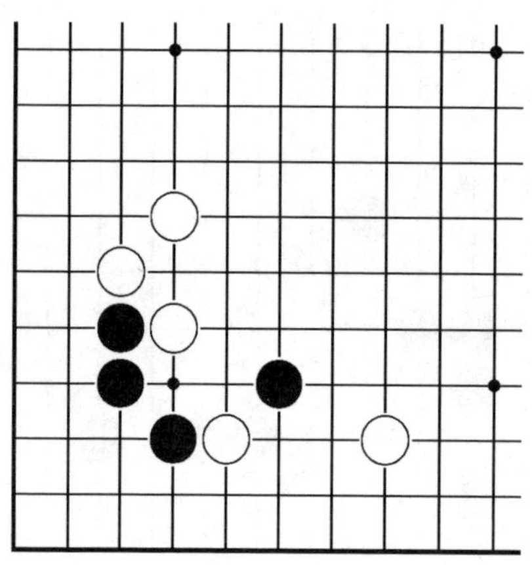

116

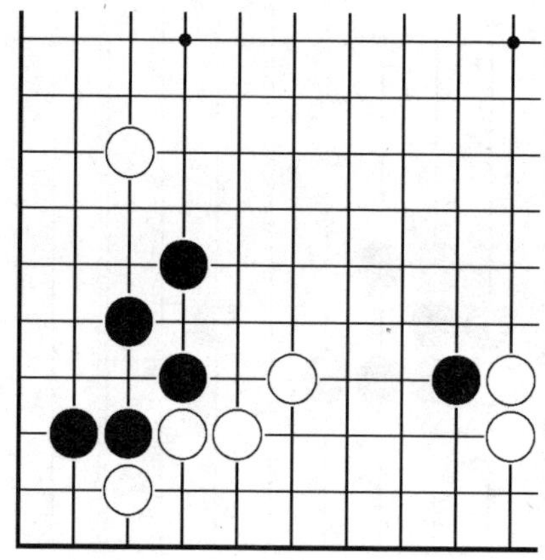

1. 切断与连接

学习日期	月　　日
检　　查	

黑先，写出必要的过程。

117

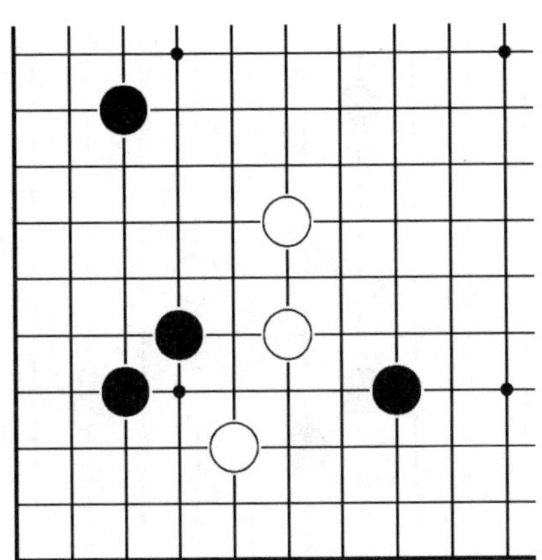

118

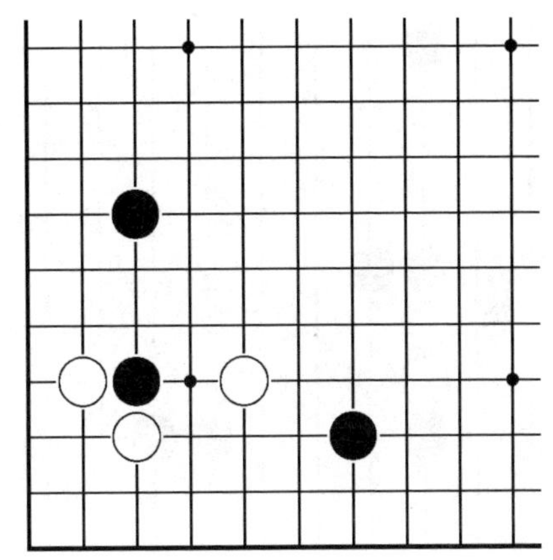

下篇

119

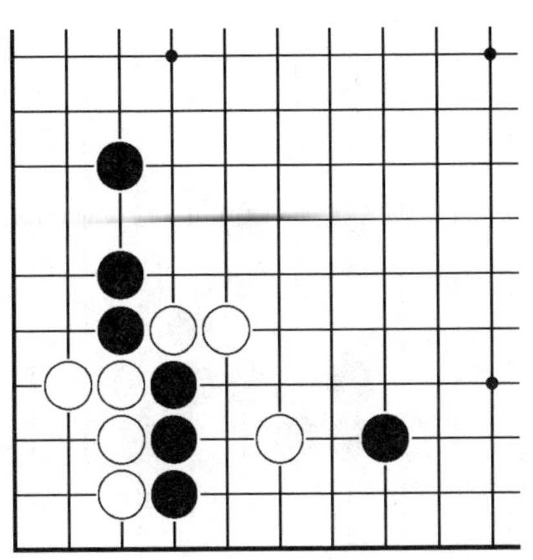

120

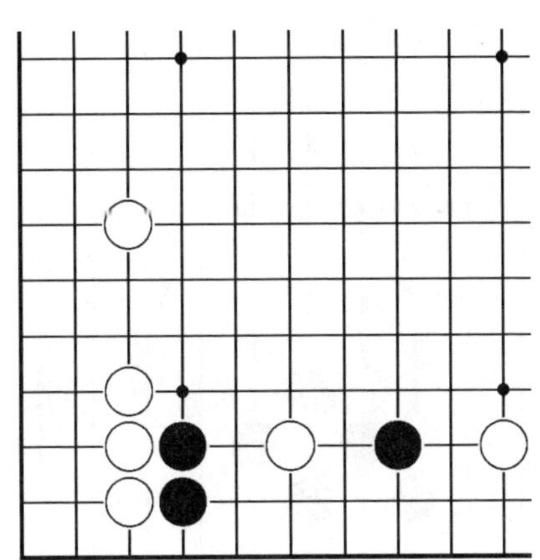

1. 切断与连接

学习日期	月　　日
检　　查	

黑先，写出必要的过程。

121

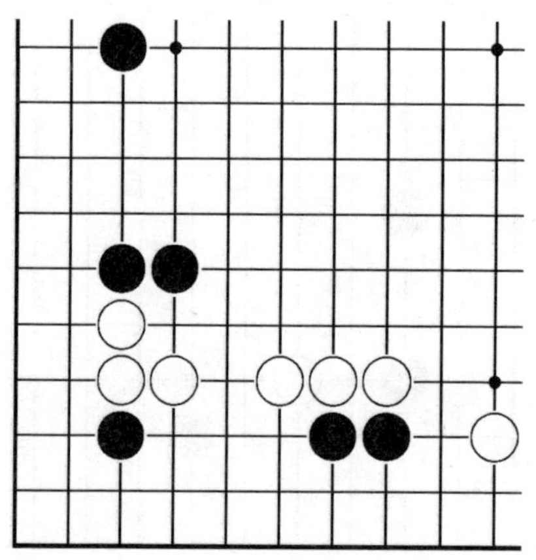

122

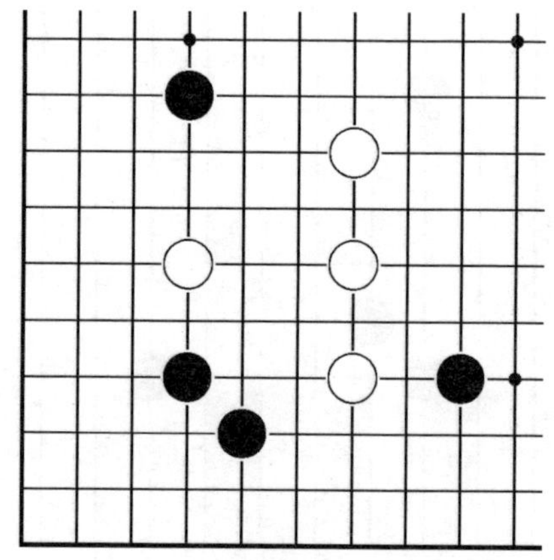

123

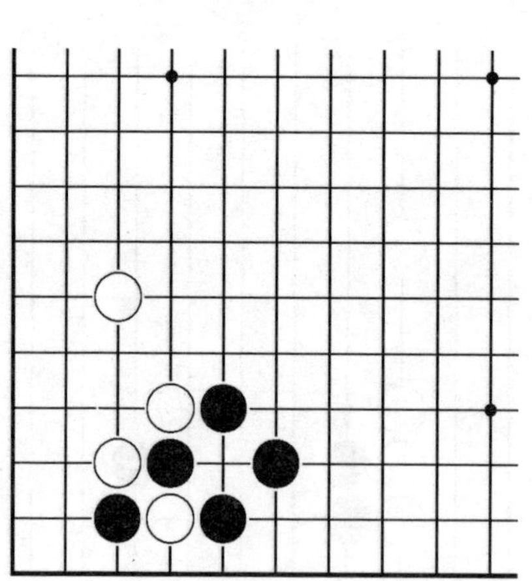

124

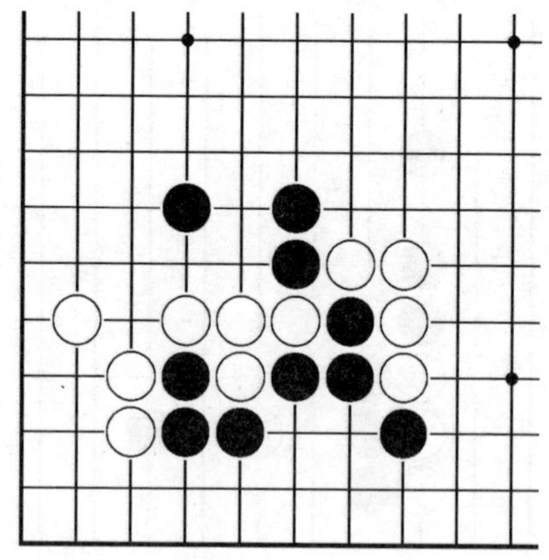

1. 切断与连接

学习日期	月　　日
检　　查	

黑先，写出必要的过程。

125

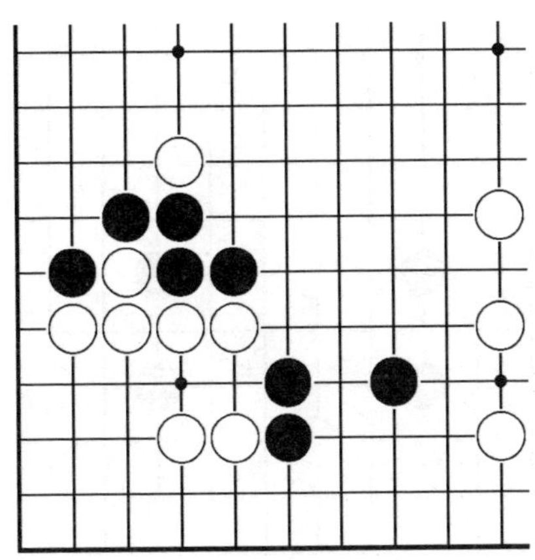

126

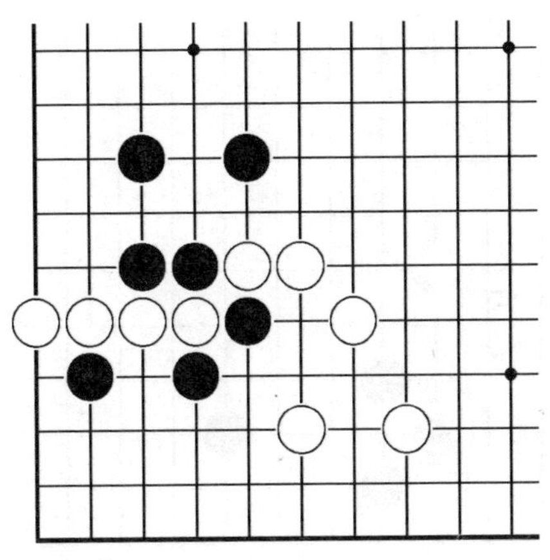

127

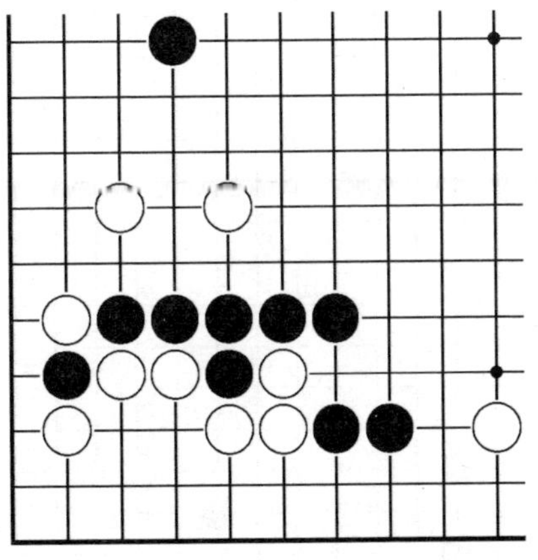

128

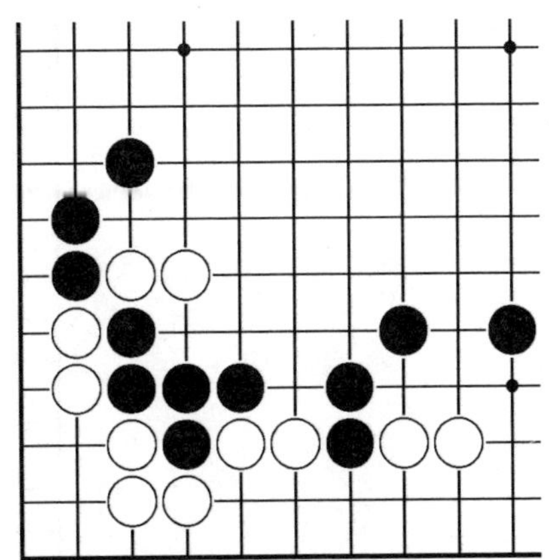

1. 切断与连接

学习日期	月　　日
检　　查	

黑先，写出必要的过程。

129

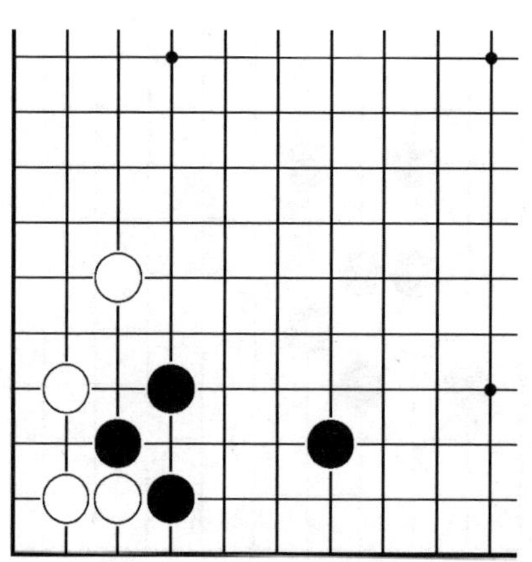

130

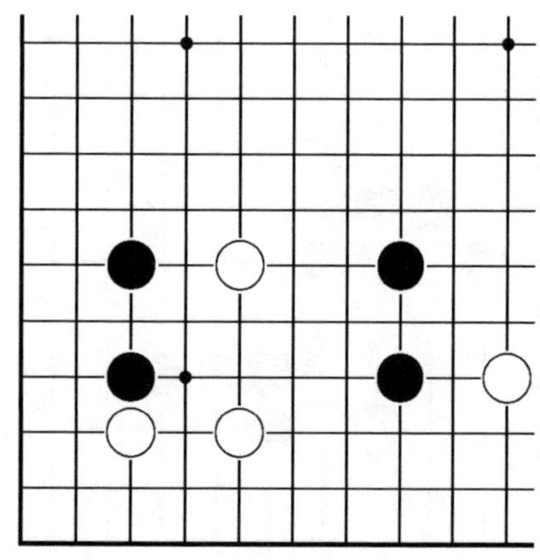

131

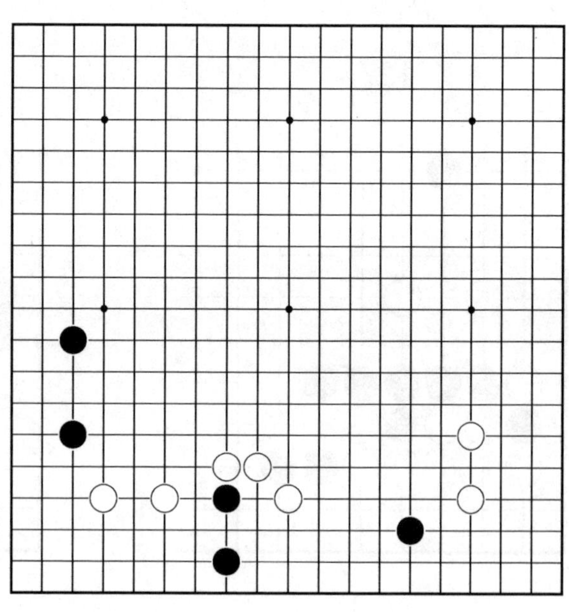

1. 切断与连接

学习日期	月　　日
检　　查	

黑先，写出必要的过程。

132

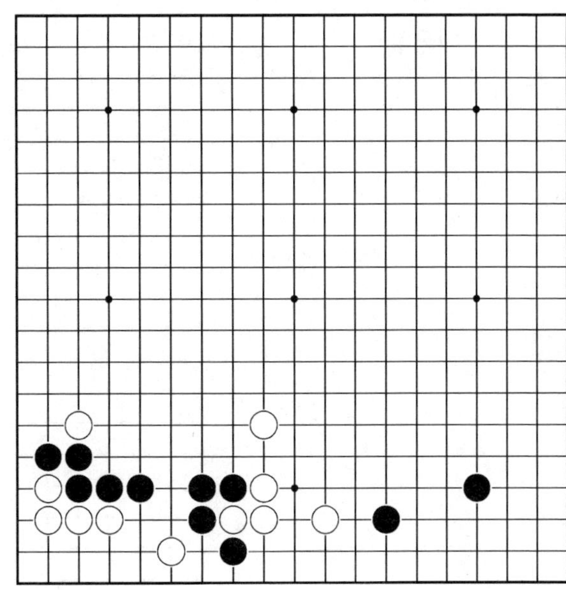

133

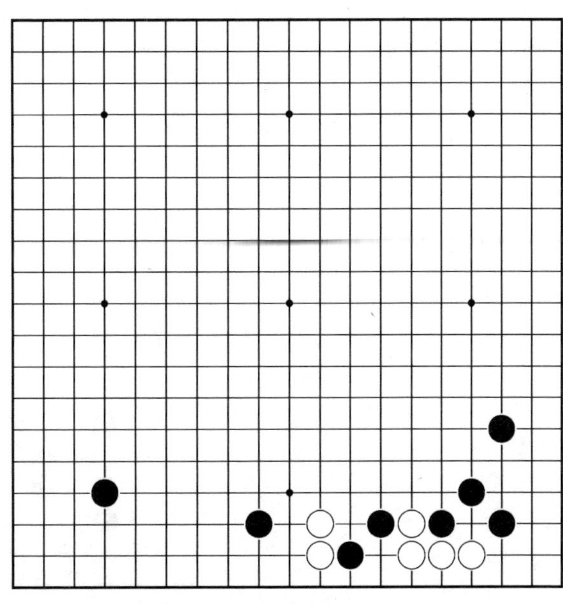

1. 切断与连接

学习日期	月　日
检　查	

黑先，写出必要的过程。

134

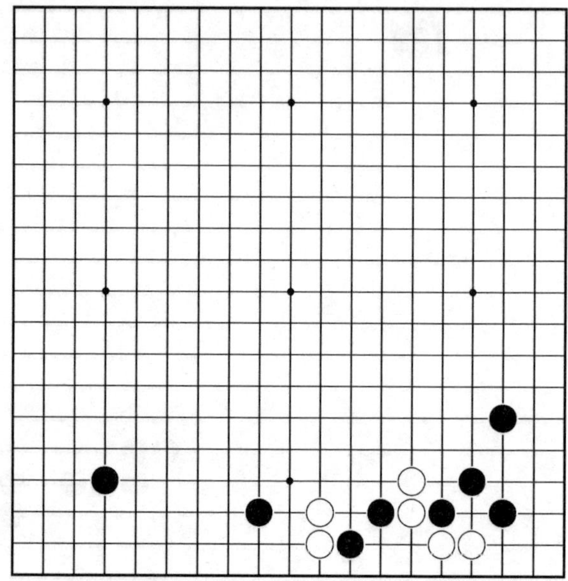

135

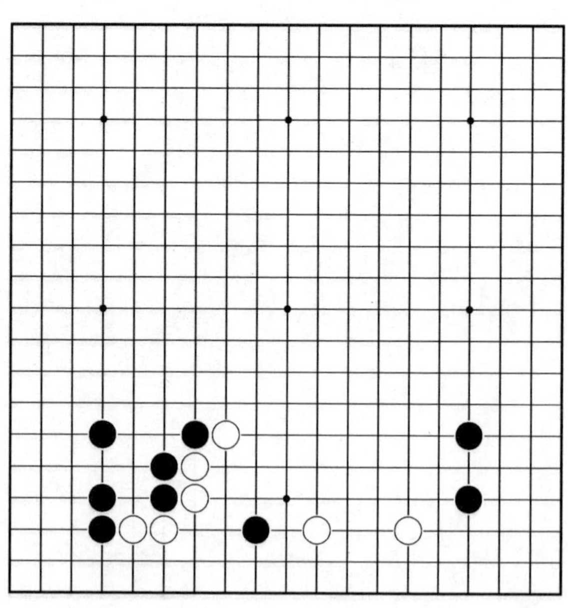

1. 切断与连接

学习日期	月　　日
检　　查	

黑先，写出必要的过程。

136

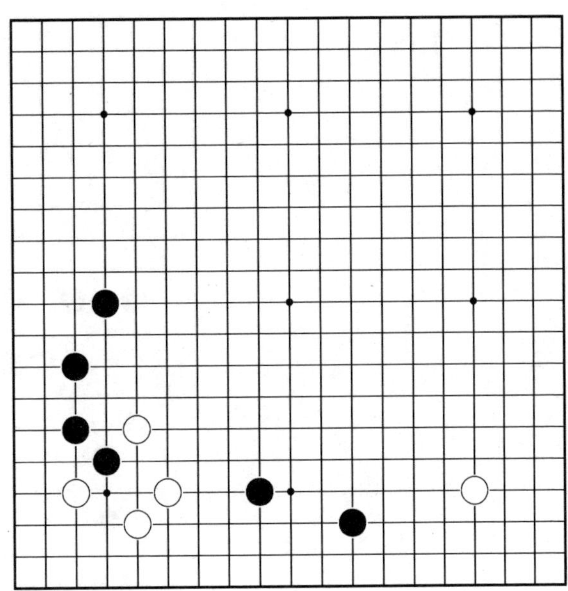

137

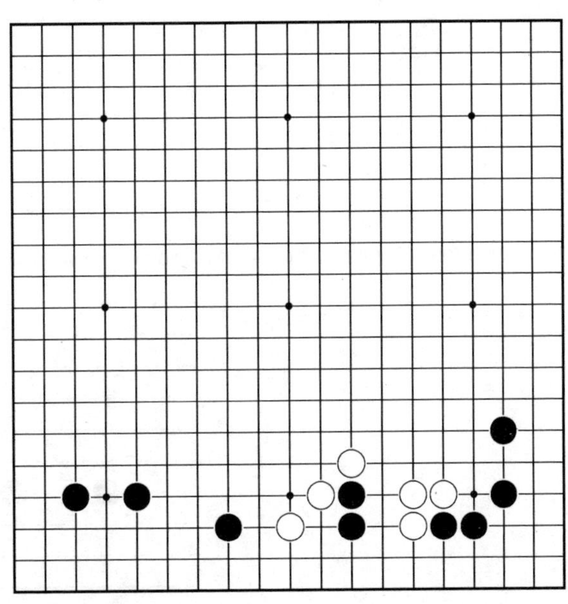

下篇

1. 切断与连接

学习日期	月　　日
检　　查	

黑先，写出必要的过程。

138

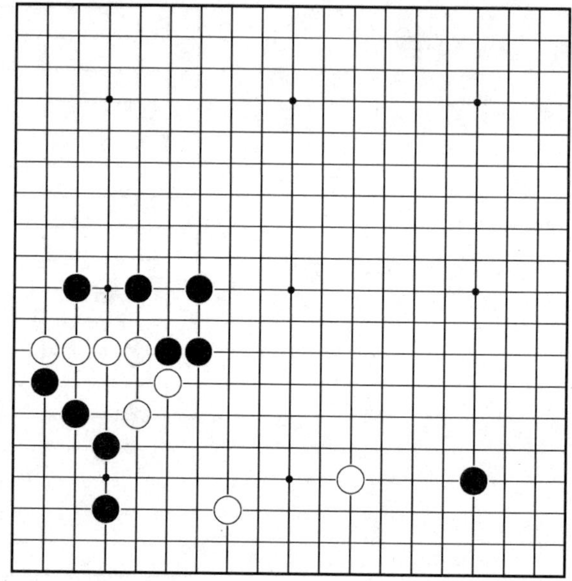

139

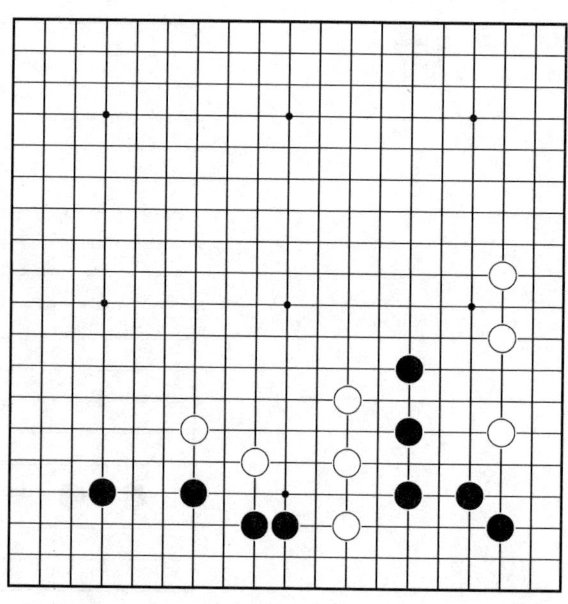

1. 切断与连接

学习日期	月　　日
检　　查	

黑先，写出必要的过程。

140

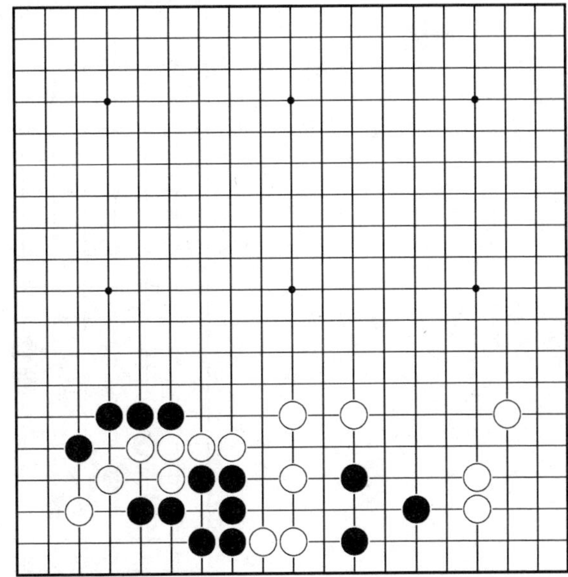

141

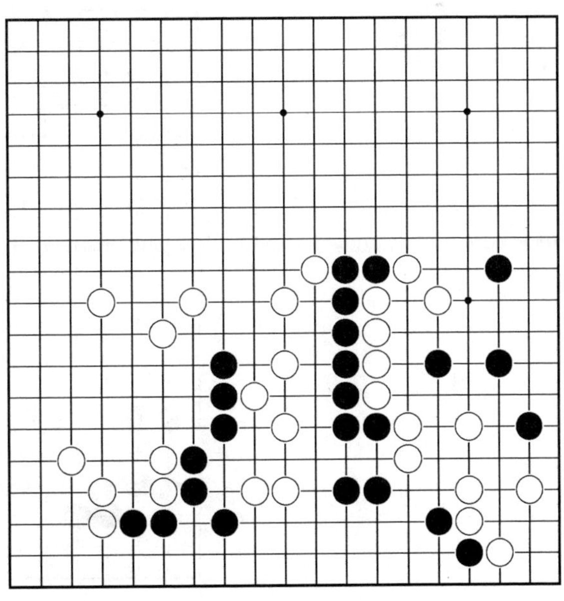

下篇

1. 切断与连接

学习日期	月　日
检　查	

黑先，写出必要的过程。

142

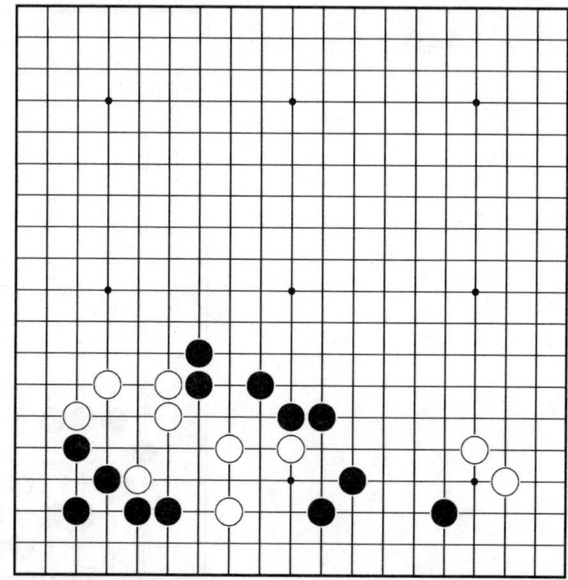

143

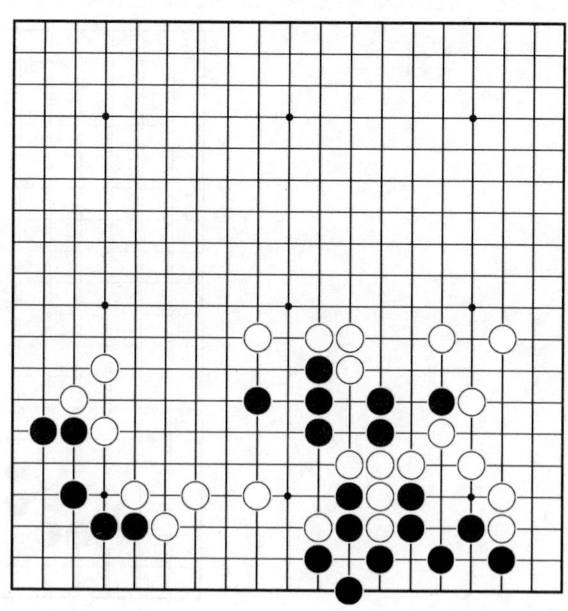

1. 切断与连接

学习日期	月　　日
检　　查	

黑先，写出必要的过程。

144

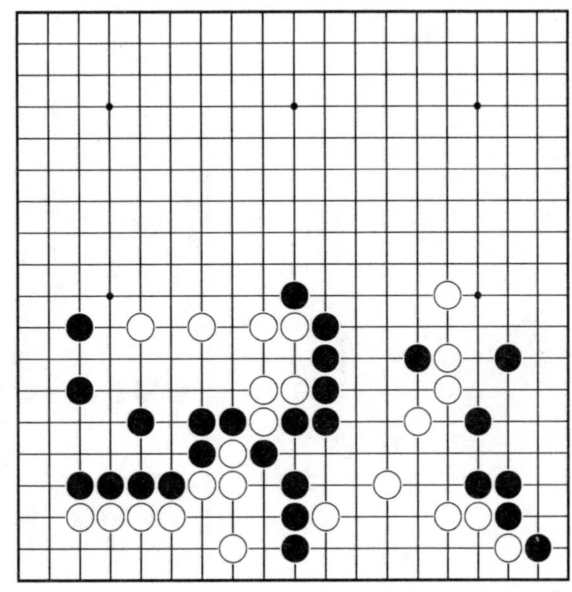

145

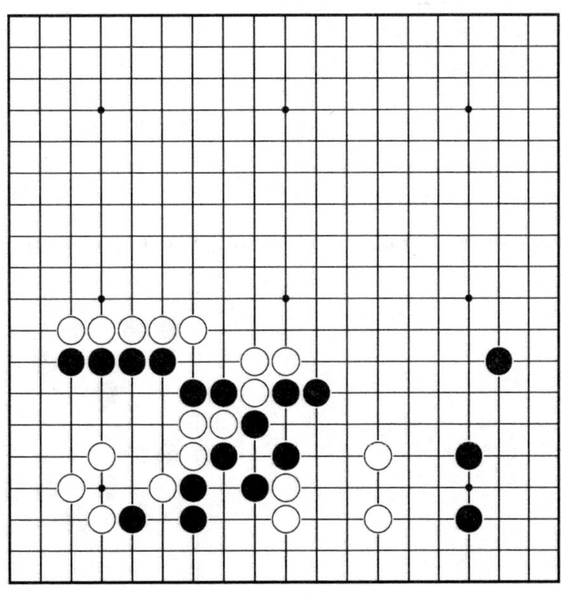

1. 切断与连接

学习日期	月　　日
检　　查	

黑先，写出必要的过程。

146

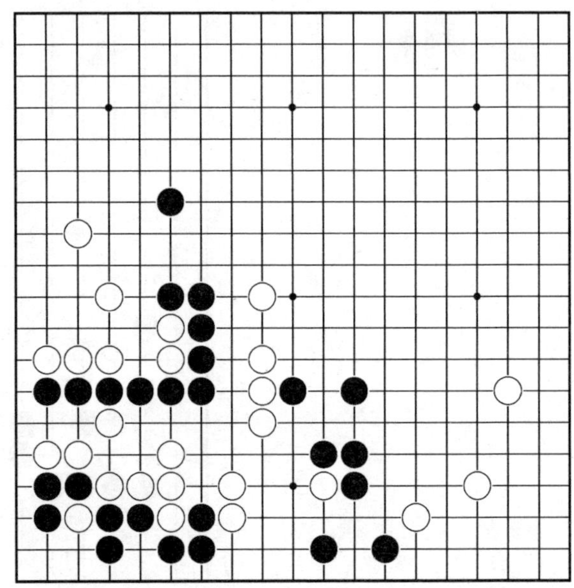

147

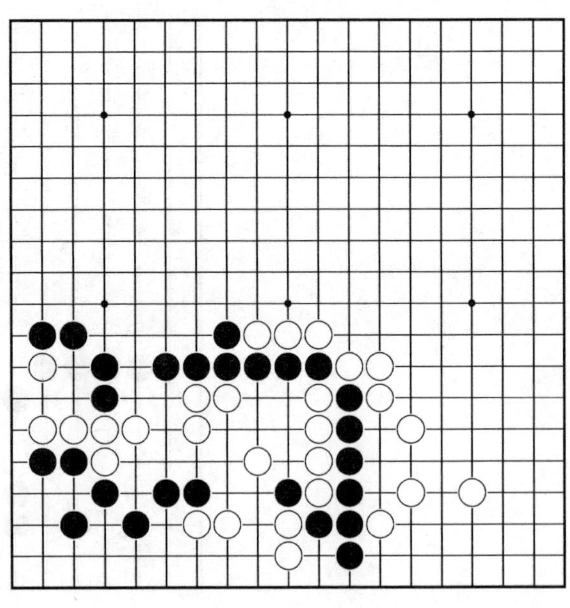

1. 切断与连接

学习日期	月　　日
检　　查	

黑先，写出必要的过程。

148

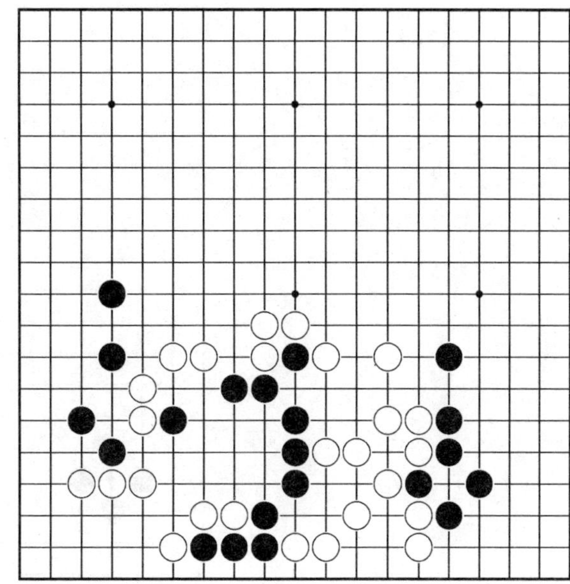

149

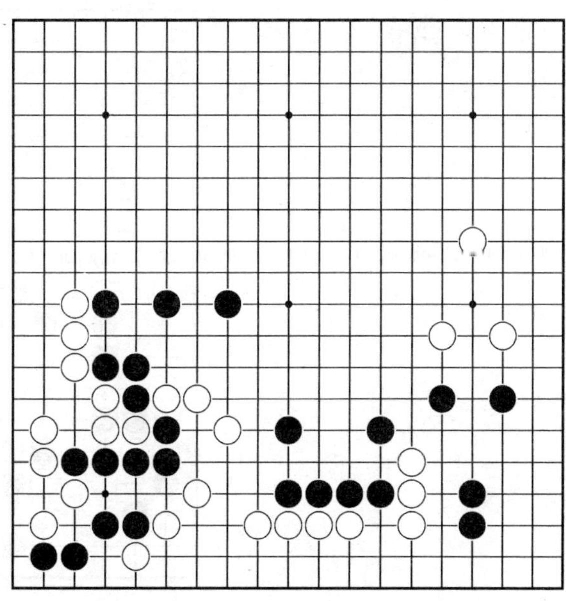

下篇

1. 切断与连接

学习日期	月　　日
检　　查	

黑先，写出必要的过程。

150

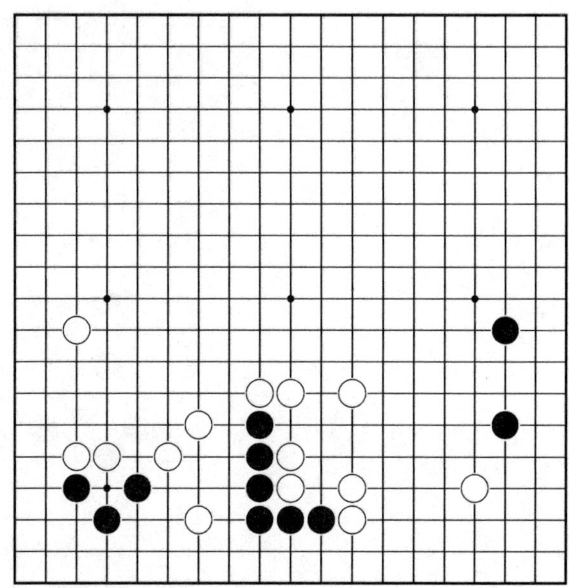

151

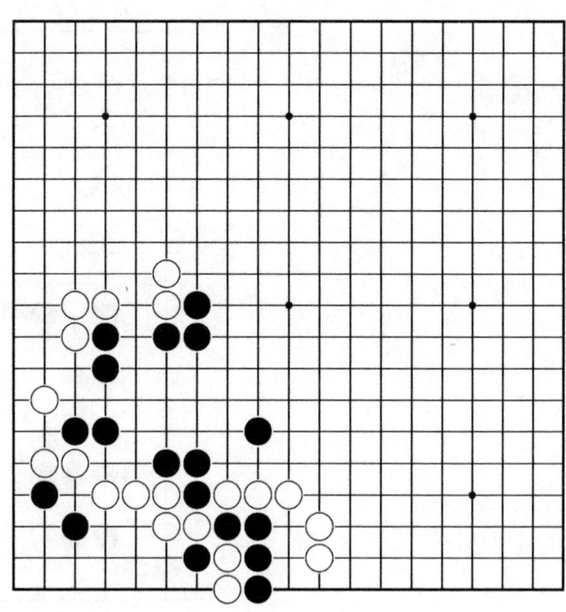

1. 切断与连接

学习日期	月　　日
检　　查	

黑先，写出必要的过程。

152

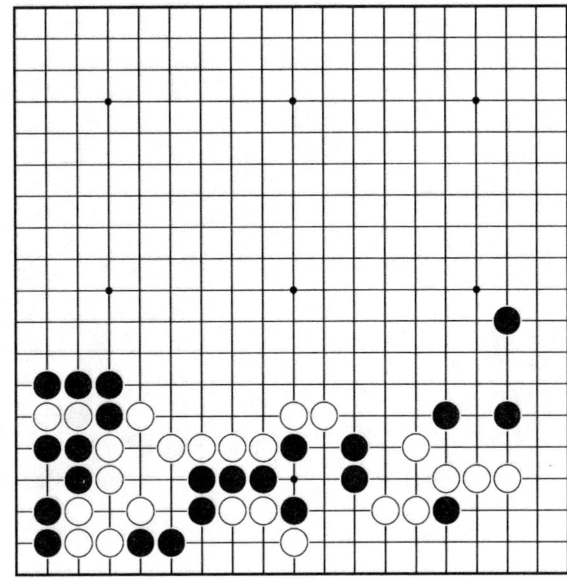

153

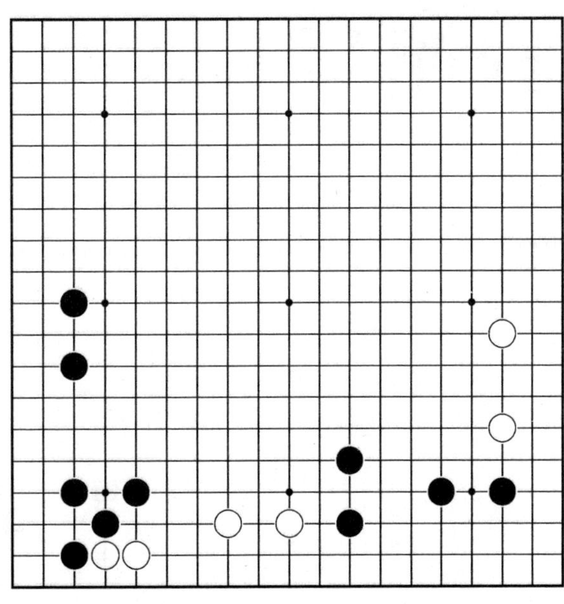

1. 切断与连接

学习日期	月　日
检　查	

黑先，写出必要的过程。

154

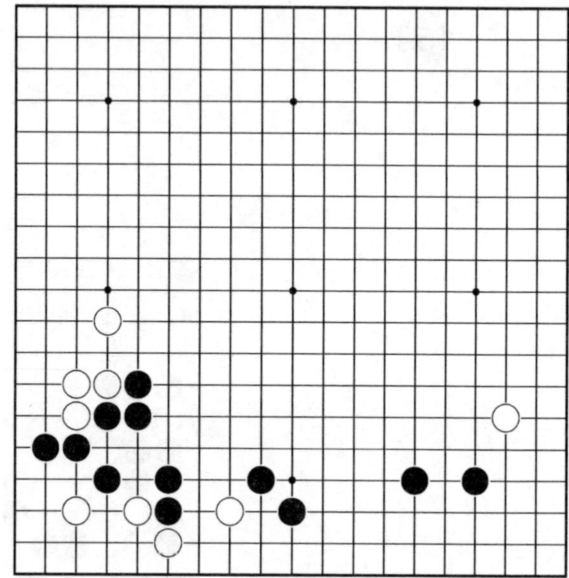

155

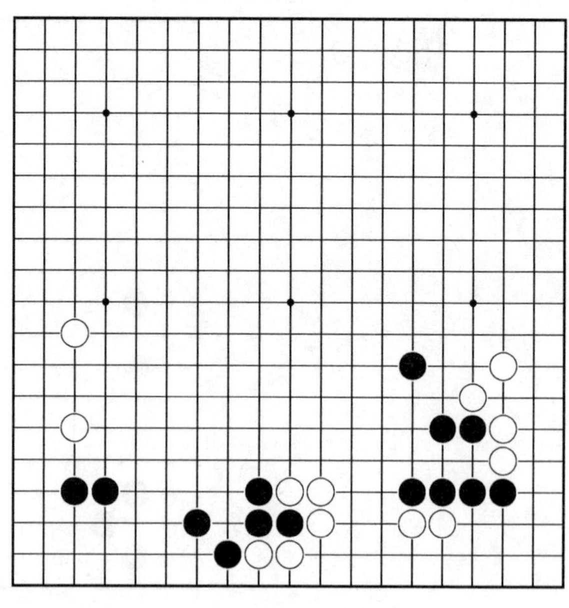

1. 切断与连接

学习日期	月　　日
检　　查	

黑先，写出必要的过程。

156

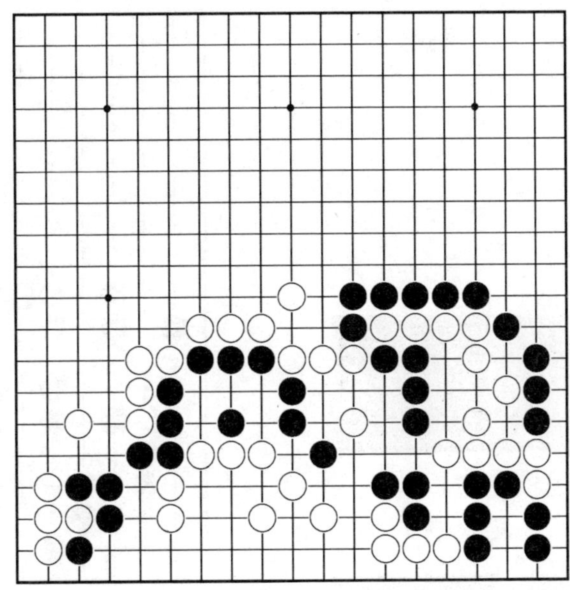

157

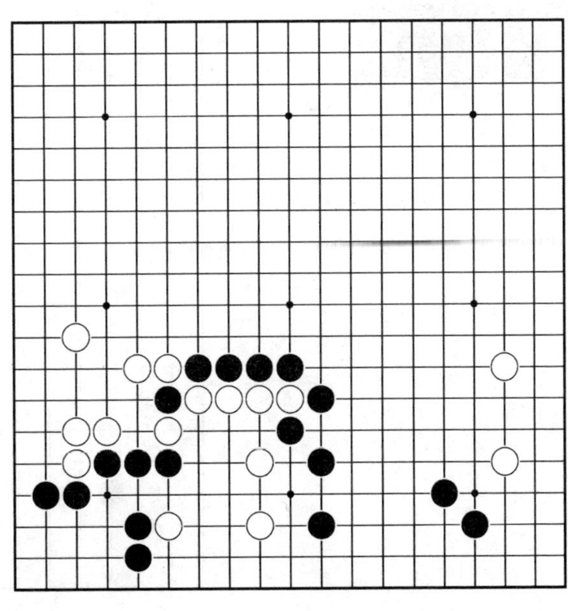

下篇

1. 切断与连接

学习日期	月　日
检　查	

黑先，写出必要的过程。

158

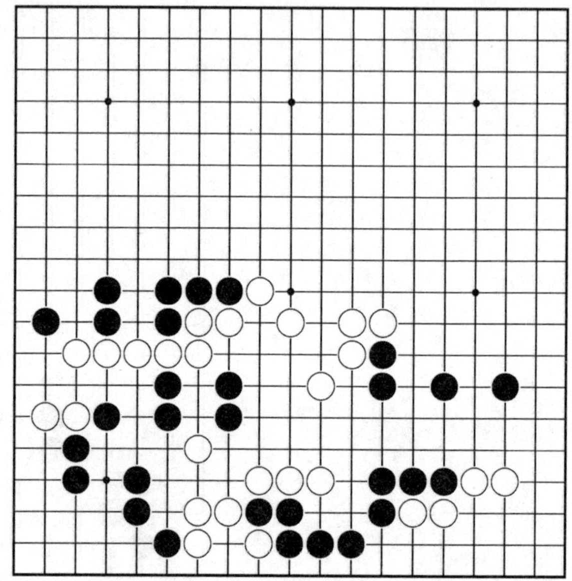

159

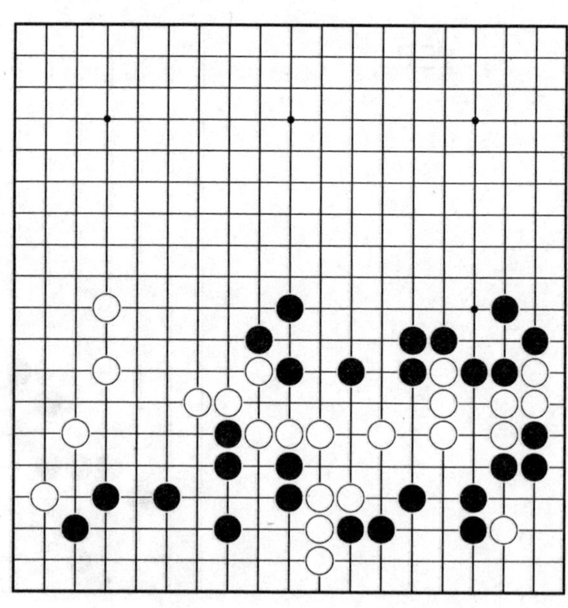

1. 切断与连接

学习日期	月　　日
检　　查	

黑先，写出必要的过程。

160

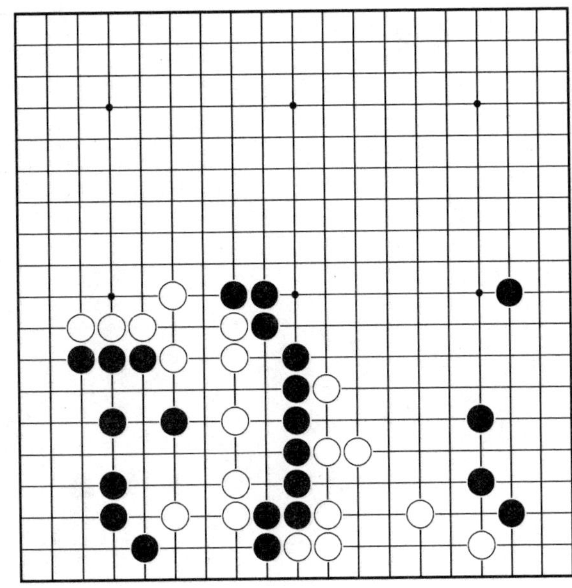

161

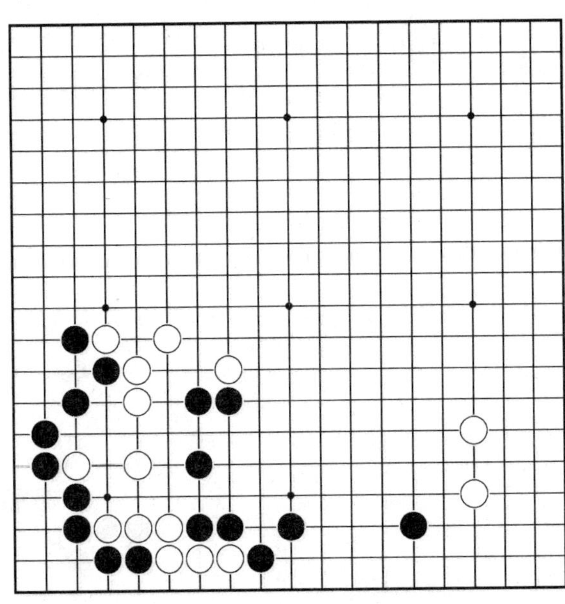

下篇

1. 切断与连接

学习日期	月　日
检　查	

黑先，写出必要的过程。

162

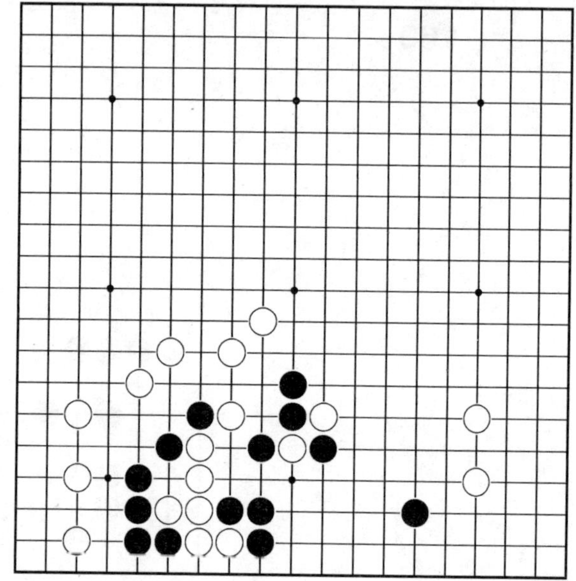

163

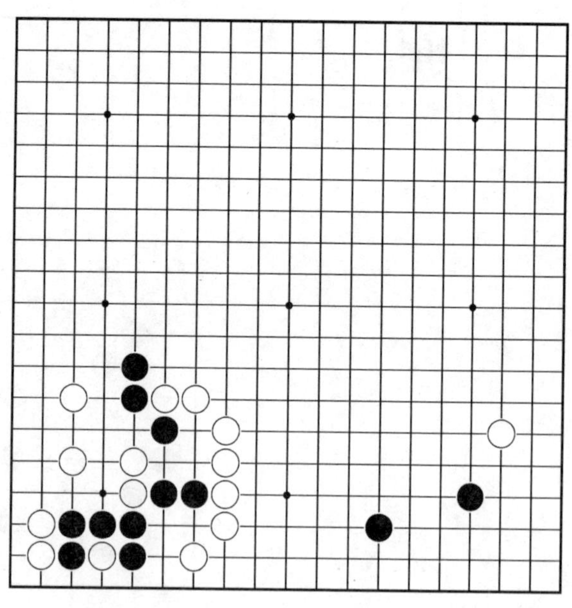

1. 切断与连接

学习日期	月　　日
检　　查	

黑先，写出必要的过程。

164

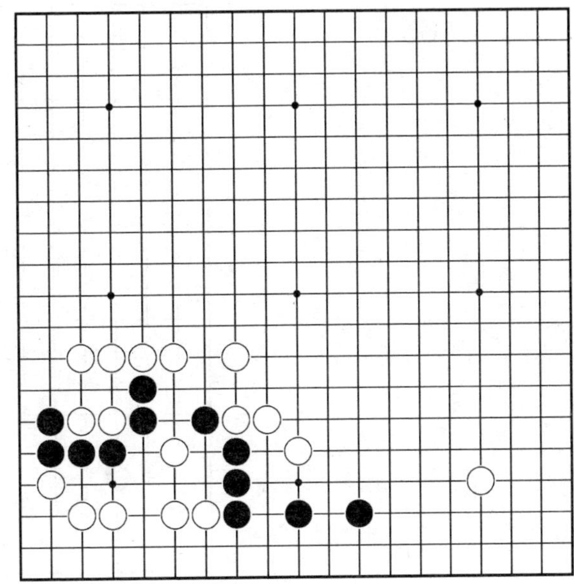

165

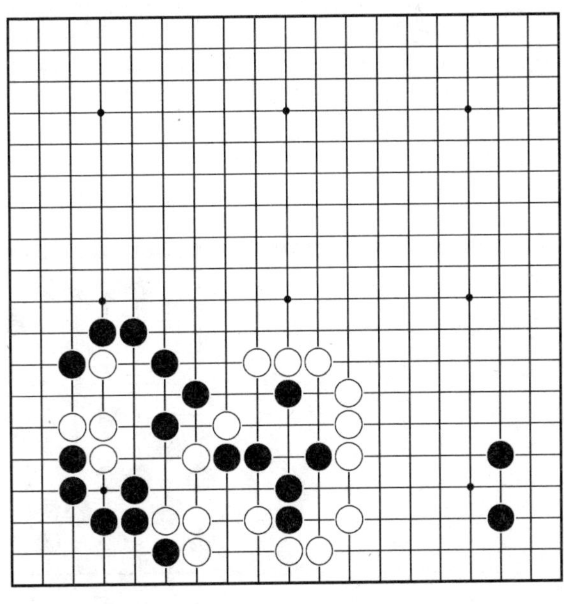

下篇

1. 切断与连接

学习日期	月　日
检　查	

黑先，写出必要的过程。

166

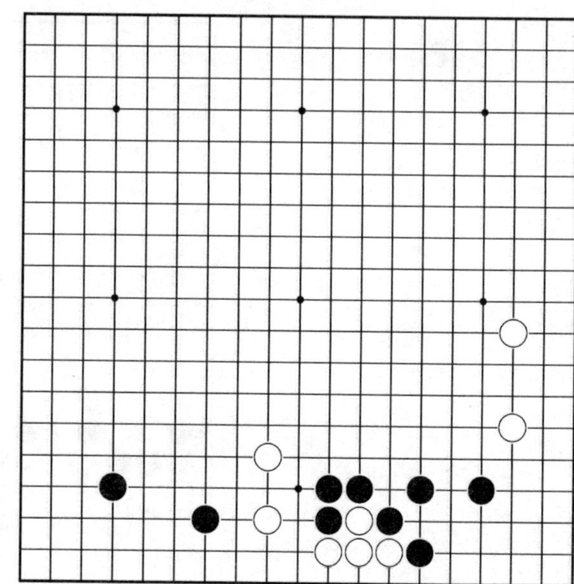

167

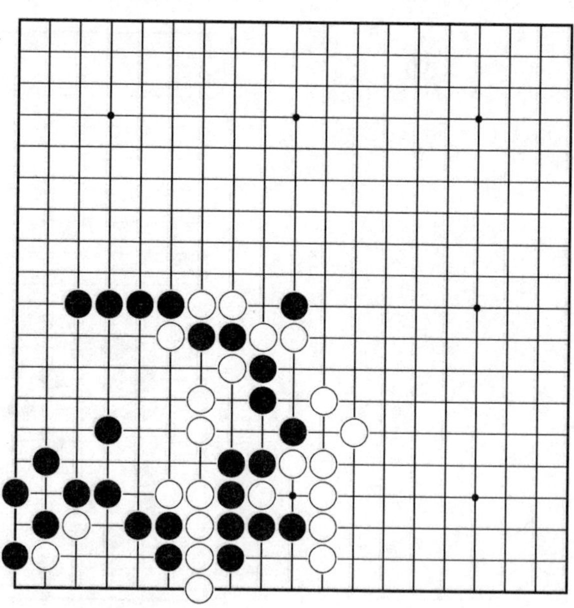

1. 切断与连接

学习日期	月　　日
检　　查	

黑先，写出必要的过程。

168

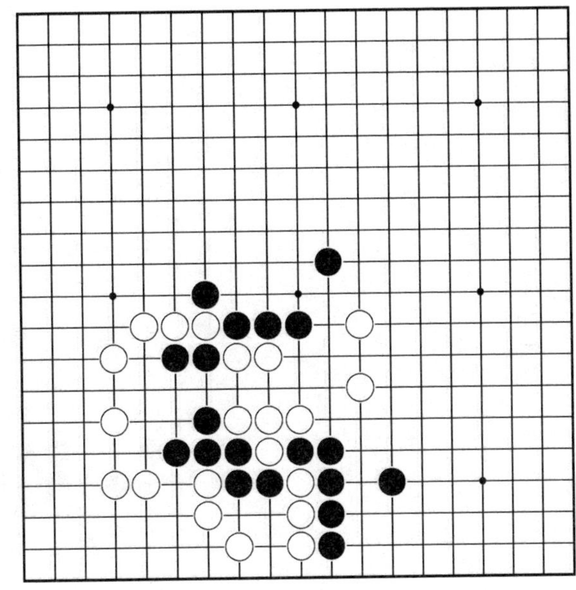

169

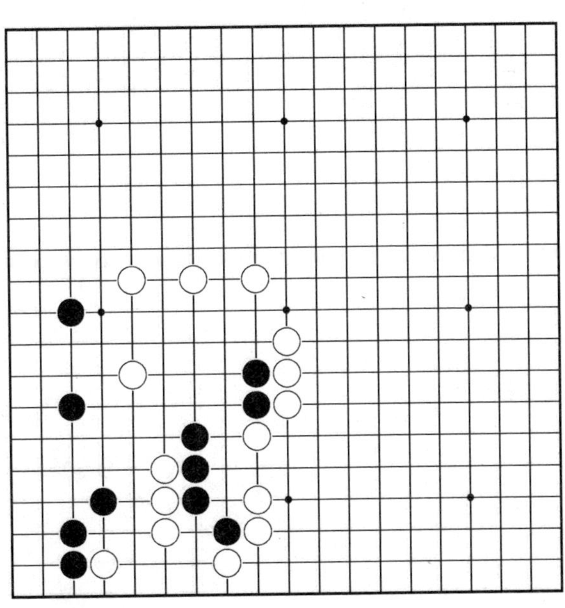

下篇

1. 切断与连接

学习日期	月　日
检　查	

黑先，写出必要的过程。

170

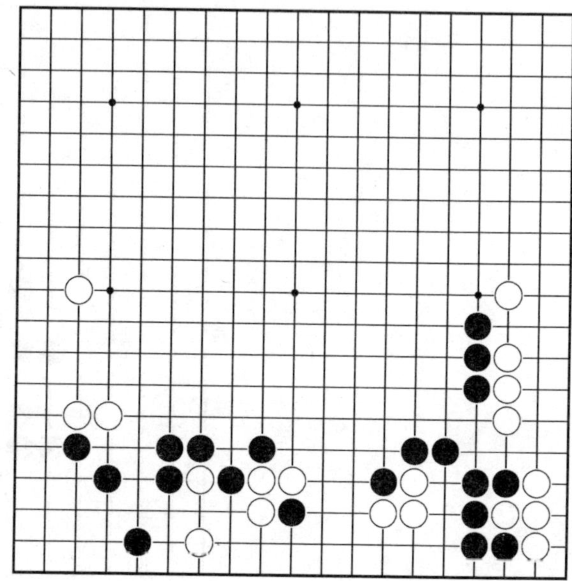

171

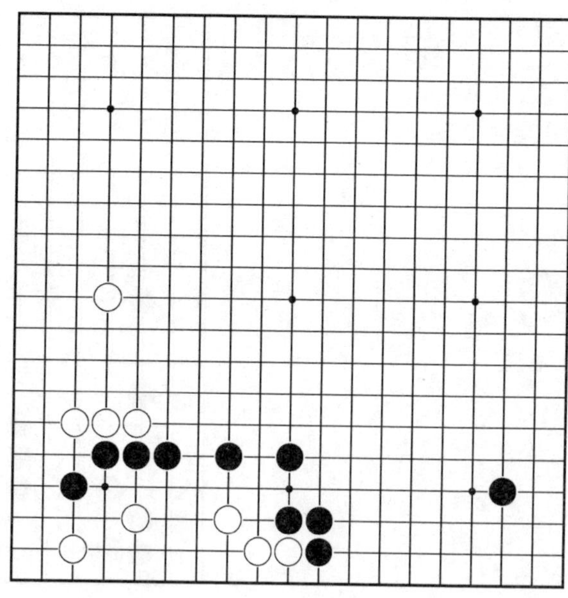

1. 切断与连接

学习日期	月　　日
检　　查	

下篇

黑先，写出必要的过程。

172

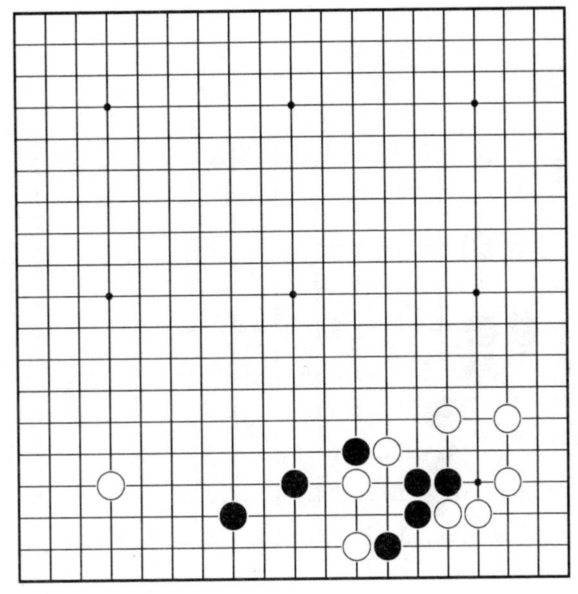

173

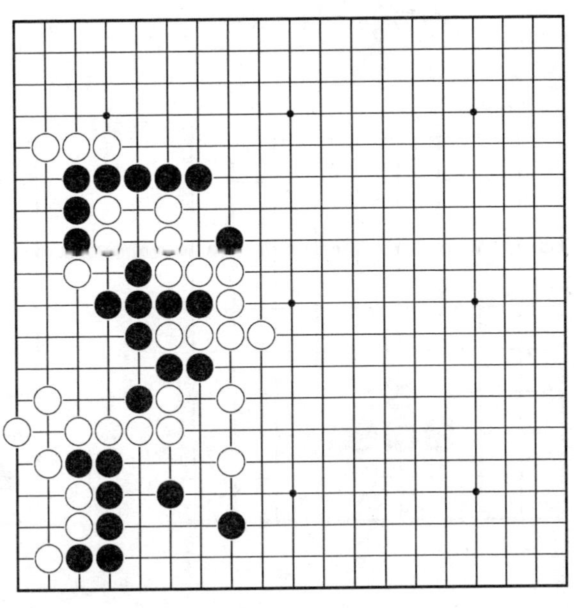

2. 出头与封锁

学习日期	月　日
检　查	

黑先，写出必要的过程。

1

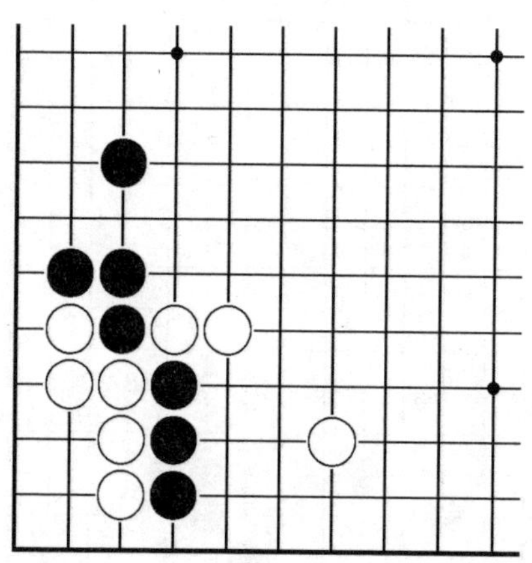

2

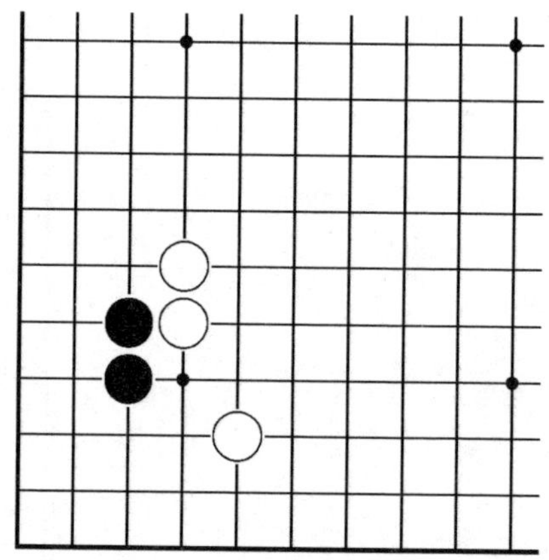

3

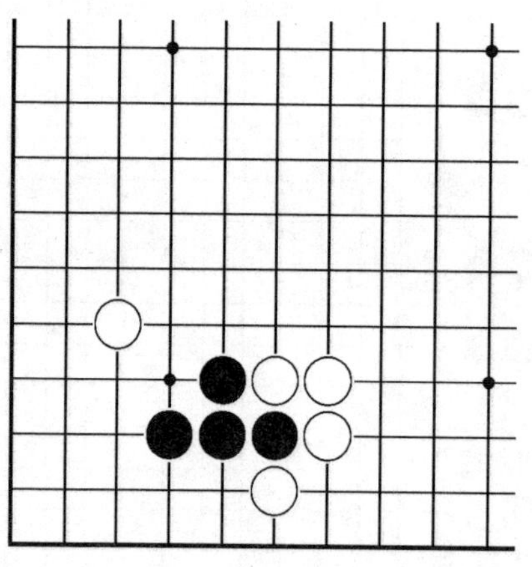

4

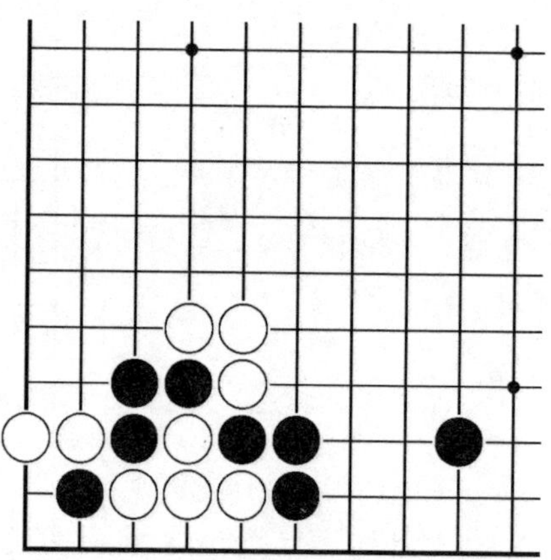

2. 出头与封锁

学习日期	月　日
检　查	

黑先，写出必要的过程。

5

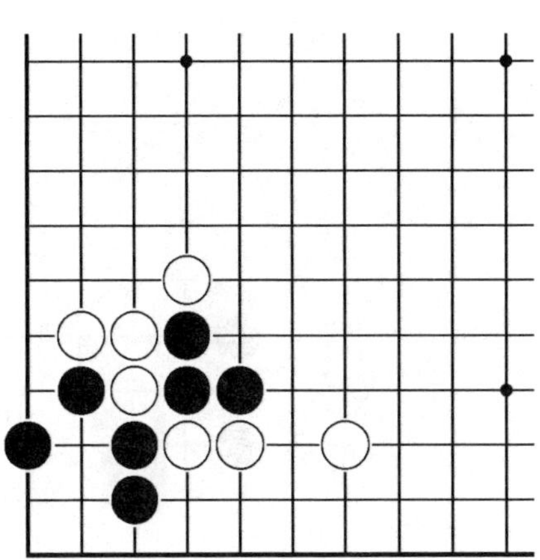

6

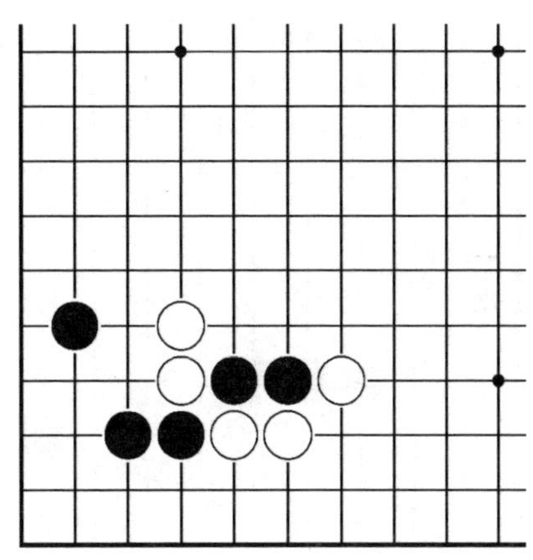

7

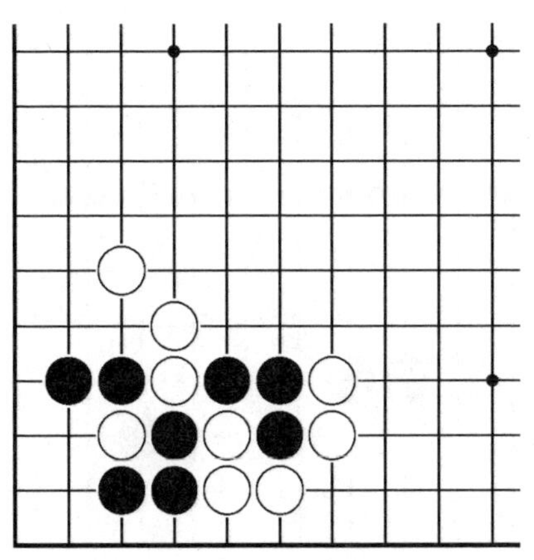

8

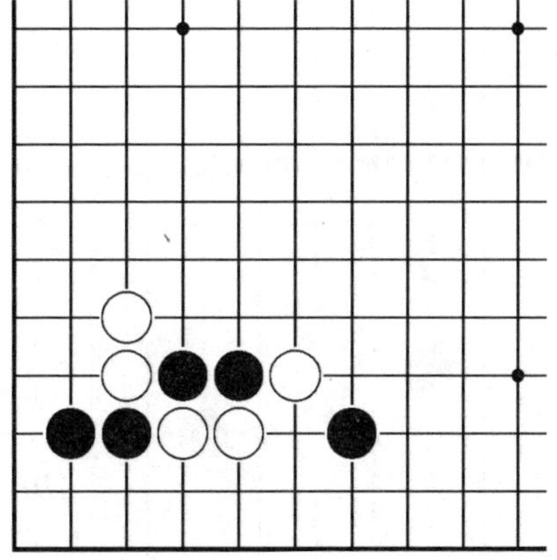

2. 出头与封锁

学习日期	月　日
检　查	

黑先，写出必要的过程。

9

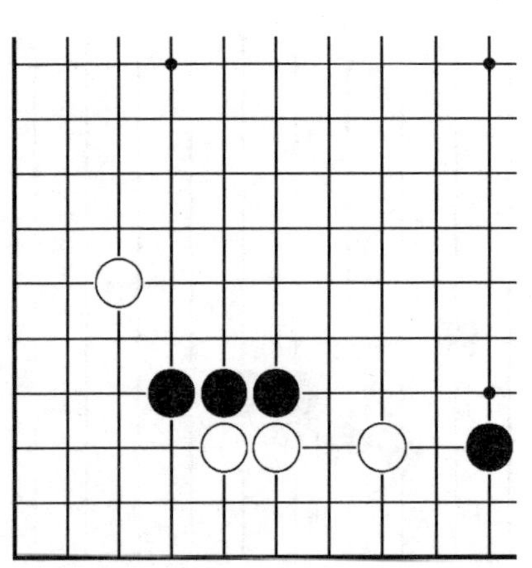

10

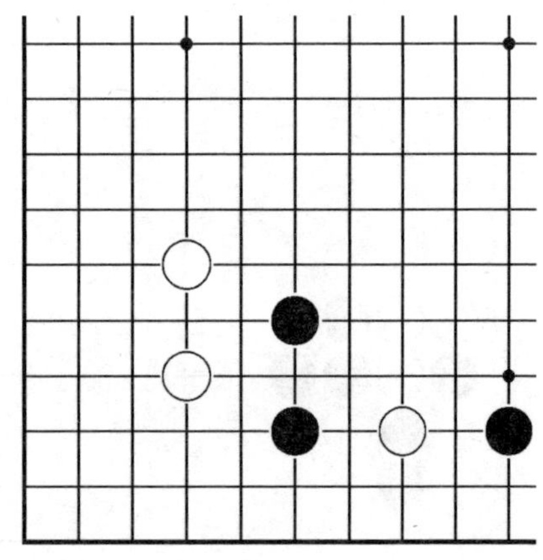

11

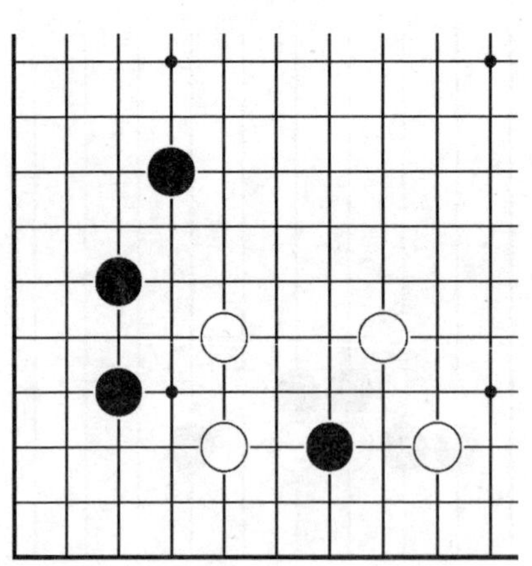

12

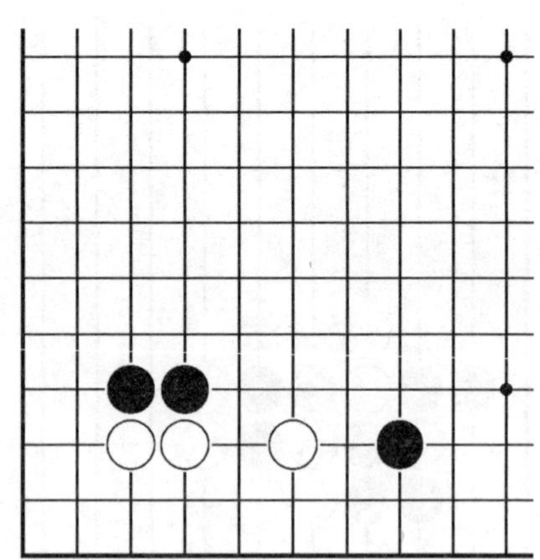

2. 出头与封锁

学习日期	月　　日
检　　查	

黑先，写出必要的过程。

13

14

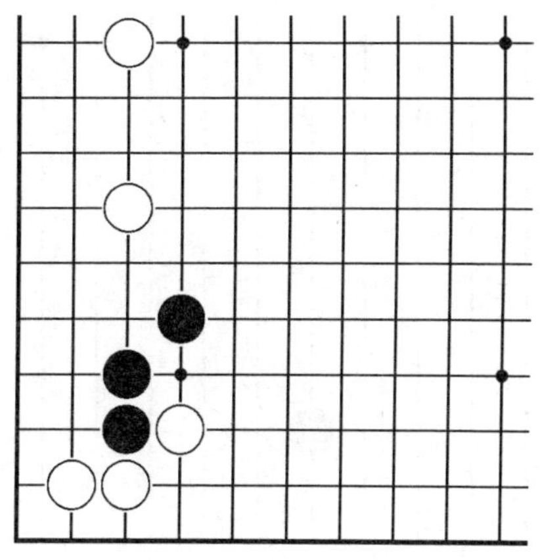

15

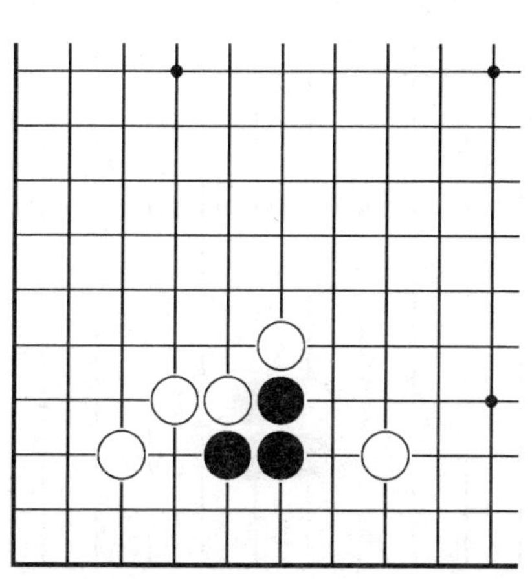

16

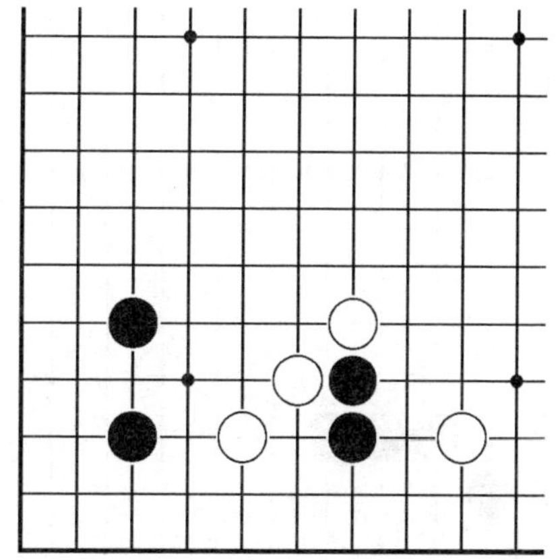

2. 出头与封锁

学习日期	月　日
检　查	

黑先，写出必要的过程。

17

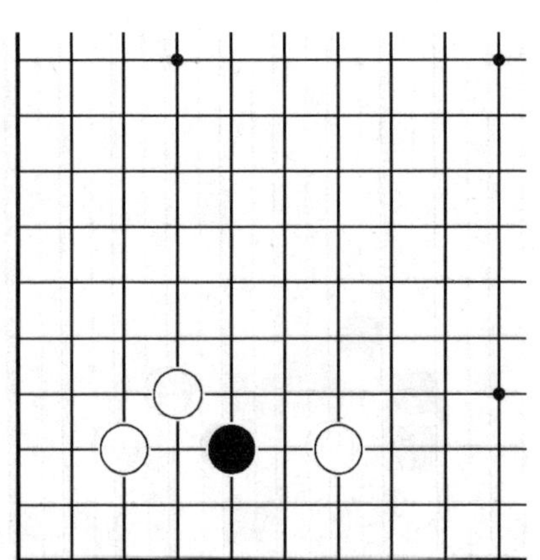

18

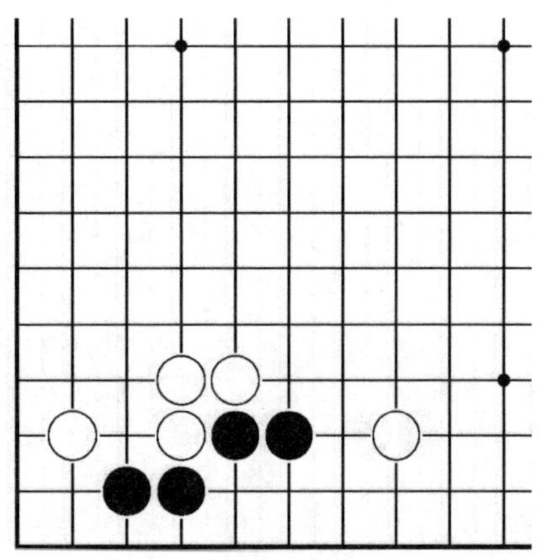

19

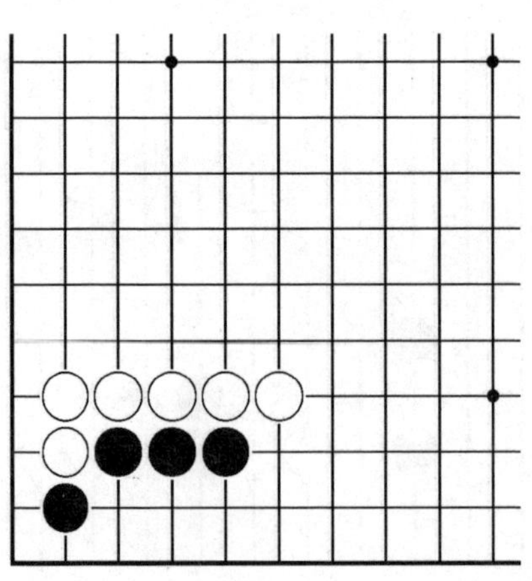

20

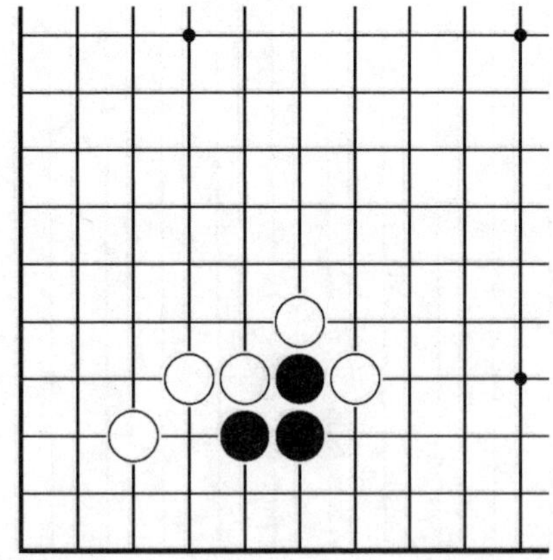

2. 出头与封锁

学习日期	月　　日
检　　查	

黑先，写出必要的过程。

21

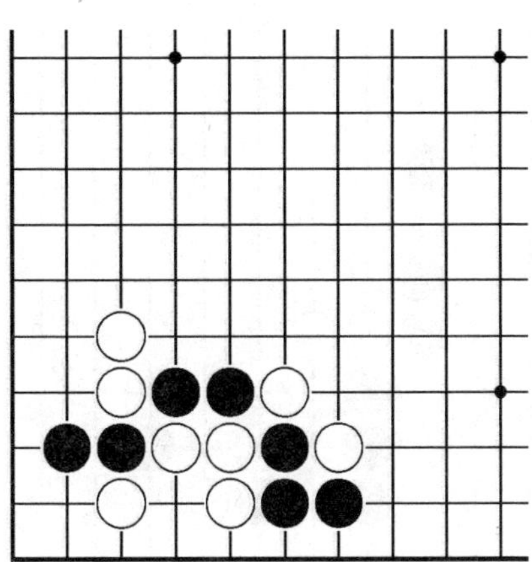

22

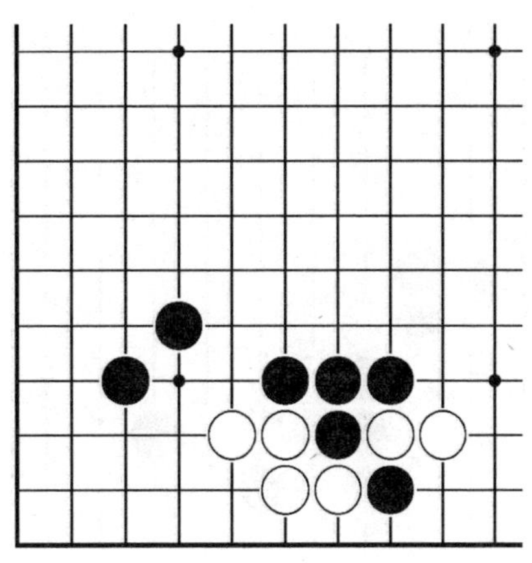

23

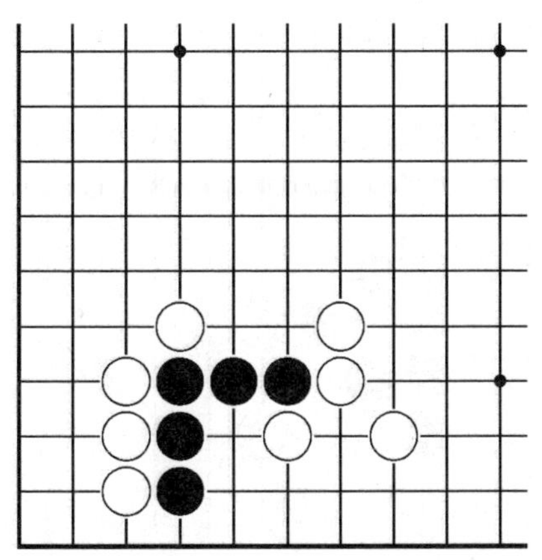

24

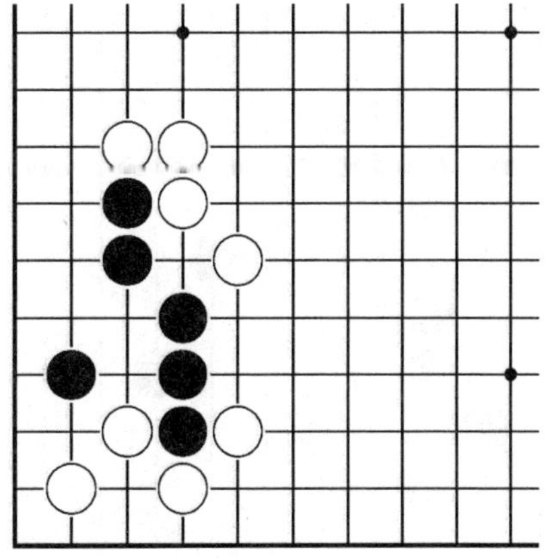

下篇

2. 出头与封锁

学习日期	月　　日
检　　查	

黑先，写出必要的过程。

25

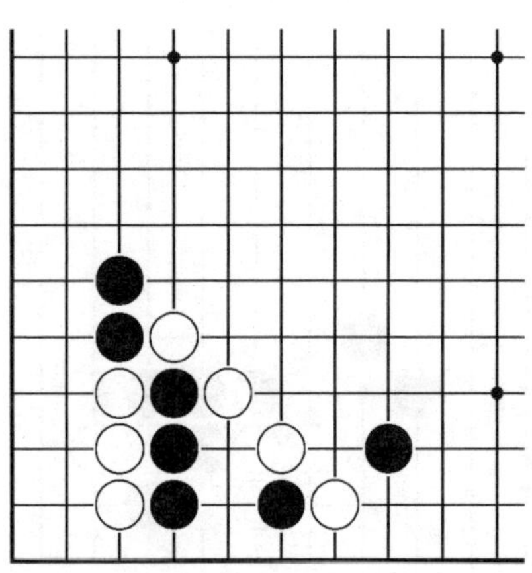

26

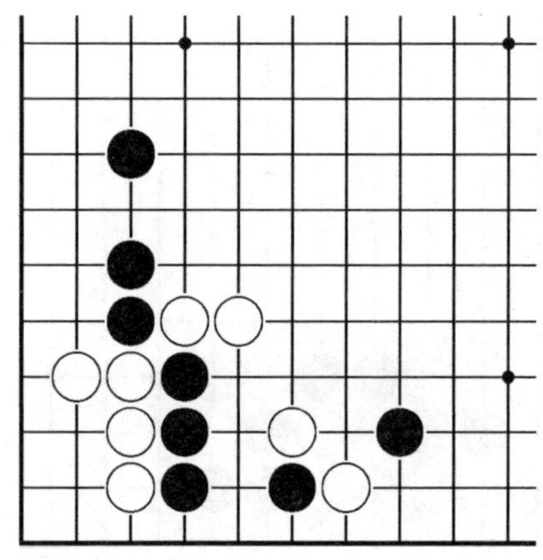

27

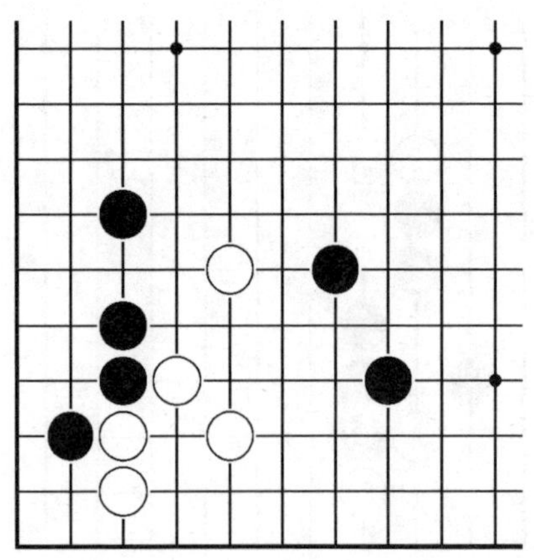

28

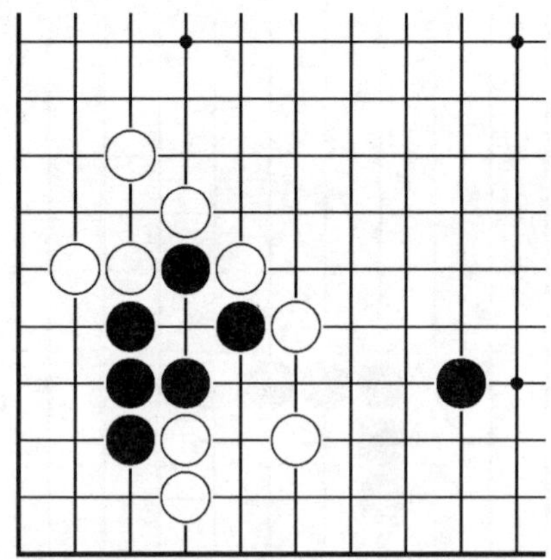

2. 出头与封锁

学习日期	月　　日
检　　查	

黑先，写出必要的过程。

29

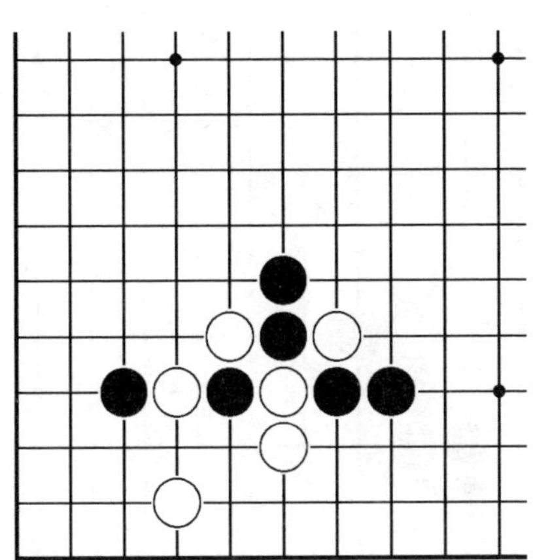

30

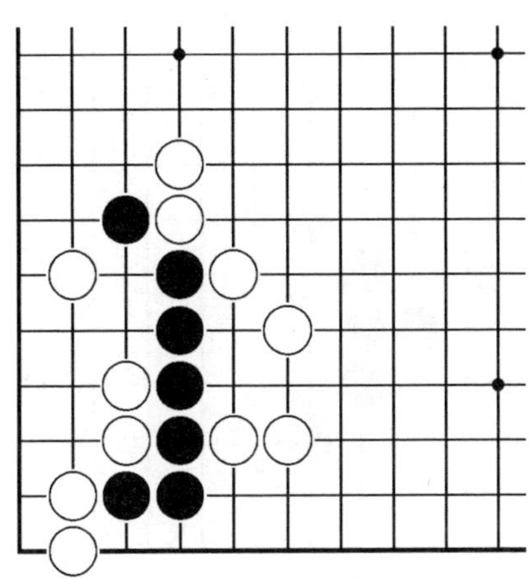

下篇

31

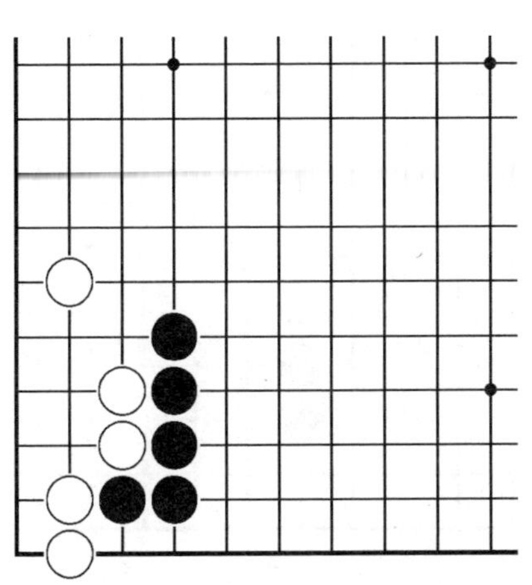

32

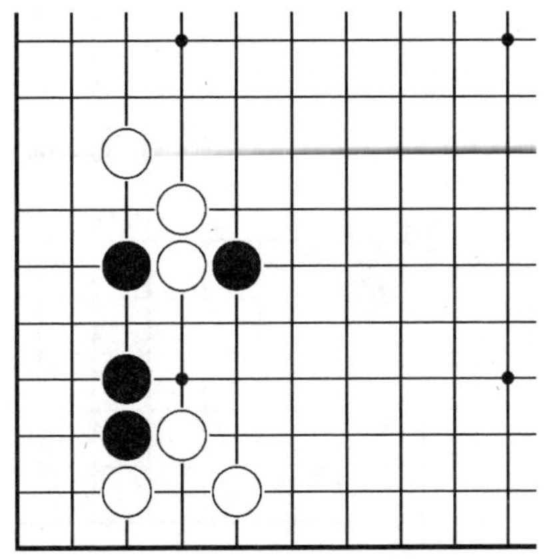

2. 出头与封锁

学习日期	月　　日
检　　查	

黑先，写出必要的过程。

33

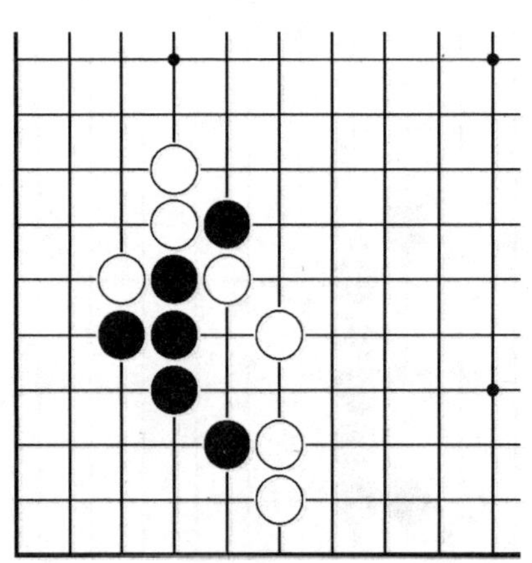

34

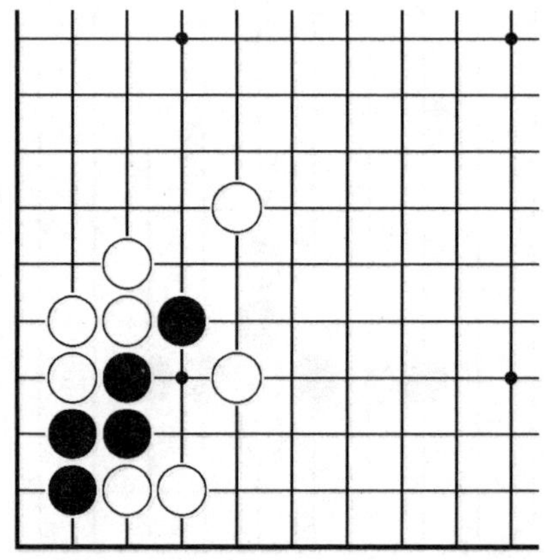

35

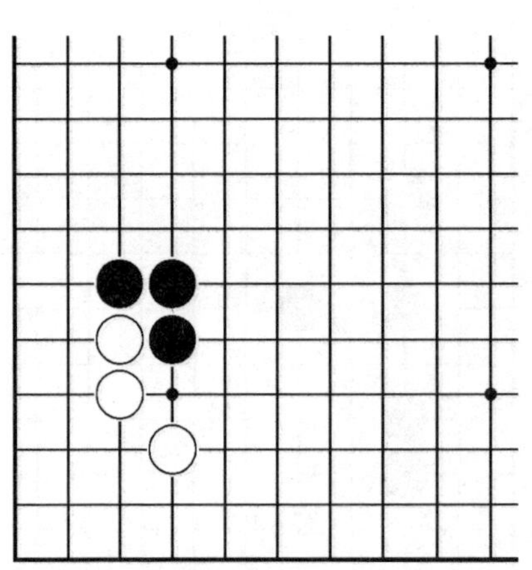

36

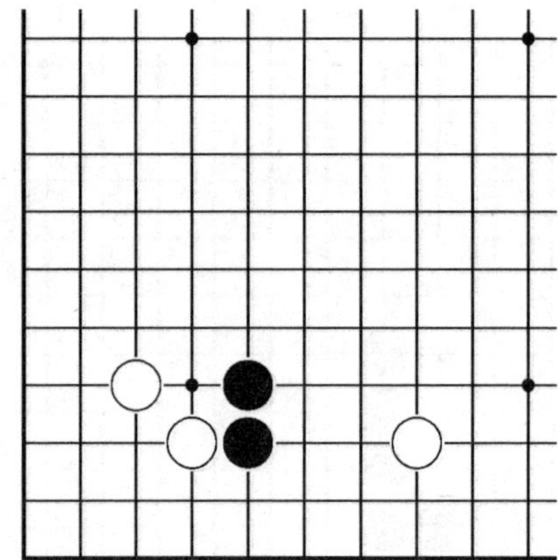

2. 出头与封锁

学习日期	月　　日
检　　查	

黑先，写出必要的过程。

37

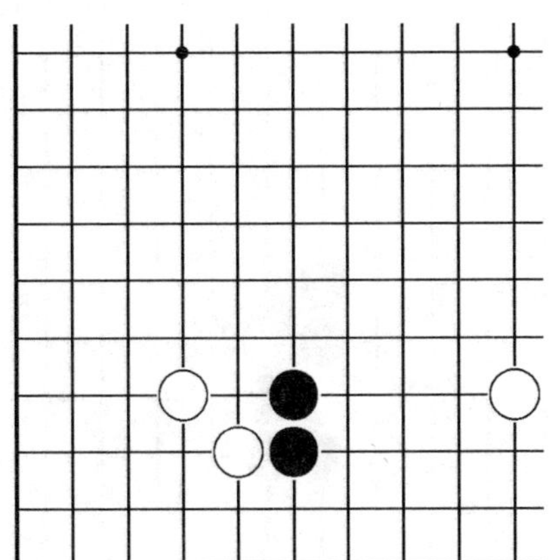

38

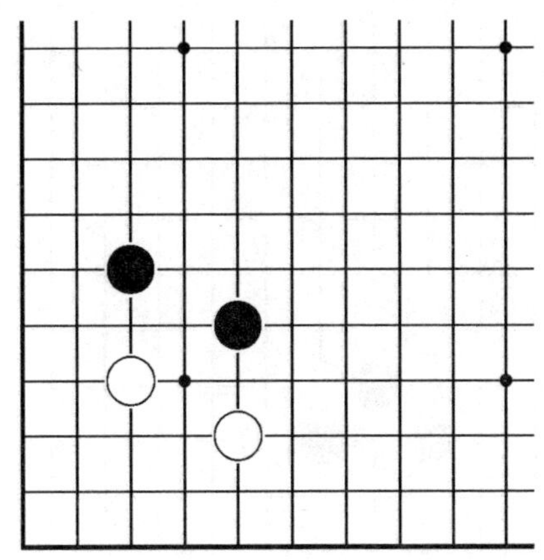

39

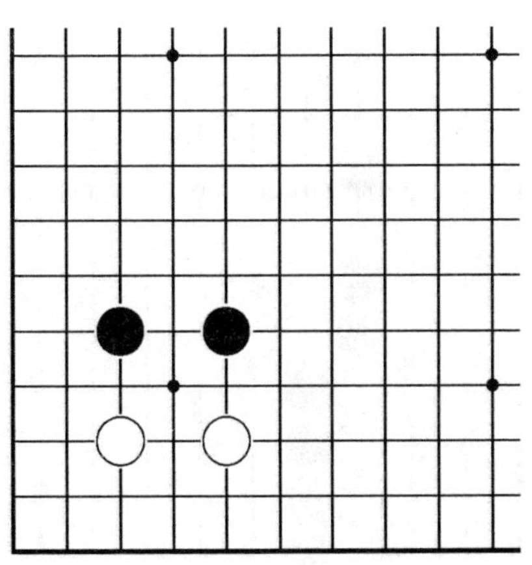

40

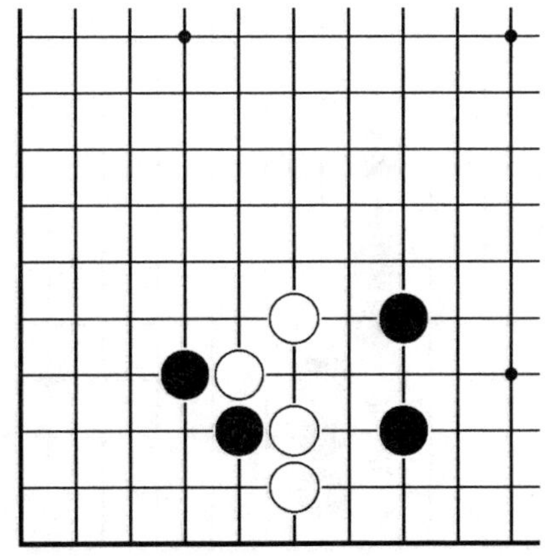

下篇

2. 出头与封锁

学习日期	月 日
检 查	

黑先，写出必要的过程。

41

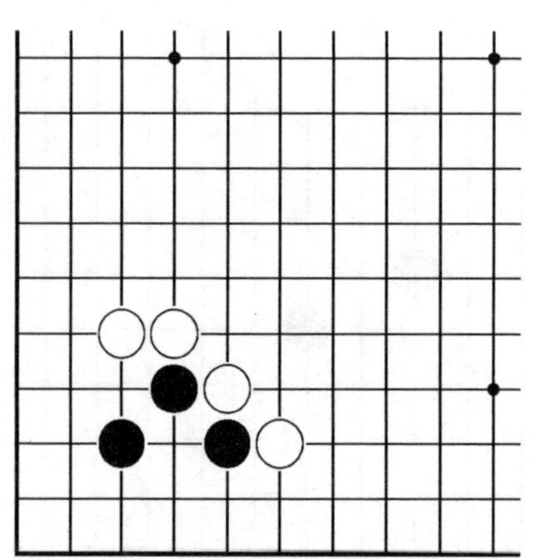

42

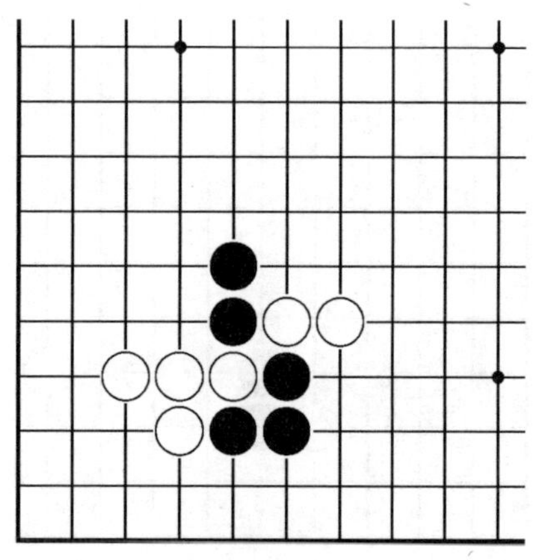

43

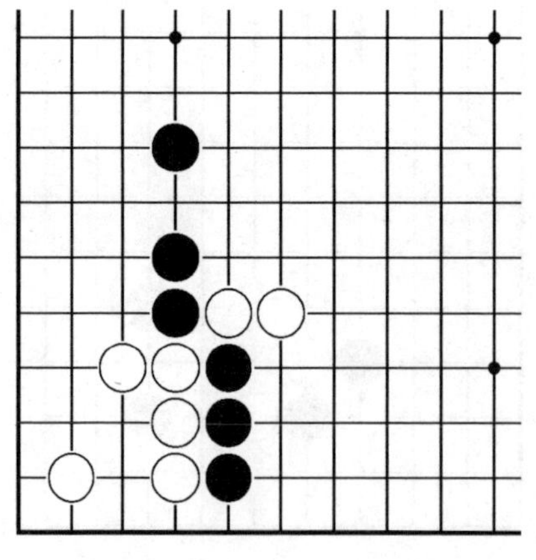

44

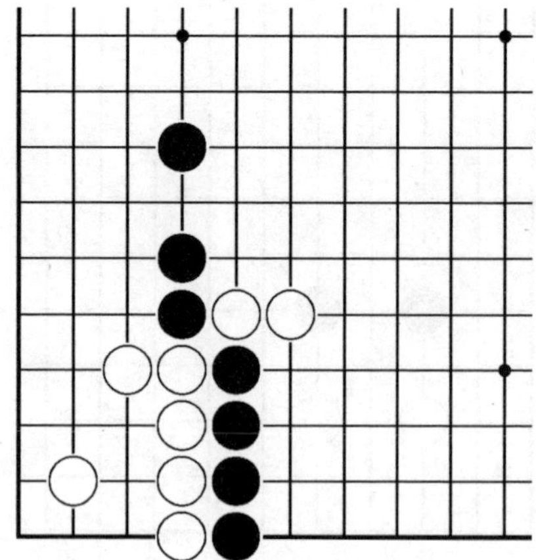

2. 出头与封锁

学习日期	月　日
检　查	

黑先，写出必要的过程。

45

46

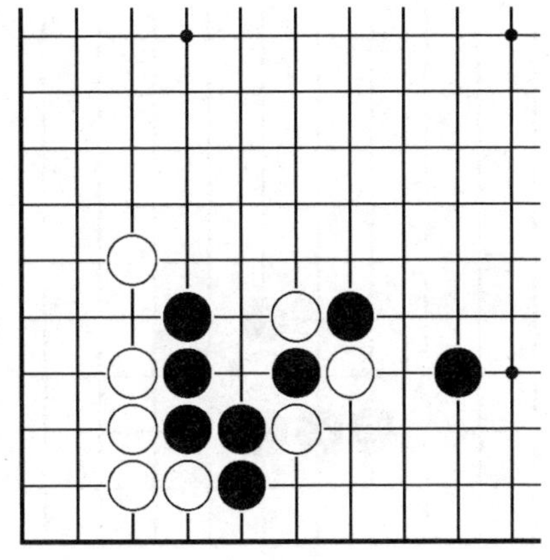

47

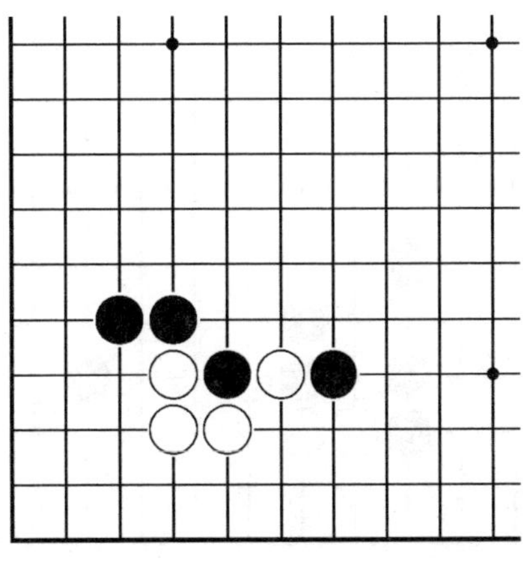

48

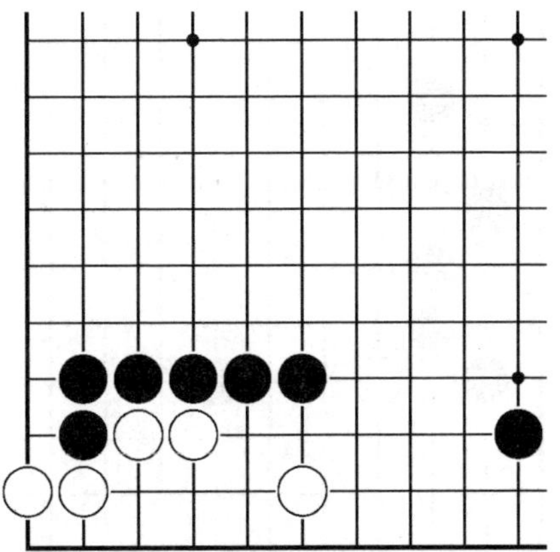

2. 出头与封锁

学习日期	月　　日
检　　查	

黑先，写出必要的过程。

49

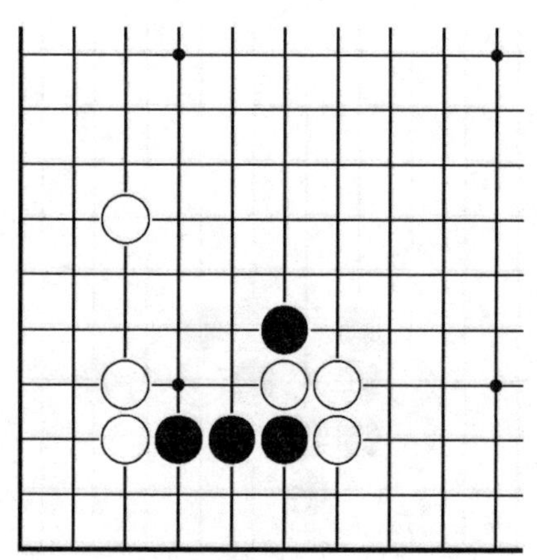

50

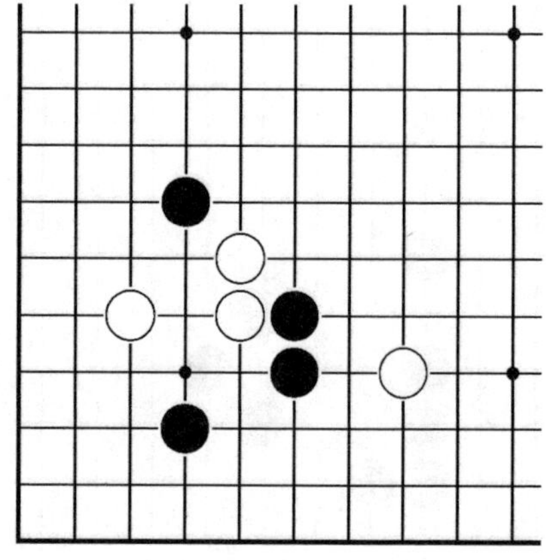

51

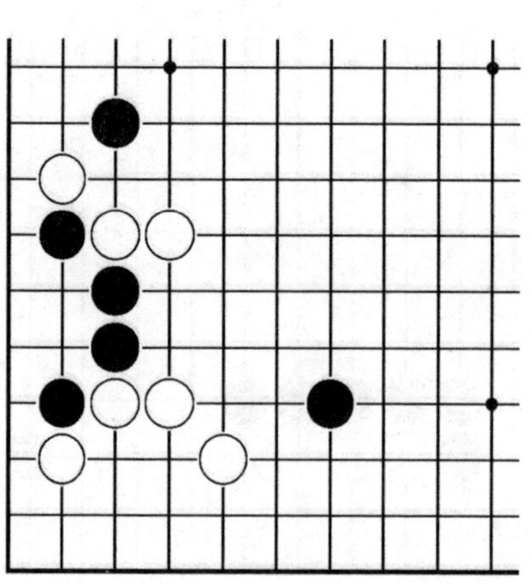

52

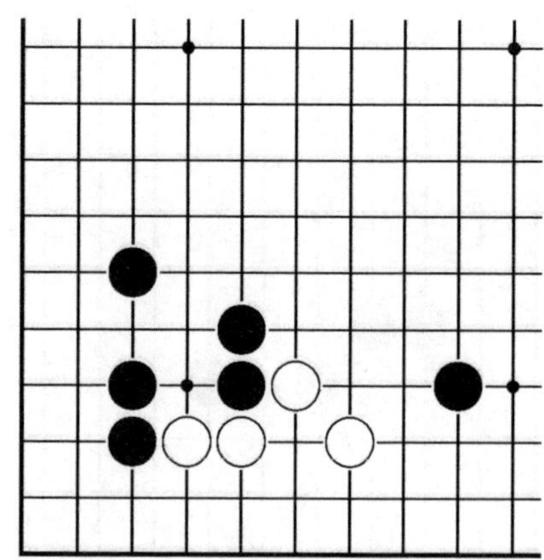

2. 出头与封锁

学习日期	月　　日
检　　查	

下篇

黑先，写出必要的过程。

53

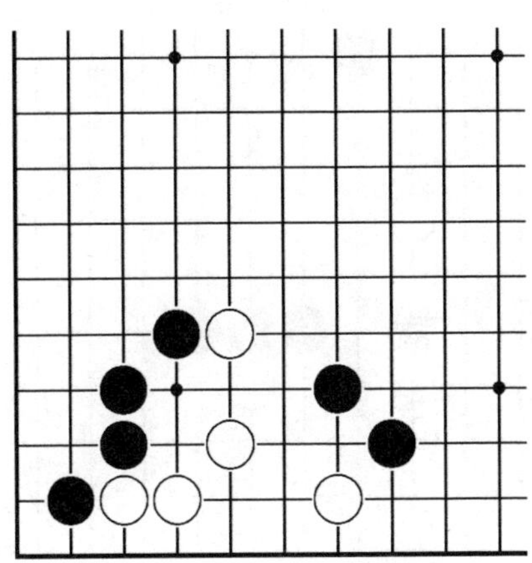

54

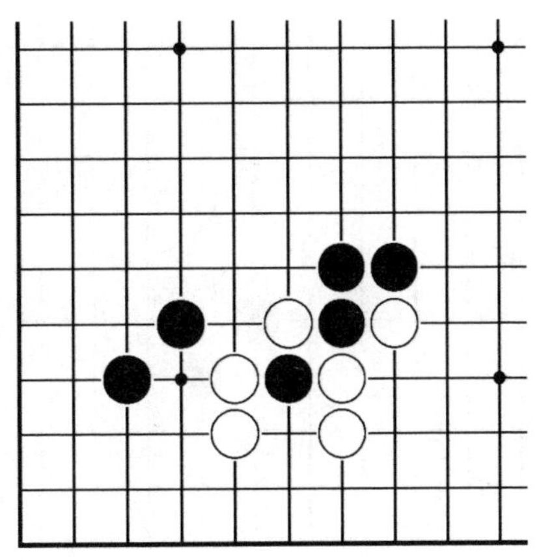

55

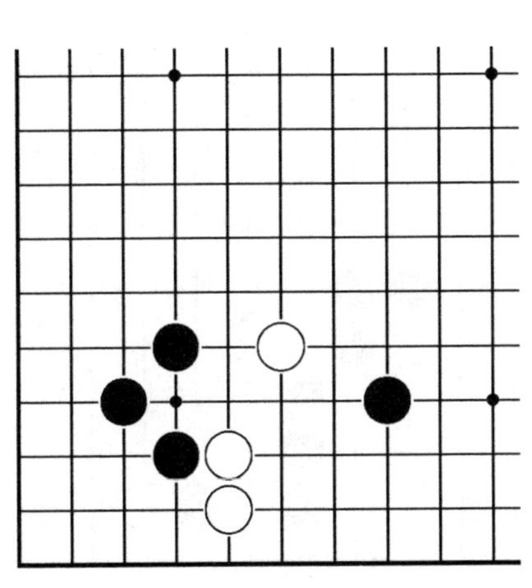

56

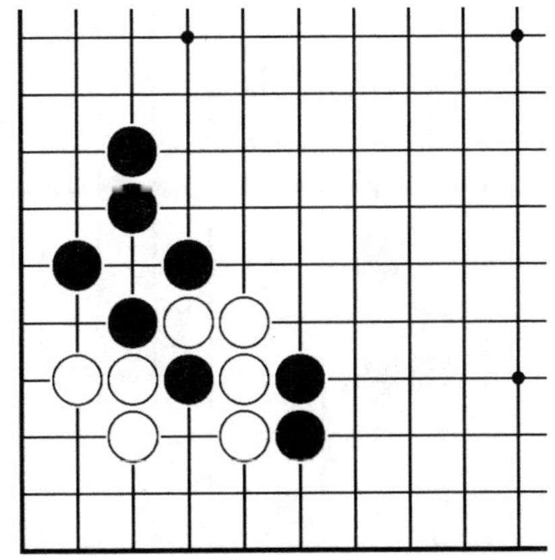

2. 出头与封锁

学习日期	月　　日
检　　查	

黑先，写出必要的过程。

57

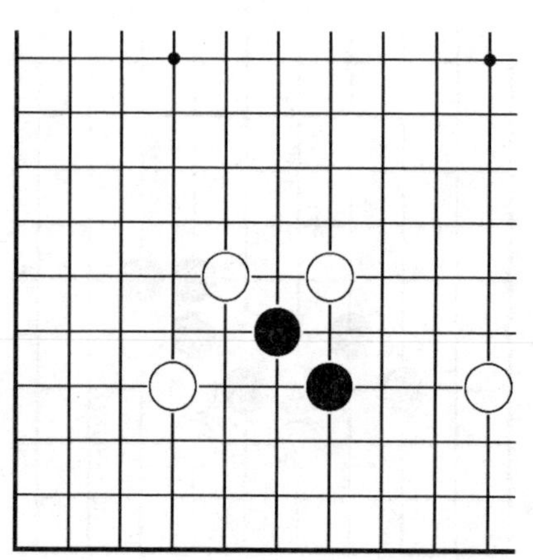

58

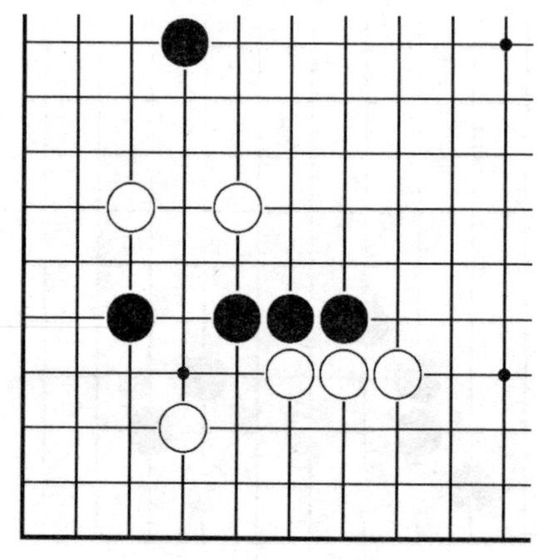

59

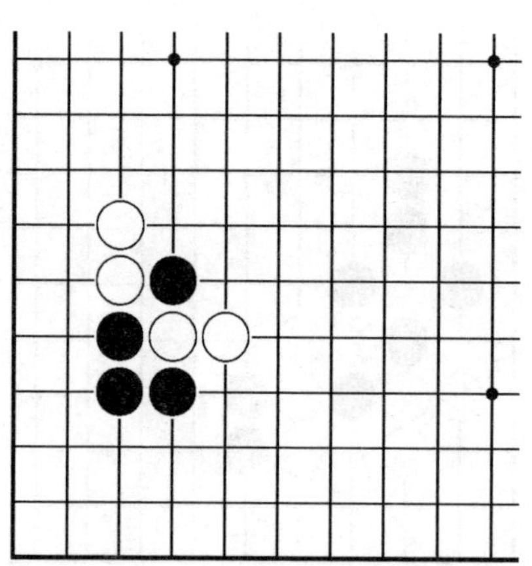

60

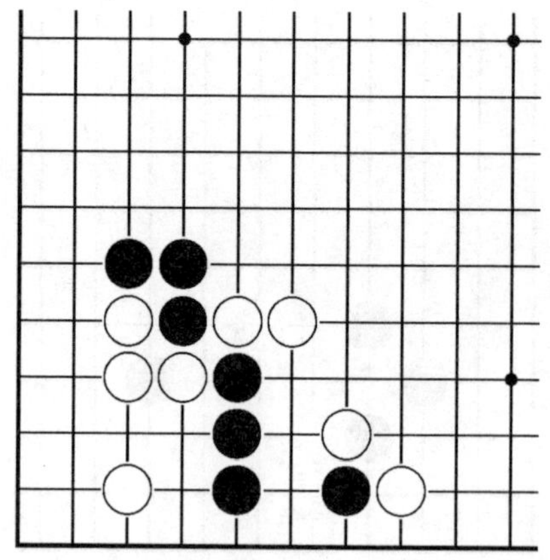

2. 出头与封锁

学习日期	月　　日
检　　查	

下篇

黑先，写出必要的过程。

61

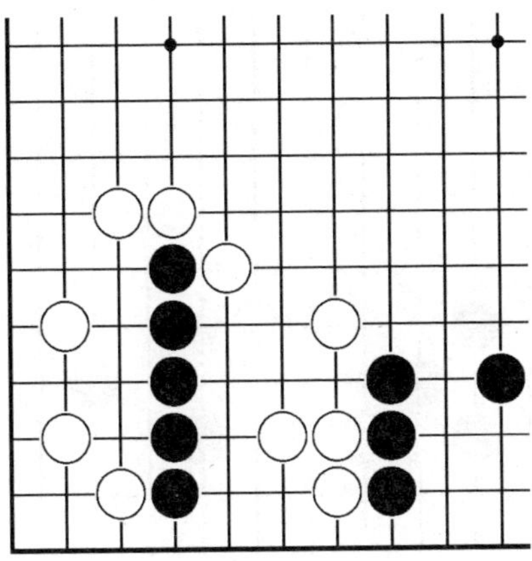

62

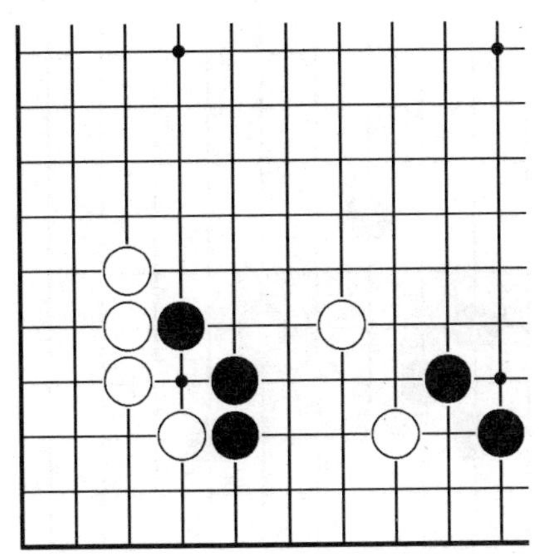

63

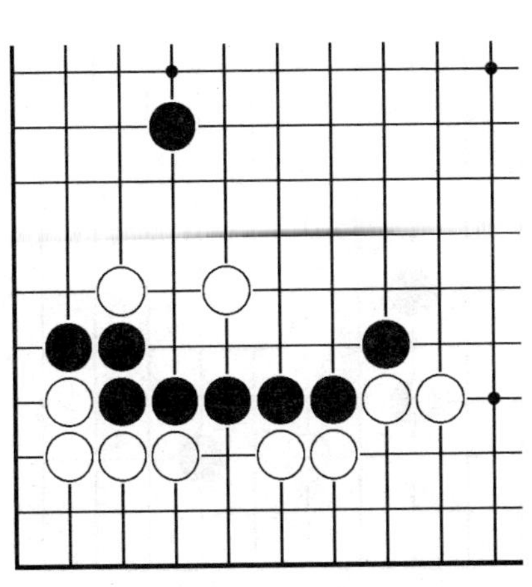

64

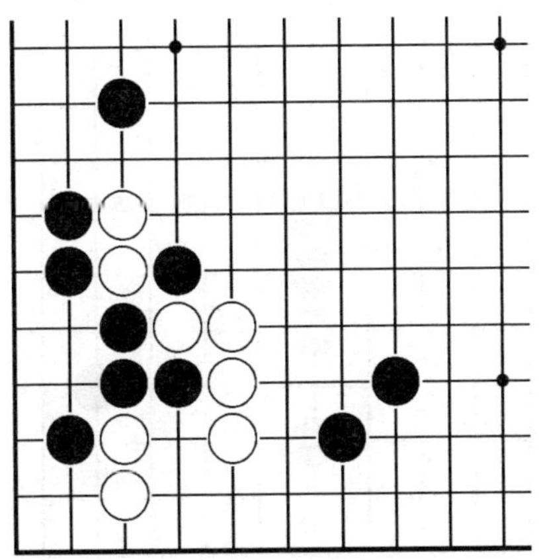

2. 出头与封锁

学习日期	月　　日
检　　查	

黑先，写出必要的过程。

65

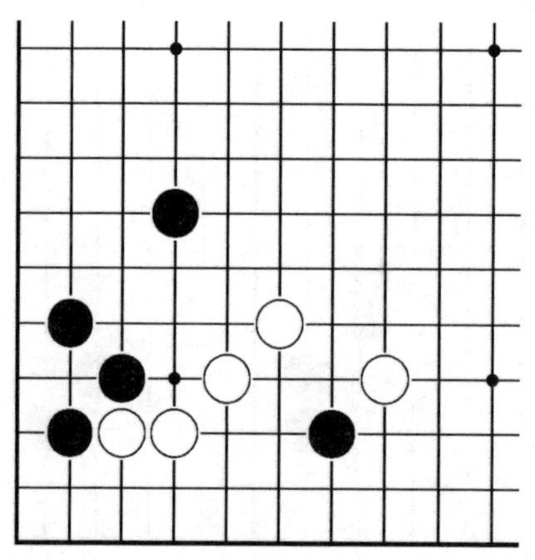

66

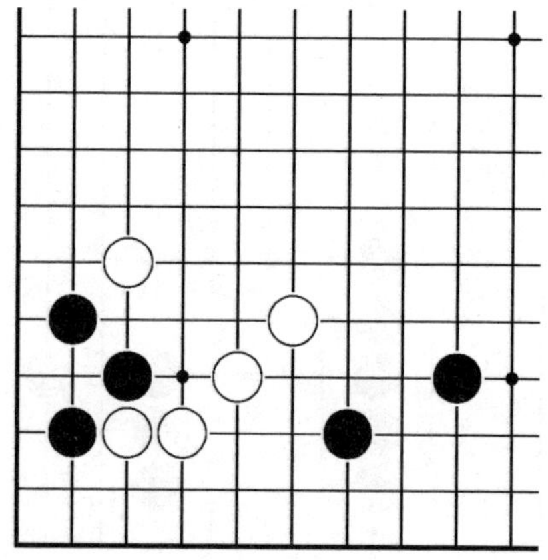

67

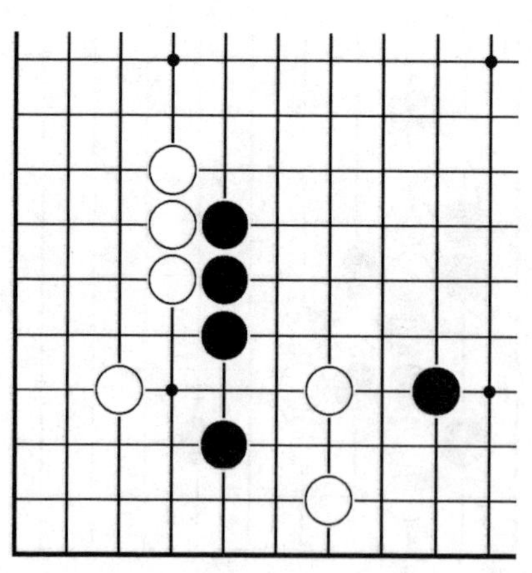

68

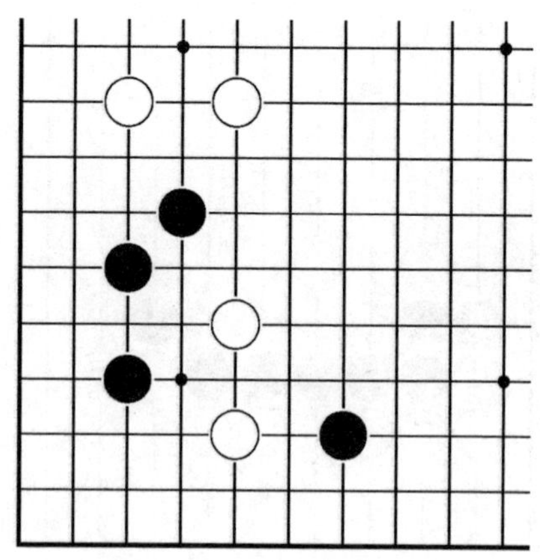

2. 出头与封锁

学习日期	月　日
检　查	

黑先，写出必要的过程。

69

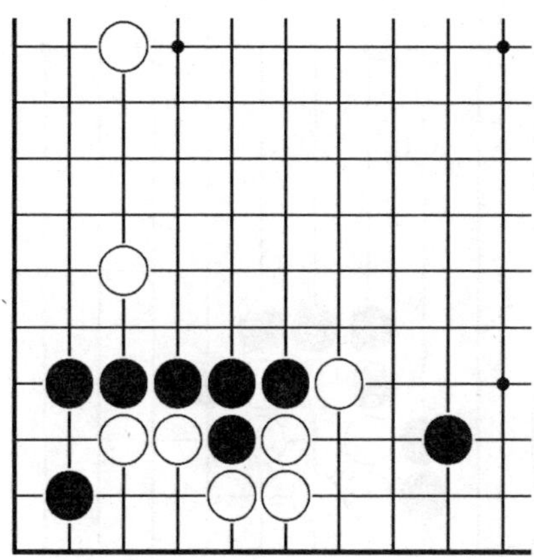

70

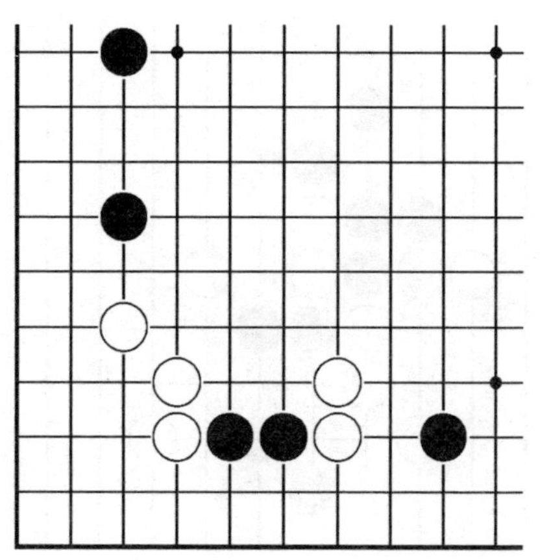

71

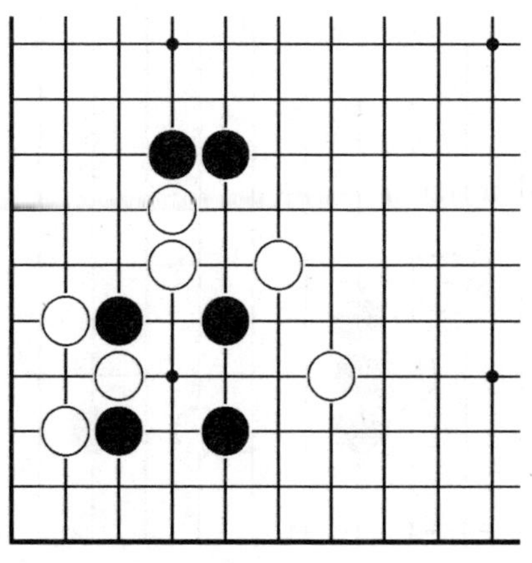

72

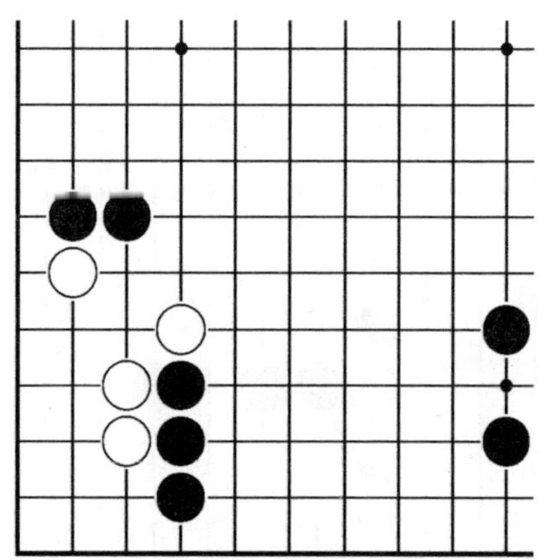

2. 出头与封锁

学习日期	月　日
检　查	

黑先，写出必要的过程。

73

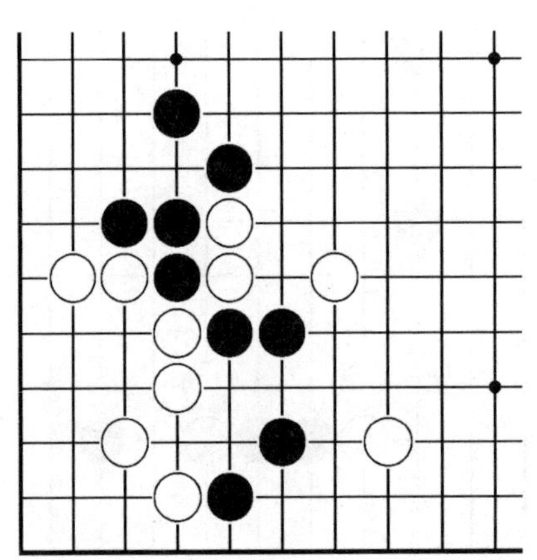

74

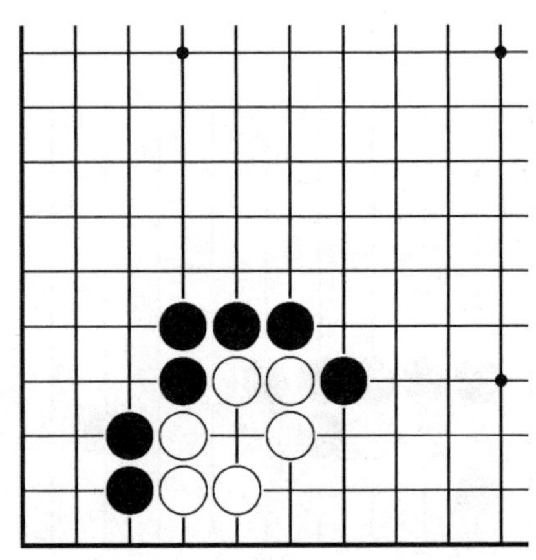

75

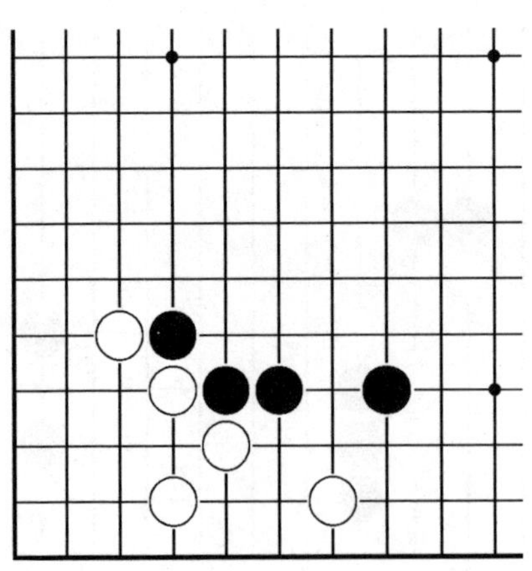

76

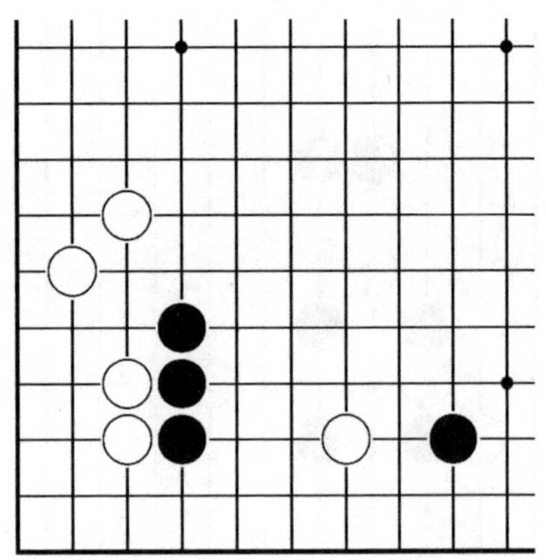

2. 出头与封锁

学习日期	月　　日
检　　查	

黑先，写出必要的过程。

77

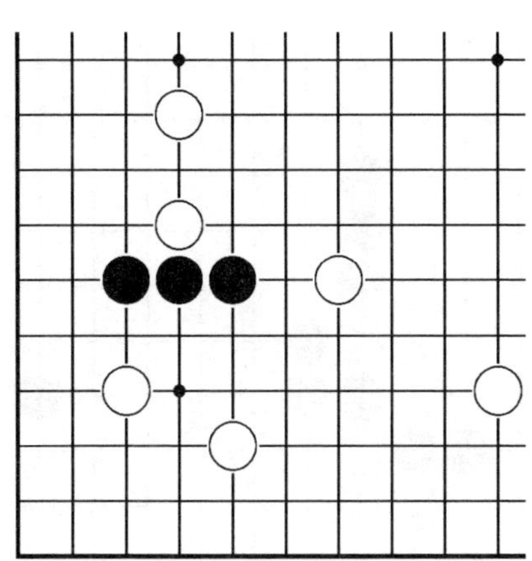

78

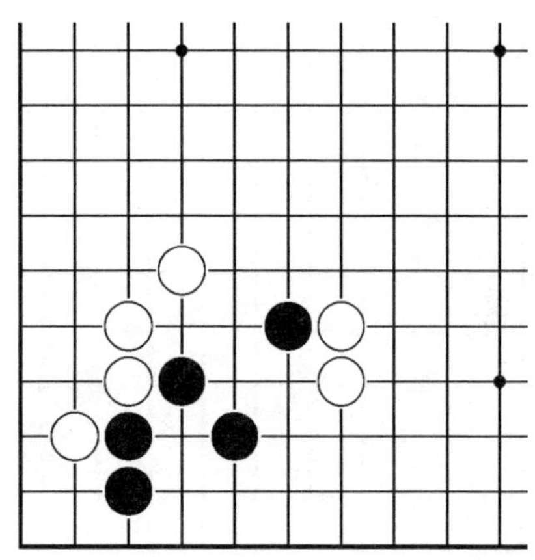

下篇

79

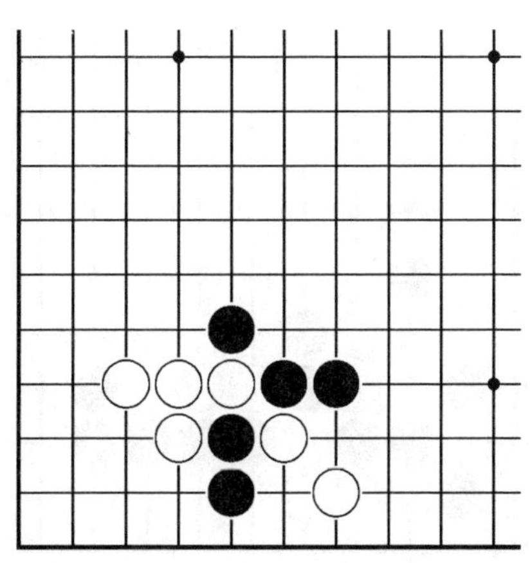

80

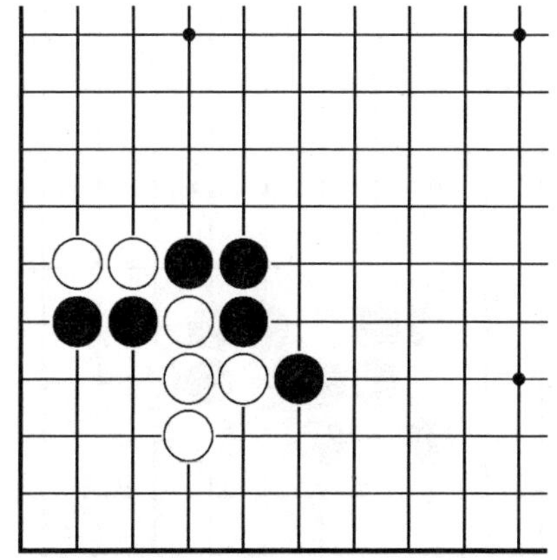

2. 出头与封锁

学习日期	月　　日
检　　查	

黑先，写出必要的过程。

81

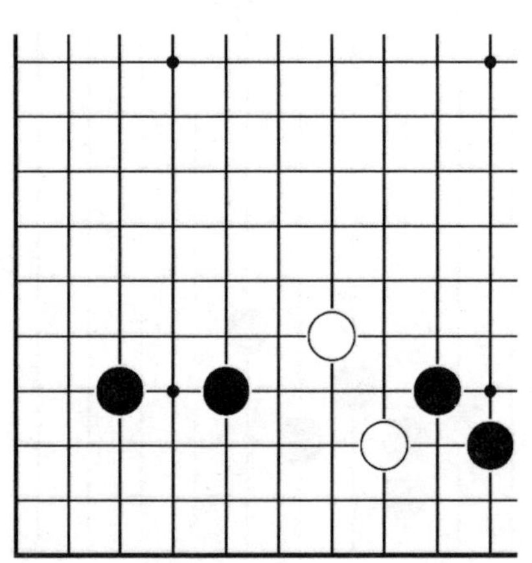

82

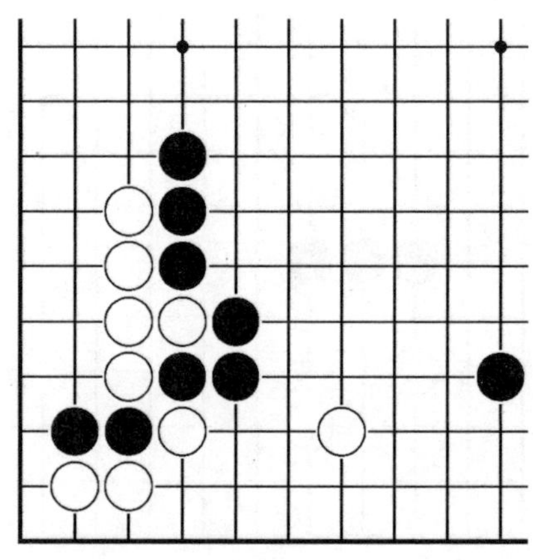

83

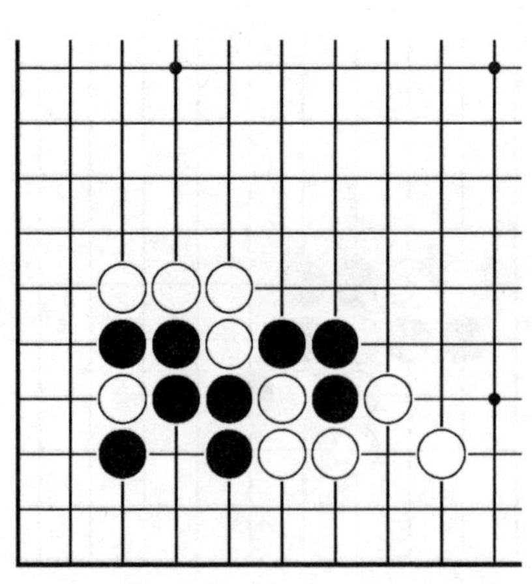

84

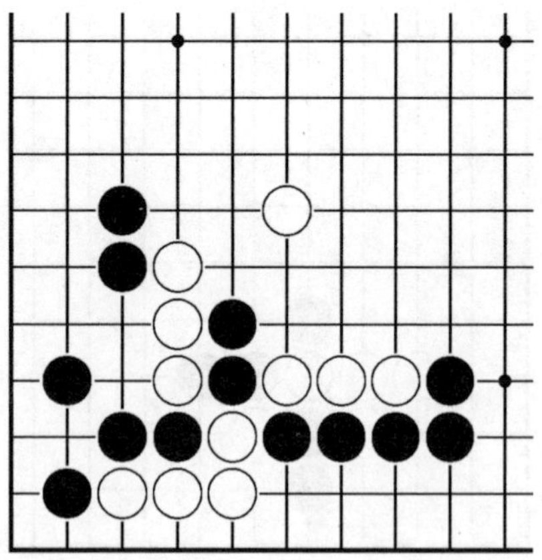

2. 出头与封锁

学习日期	月　日
检　查	

黑先，写出必要的过程。

85

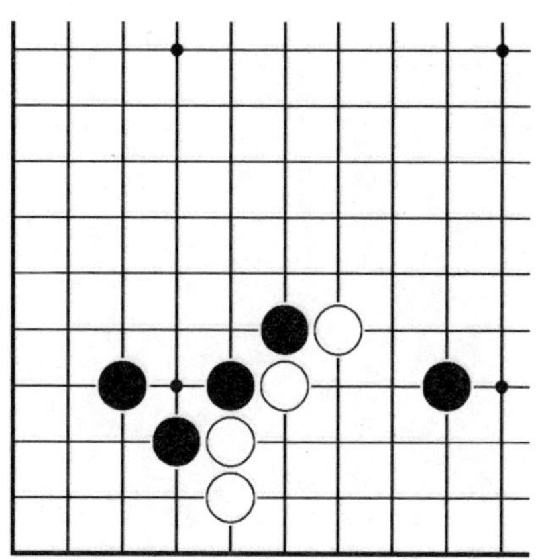

86

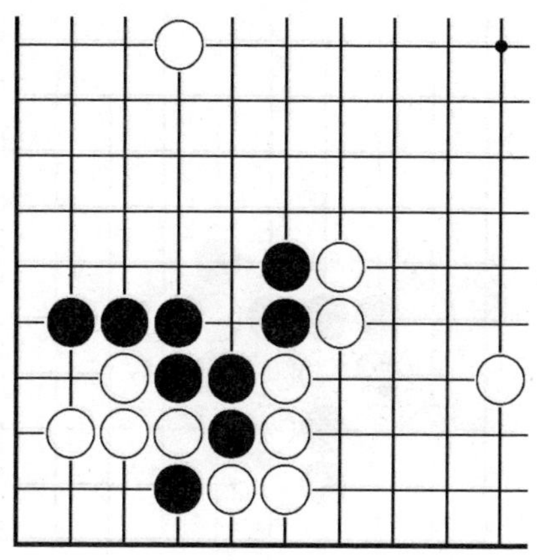

87

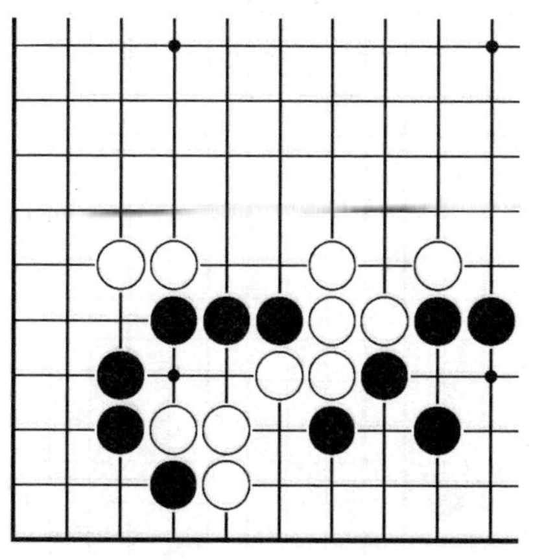

88

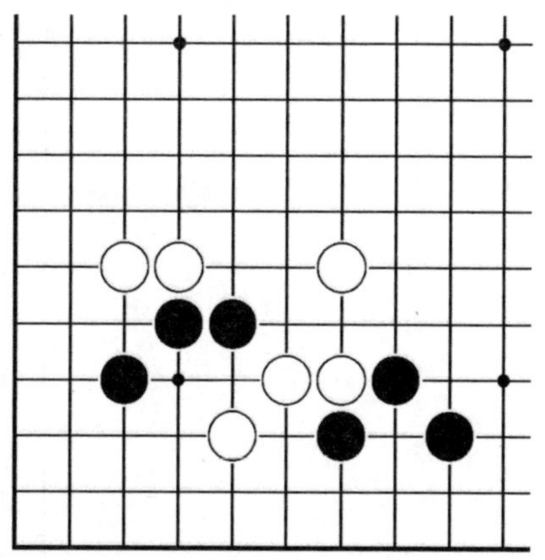

下篇

2. 出头与封锁

学习日期	月　　日
检　　查	

黑先，写出必要的过程。

89

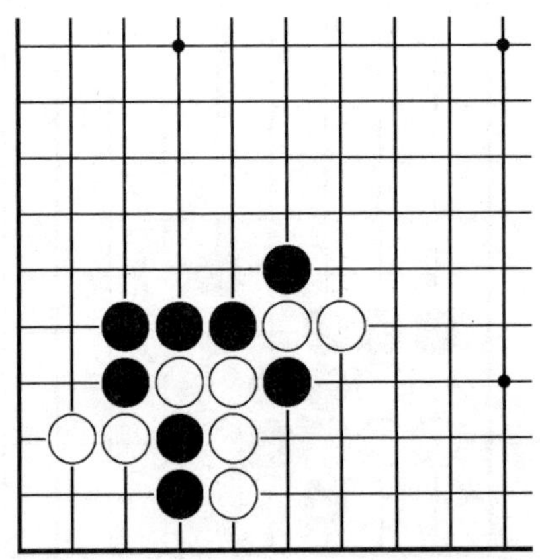

90

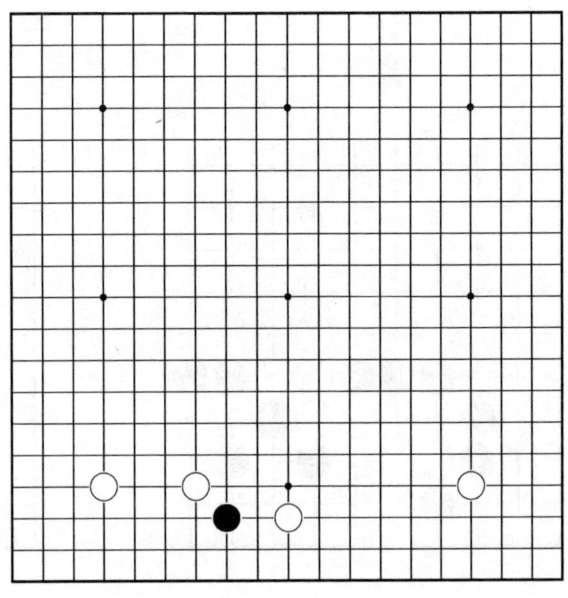

2. 出头与封锁

学习日期	月　　日
检　　查	

黑先，写出必要的过程。

91

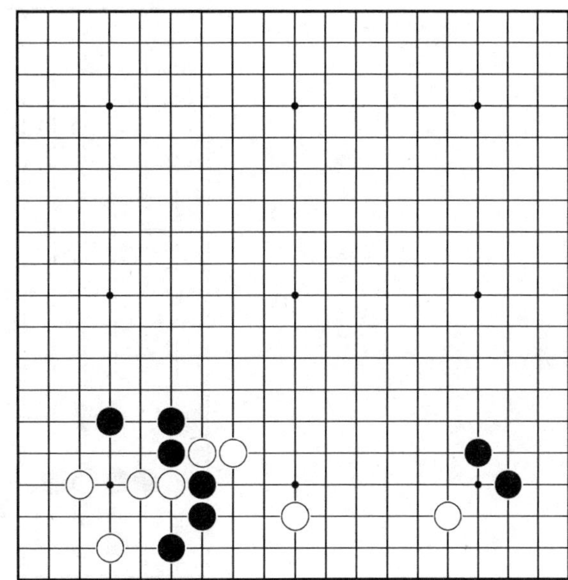

92

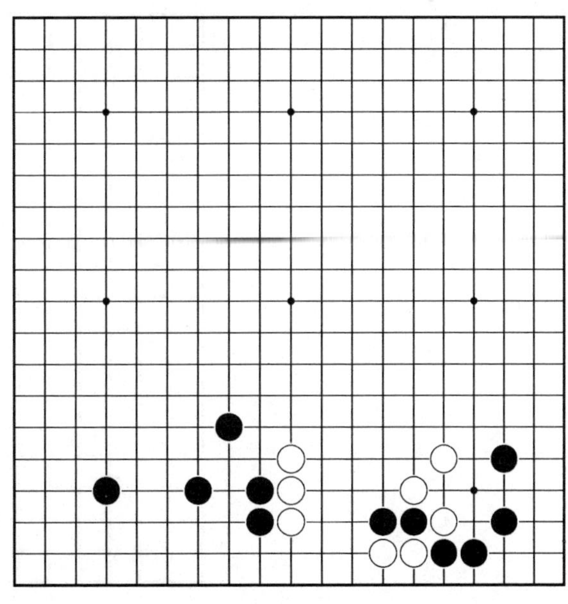

2. 出头与封锁

学习日期	月 日
检 查	

黑先，写出必要的过程。

93

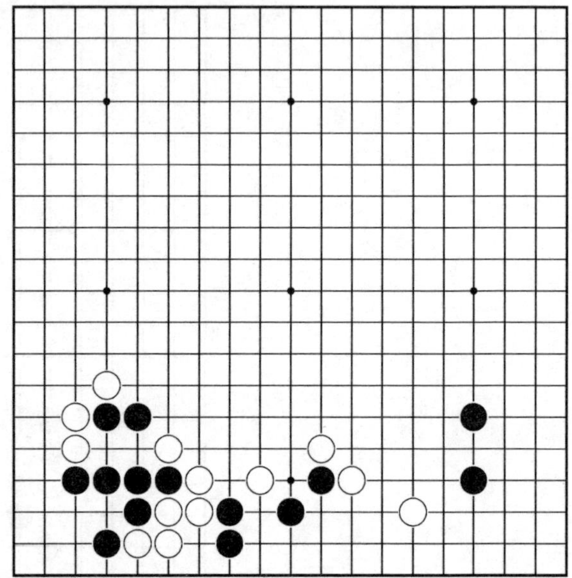

94

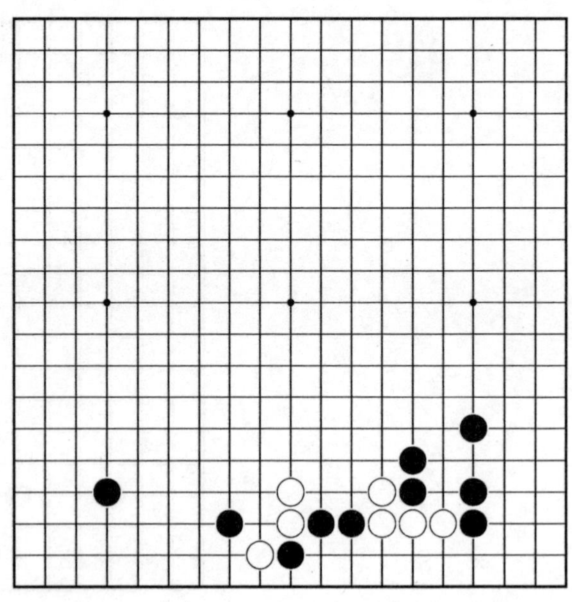

2. 出头与封锁

学习日期	月　　日
检　　查	

下篇

黑先，写出必要的过程。

95

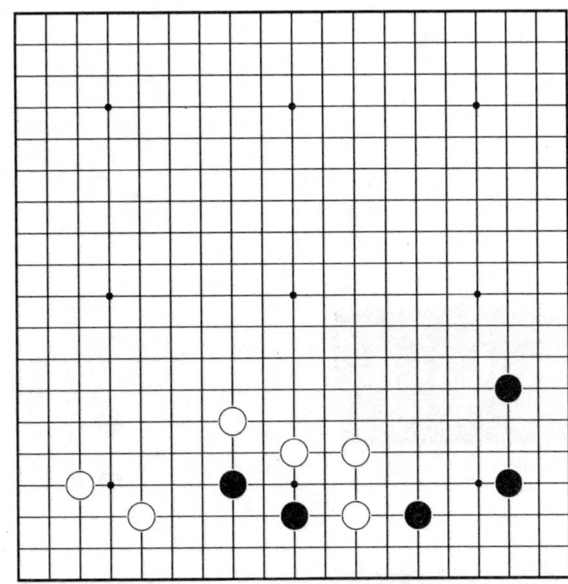

96

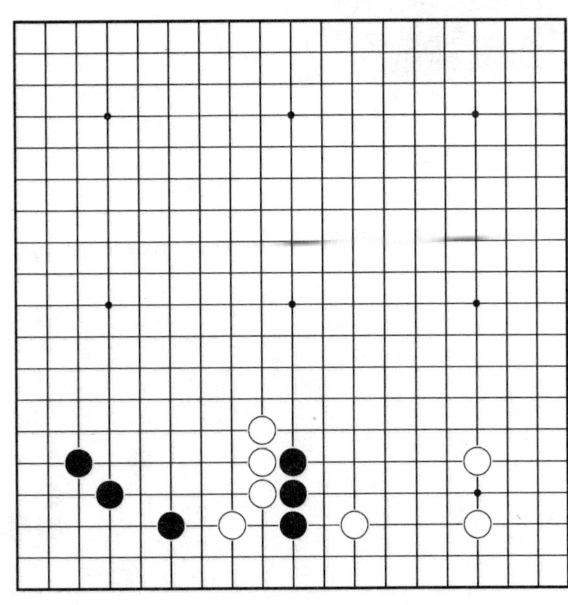

2. 出头与封锁

学习日期	月　　日
检　　查	

黑先，写出必要的过程。

97

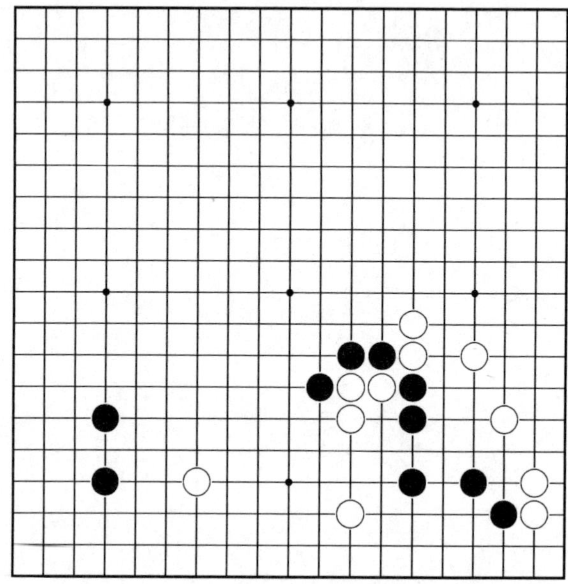

98

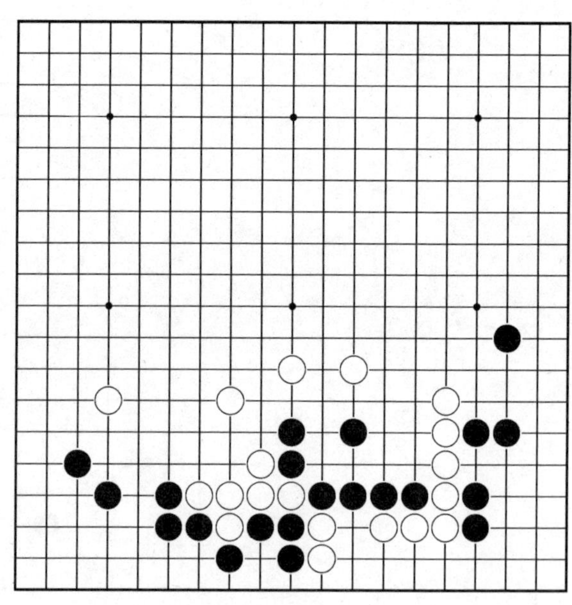

2. 出头与封锁

学习日期	月　　日
检　　查	

黑先，写出必要的过程。

99

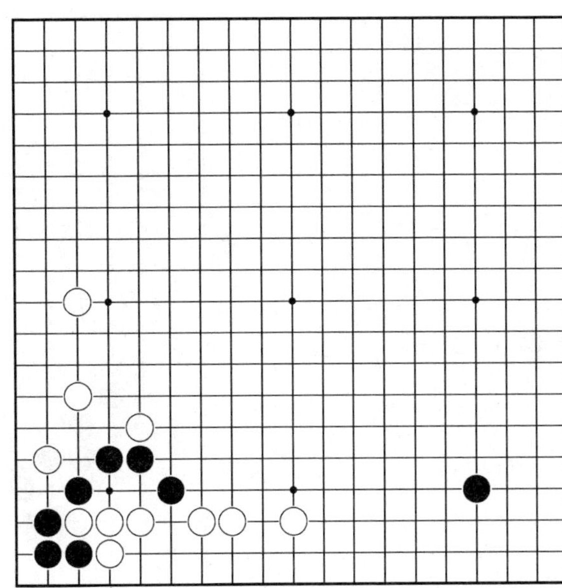

100

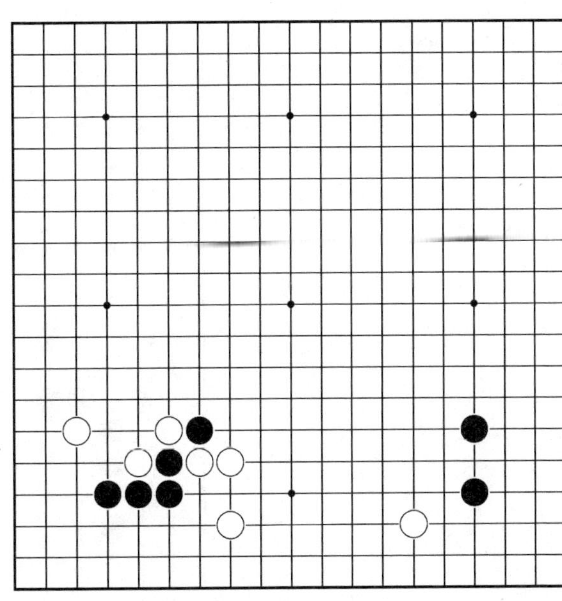

2. 出头与封锁

学习日期	月 日
检 查	

黑先，写出必要的过程。

101

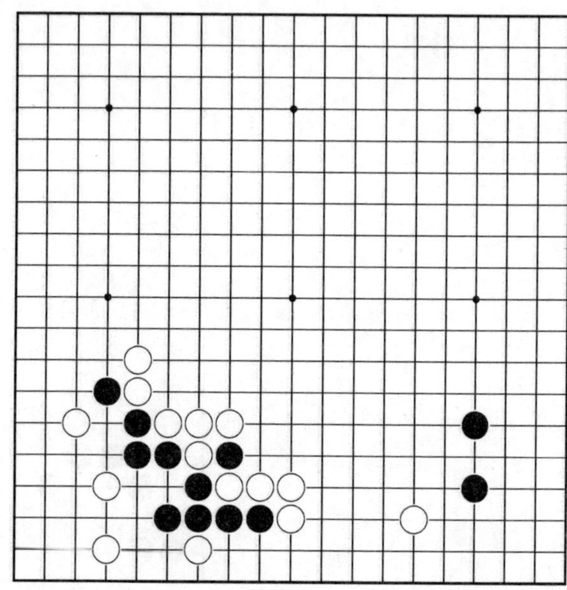

102

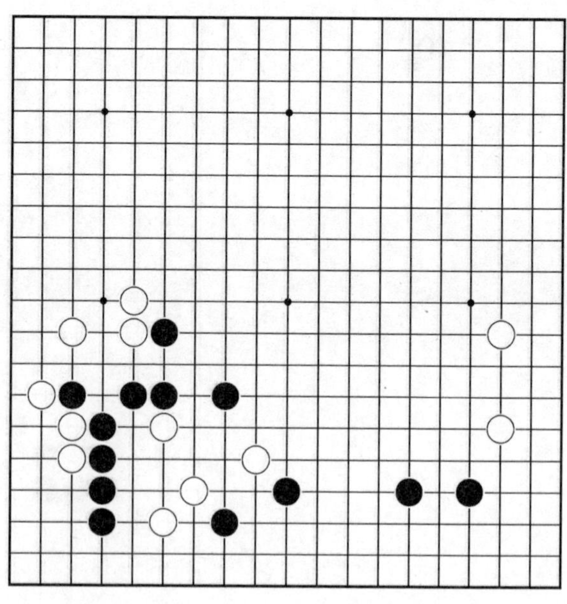

2. 出头与封锁

学习日期	月　日
检　查	

黑先，写出必要的过程。

103

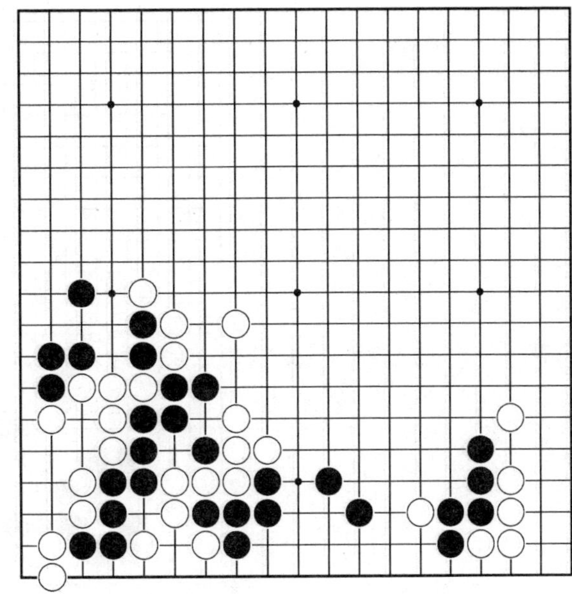

104

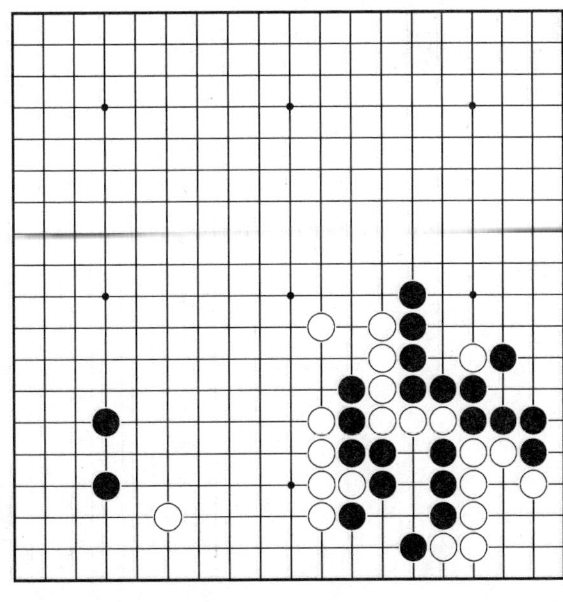

下篇

2. 出头与封锁

学习日期	月　　日
检　　查	

黑先，写出必要的过程。

105

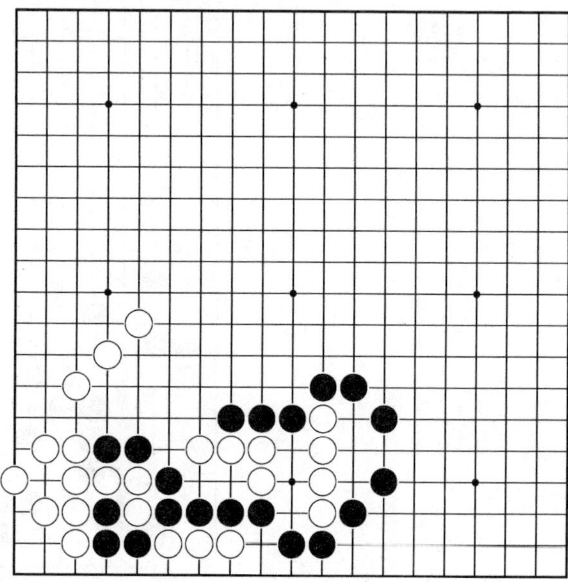

106

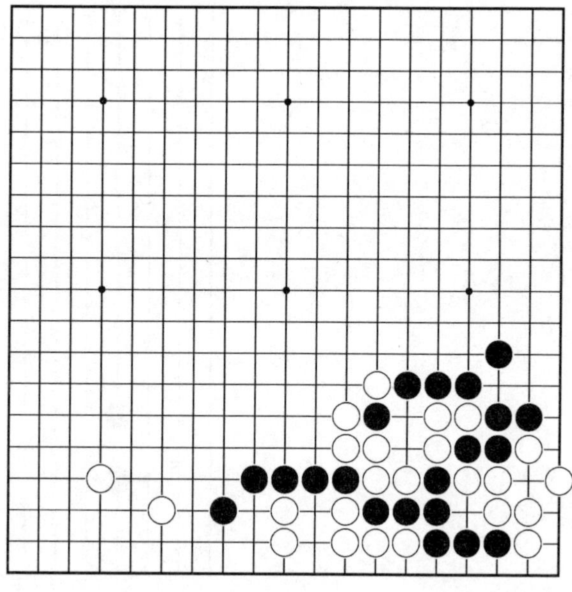

2. 出头与封锁

学习日期	月　　日
检　　查	

黑先，写出必要的过程。

107

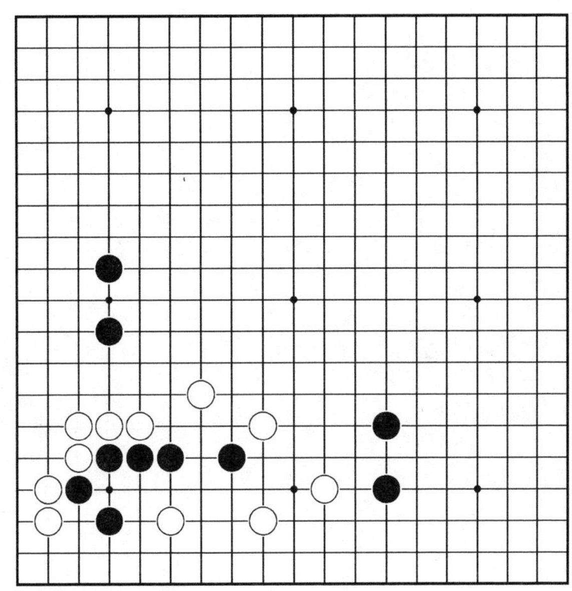

108

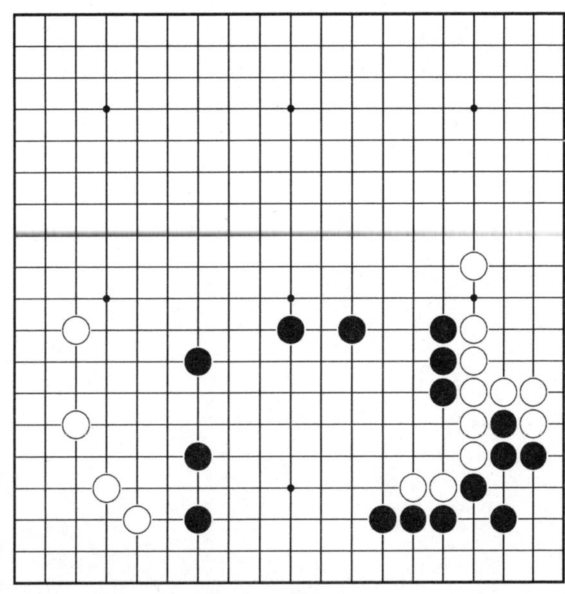

2. 出头与封锁

学习日期	月　　日
检　　查	

黑先，写出必要的过程。

109

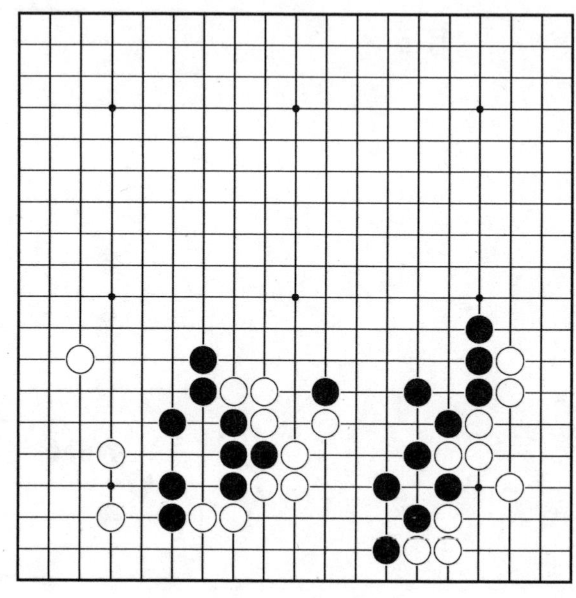

3. 棋　形

学习日期	月　　日
检　查	

黑先，写出必要的过程。

1

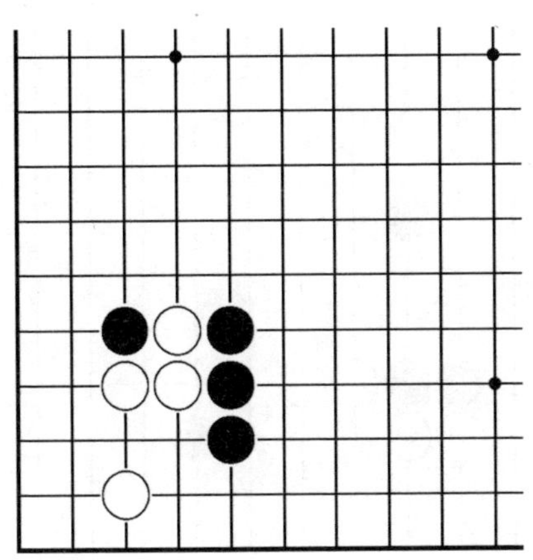

2

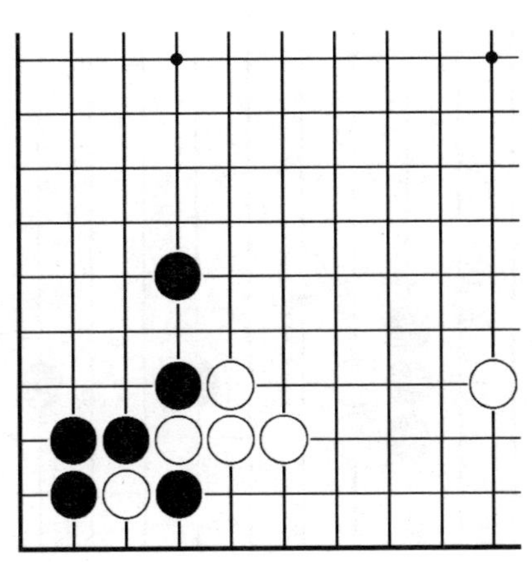

3

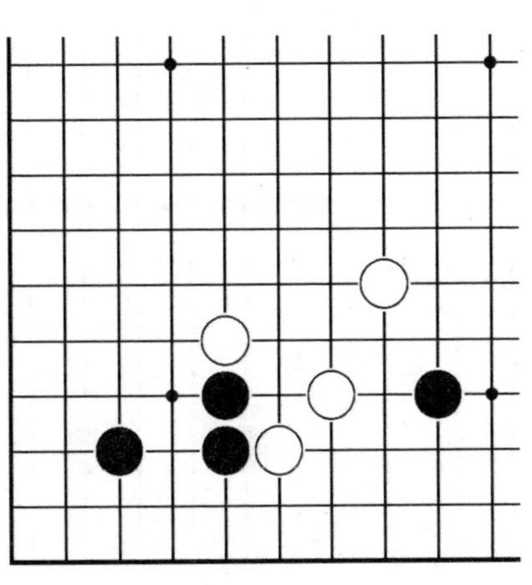

4

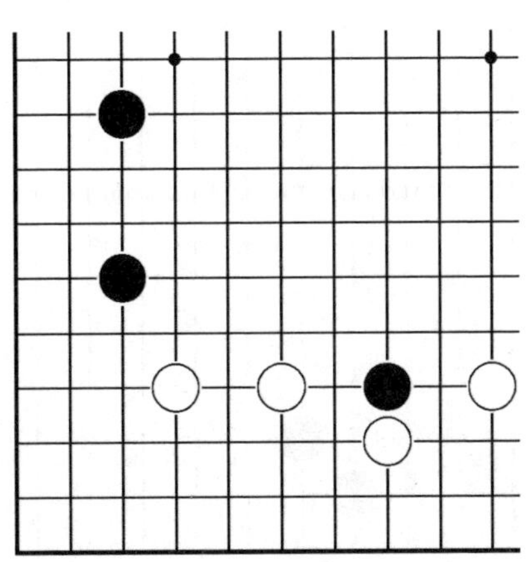

下篇

3. 棋 形

学习日期	月 日
检 查	

黑先，写出必要的过程。

5

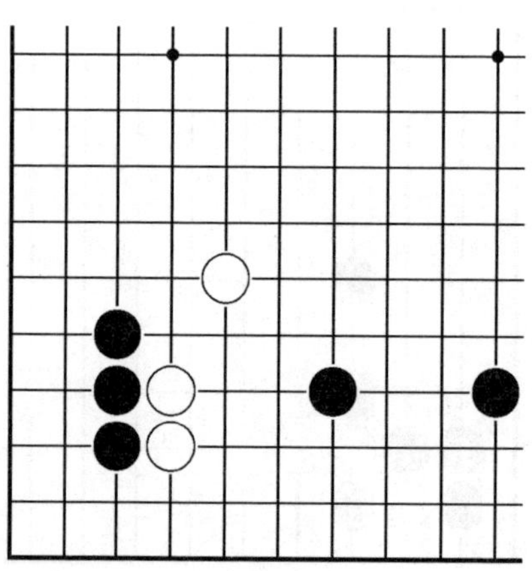

6

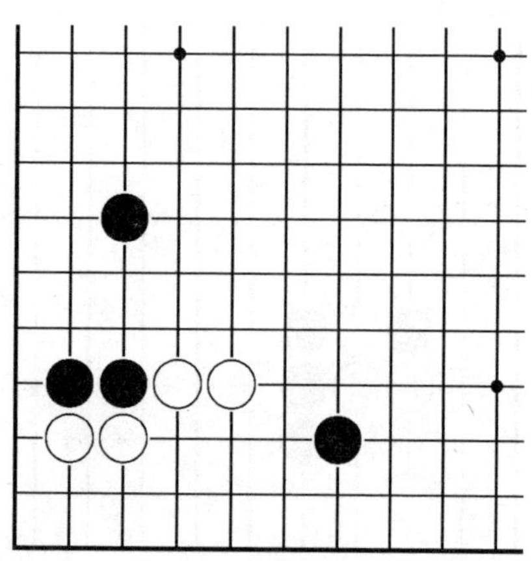

7

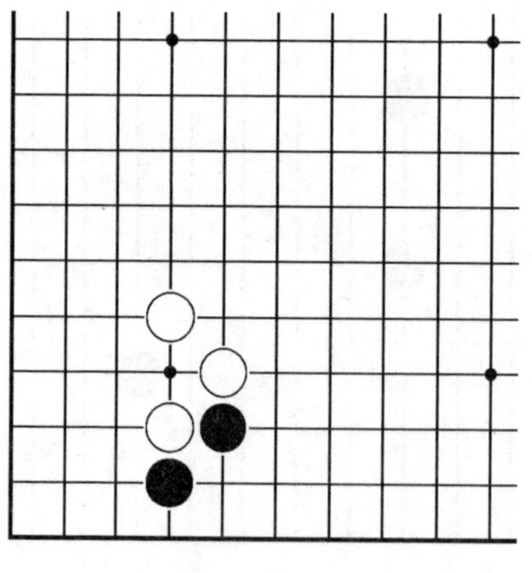

8

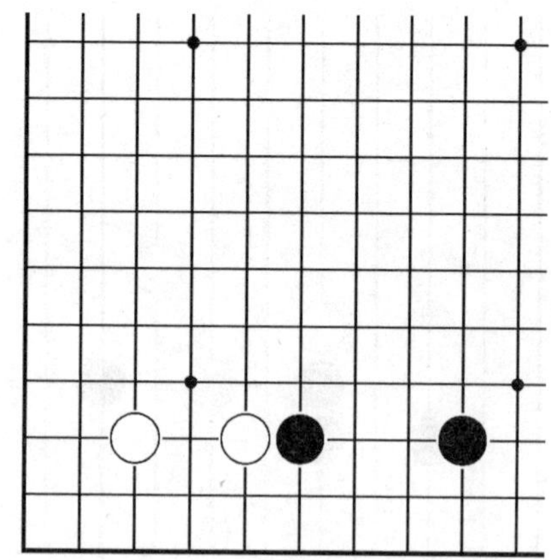

3. 棋　形

学习日期	月　　日
检　　查	

黑先，写出必要的过程。

9

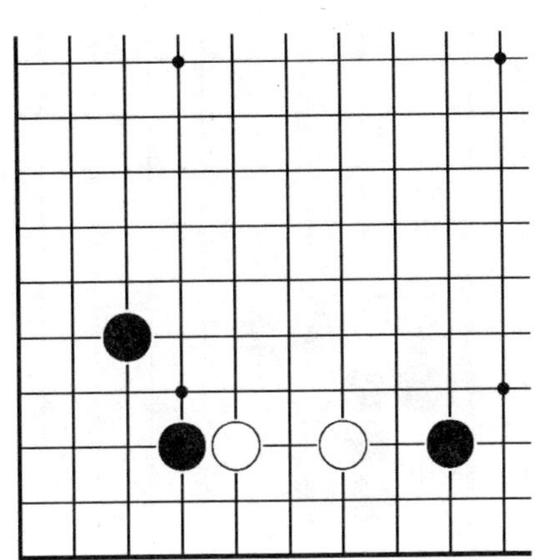

10

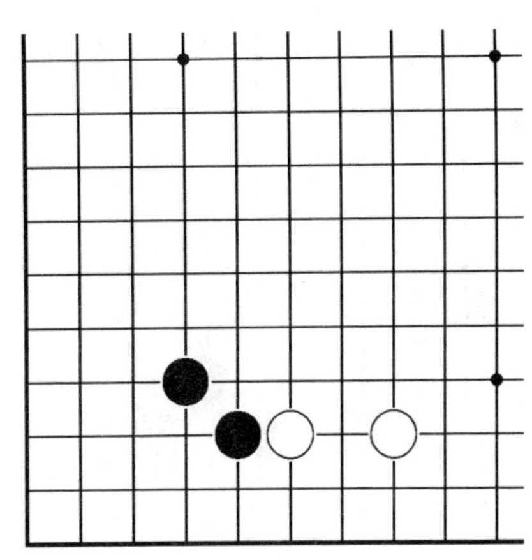

11

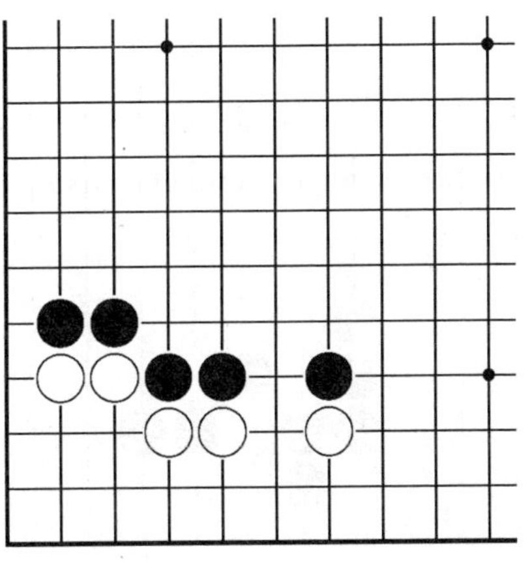

12

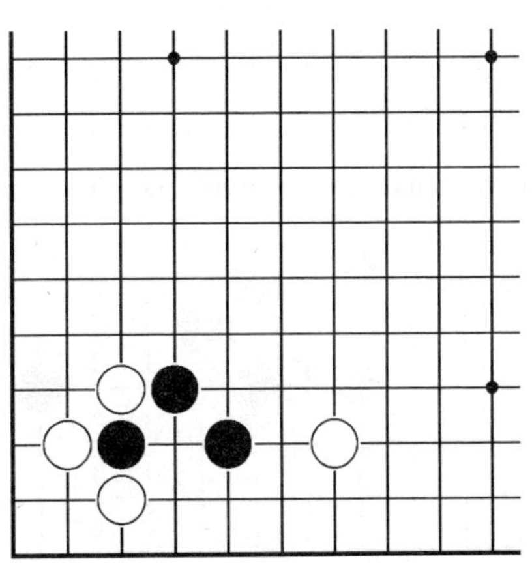

3. 棋 形

学习日期	月　　日
检　　查	

黑先，写出必要的过程。

13

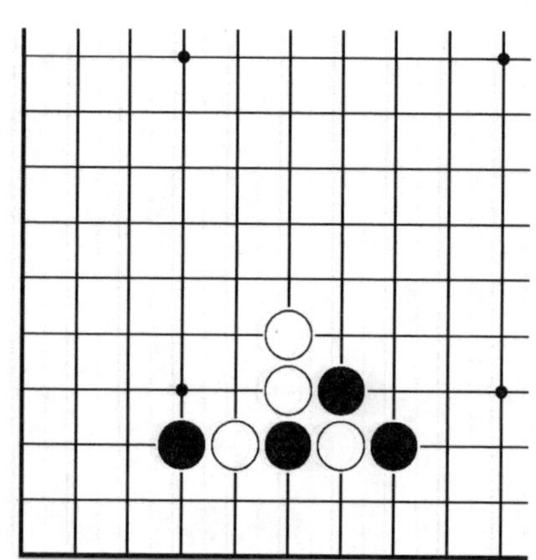

14

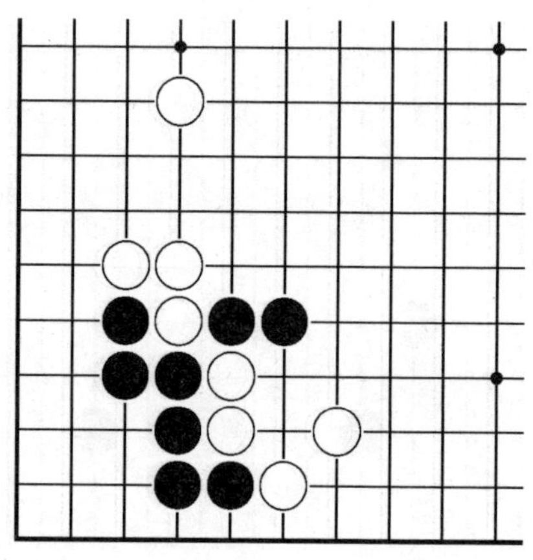

15

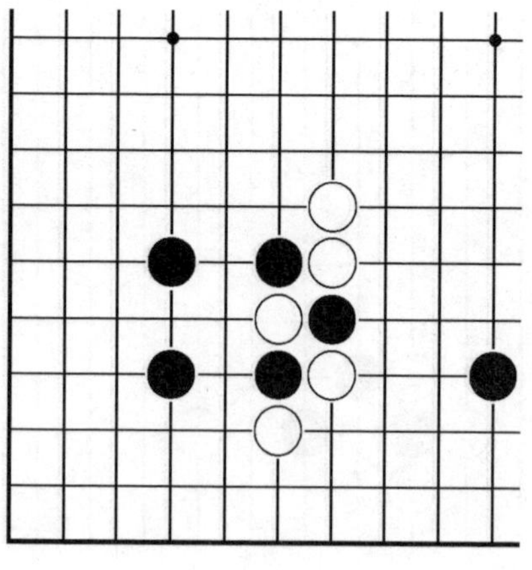

16

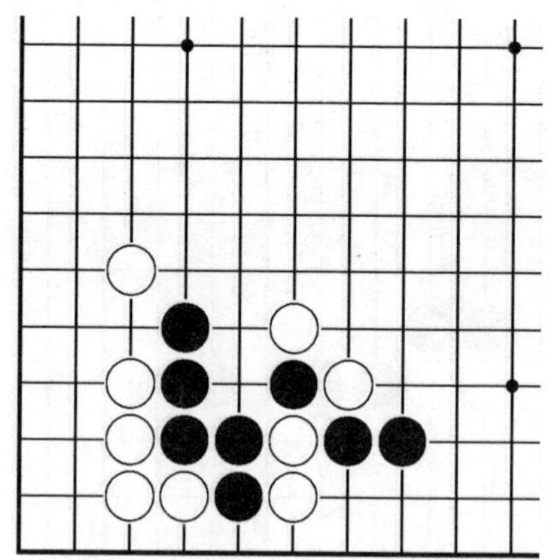

3. 棋　形

学习日期	月　日
检　查	

下篇

黑先，写出必要的过程。

17

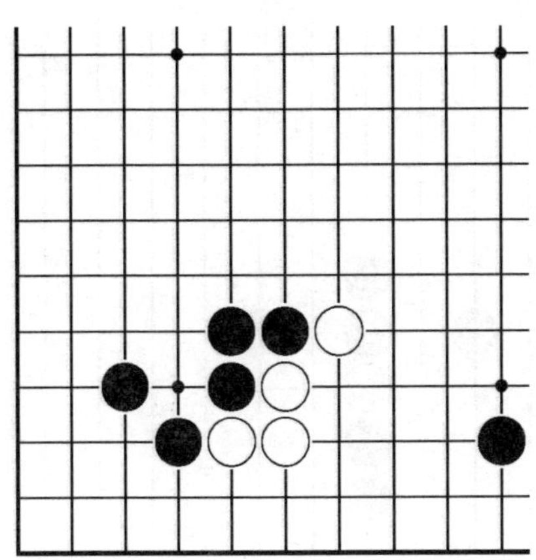

18

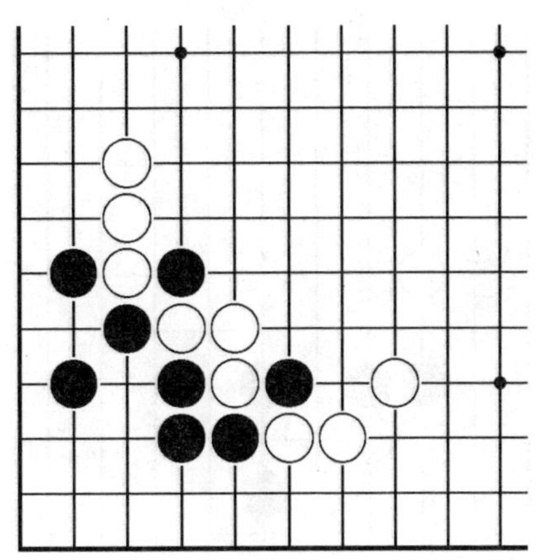

19

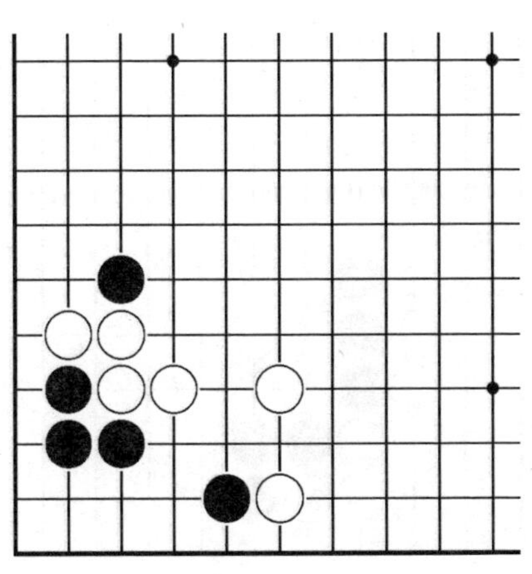

20

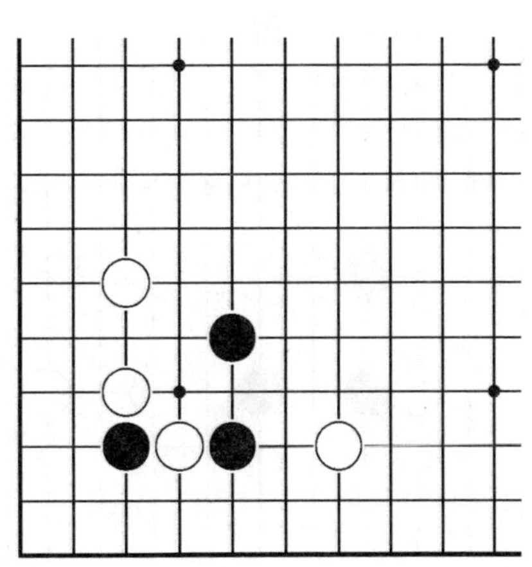

3. 棋 形

学习日期	月 日
检 查	

黑先，写出必要的过程。

21

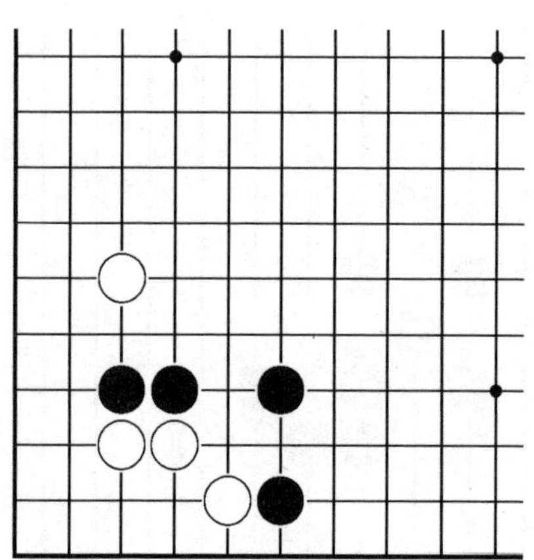

22

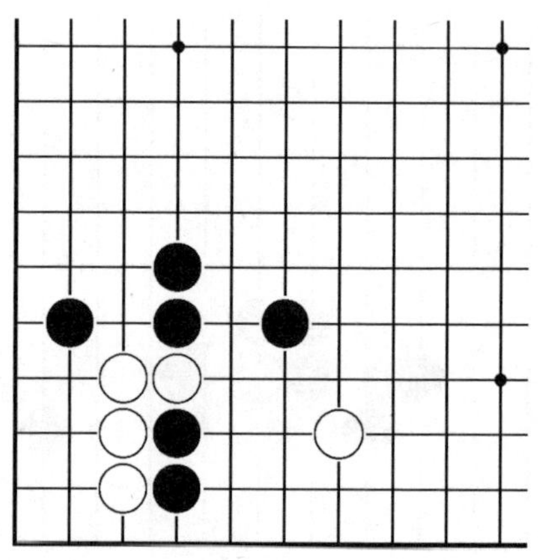

23

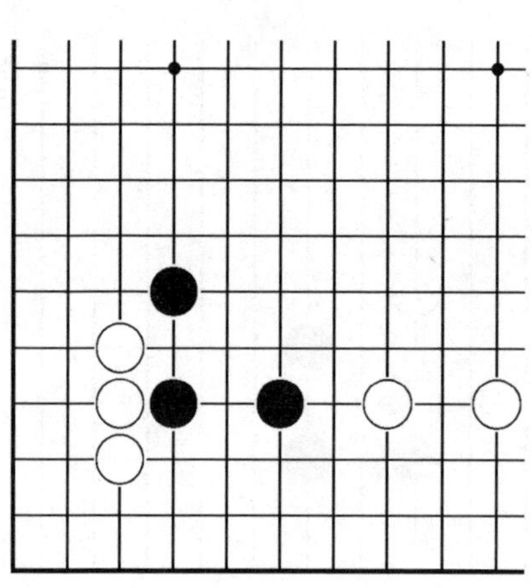

24

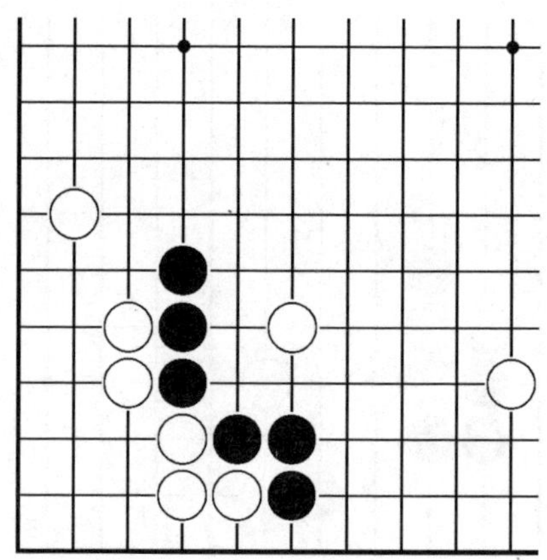

3. 棋　形

学习日期	月　　日
检　　查	

黑先，写出必要的过程。

25

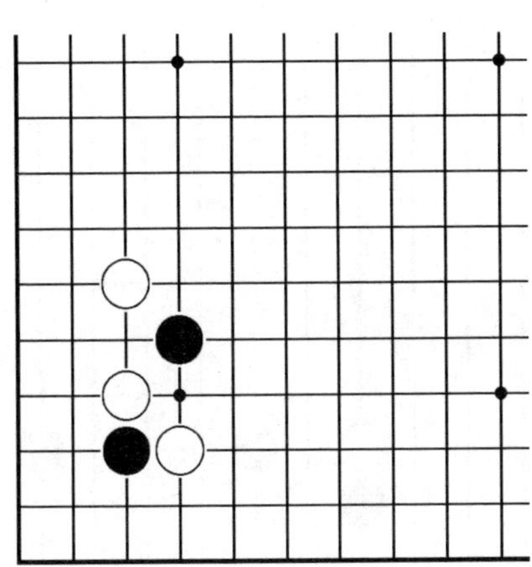

26

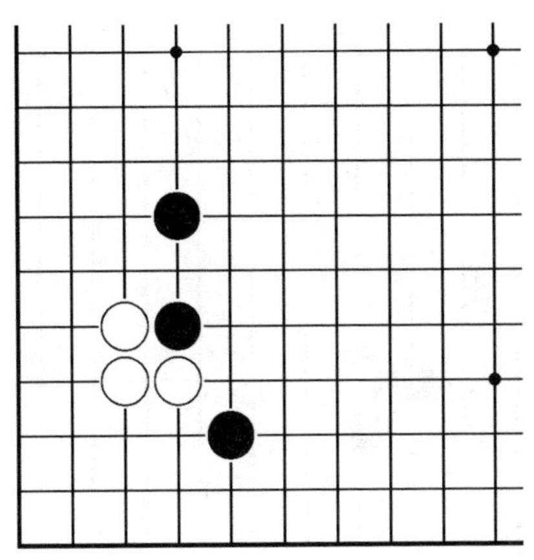

27

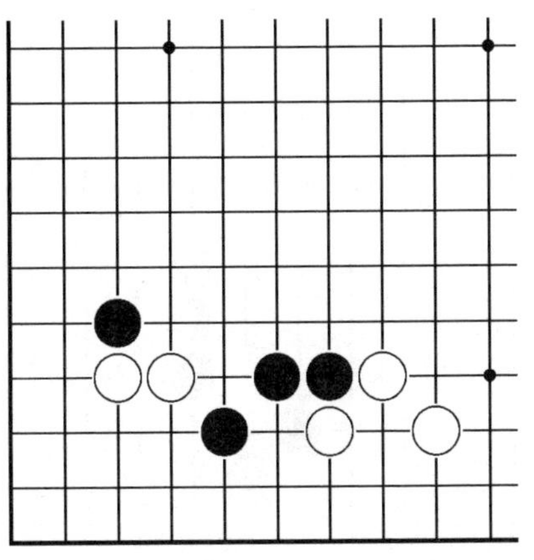

28

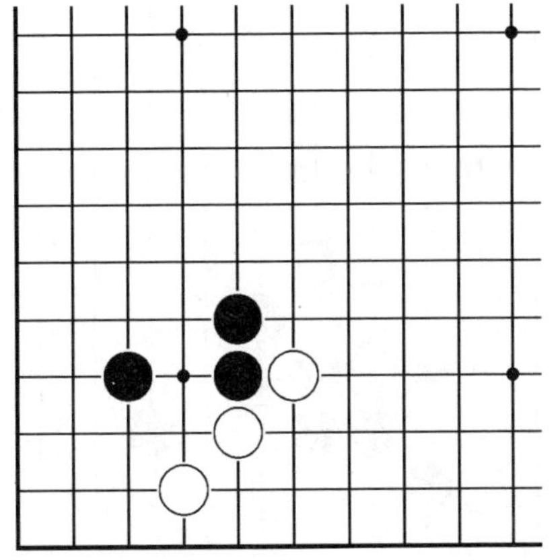

下篇

3. 棋 形

学习日期	月 日
检 查	

黑先，写出必要的过程。

29

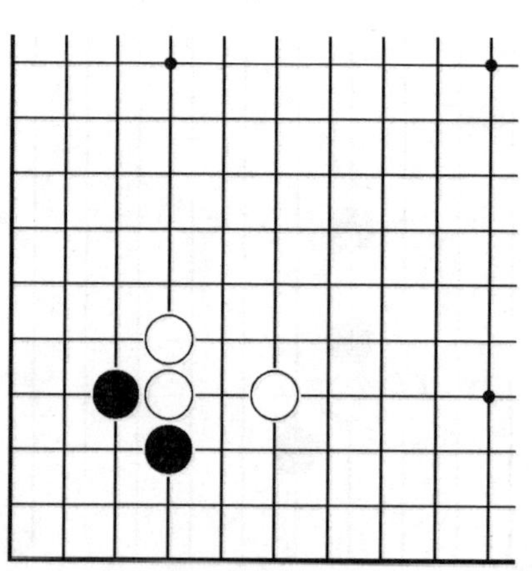

30

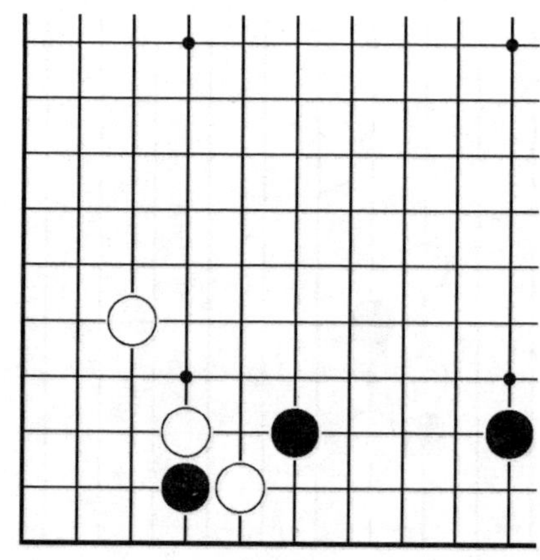

31

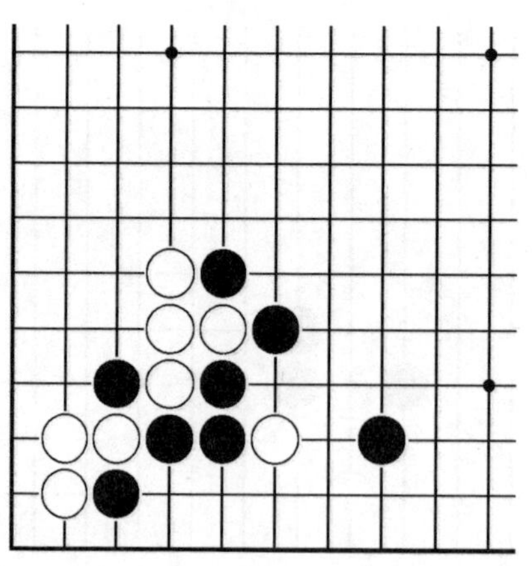

32

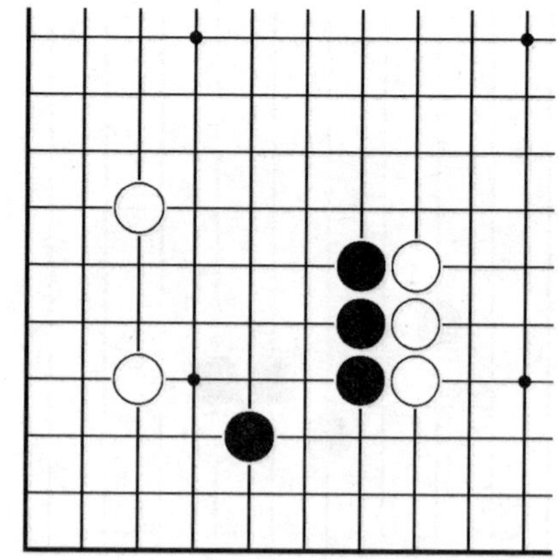

3. 棋　形

学习日期	月　日
检　查	

黑先，写出必要的过程。

33

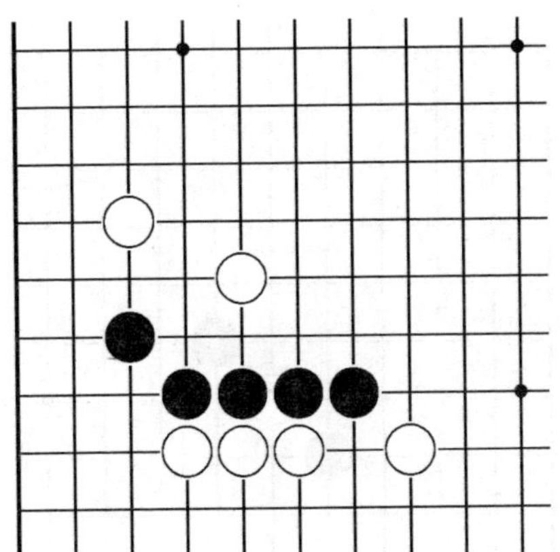

34

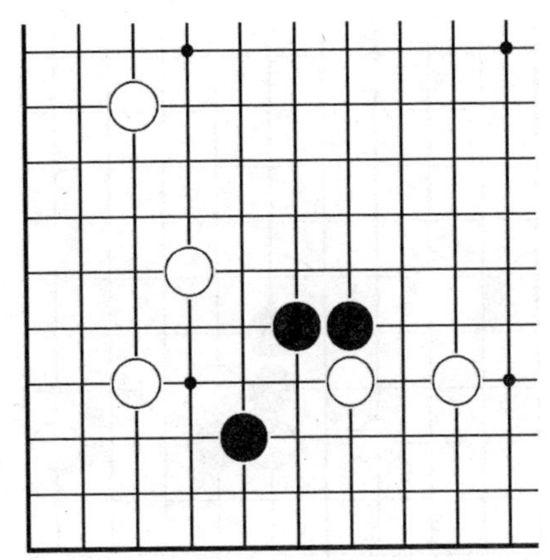

35

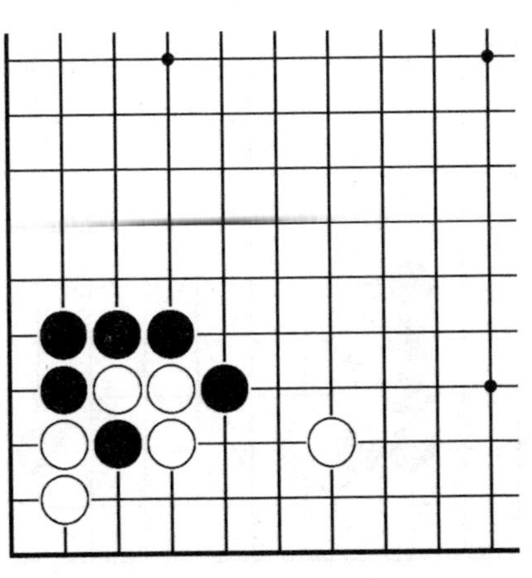

36

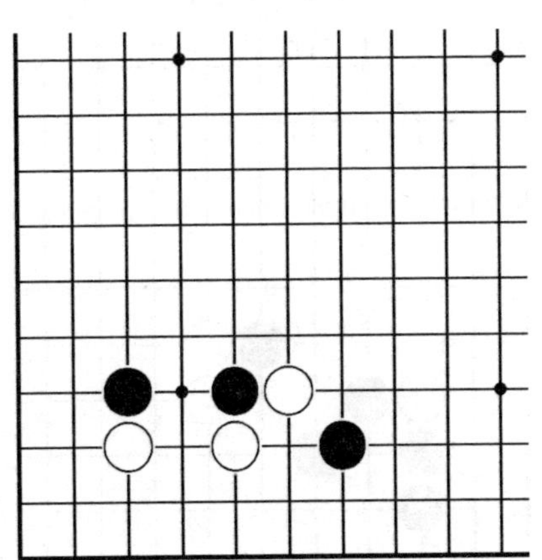

3. 棋 形

学习日期	月　　日
检　　查	

黑先，写出必要的过程。

37

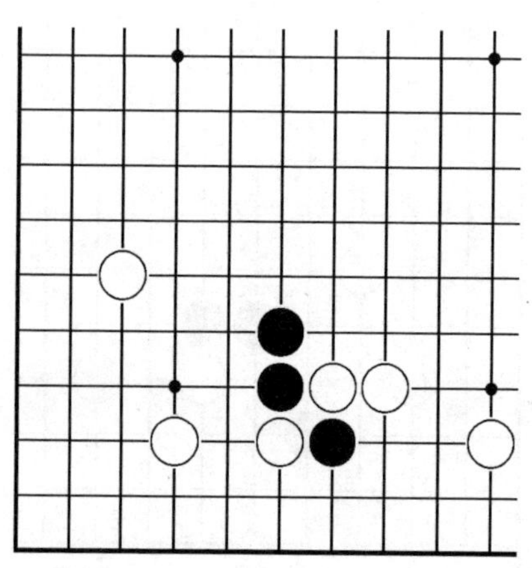

38

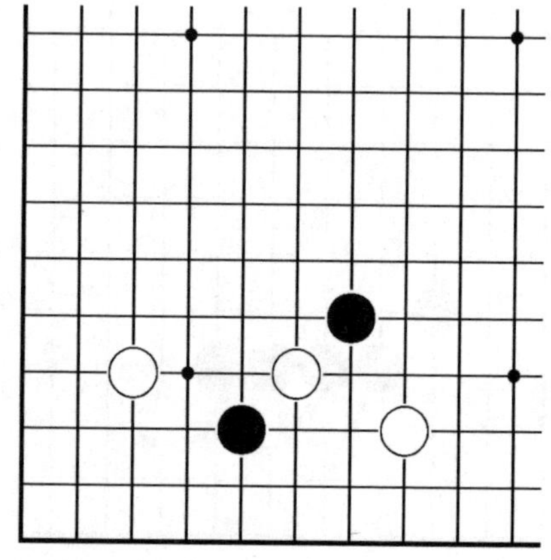

39

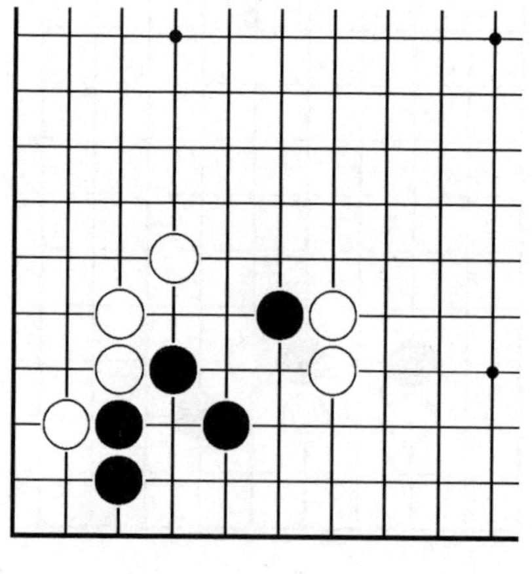

40

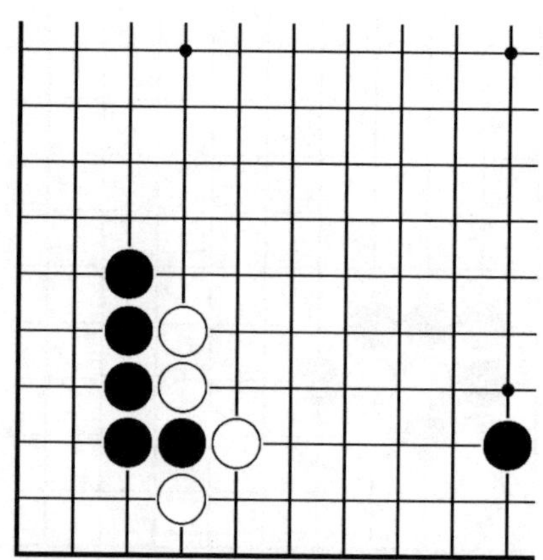

3. 棋　形

学习日期	月　　日
检　　查	

黑先，写出必要的过程。

41

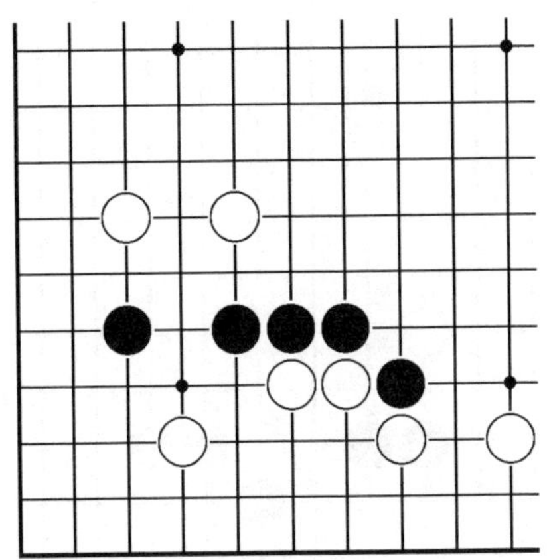

42

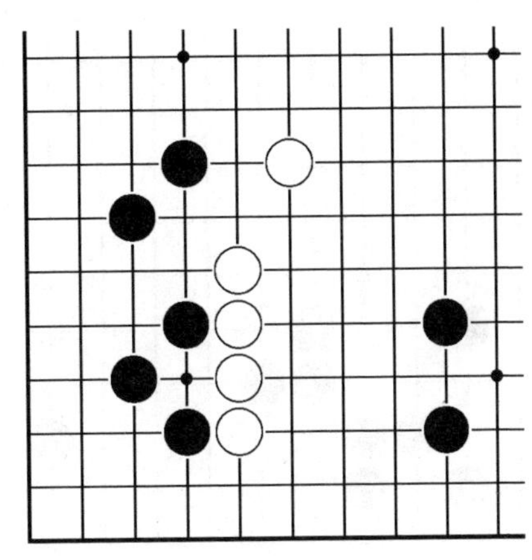

43

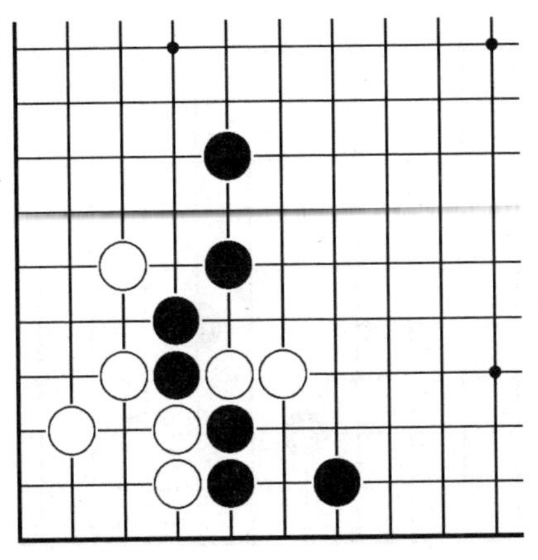

44

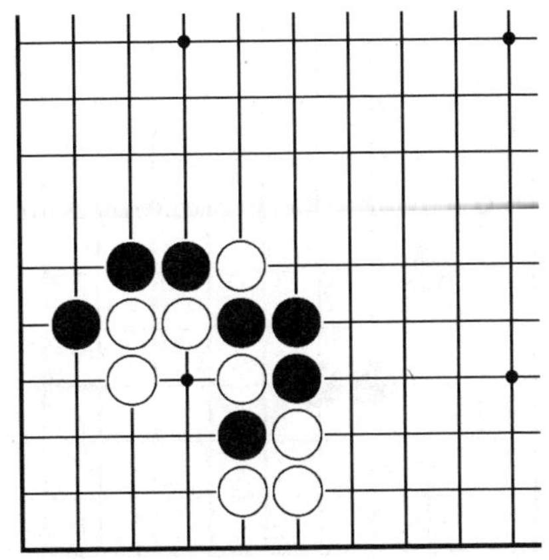

3. 棋 形

学习日期	月 日
检 查	

黑先，写出必要的过程。

45

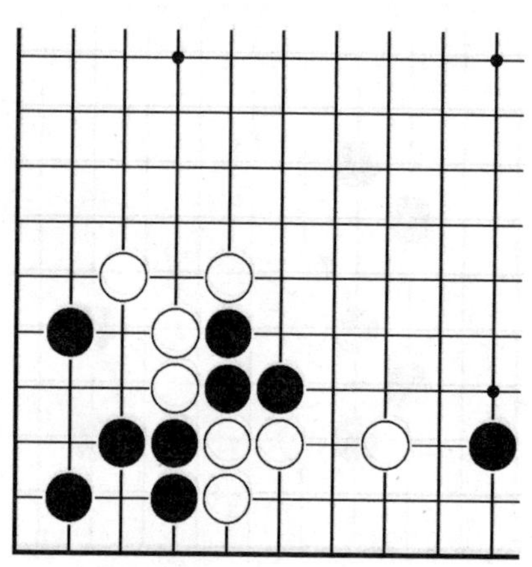

46

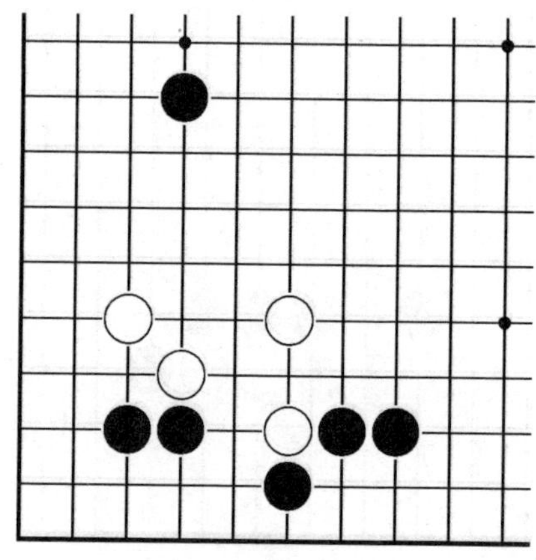

47

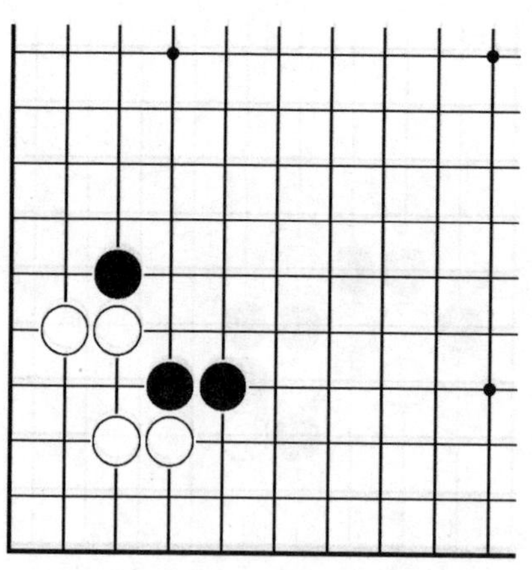

48

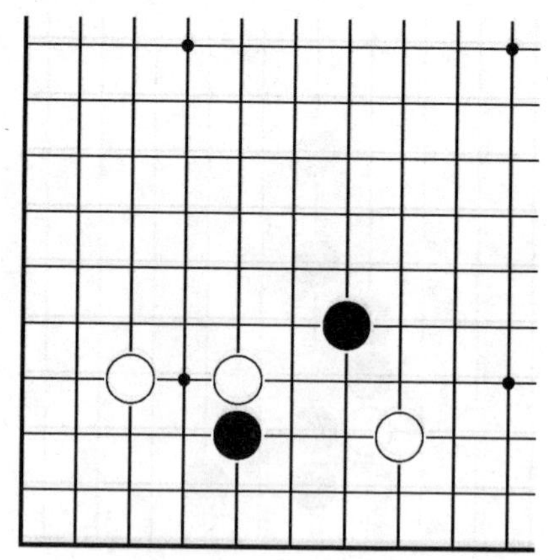

3. 棋　形

学习日期	月　　日
检　　查	

黑先，写出必要的过程。

49

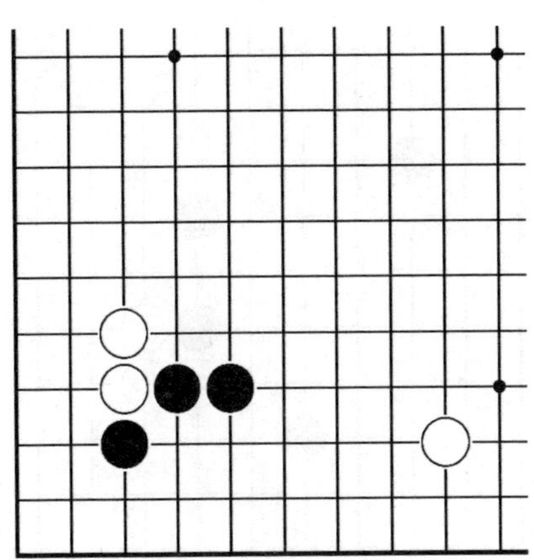

50

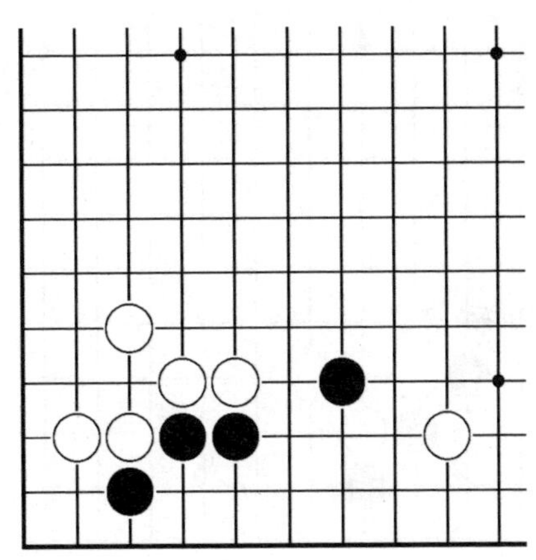

下篇

51

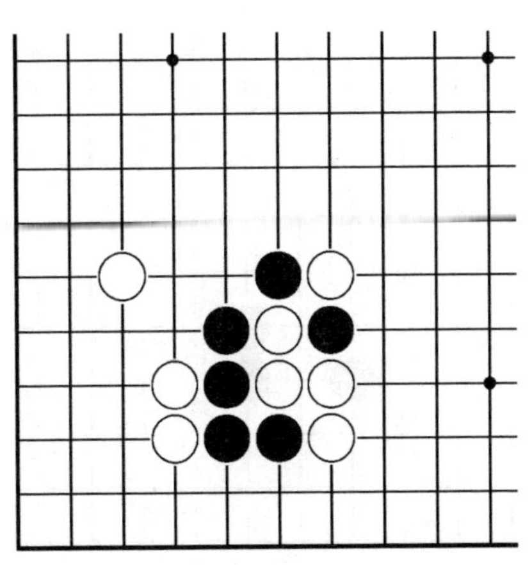

52

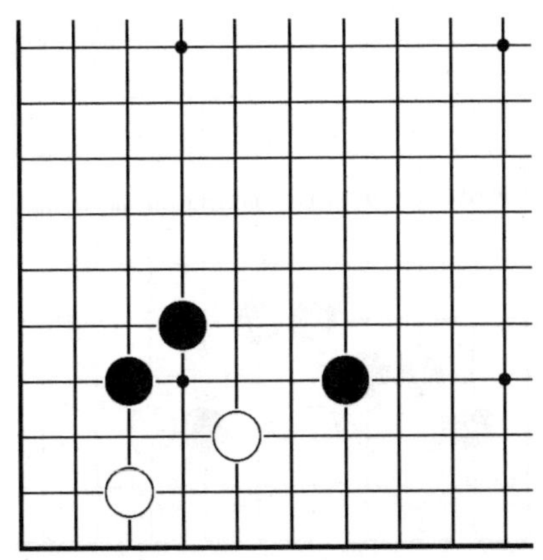

3. 棋 形

学习日期	月 日
检 查	

黑先，写出必要的过程。

53

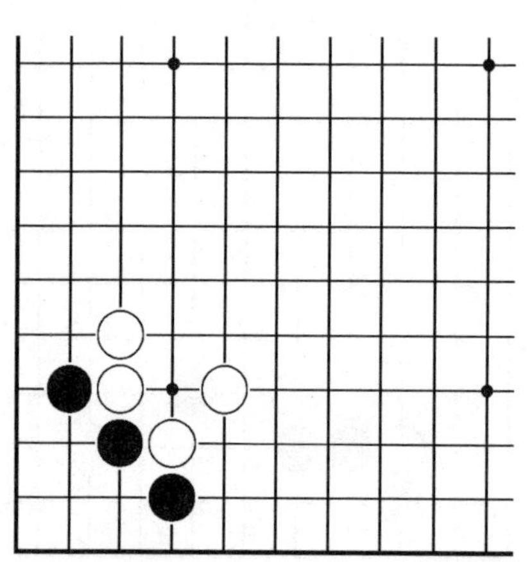

54

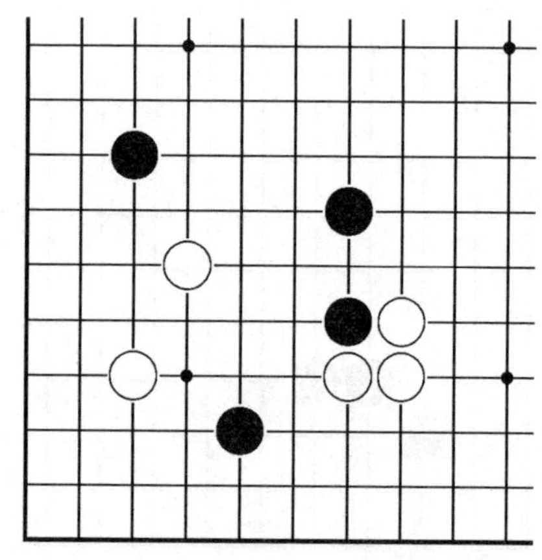

55

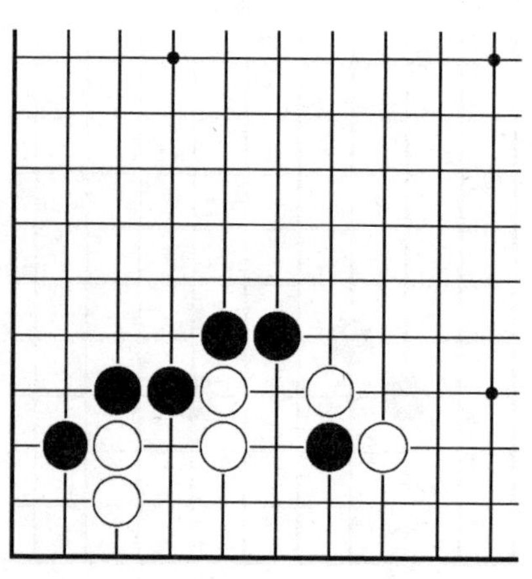

56

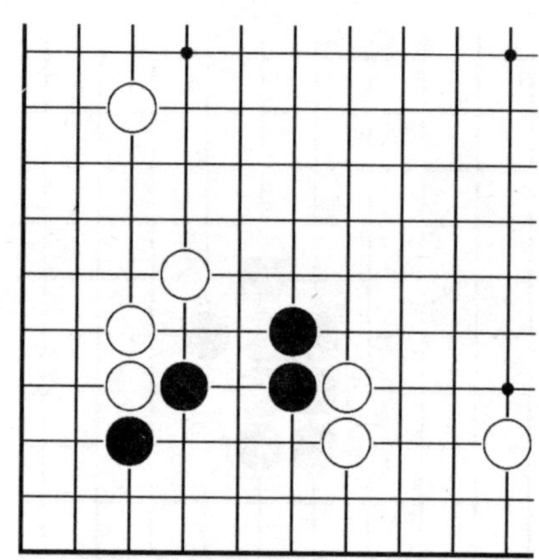

3. 棋 形

学习日期	月 日
检 查	

黑先，写出必要的过程。

57

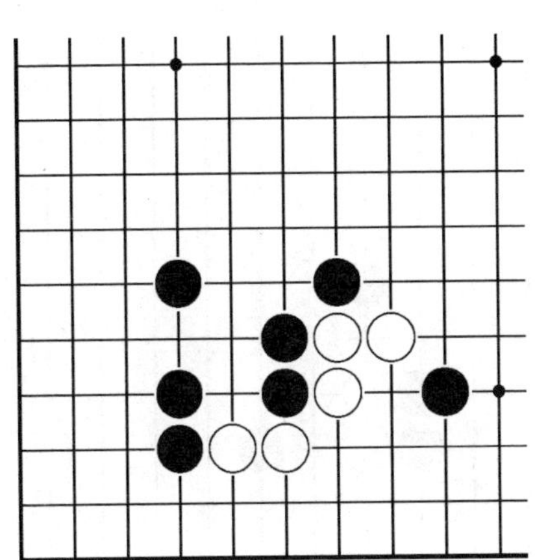

58

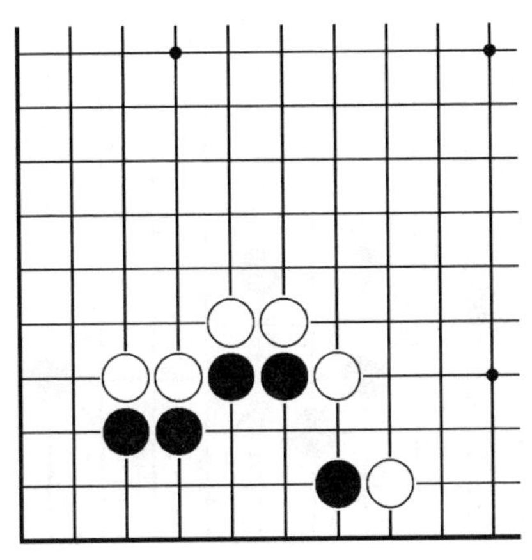

59

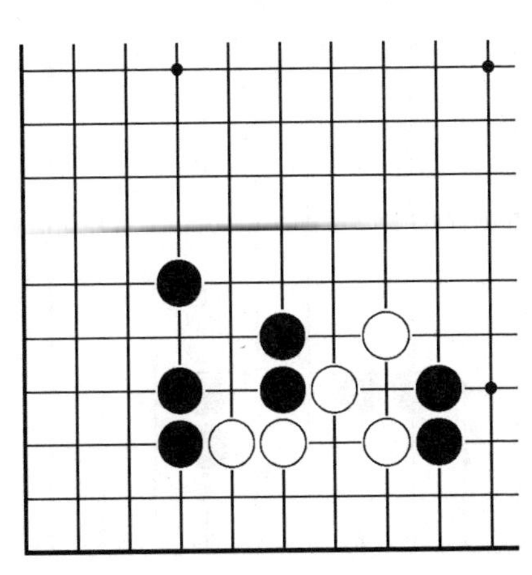

60

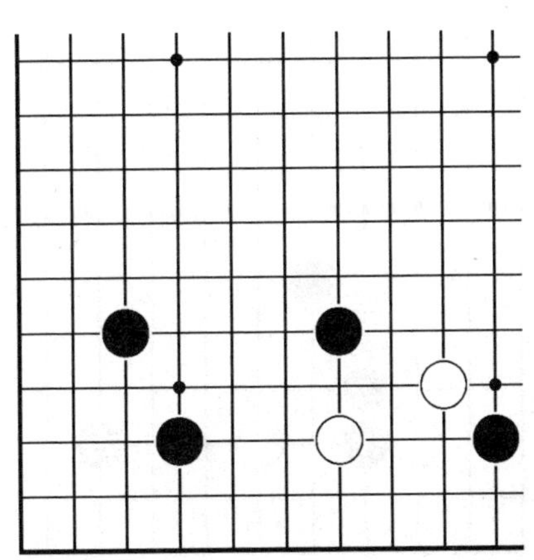

下篇

3. 棋　形

学习日期	月　日
检　查	

黑先，写出必要的过程。

61

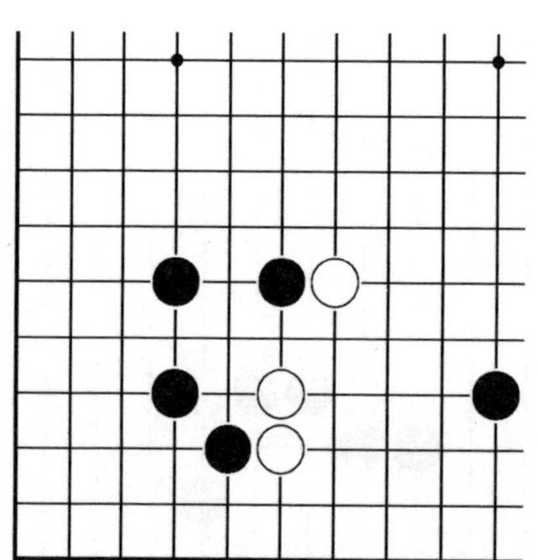

62

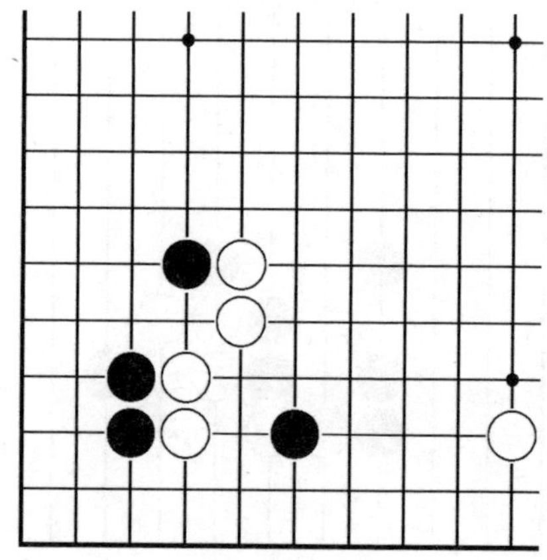

63

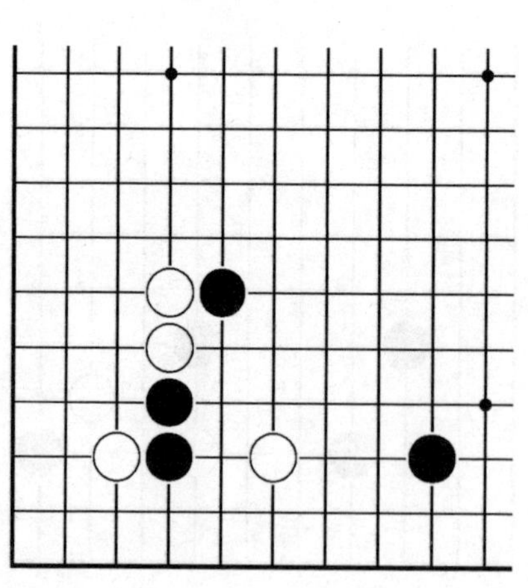

64

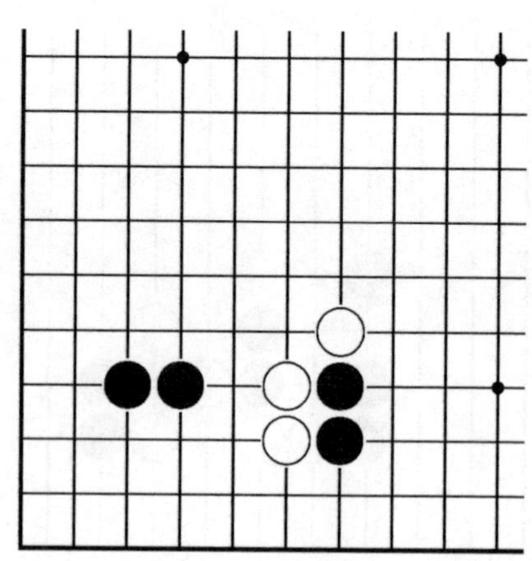

3. 棋　形

学习日期	月　　日
检　　查	

黑先，写出必要的过程。

65

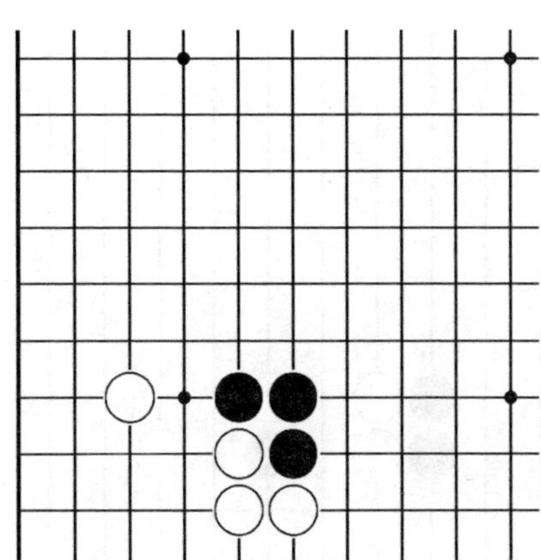

66

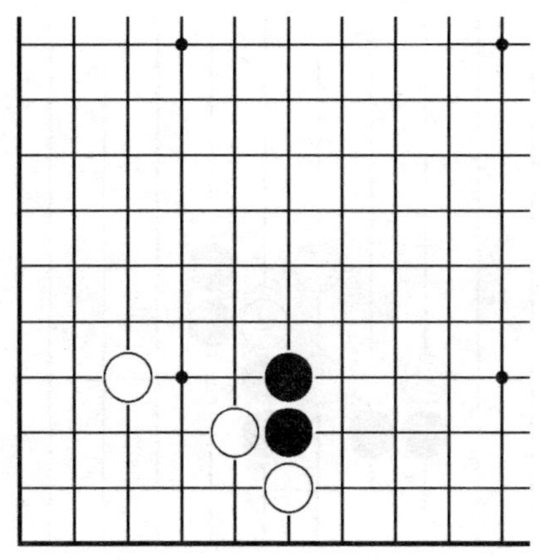

67

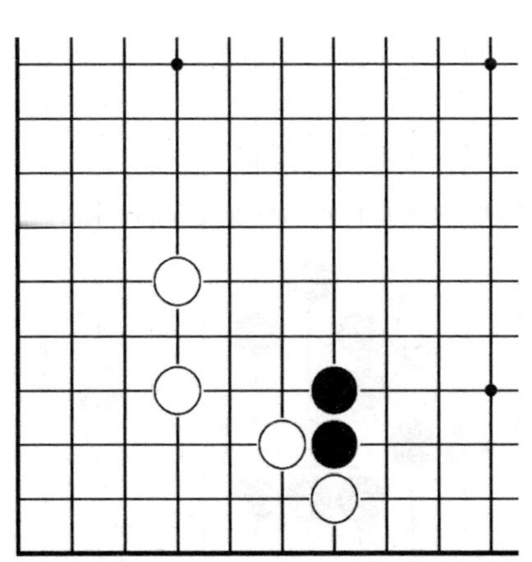

68

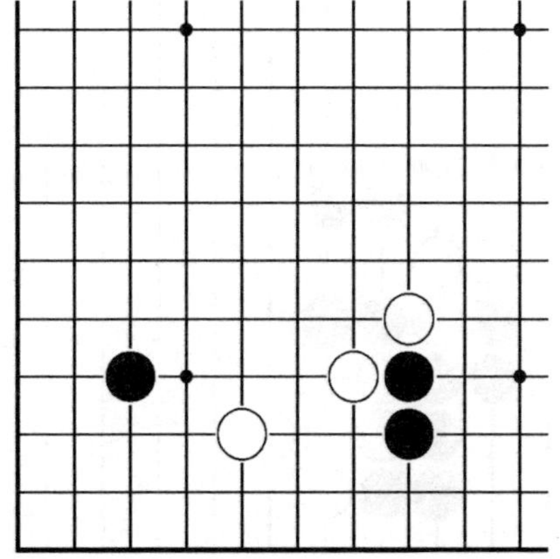

3. 棋　形

学习日期	月　　日
检　　查	

黑先，写出必要的过程。

69

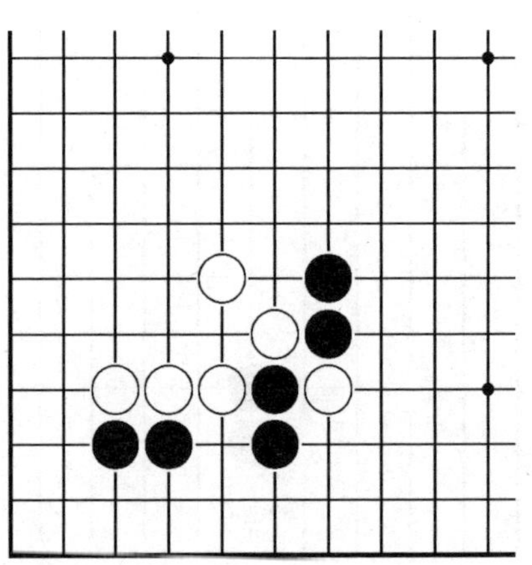

70

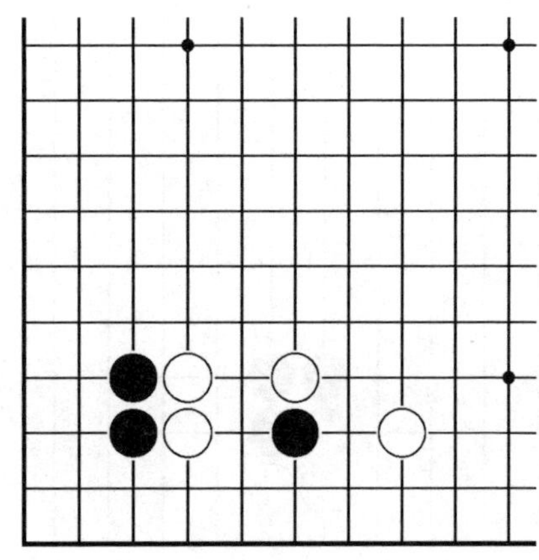

71

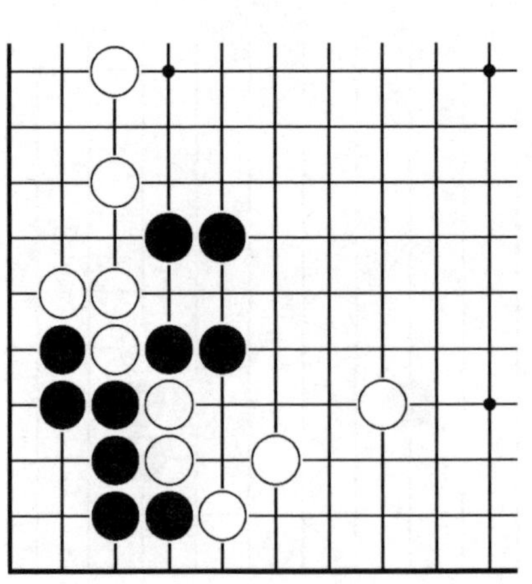

72

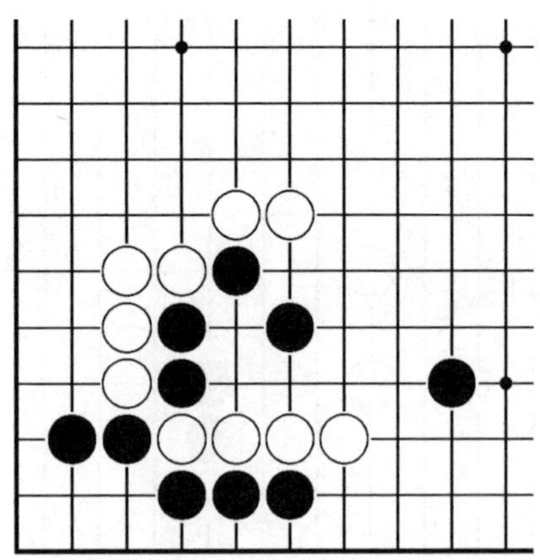

3. 棋　形

学习日期	月　　日
检　　查	

黑先，写出必要的过程。

73

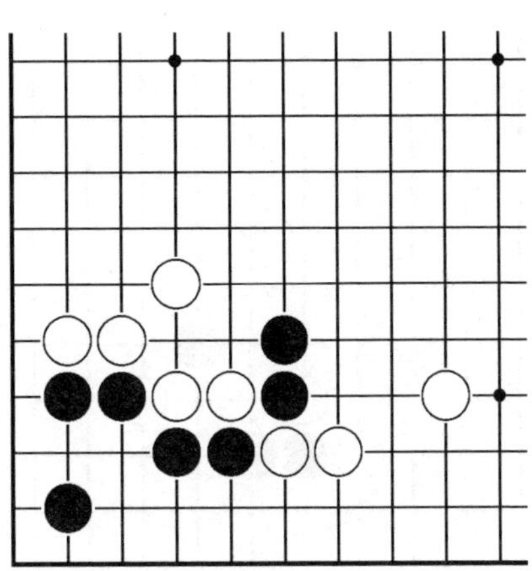

74

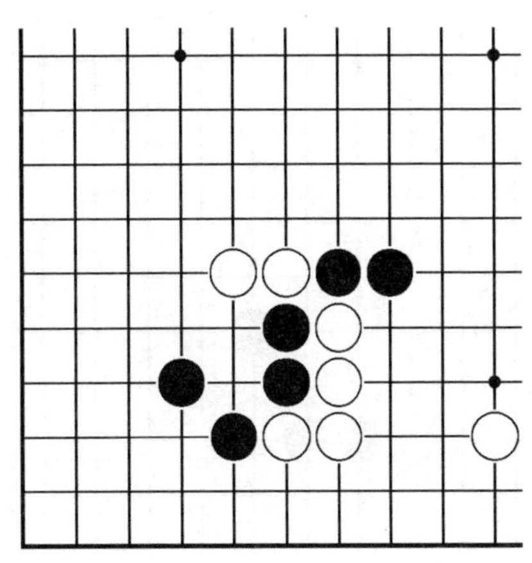

75

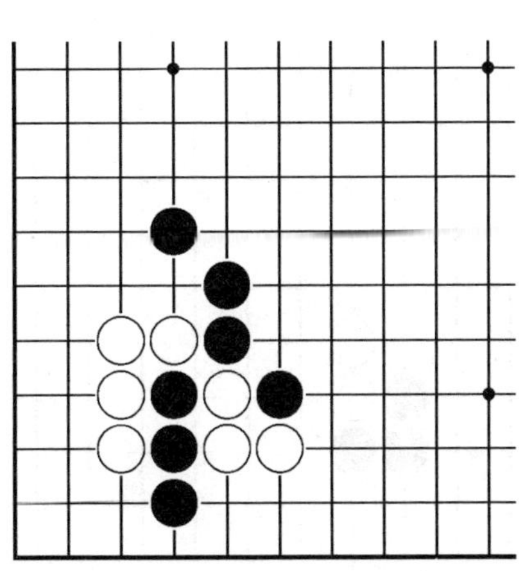

76

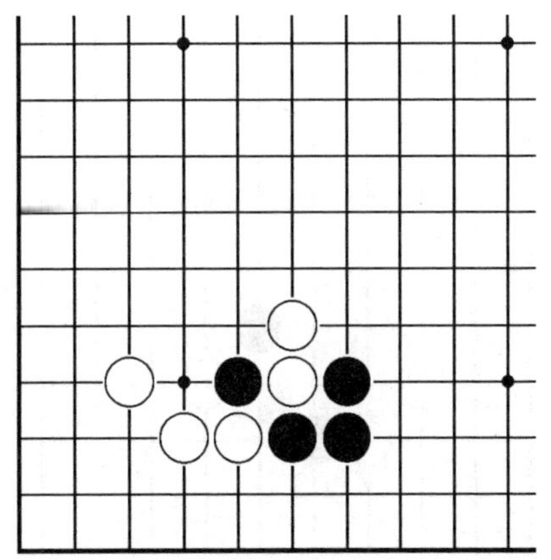

3. 棋　形

学习日期	月　　日
检　　查	

黑先，写出必要的过程。

77

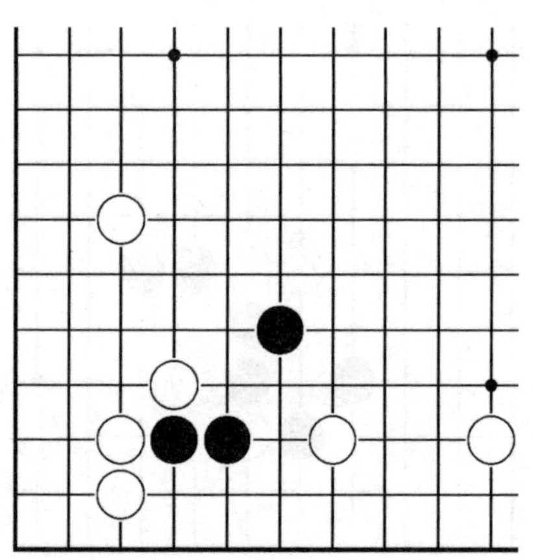

78

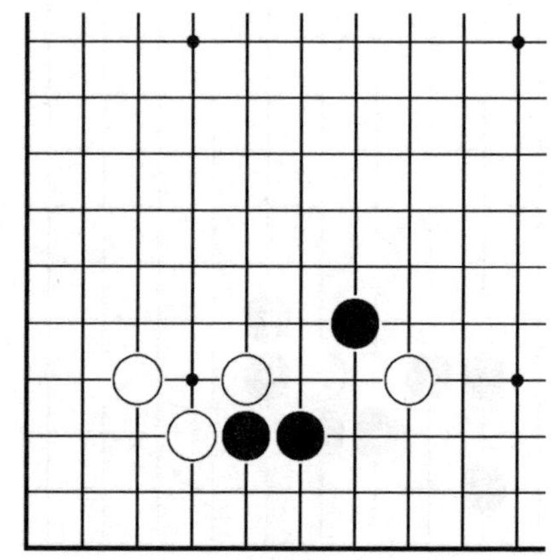

79

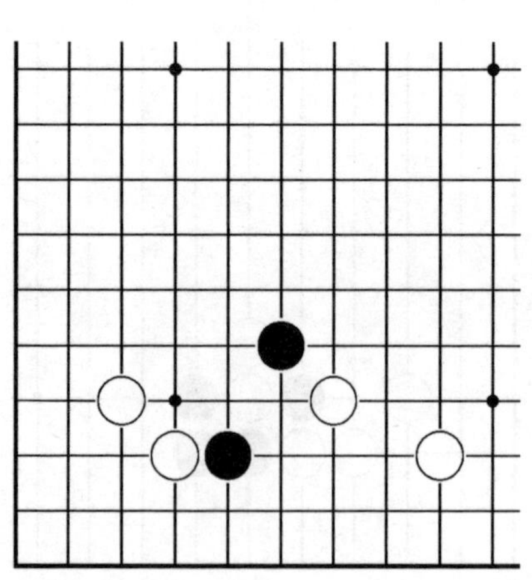

80

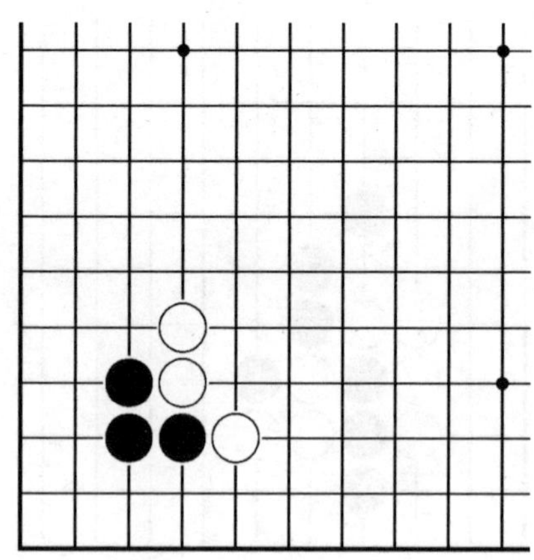

3. 棋　形

学习日期	月　　日
检　　查	

黑先，写出必要的过程。

81

82

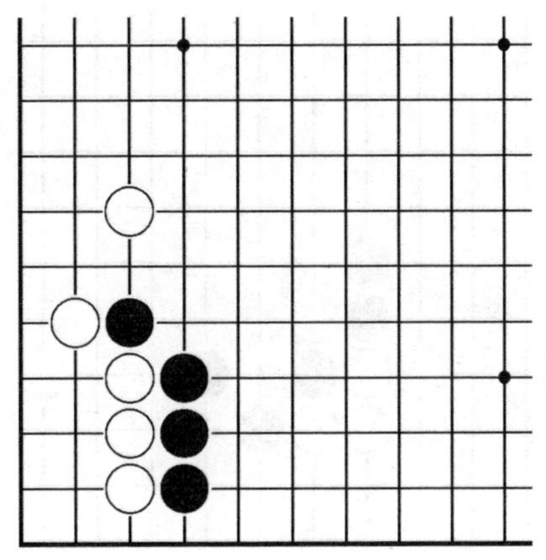

83

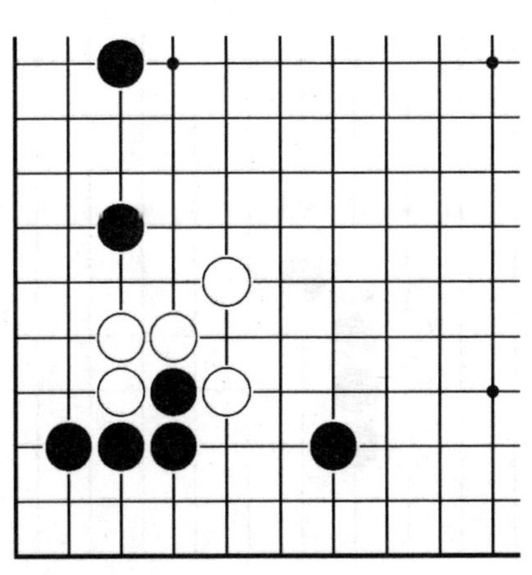

84

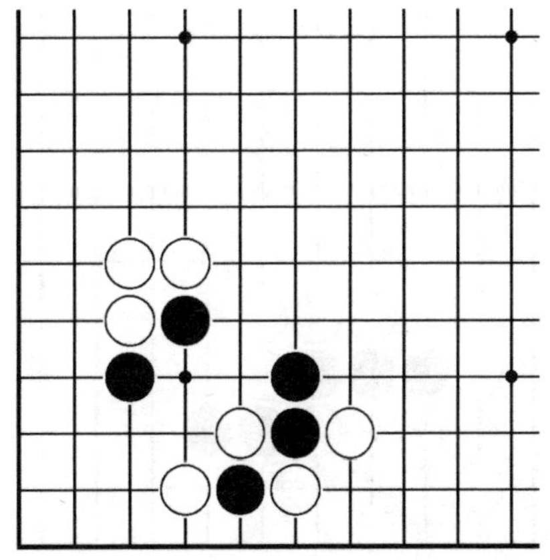

3. 棋　形

学习日期	月　　日
检　　查	

黑先，写出必要的过程。

85

86

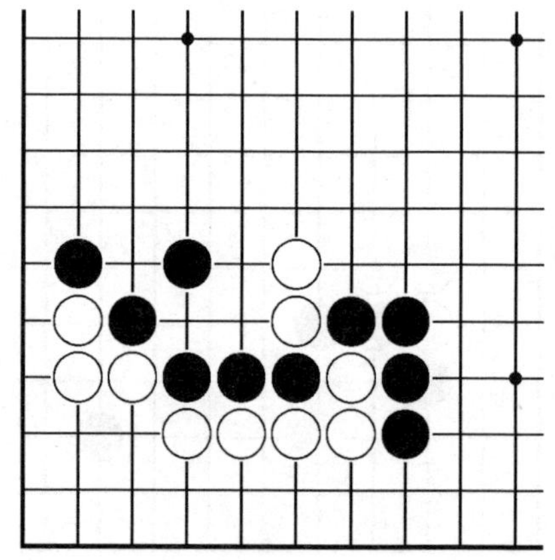

87

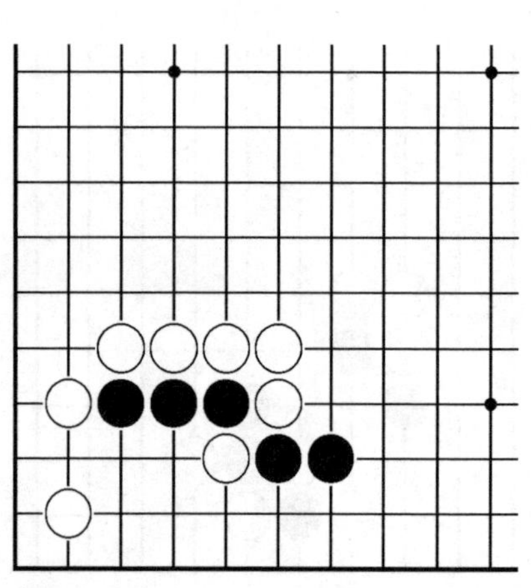

88

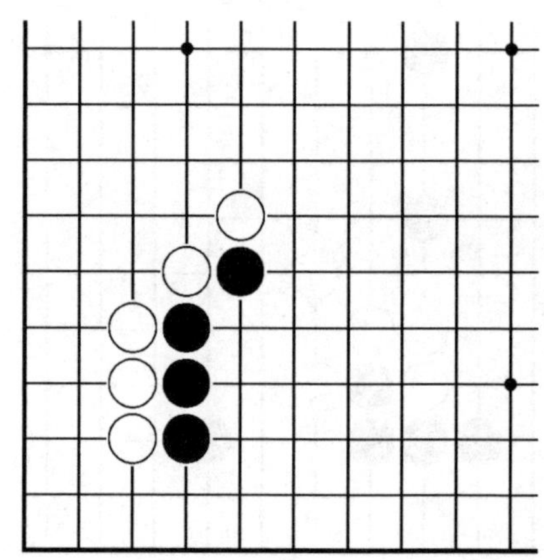

3. 棋　形

学习日期	月　　日
检　　查	

黑先，写出必要的过程。

89

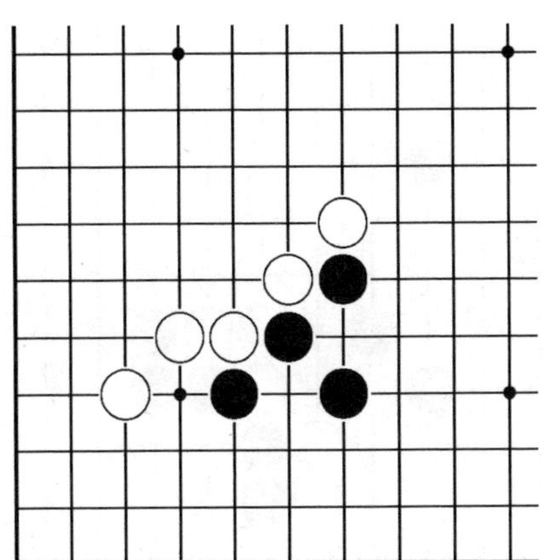

90

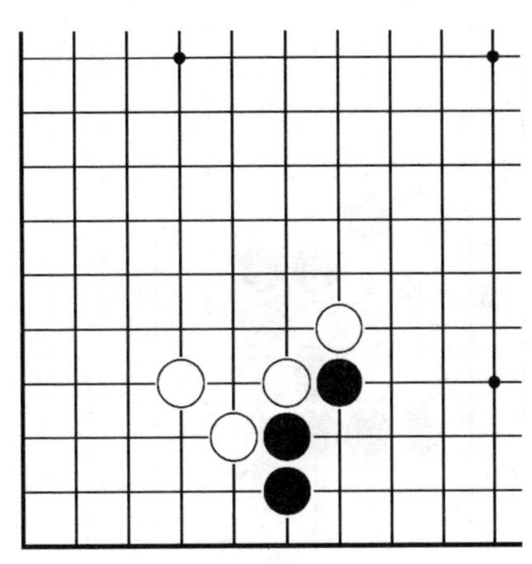

91

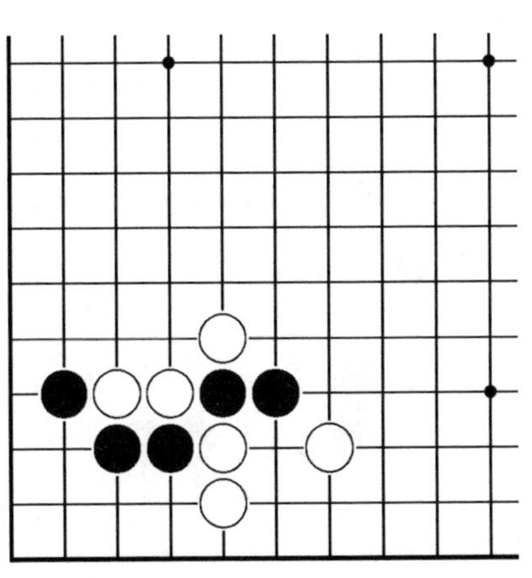

92

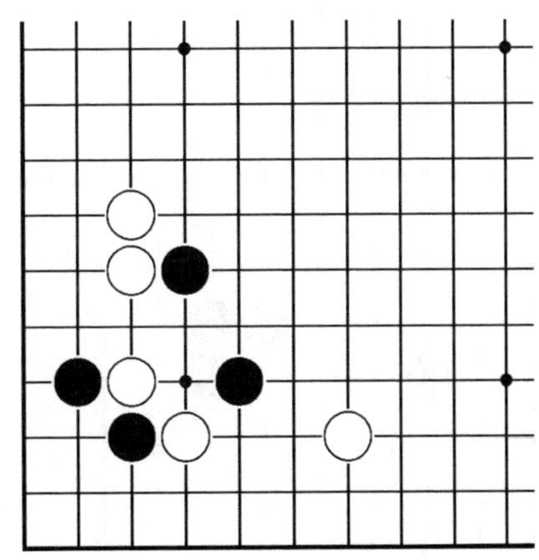

下篇

3. 棋　形

学习日期	月　　日
检　　查	

黑先，写出必要的过程。

93

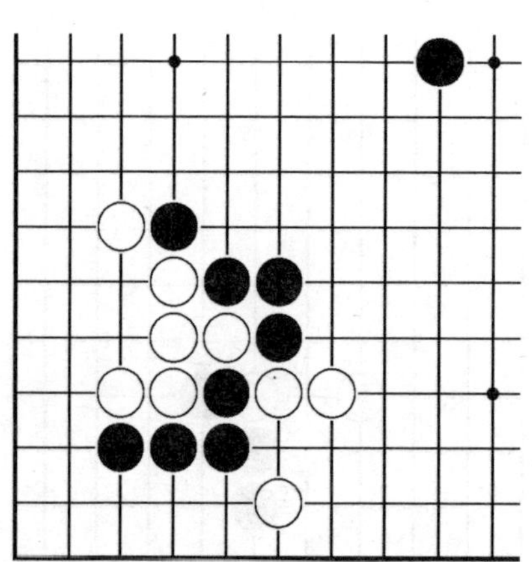

94

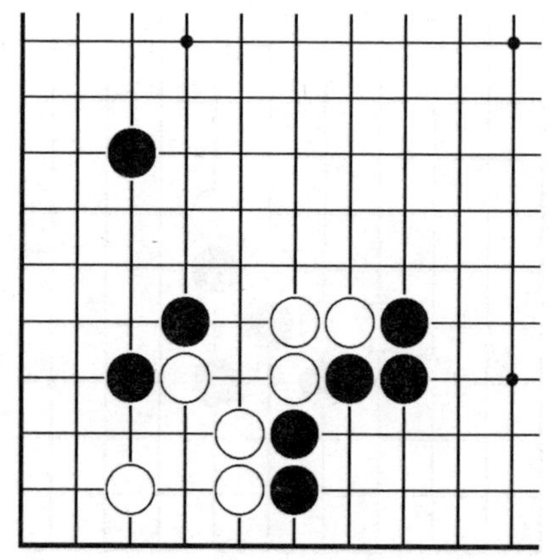

95

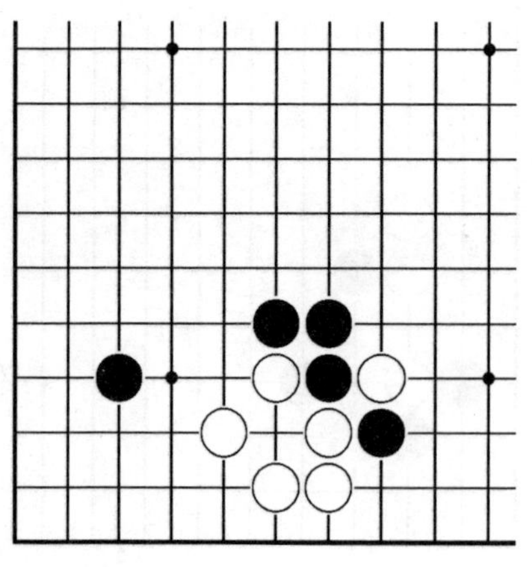

96

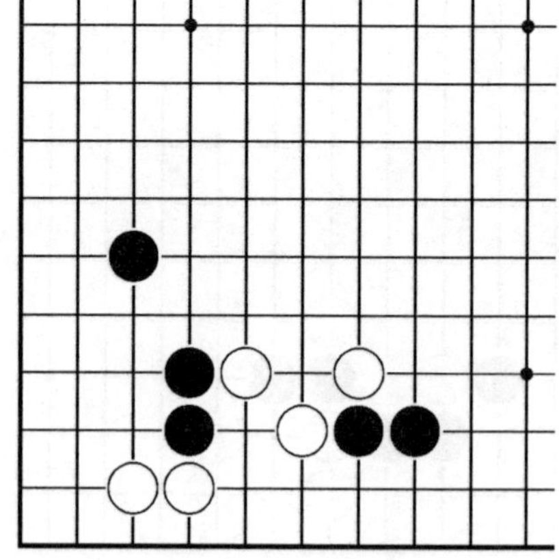

3. 棋 形

学习日期	月　日
检　查	

黑先，写出必要的过程。

97

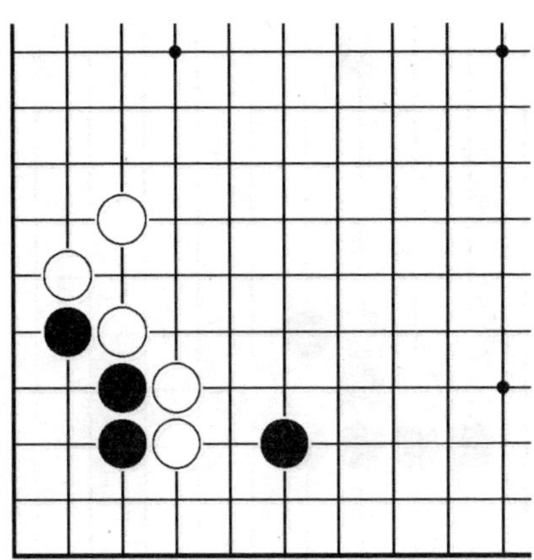

98

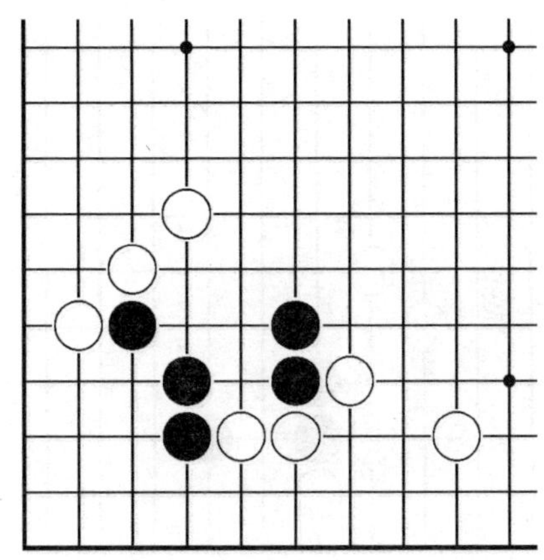

99

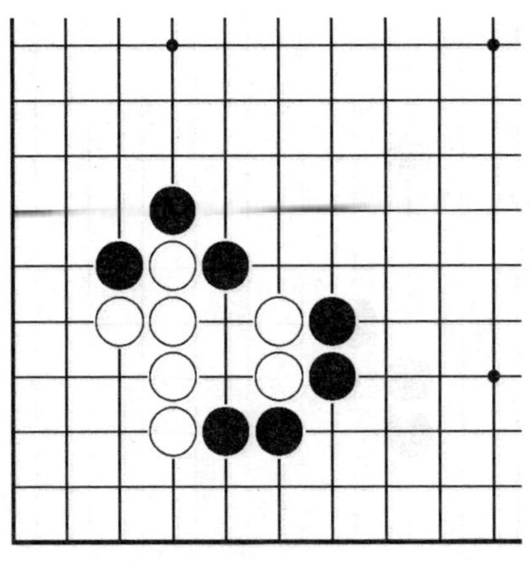

100

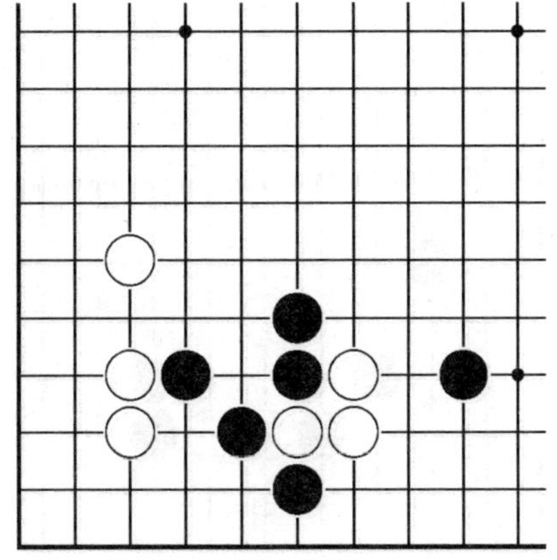

下篇

3. 棋 形

学习日期	月 日
检 查	

黑先，写出必要的过程。

101

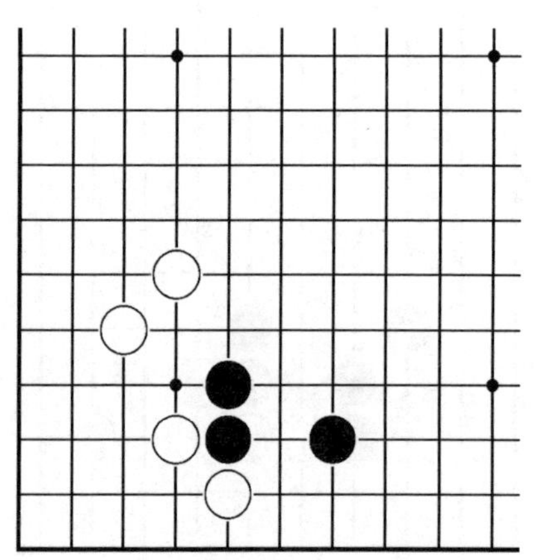

102

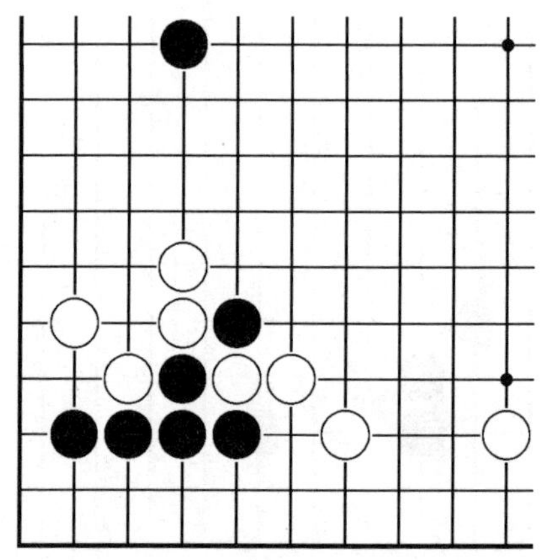

103

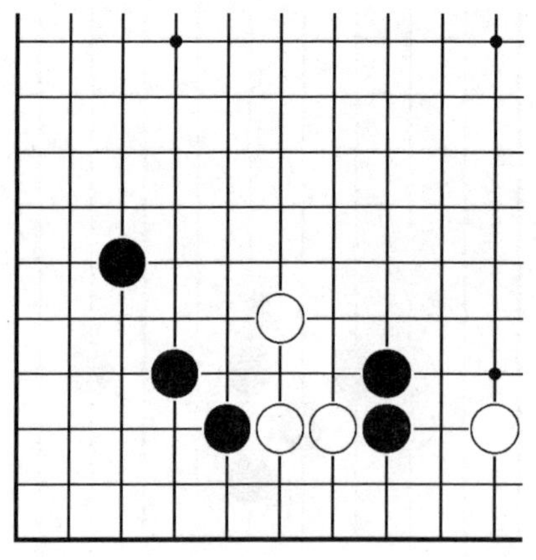

104

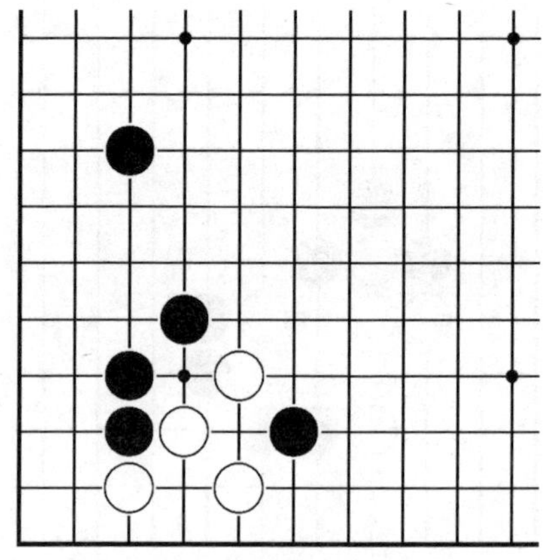

3. 棋　形

学习日期	月　　日
检　　查	

黑先，写出必要的过程。

105

106

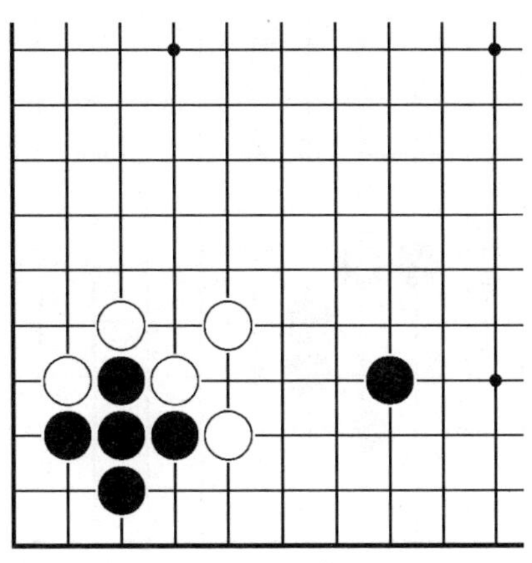

107

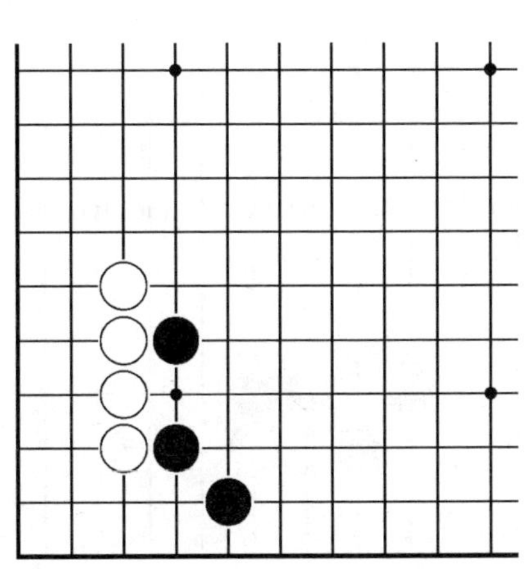

108

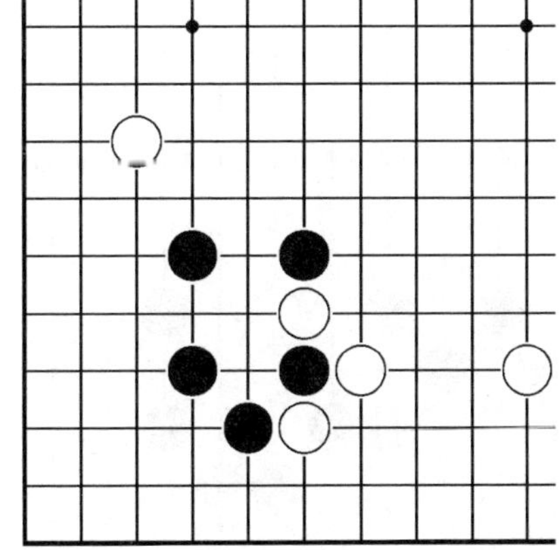

下篇

3. 棋 形

学习日期	月 日
检 查	

黑先，写出必要的过程。

109

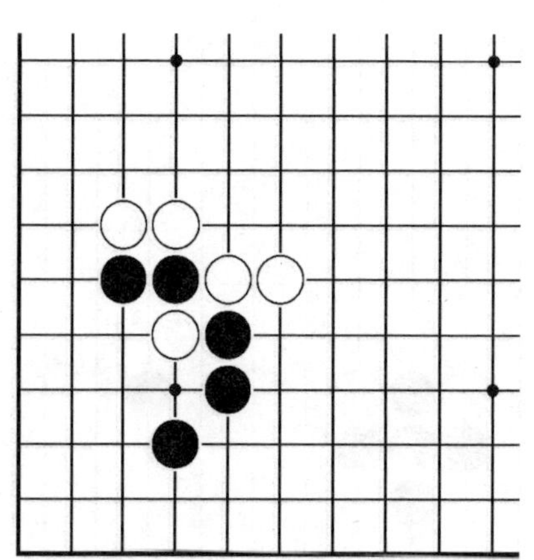

110

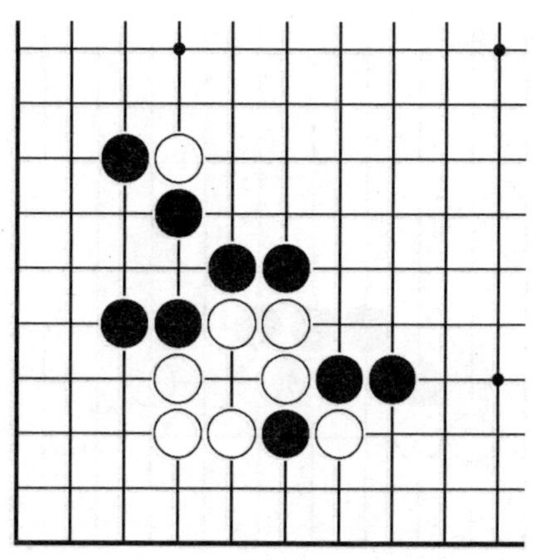

111

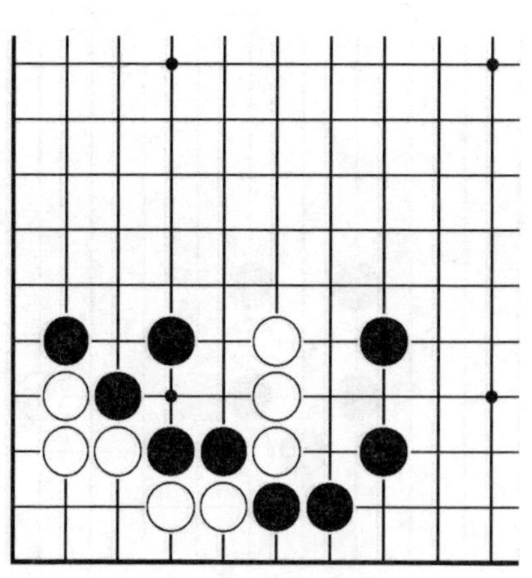

112

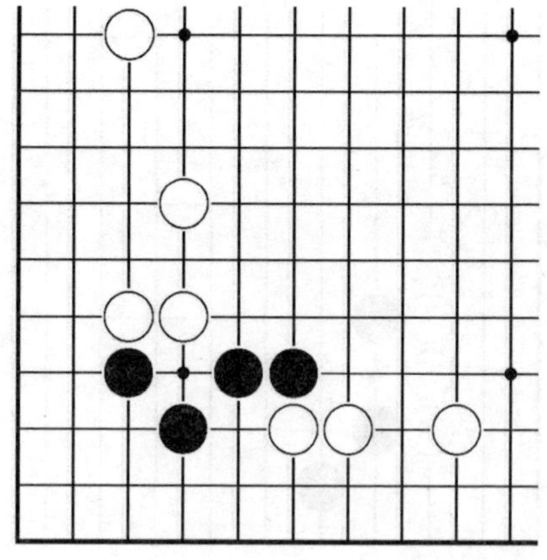

3. 棋　形

学习日期	月　　日
检　　查	

黑先，写出必要的过程。

113

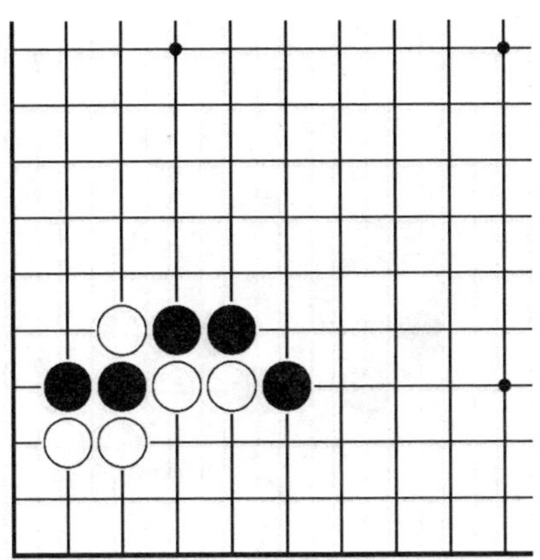

114

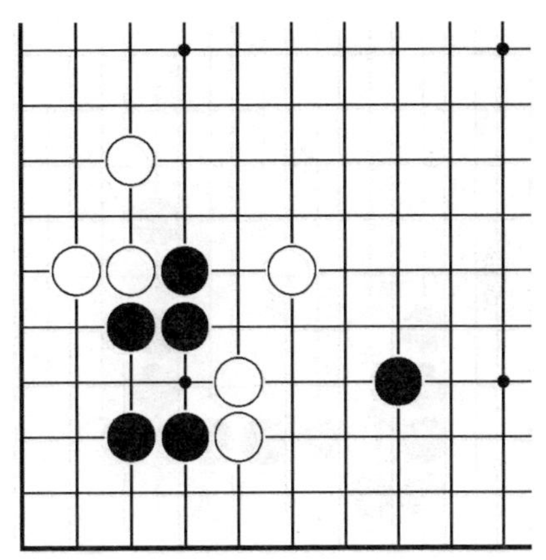

115

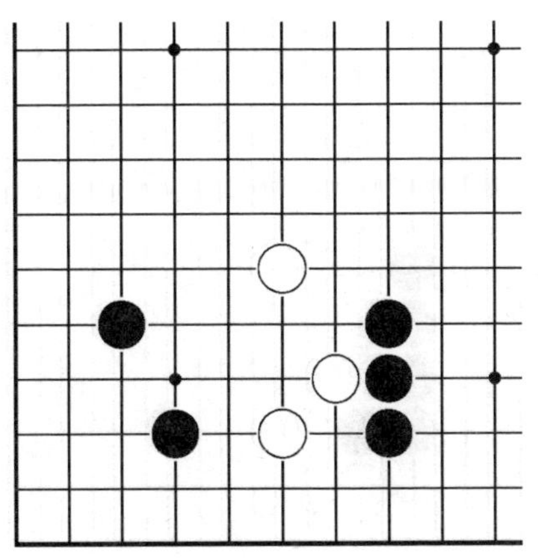

116

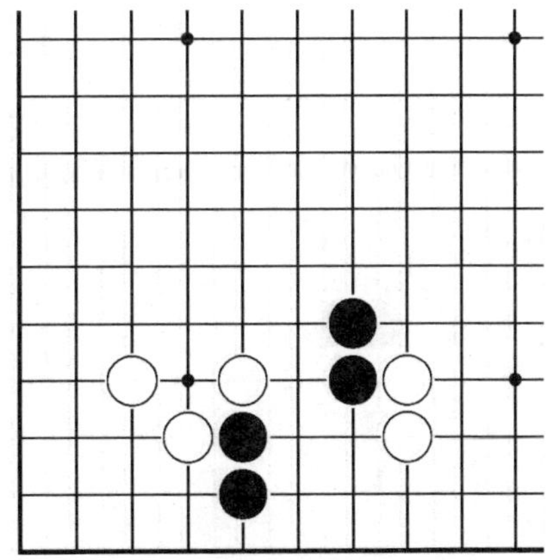

下篇

3. 棋　形

学习日期	月　　日
检　　查	

黑先，写出必要的过程。

117

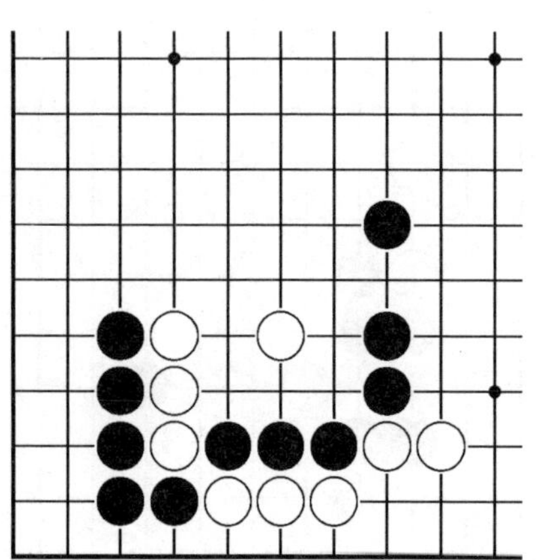

118

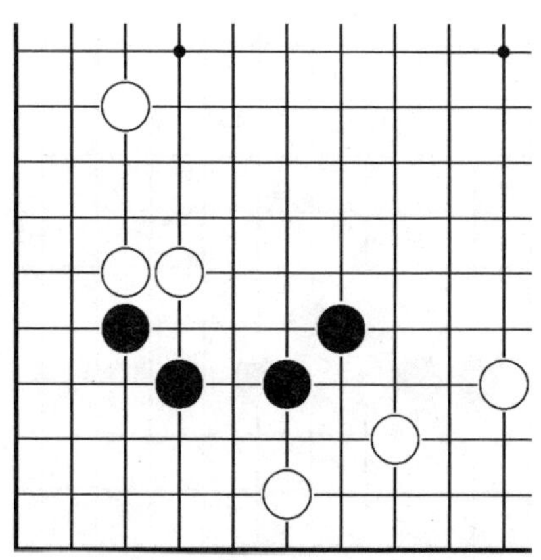

119

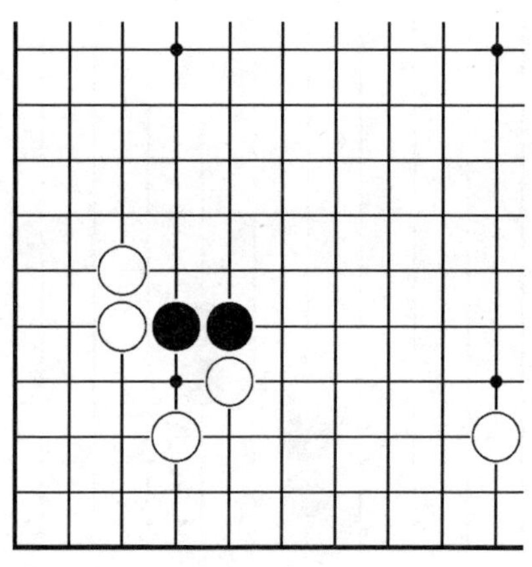

120

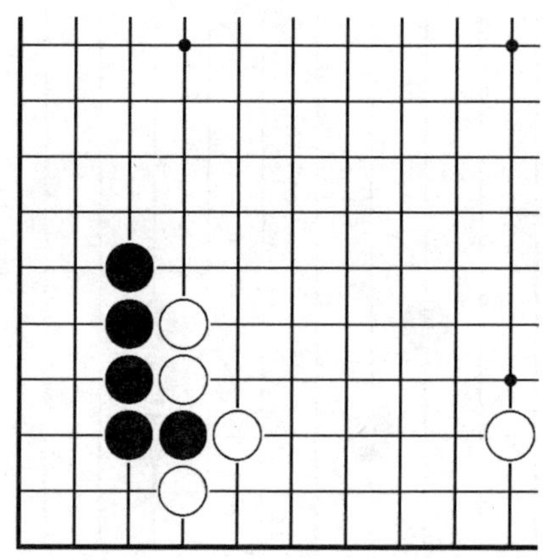

3. 棋　形

学习日期	月　日
检　查	

黑先，写出必要的过程。

121

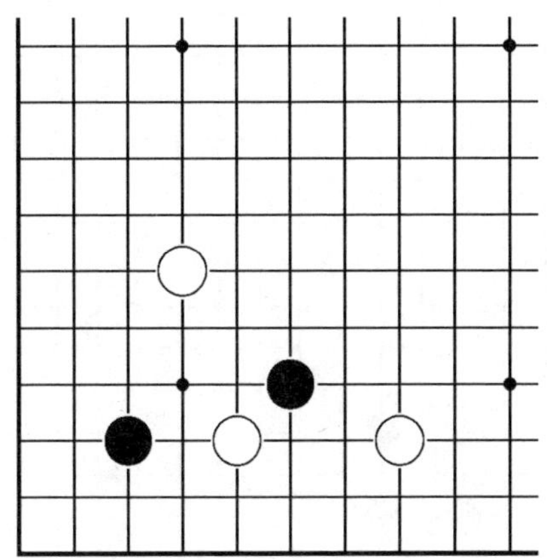

122

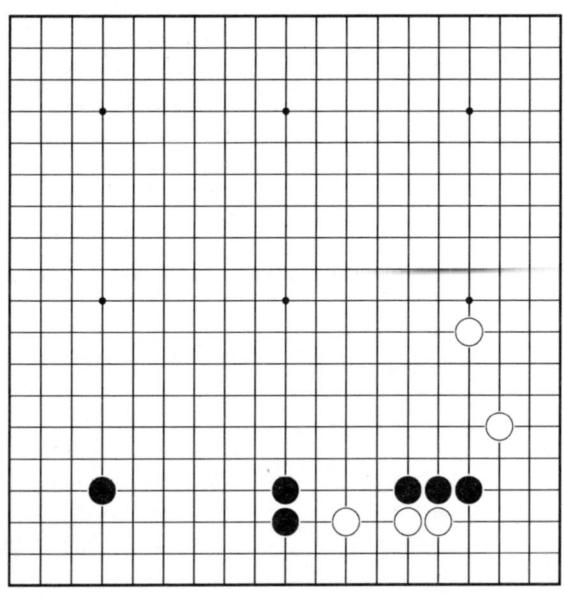

下篇

3. 棋　形

学习日期	月　日
检　查	

黑先，写出必要的过程。

123

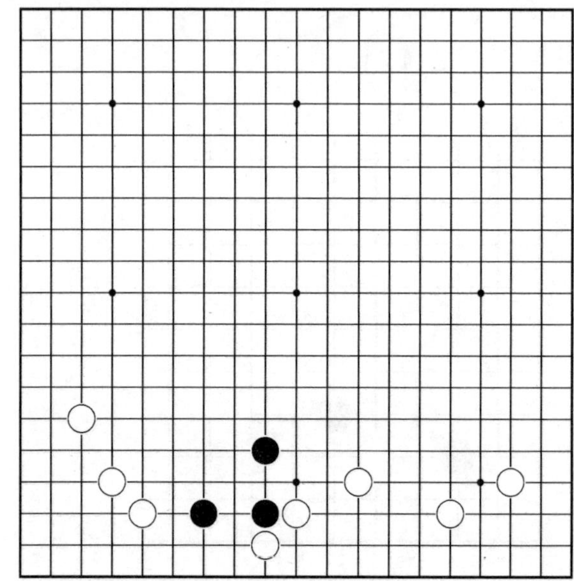

124

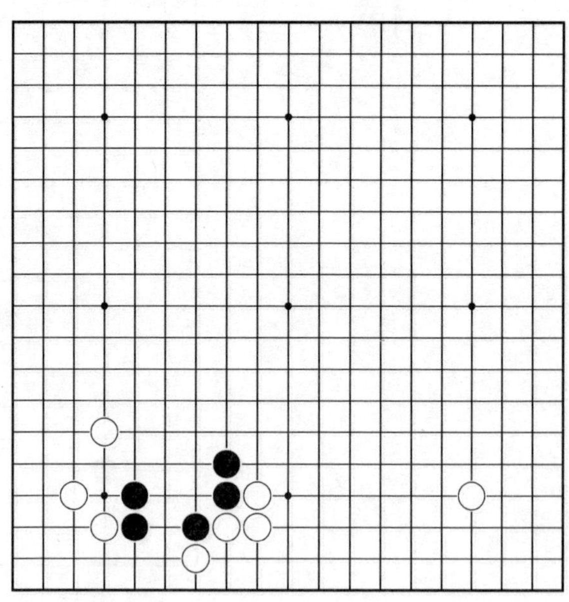

3. 棋　形

学习日期	月　　日
检　　查	

黑先，写出必要的过程。

125

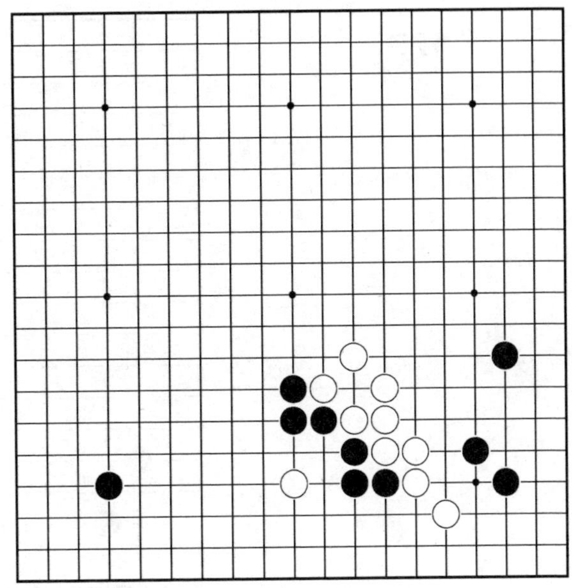

126

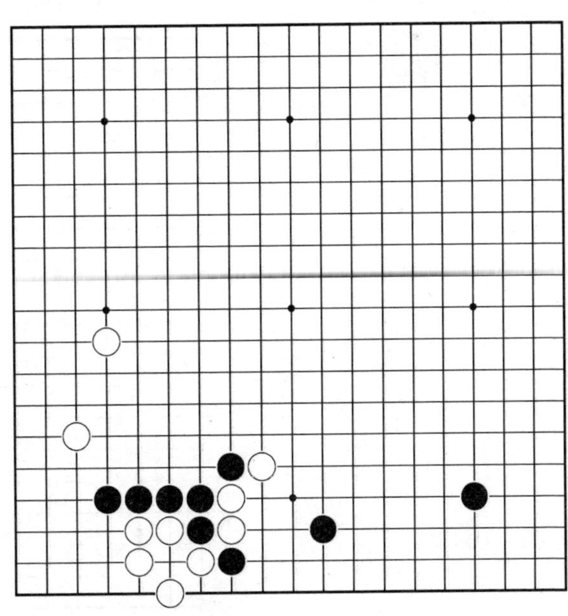

下篇

3. 棋 形

学习日期	月 日
检 查	

黑先，写出必要的过程。

127

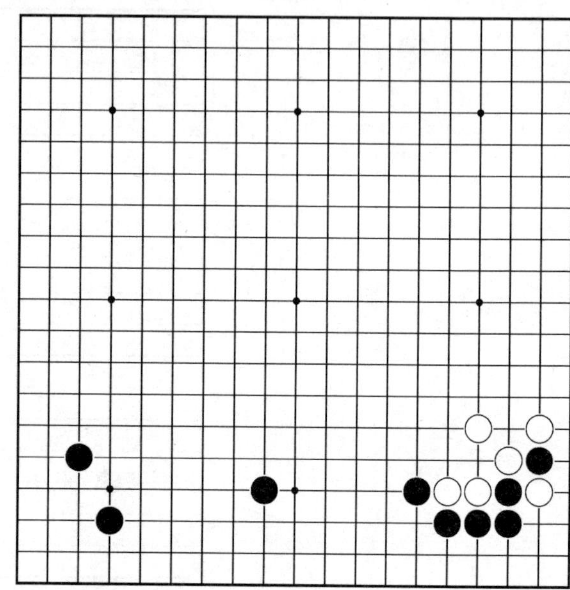

128

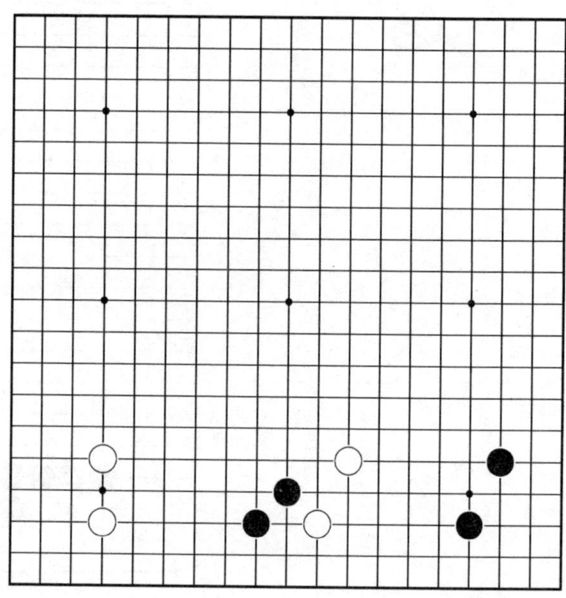

3. 棋　形

学习日期	月　　日
检　　查	

黑先，写出必要的过程。

129

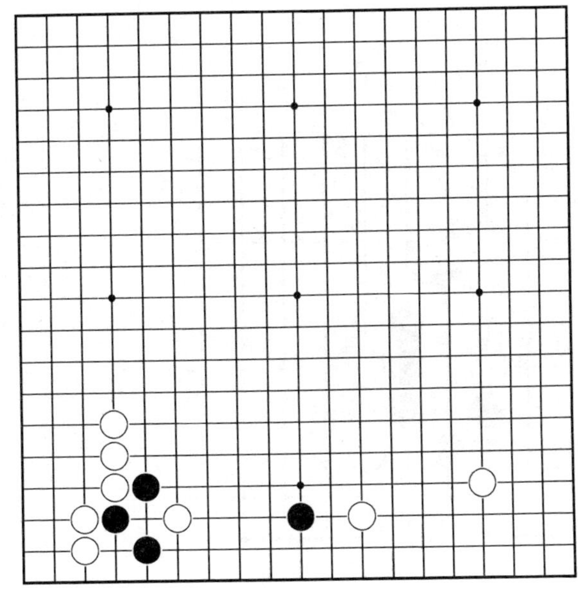

下篇

4. 争夺根据地

学习日期	月　日
检　查	

黑先，写出必要的过程。

1

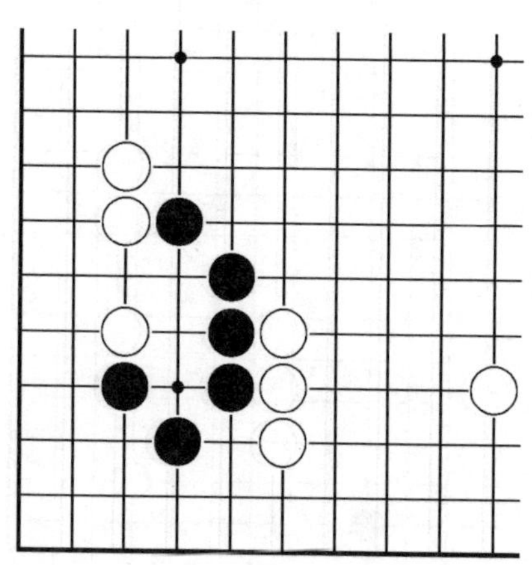

2

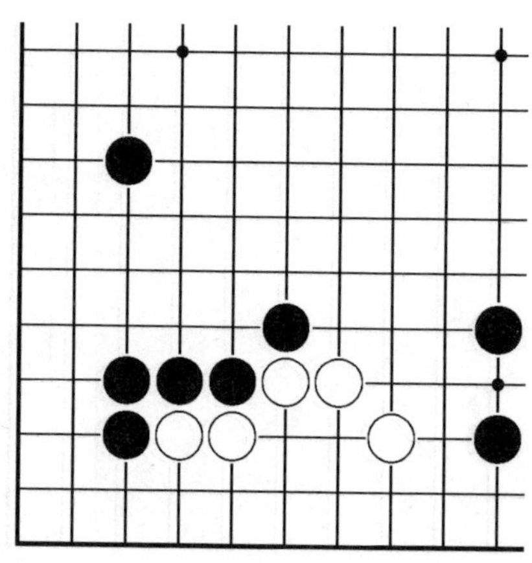

3

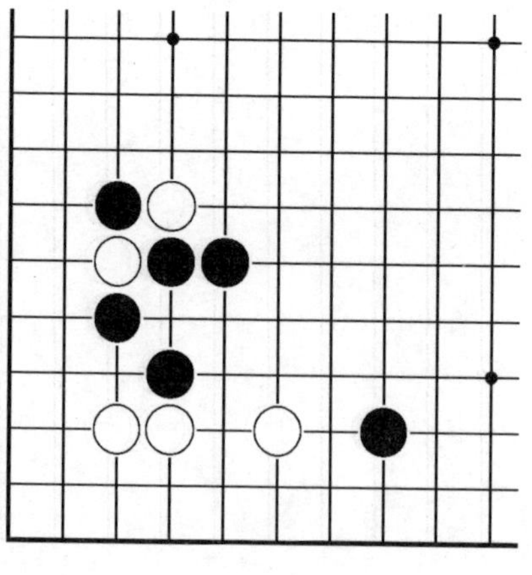

4

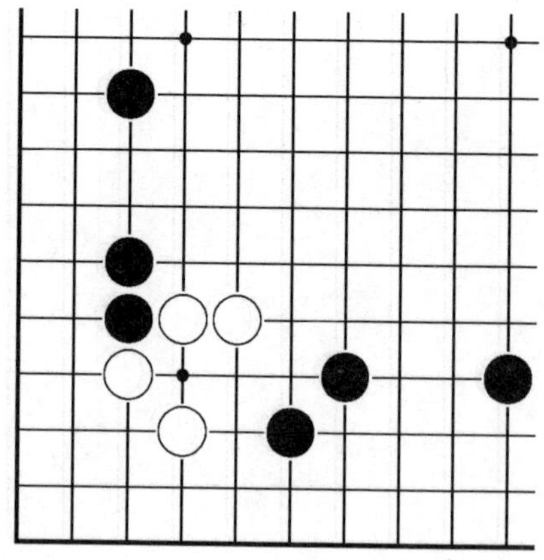

4. 争夺根据地

学习日期	月 日
检 查	

黑先，写出必要的过程。

5

6

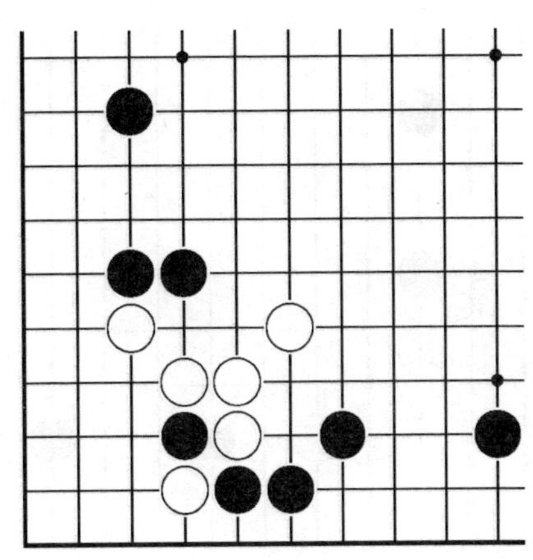

下篇

7

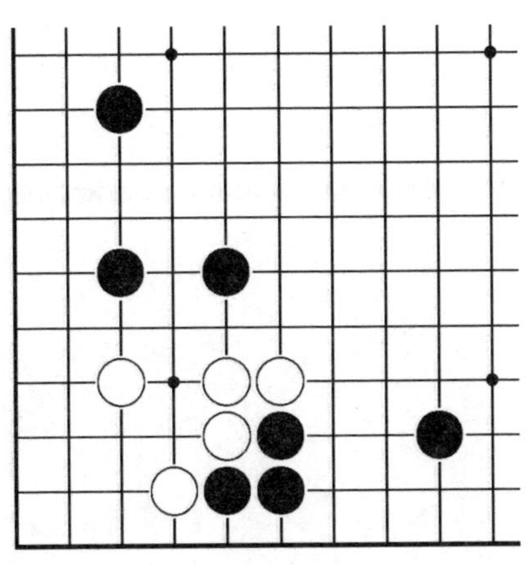

8

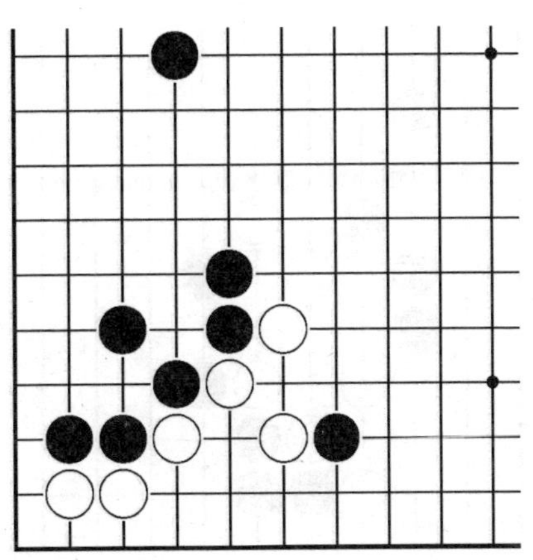

4. 争夺根据地

学习日期	月　　日
检　　查	

黑先，写出必要的过程。

9

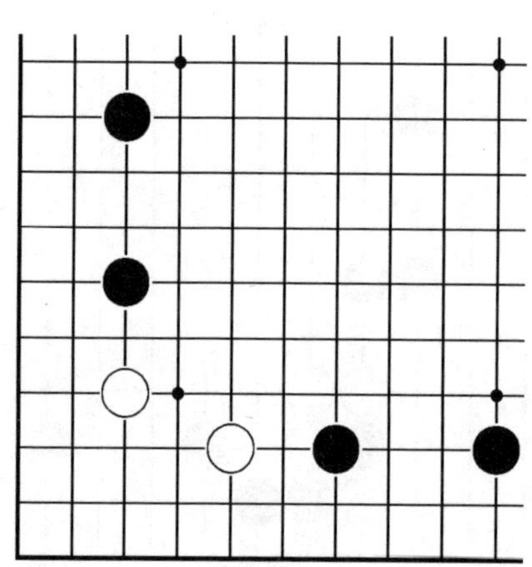

10

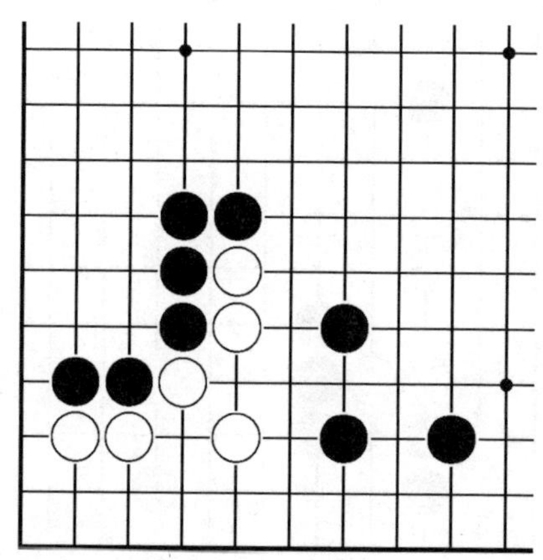

11

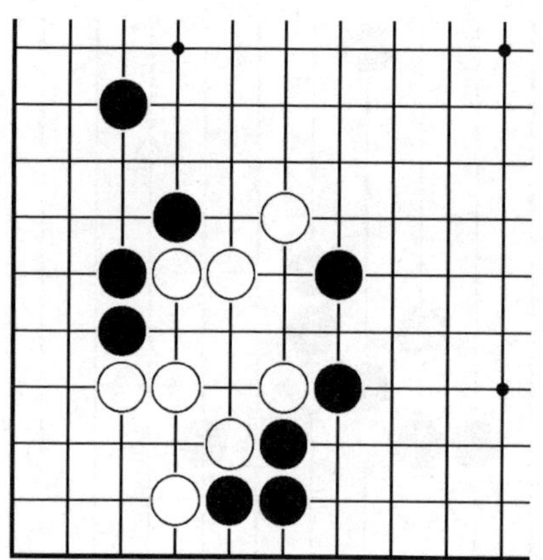

4. 争夺根据地

学习日期	月　日
检　查	

黑先，写出必要的过程。

12

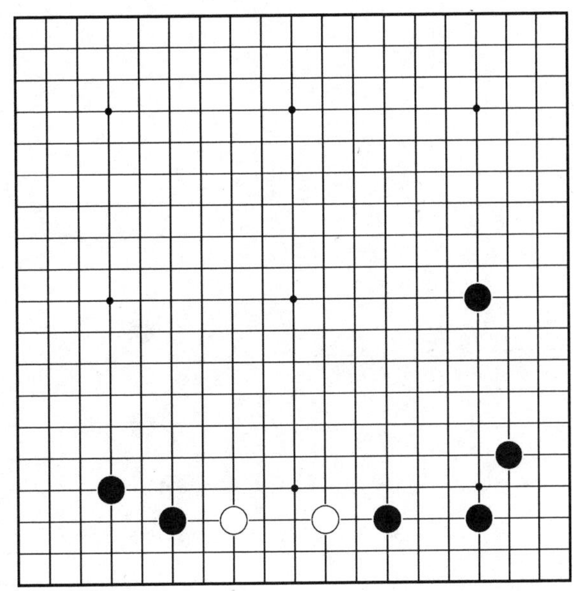

13

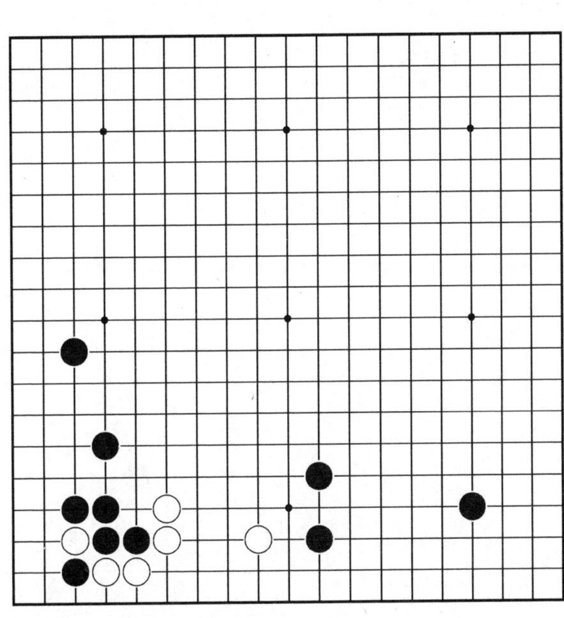

下篇

4. 争夺根据地

学习日期	月　　日
检　　查	

黑先，写出必要的过程。

14

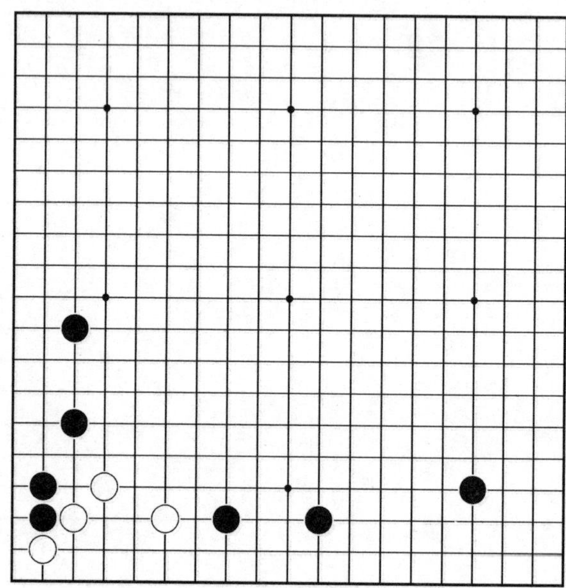

15

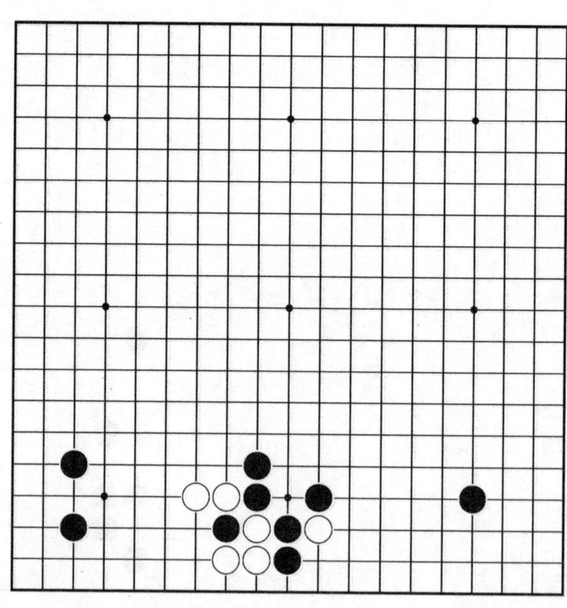

4. 争夺根据地

学习日期	月　　日
检　　查	

黑先，写出必要的过程。

16

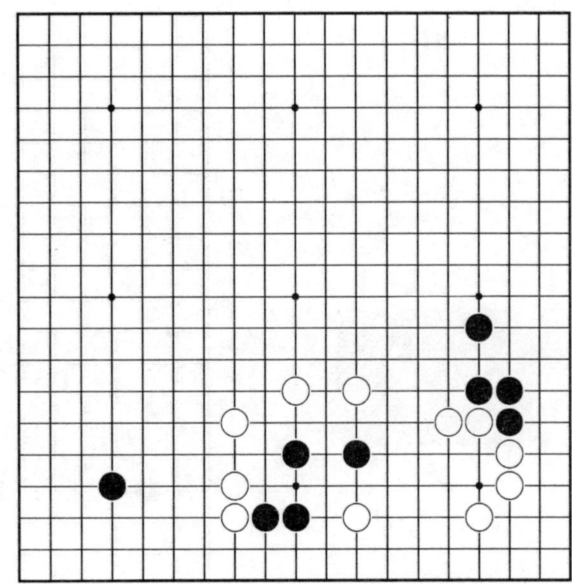

17

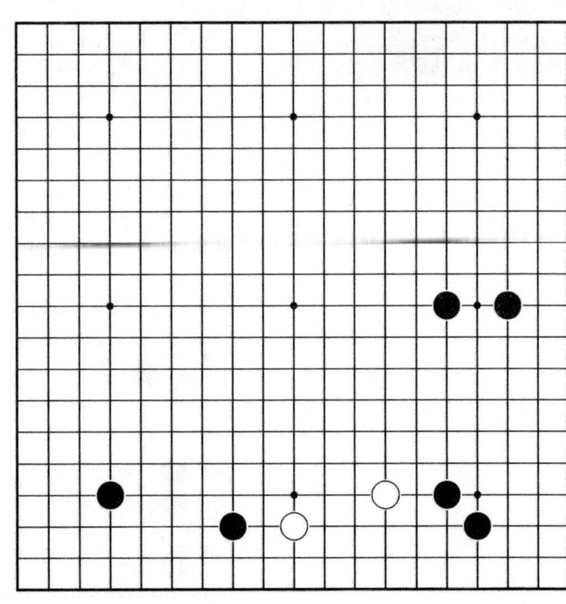

下篇

4. 争夺根据地

学习日期	月　　日
检　　查	

黑先，写出必要的过程。

18

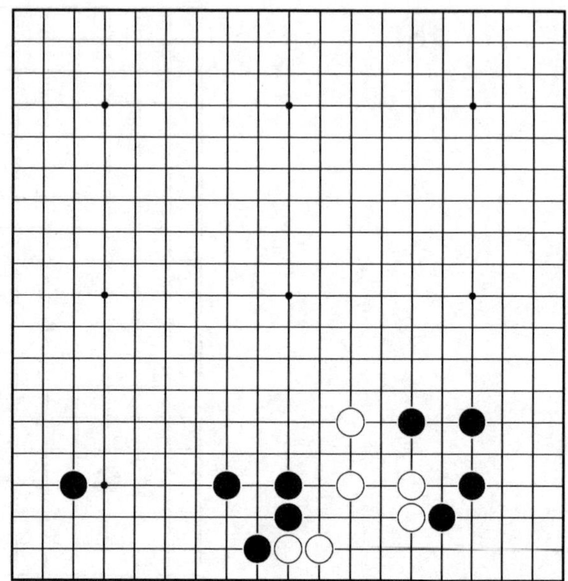

19

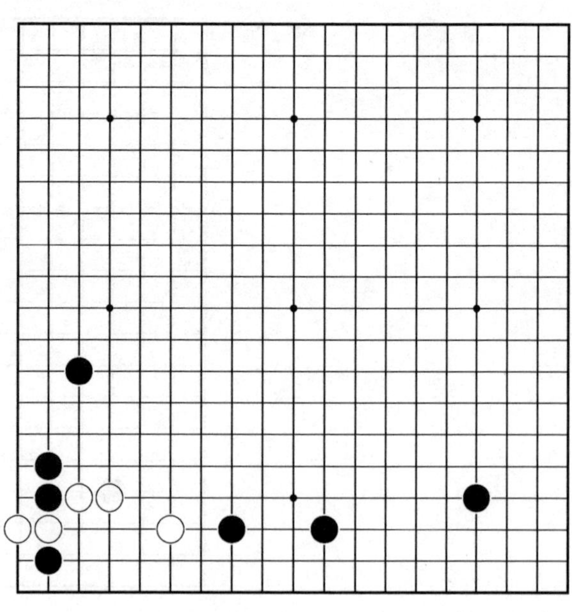

4. 争夺根据地

学习日期	月　　日
检　查	

黑先，写出必要的过程。

20

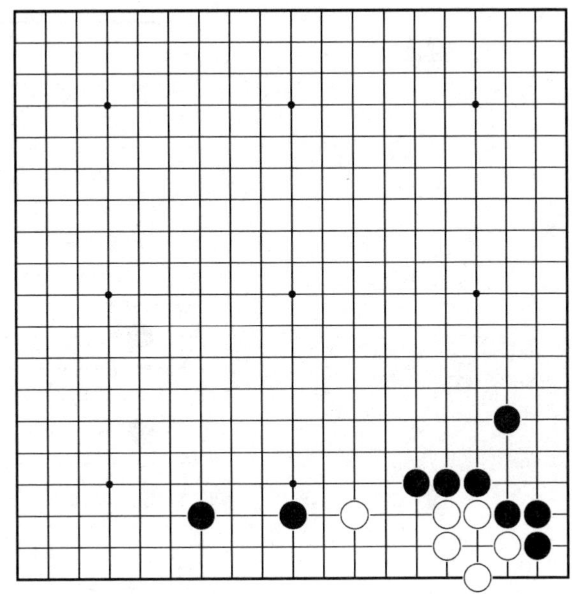

21

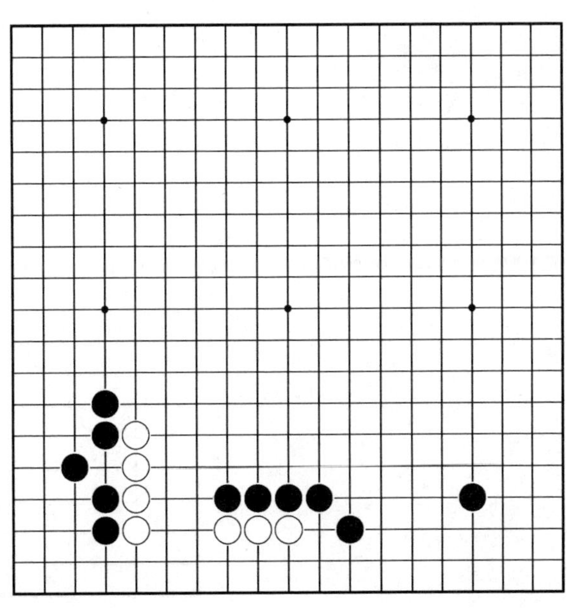

4. 争夺根据地

学习日期	月　　日
检　　查	

黑先，写出必要的过程。

22

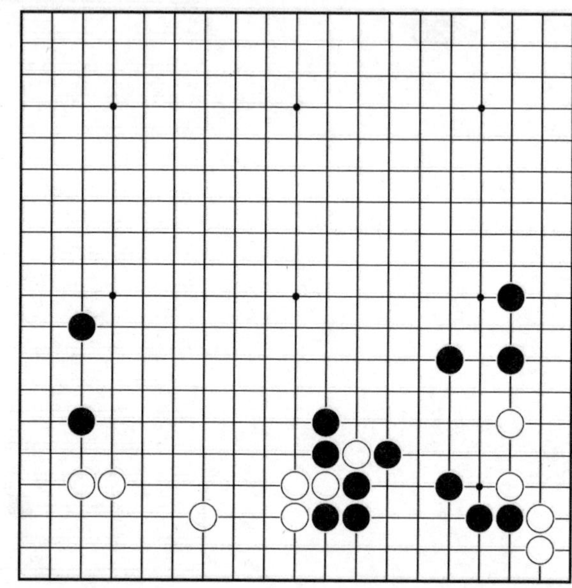

23

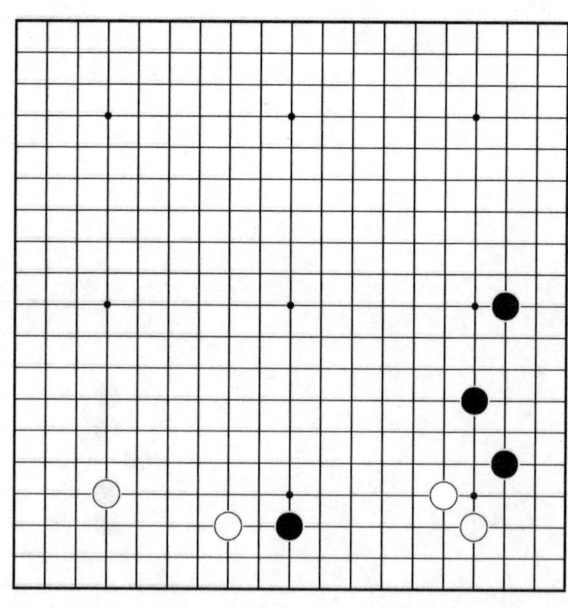

4. 争夺根据地

学习日期	月　　日
检　　查	

下篇

黑先，写出必要的过程。

24

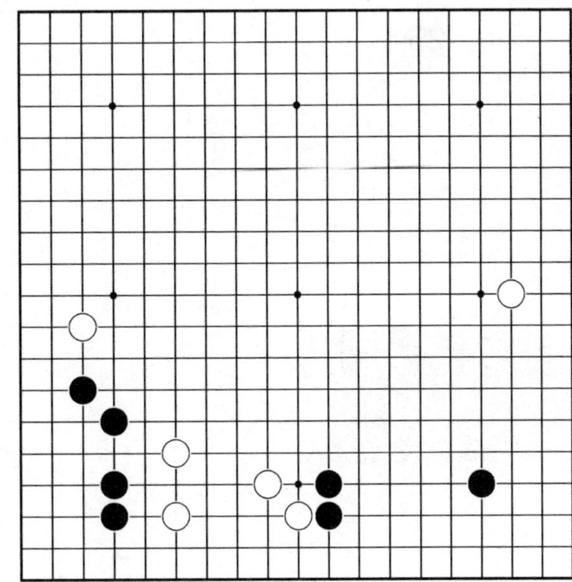

25

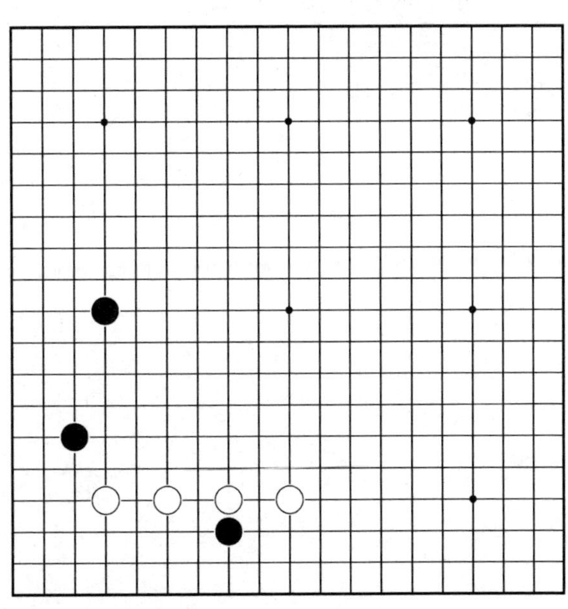

4. 争夺根据地

学习日期	月　　日
检　　查	

黑先，写出必要的过程。

26

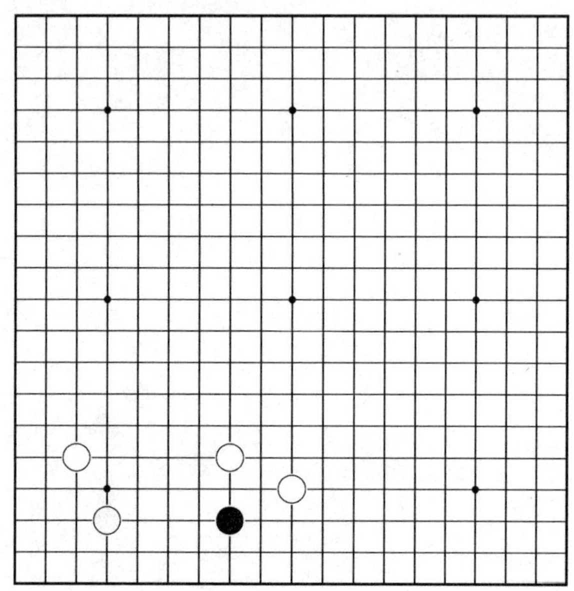

5. 互相切断的应对

学习日期	月　　日
检　　查	

黑先，写出必要的过程。

1

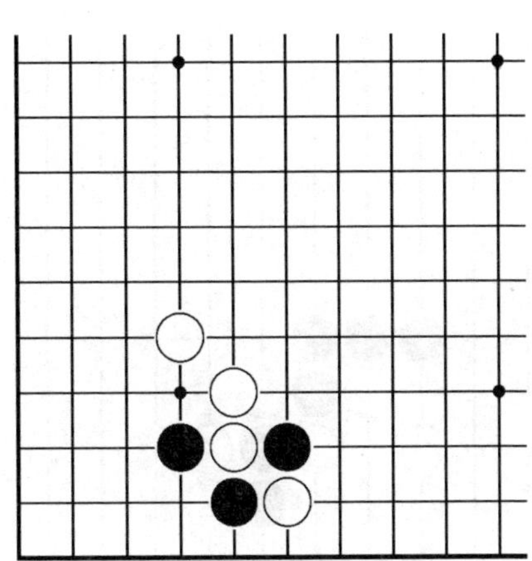

2

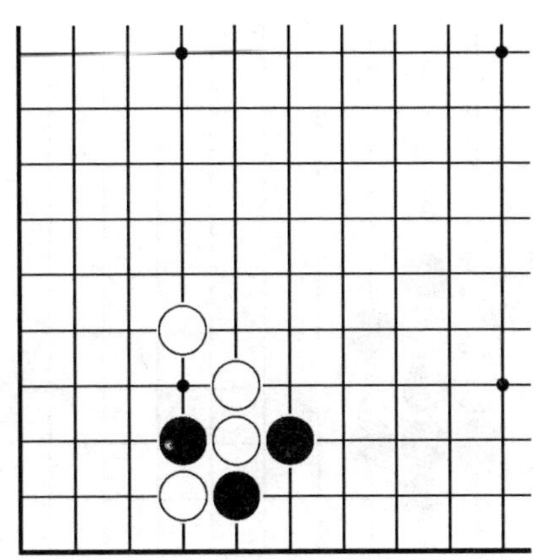

3

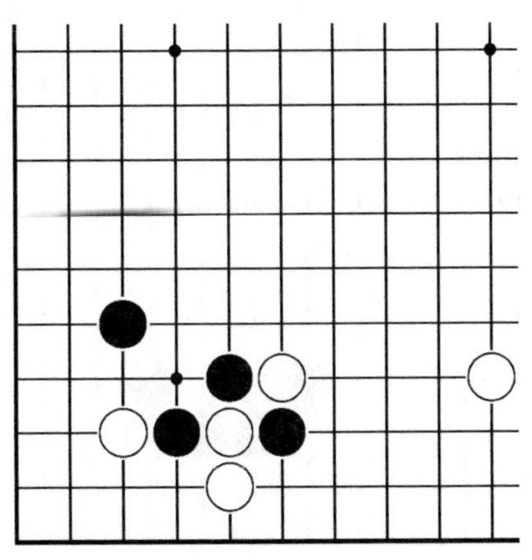

4

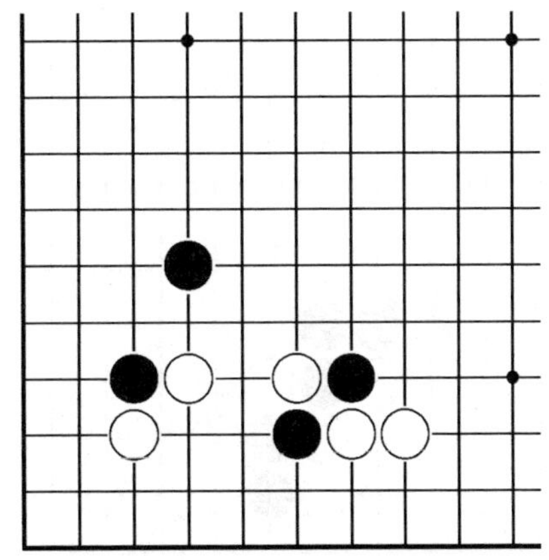

5. 互相切断的应对

学习日期	月　　日
检　　查	

黑先，写出必要的过程。

5

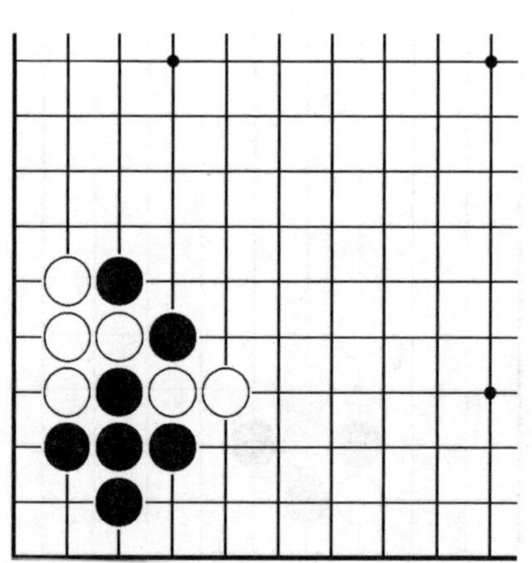

6

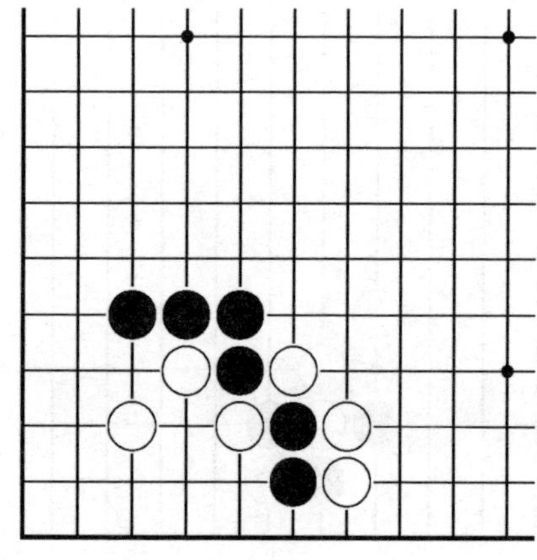

7

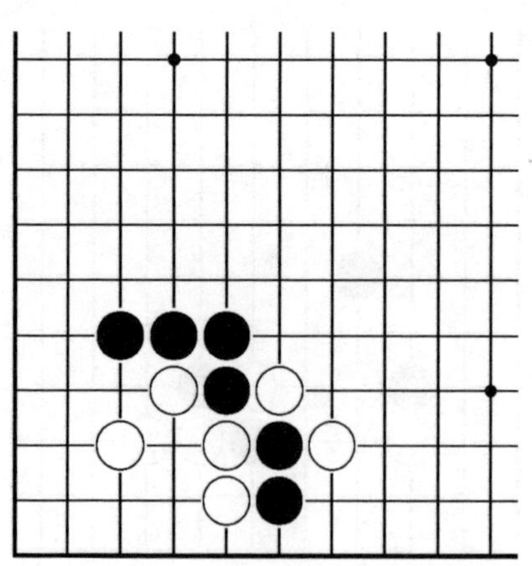

8

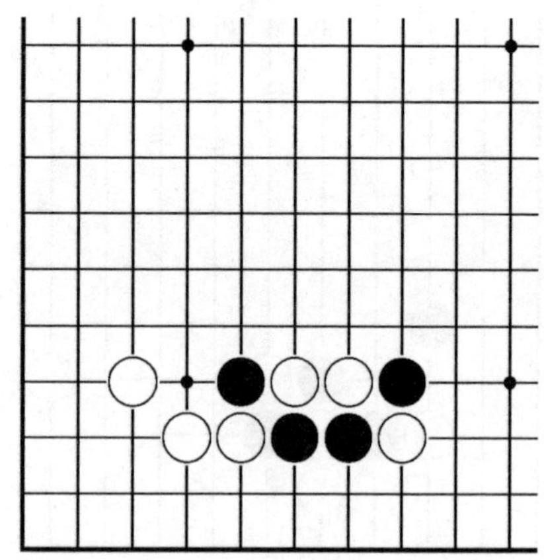

5. 互相切断的应对

学习日期	月　　日
检　　查	

黑先，写出必要的过程。

9

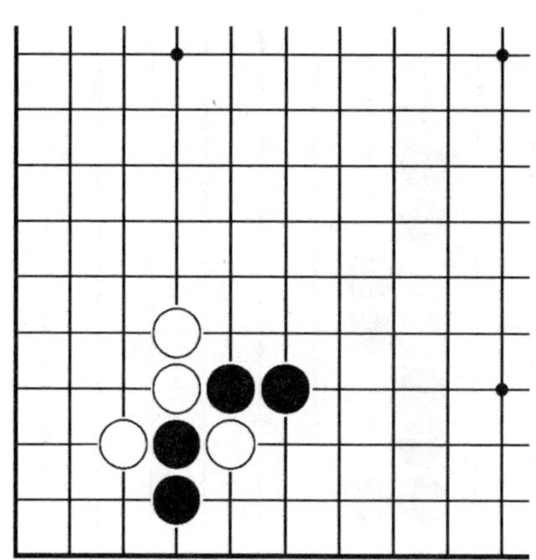

10

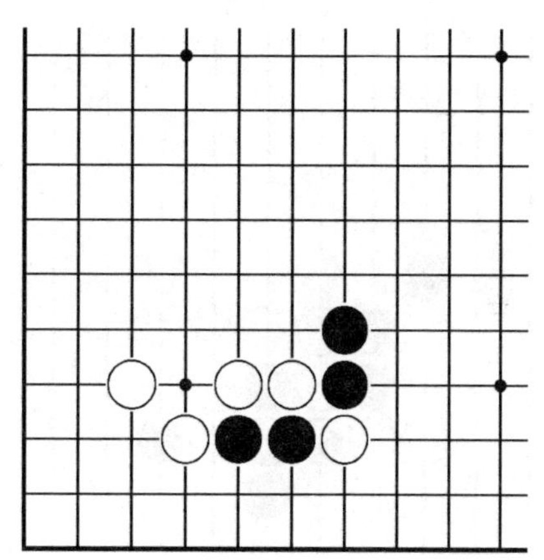

11

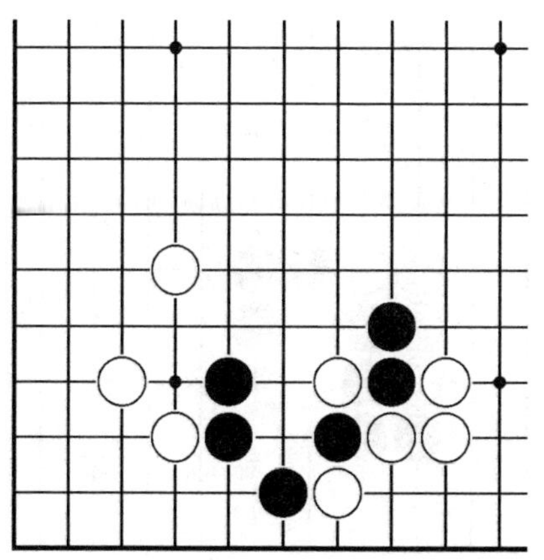

12

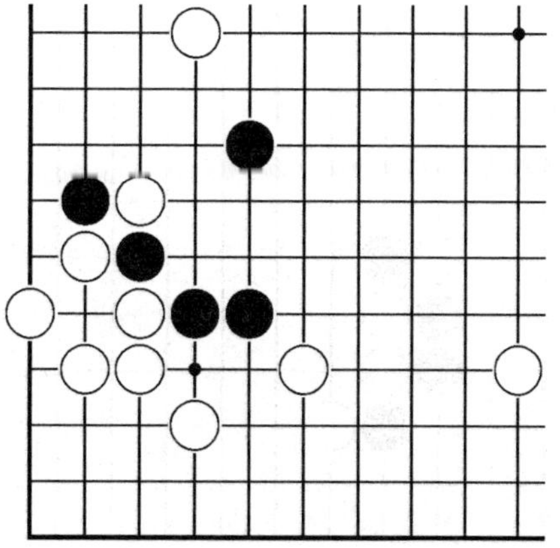

5. 互相切断的应对

学习日期	月　　日
检　　查	

黑先，写出必要的过程。

13

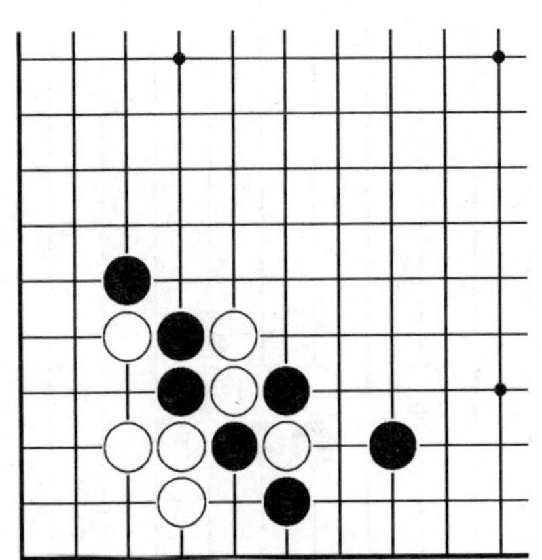

14

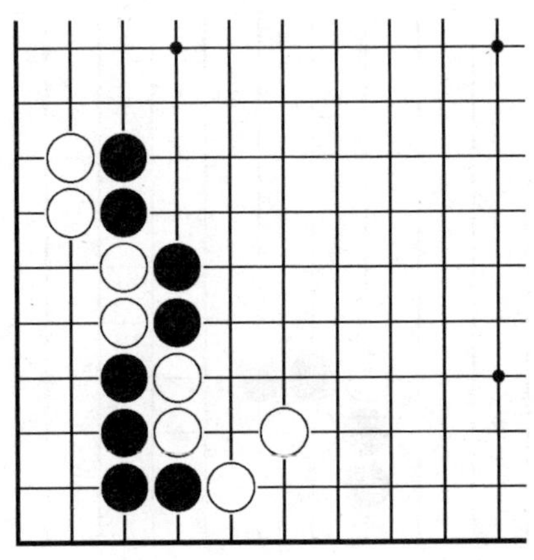

15

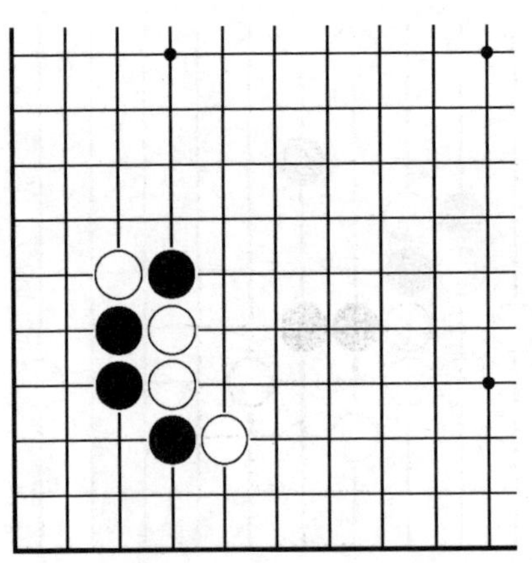

16

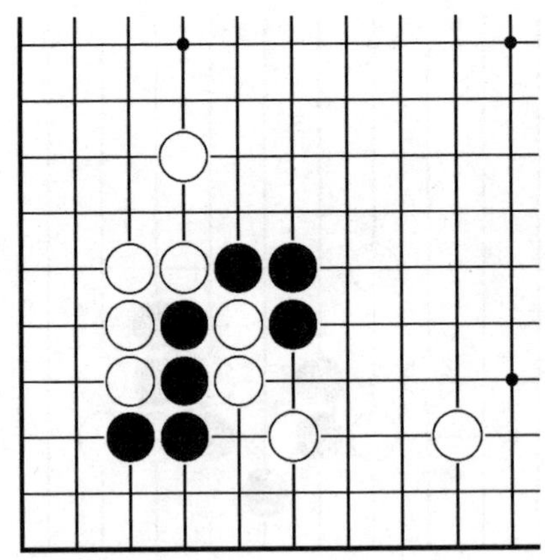

5. 互相切断的应对

学习日期	月　　日
检　　查	

下篇

黑先，写出必要的过程。

17

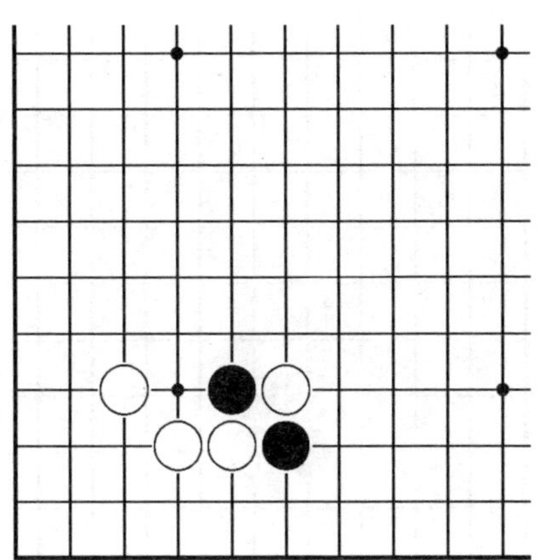

18

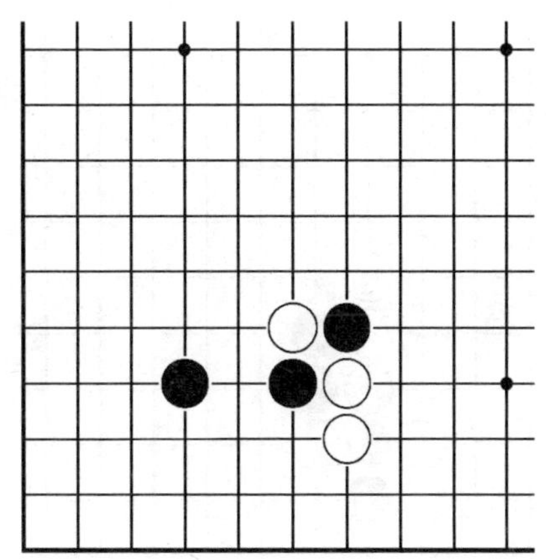

19

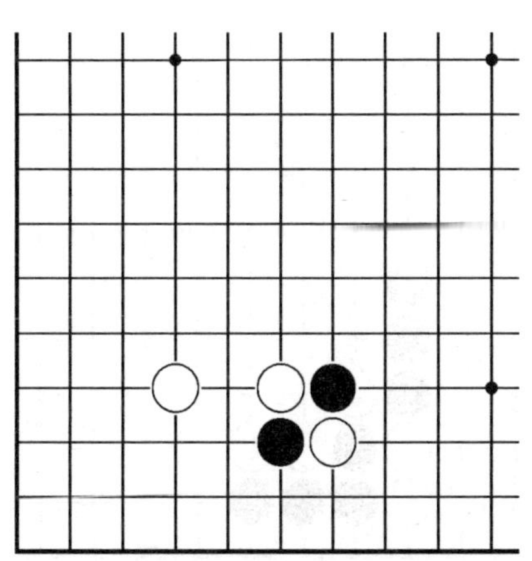

20

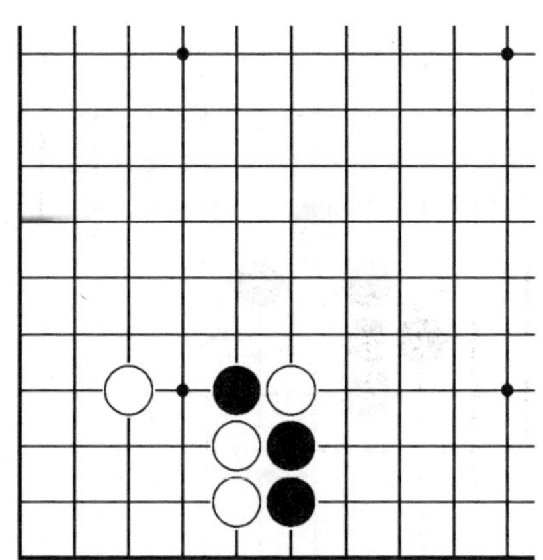

5. 互相切断的应对

学习日期	月　　日
检　　查	

黑先，写出必要的过程。

21

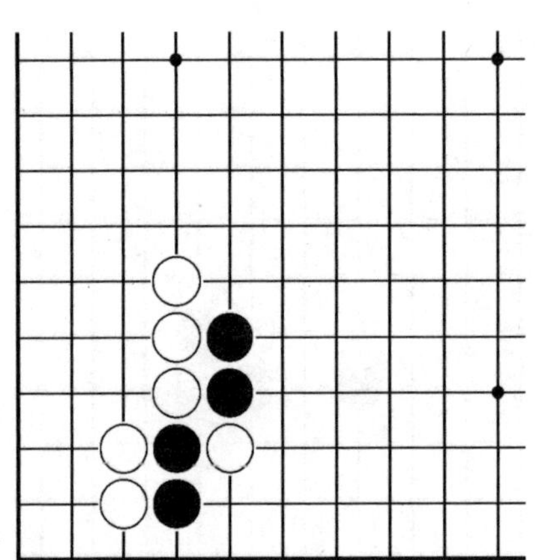

22

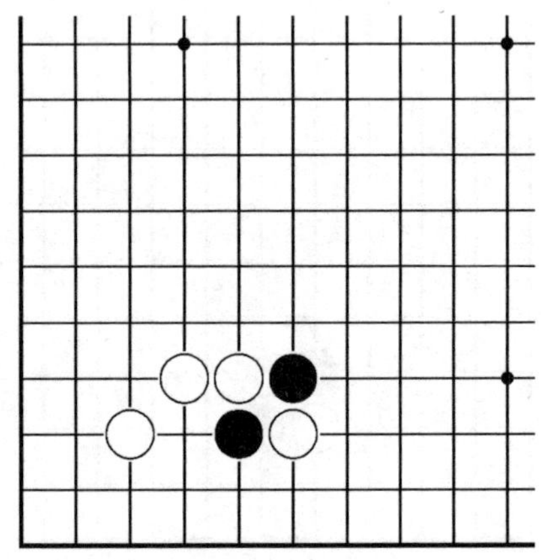

23

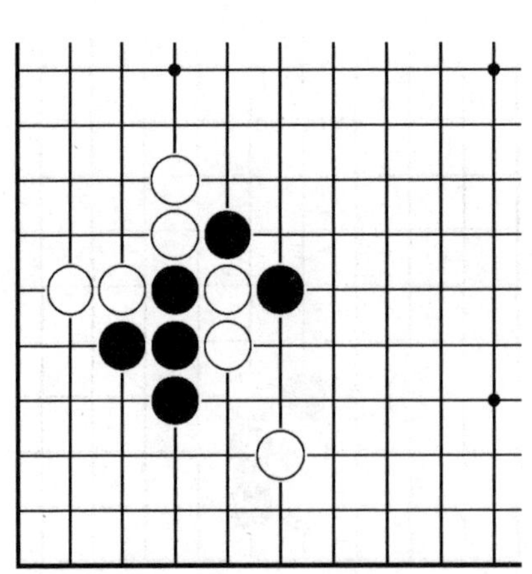

24

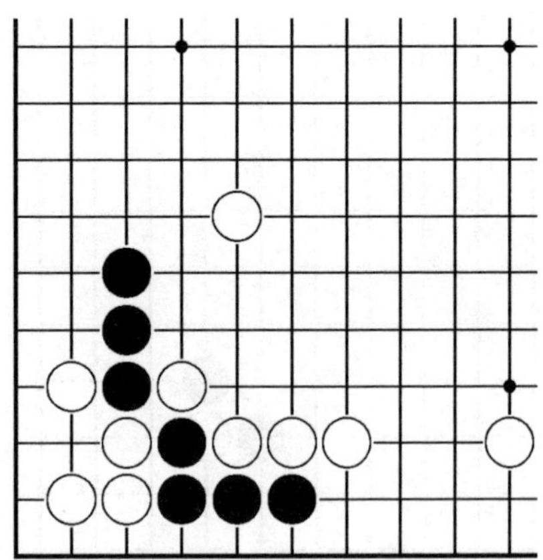

5. 互相切断的应对

学习日期	月　　日
检　　查	

黑先，写出必要的过程。

25

26

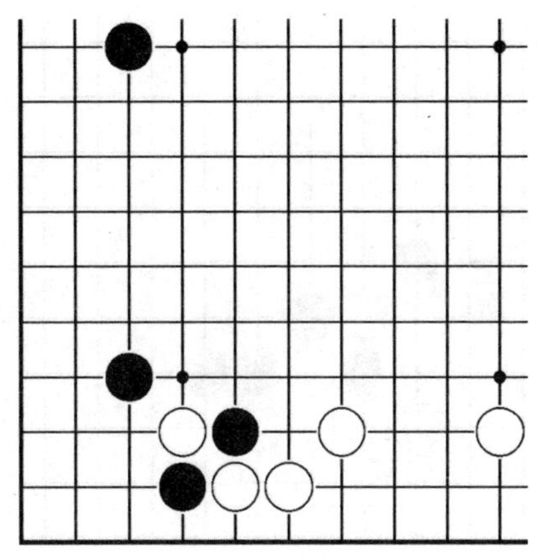

27

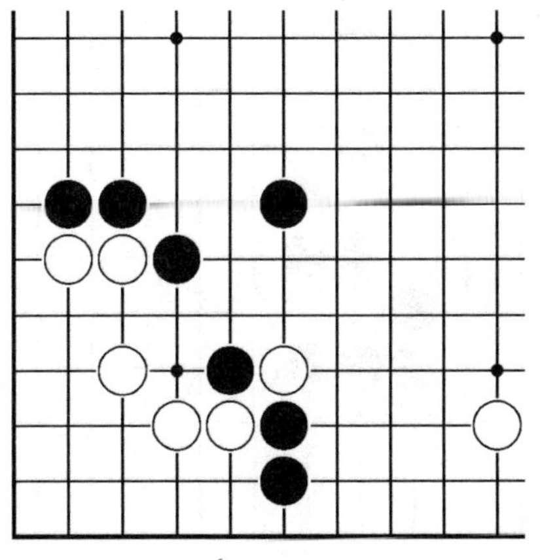

28

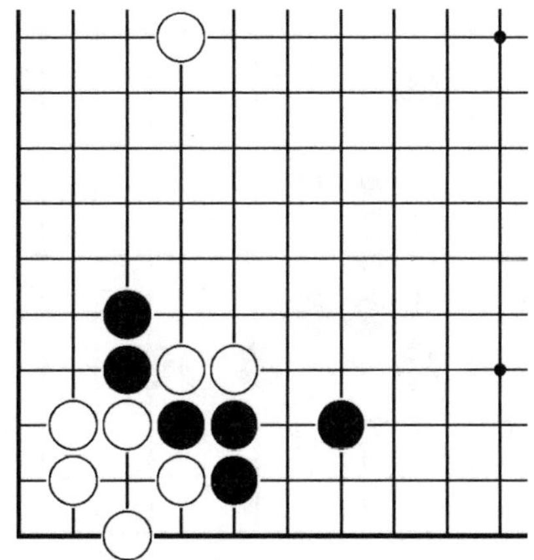

5. 互相切断的应对

学习日期	月 日
检 查	

黑先，写出必要的过程。

29

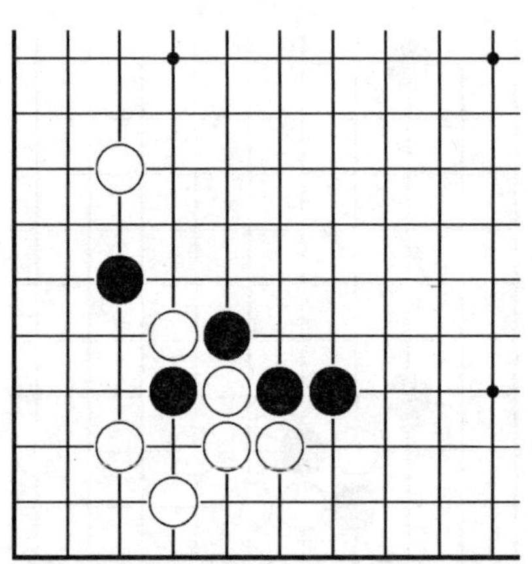

30

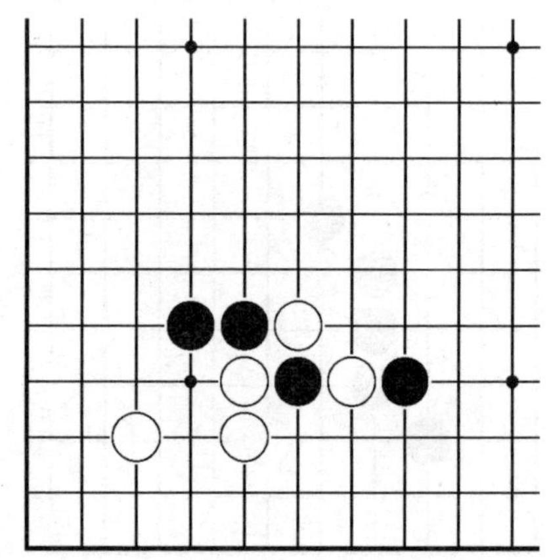

31

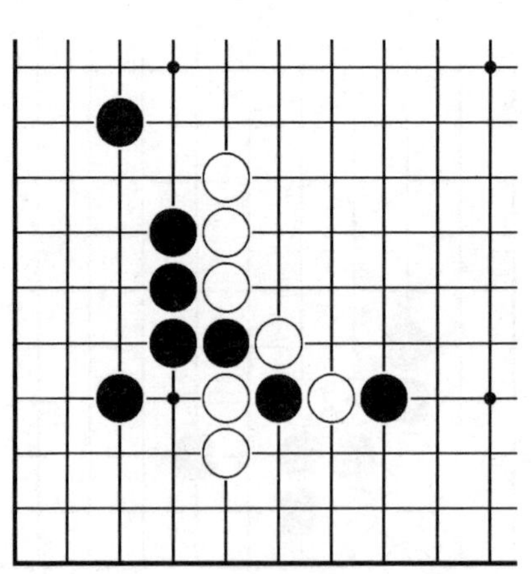

32

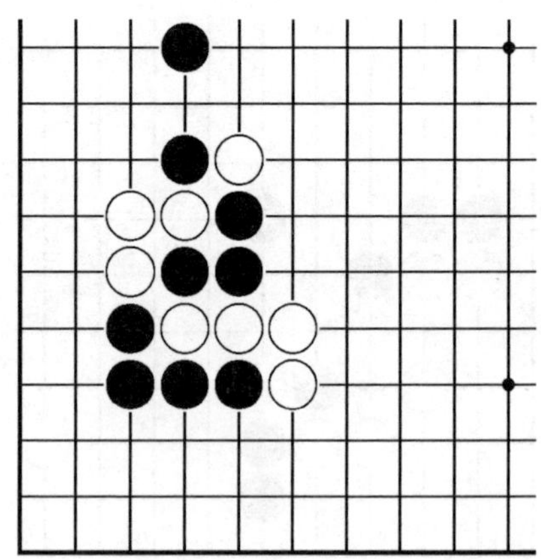

5. 互相切断的应对

学习日期	月　　日
检　　查	

黑先，写出必要的过程。

33

34

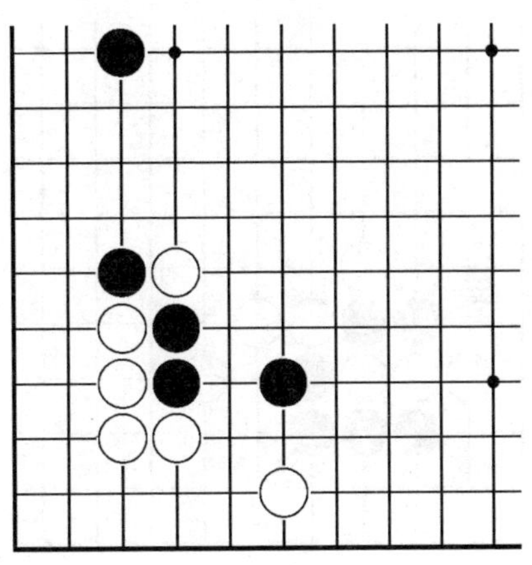

35

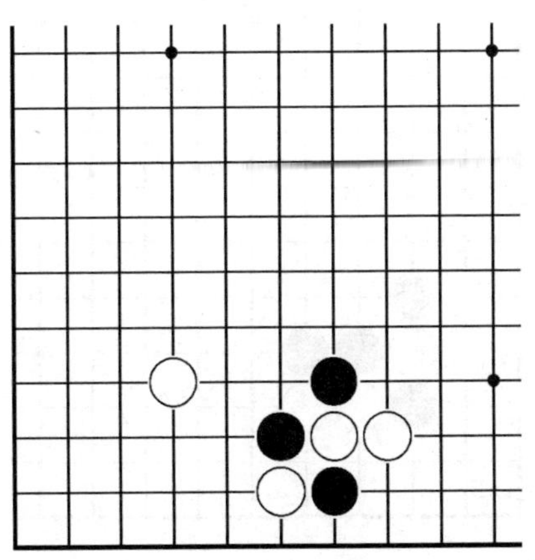

36

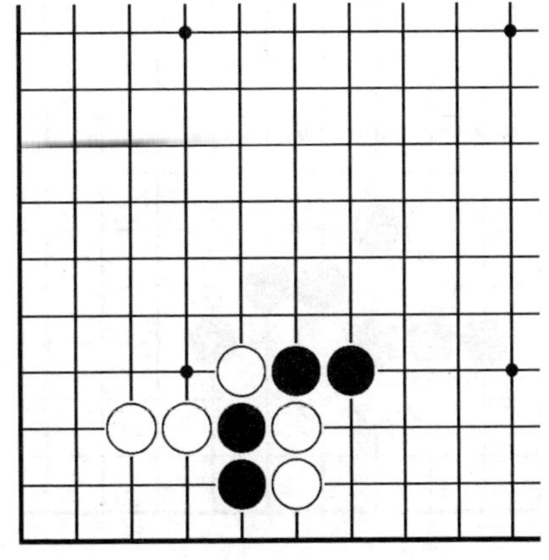

5. 互相切断的应对

学习日期	月　　日
检　　查	

黑先，写出必要的过程。

37

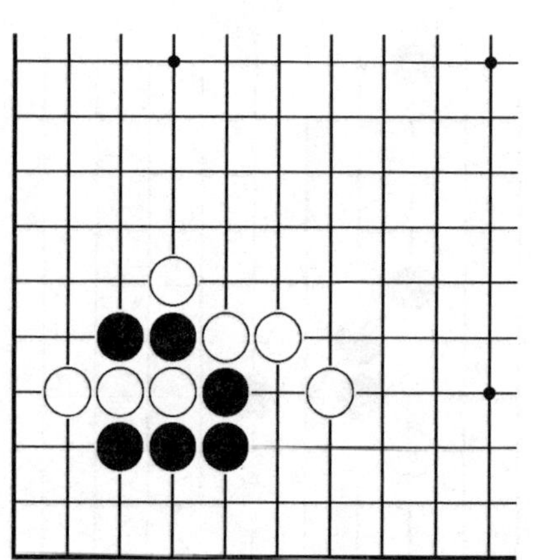

38

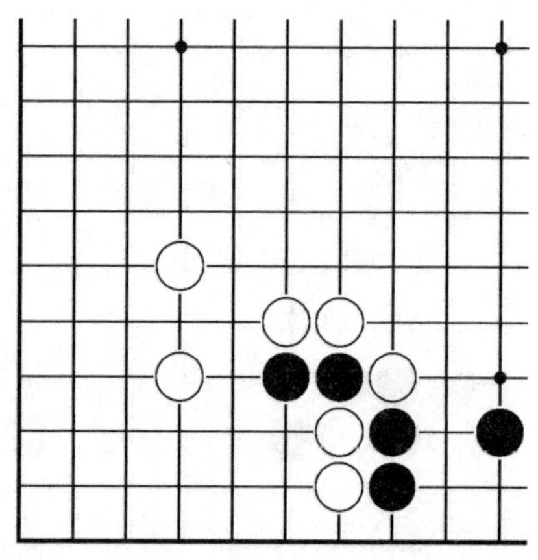

39

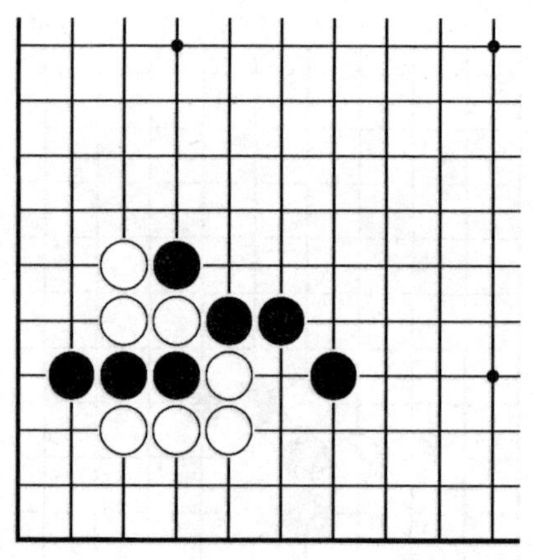

40

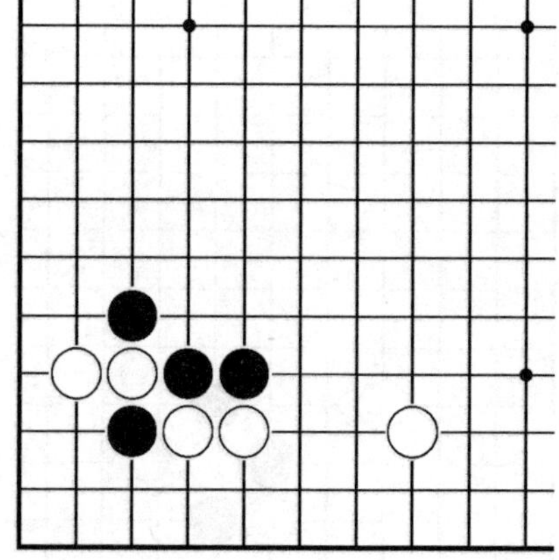

5. 互相切断的应对

学习日期	月　　日
检　　查	

黑先，写出必要的过程。

41

42

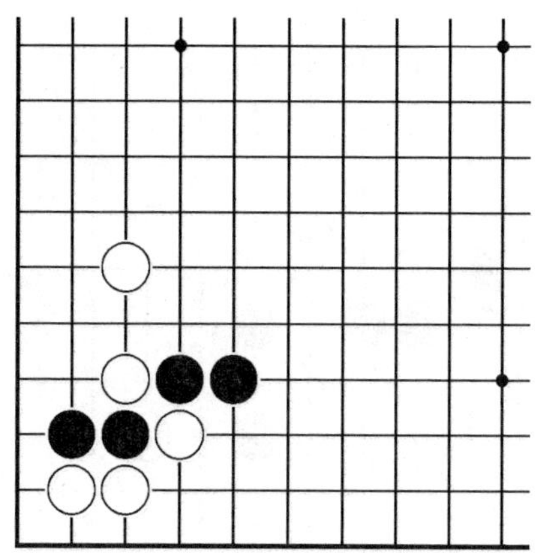

43

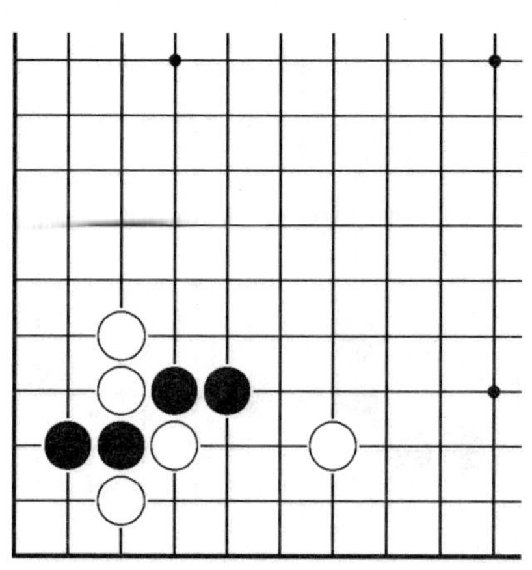

44

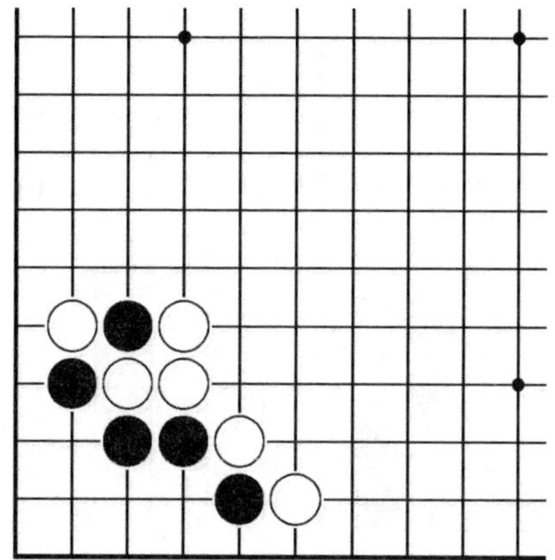

5. 互相切断的应对

学习日期	月　　日
检　　查	

黑先，写出必要的过程。

45

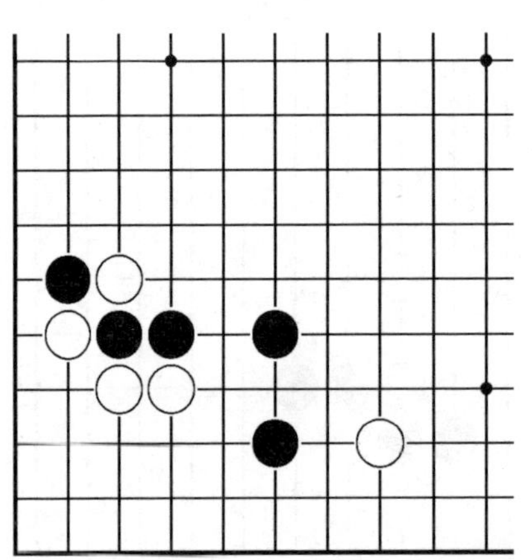

46

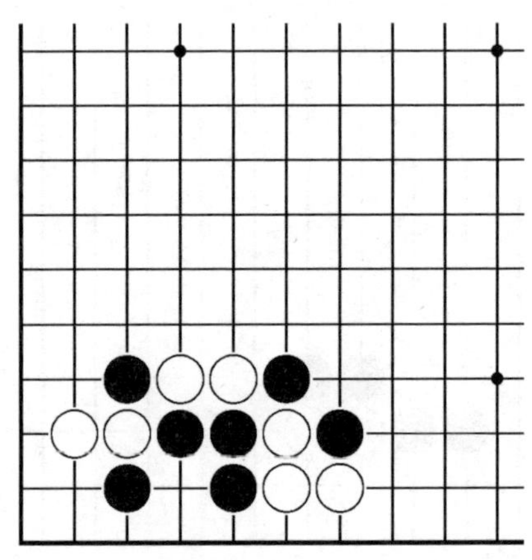

47

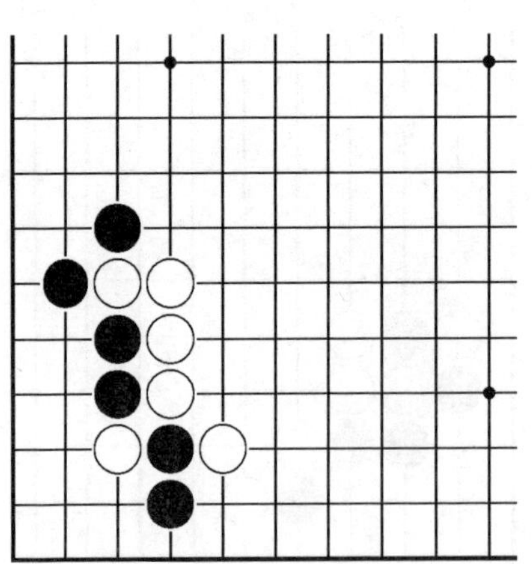

48

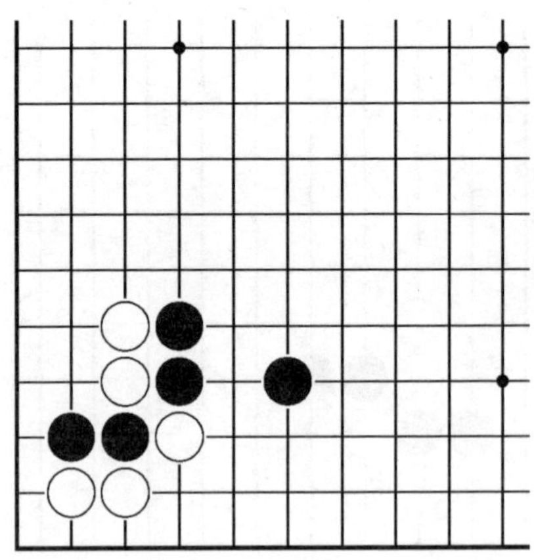

5. 互相切断的应对

学习日期	月　　日
检　　查	

黑先，写出必要的过程。

49

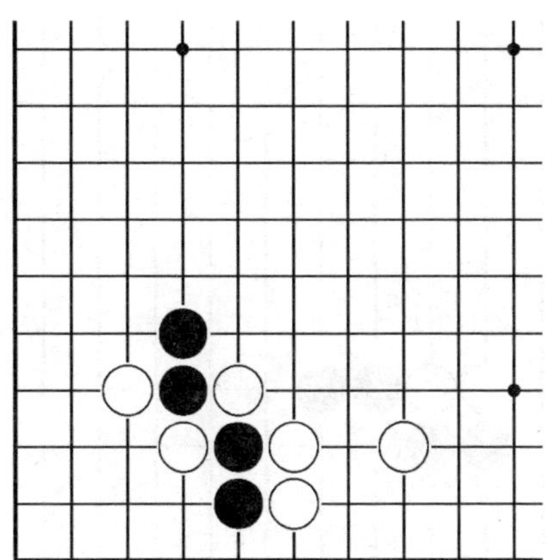

50

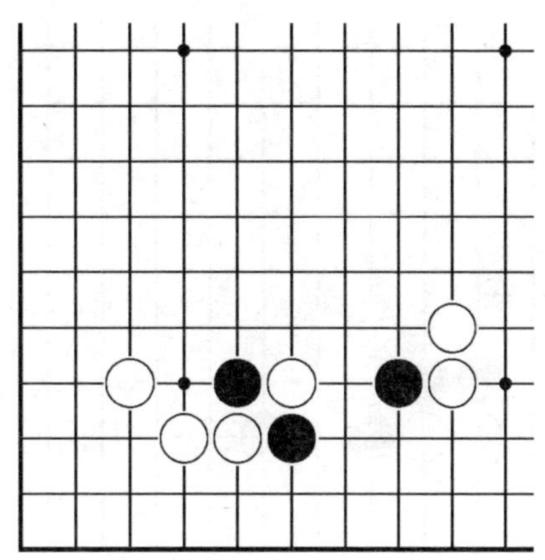

下篇

51

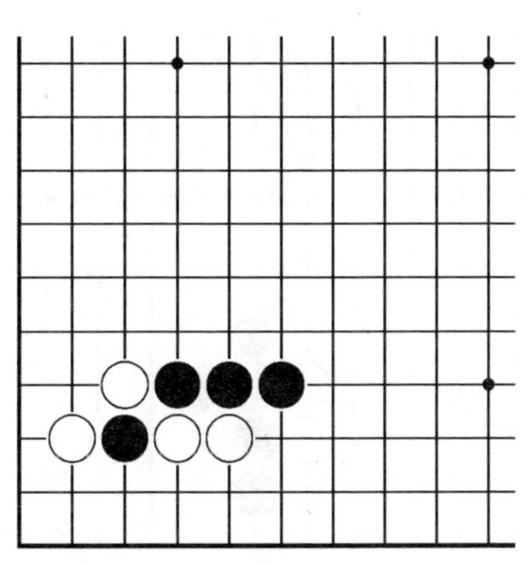

52

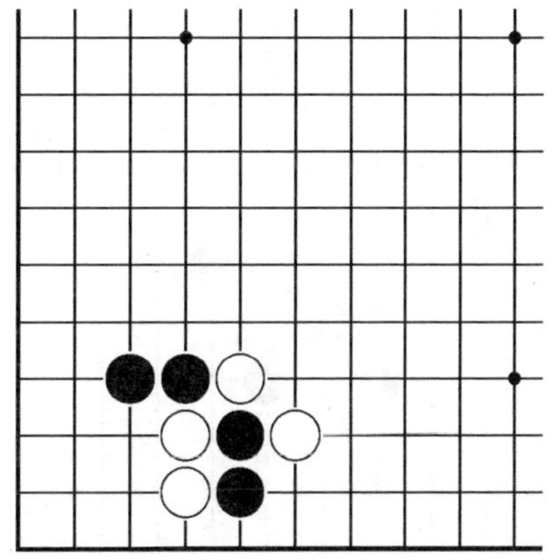

5. 互相切断的应对

学习日期	月　　日
检　　查	

黑先，写出必要的过程。

53

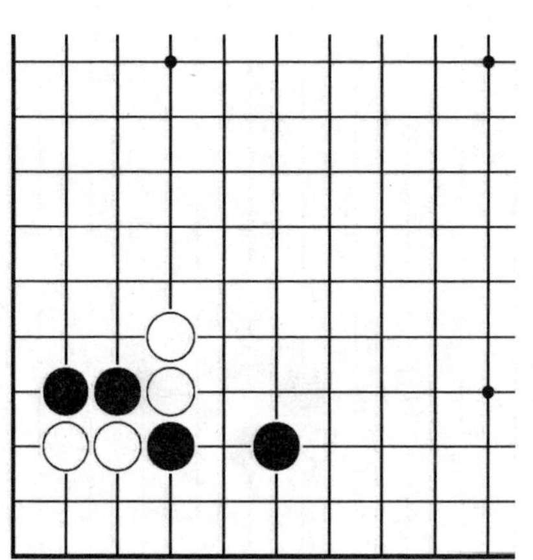

54

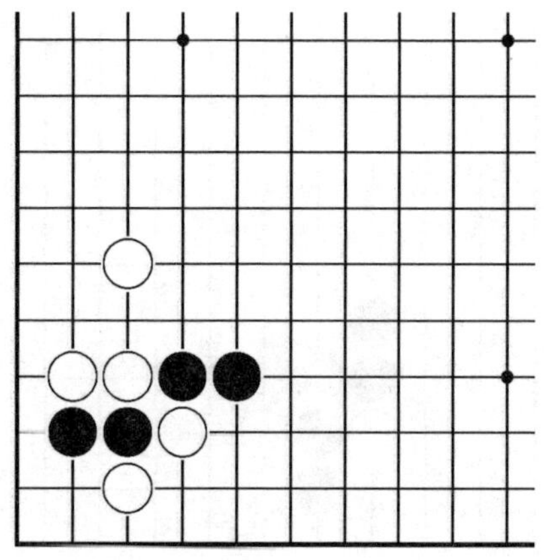

55

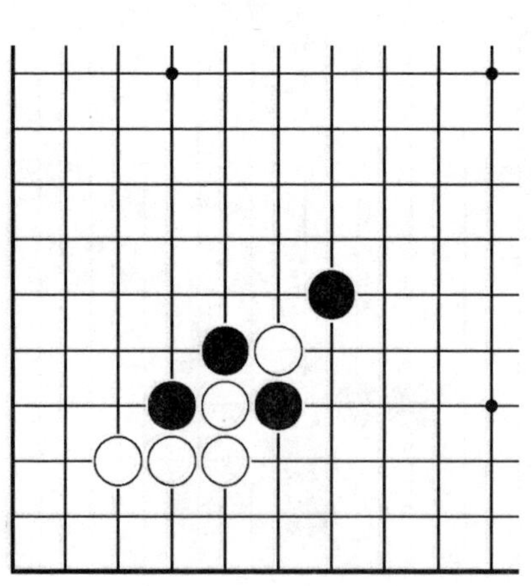

56

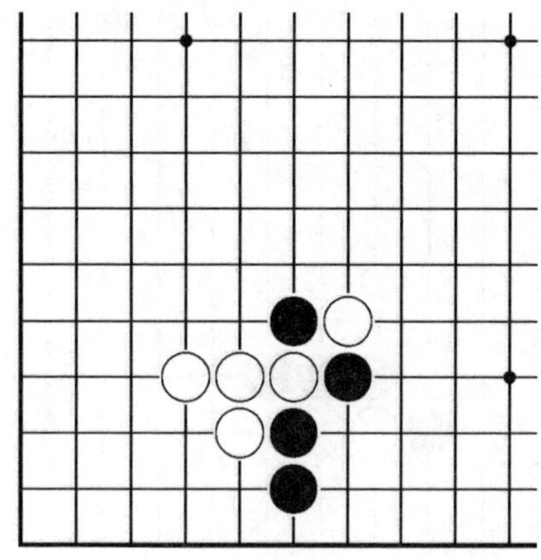

5. 互相切断的应对

学习日期	月　日
检　查	

黑先，写出必要的过程。

57

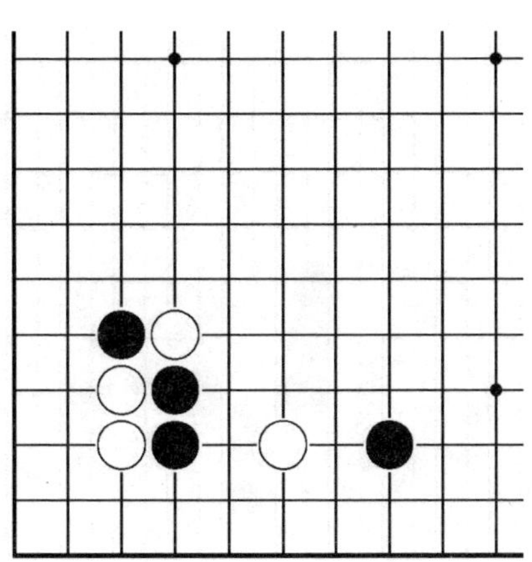

58

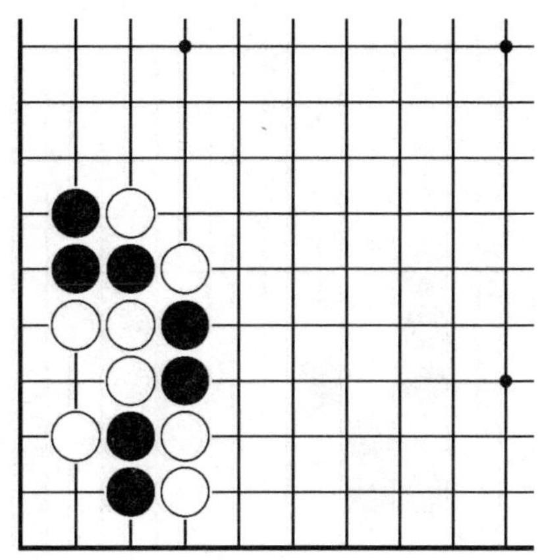

下篇

59

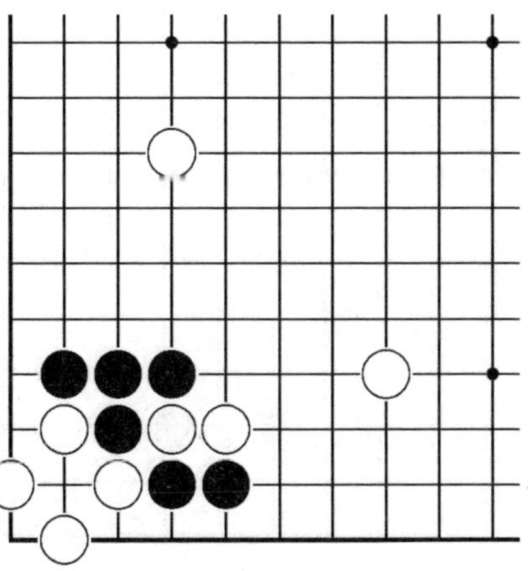

60

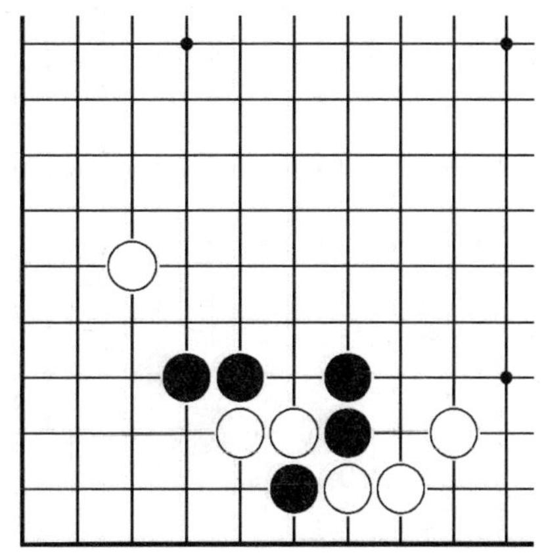

5. 互相切断的应对

学习日期	月 日
检 查	

黑先，写出必要的过程。

61

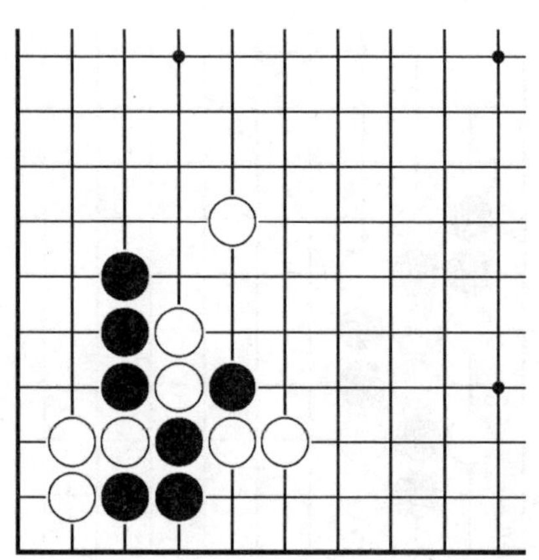

62

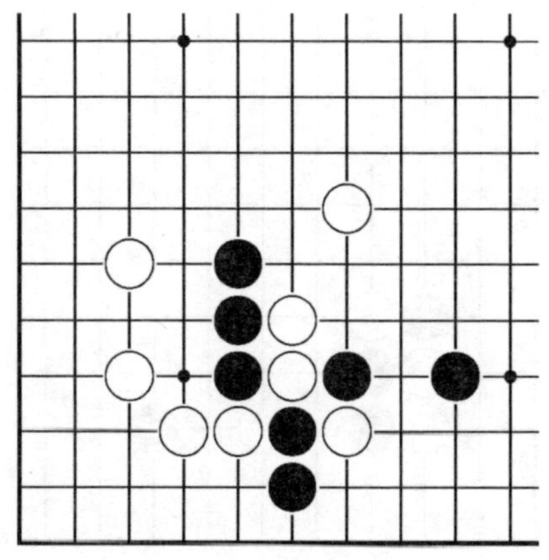

63

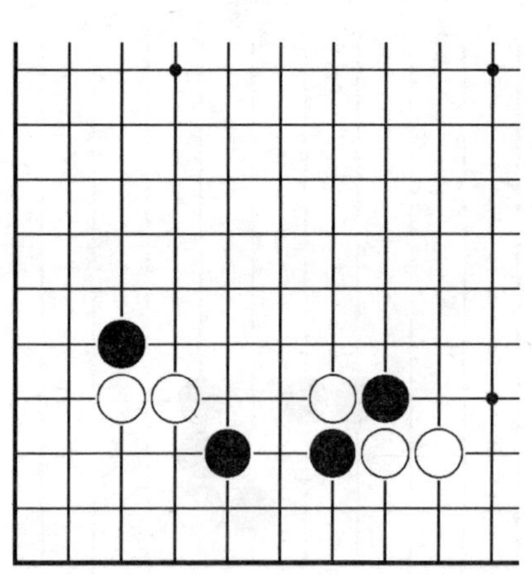

64

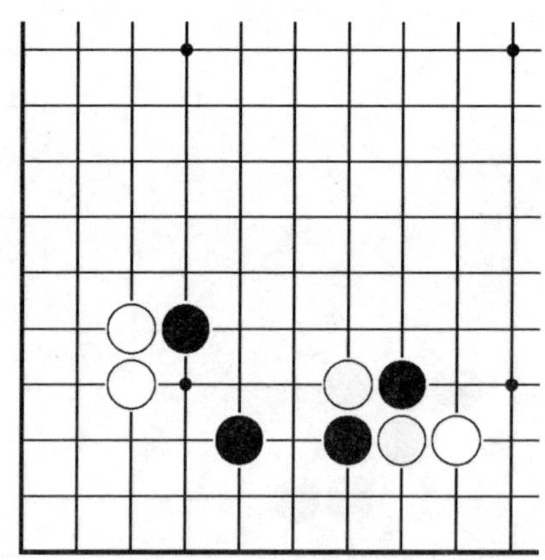

5. 互相切断的应对

学习日期	月　　日
检　　查	

下篇

黑先，写出必要的过程。

65

66

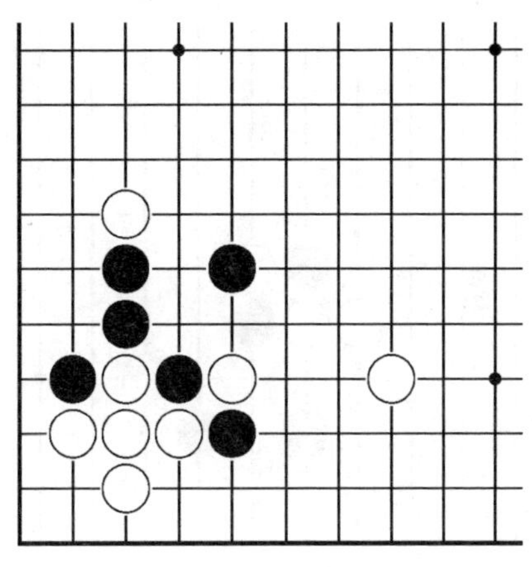

67

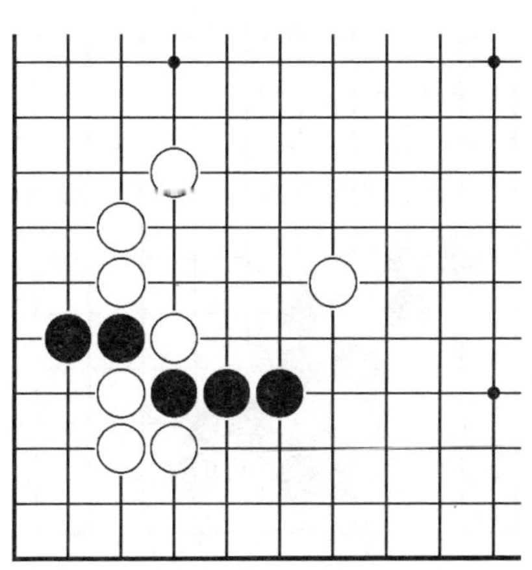

68

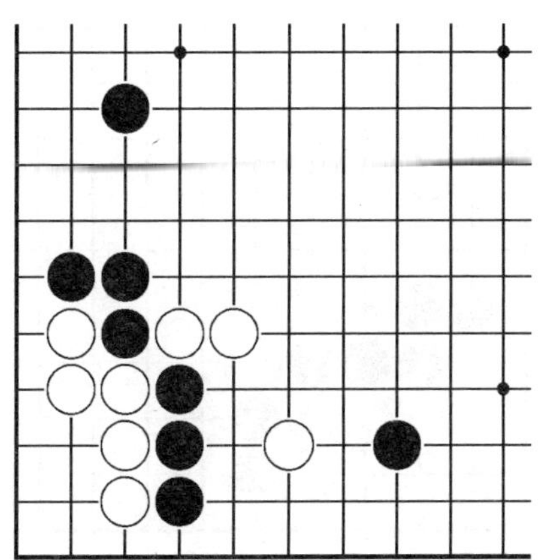

5. 互相切断的应对

学习日期	月　　日
检　　查	

黑先，写出必要的过程。

69

70

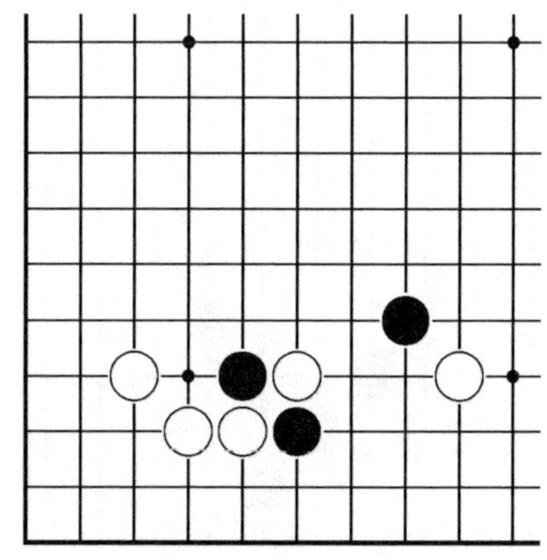

71

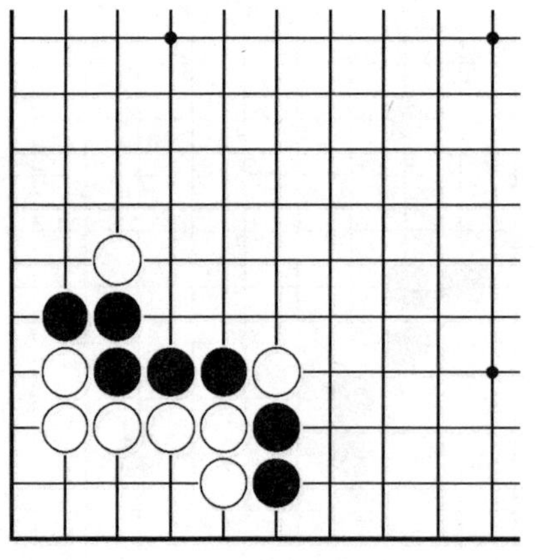

72

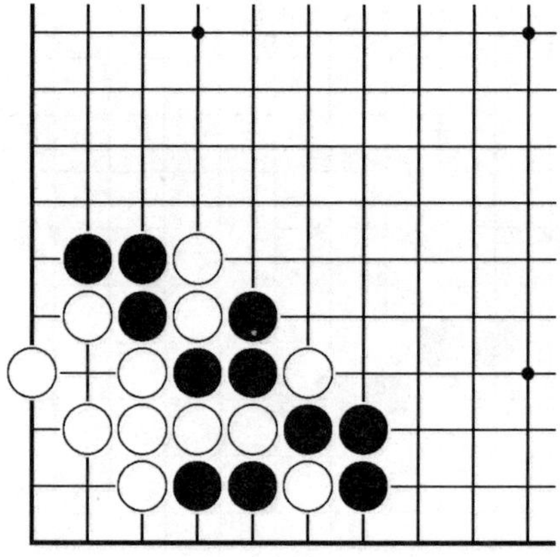

5. 互相切断的应对

学习日期	月　　日
检　　查	

黑先，写出必要的过程。

73

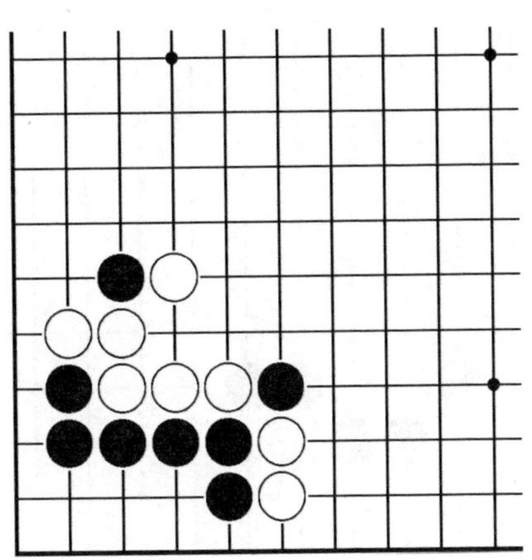

74

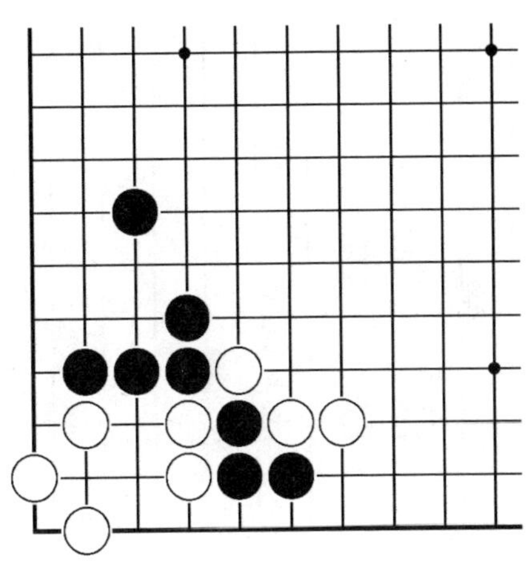

下篇

75

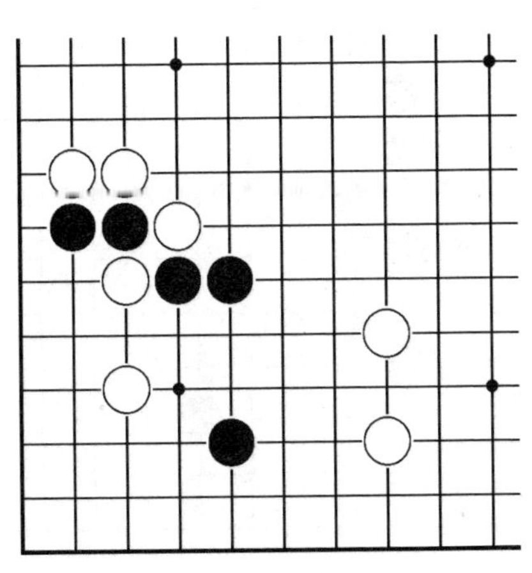

76

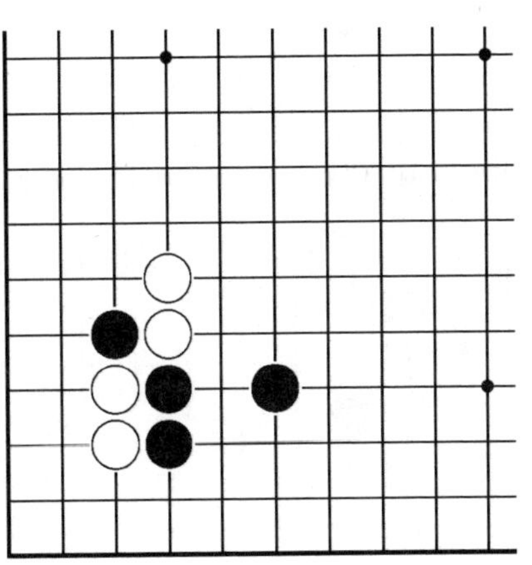

5. 互相切断的应对

学习日期	月　日
检　查	

黑先，写出必要的过程。

77

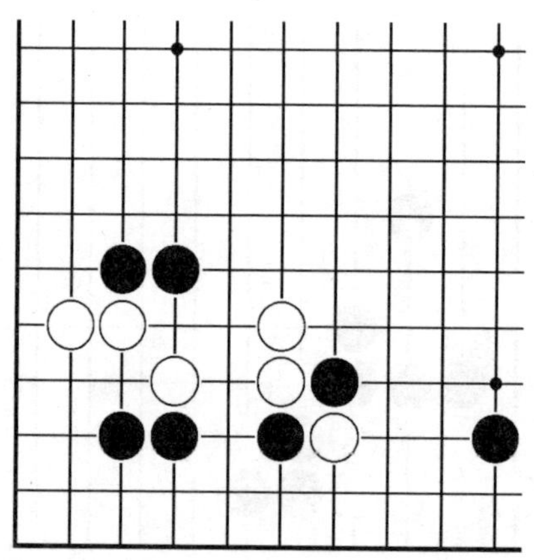

78

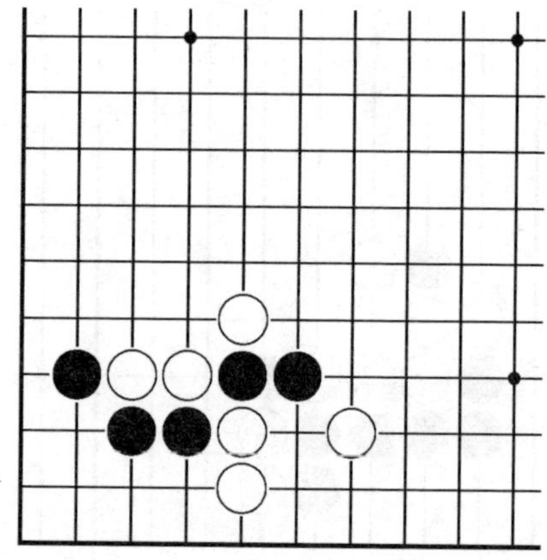

79

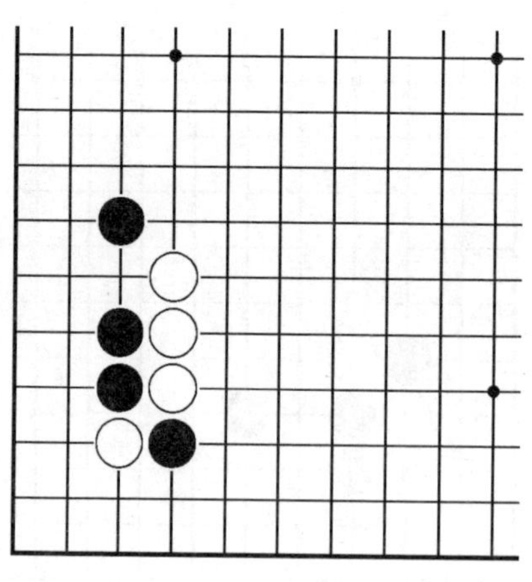

80

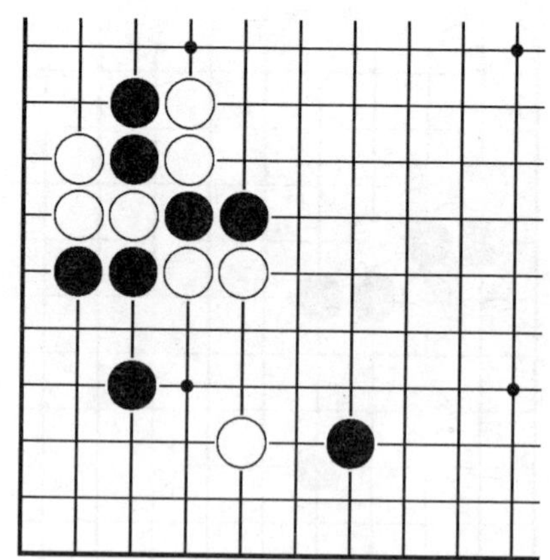

5. 互相切断的应对

学习日期	月　　日
检　　查	

黑先，写出必要的过程。

81

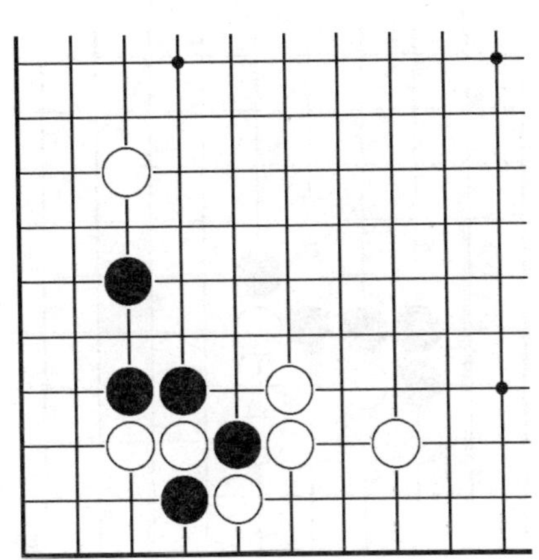

82

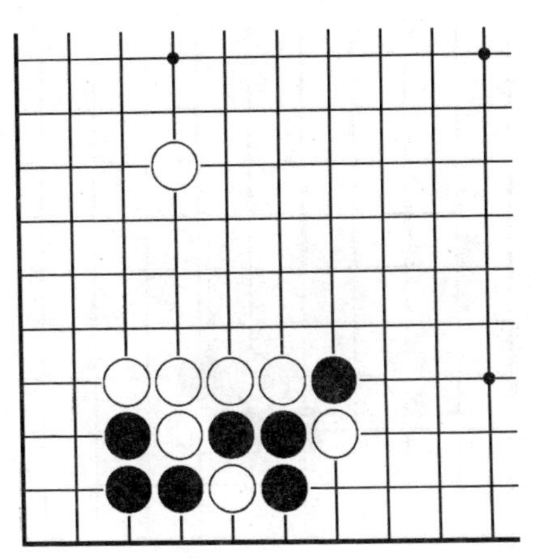

83

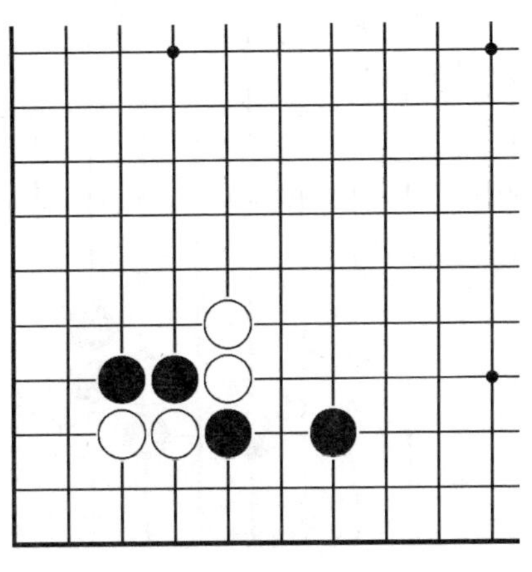

84

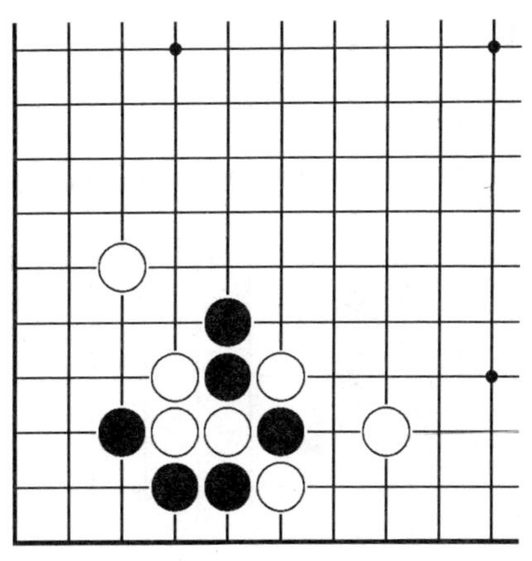

5. 互相切断的应对

学习日期	月　　日
检　　查	

黑先，写出必要的过程。

85

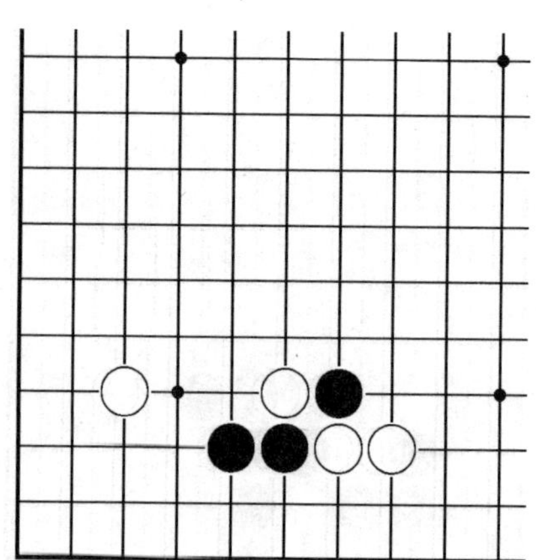

86

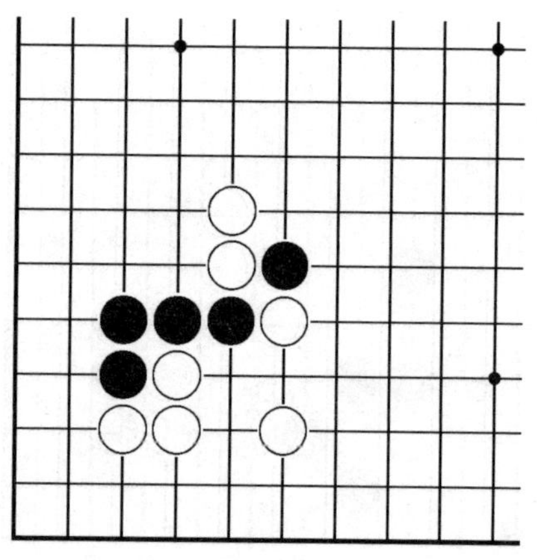

87

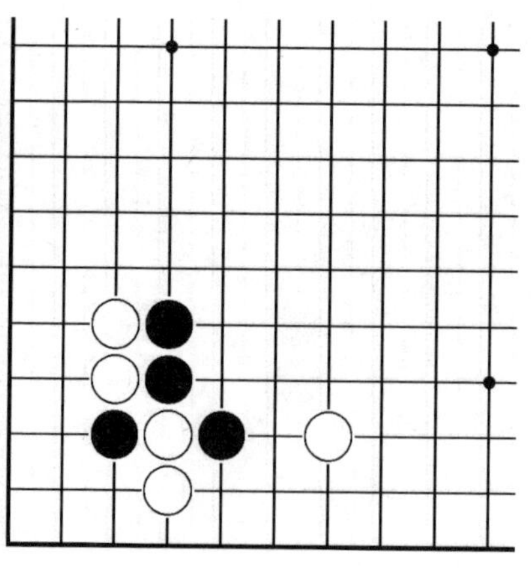

88

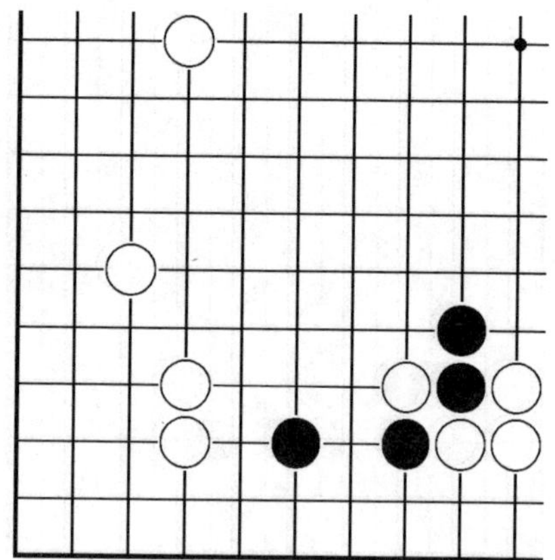

5. 互相切断的应对

学习日期	月　　日
检　　查	

黑先，写出必要的过程。

89

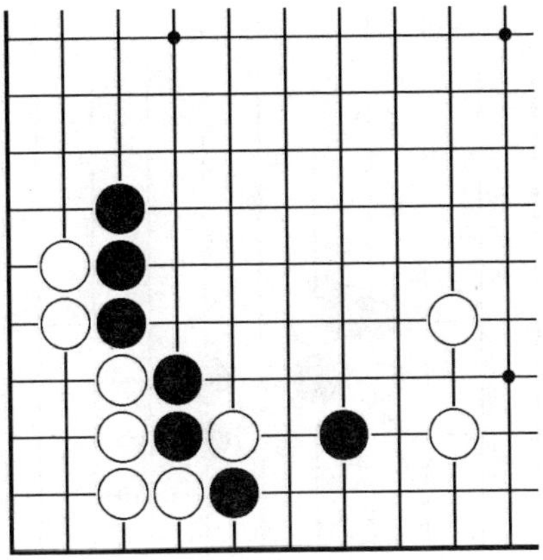

90

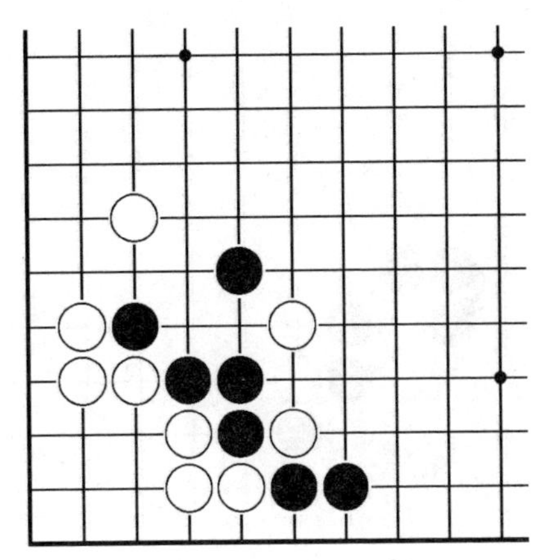

91

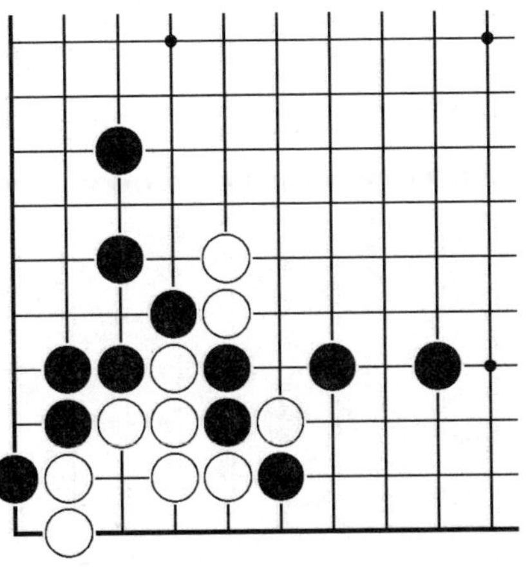

92

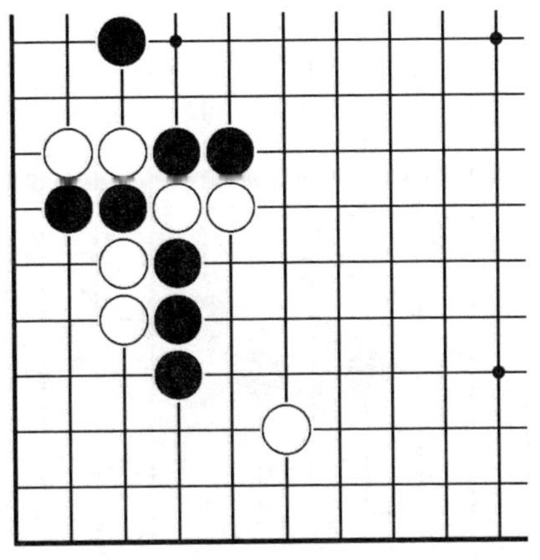

5. 互相切断的应对

学习日期	月　日
检　查	

黑先，写出必要的过程。

93

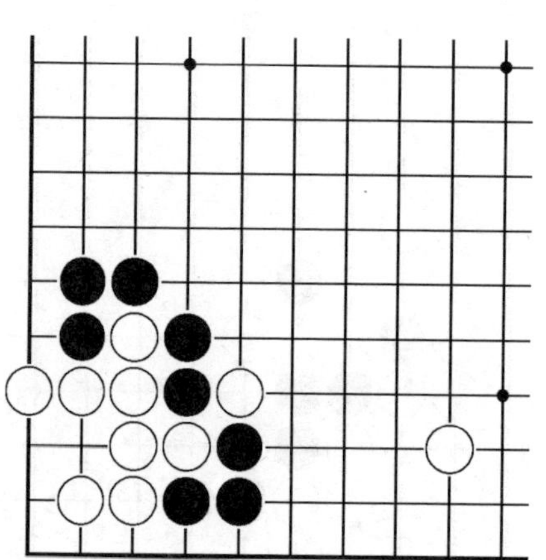

94

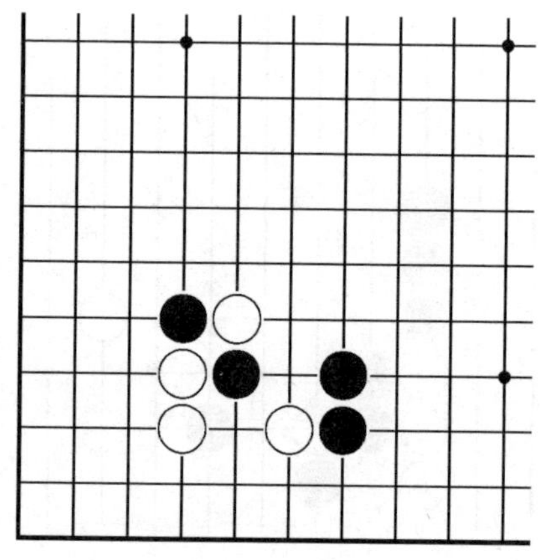

95

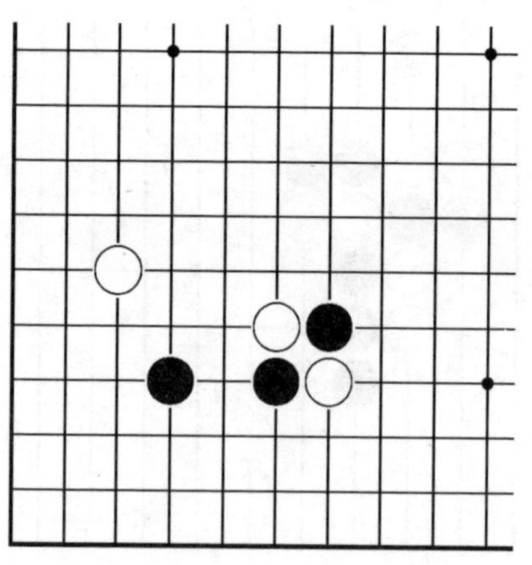

96

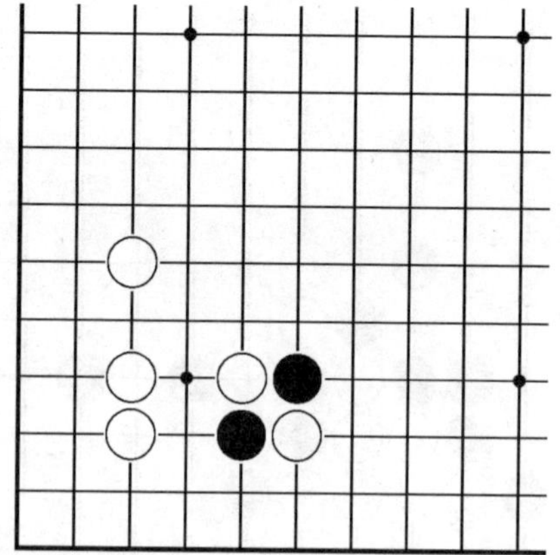

5. 互相切断的应对

学习日期	月　日
检　查	

黑先，写出必要的过程。

97

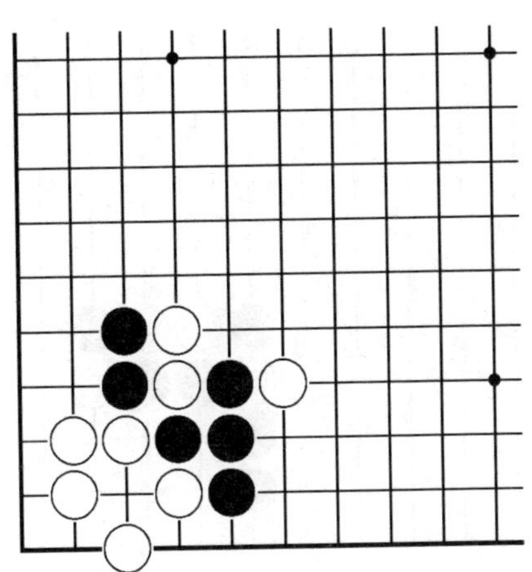

98

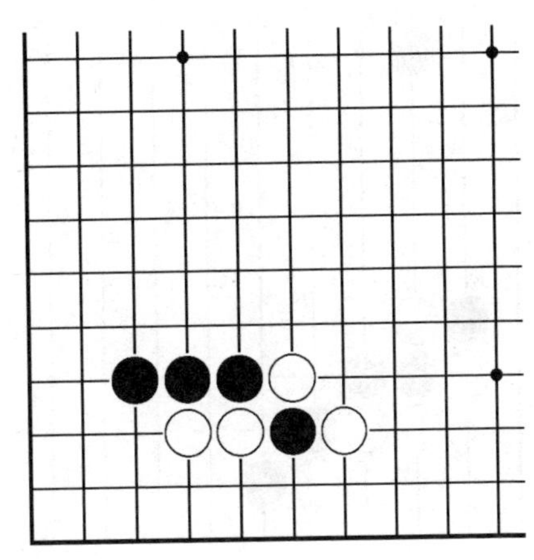

99

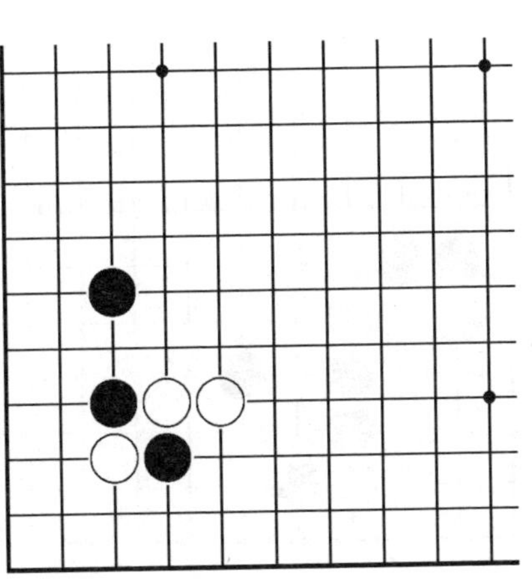

100

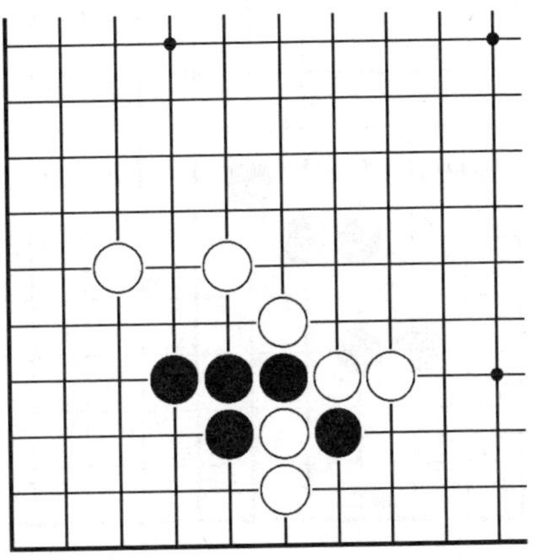

5. 互相切断的应对

学习日期	月　　日
检　　查	

黑先，写出必要的过程。

101

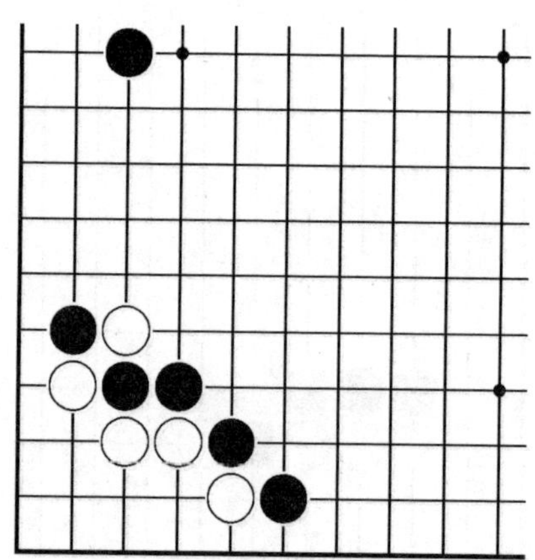

102

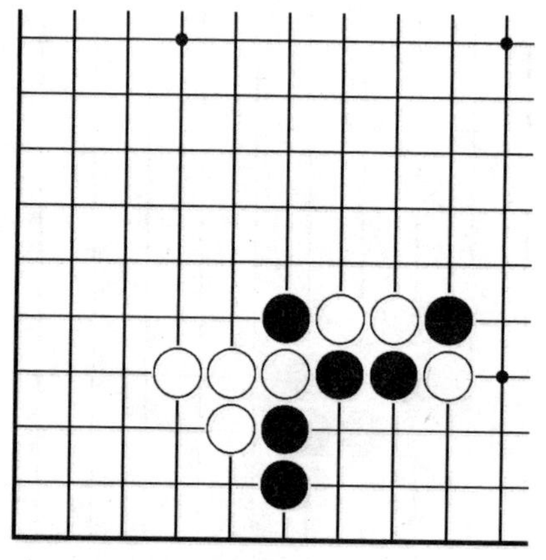

103

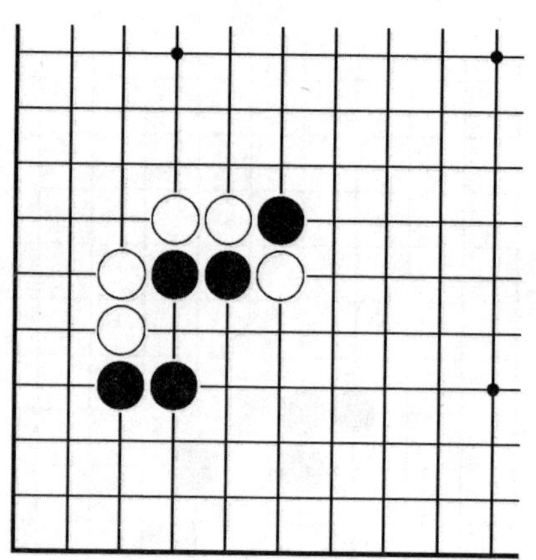

104

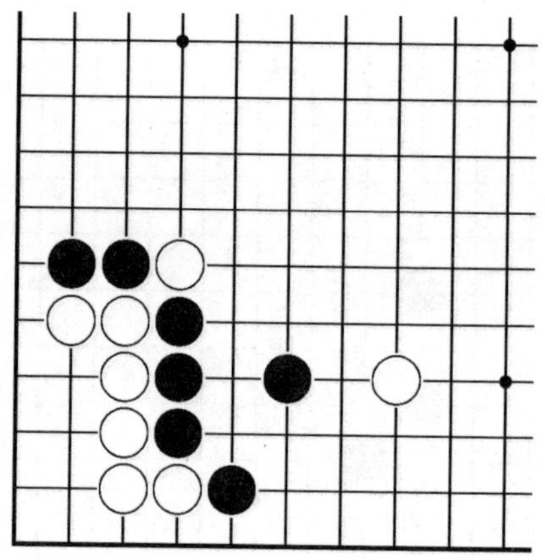

5. 互相切断的应对

学习日期	月　日
检　查	

黑先，写出必要的过程。

105

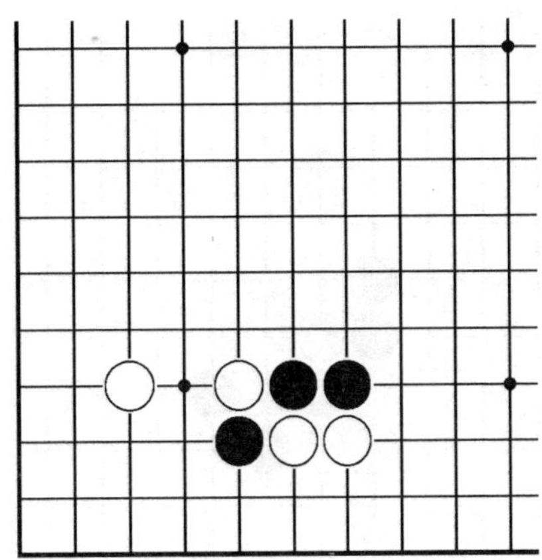

106

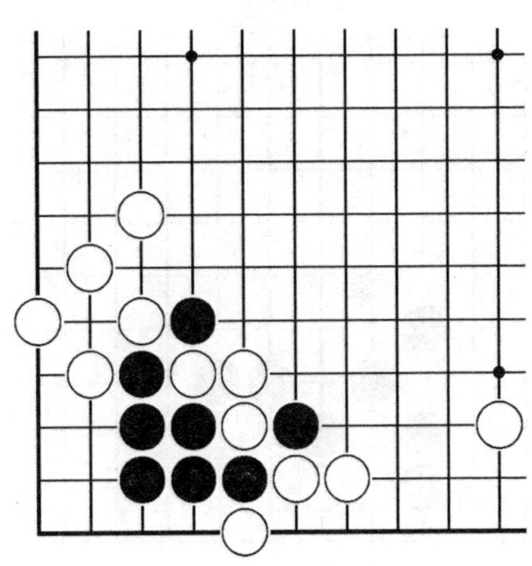

下篇

107

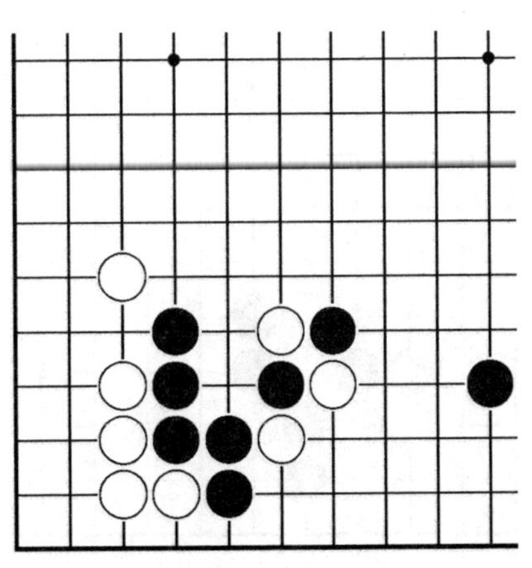

108

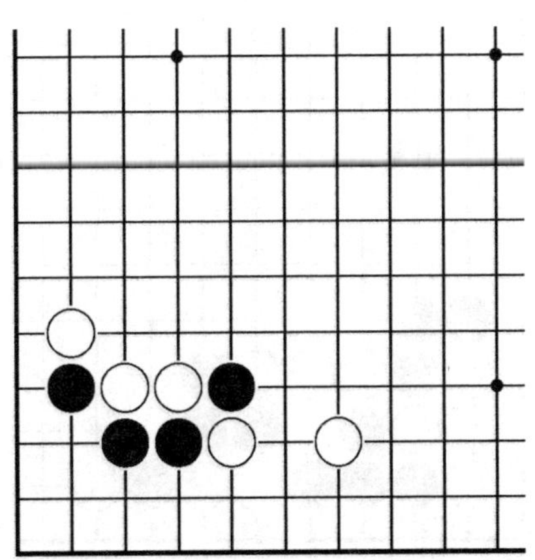

5. 互相切断的应对

学习日期	月　　日
检　　查	

黑先，写出必要的过程。

109

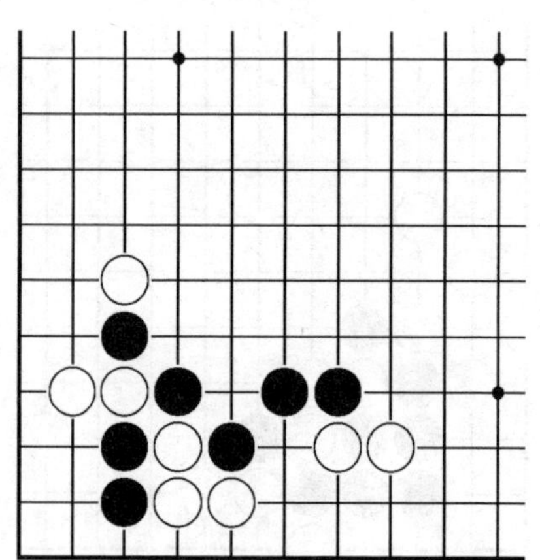

110

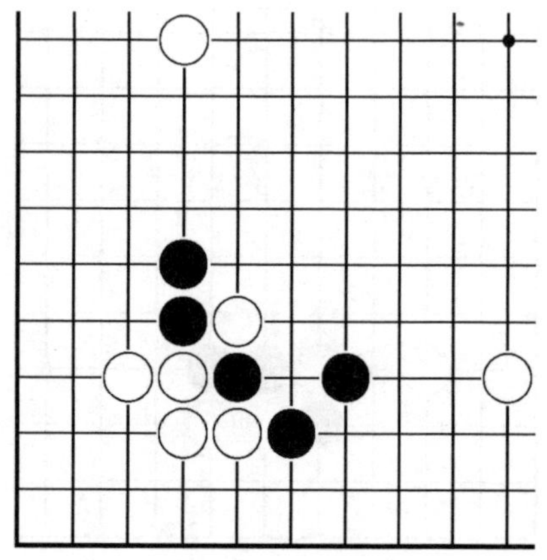

111

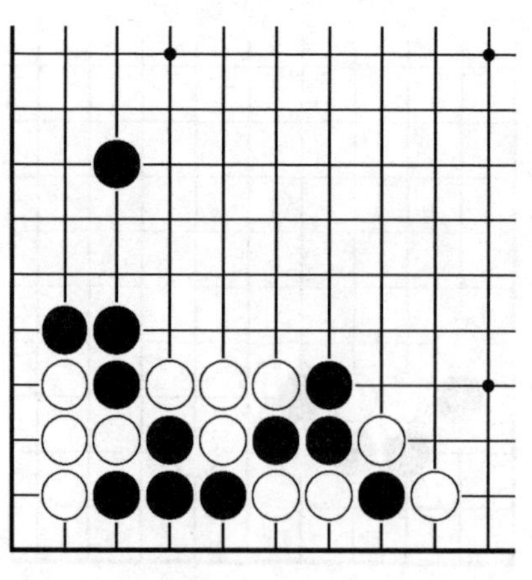

112

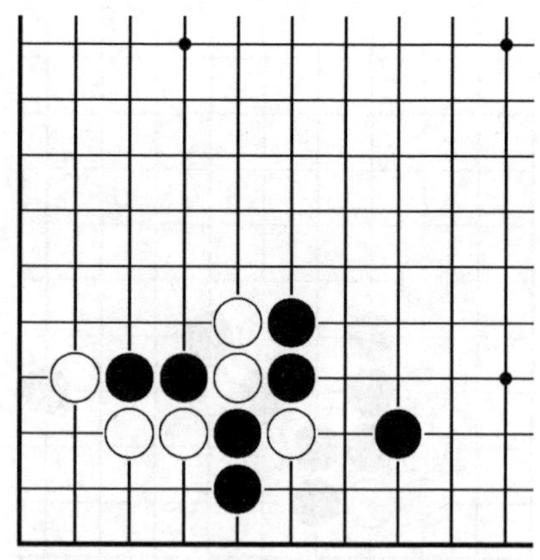

5. 互相切断的应对

学习日期	月　　日
检　　查	

黑先，写出必要的过程。

113

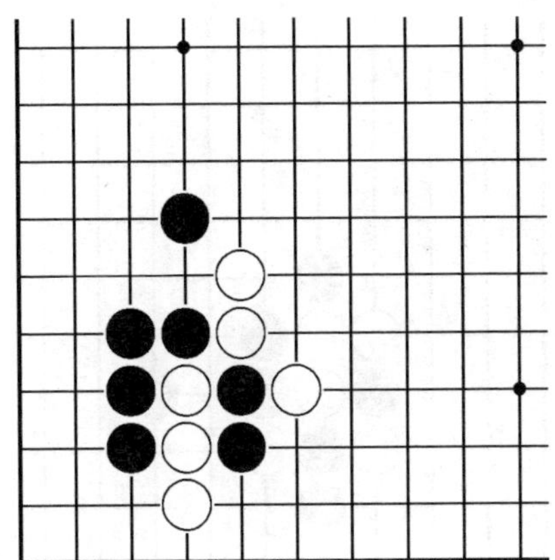

114

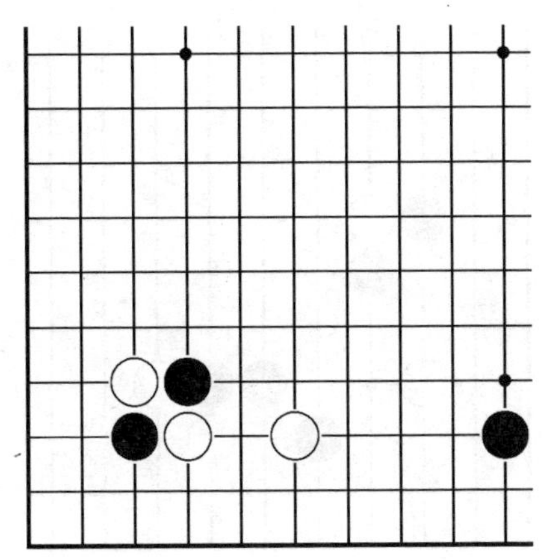

115

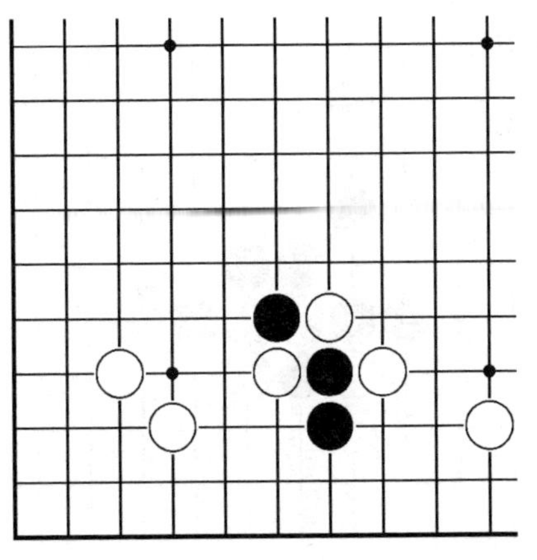

116

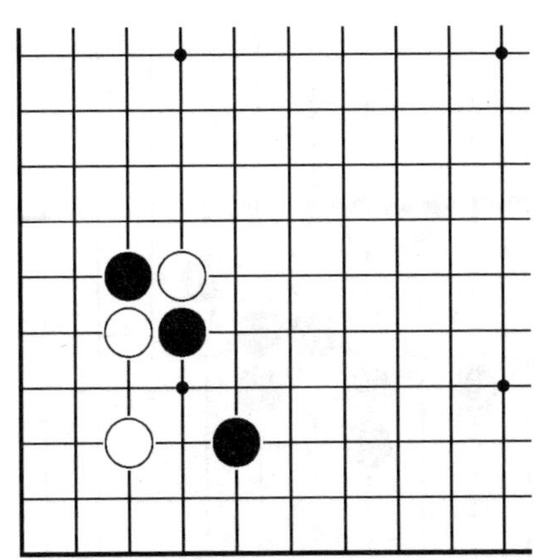

5. 互相切断的应对

学习日期	月 日
检 查	

黑先，写出必要的过程。

117

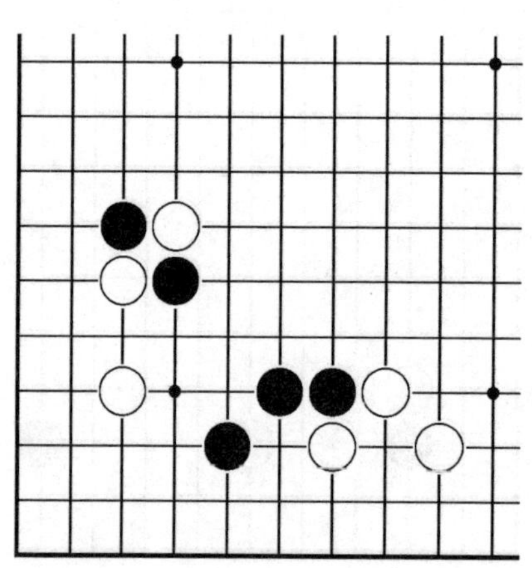

118

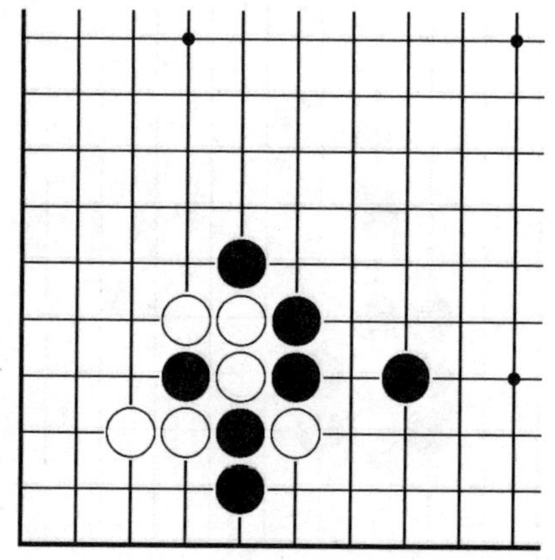

119

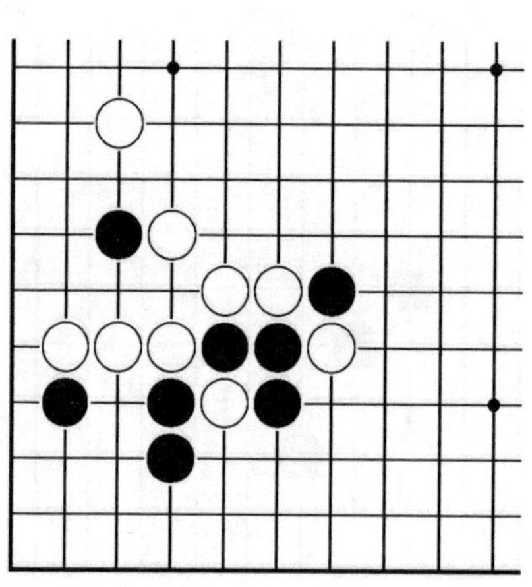

120

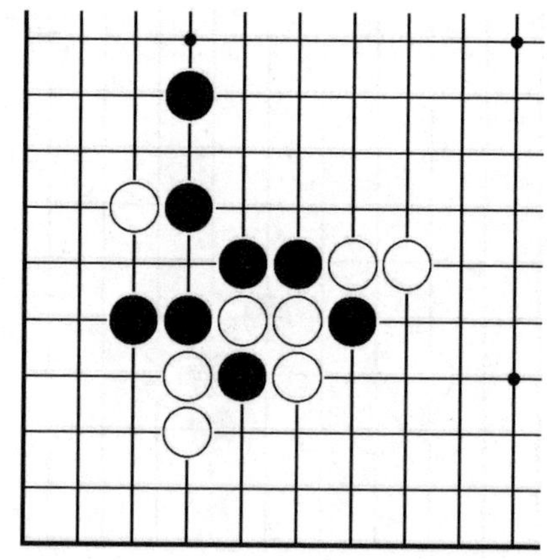

5. 互相切断的应对

学习日期	月　　日
检　　查	

黑先，写出必要的过程。

121

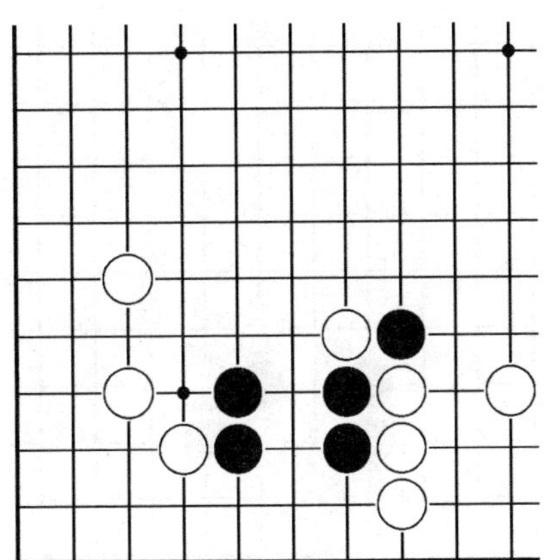

122

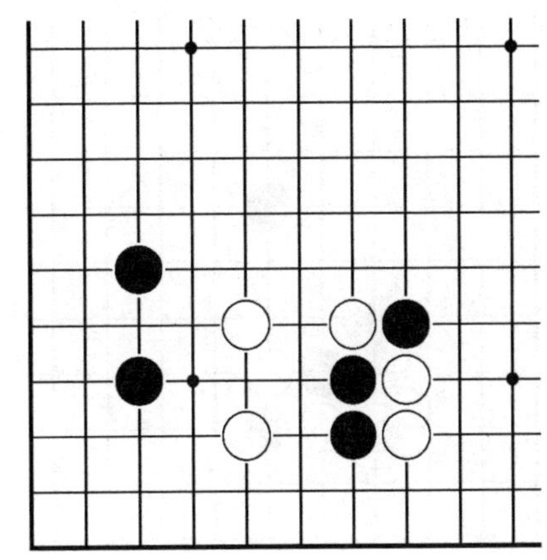

下篇

123

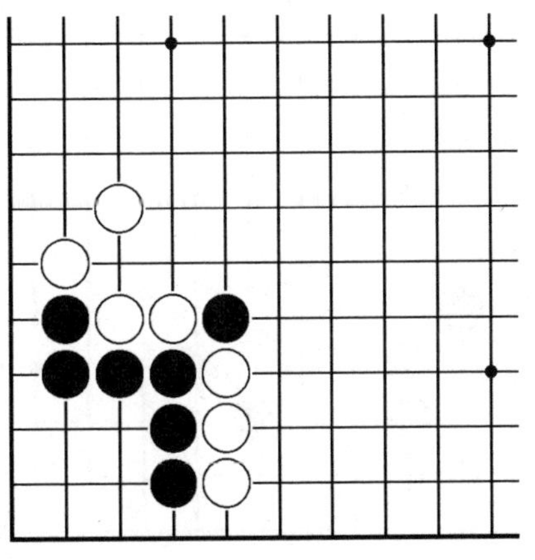

124

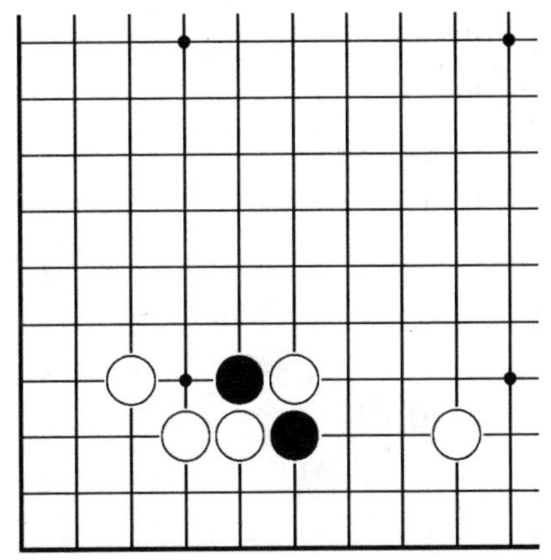

5. 互相切断的应对

学习日期	月　　日
检　　查	

黑先，写出必要的过程。

125

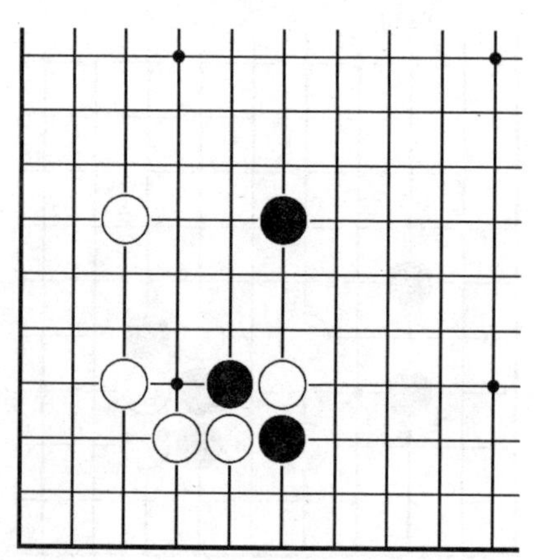

126

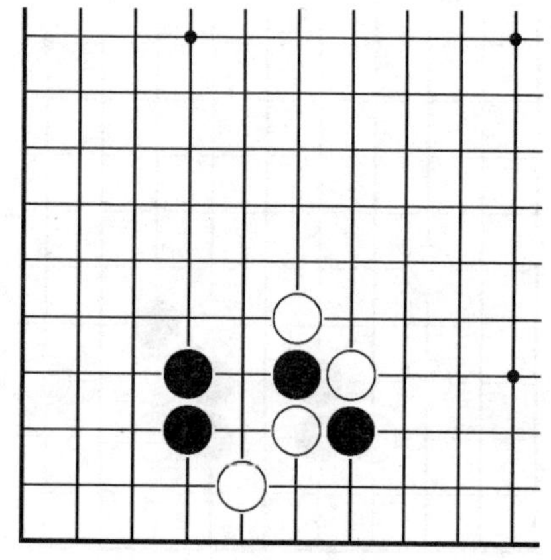

127

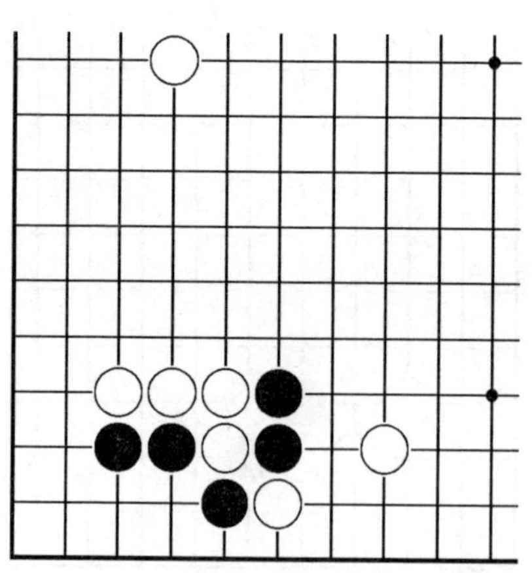

128

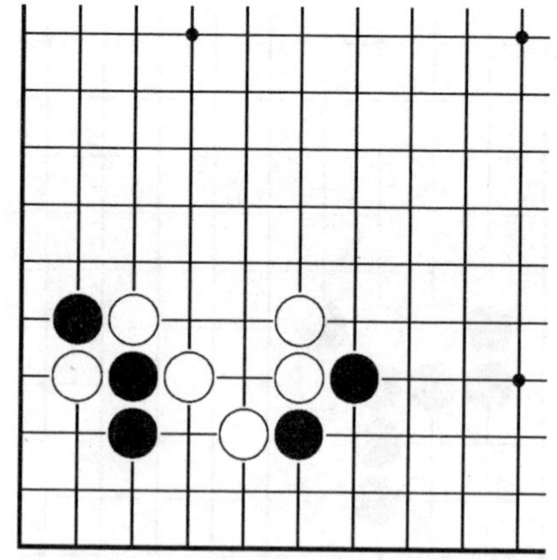

5. 互相切断的应对

学习日期	月　　日
检　　查	

黑先，写出必要的过程。

129

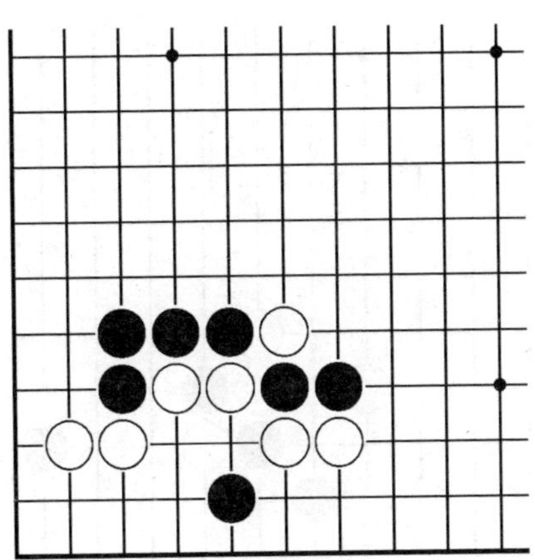

130

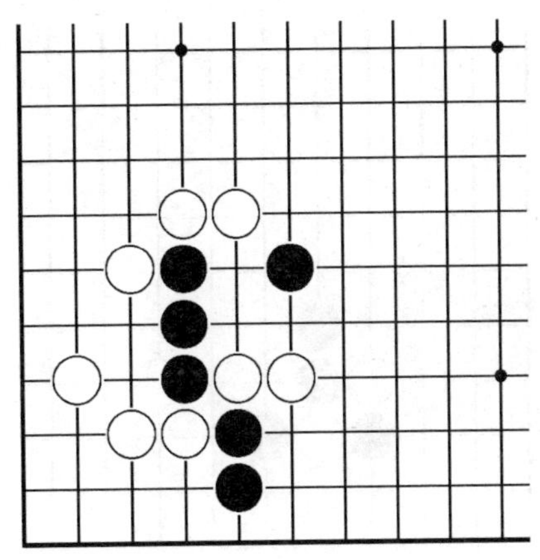

下篇

131

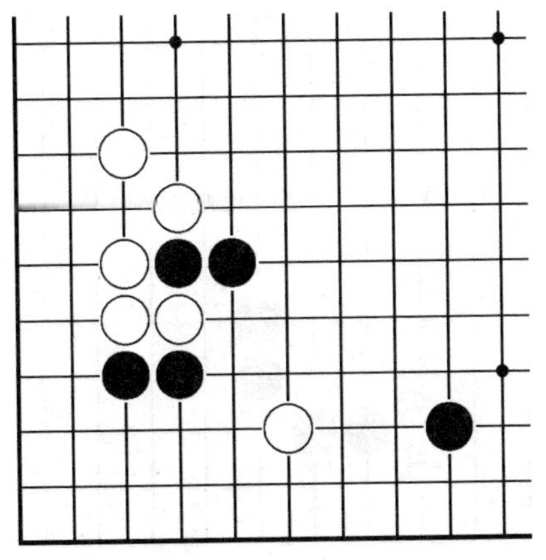

132

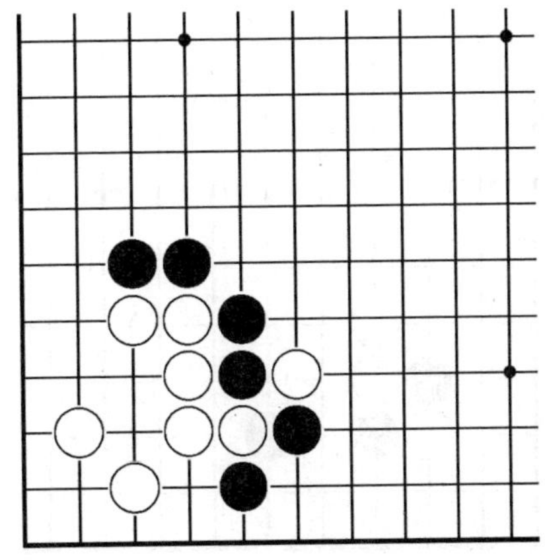

5. 互相切断的应对

学习日期	月　日
检　查	

黑先，写出必要的过程。

133

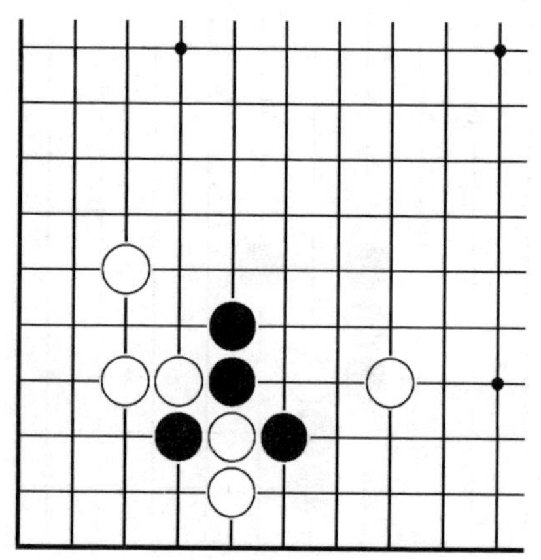

134

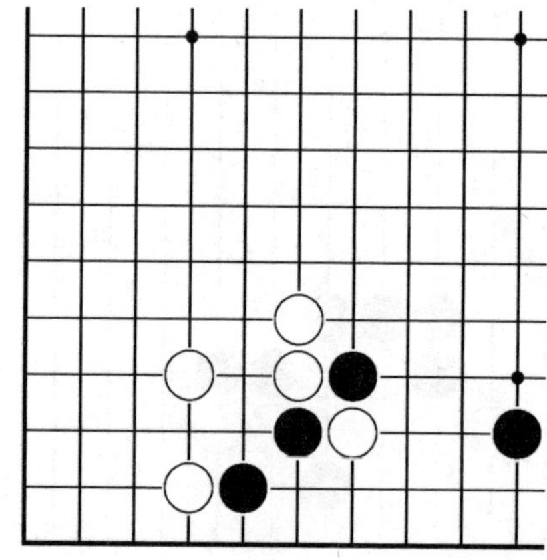

135

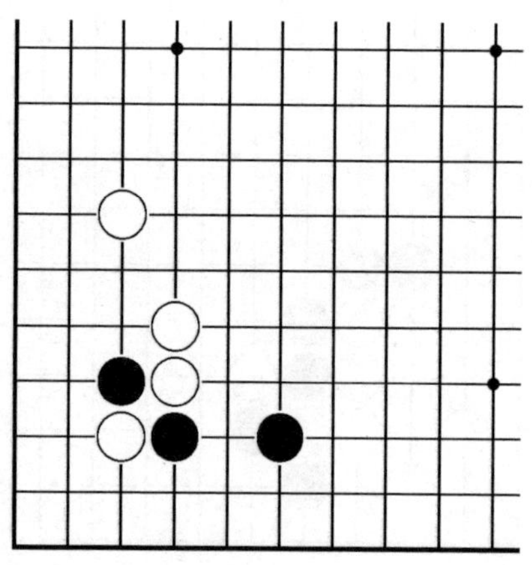

136

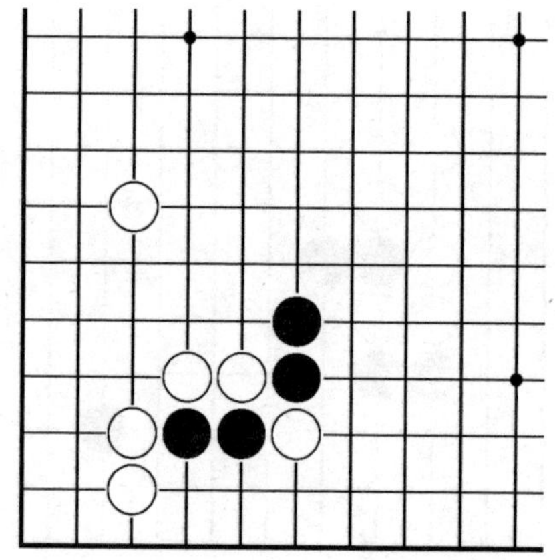

5. 互相切断的应对

学习日期	月　　日
检　　查	

黑先，写出必要的过程。

137

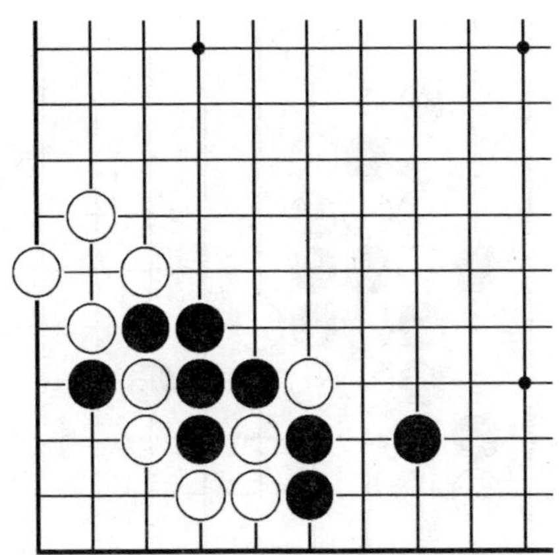

138

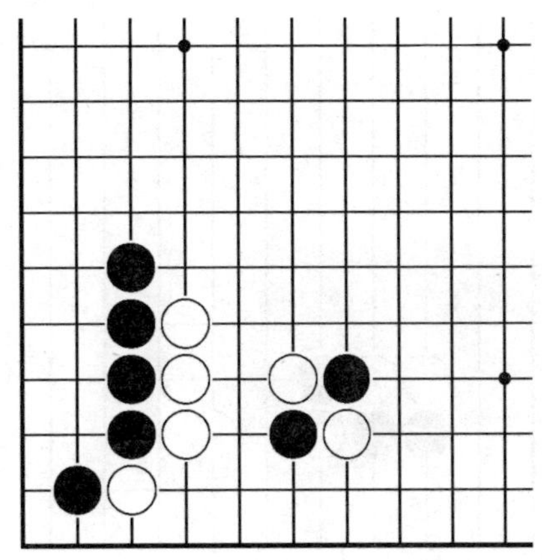

139

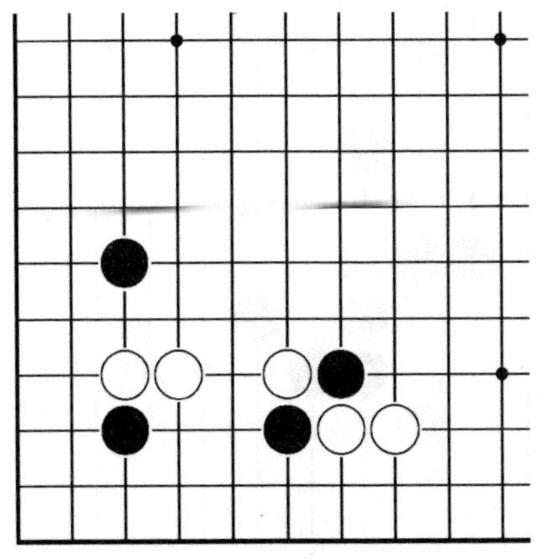

140

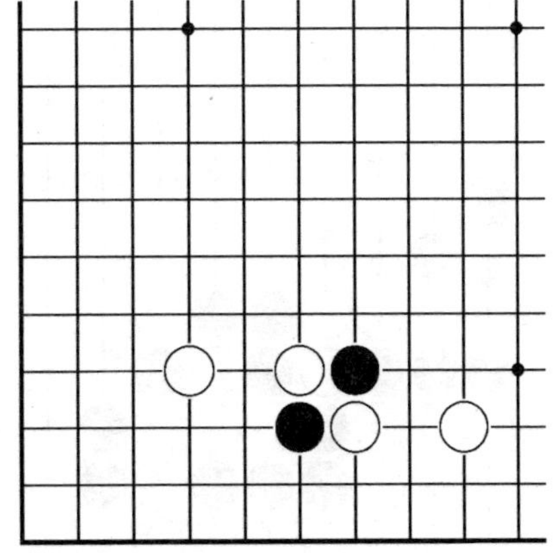

5. 互相切断的应对

学习日期	月 日
检 查	

黑先，写出必要的过程。

141

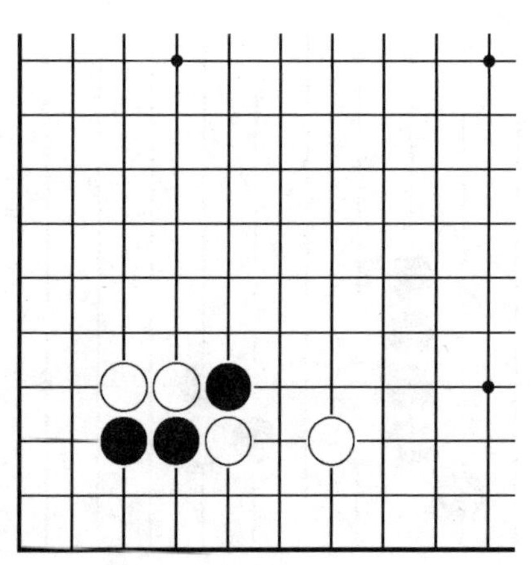

142

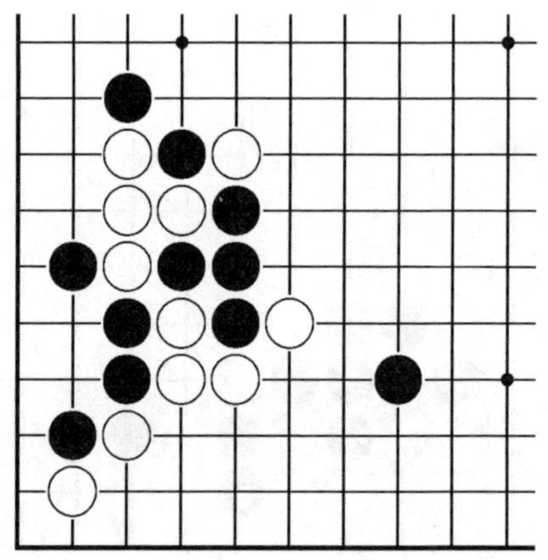

143

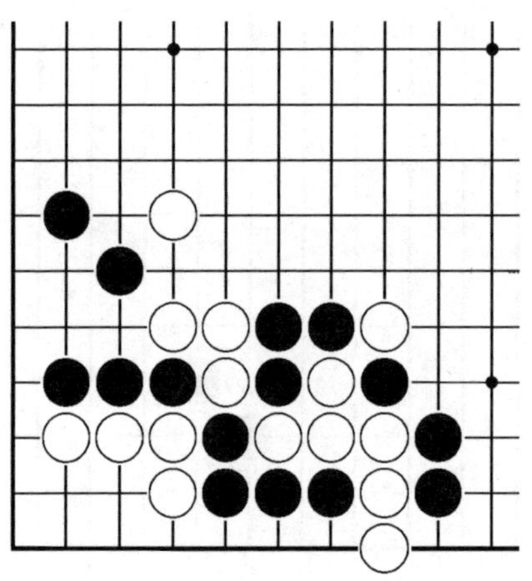

144

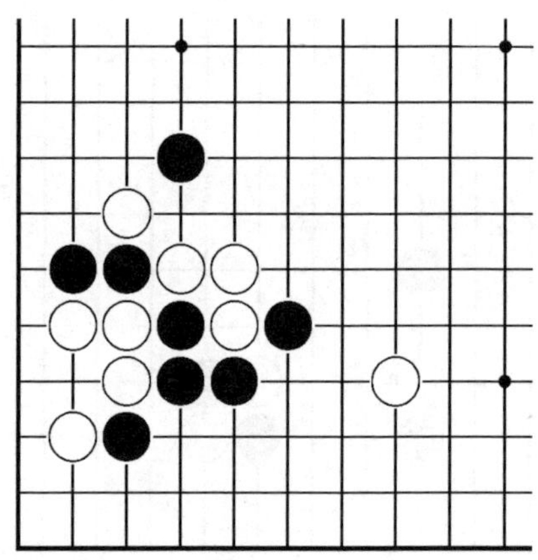

5. 互相切断的应对

学习日期	月　　日
检　　查	

黑先，写出必要的过程。

145

146

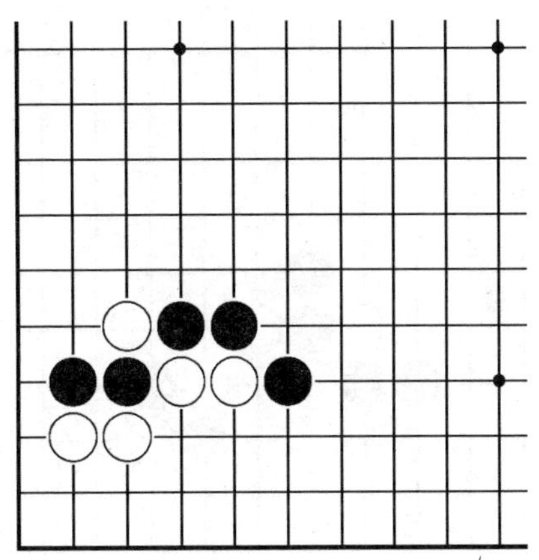

147

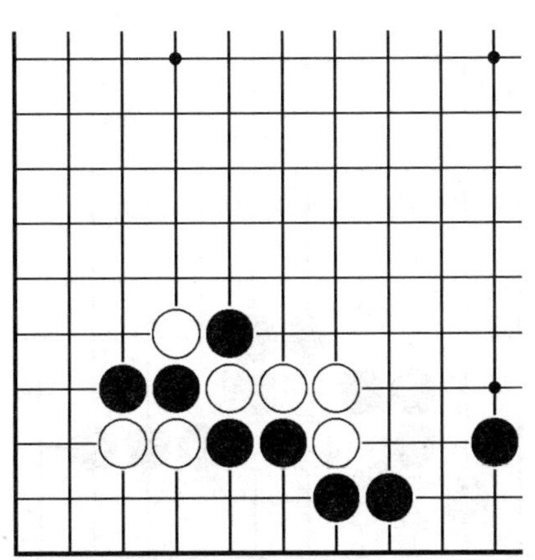

148

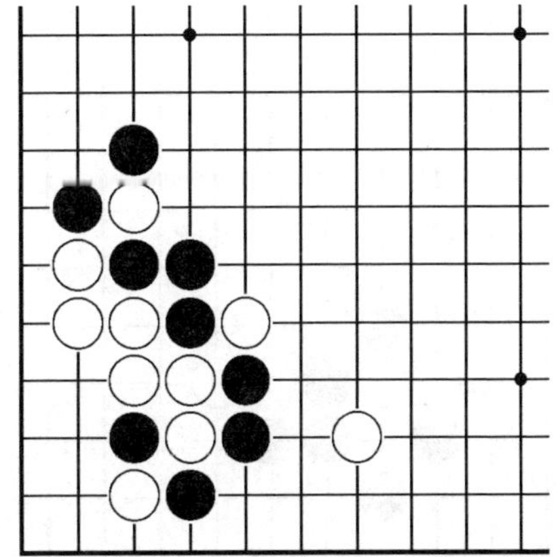

5. 互相切断的应对

学习日期	月　　日
检　　查	

黑先，写出必要的过程。

149

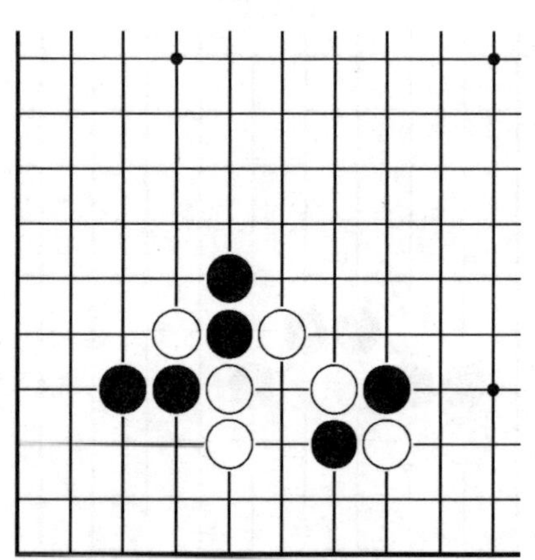

150

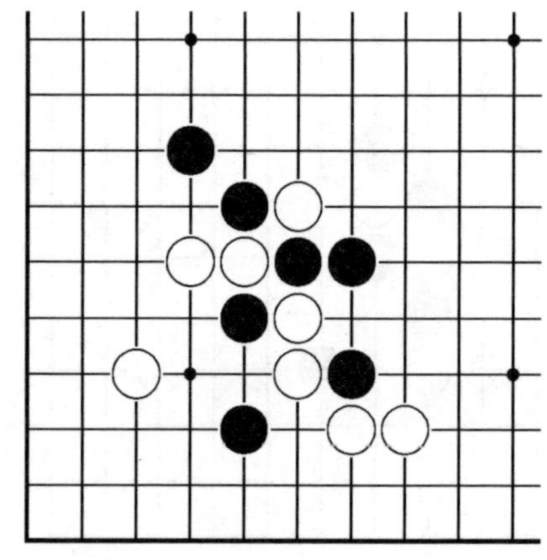

151

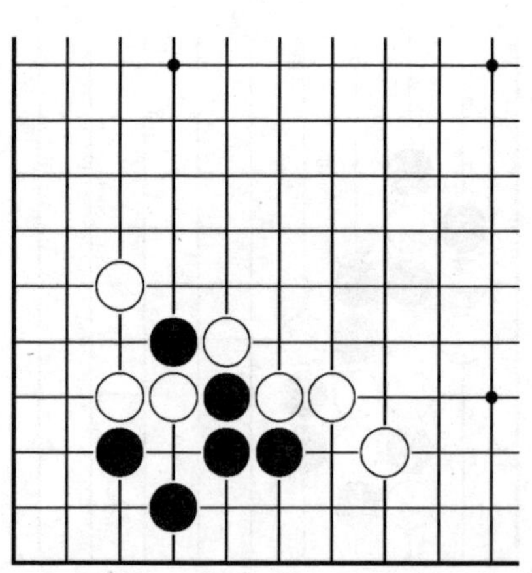

152

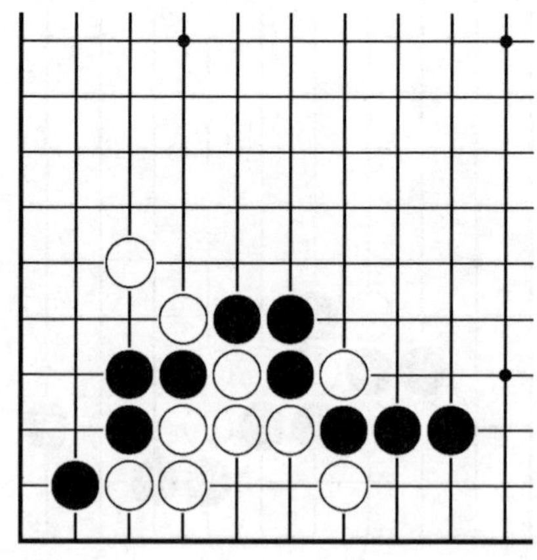

5. 互相切断的应对

学习日期	月　　日
检　　查	

黑先，写出必要的过程。

153

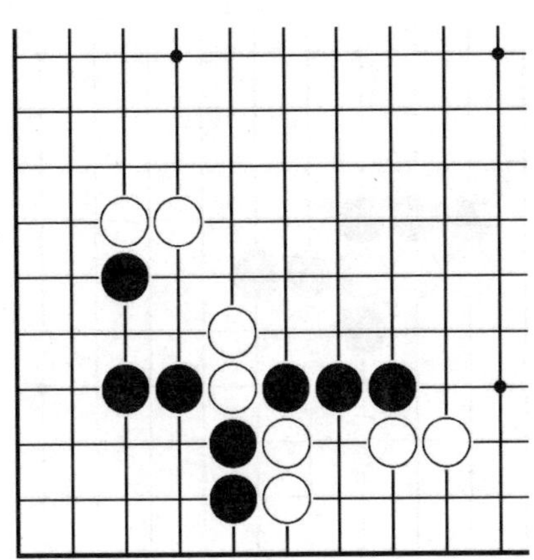

154

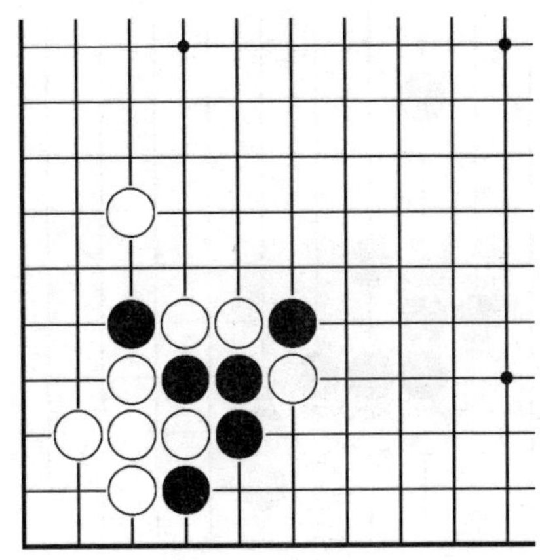

155

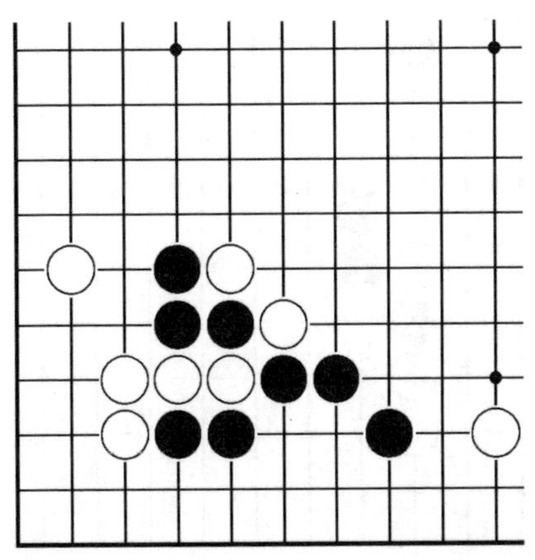

156

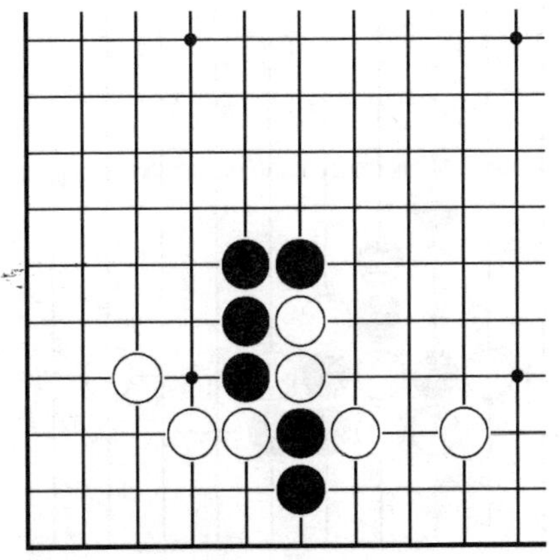

5. 互相切断的应对

学习日期	月　　日
检　　查	

黑先，写出必要的过程。

157

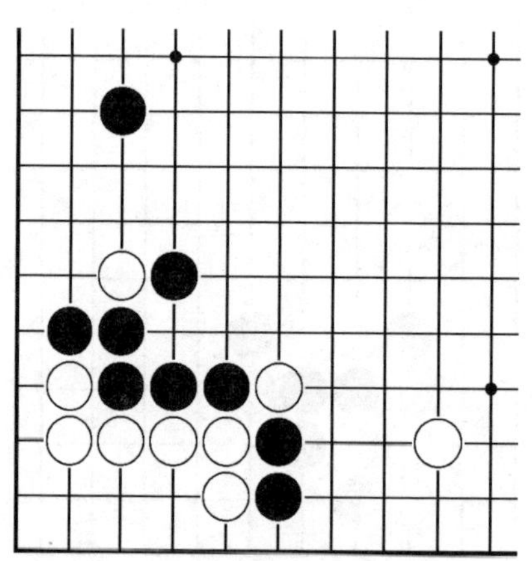

158

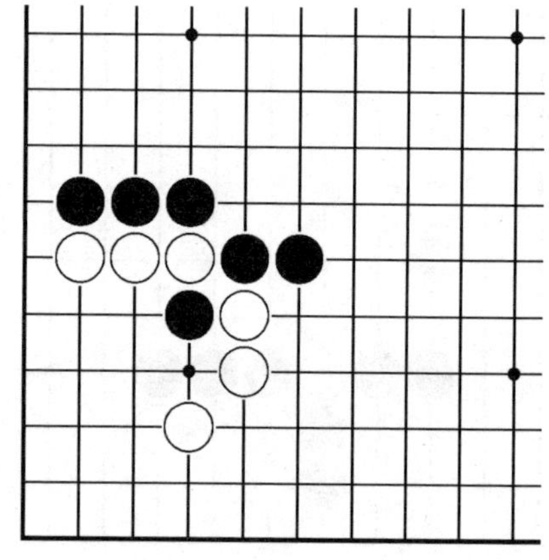

159

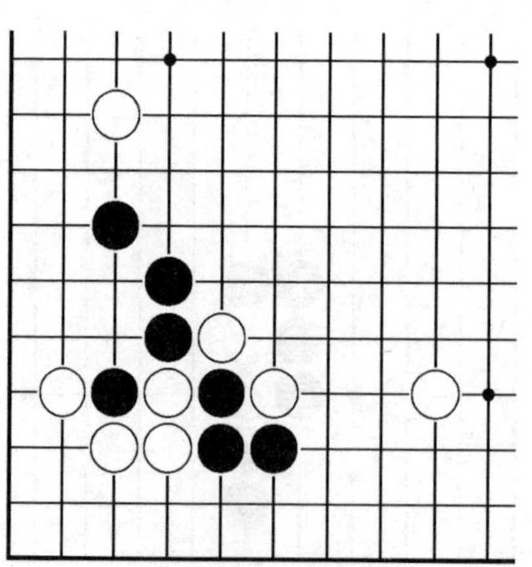

160

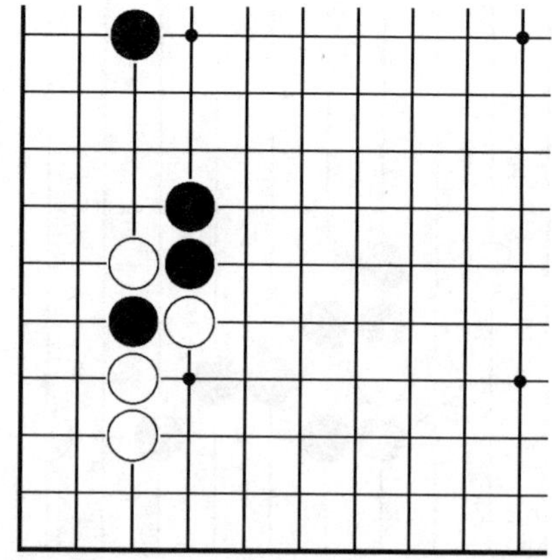

5. 互相切断的应对

学习日期	月　日
检　查	

黑先，写出必要的过程。

161

162

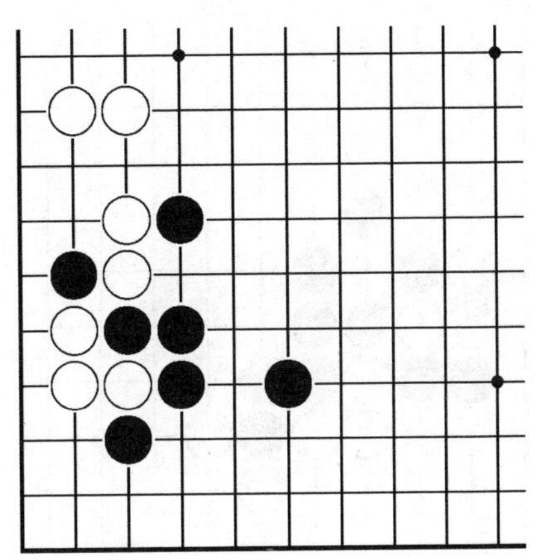

下篇

163

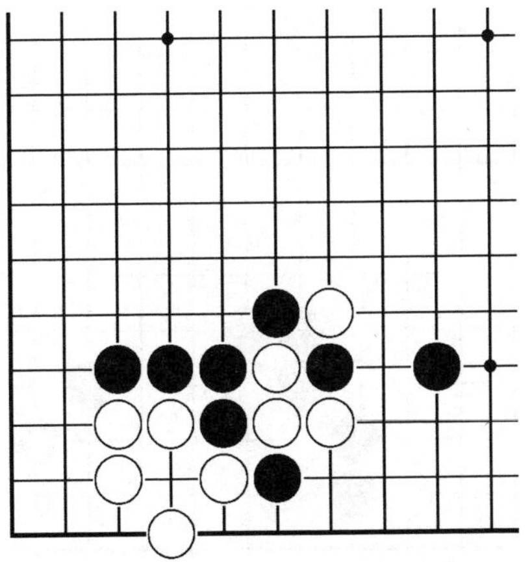

164

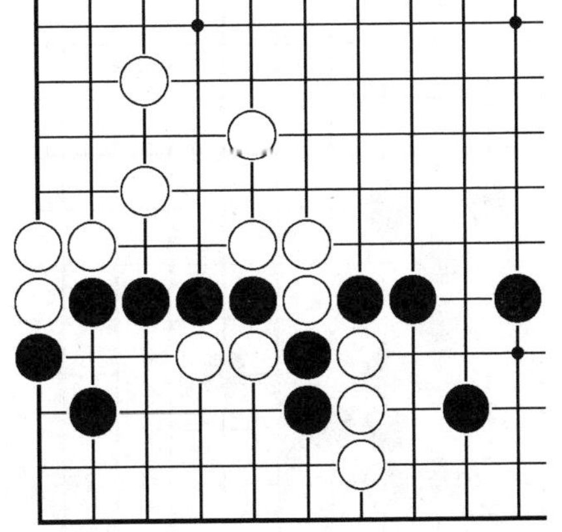

5. 互相切断的应对

学习日期	月　日
检　查	

黑先，写出必要的过程。

165

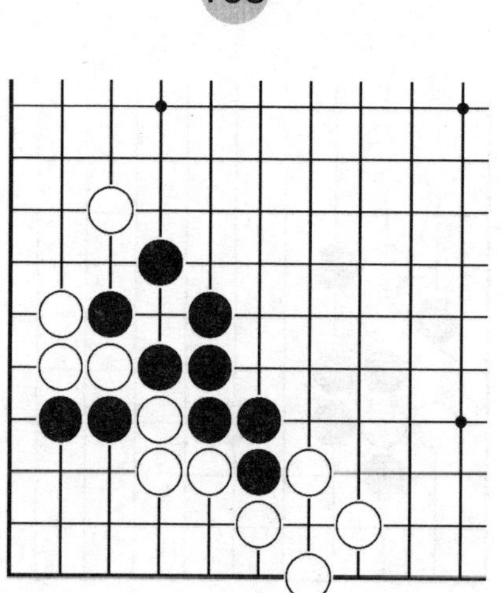

166

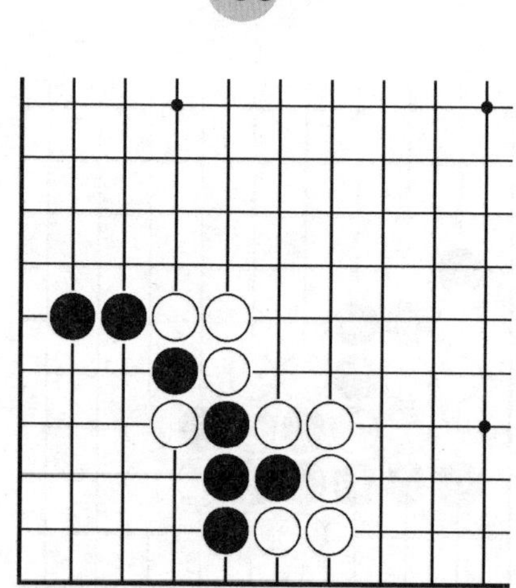

167

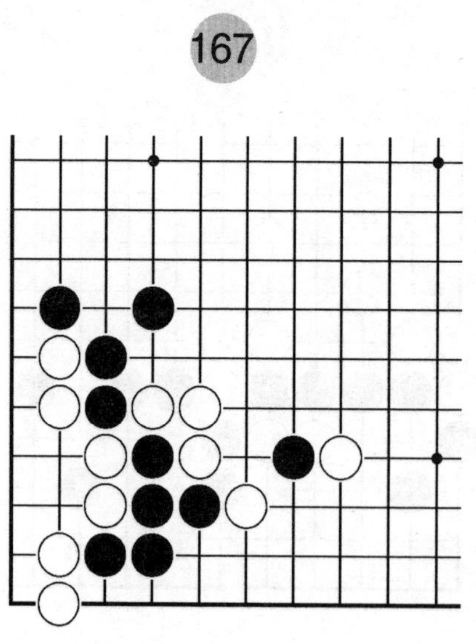

168

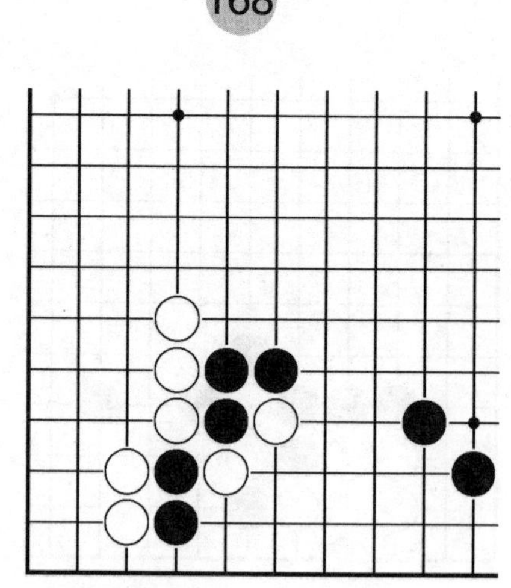

5. 互相切断的应对

学习日期	月　　日
检　　查	

黑先，写出必要的过程。

169

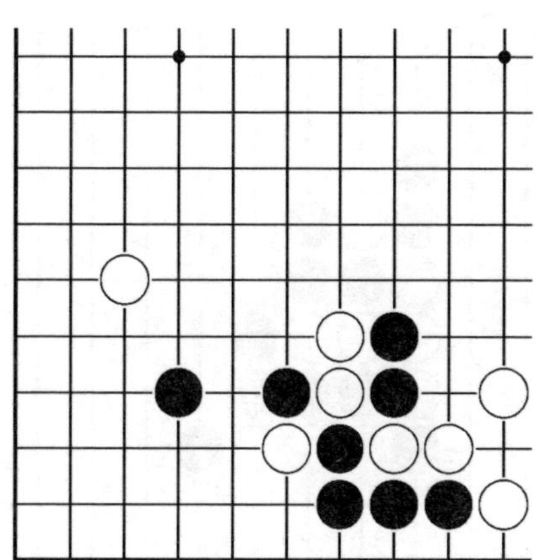

170

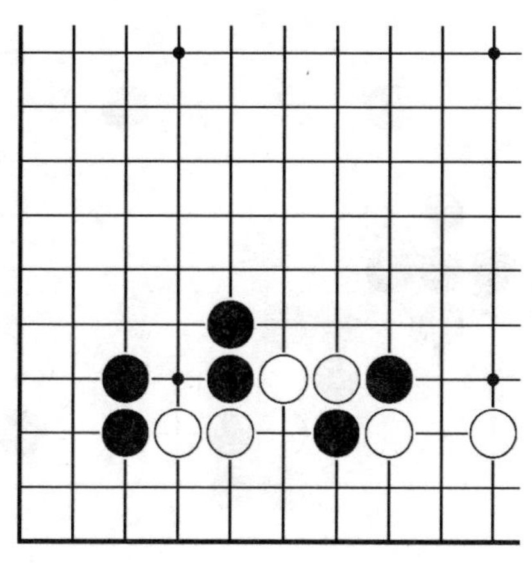

下篇

171

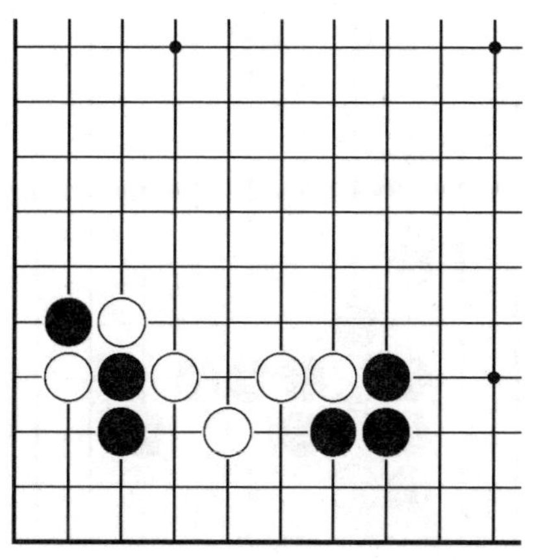

172

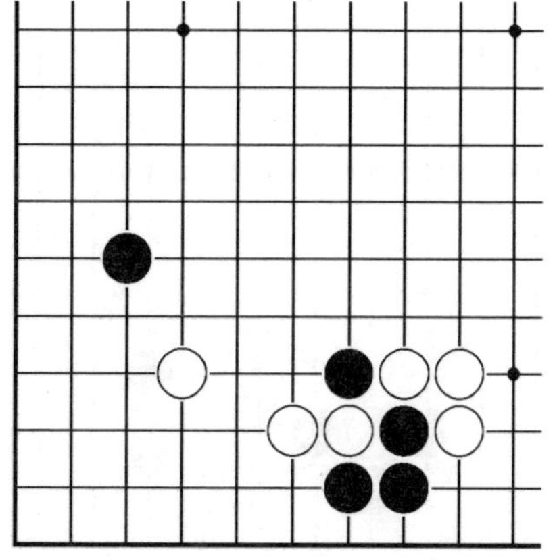

5. 互相切断的应对

学习日期	月 日
检 查	

黑先，写出必要的过程。

173

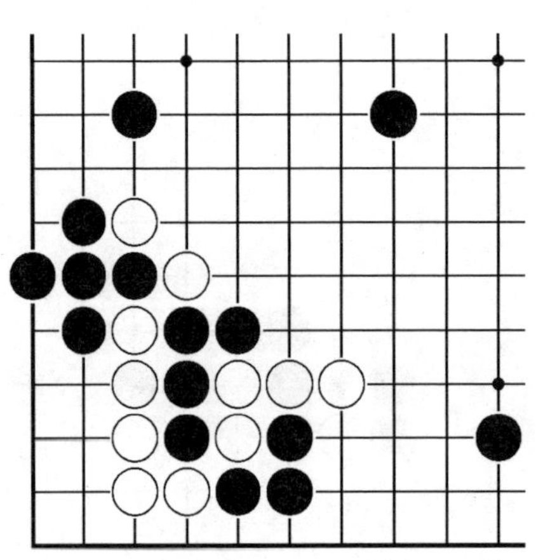

174

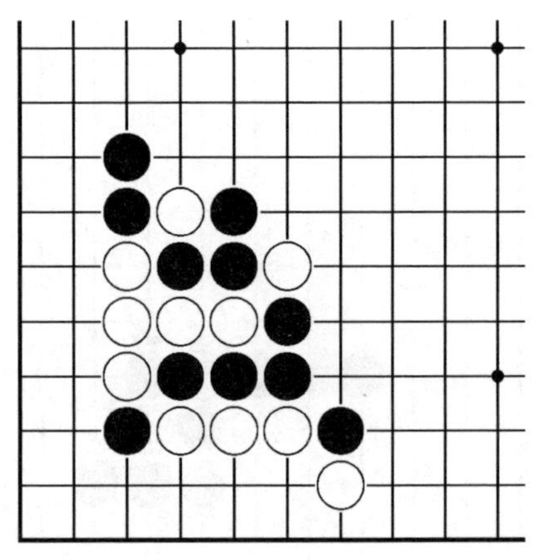

175

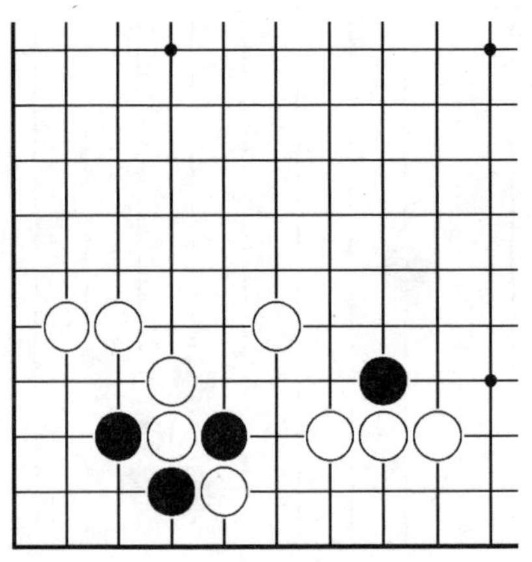

176

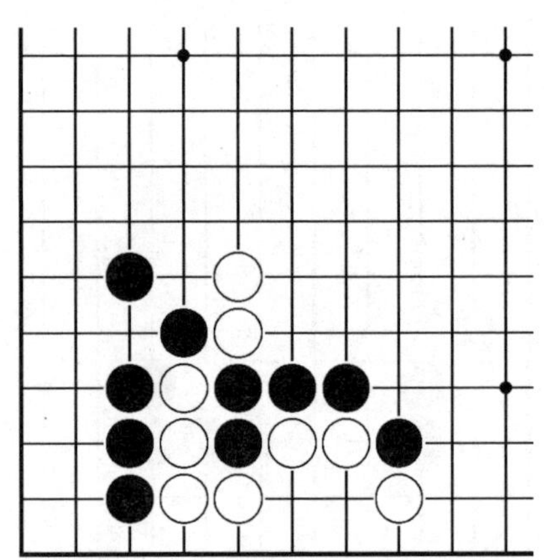

5. 互相切断的应对

学习日期	月　　日
检　　查	

黑先，写出必要的过程。

177

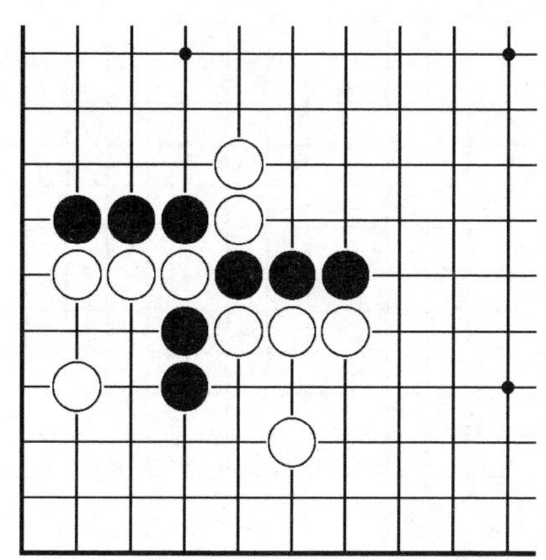

178

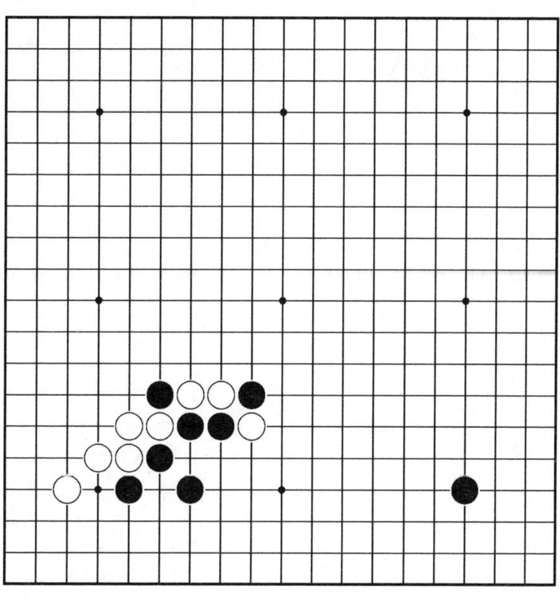

5. 互相切断的应对

学习日期	月 日
检 查	

黑先，写出必要的过程。

179

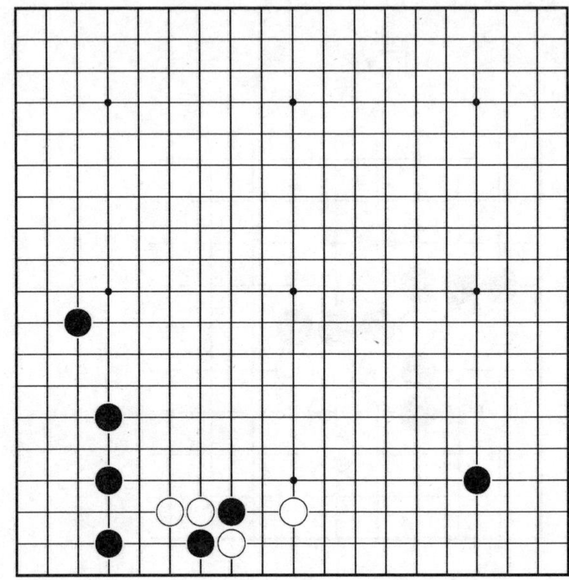

180

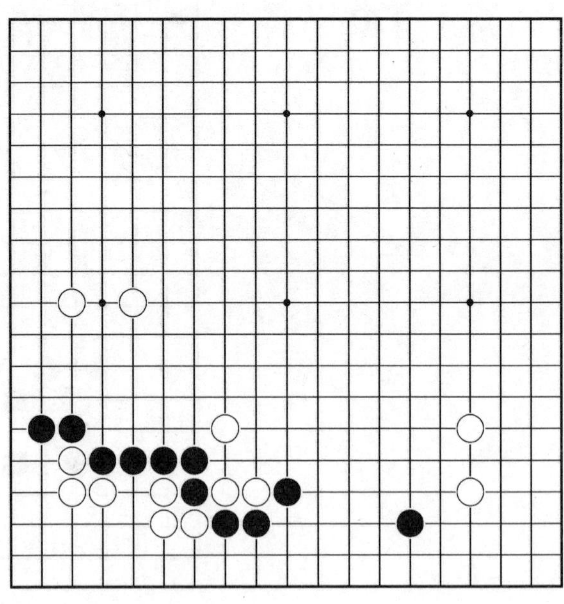

5. 互相切断的应对

学习日期	月　　日
检　　查	

黑先，写出必要的过程。

181

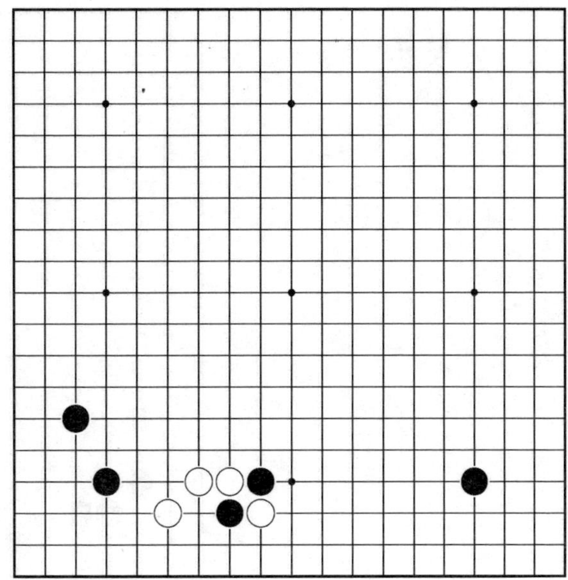

182

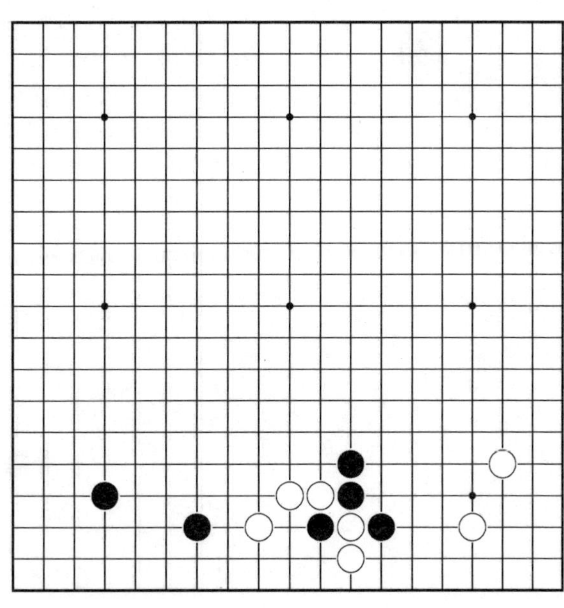

5. 互相切断的应对

学习日期	月 日
检 查	

黑先，写出必要的过程。

183

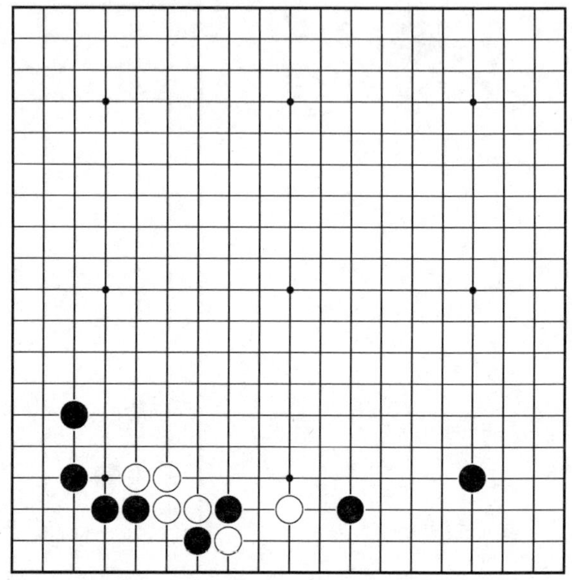

184

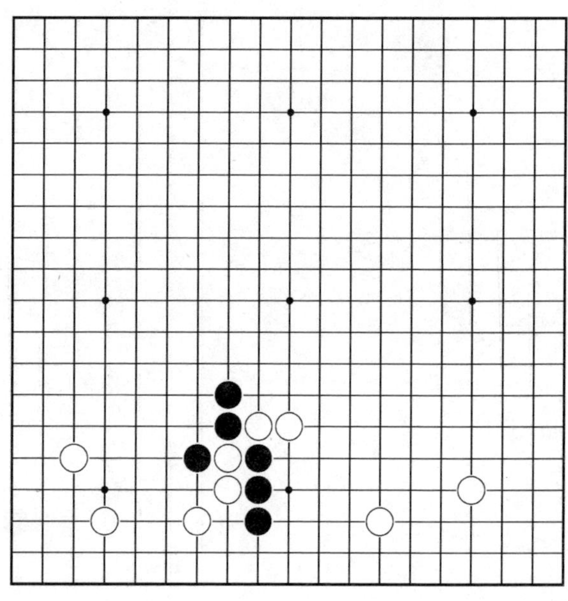

5. 互相切断的应对

学习日期	月　　日
检　　查	

黑先，写出必要的过程。

185

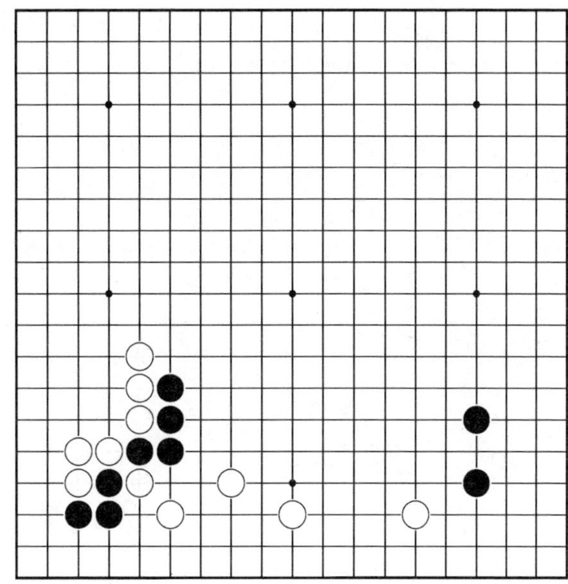

186

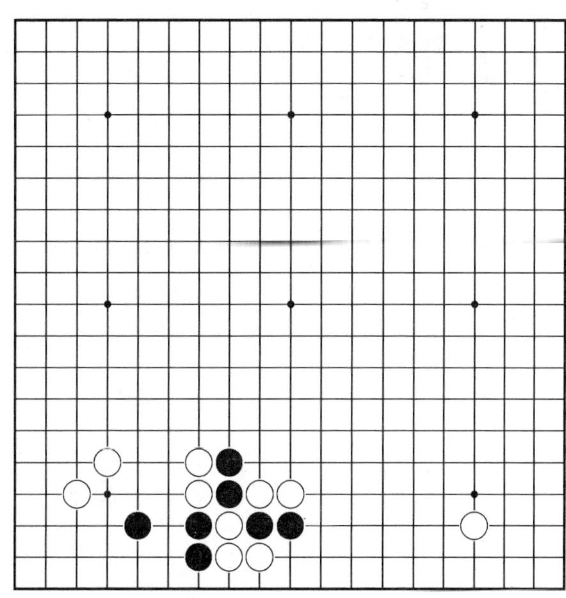

下篇

5. 互相切断的应对

学习日期	月　日
检　查	

黑先，写出必要的过程。

187

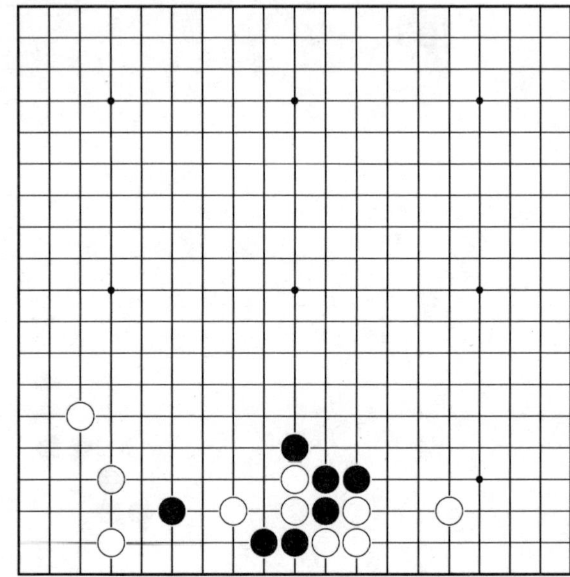

188

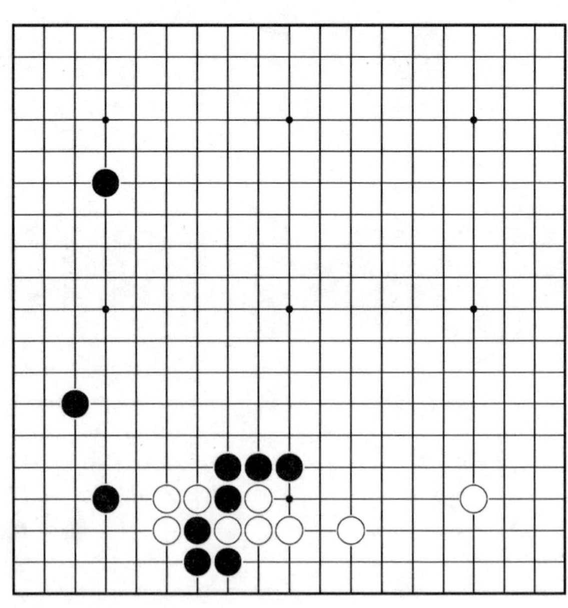

5. 互相切断的应对

学习日期	月　　日
检　　查	

下篇

黑先，写出必要的过程。

189

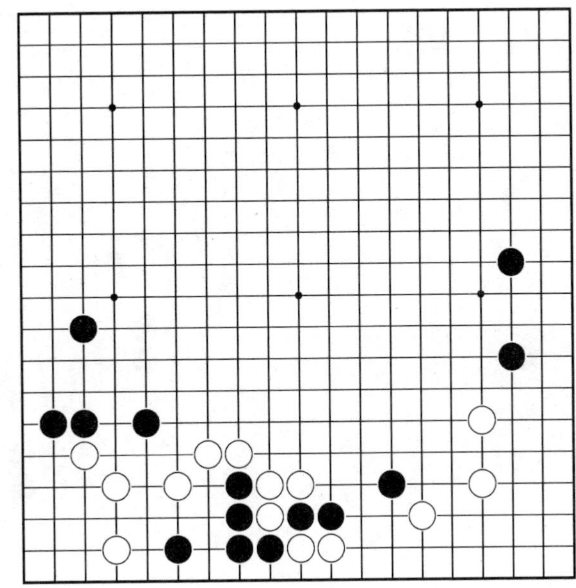

190

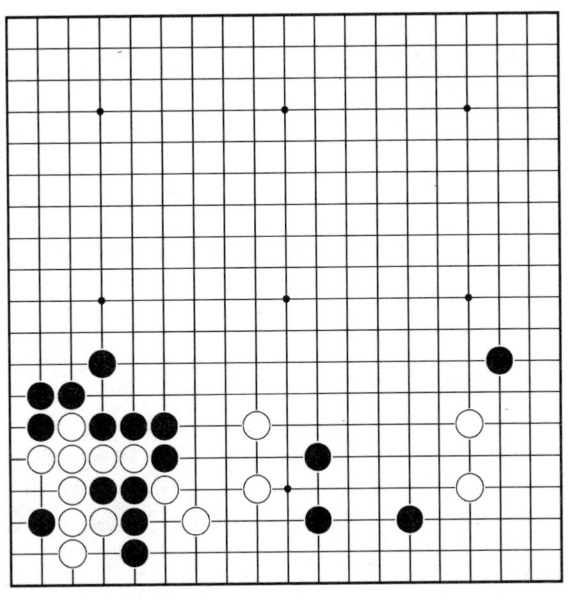

5. 互相切断的应对

学习日期	月　日
检　查	

黑先，写出必要的过程。

191

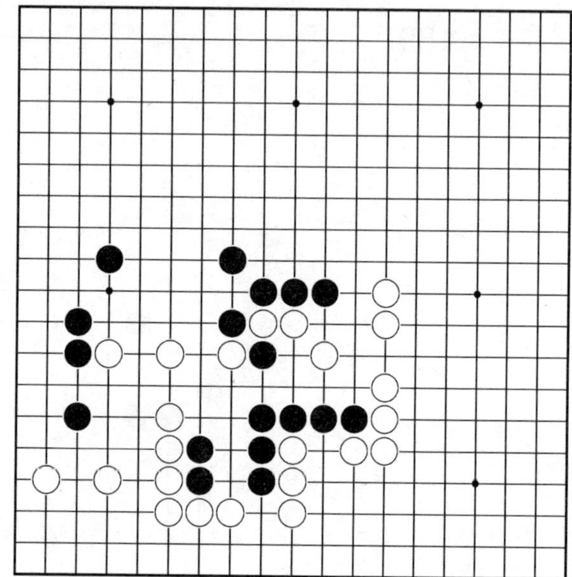

192

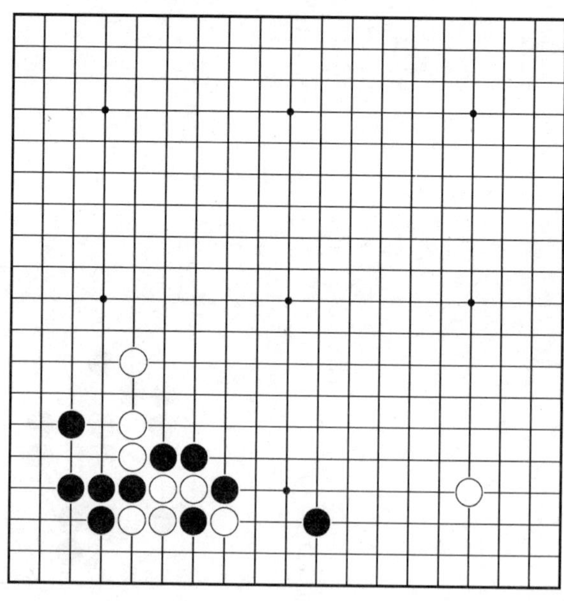

5. 互相切断的应对

学习日期	月　　日
检　　查	

黑先，写出必要的过程。

193

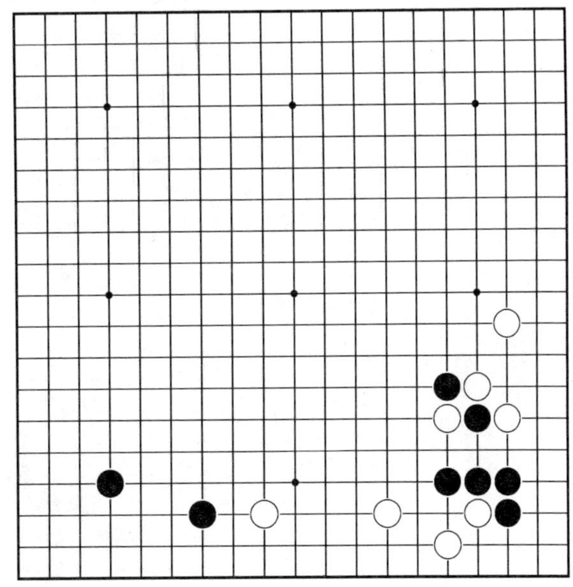

194

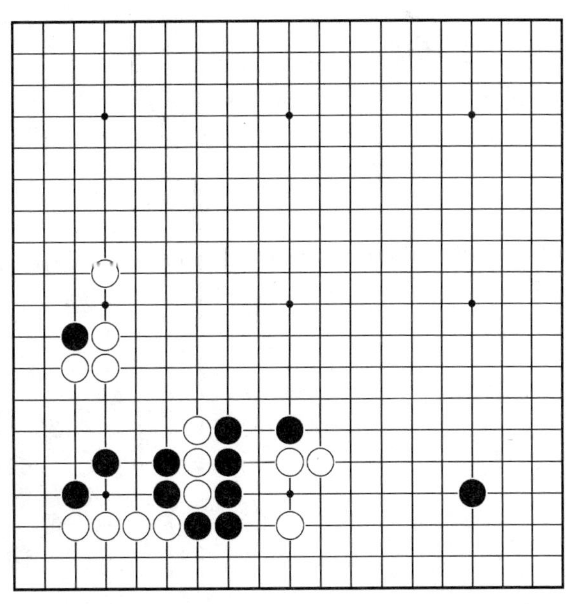

下篇

5. 互相切断的应对

学习日期	月　　日
检　　查	

黑先，写出必要的过程。

195

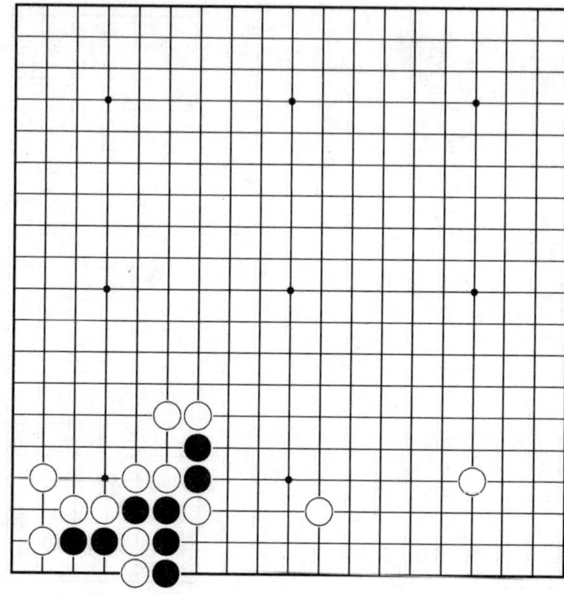

196

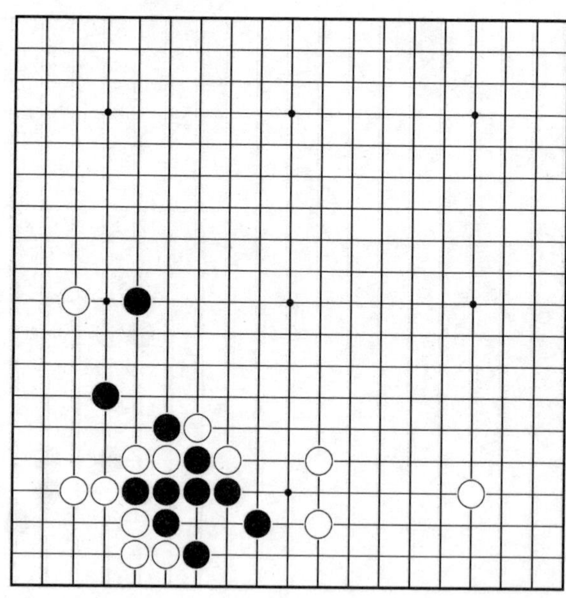

5. 互相切断的应对

学习日期	月　　日
检　　查	

下篇

黑先，写出必要的过程。

197

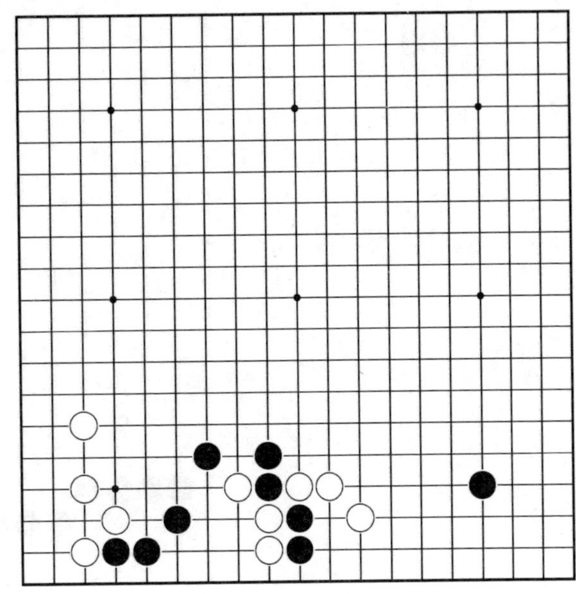

198

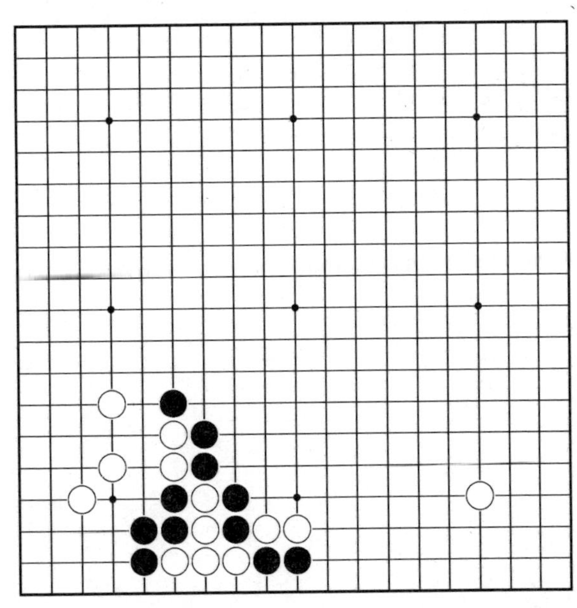

5. 互相切断的应对

学习日期	月　　日
检　　查	

黑先，写出必要的过程。

199

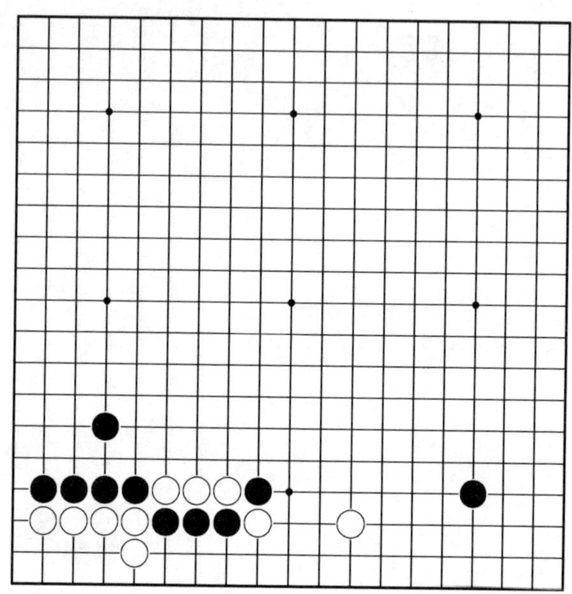

6. 全局问题

学习日期	月　日
检　查	

黑先，写出必要的过程。

1

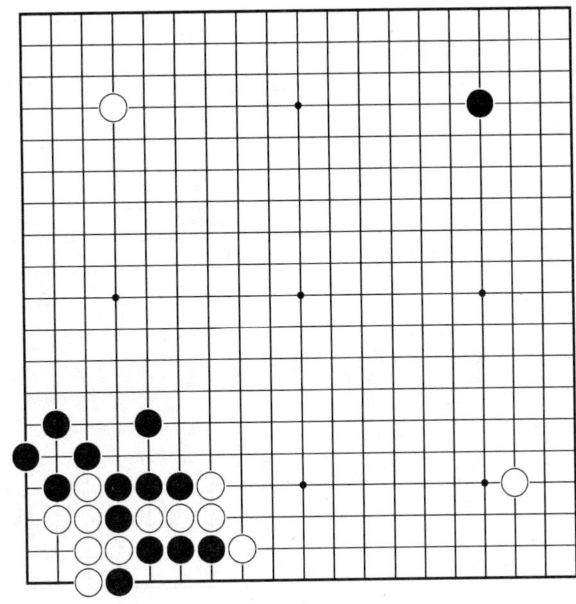

2

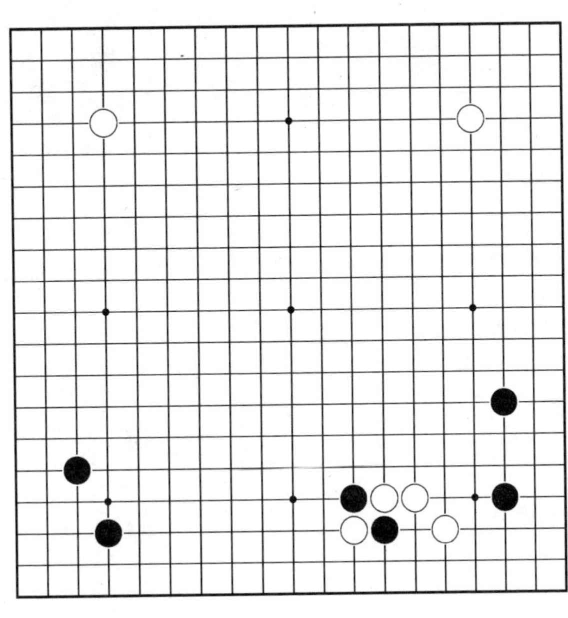

6. 全局问题

学习日期	月　日
检　查	

黑先，写出必要的过程。

3

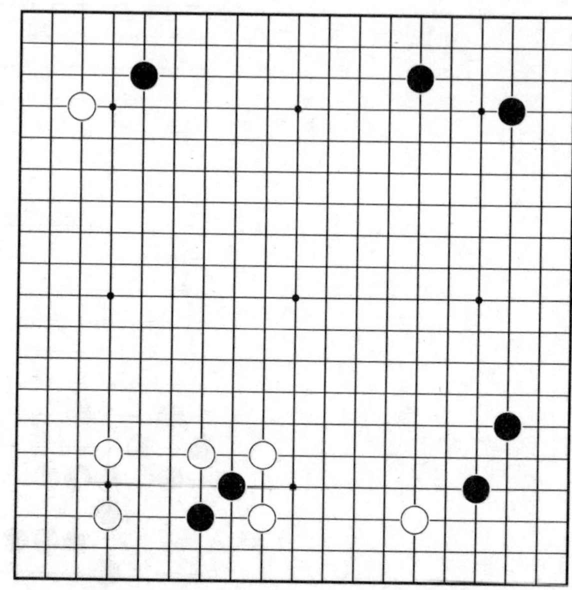

4

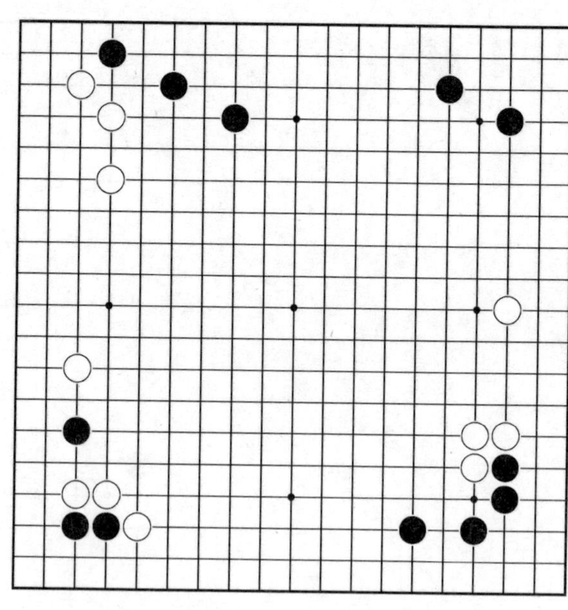

6. 全局问题

学习日期	月 日
检 查	

黑先，写出必要的过程。

5

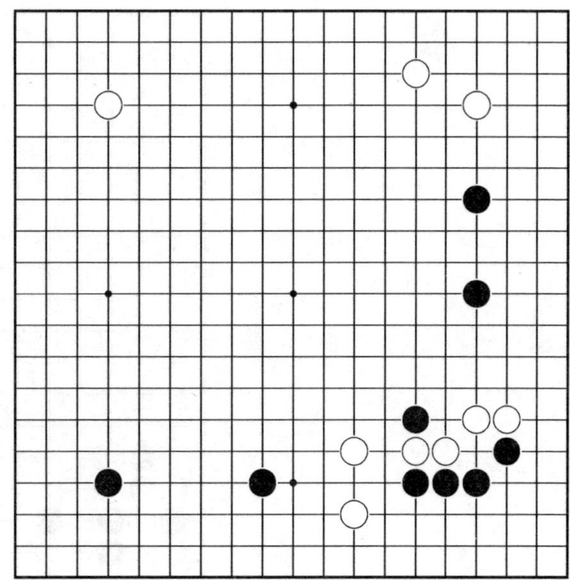

6

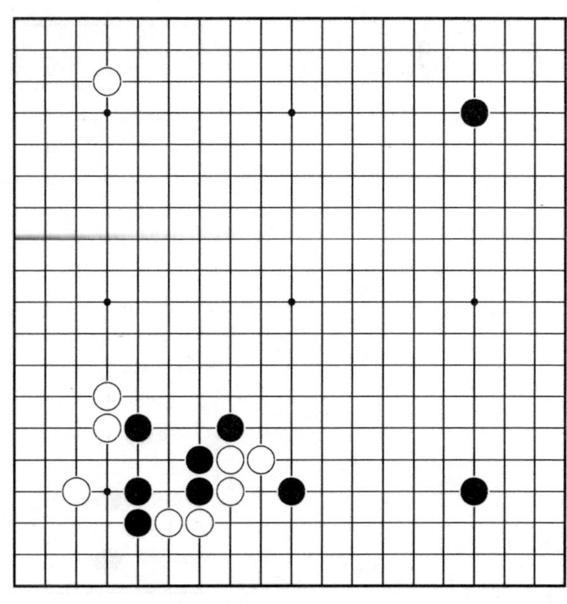

下篇

6. 全局问题

学习日期	月 日
检 查	

黑先，写出必要的过程。

7

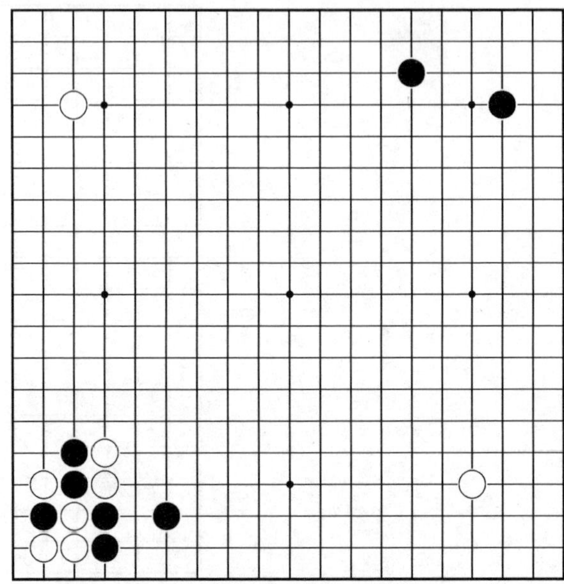

8

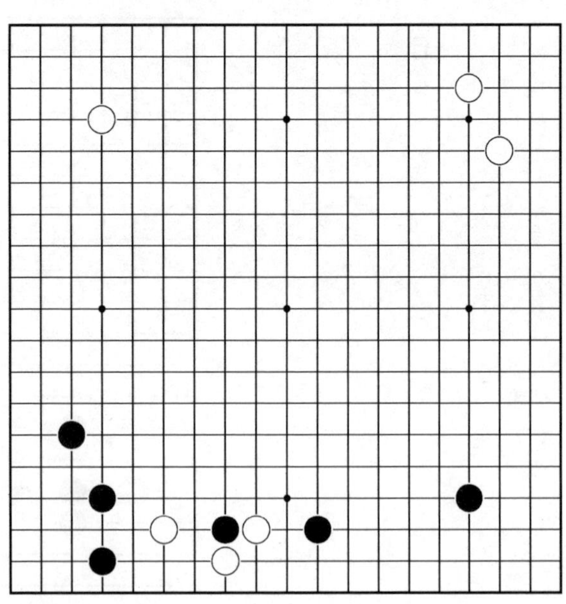

6. 全局问题

学习日期	月　　日
检　　查	

黑先，写出必要的过程。

9

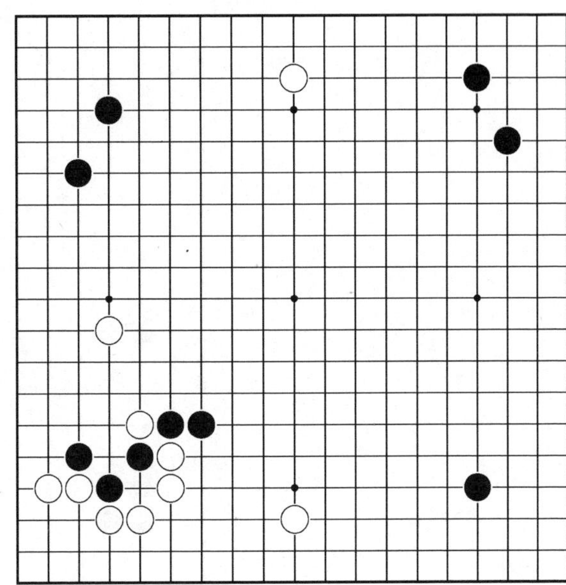

10

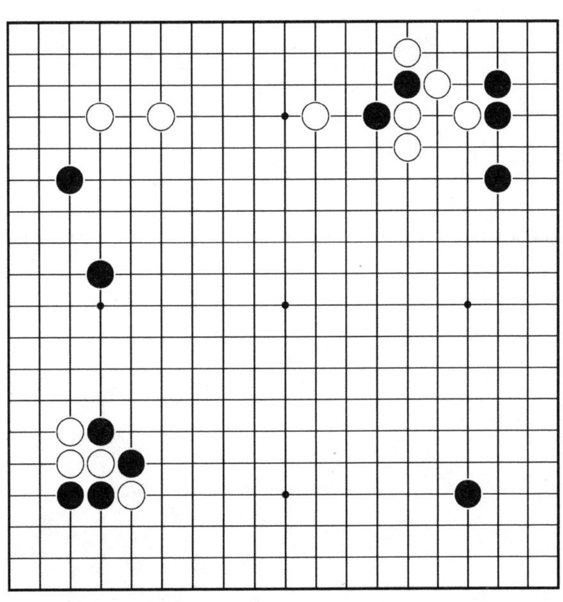

下篇

6. 全局问题

学习日期	月 日
检 查	

黑先，写出必要的过程。

11

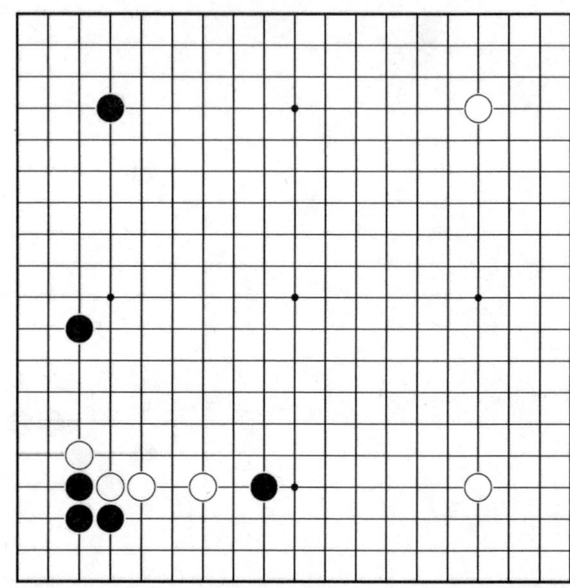

12

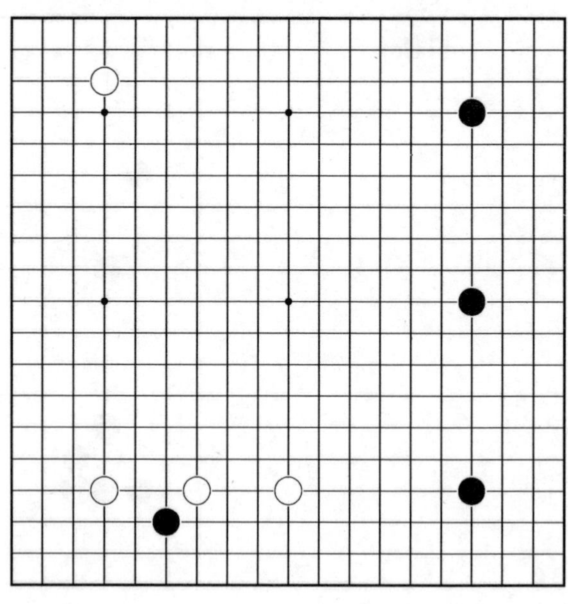

6. 全局问题

学习日期	月　　日
检　　查	

黑先，写出必要的过程。

13

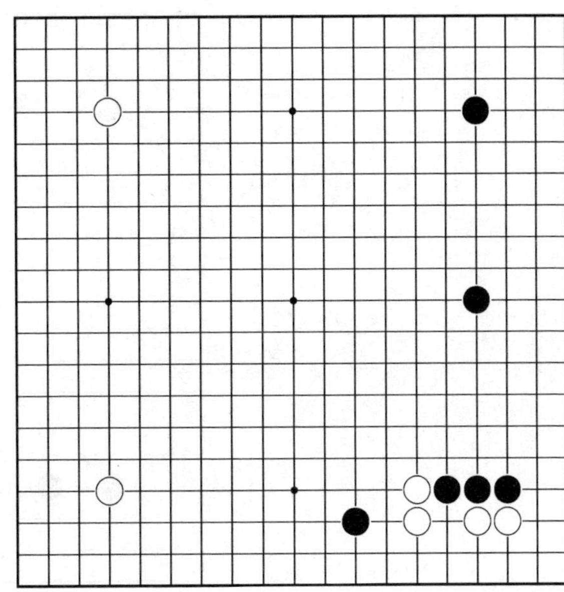

14

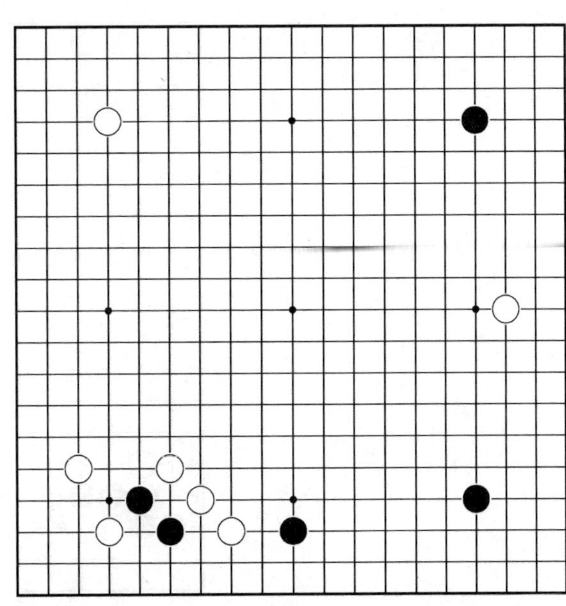

6. 全局问题

学习日期	月　　日
检　　查	

黑先，写出必要的过程。

15

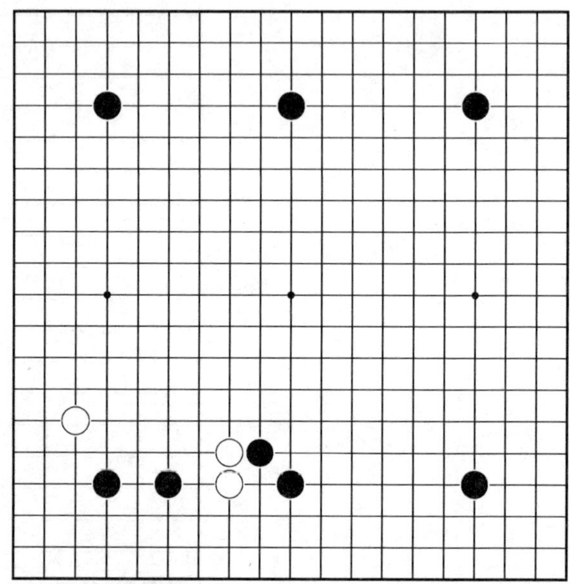

16

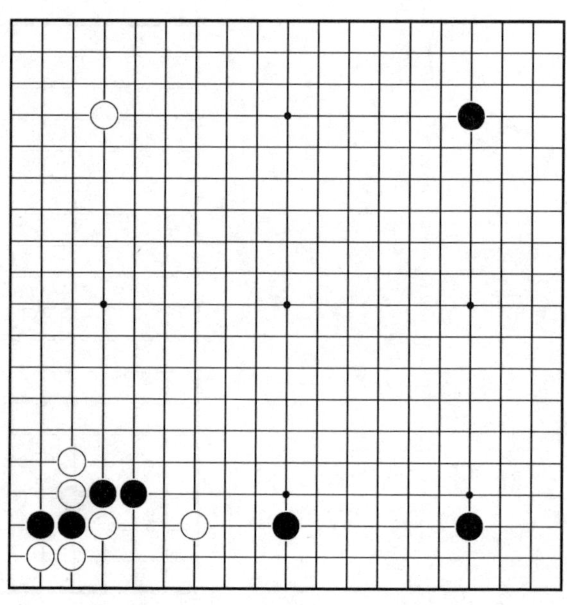

6. 全局问题

学习日期	月　　日
检　　查	

黑先，写出必要的过程。

17

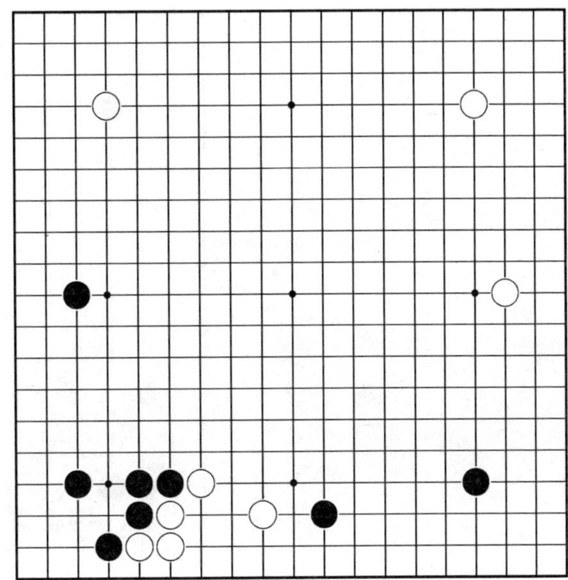

18

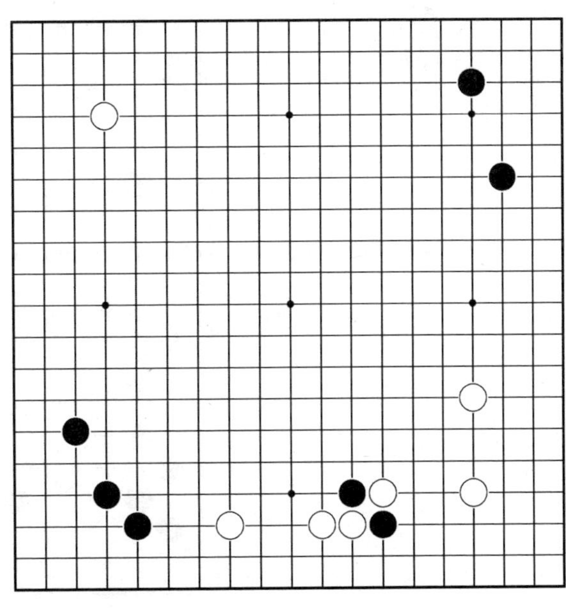

6. 全局问题

学习日期	月　日
检　查	

黑先，写出必要的过程。

19

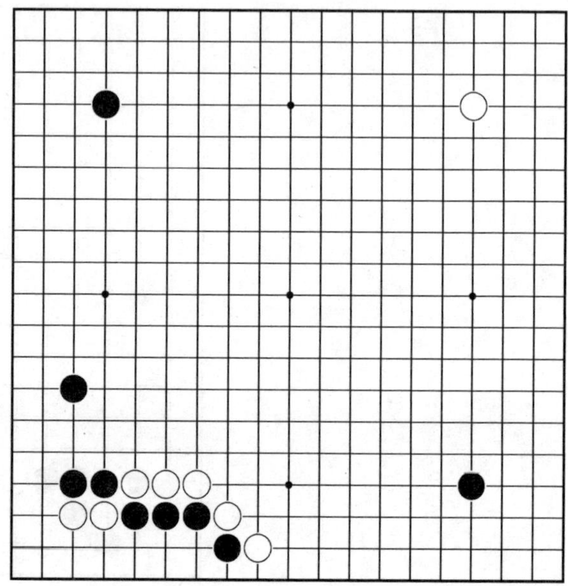

20

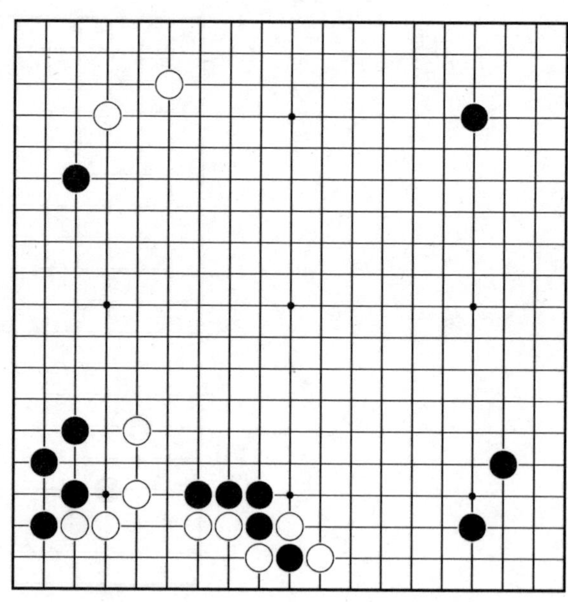

6. 全局问题

学习日期	月　　日
检　　查	

黑先，写出必要的过程。

21

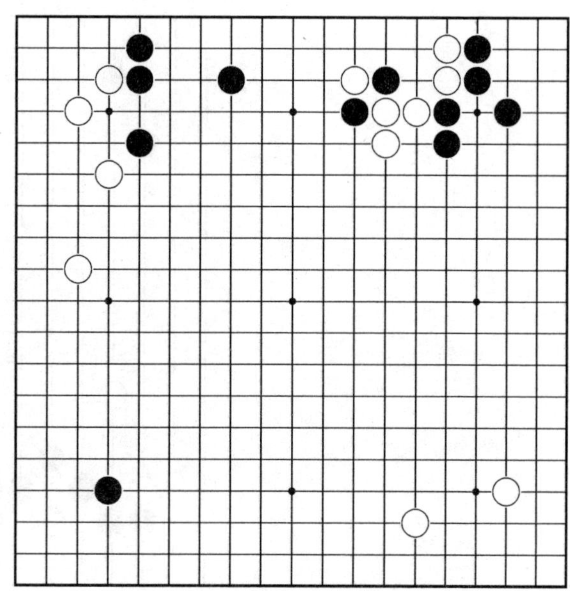

22

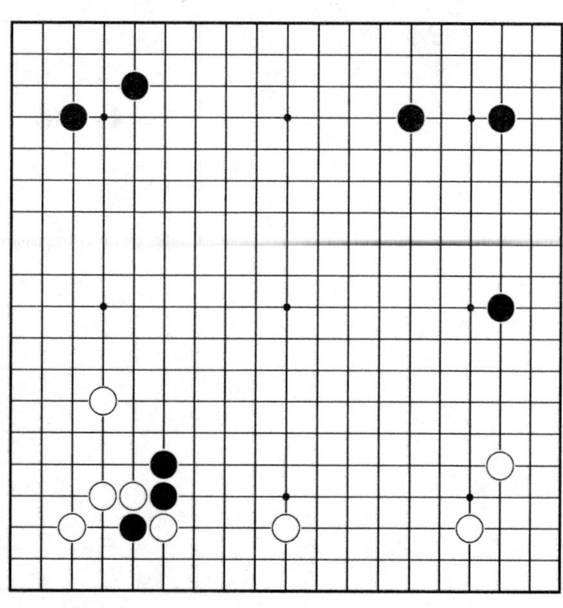

下篇

6. 全局问题

学习日期	月　日
检　查	

黑先，写出必要的过程。

23

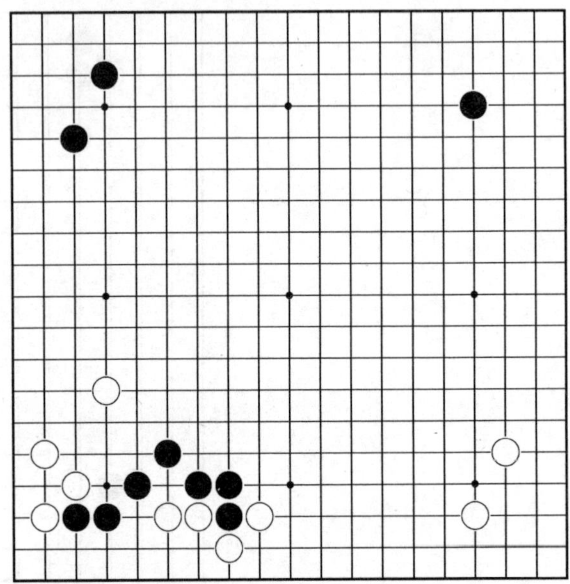

24

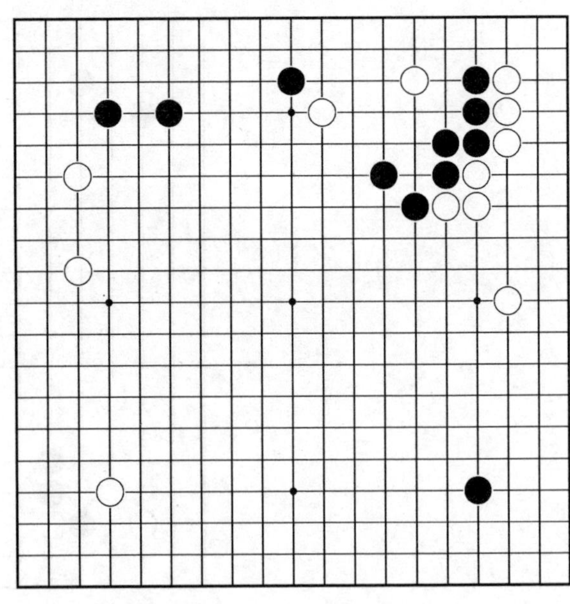

6. 全局问题

学习日期	月　　日
检　　查	

黑先，写出必要的过程。

25

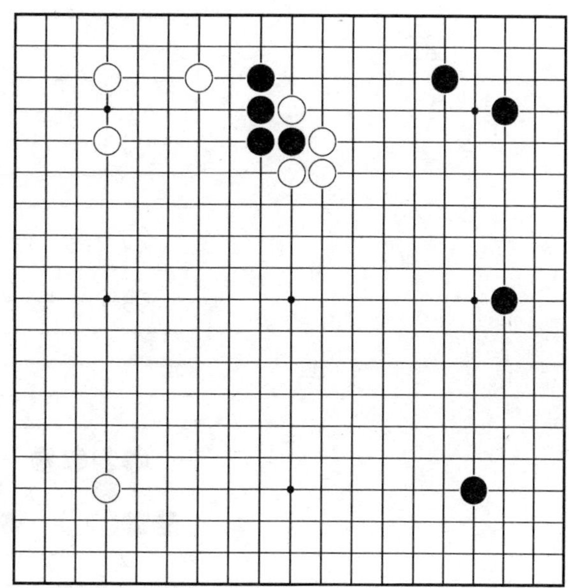

26

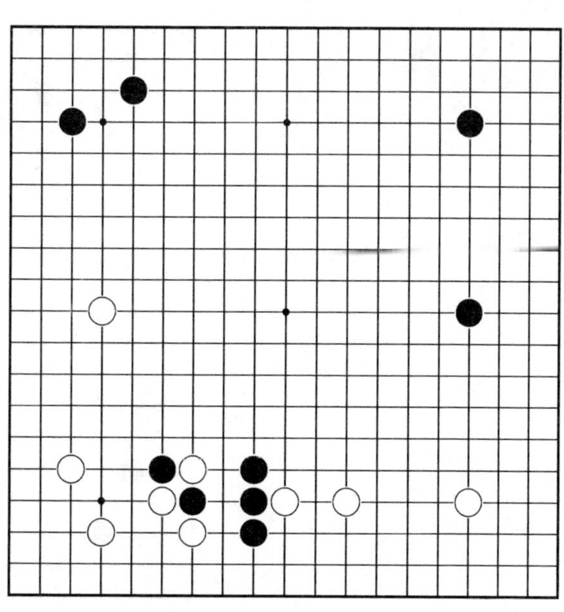

下篇

6. 全局问题

学习日期	月　　日
检　　查	

黑先，写出必要的过程。

27

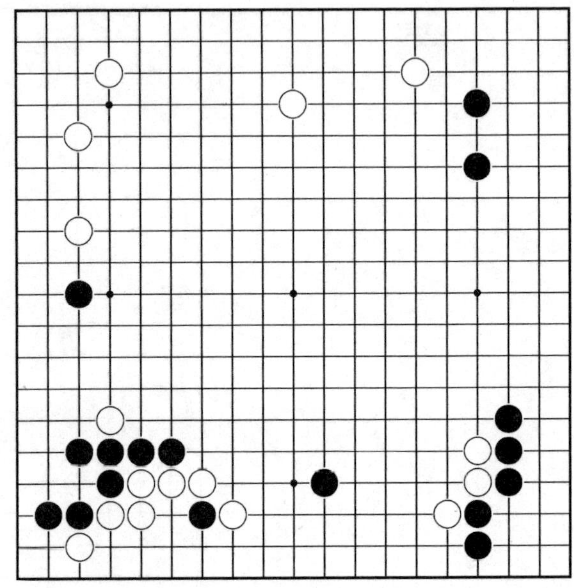

28

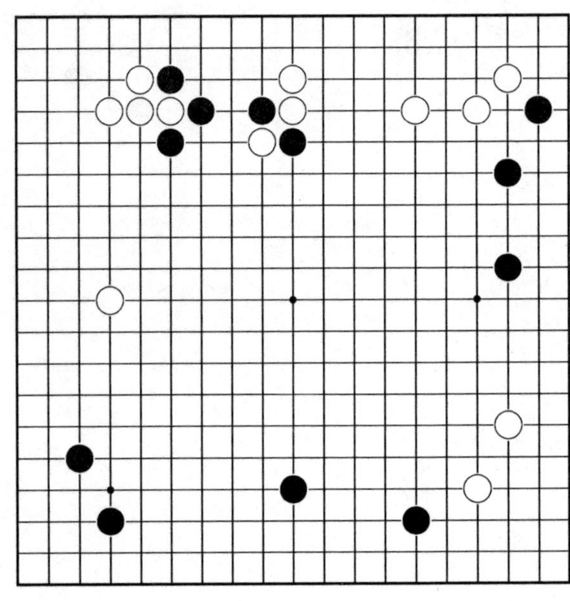

6. 全局问题

学习日期	月　　日
检　　查	

黑先，写出必要的过程。

29

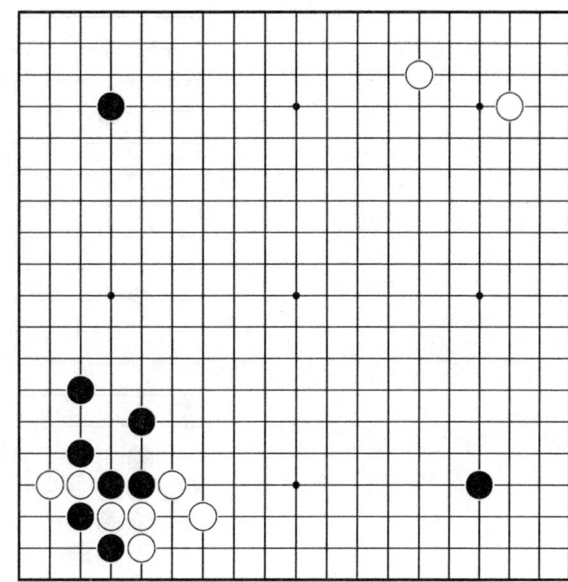

30

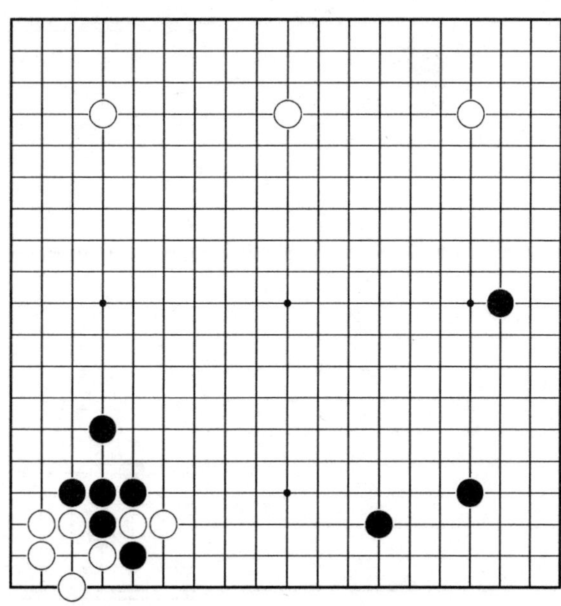

下篇

6. 全局问题

学习日期	月　日
检　查	

黑先，写出必要的过程。

31

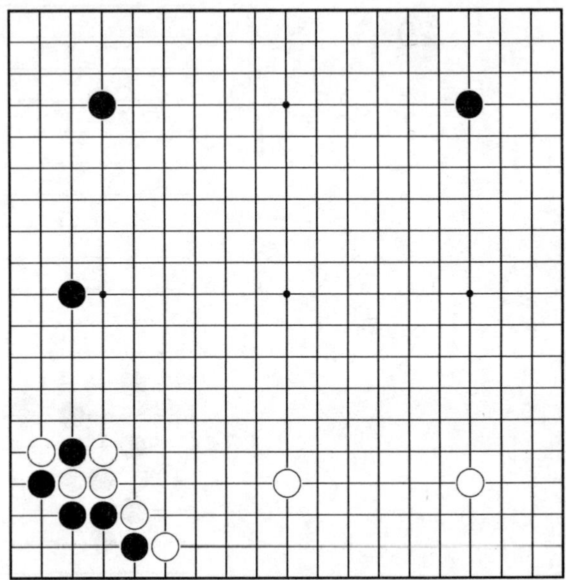

32

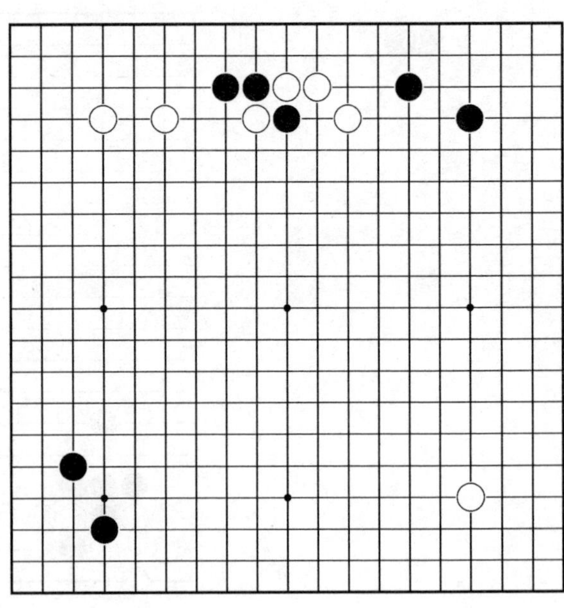

6. 全局问题

学习日期	月　　日
检　　查	

黑先，写出必要的过程。

33

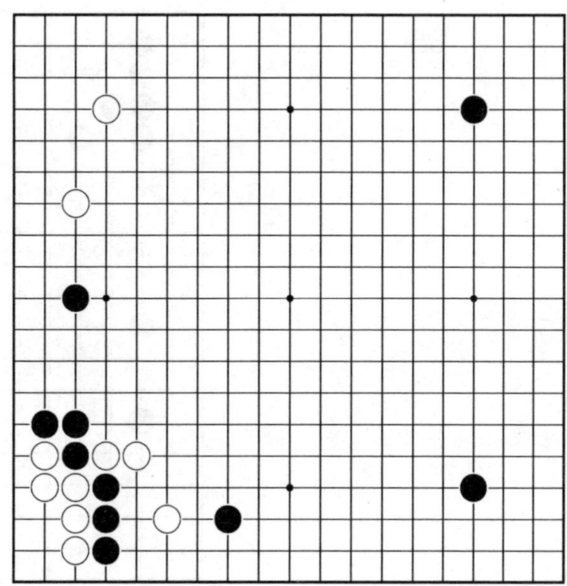

34

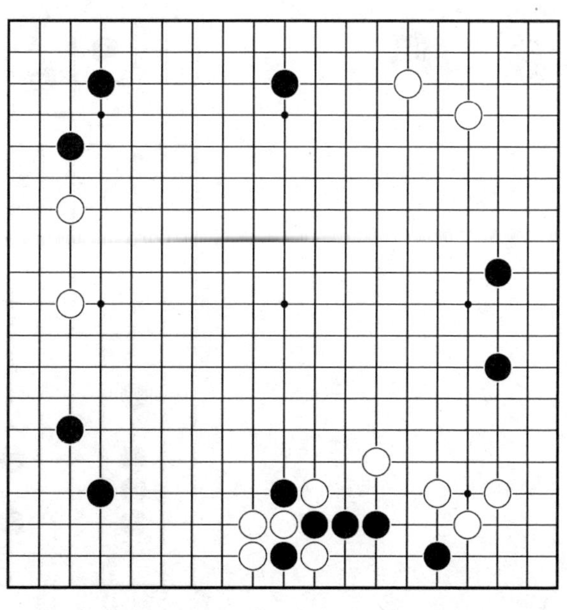

下篇

6. 全局问题

学习日期	月　日
检　查	

黑先，写出必要的过程。

35

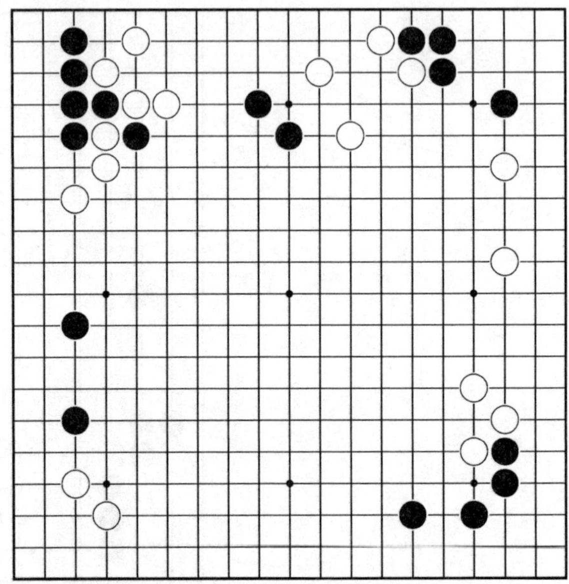

36

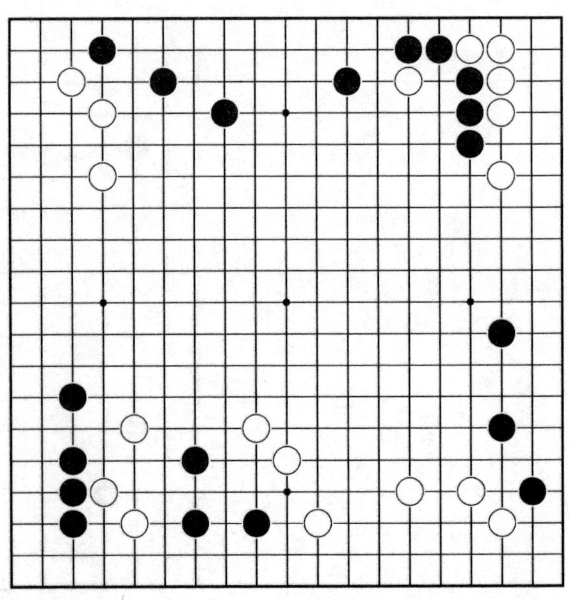

6. 全局问题

学习日期	月　　日
检　　查	

黑先，写出必要的过程。

37

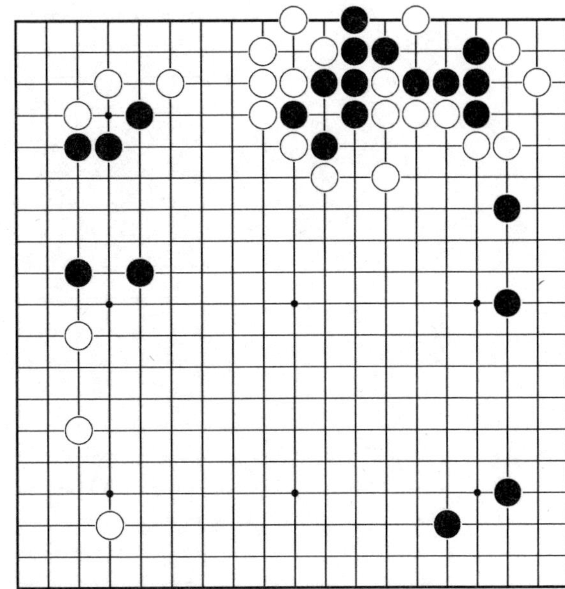

38

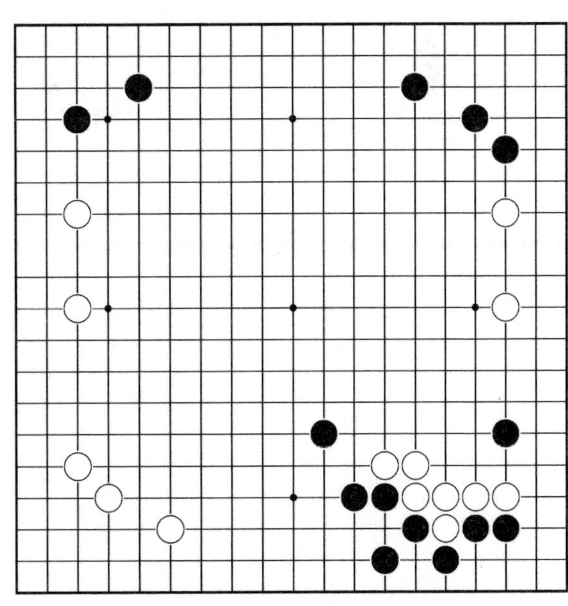

下篇

6. 全局问题

学习日期	月　日
检　查	

黑先，写出必要的过程。

39

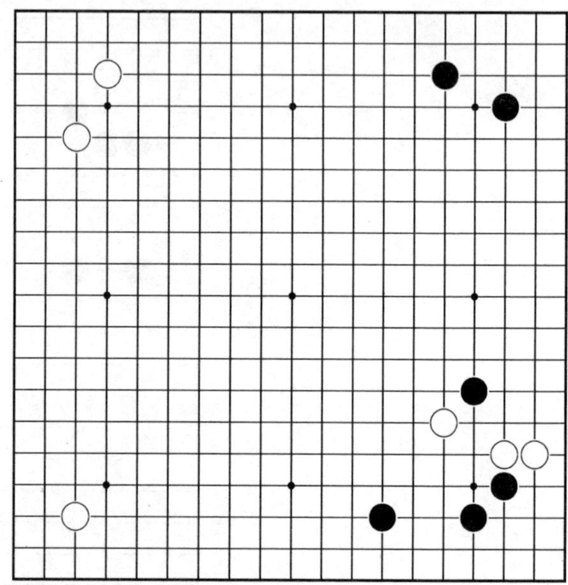

40

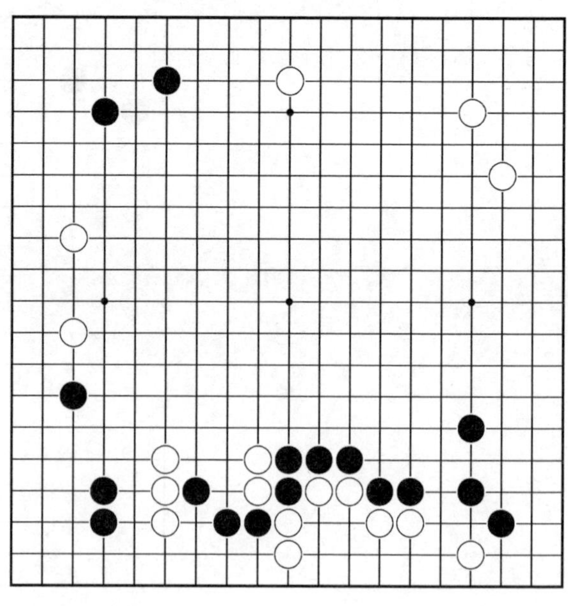

6. 全局问题

学习日期	月　　日
检　　查	

黑先，写出必要的过程。

41

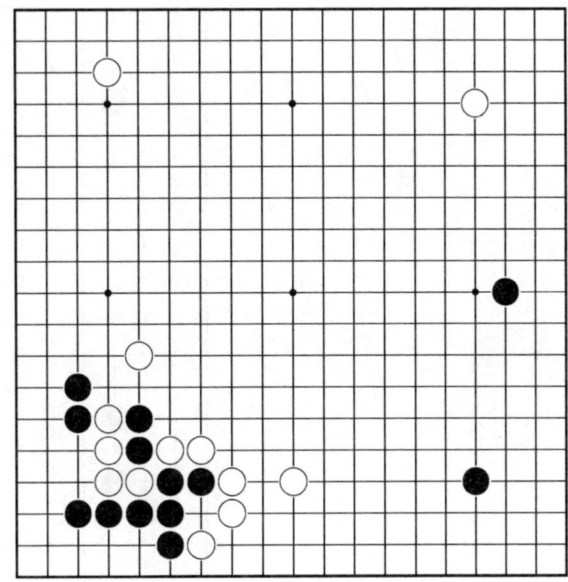

42

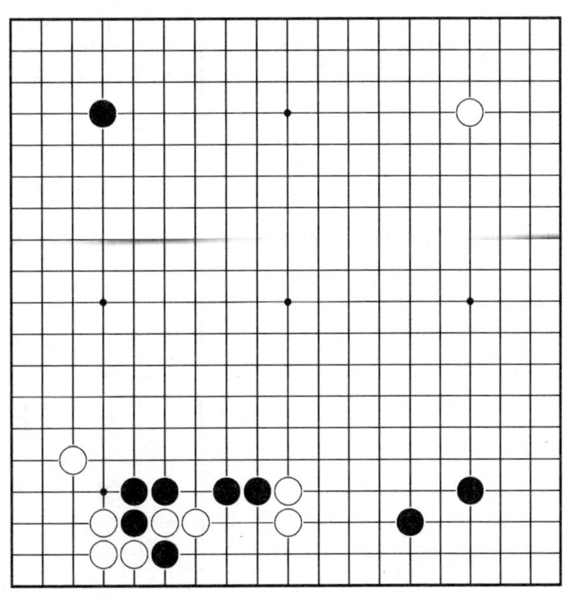

6. 全局问题

学习日期	月　　日
检　　查	

黑先，写出必要的过程。

43

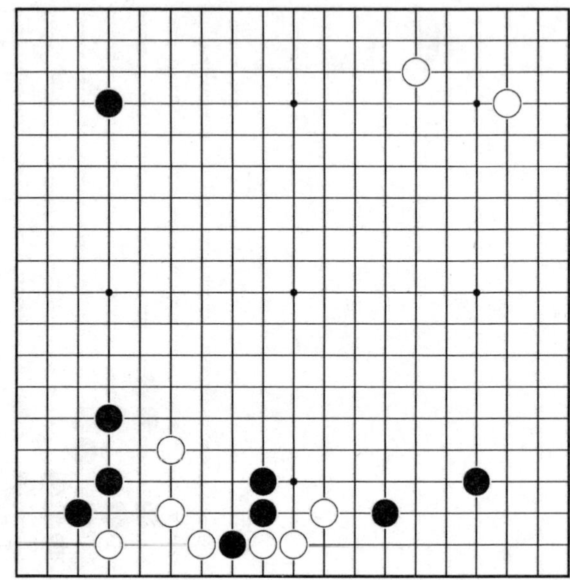

44

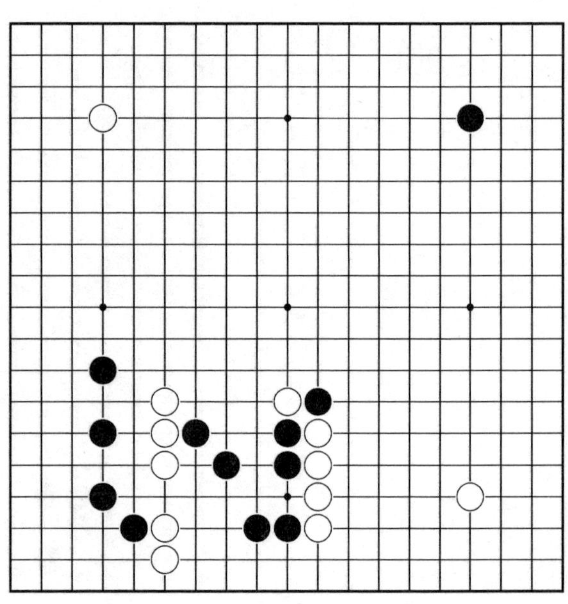

6. 全局问题

学习日期	月　日
检　查	

黑先，写出必要的过程。

45

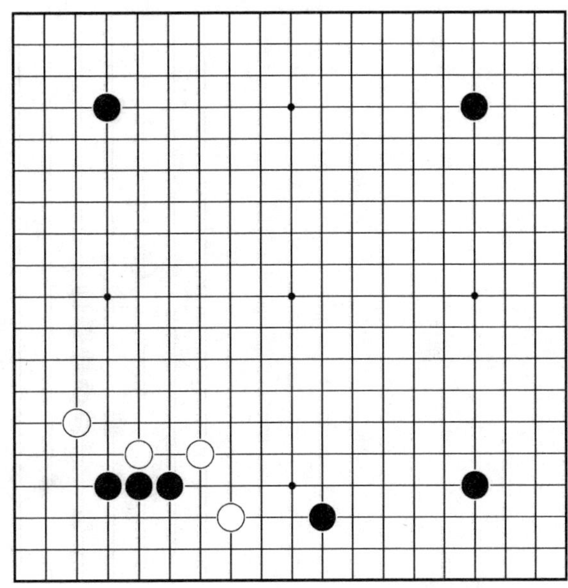

46

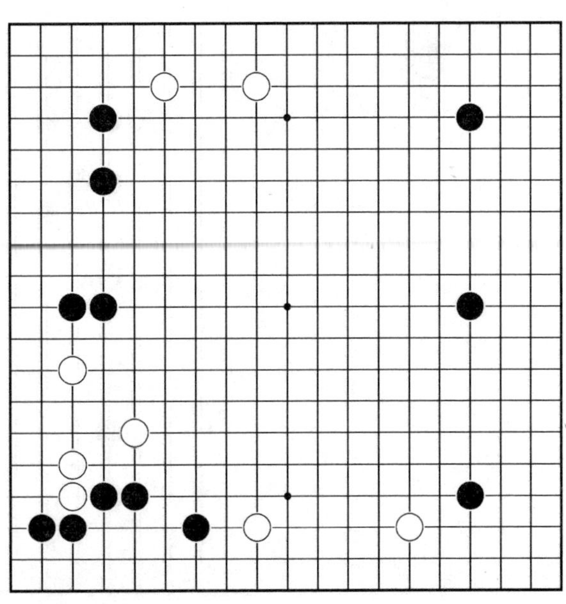

下篇

6. 全局问题

学习日期	月　日
检　查	

黑先，写出必要的过程。

47

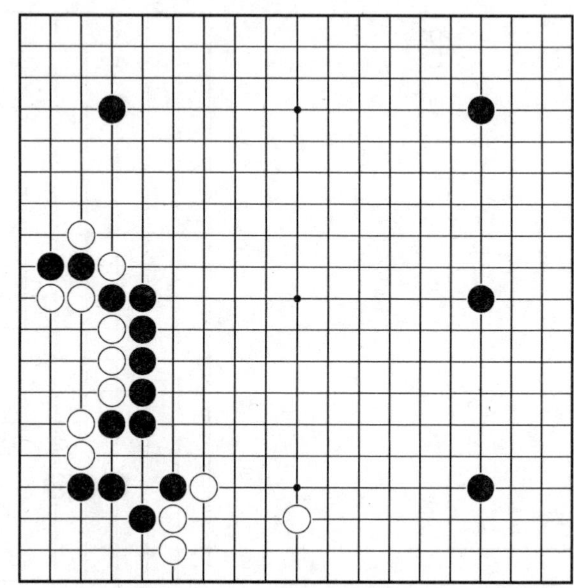

48

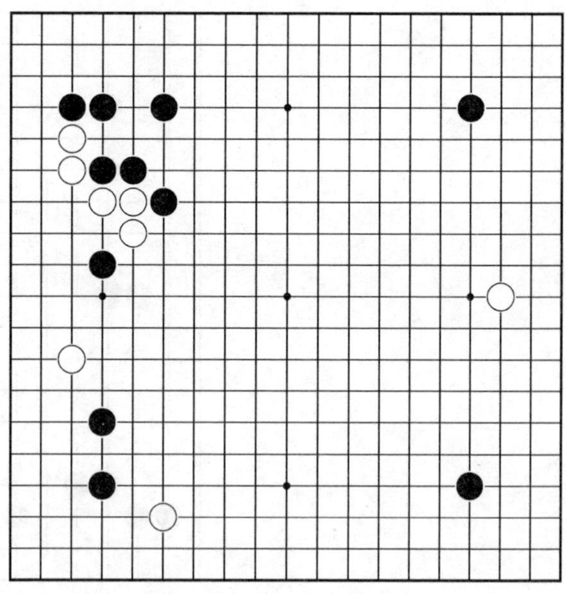

6. 全局问题

学习日期	月　日
检　查	

黑先，写出必要的过程。

49

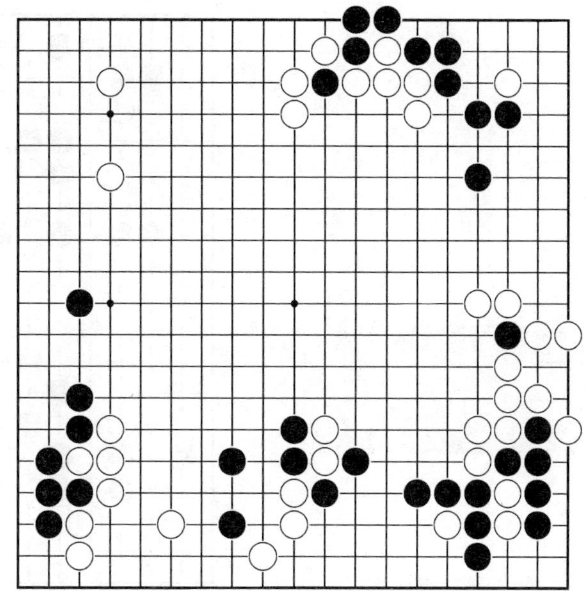

50

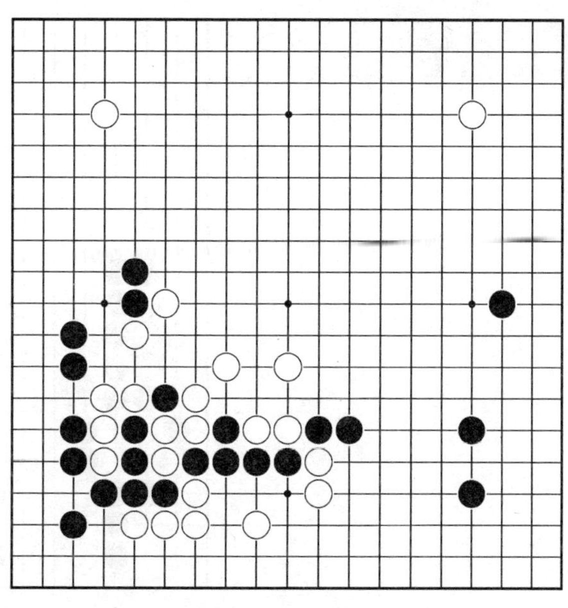

下篇

6. 全局问题

学习日期	月　　日
检　　查	

黑先，写出必要的过程。

51

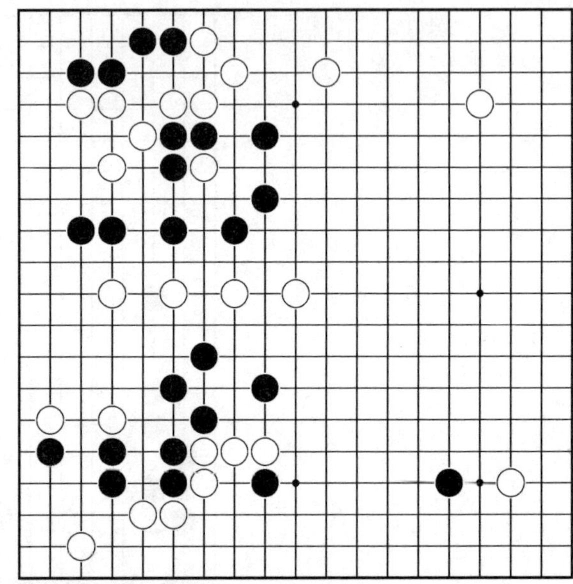

52

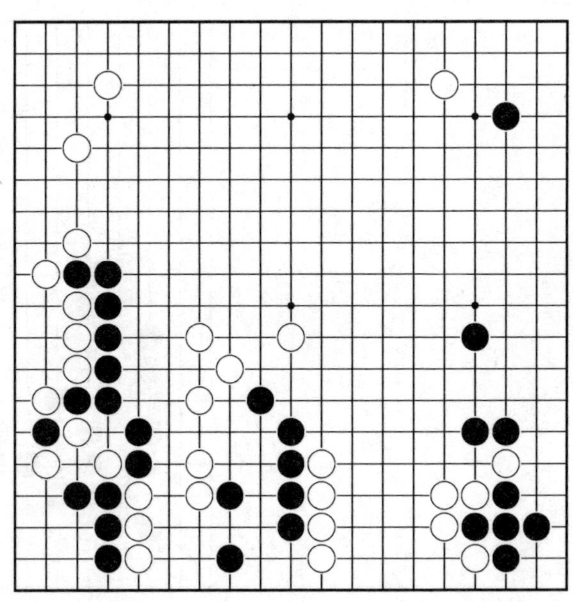

6. 全局问题

学习日期	月　　日
检　　查	

黑先，写出必要的过程。

53

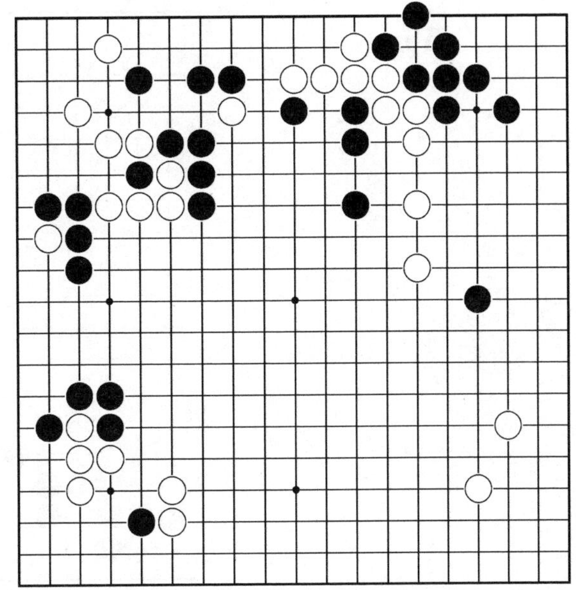

54

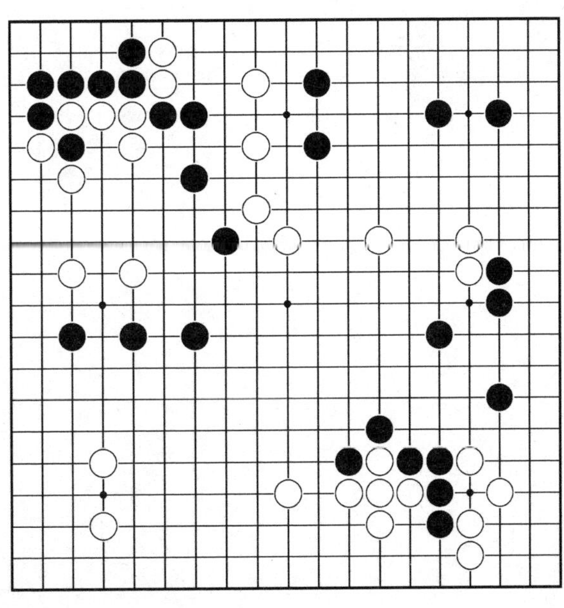

下篇

6. 全局问题

学习日期	月 日
检 查	

黑先，写出必要的过程。

55

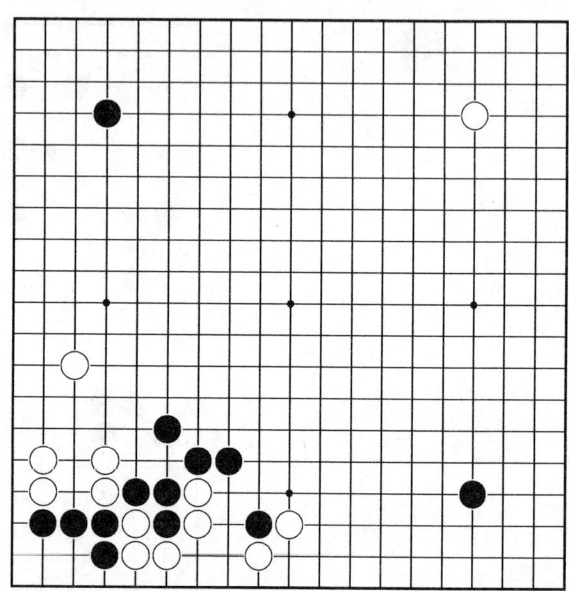

56

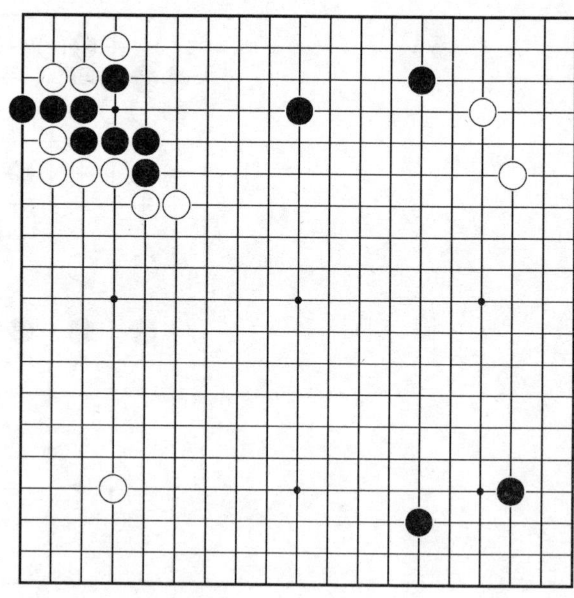

6. 全局问题

学习日期	月　　日
检　　查	

黑先，写出必要的过程。

57

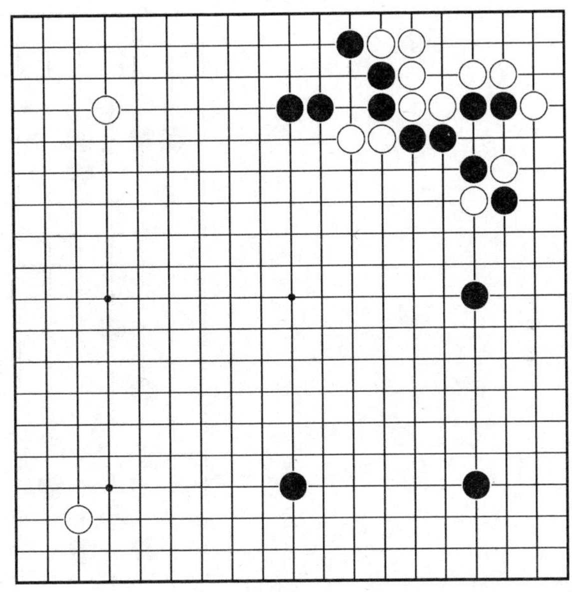

58

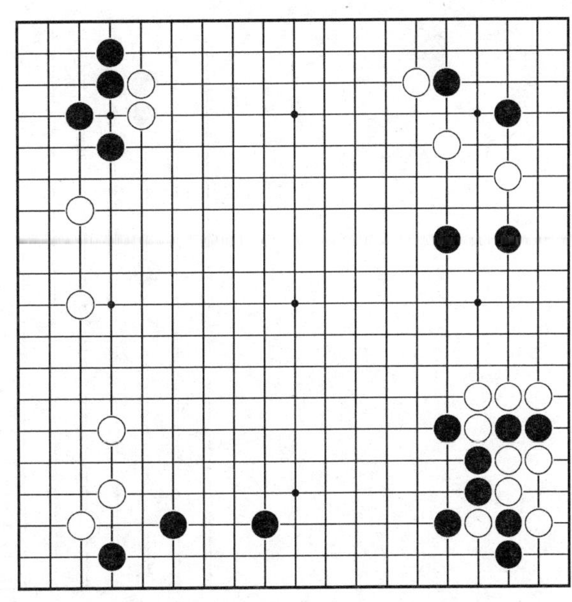

下篇

6. 全局问题

学习日期	月　日
检　查	

黑先，写出必要的过程。

59

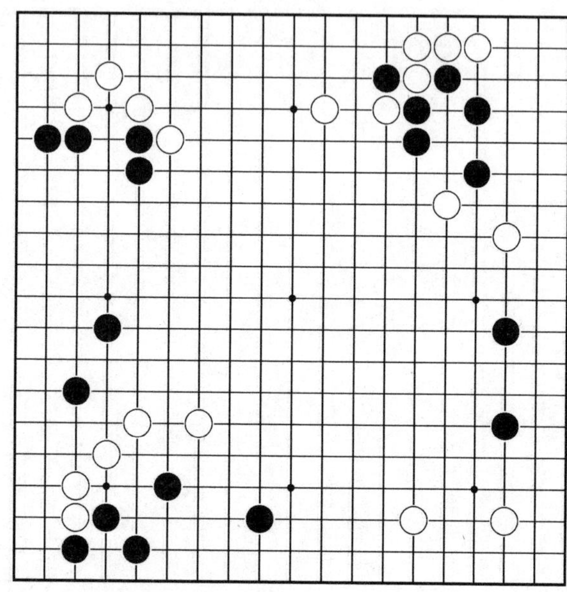

60

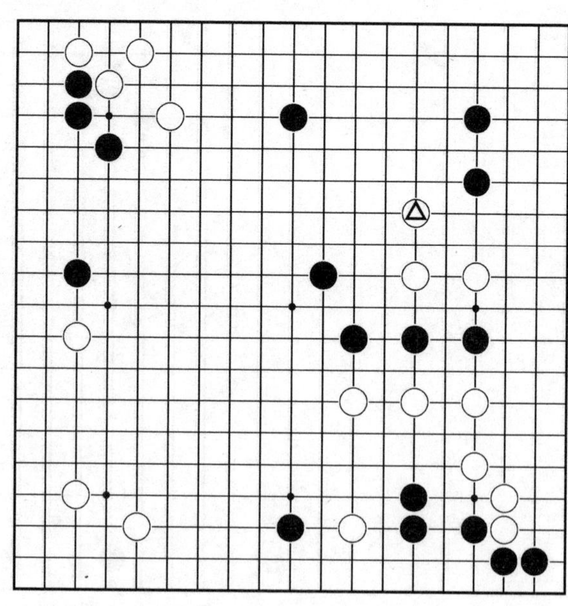

6. 全局问题

学习日期	月　　日
检　　查	

黑先，写出必要的过程。

61

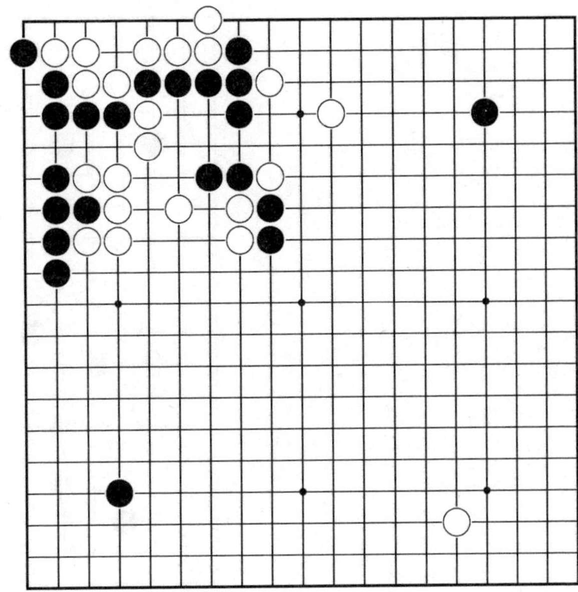

62

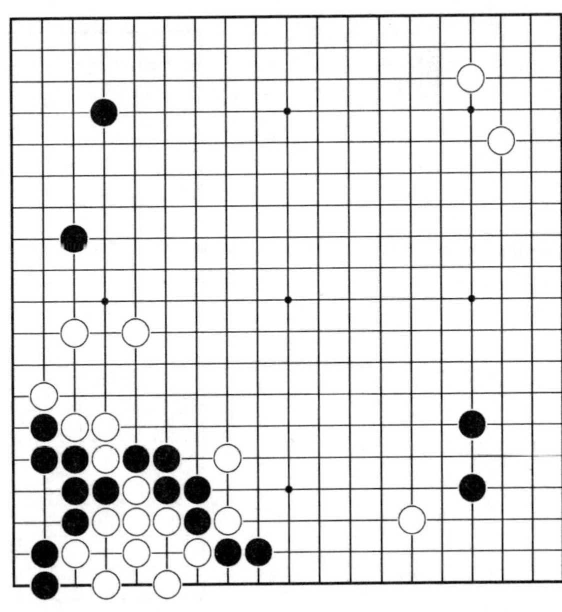

下篇

6. 全局问题

学习日期	月　日
检　查	

黑先，写出必要的过程。

63

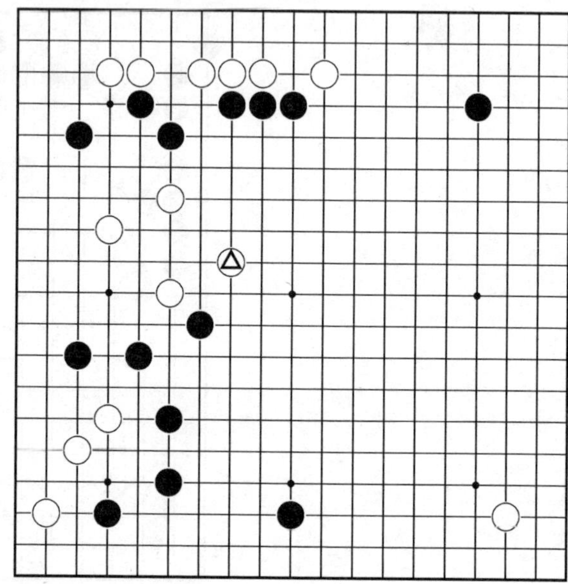

64

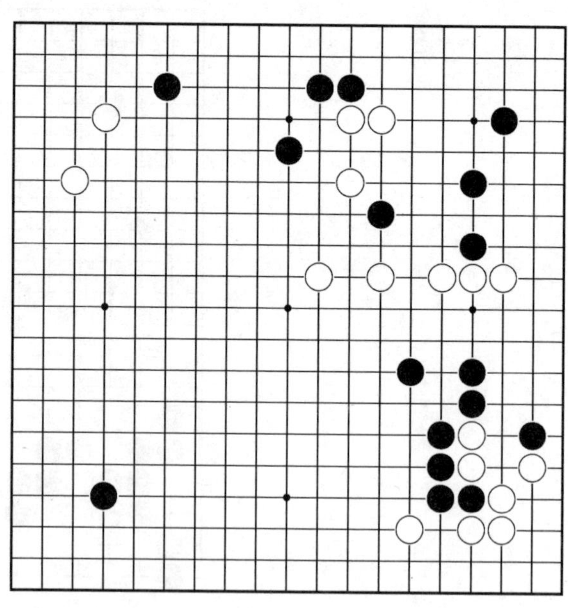

6. 全局问题

学习日期	月　日
检　查	

黑先，写出必要的过程。

65

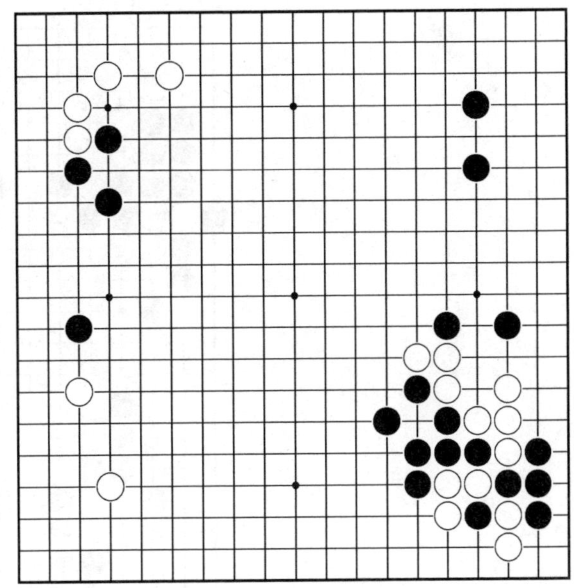

66

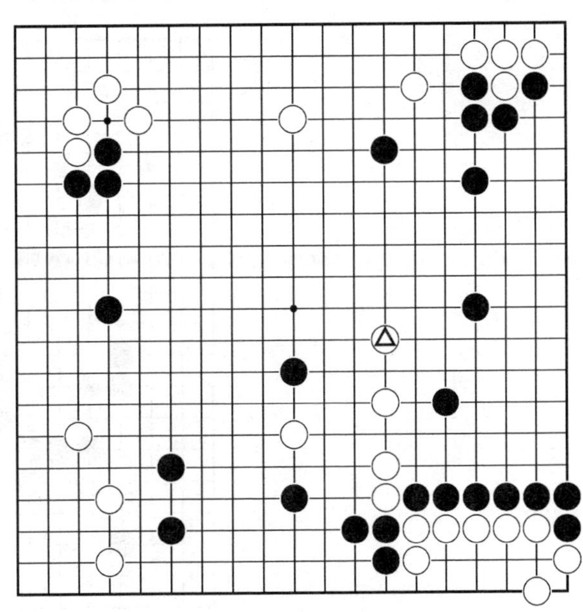

6. 全局问题

学习日期	月　　日
检　　查	

黑先，写出必要的过程。

67

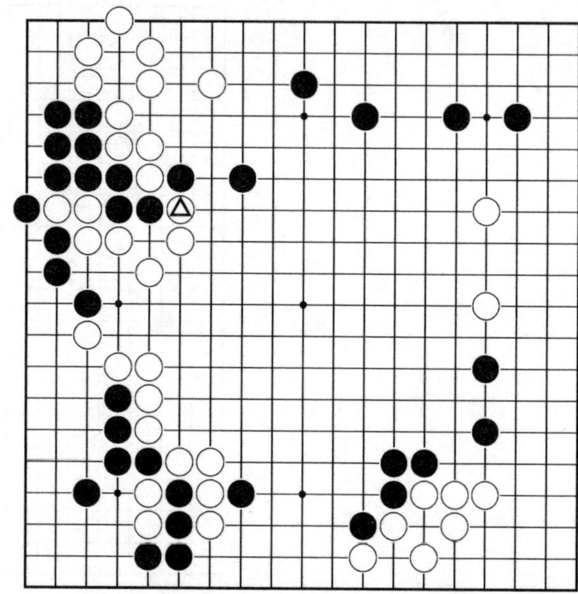

68

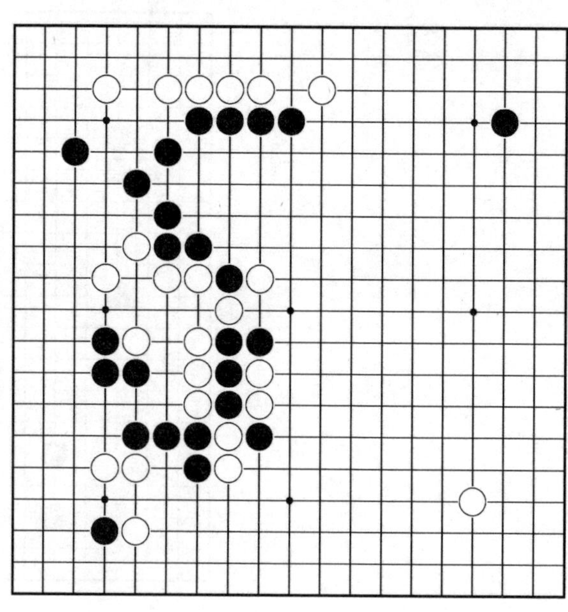

6. 全局问题

学习日期	月　　日
检　　查	

黑先，写出必要的过程。

69

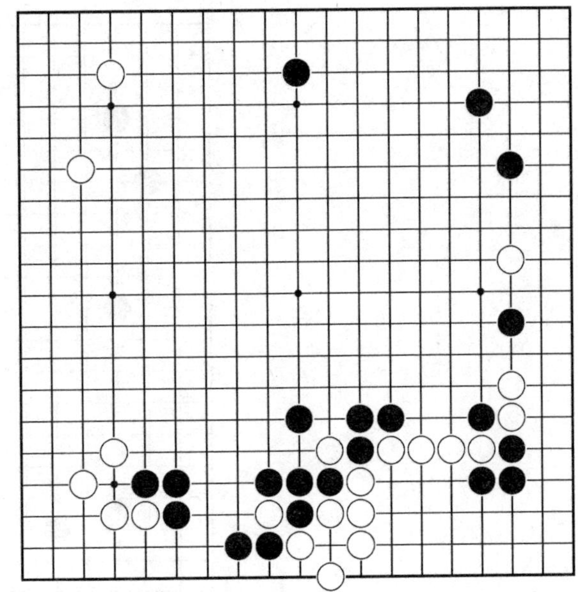

70

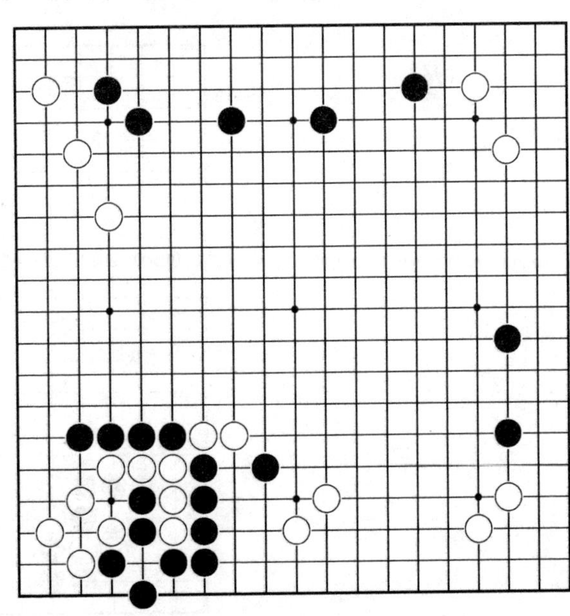

6. 全局问题

学习日期	月　日
检　查	

黑先，写出必要的过程。

71

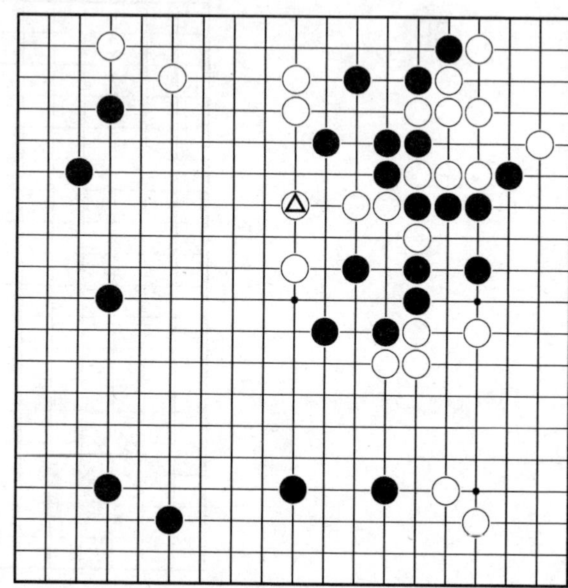

72

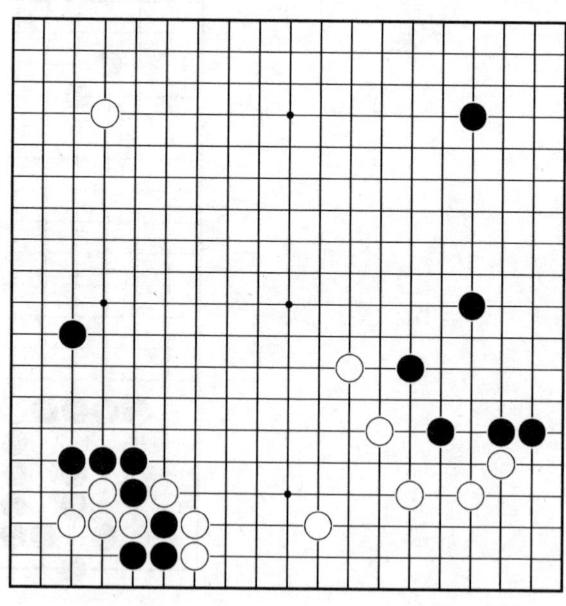

6. 全局问题

学习日期	月　日
检　查	

黑先，写出必要的过程。

73

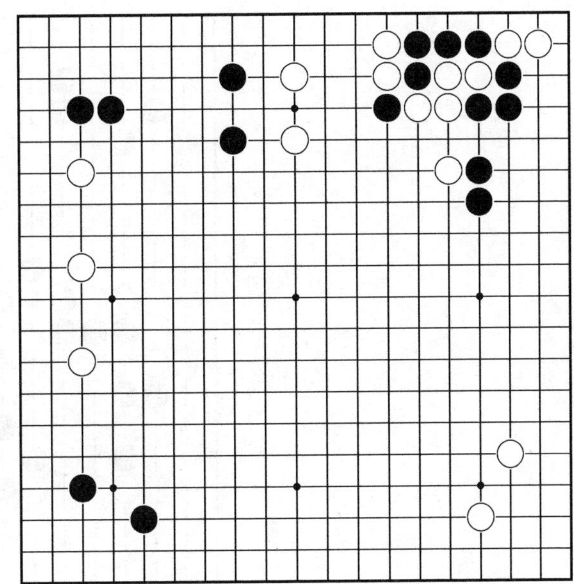

74

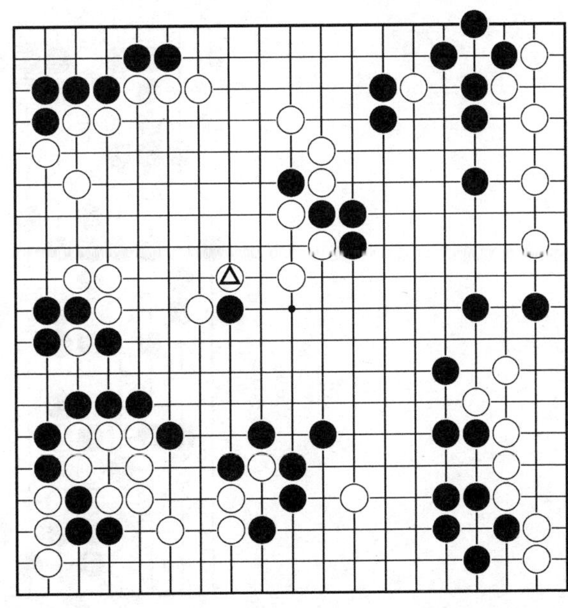

下篇

6. 全局问题

学习日期	月　日
检　查	

黑先，写出必要的过程。

75

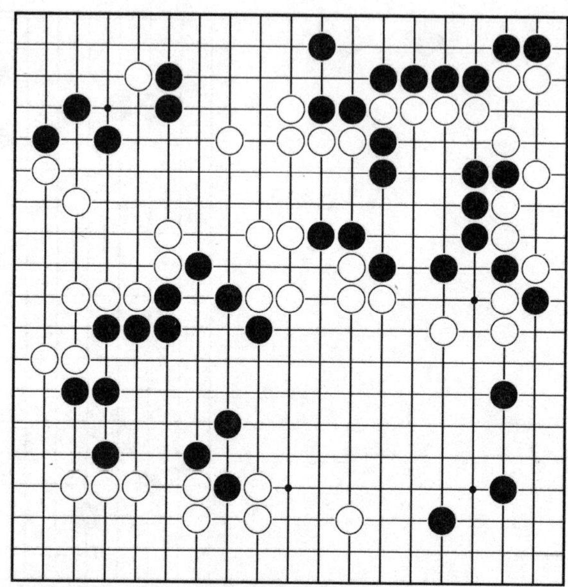

76

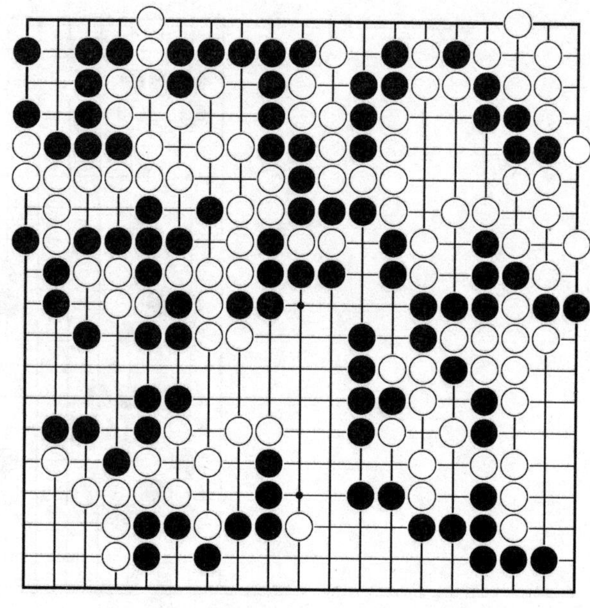

6. 全局问题

学习日期	月　　日
检　　查	

黑先，写出必要的过程。

77

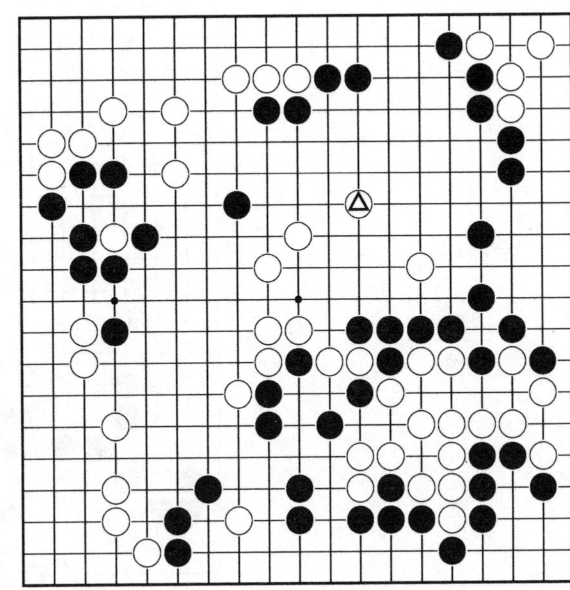

78

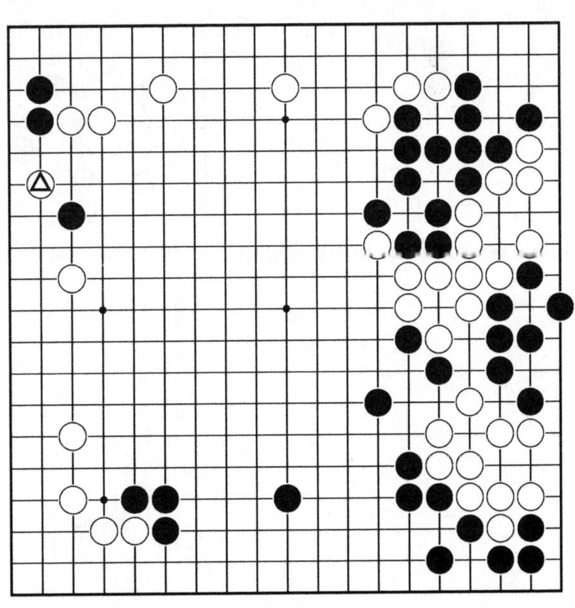

下篇

6. 全局问题

学习日期	月　日
检　查	

黑先，写出必要的过程。

79

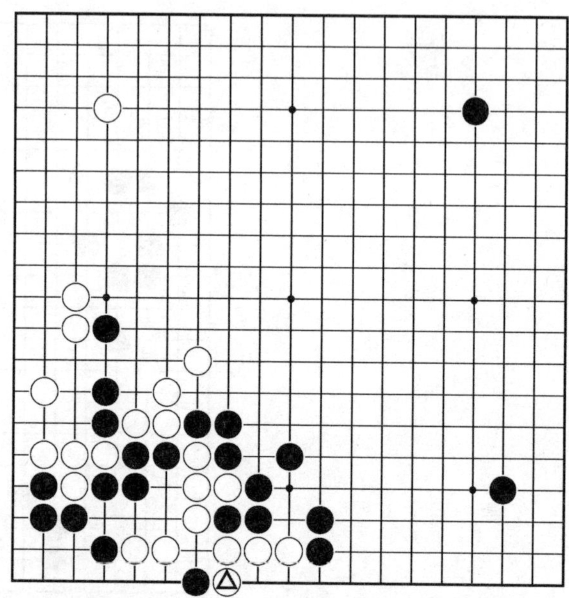

80

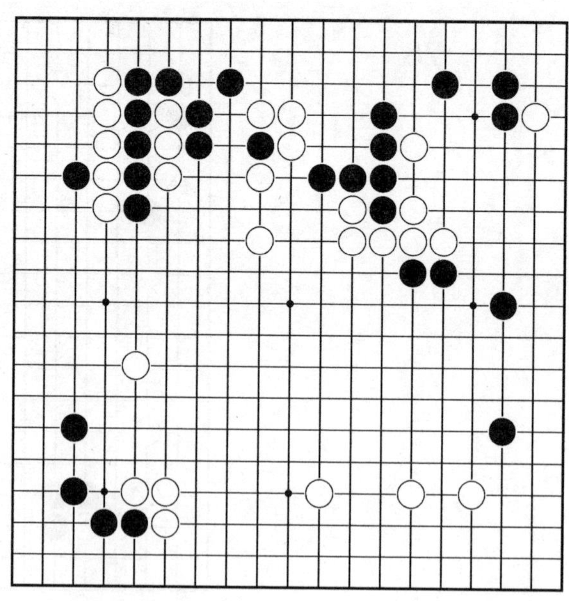

6. 全局问题

学习日期	月　日
检　查	

黑先，写出必要的过程。

81

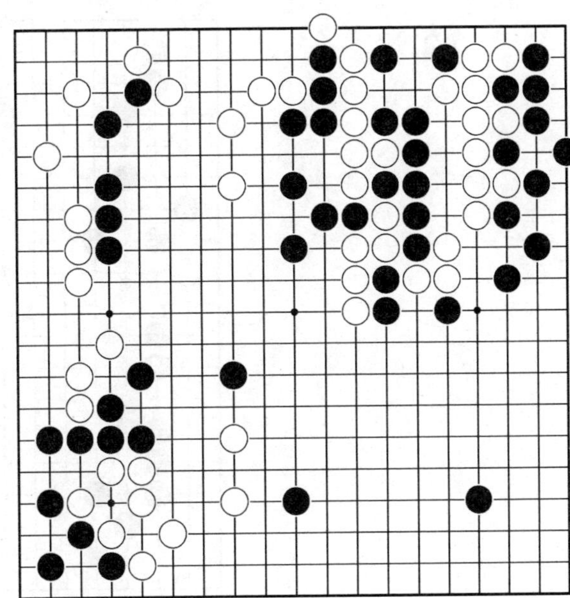

82

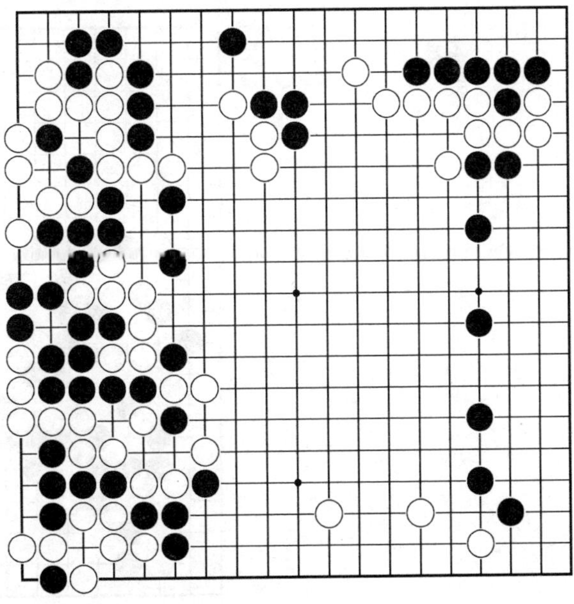

下篇

6. 全局问题

学习日期	月　日
检　查	

黑先，写出必要的过程。

83

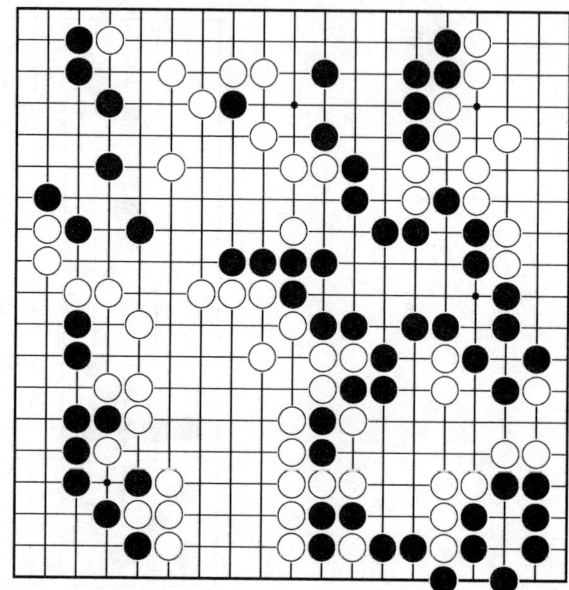

84

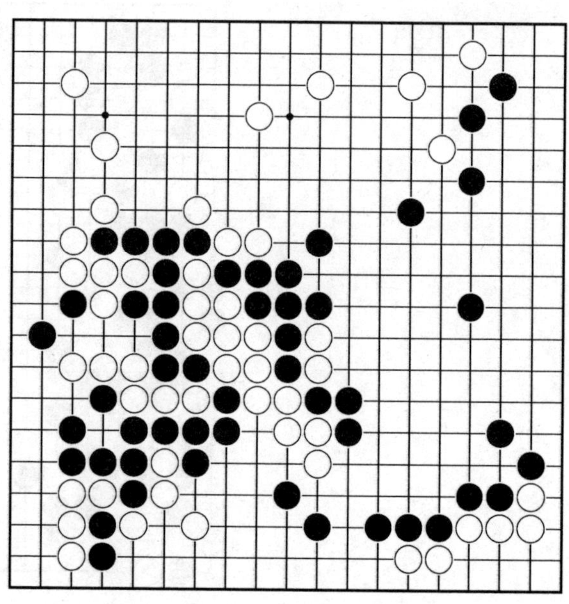

实用手筋汇编

实用手筋汇编

学习日期	月　　日
检　　查	

黑先，找出白的二处问题。

1

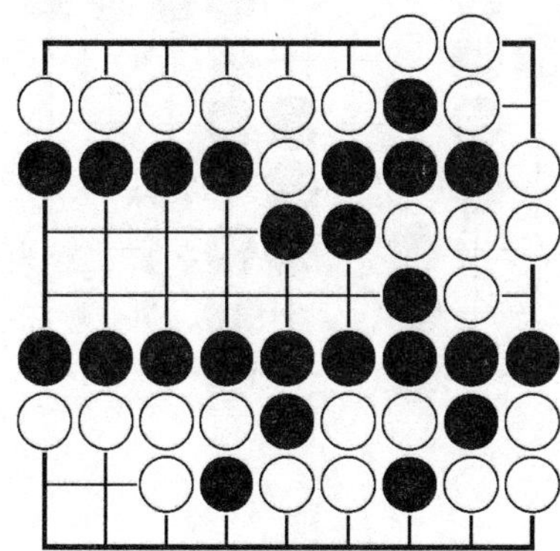

2

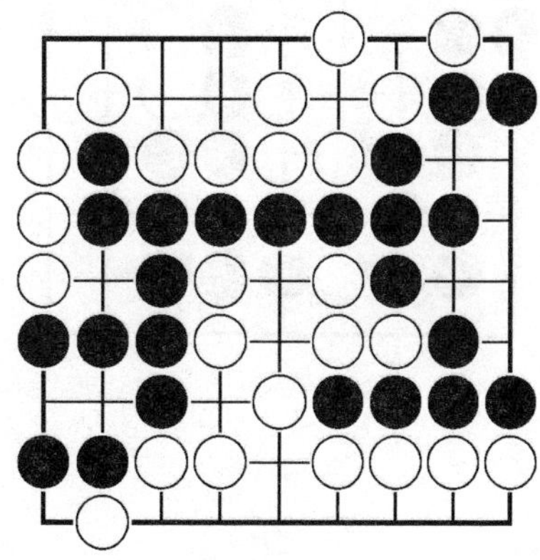

3

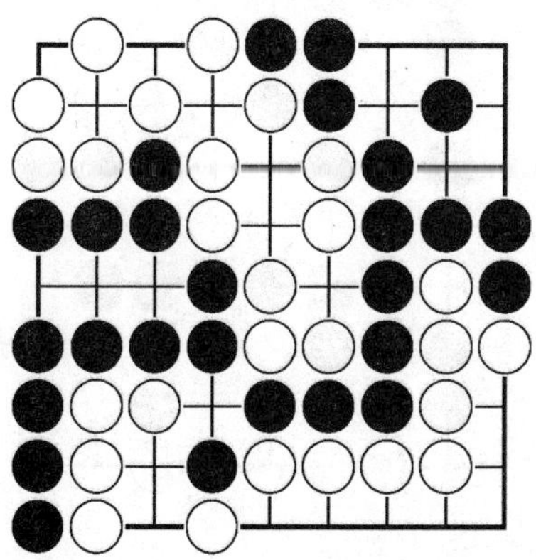

4

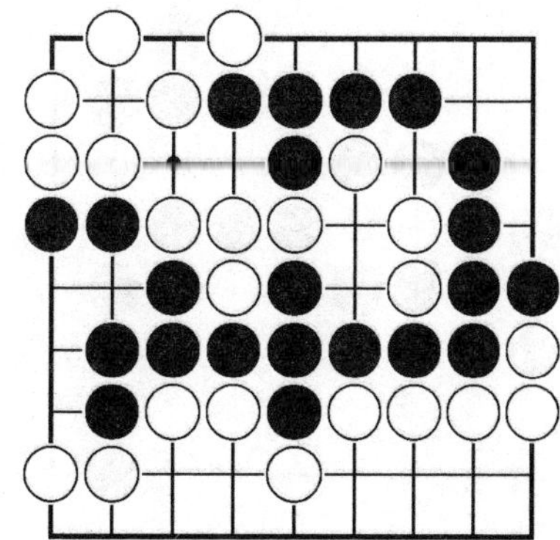

实用手筋汇编

学习日期	月　日
检　查	

黑先，找出白的二处问题。

5

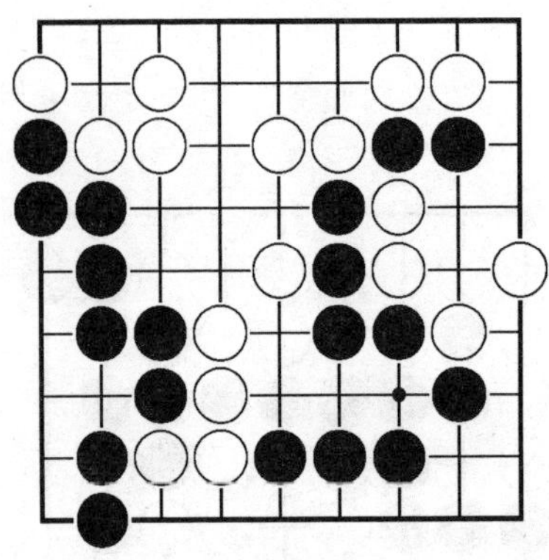

6

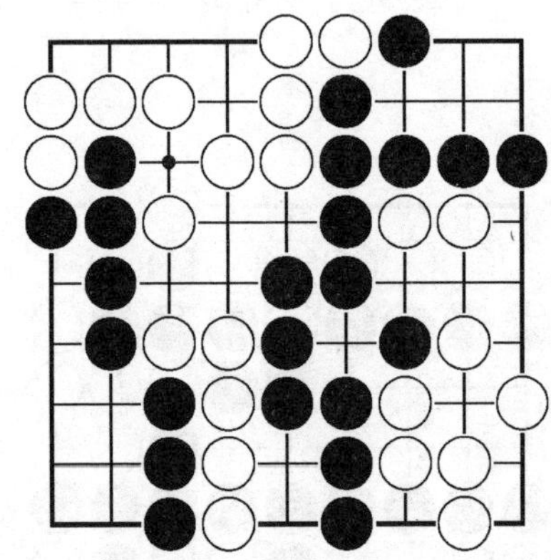

7

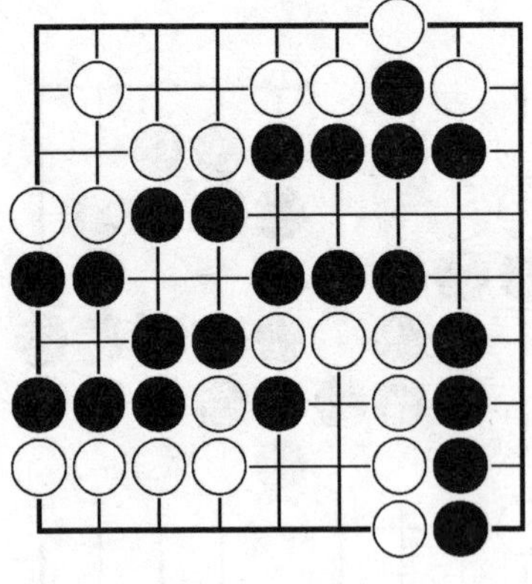

8

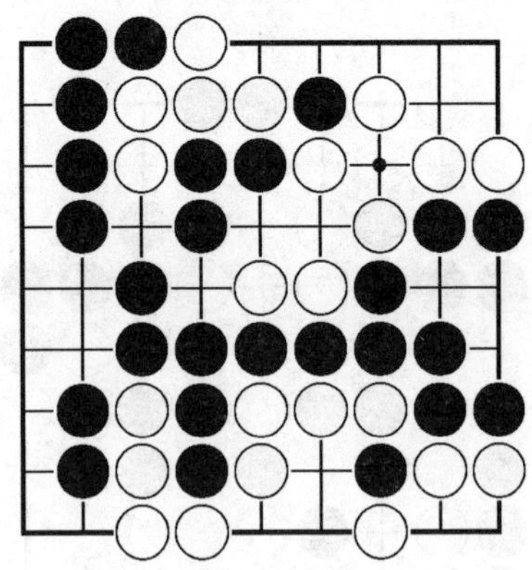

实用手筋汇编

学习日期	月　　日
检　　查	

黑先，找出白的二处问题。

9

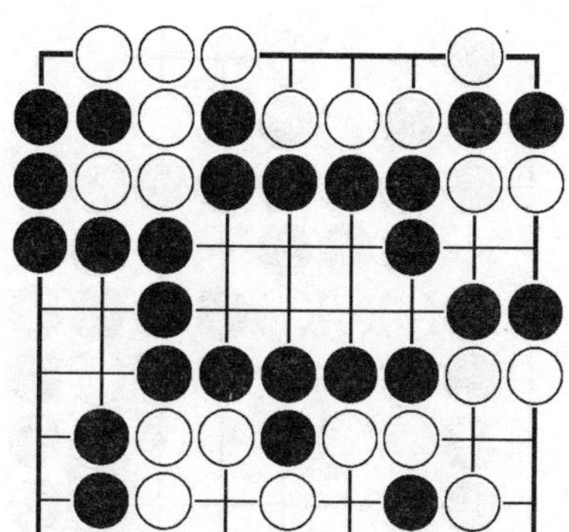

10

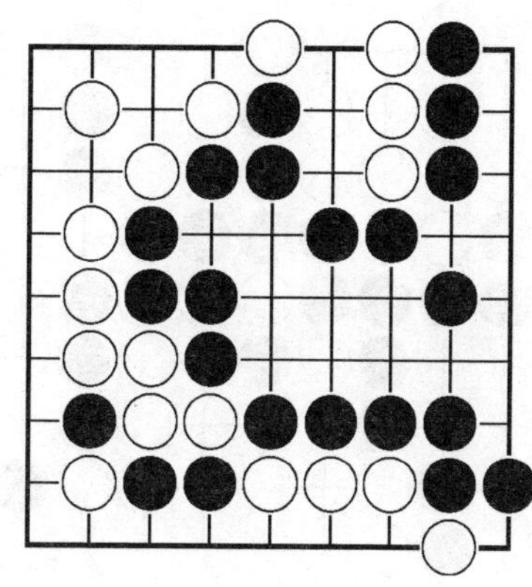

11

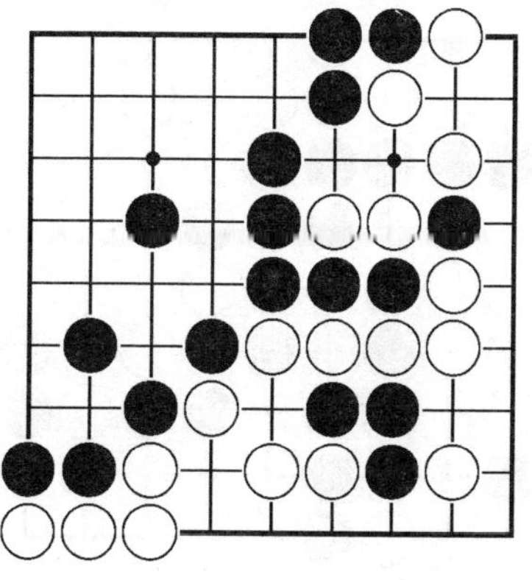

12

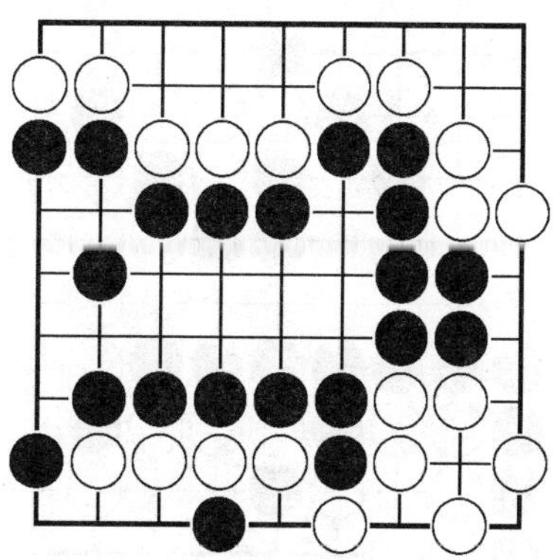

实用手筋汇编

学习日期	月 日
检 查	

黑先，找出白的二处问题。

13

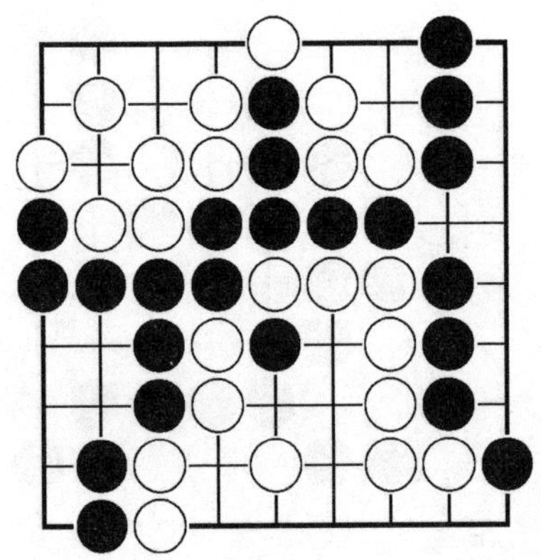

14

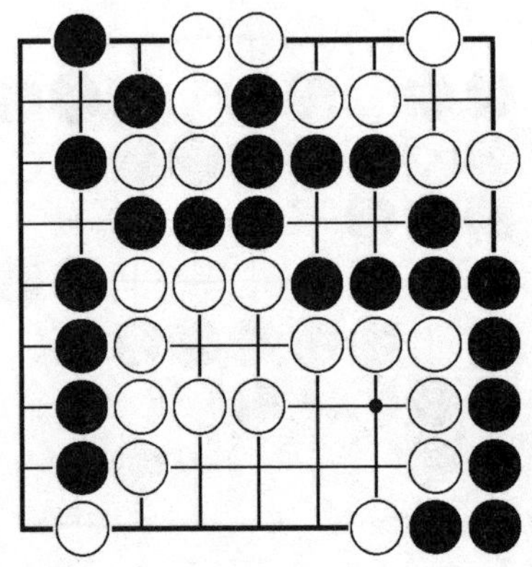

15

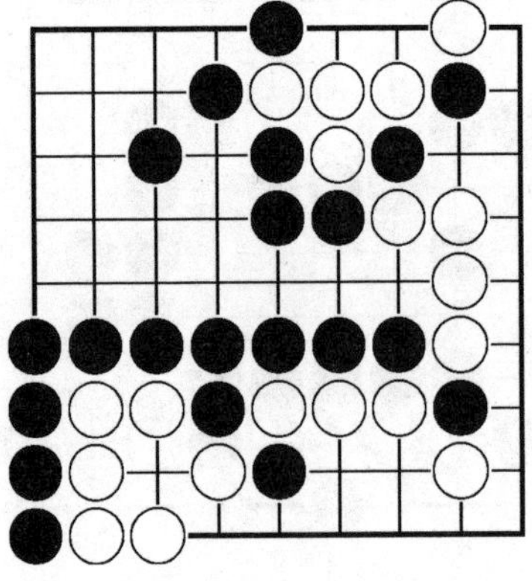

16

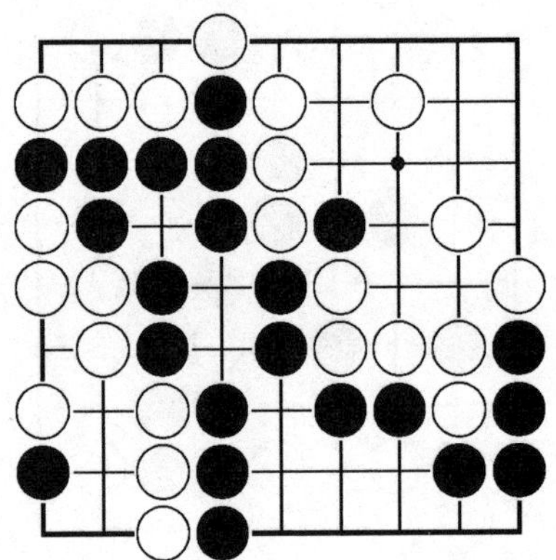

实用手筋汇编

学习日期	月　日
检　查	

黑先，找出白的二处问题。

17

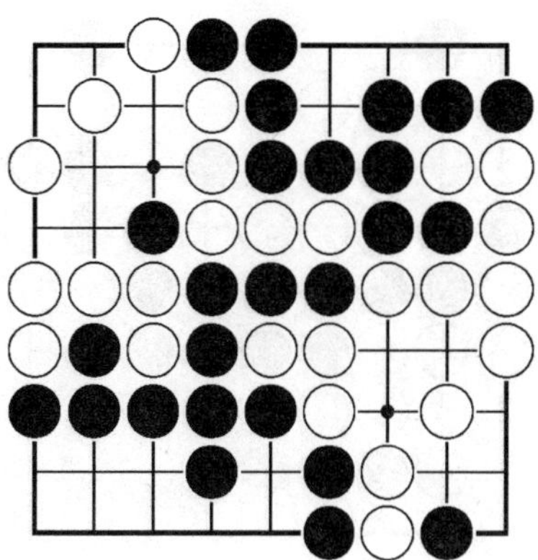

18

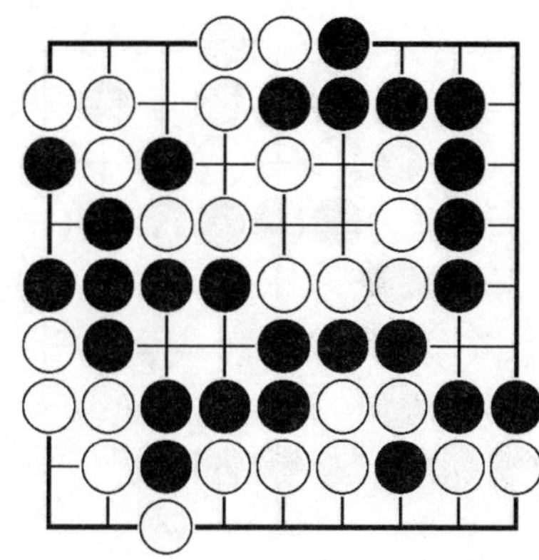

19

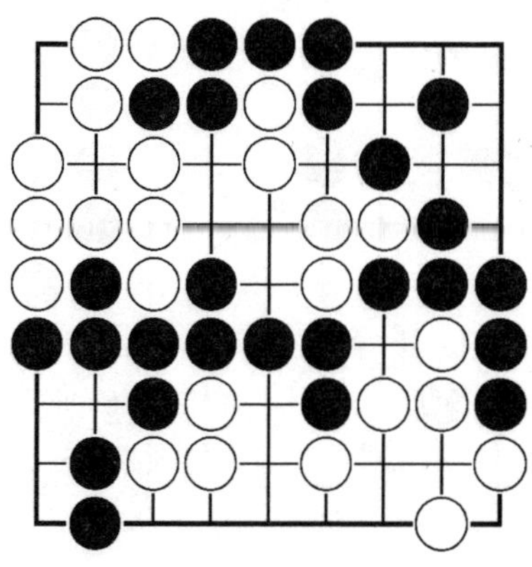

20

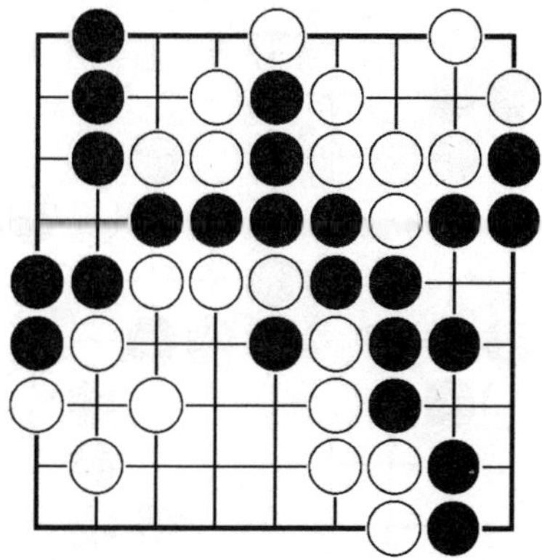

实用手筋汇编

学习日期	月　日
检　查	

黑先，找出白的二处问题。

21

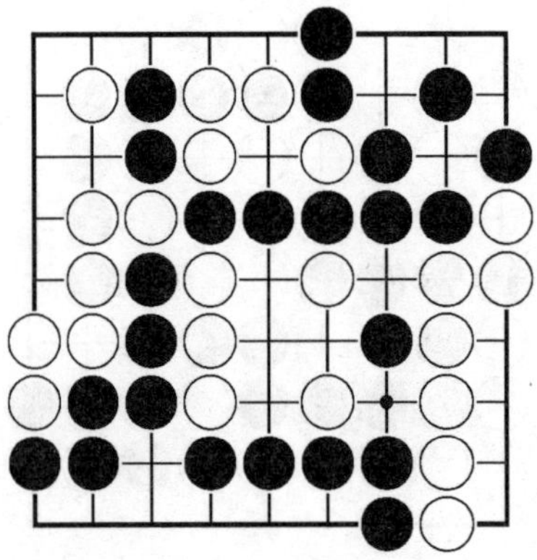

22

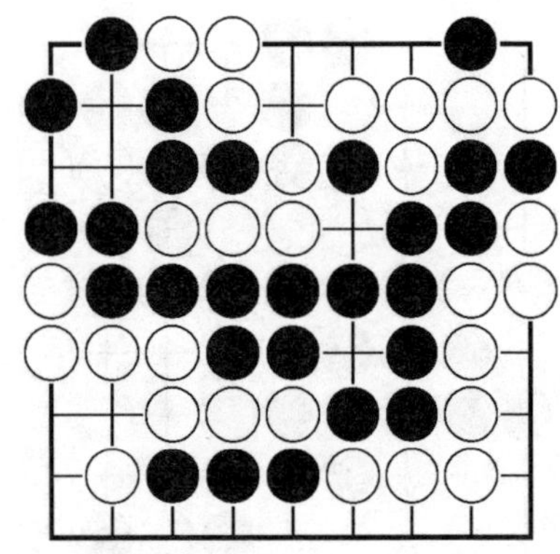

23

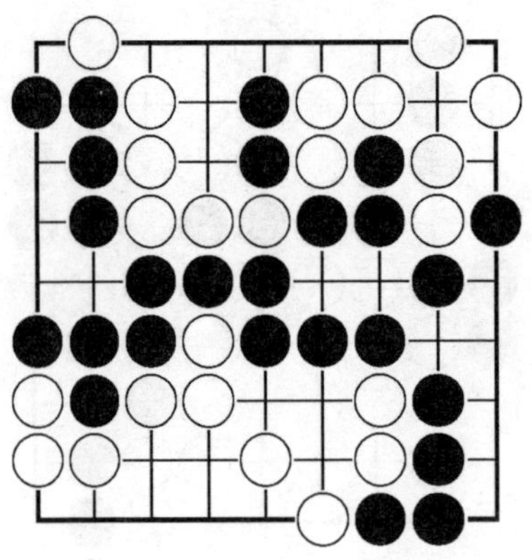

24

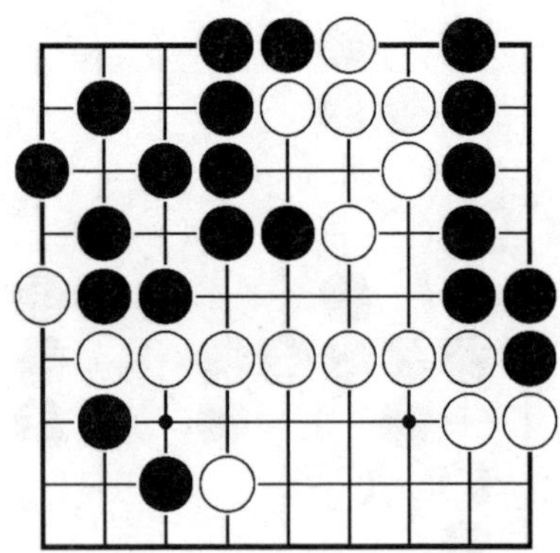

实用手筋汇编

学习日期	月　　日
检　　查	

黑先，找出白的二处问题。

25

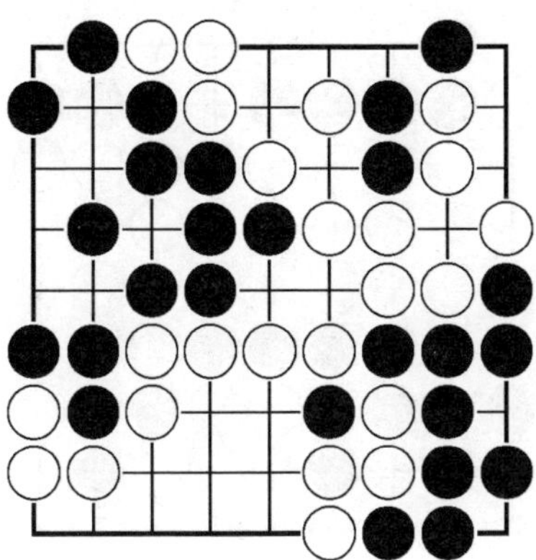

26

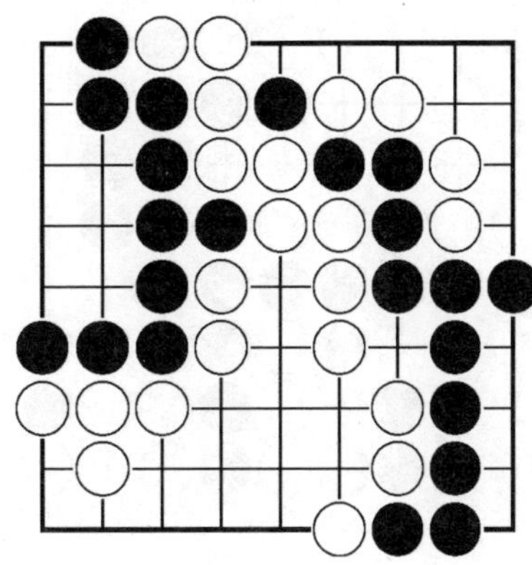

27

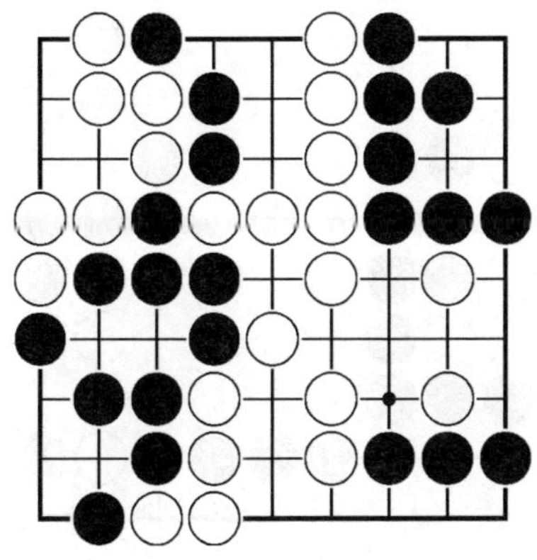

28

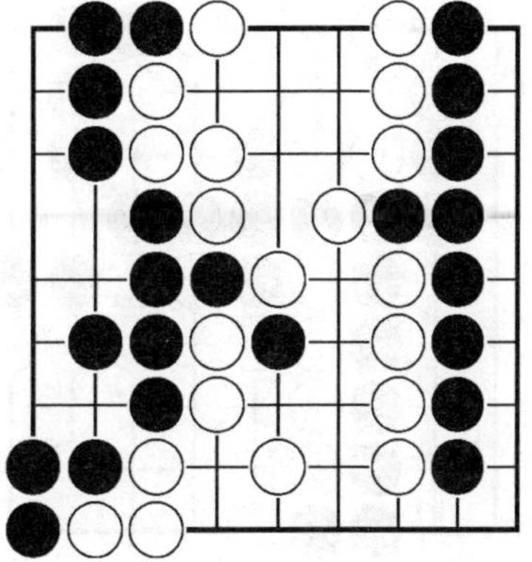

实用手筋汇编

学习日期	月　　日
检　　查	

黑先，找出白的二处问题。

29

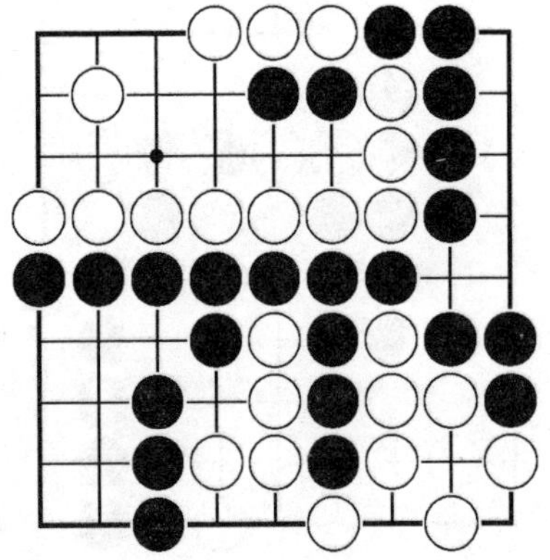

30

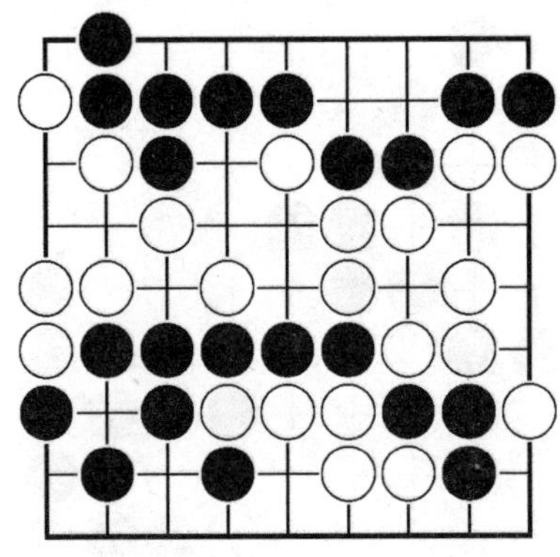

31

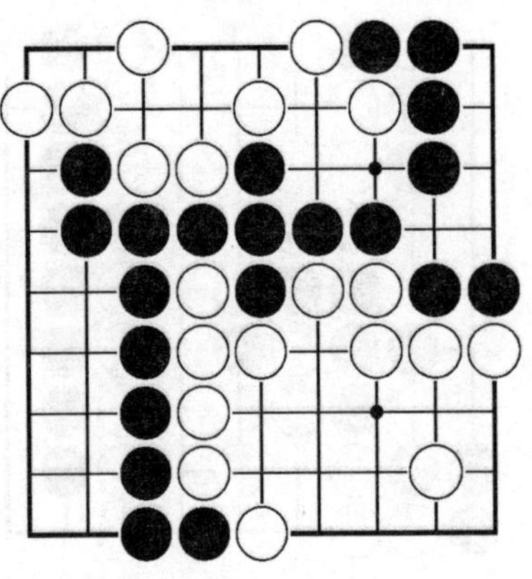

32

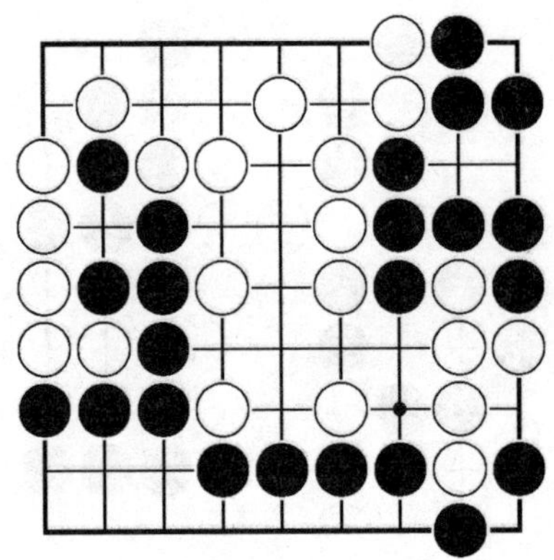

实用手筋汇编

学习日期	月　日
检　查	

33. 黑先，找出白的二处问题。

34 －36. 黑先，写出必要的过程。

33

34

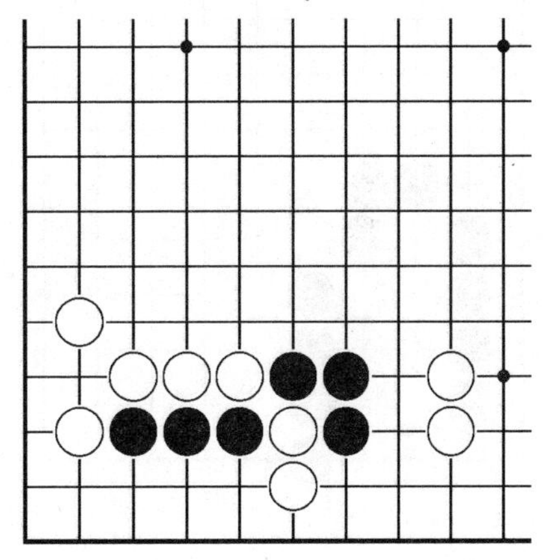

35

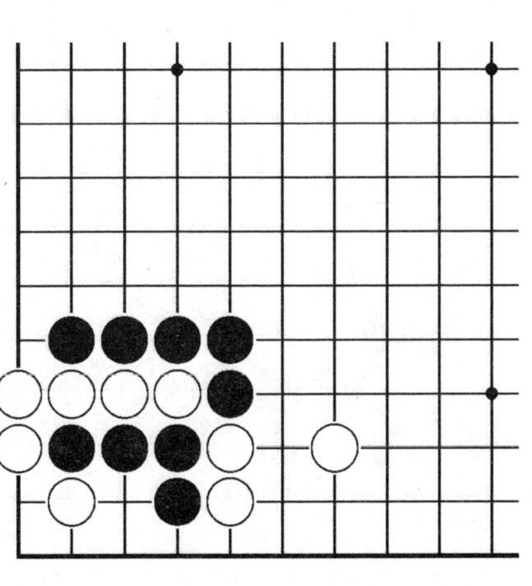

36

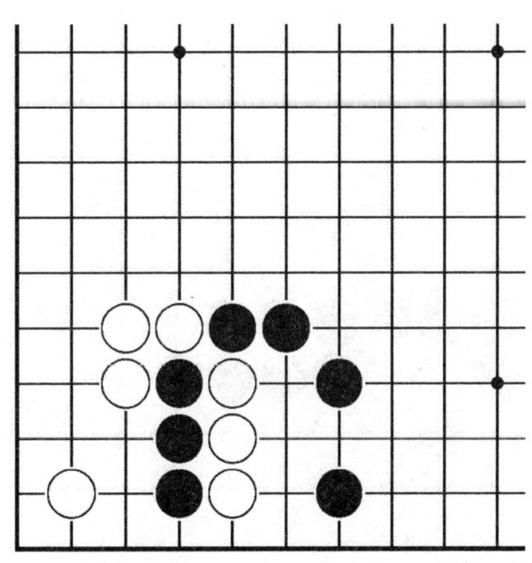

实用手筋汇编

学习日期	月　日
检　　查	

黑先，写出必要的过程。

37

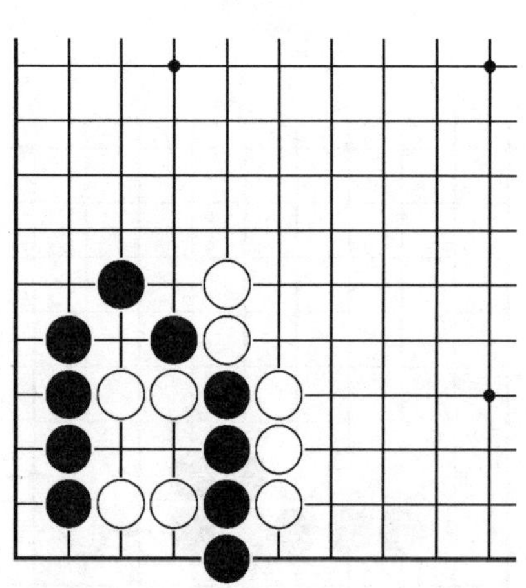

38

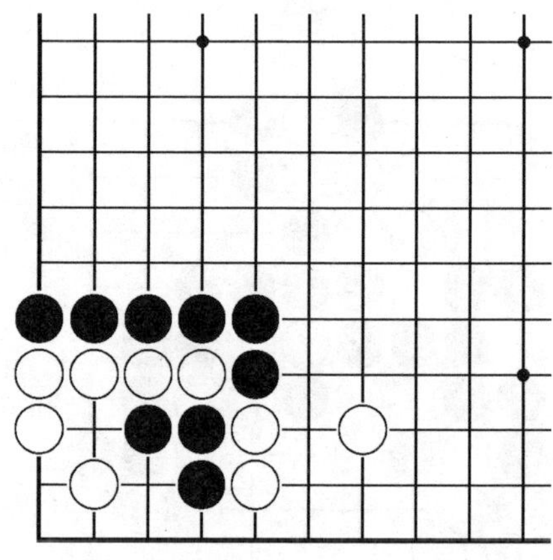

39

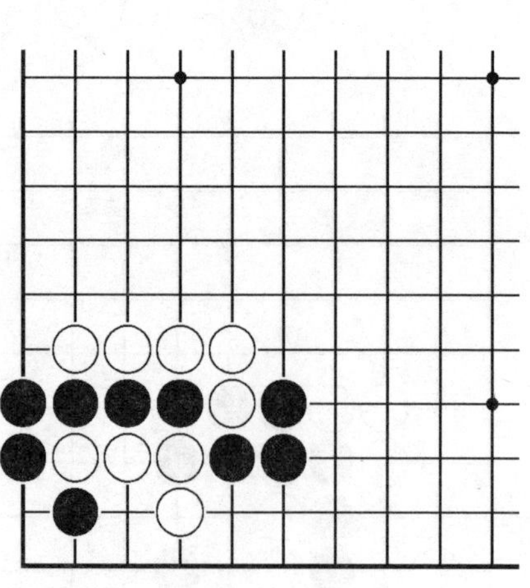

40

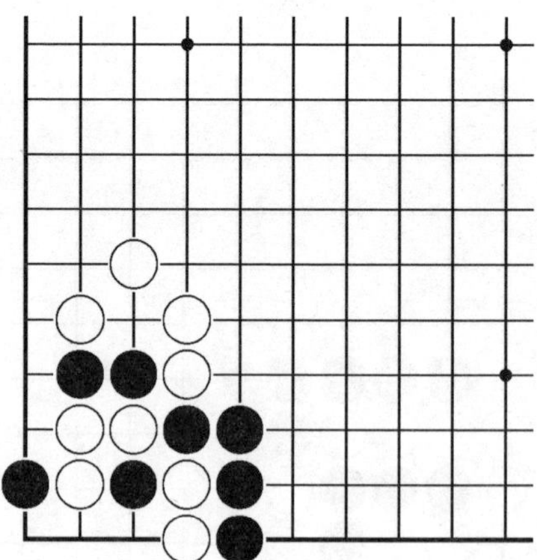

实用手筋汇编

学习日期	月　　日
检　　查	

黑先，写出必要的过程。

41

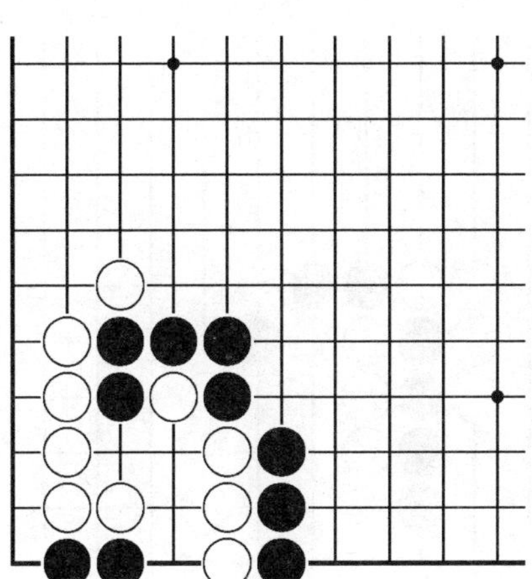

42

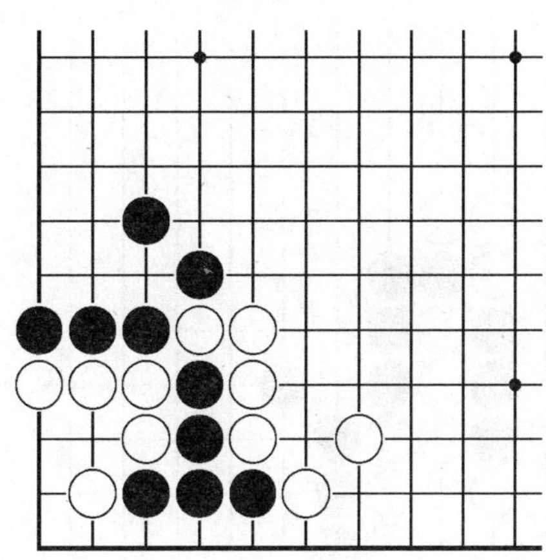

43

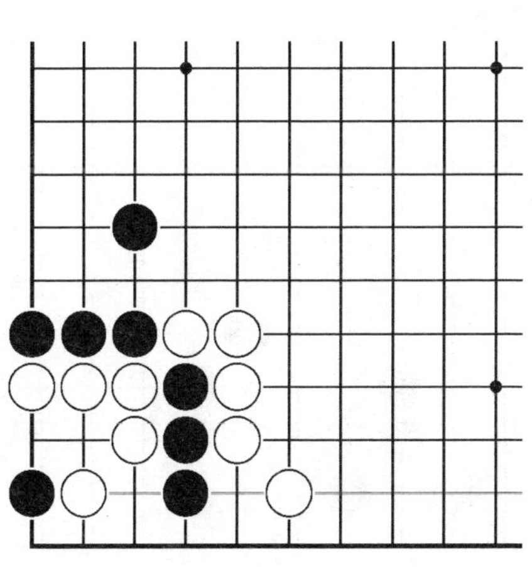

44

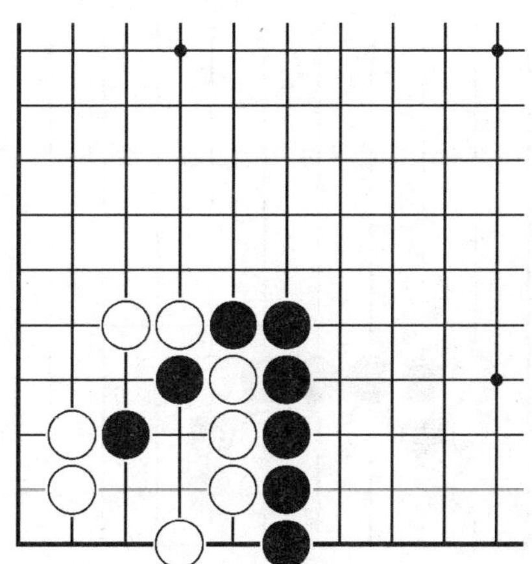

实用手筋汇编

学习日期	月　　日
检　　查	

黑先，写出必要的过程。

45

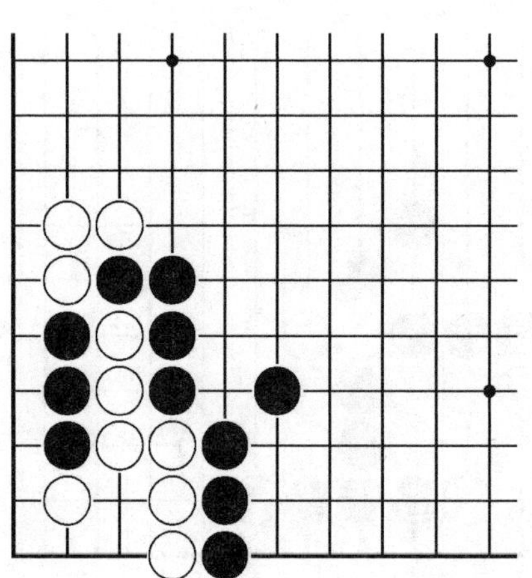

46

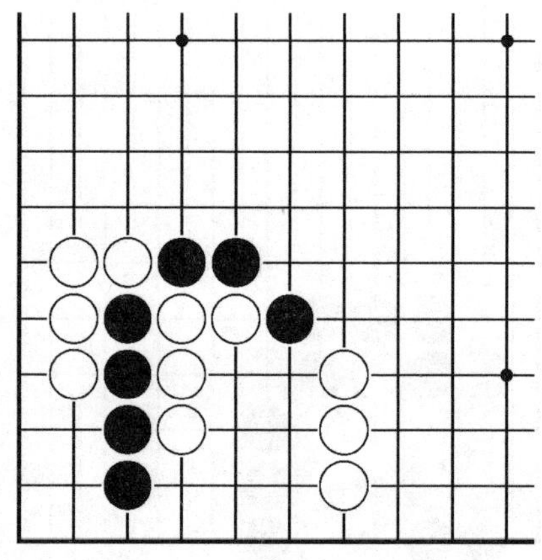

47

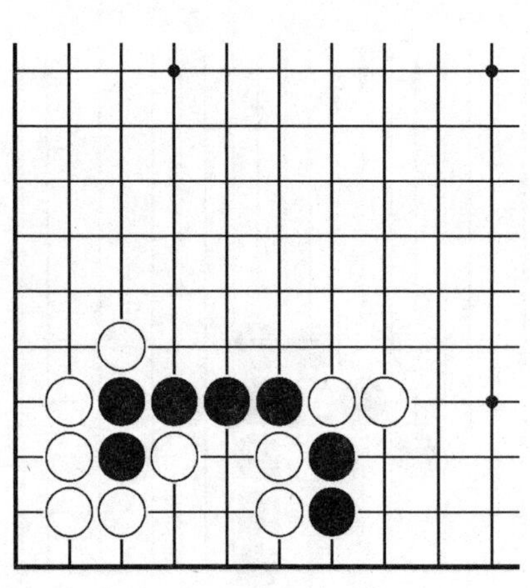

48

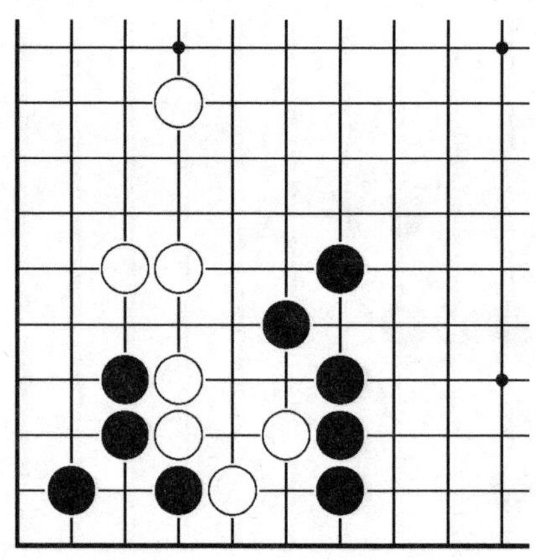

实用手筋汇编

学习日期	月　　日
检　　查	

黑先，写出必要的过程。

49

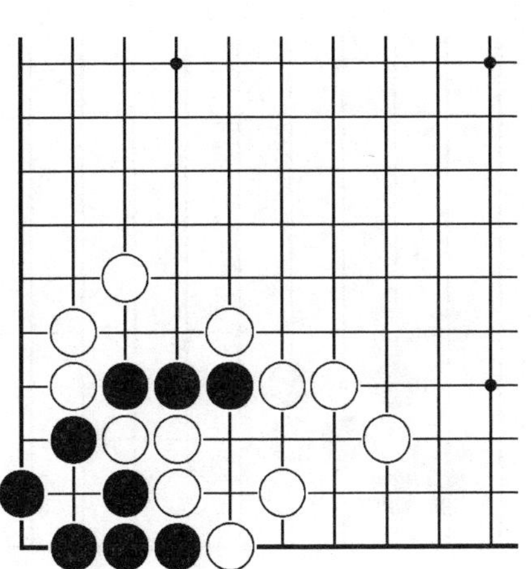

50

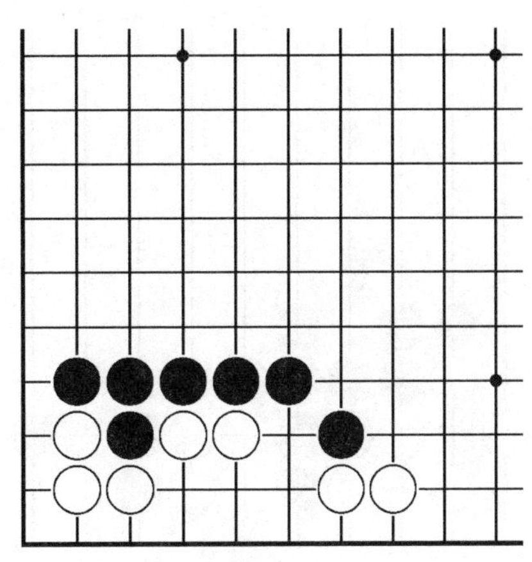

51

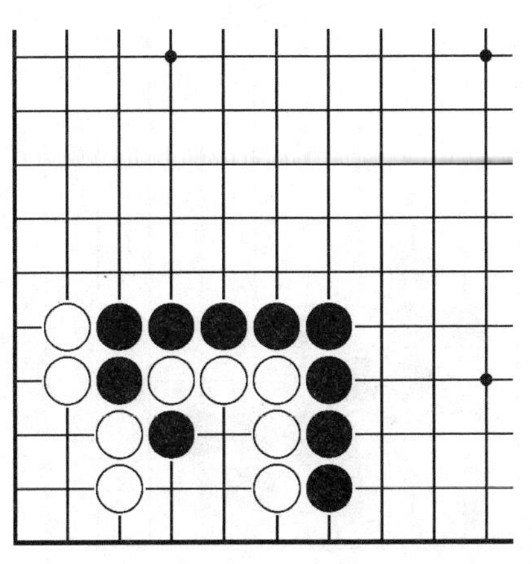

52

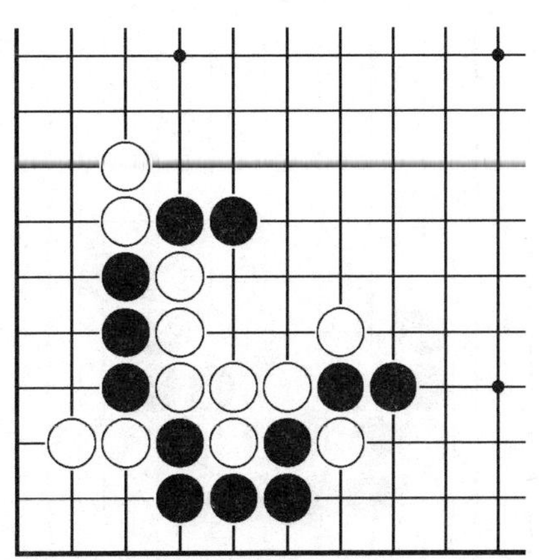

实用手筋汇编

学习日期	月　日
检　查	

黑先，写出必要的过程。

53

54

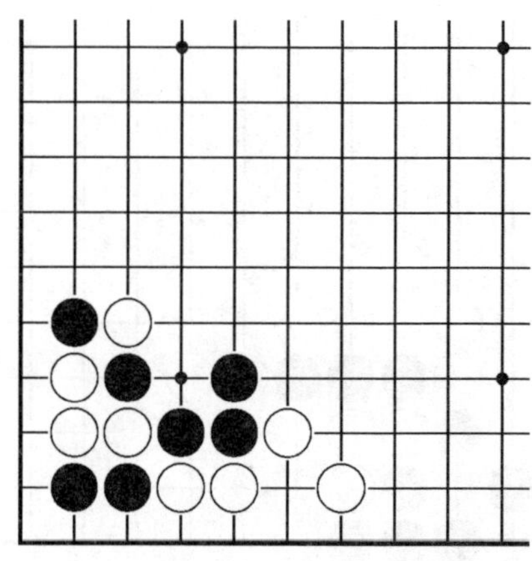

55

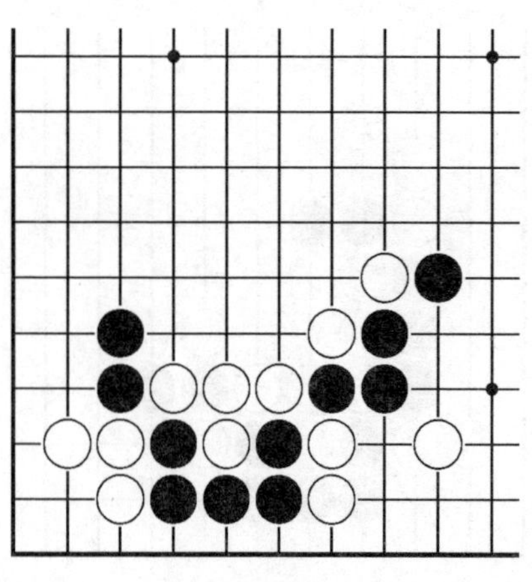

56

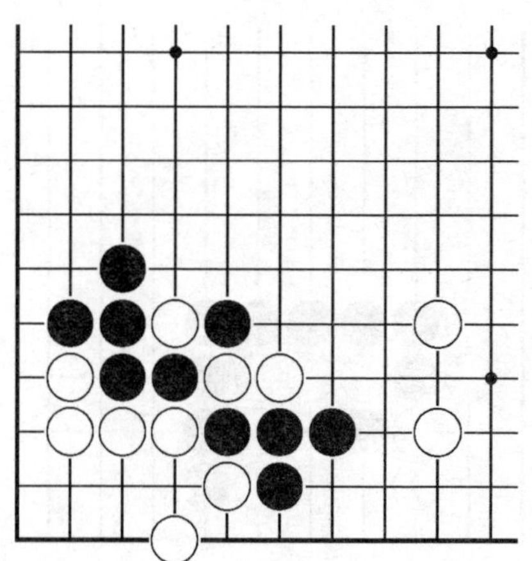

实用手筋汇编

学习日期	月　　日
检　　查	

黑先，写出必要的过程。

57

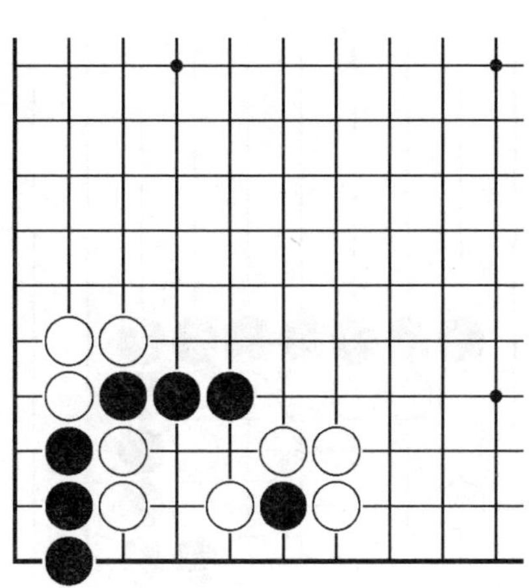

58

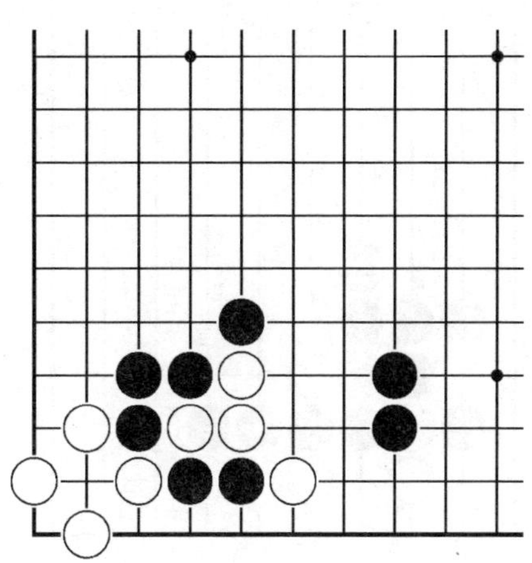

59

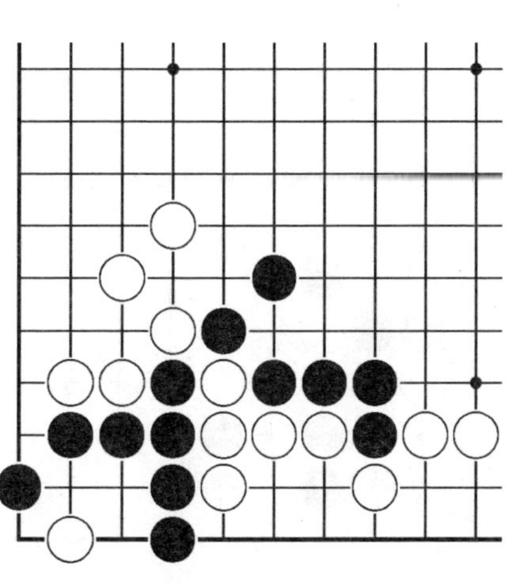

60

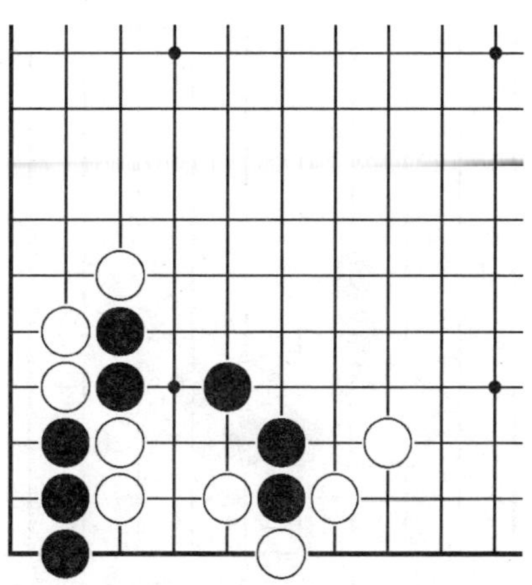

实用手筋汇编

学习日期	月　日
检　查	

黑先，写出必要的过程。

61

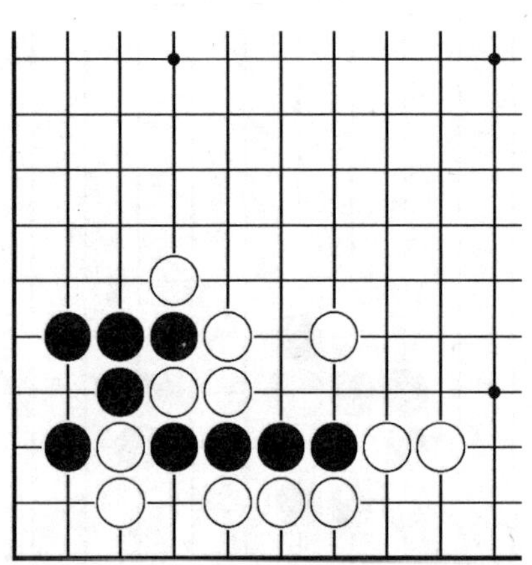

62

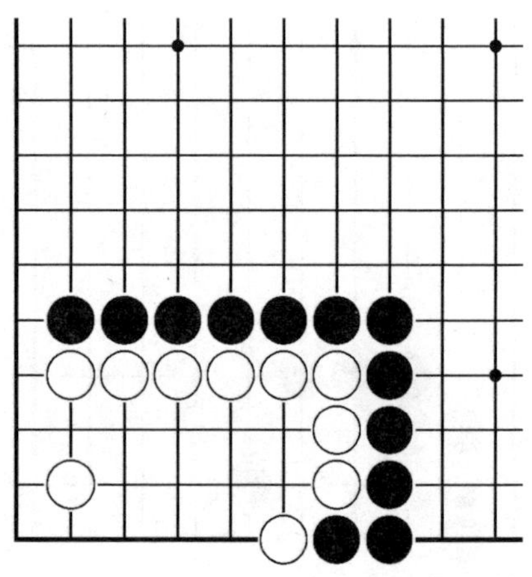

63

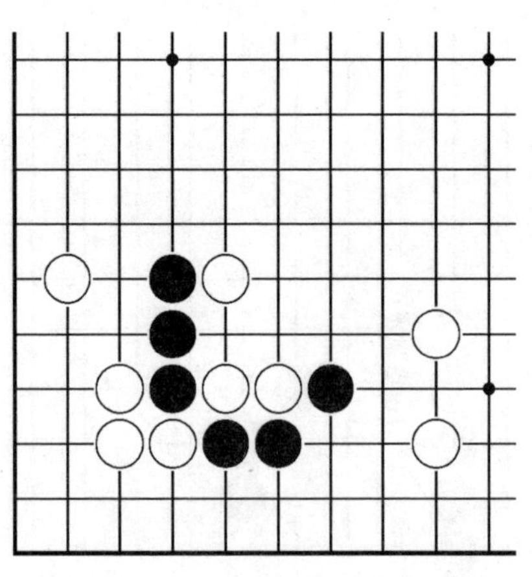

64

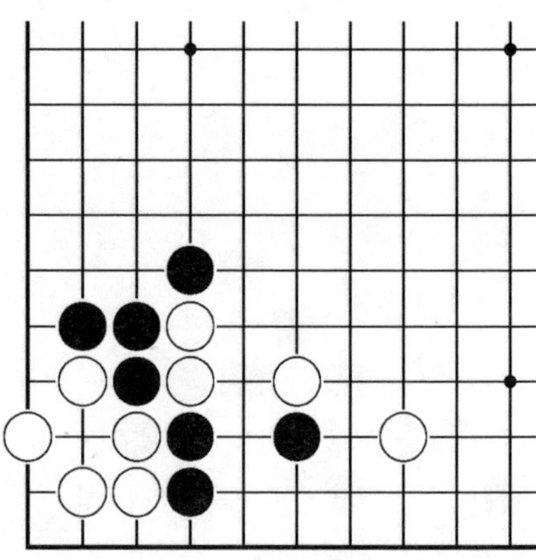

实用手筋汇编

学习日期	月　　日
检　　查	

黑先，写出必要的过程。

65

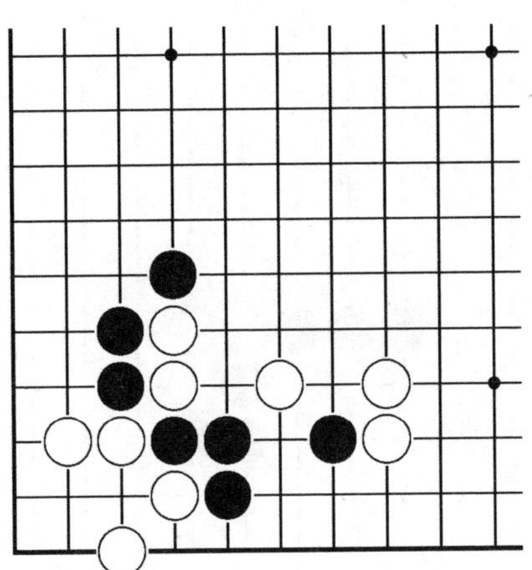

66

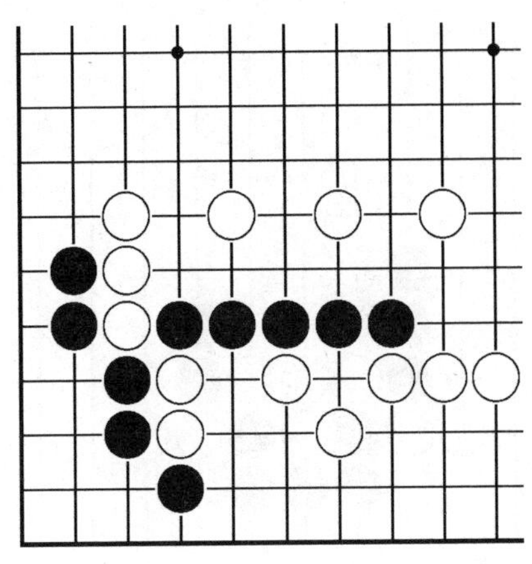

67

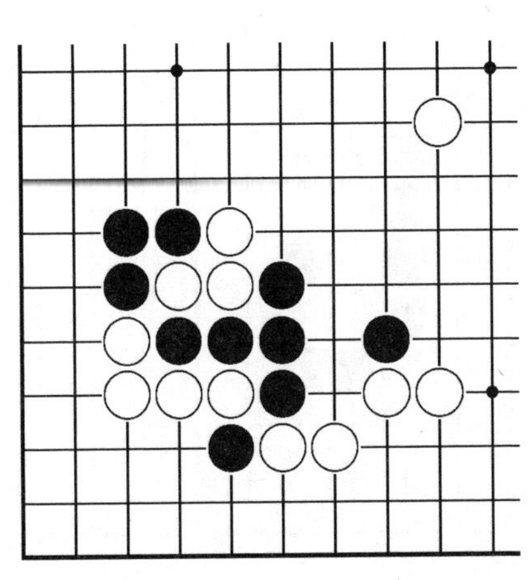

68

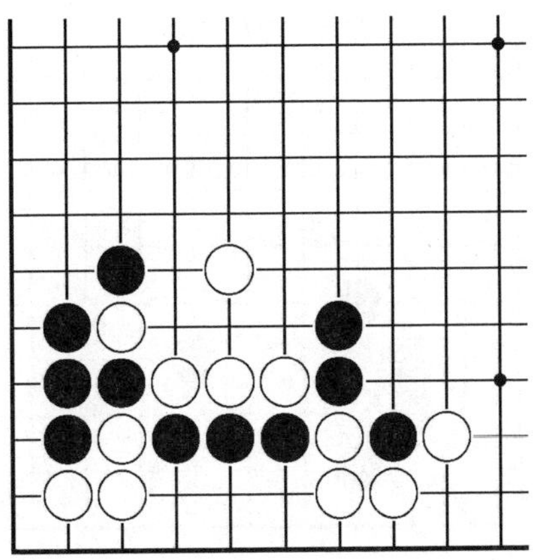

实用手筋汇编

学习日期	月　　日
检　　查	

黑先，写出必要的过程。

69

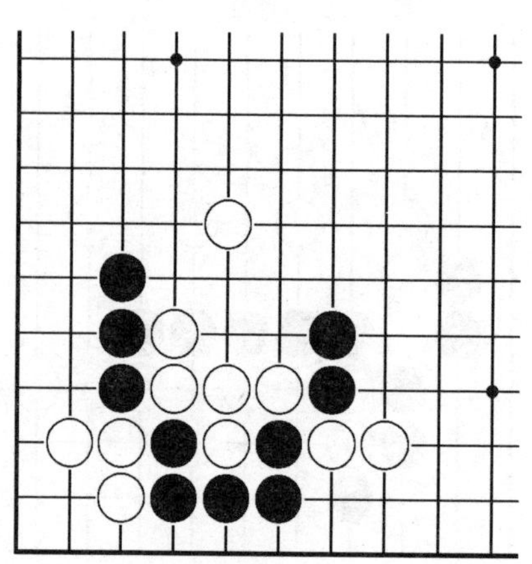

70

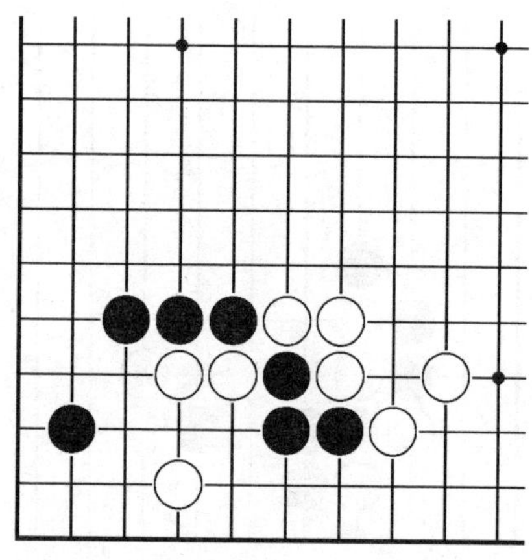

71

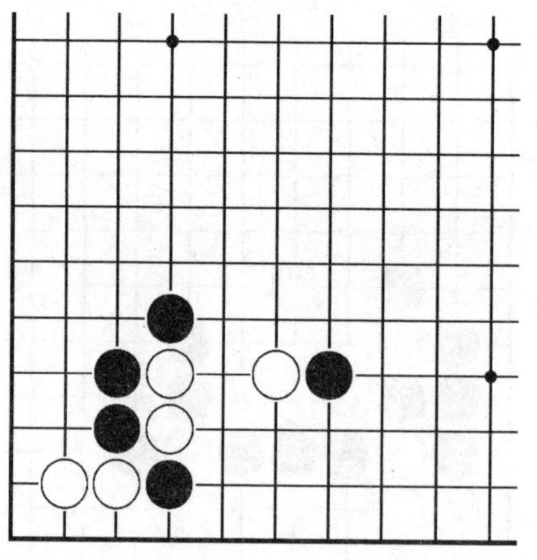

72

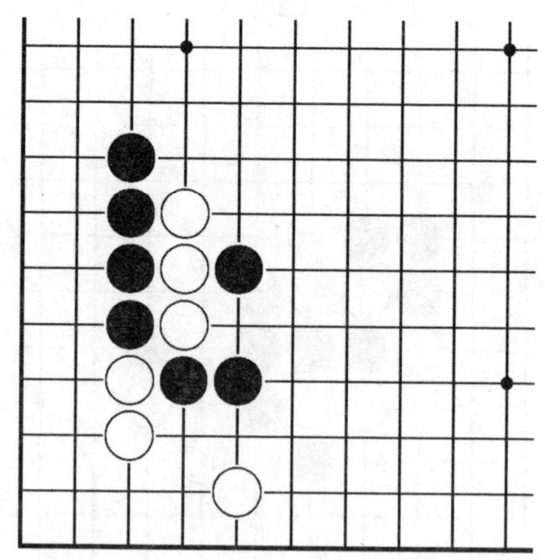

实用手筋汇编

学习日期	月　　日
检　　查	

黑先，写出必要的过程。

73

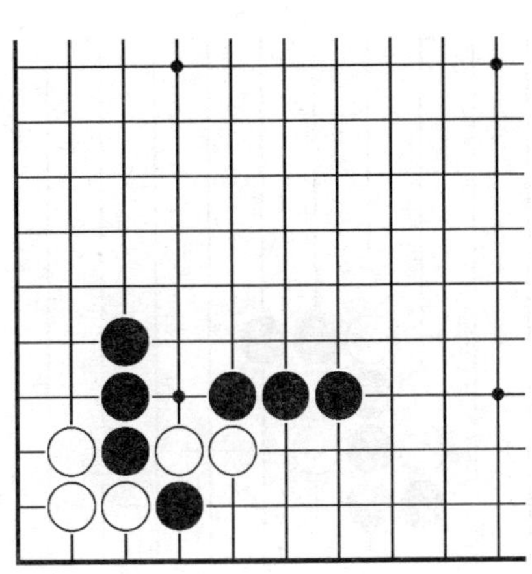

74

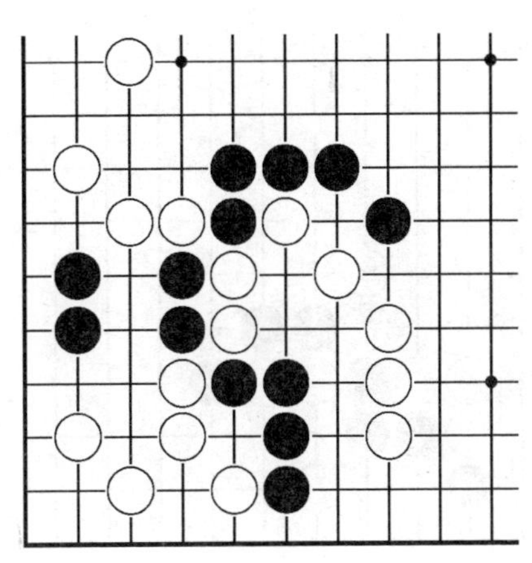

75

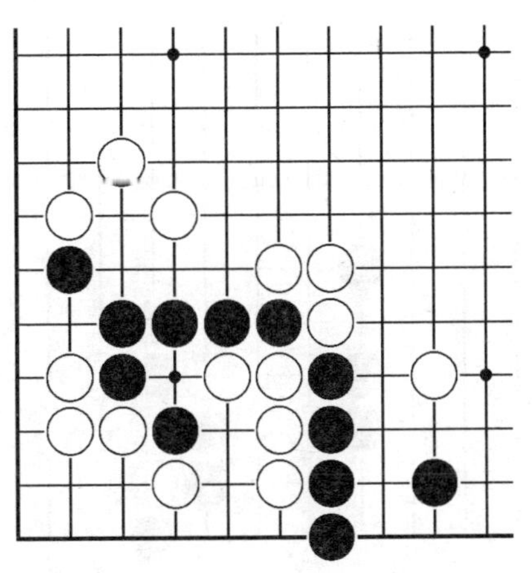

76

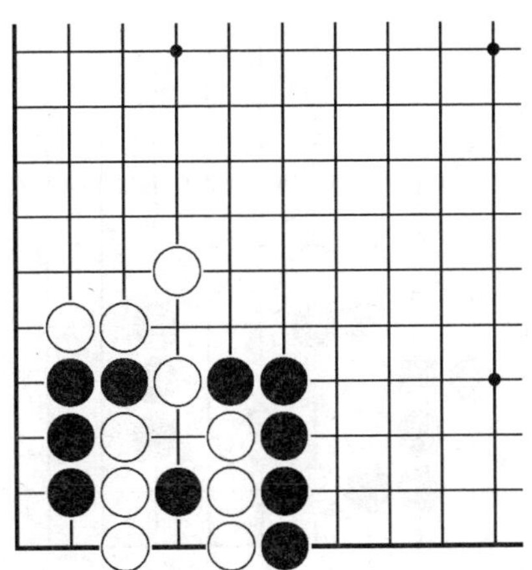

实用手筋汇编

学习日期	月　　日
检　　查	

黑先，写出必要的过程。

77

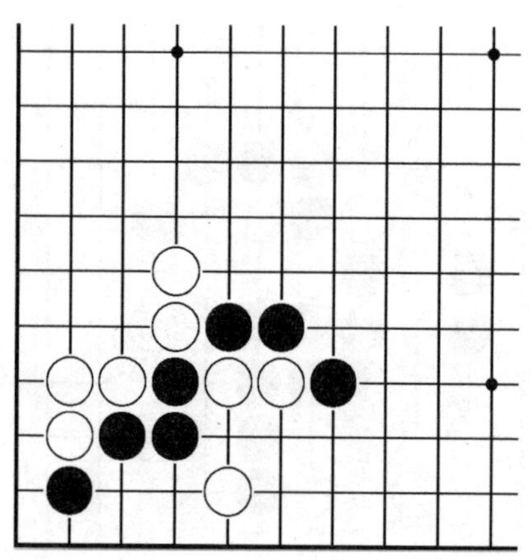

78

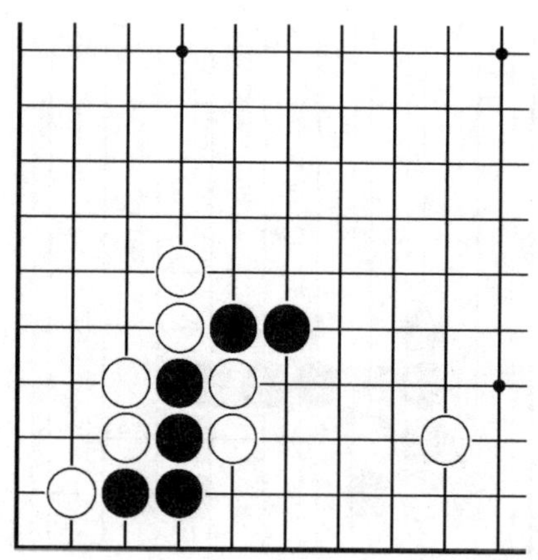

79

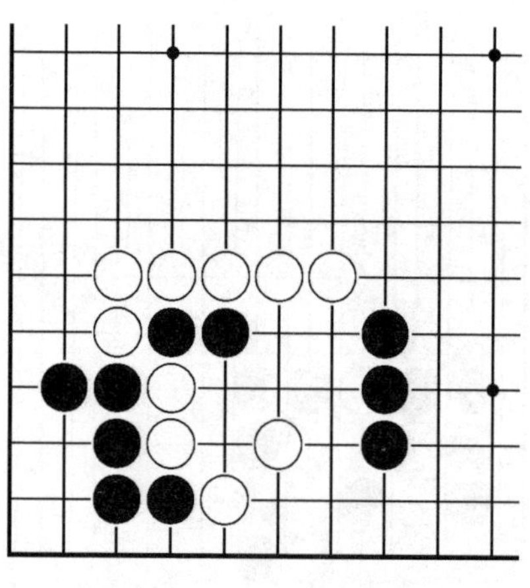

80

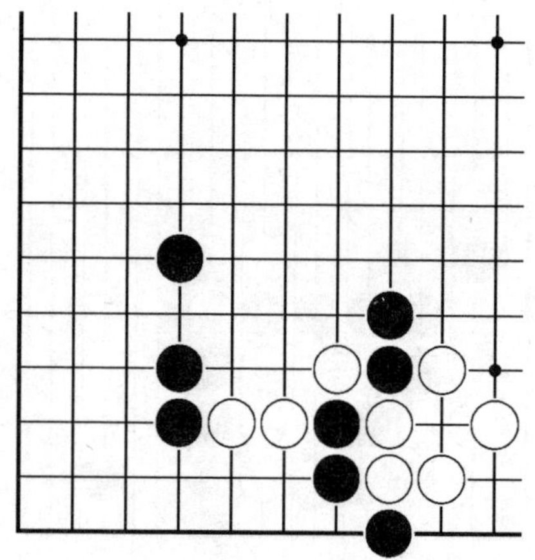

实用手筋汇编

学习日期	月　　日
检　　查	

黑先，写出必要的过程。

81

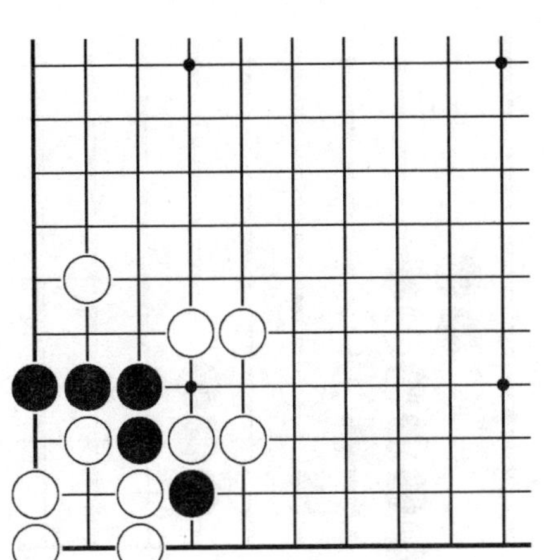

82

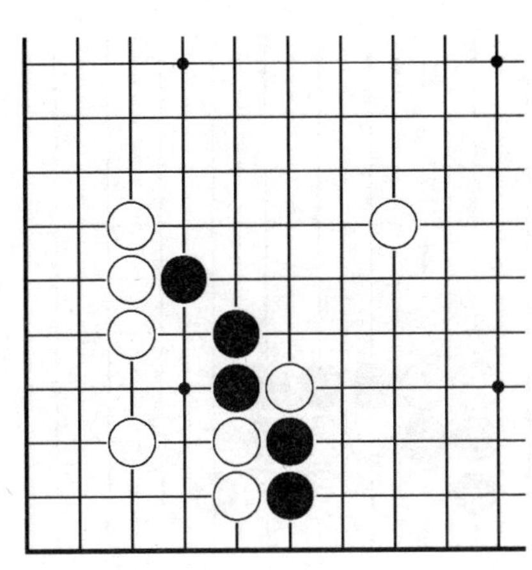

83

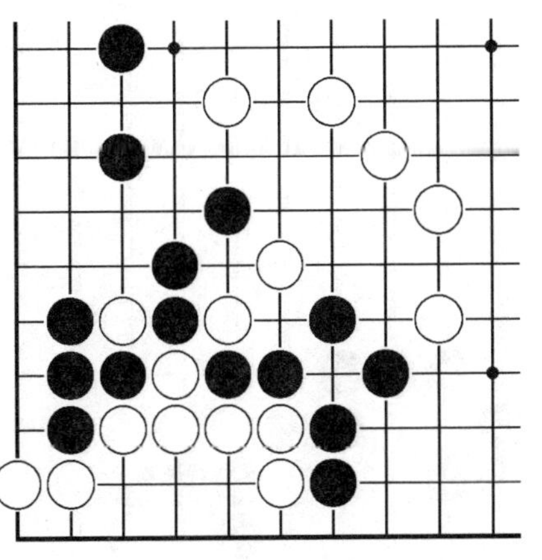

84

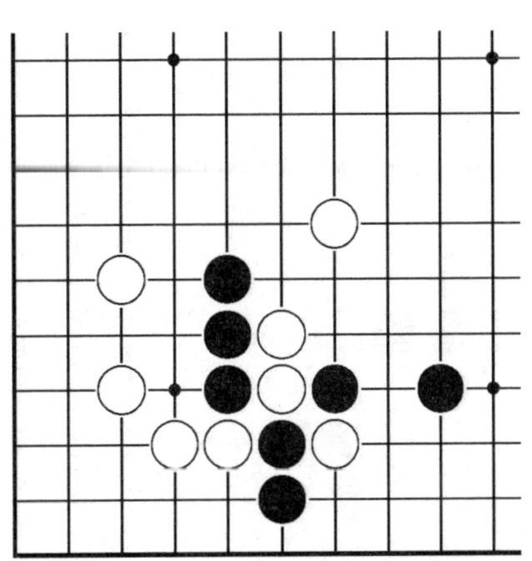

实用手筋汇编

学习日期	月　日
检　查	

黑先，写出必要的过程。

85

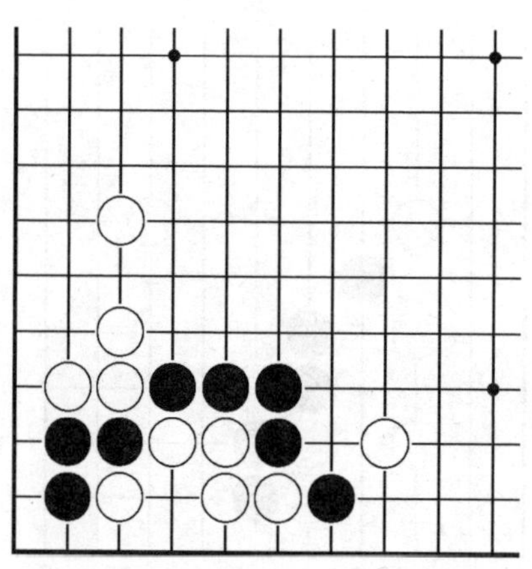

86

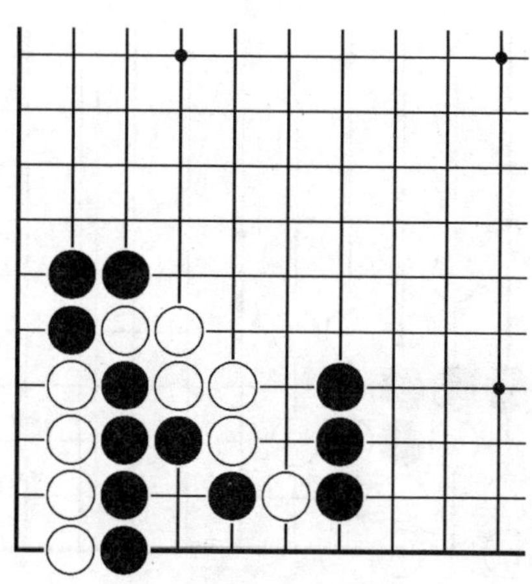

87

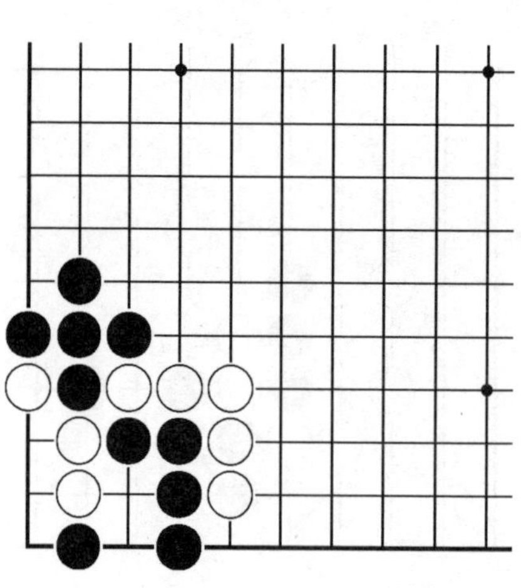

88

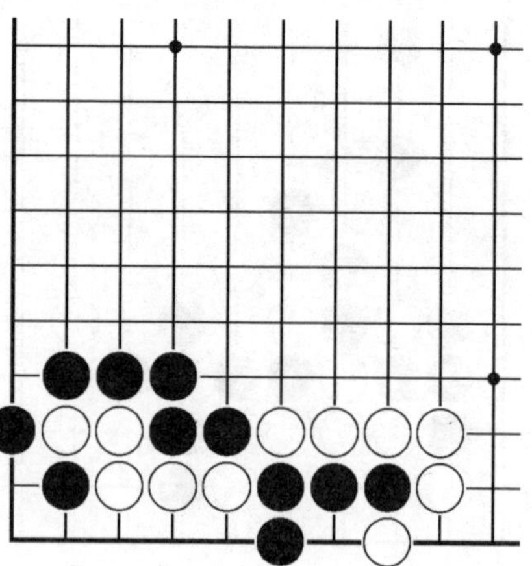

实用手筋汇编

学习日期	月　　日
检　　查	

黑先，写出必要的过程。

89

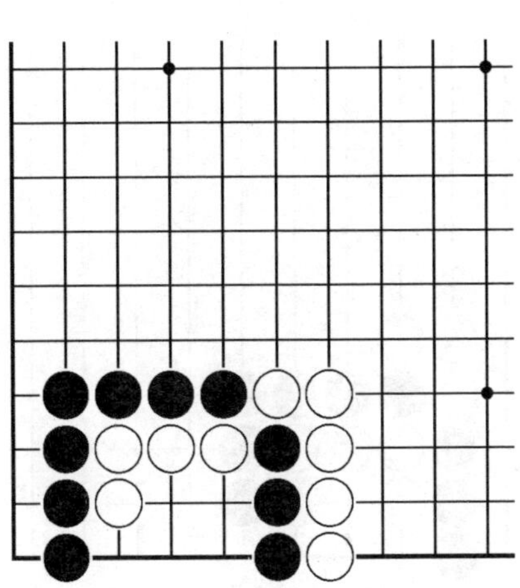

90

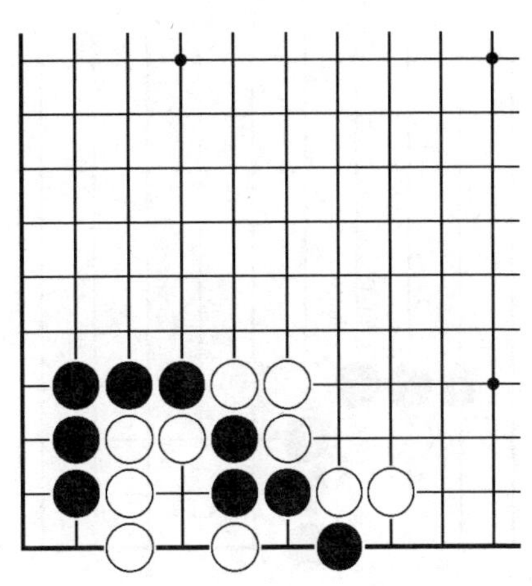

91

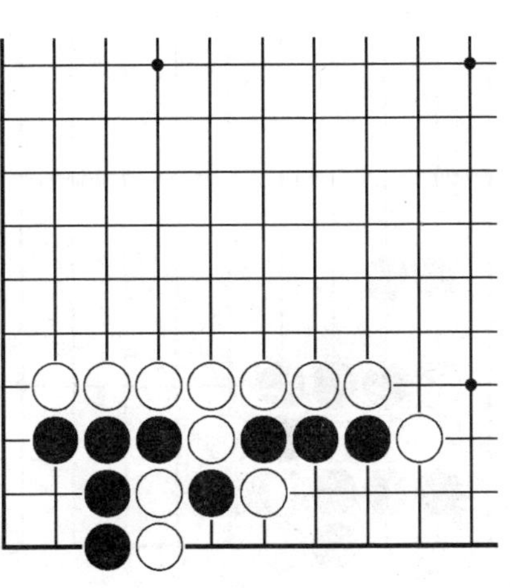

92

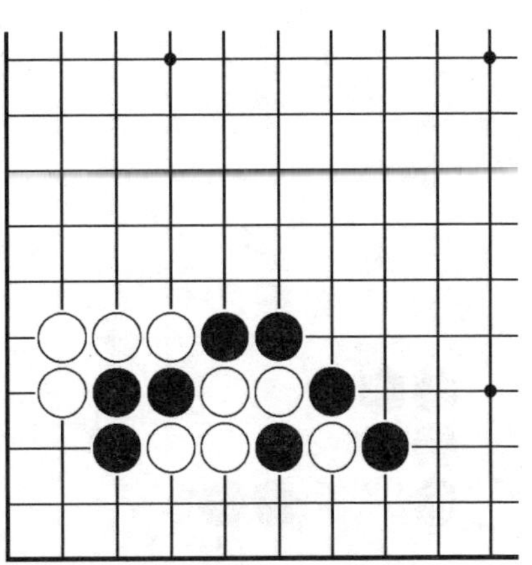

实用手筋汇编

学习日期	月　　日
检　　查	

黑先，写出必要的过程。

93

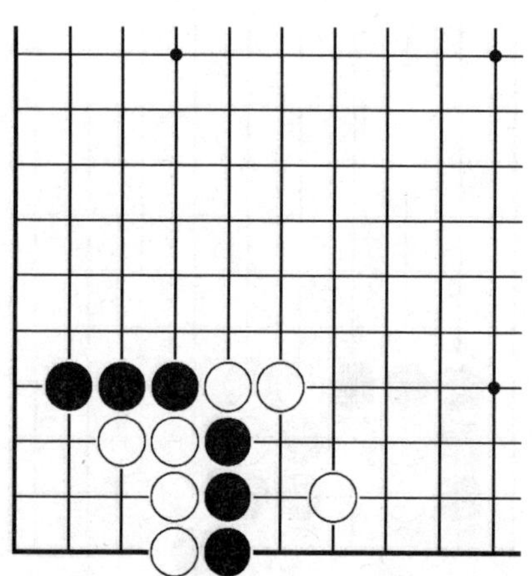

94

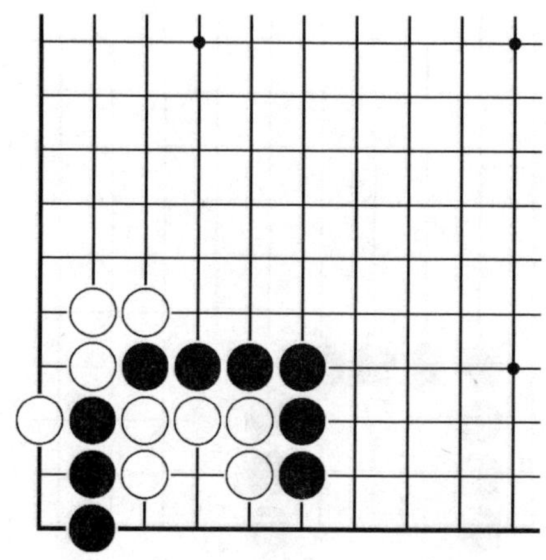

95

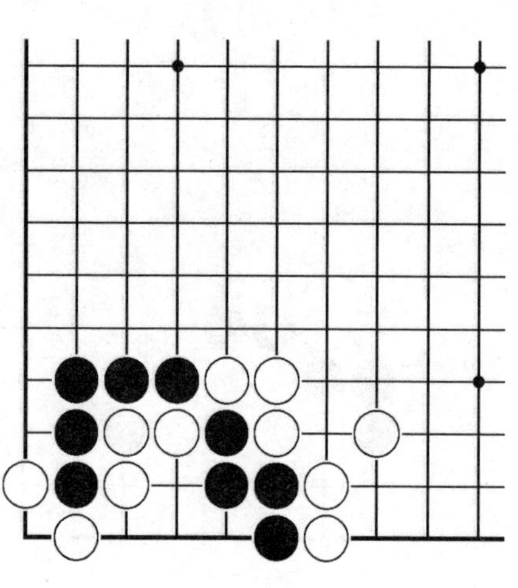

96

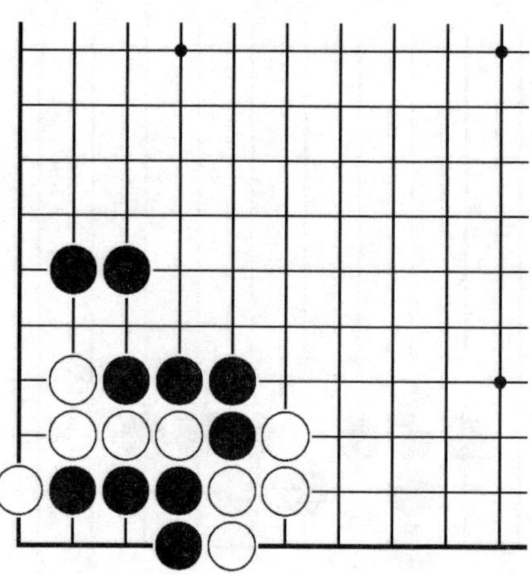

实用手筋汇编

学习日期	月　　日
检　　查	

黑先，写出必要的过程。

97

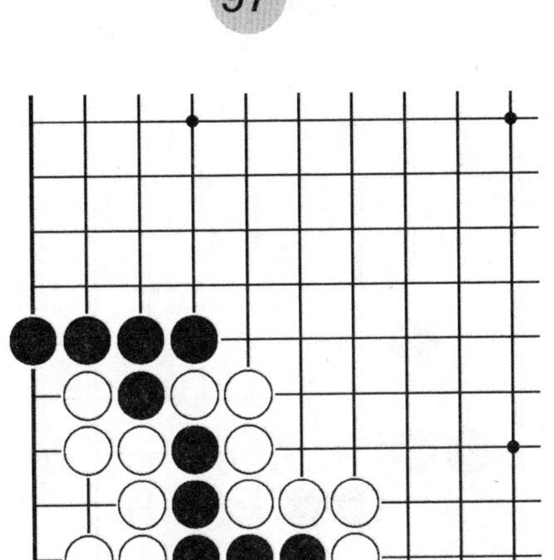

98

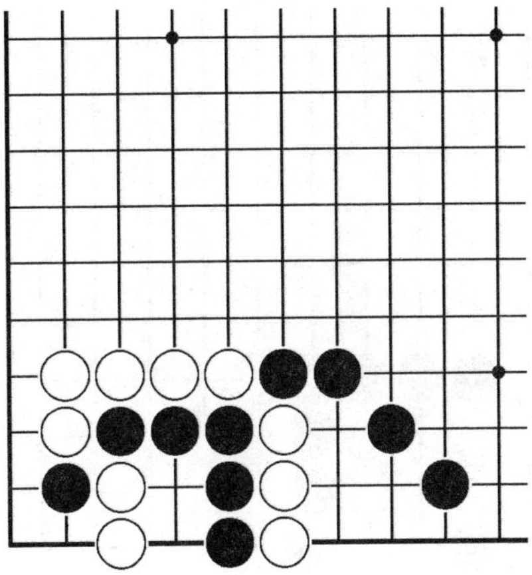

99

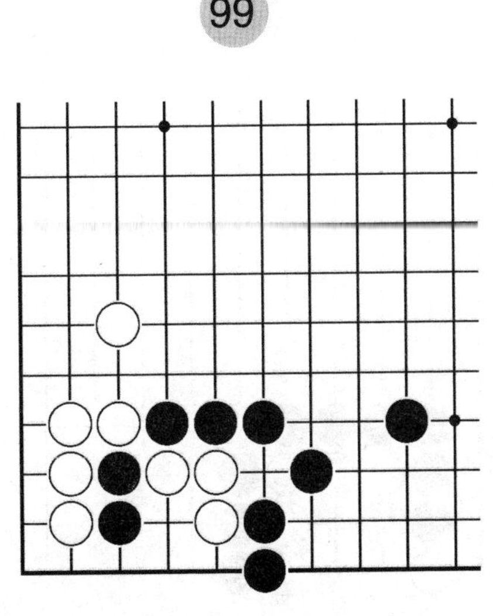

100

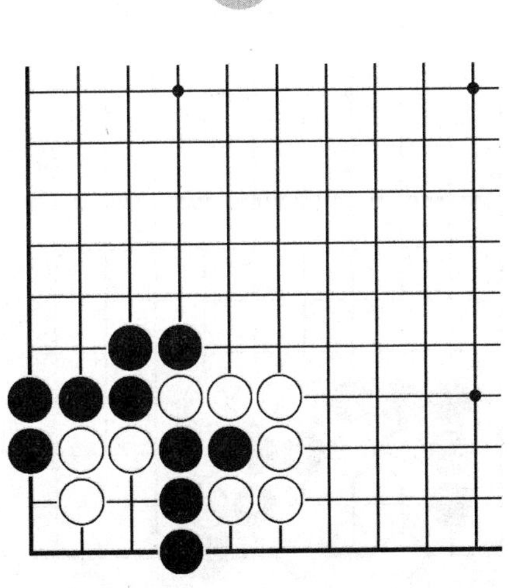

实用手筋汇编

学习日期	月　日
检　查	

黑先，写出必要的过程。

101

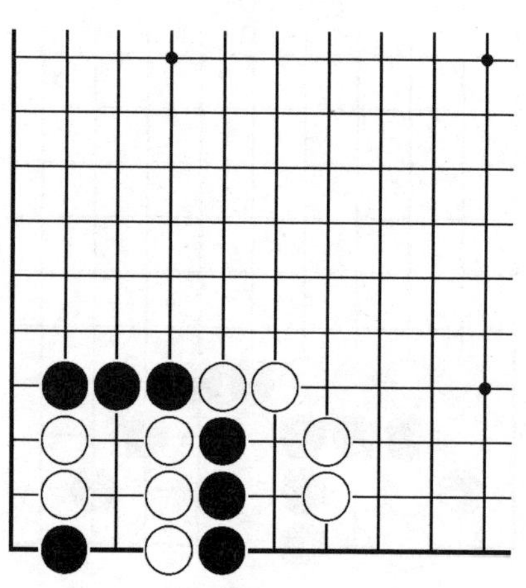

102

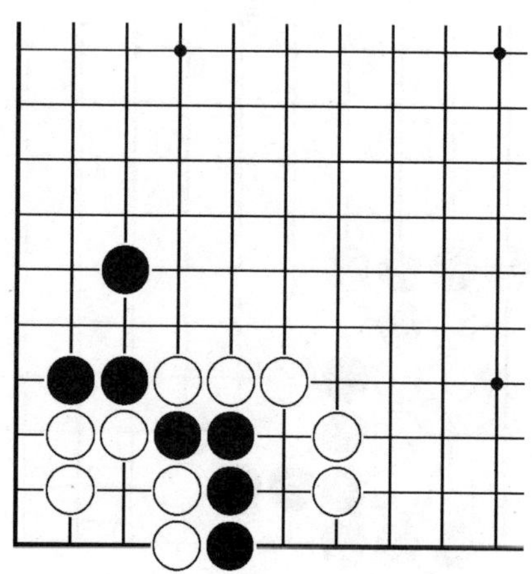

103

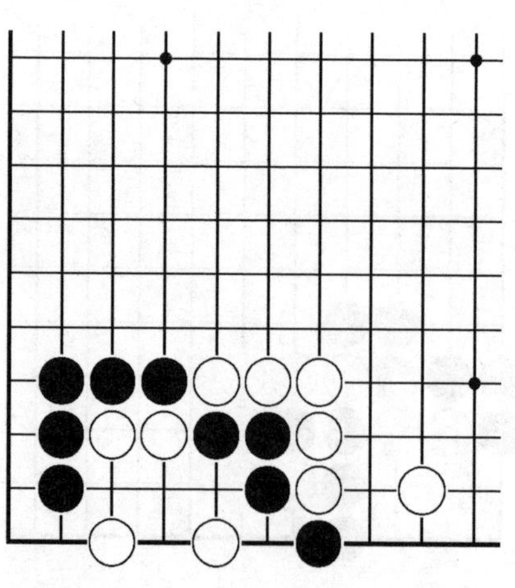

104

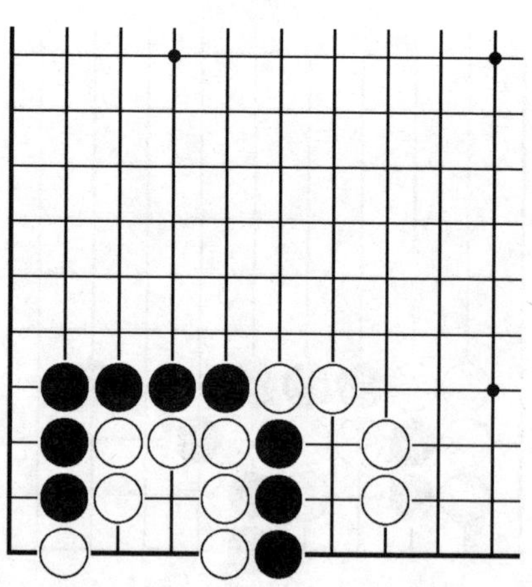

实用手筋汇编

学习日期	月　　日
检　　查	

黑先，写出必要的过程。

105

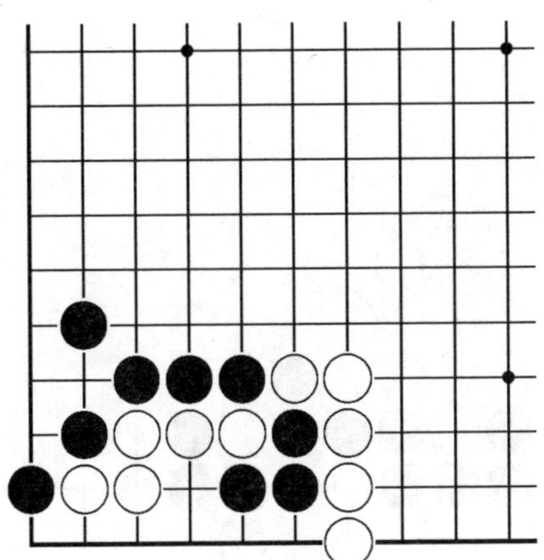

106

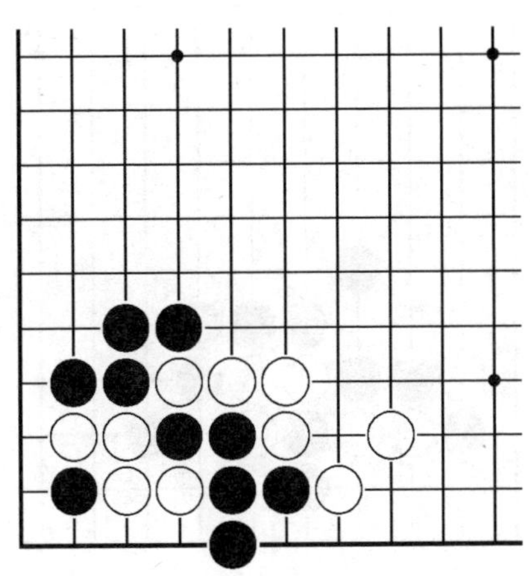

107

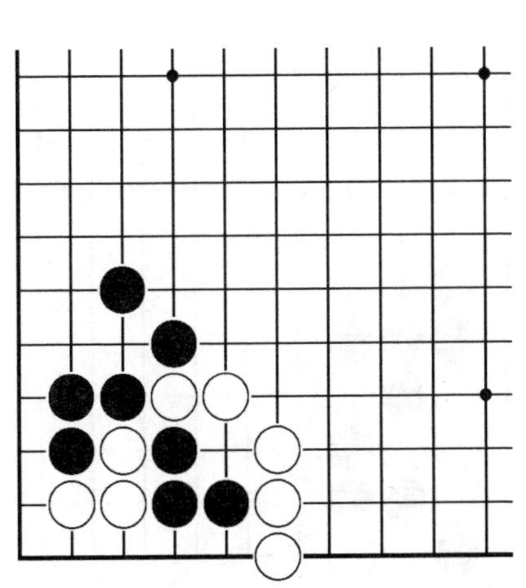

108

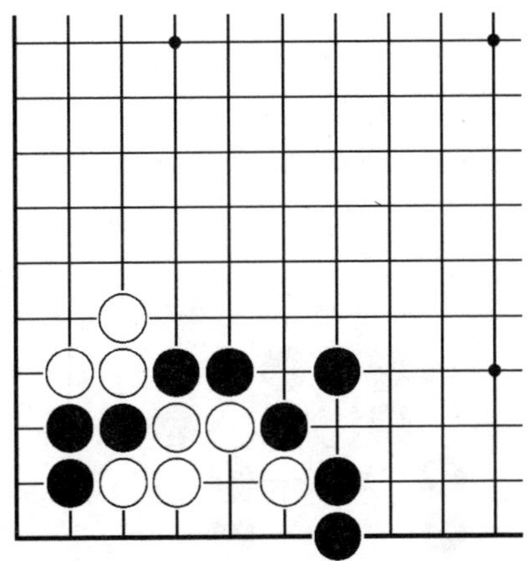

实用手筋汇编

学习日期	月　日
检　查	

黑先，写出必要的过程。

109

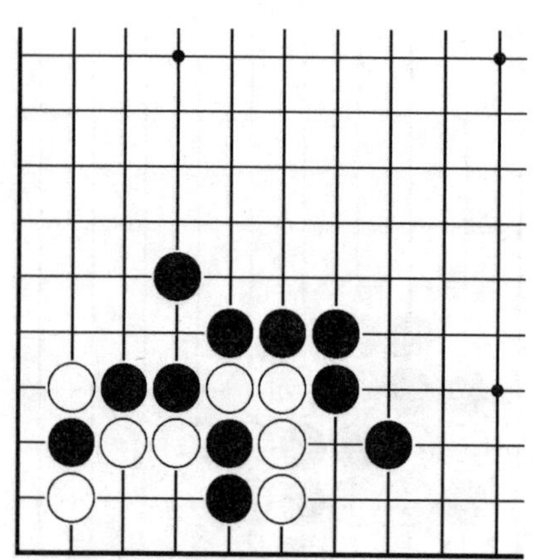

110

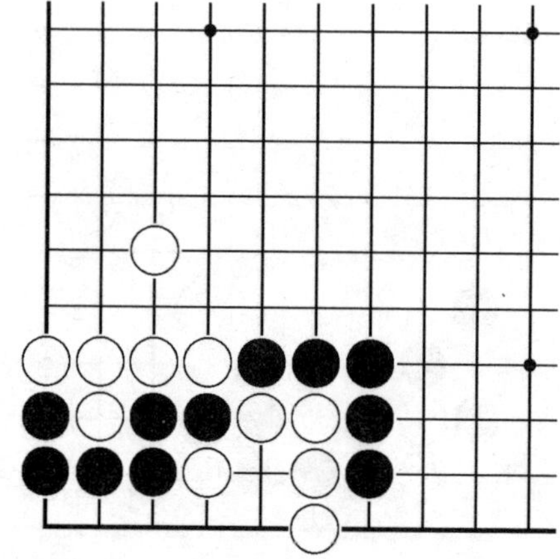

111

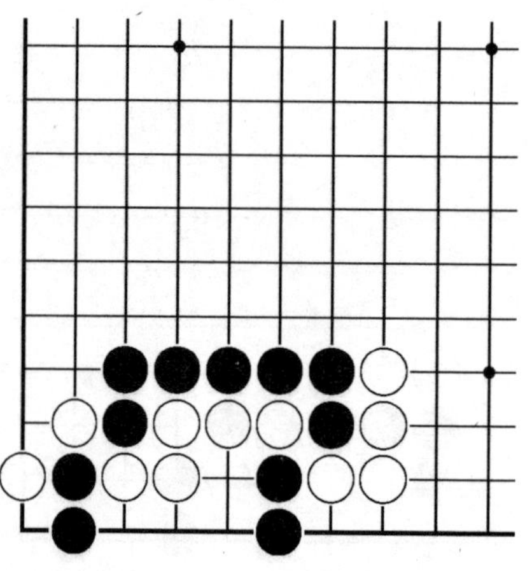

112

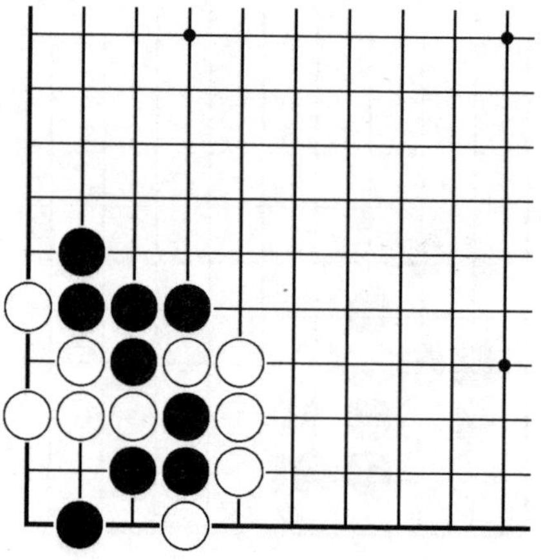

实用手筋汇编

学习日期	月　　日
检　　查	

黑先，写出必要的过程。

113

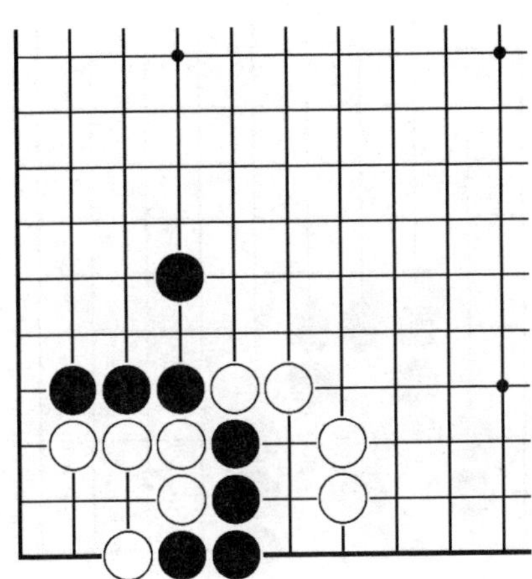

114

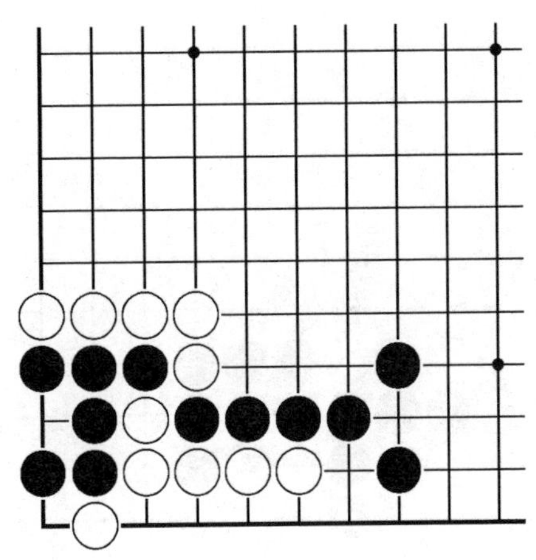

115

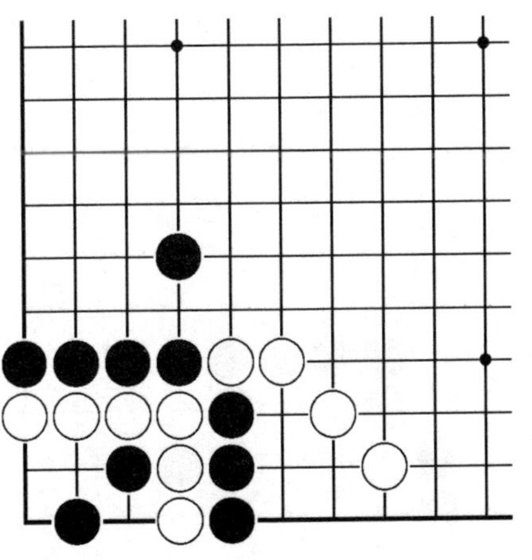

116

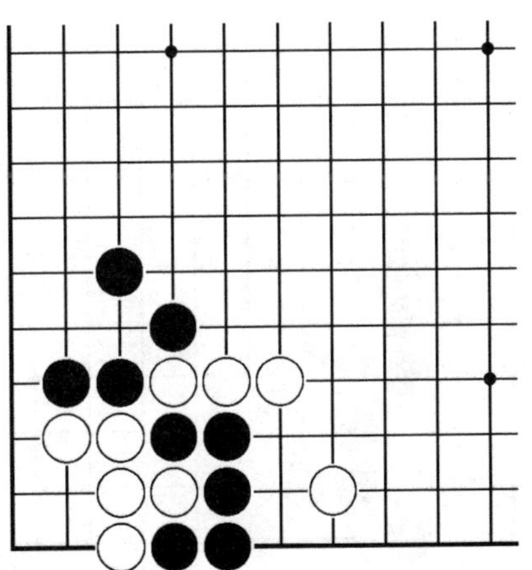

实用手筋汇编

学习日期	月　　日
检　　查	

黑先，写出必要的过程。

117

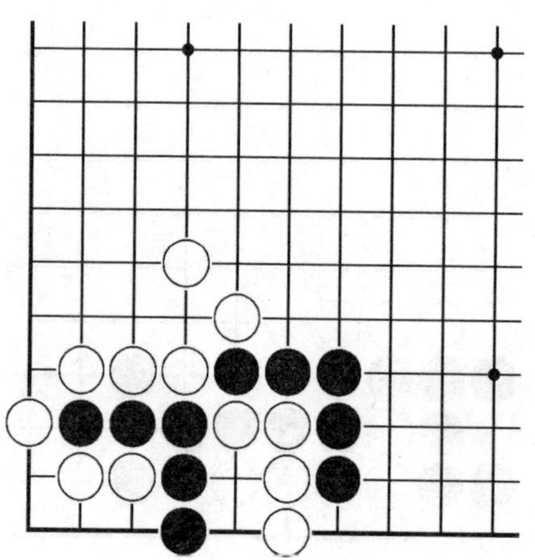

118

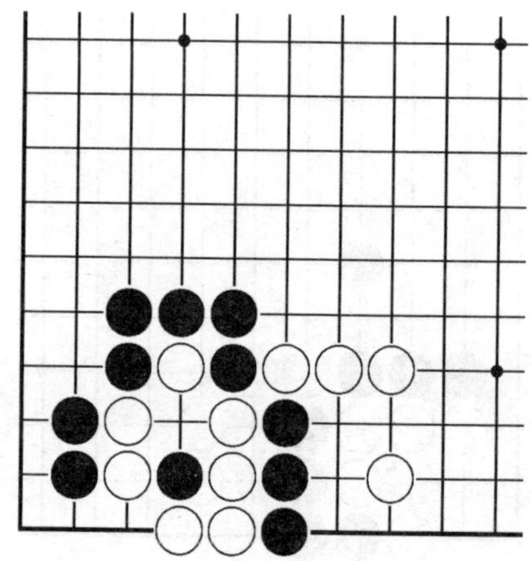

119

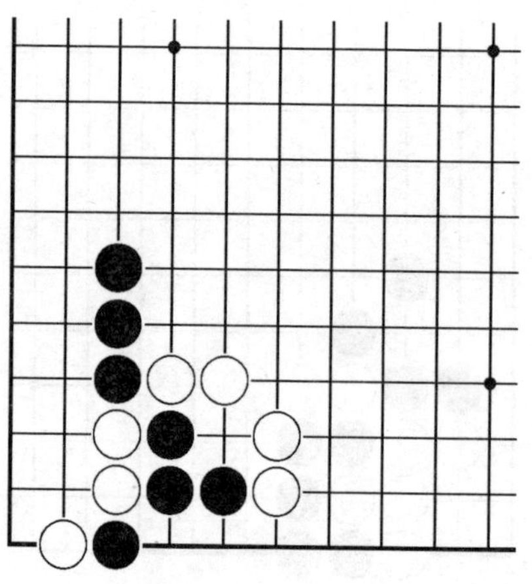

120

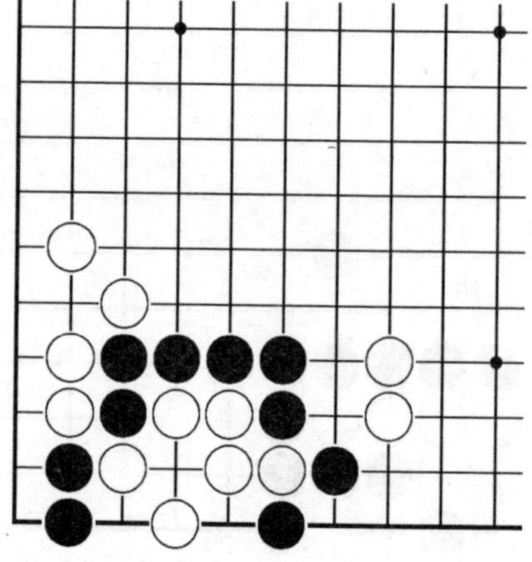

实用手筋汇编

学习日期	月　日
检　查	

黑先，写出必要的过程。

121

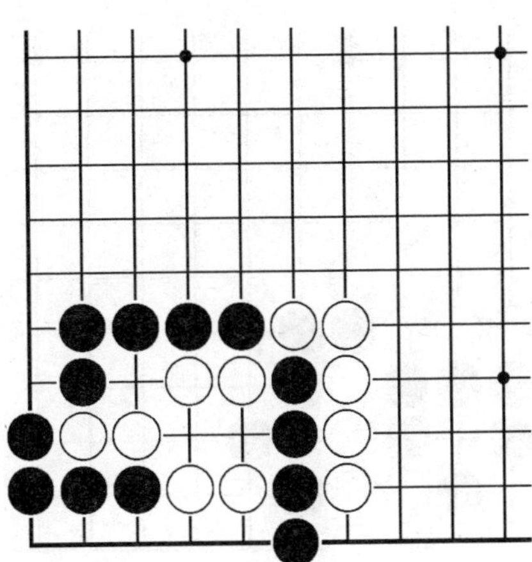

122

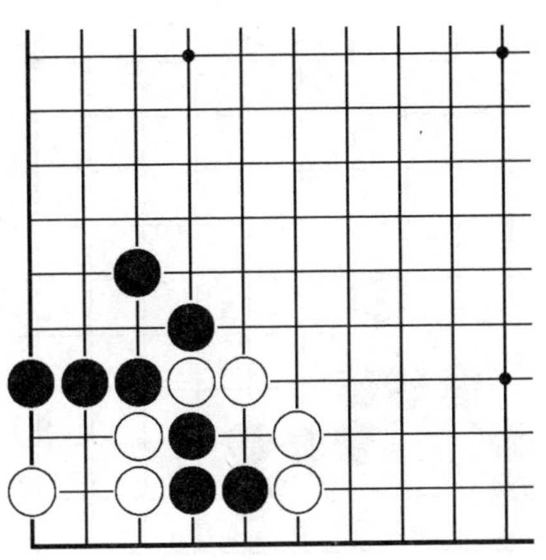

123

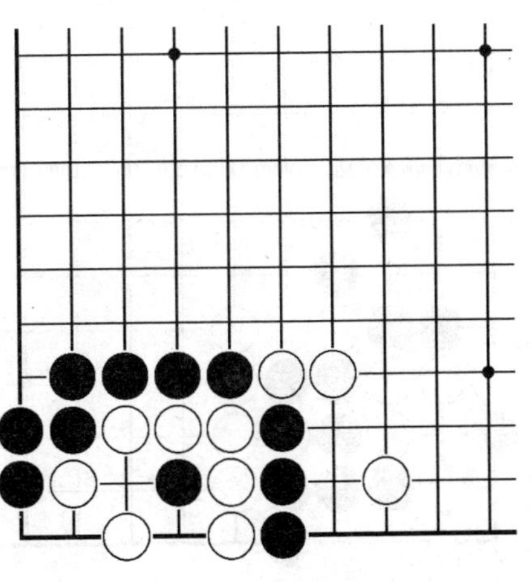

124

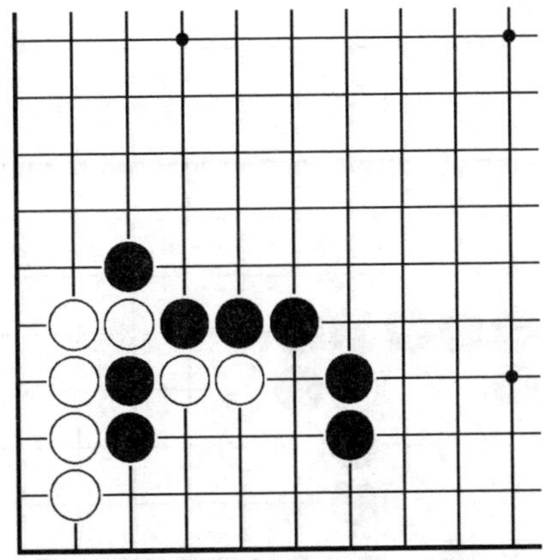

实用手筋汇编

学习日期	月 日
检 查	

黑先，写出必要的过程。

125

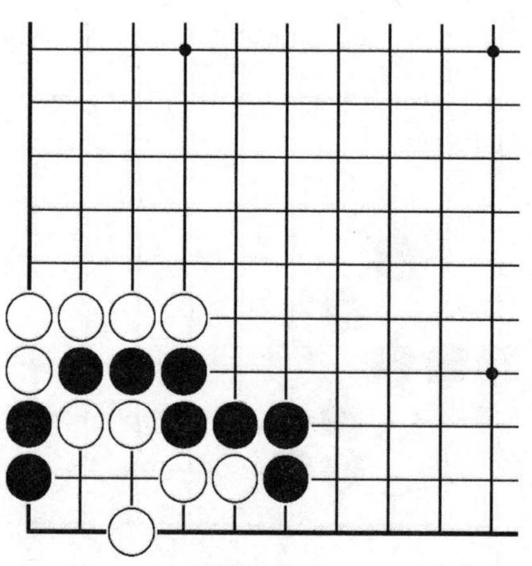

126

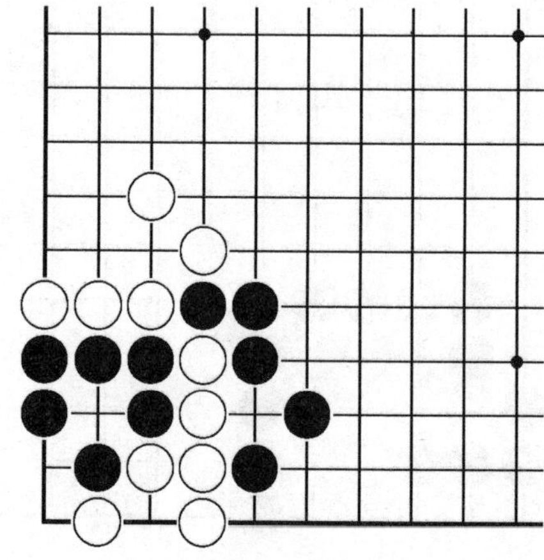

127

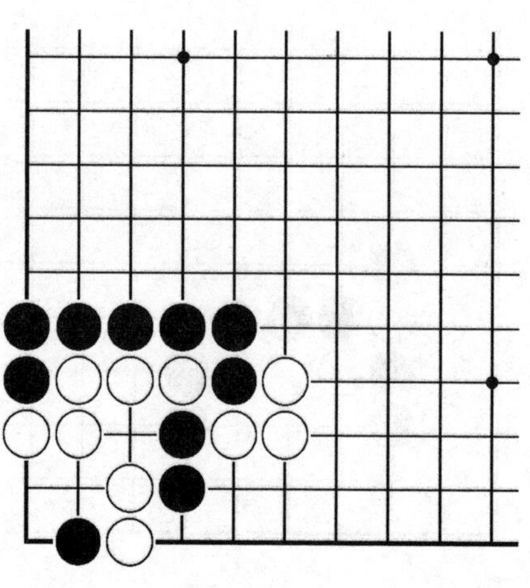

128

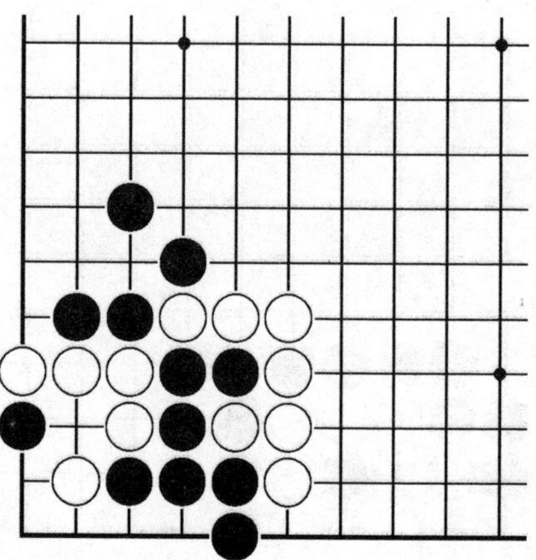

实用手筋汇编

学习日期	月　　日
检　　查	

黑先，写出必要的过程。

129

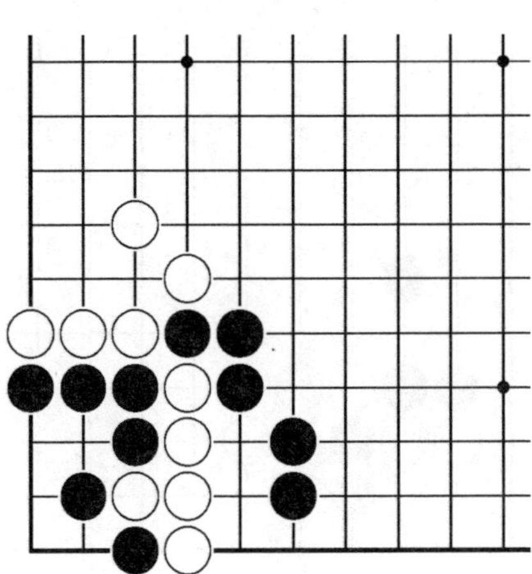

130

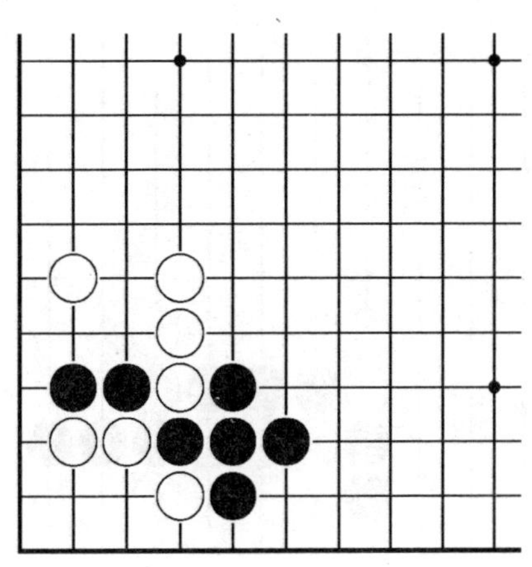

131

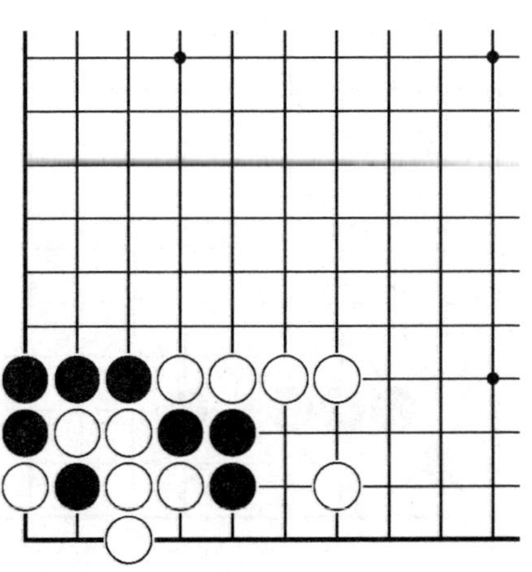

132

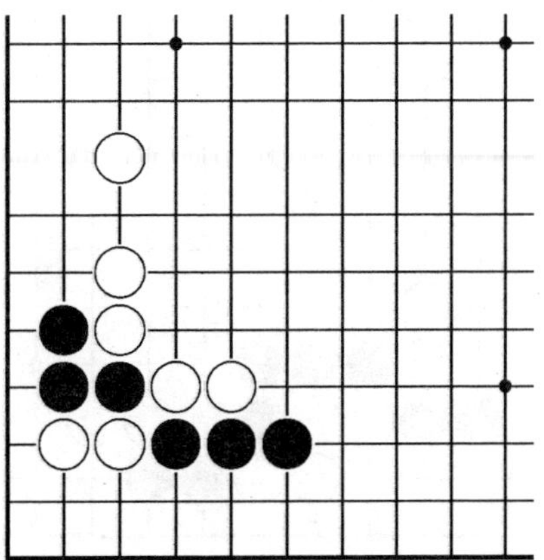

实用手筋汇编

学习日期	月　　日
检　　查	

黑先，写出必要的过程。

133

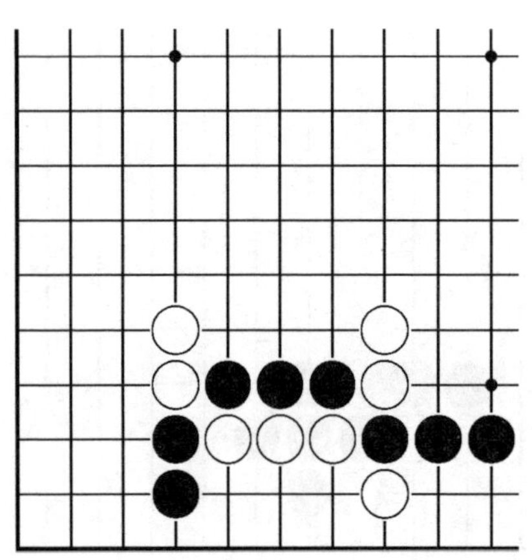

134

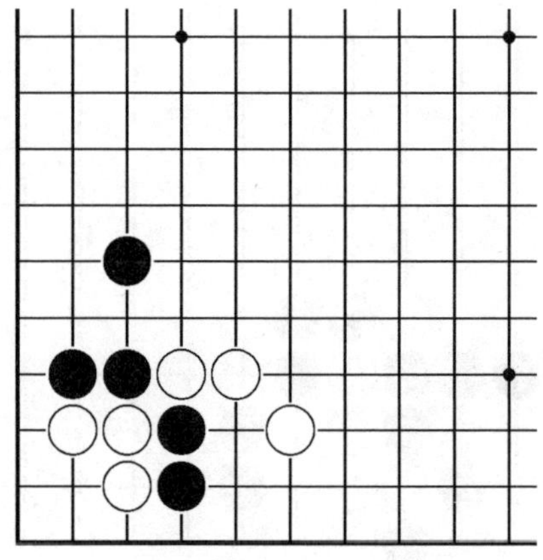

135

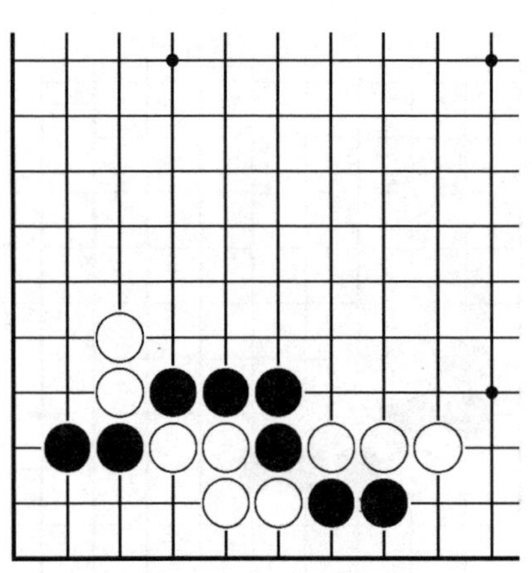

136

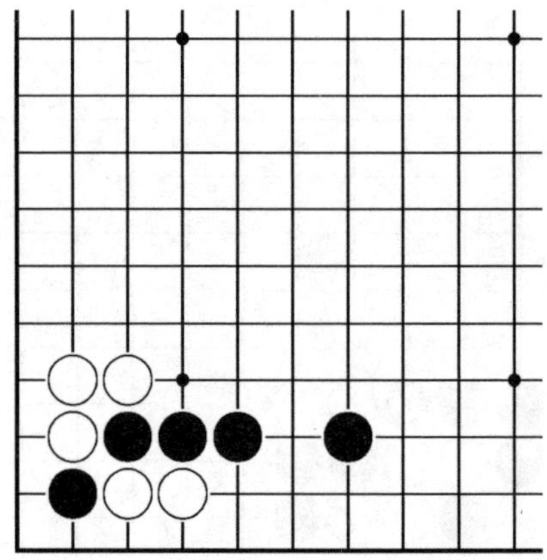

实用手筋汇编

学习日期	月　　日
检　　查	

黑先，写出必要的过程。

137

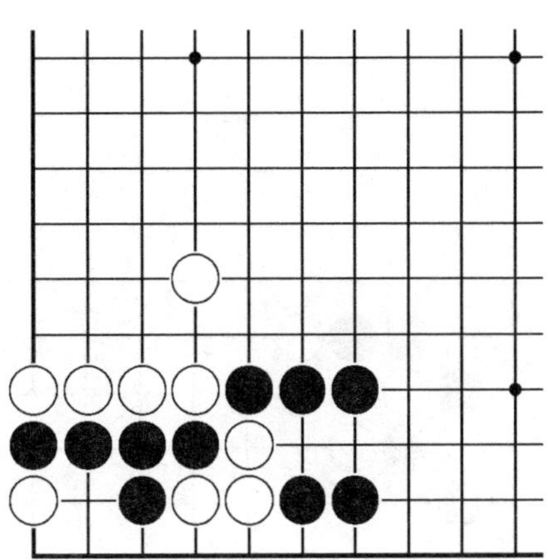

138

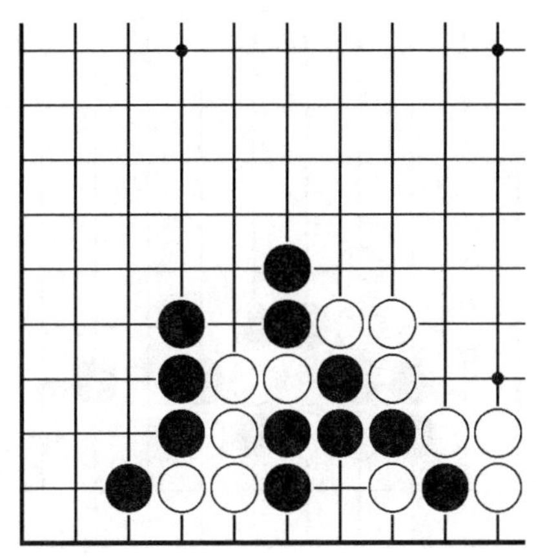

139

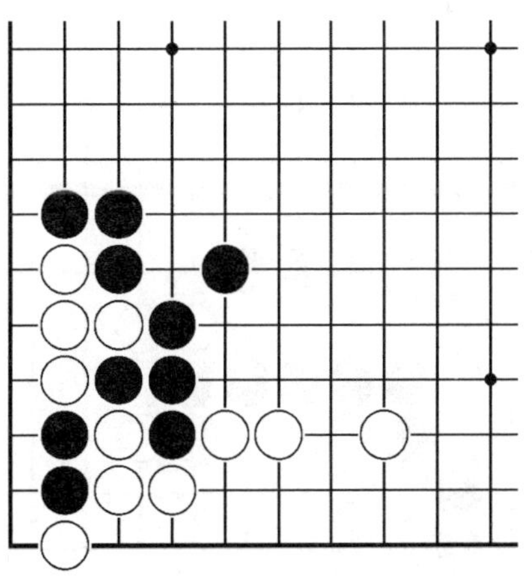

140

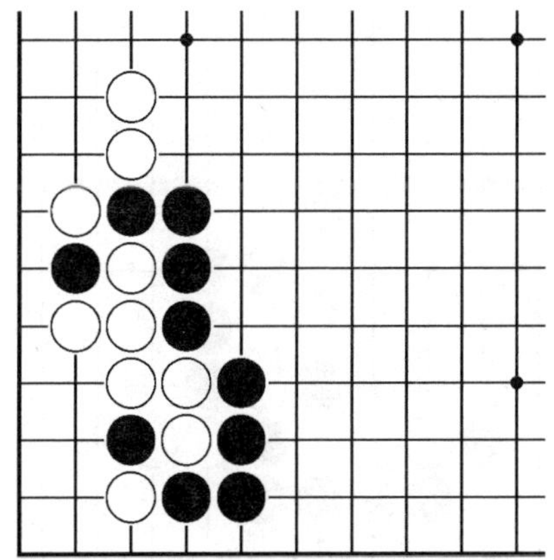

实用手筋汇编

学习日期	月　　日
检　　查	

黑先，写出必要的过程。

141

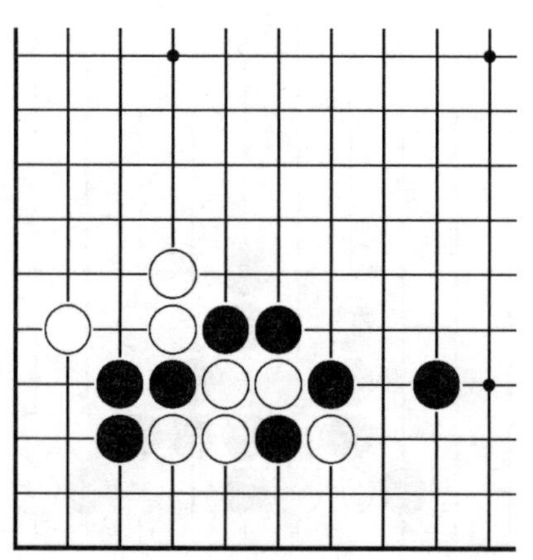

142

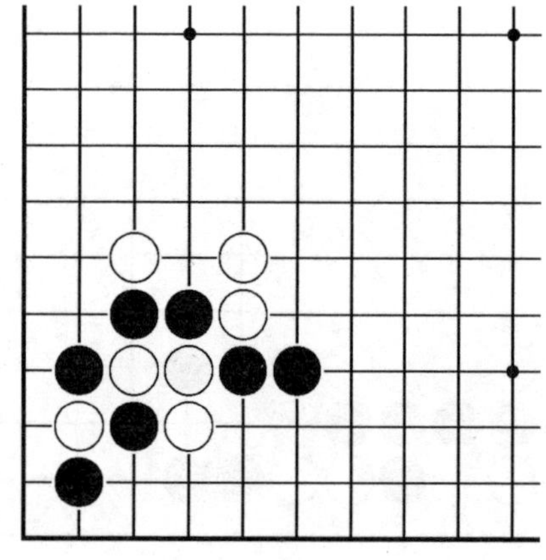

143

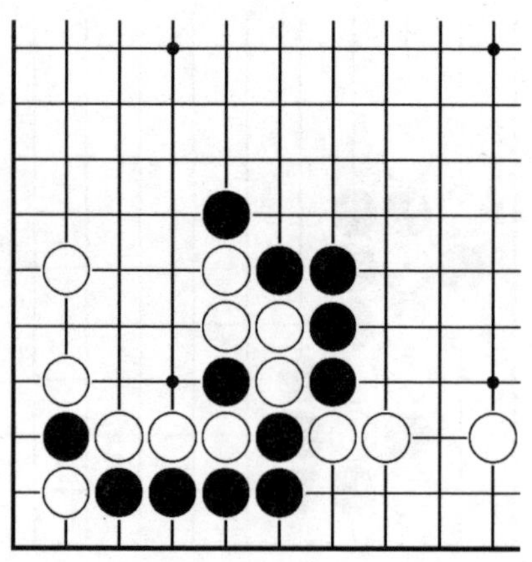

144

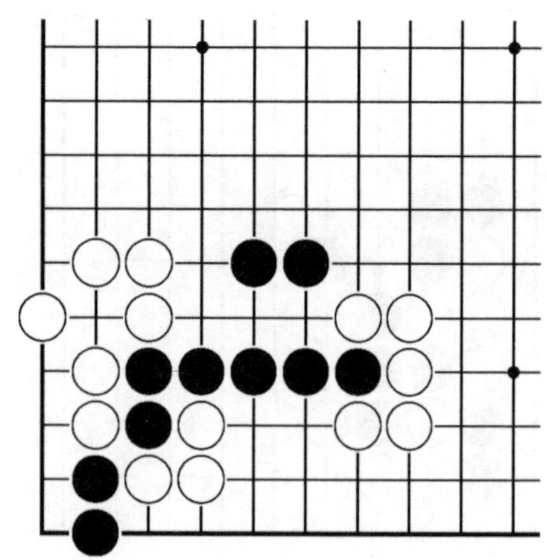

实用手筋汇编

学习日期	月　日
检　查	

黑先，写出必要的过程。

145

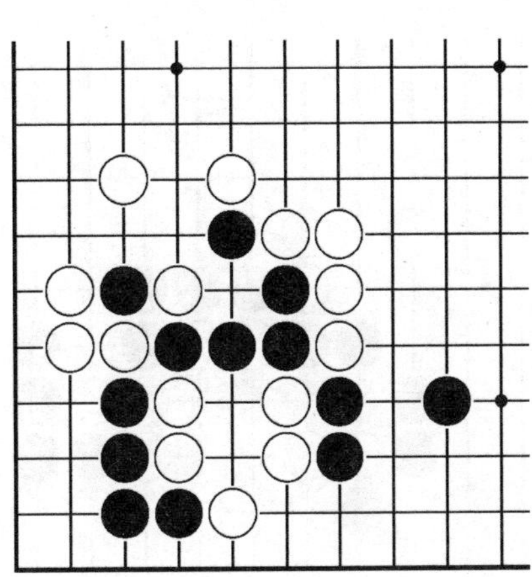

146

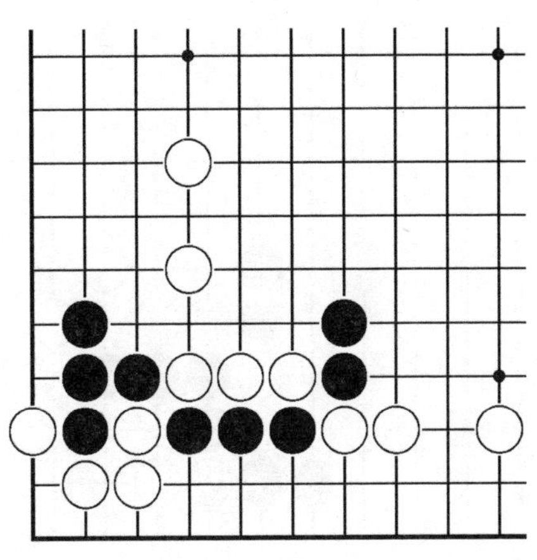

147

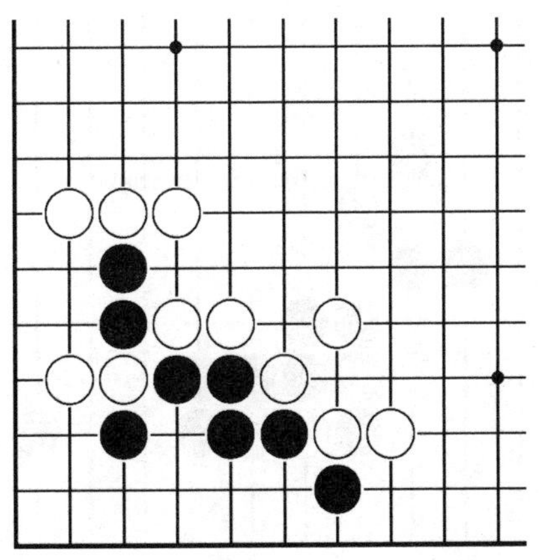

148

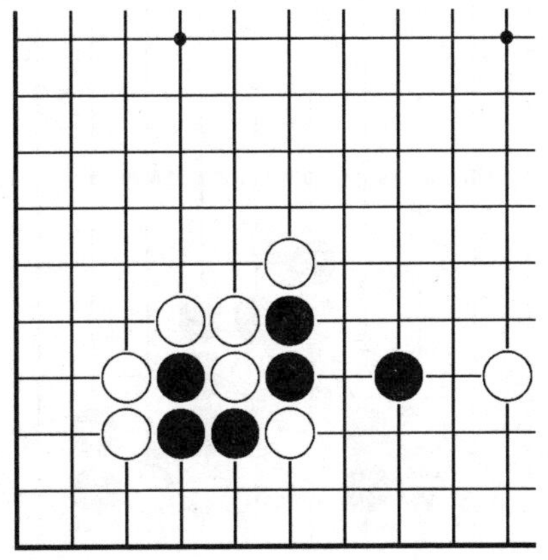

实用手筋汇编

学习日期	月　　日
检　　查	

黑先，写出必要的过程。

149

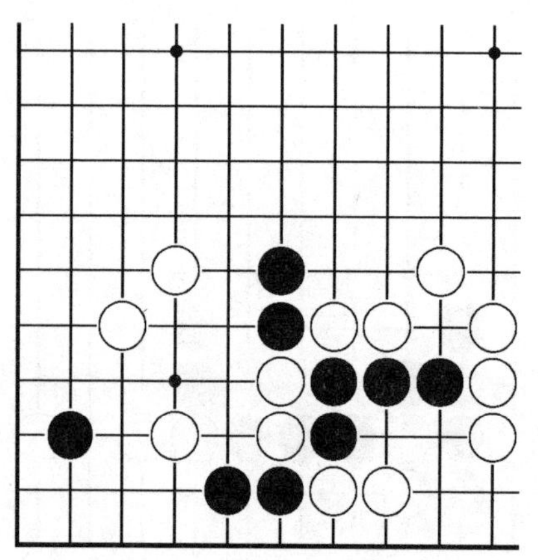

150

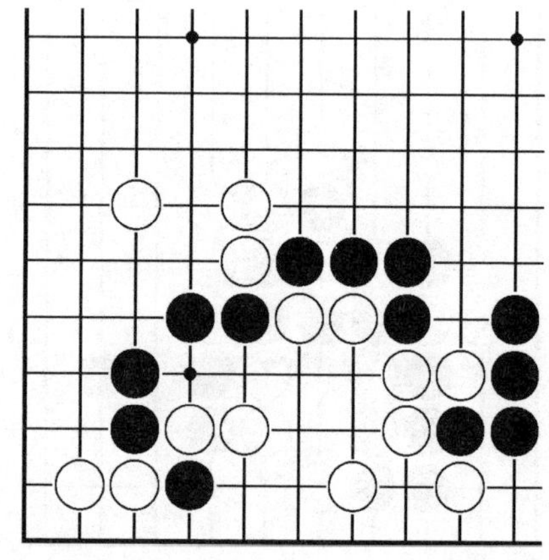

151

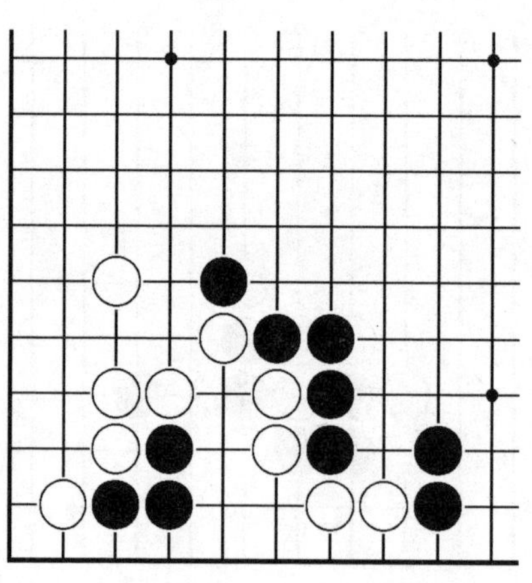

152

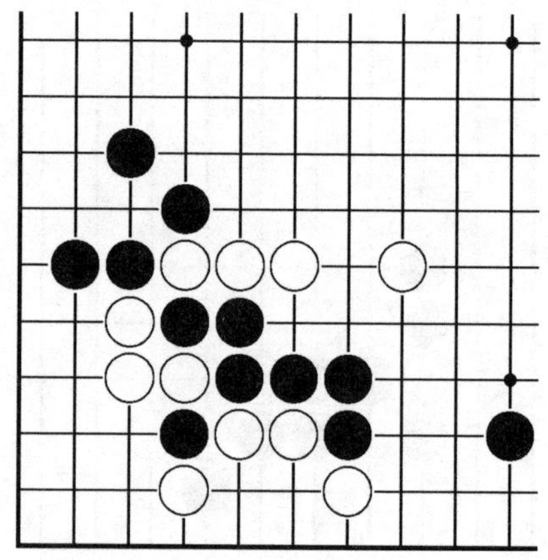

实用手筋汇编

学习日期	月　　日
检　　查	

黑先，写出必要的过程。

153

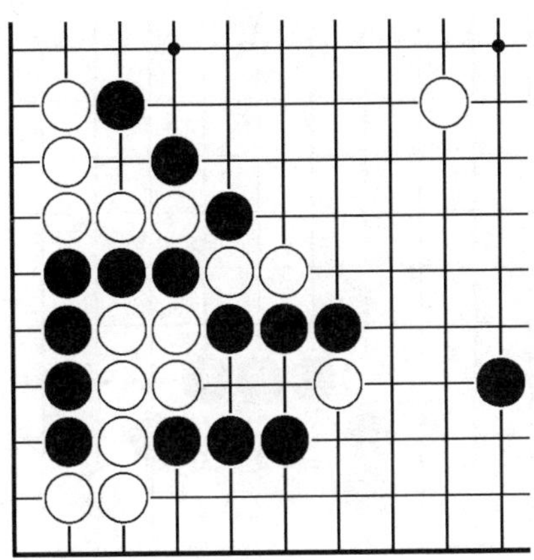

154

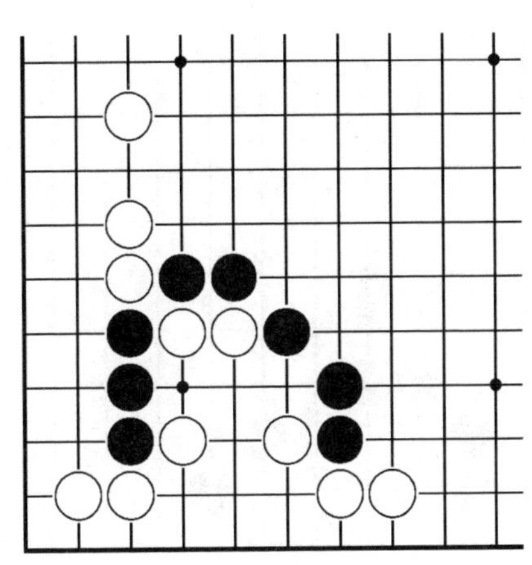

155

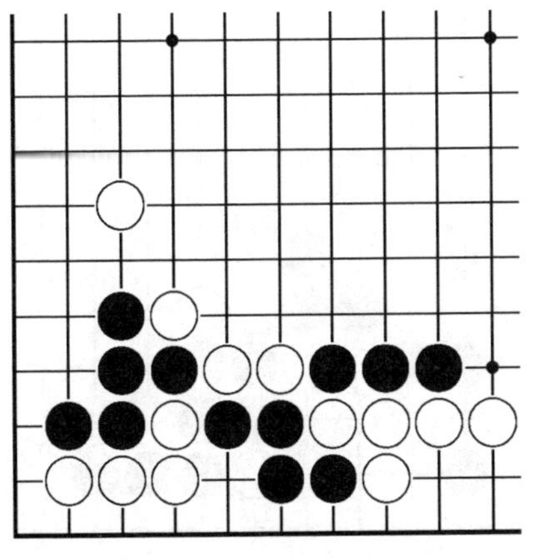

156

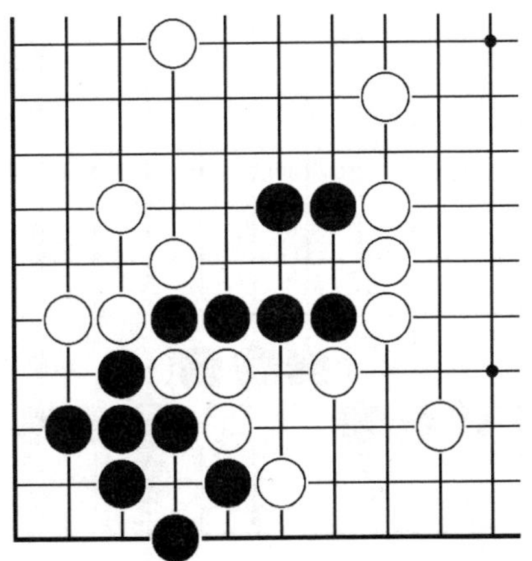

实用手筋汇编

学习日期	月　　日
检　　查	

黑先，写出必要的过程。

157

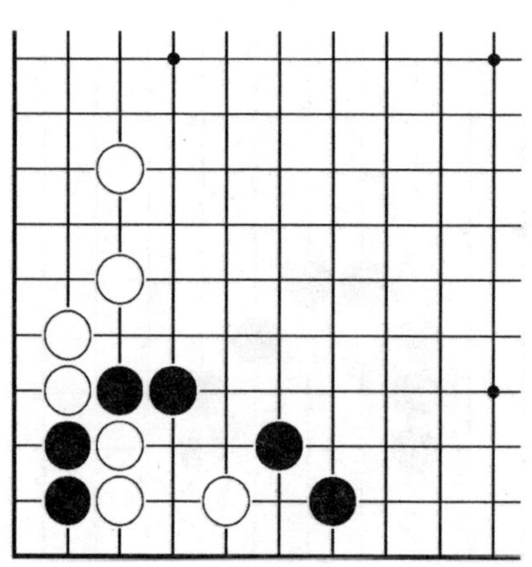

158

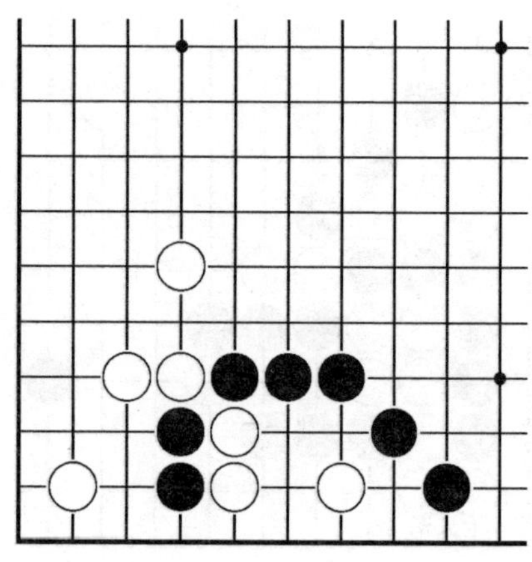

159

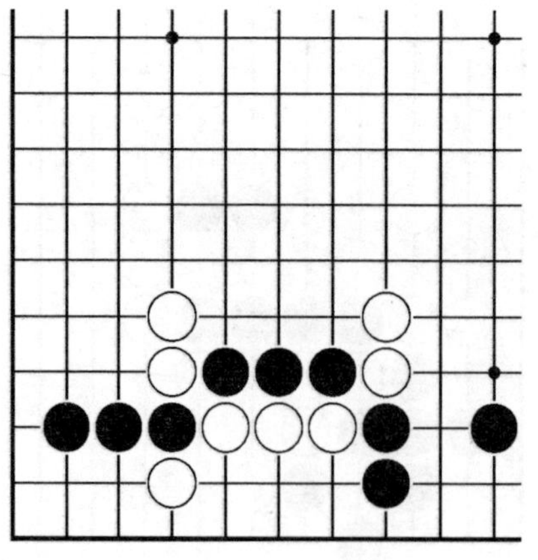

160

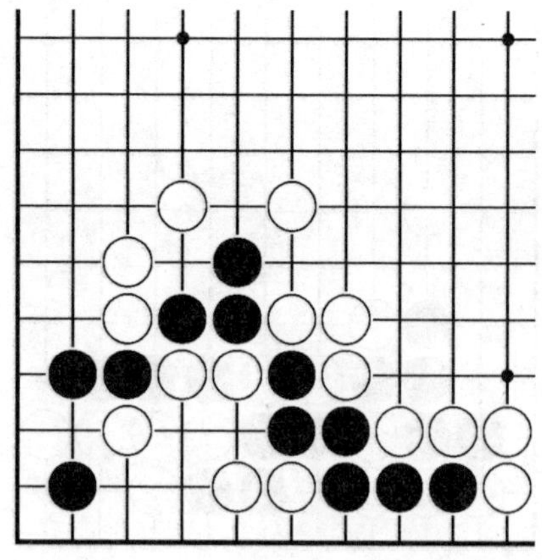

实用手筋汇编

学习日期	月　　日
检　　查	

黑先，写出必要的过程。

161

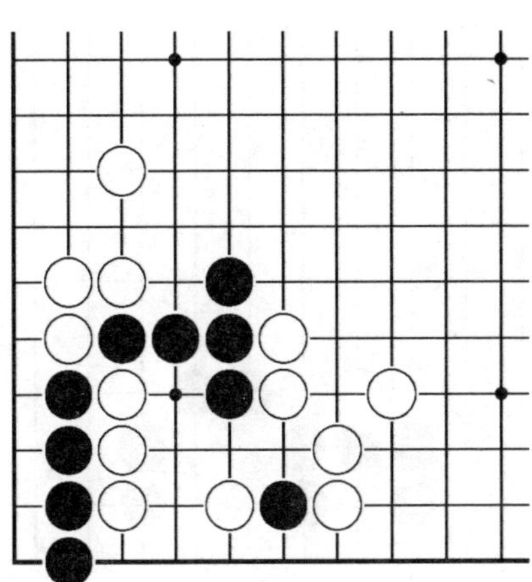

162

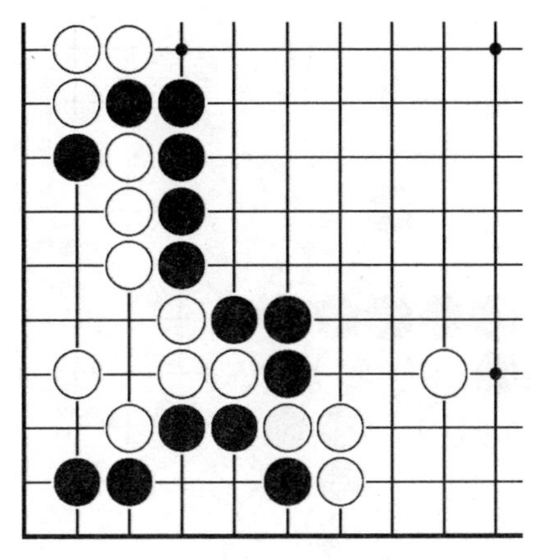

163

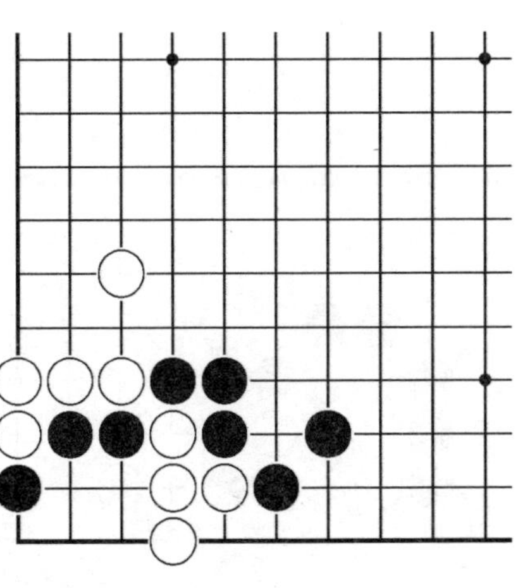

164

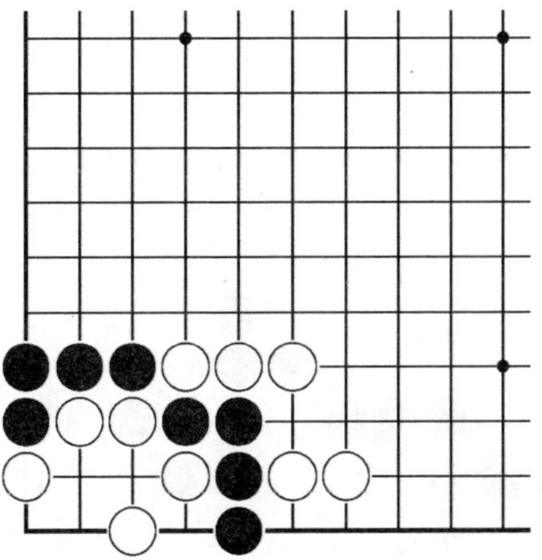

实用手筋汇编

学习日期	月 日
检 查	

黑先，写出必要的过程。

165

166

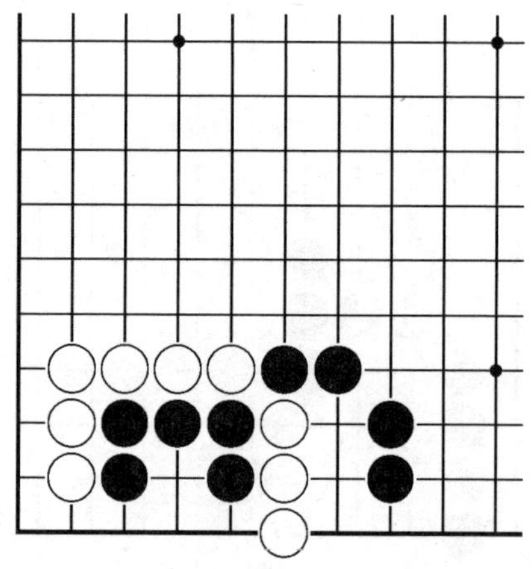

167

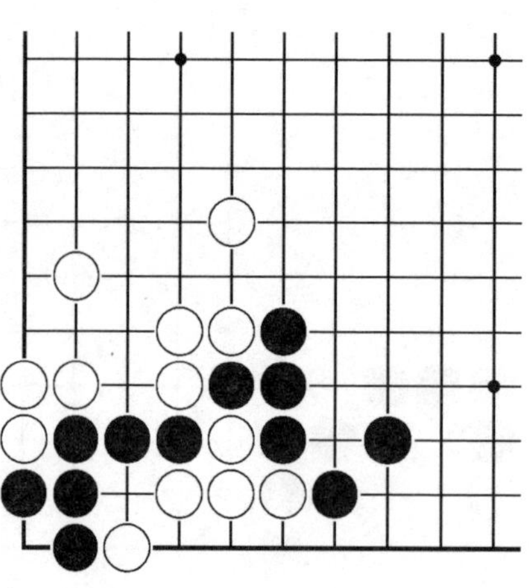

168

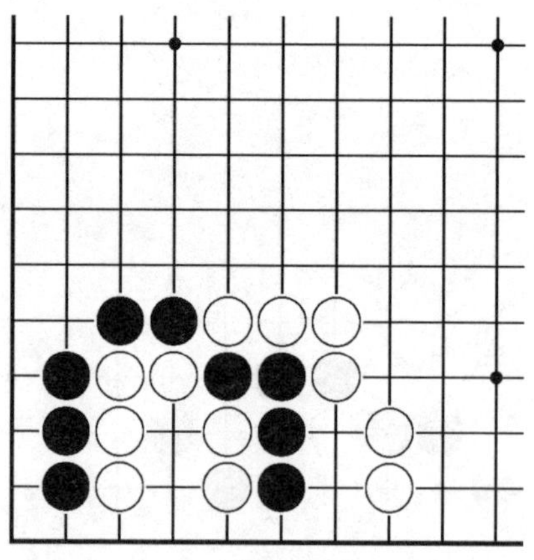

实用手筋汇编

学习日期	月　　日
检　　查	

黑先，写出必要的过程。

169

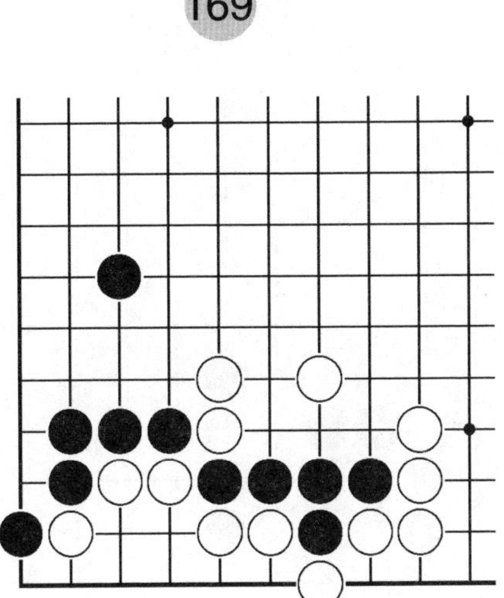

170

171

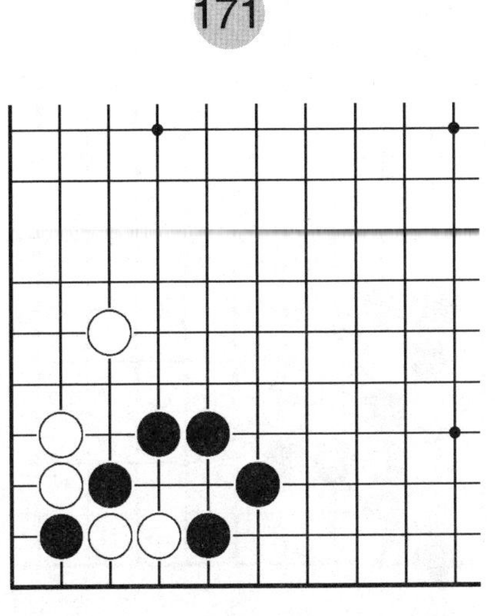

172

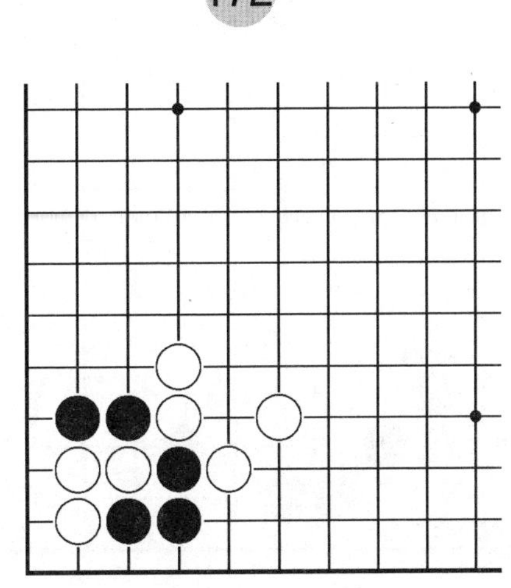

实用手筋汇编

学习日期	月　日
检　查	

黑先，写出必要的过程。

173

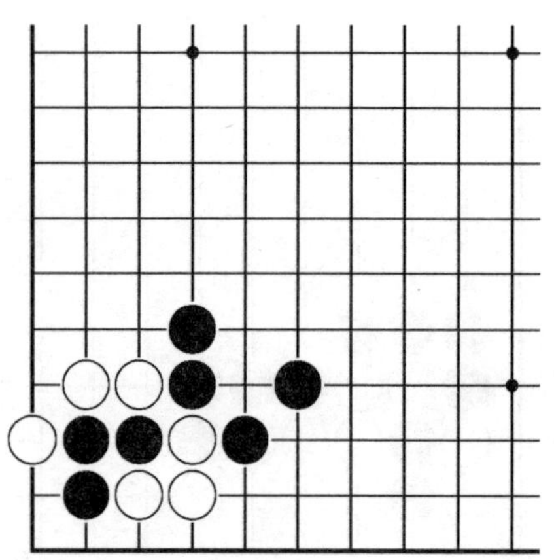

174

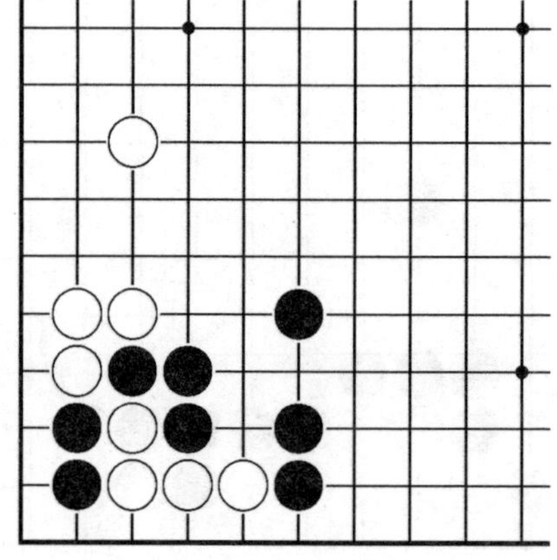

175

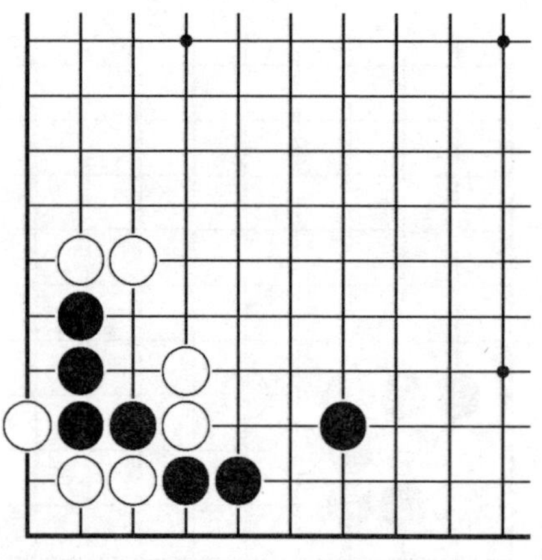

176

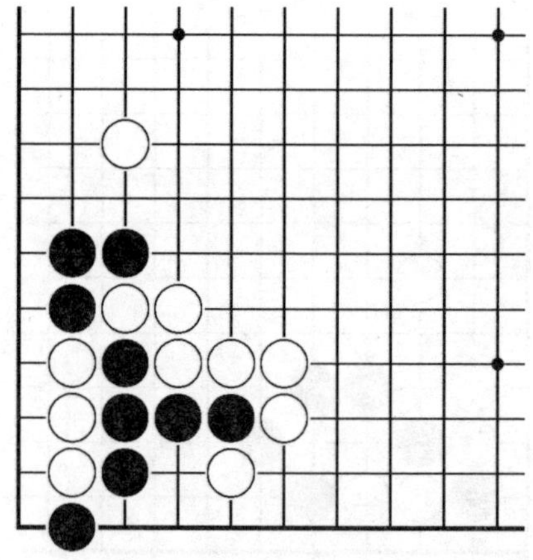

实用手筋汇编

学习日期	月　日
检　查	

黑先，写出必要的过程。

177

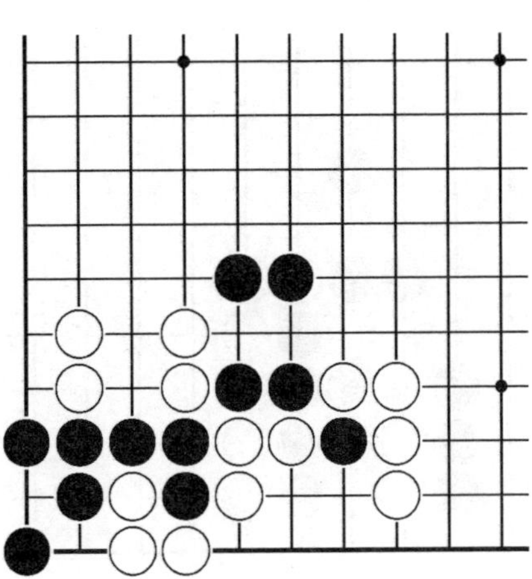

178

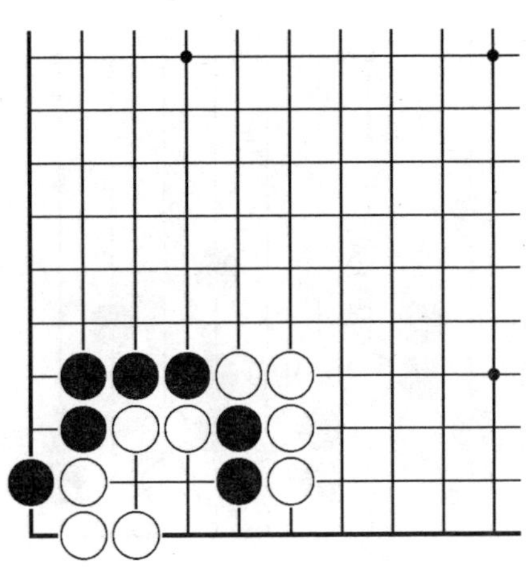

179

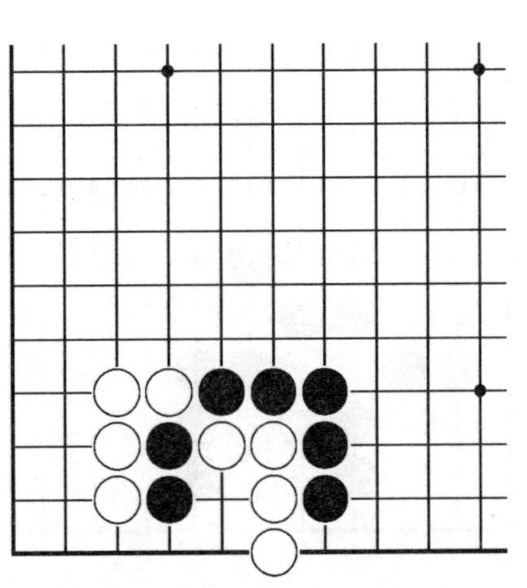

180

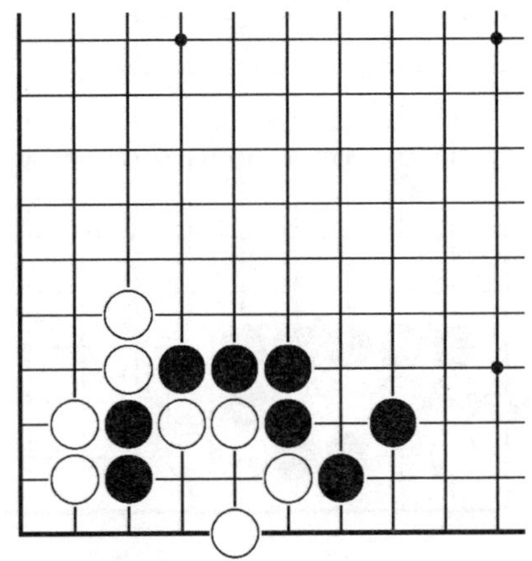

实用手筋汇编

学习日期	月　　日
检　　查	

黑先，写出必要的过程。

181

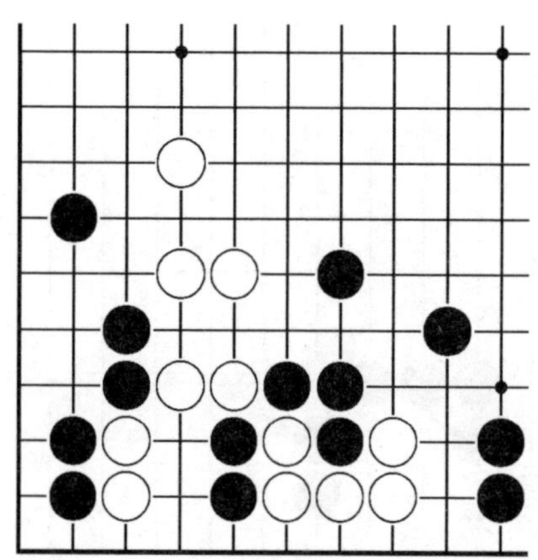

182

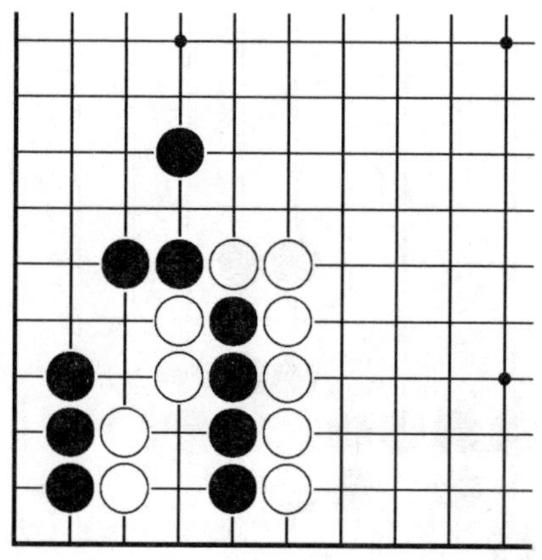

183

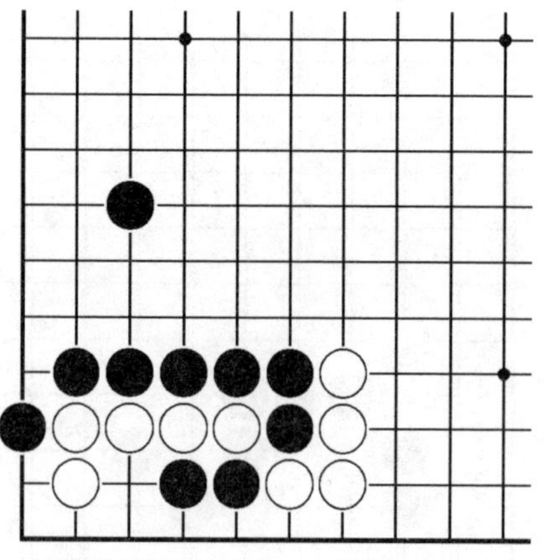

184

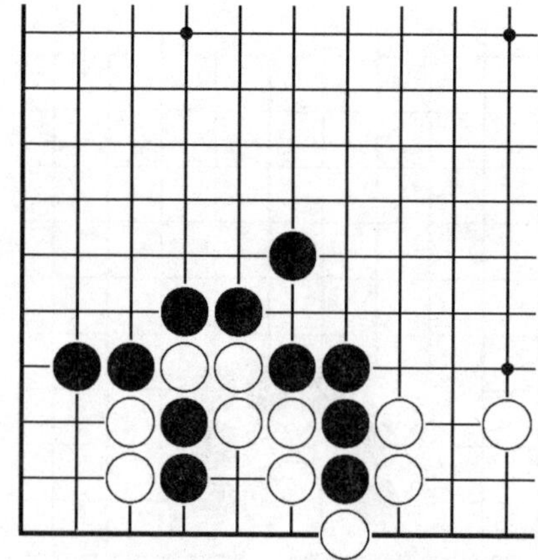

实用手筋汇编

学习日期	月　　日
检　　查	

黑先，写出必要的过程。

185

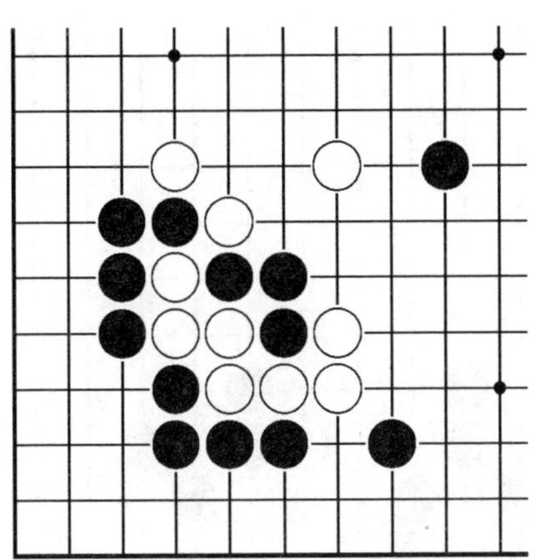

186

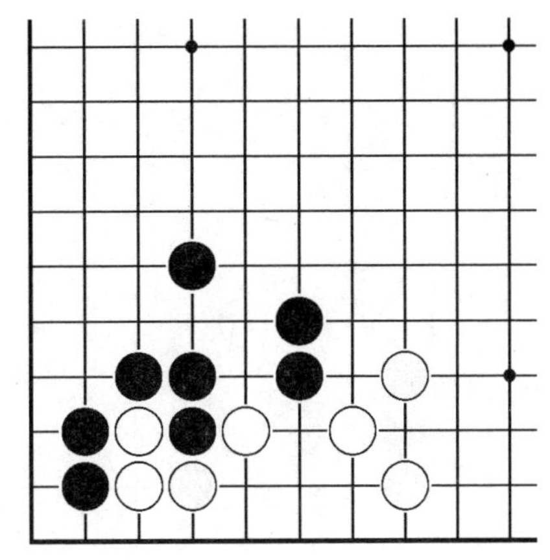

187

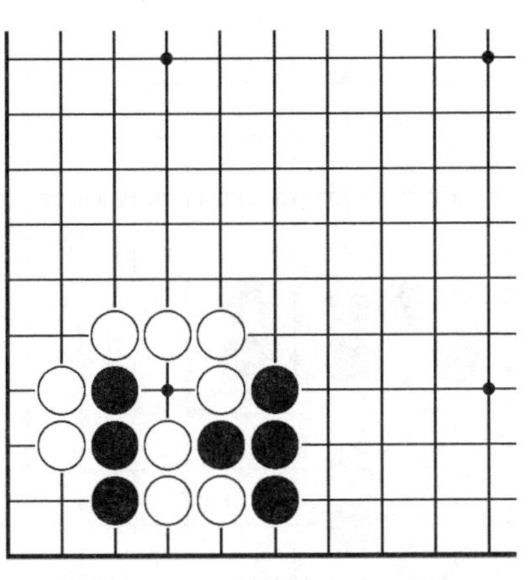

188

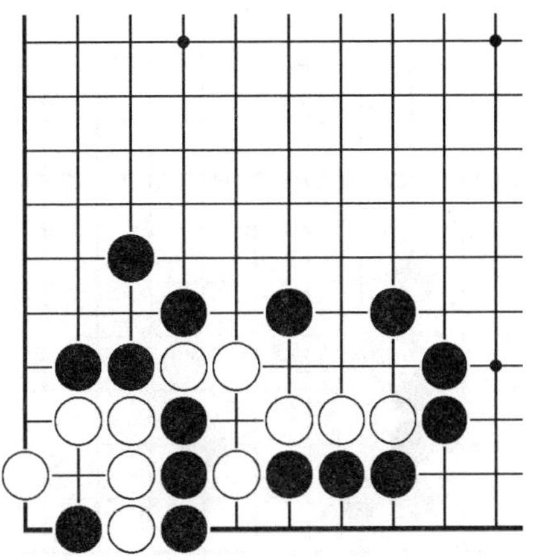

实用手筋汇编

学习日期	月　　日
检　　查	

黑先，写出必要的过程。

189

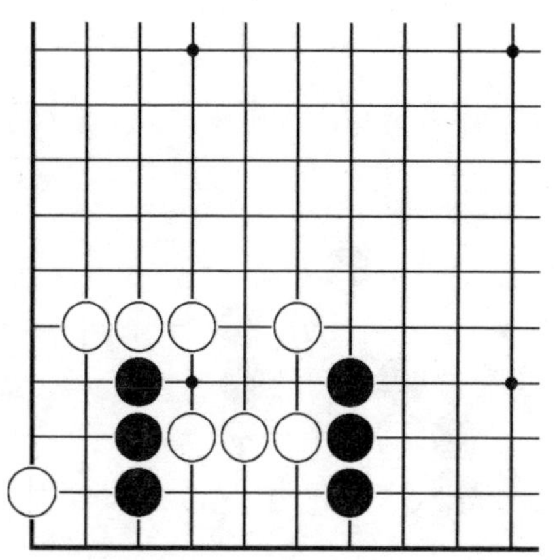

190

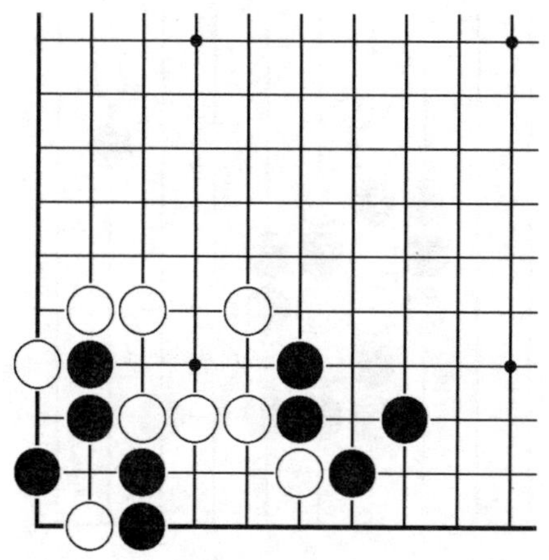

191

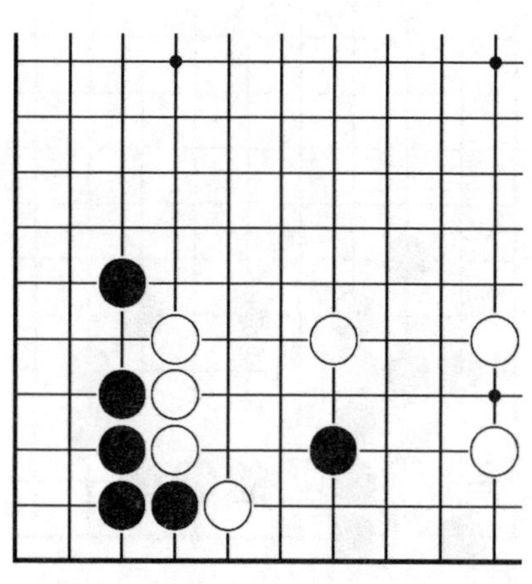

192

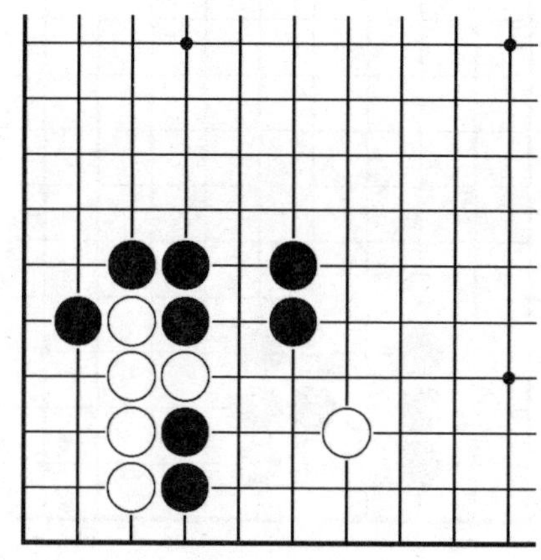

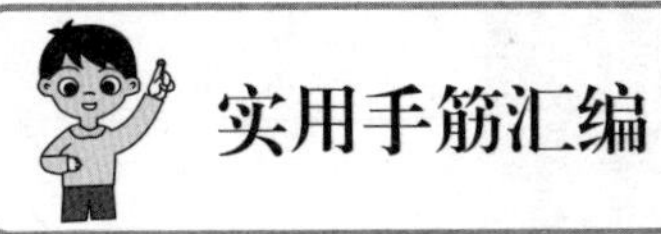

学习日期	月 日
检 查	

黑先，写出必要的过程。

193

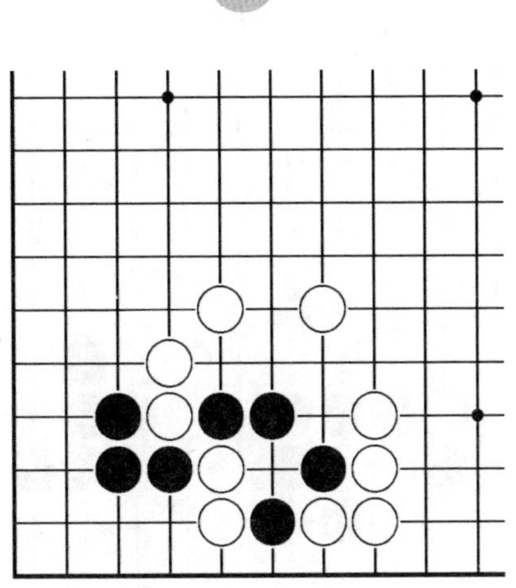

194

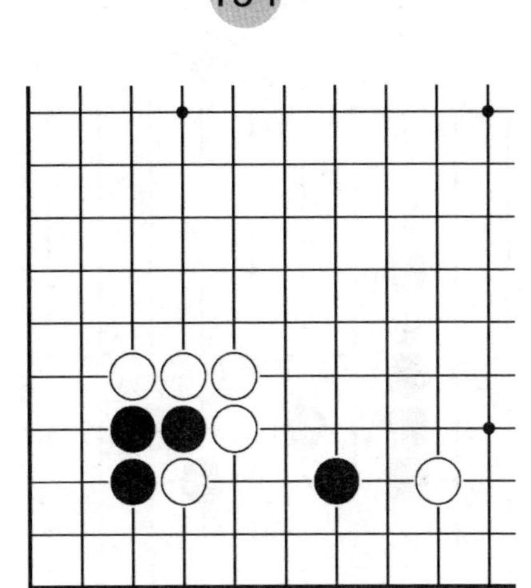

195

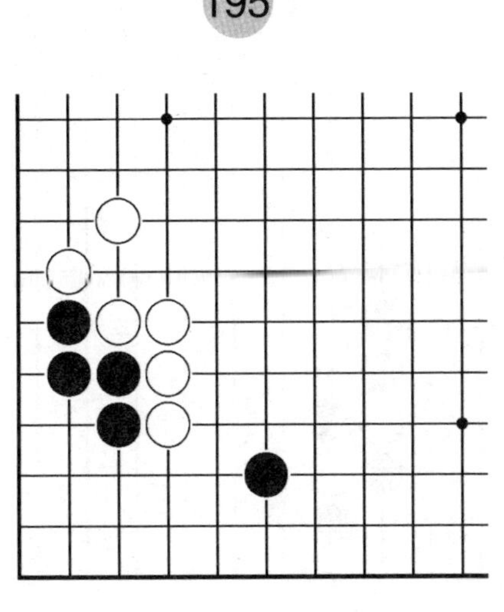

196

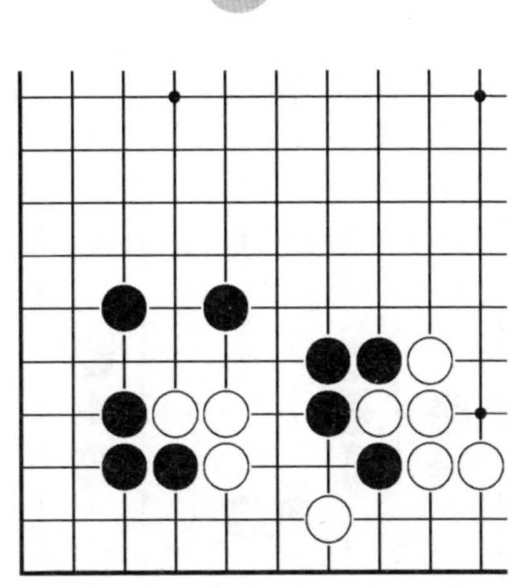

实用手筋汇编

学习日期	月　　日
检　　查	

黑先，写出必要的过程。

197

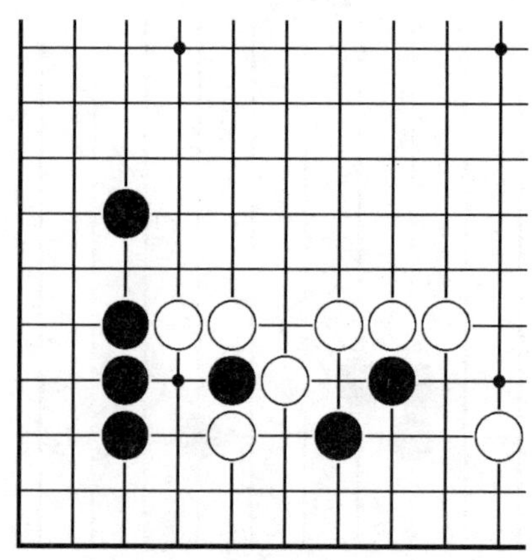

198

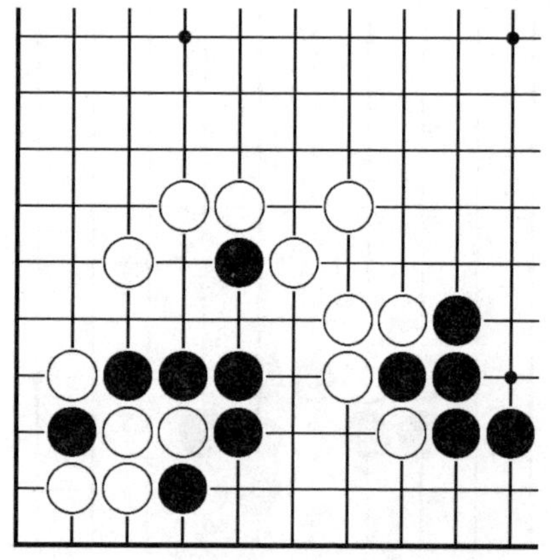

199

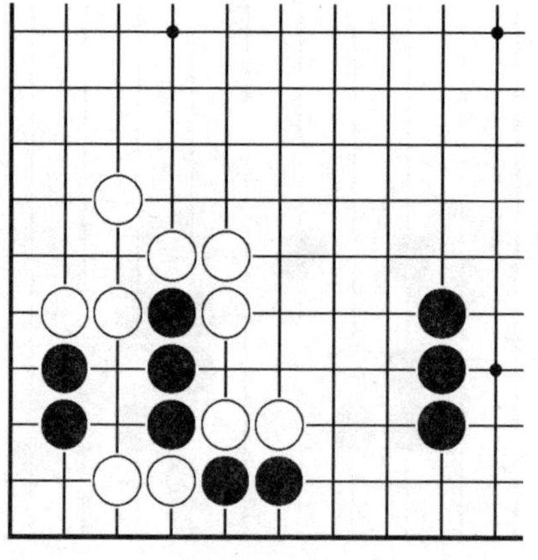

200

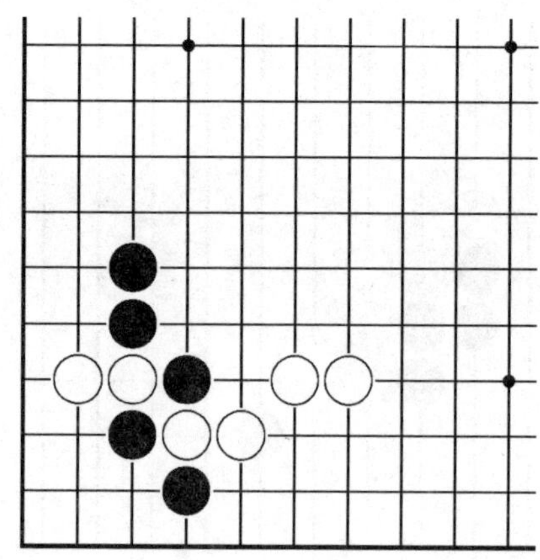

实用手筋汇编

学习日期	月　　日
检　　查	

黑先，写出必要的过程。

201

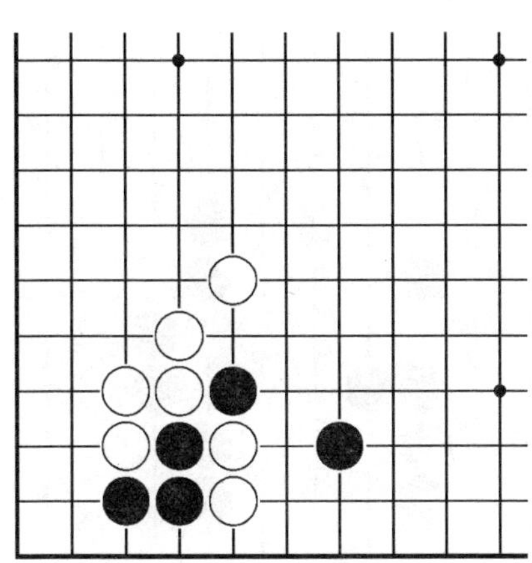

202

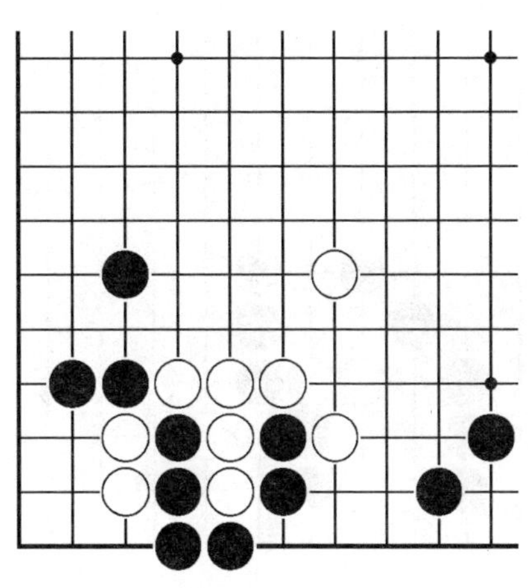

203

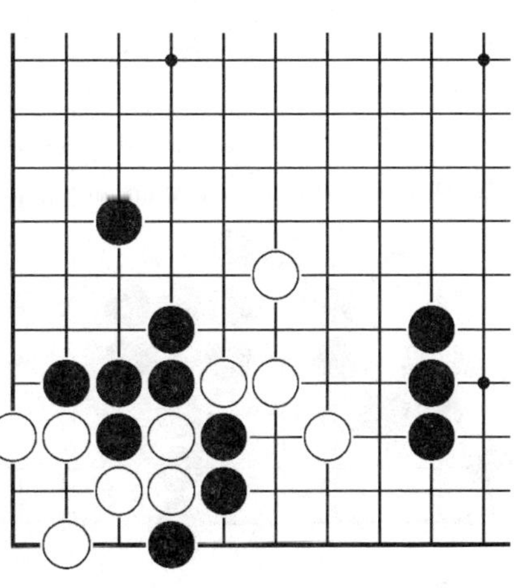

204

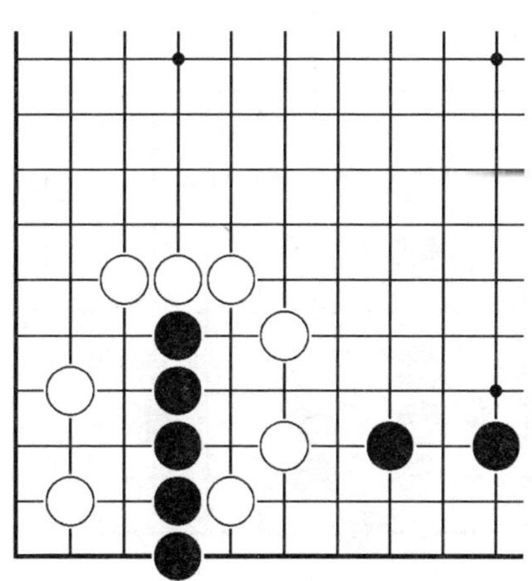

实用手筋汇编

学习日期	月　　日
检　　查	

黑先，写出必要的过程。

205

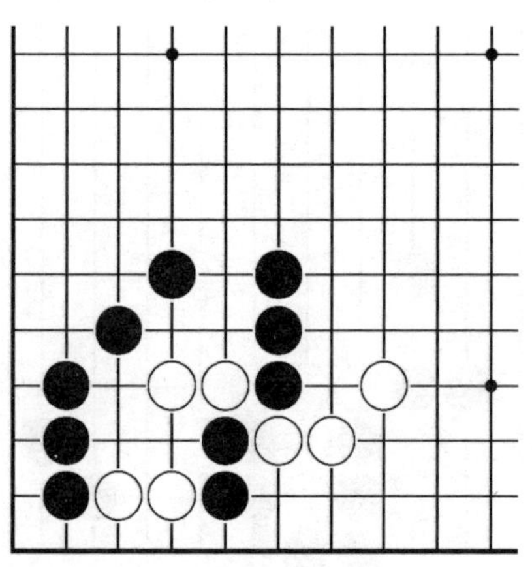

206

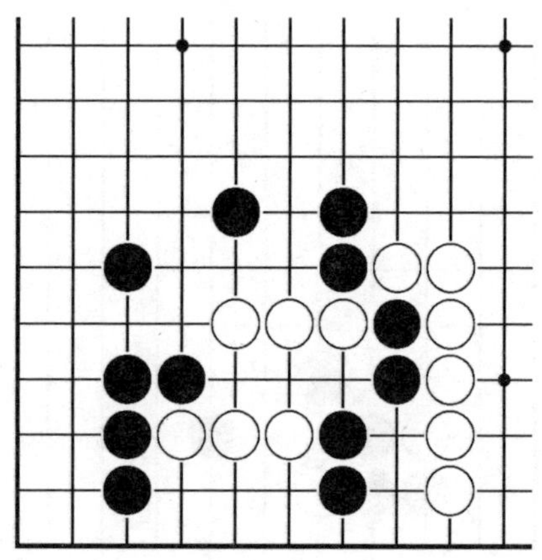

207

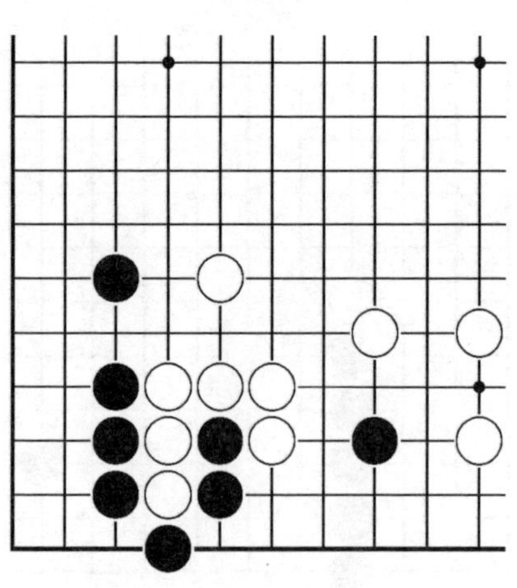

208

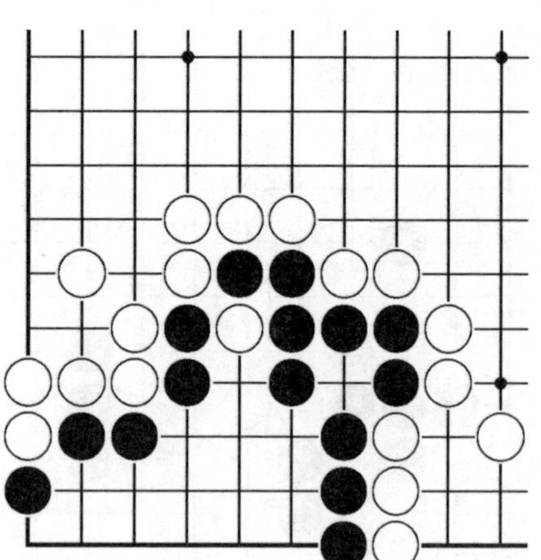

实用手筋汇编

学习日期	月　日
检　查	

黑先，写出必要的过程。

209

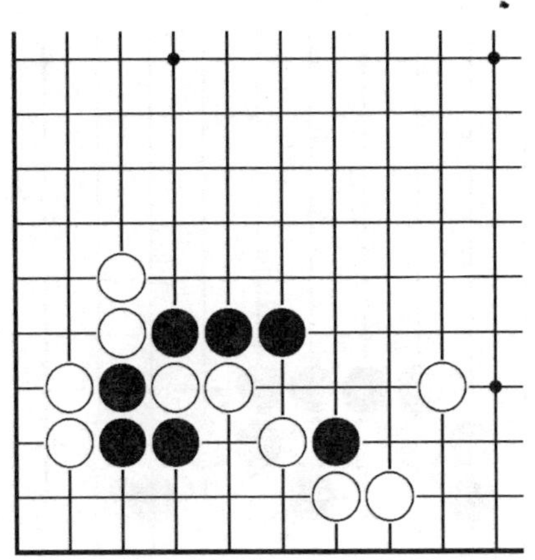

210

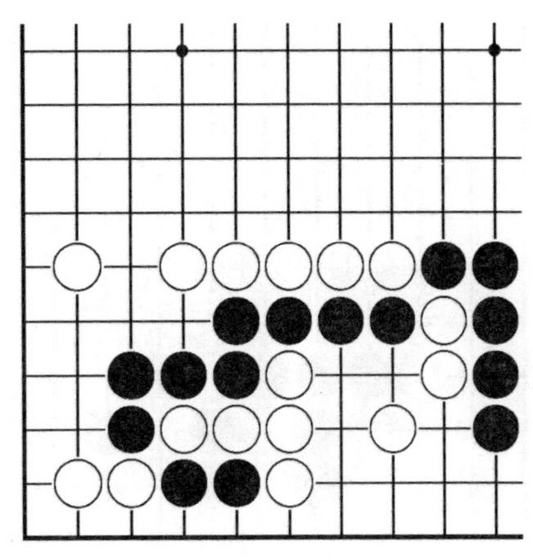

211

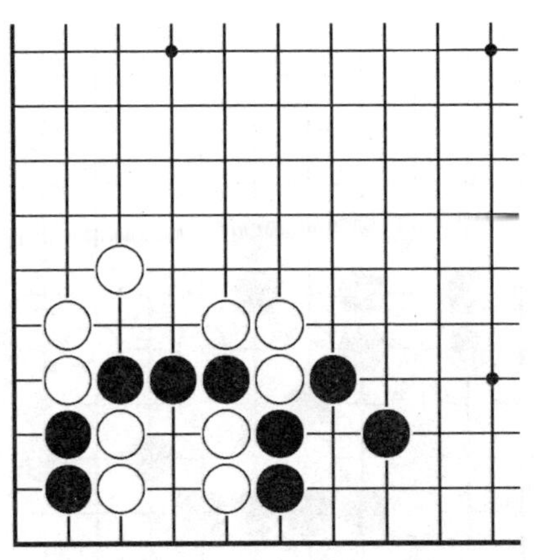

212

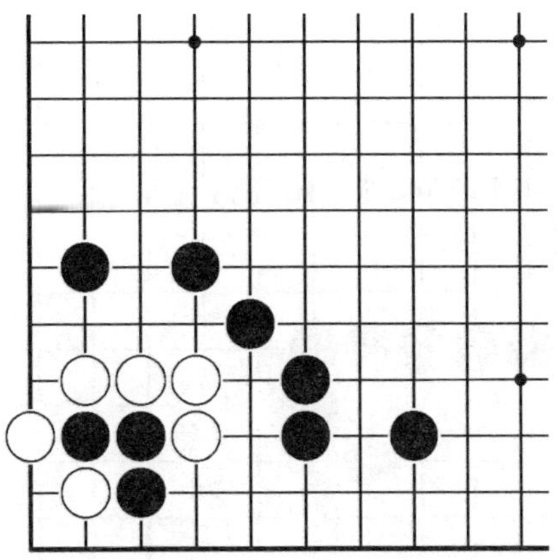

实用手筋汇编

学习日期	月　　日
检　　查	

黑先，写出必要的过程。

213

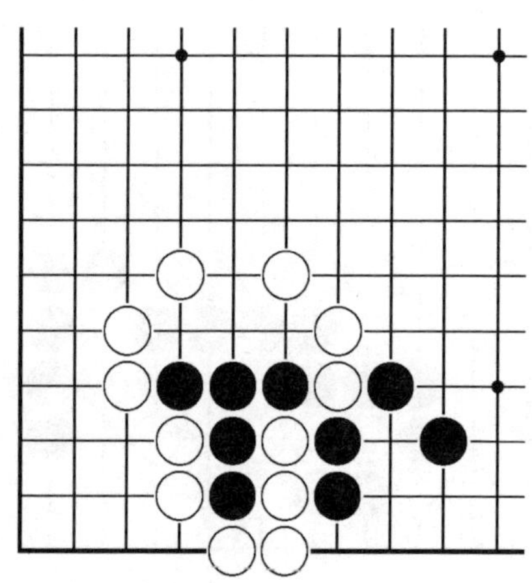

214

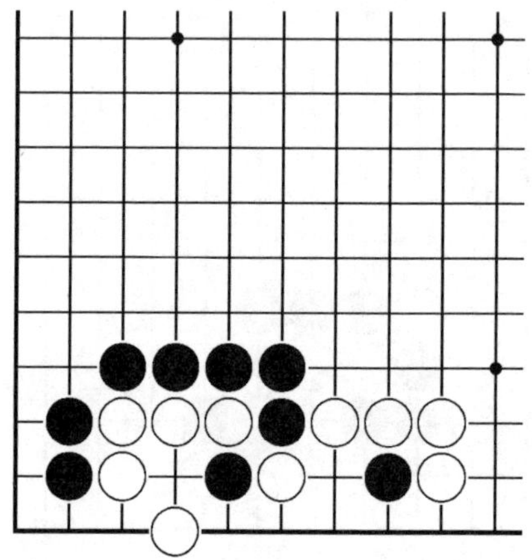

215

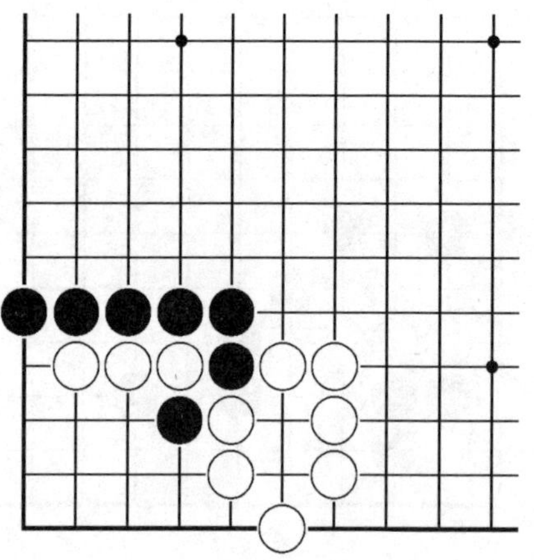

216

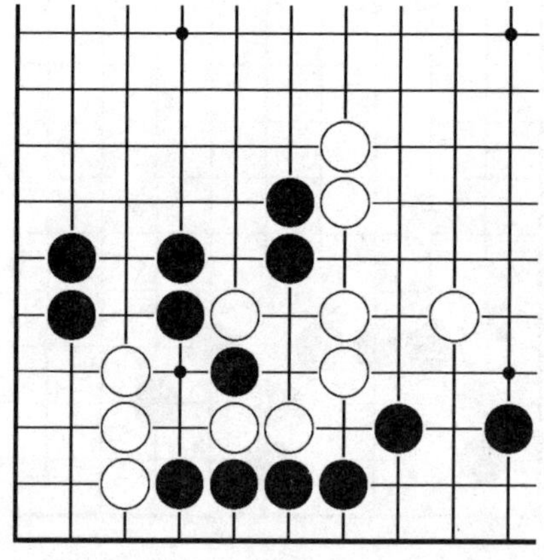

实用手筋汇编

学习日期	月　日
检　查	

黑先，写出必要的过程。

217

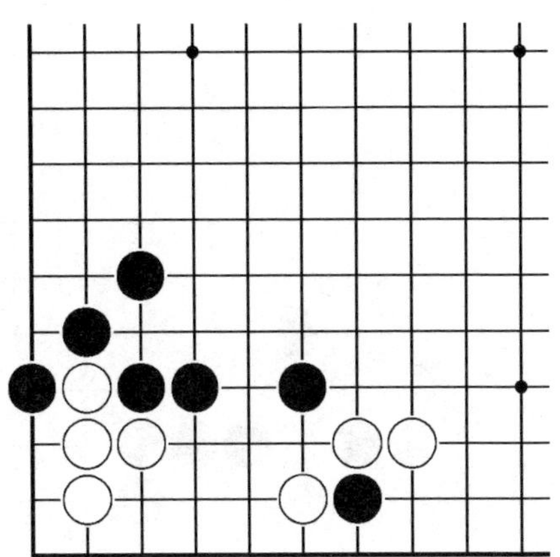

218

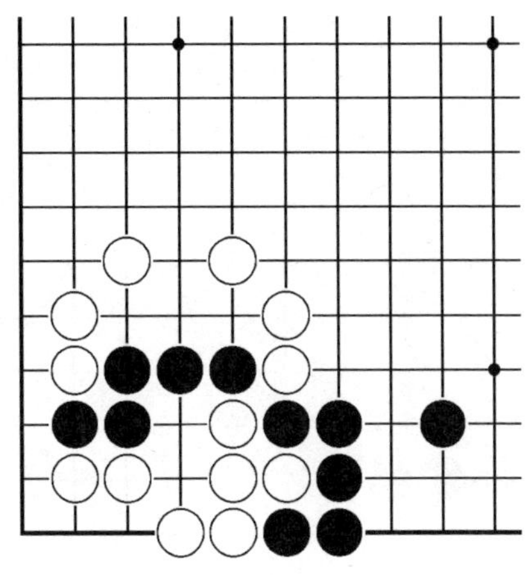

219

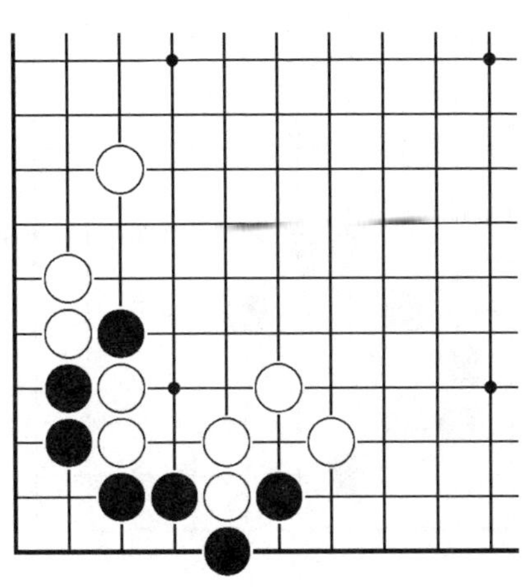

220

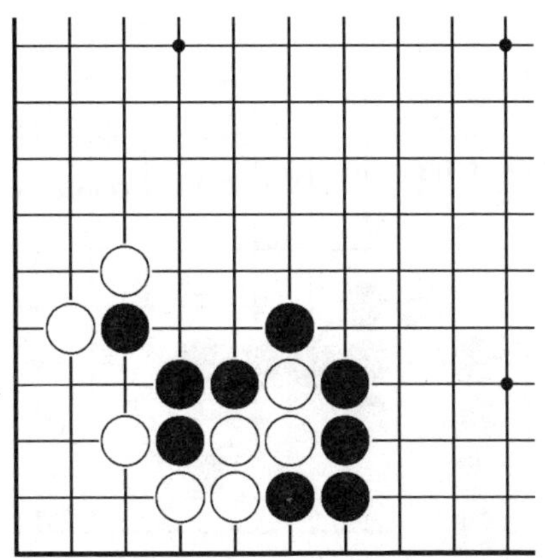

实用手筋汇编

学习日期	月　日
检　查	

黑先，写出必要的过程。

221

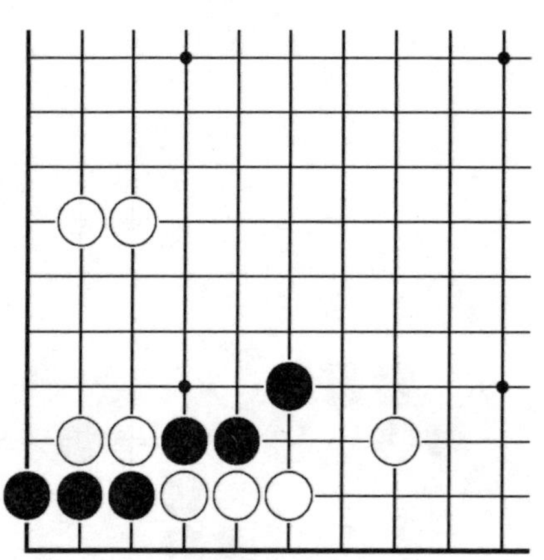

222

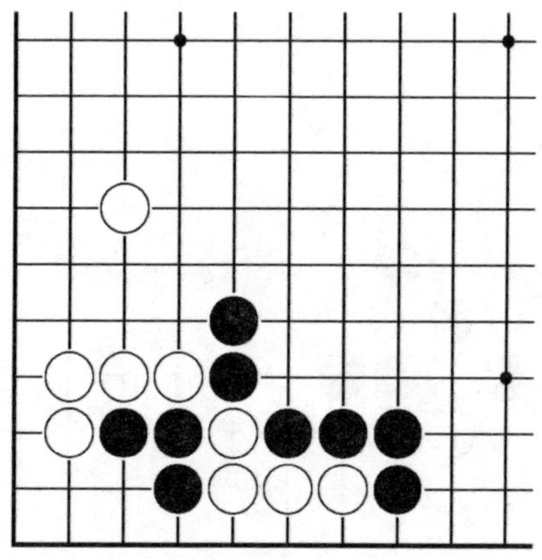

223

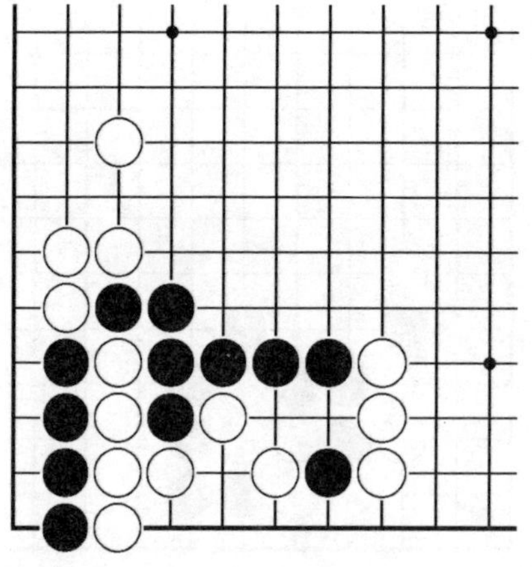

224

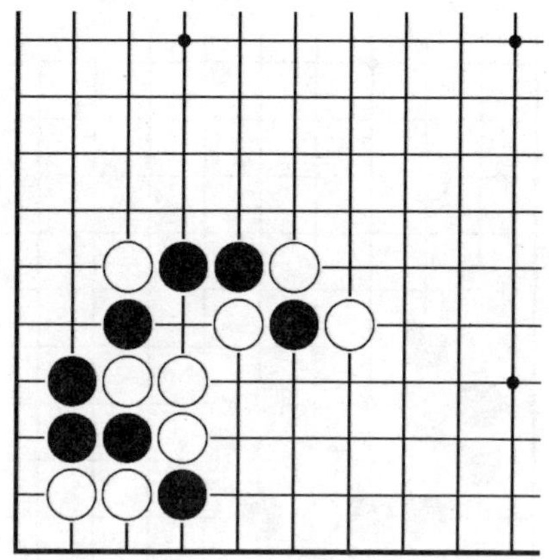

实用手筋汇编

学习日期	月　　日
检　　查	

黑先，写出必要的过程。

225

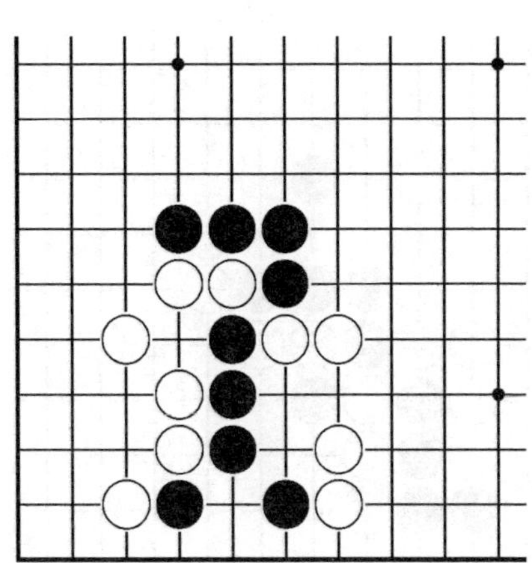

226

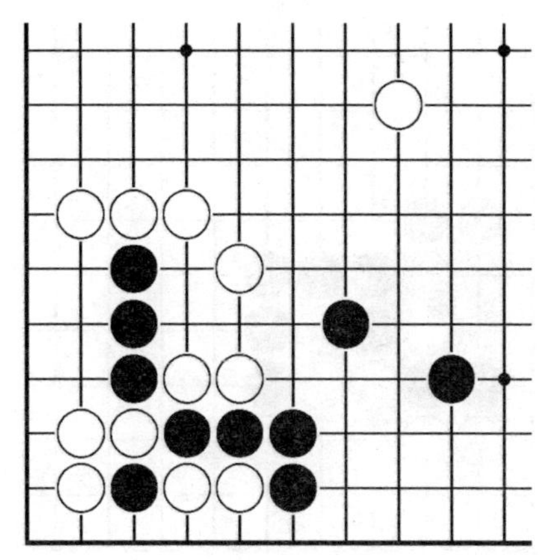

227

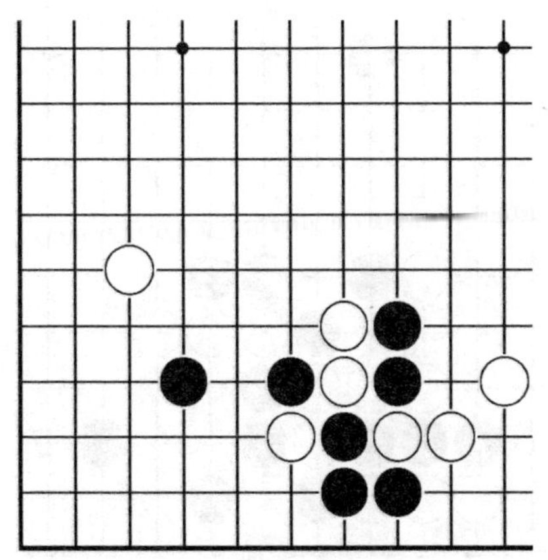

228

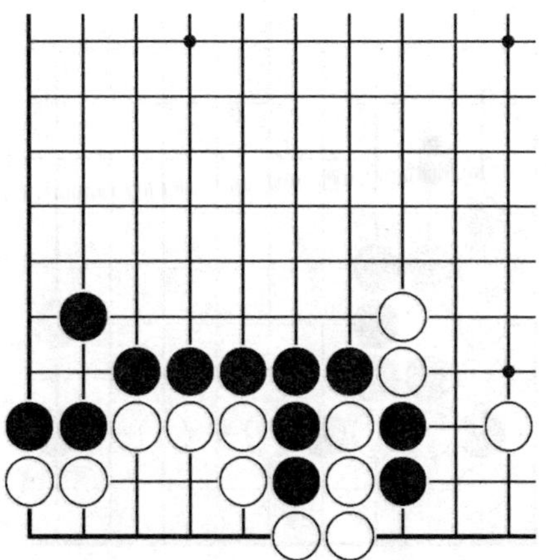

实用手筋汇编

学习日期	月 日
检 查	

黑先，写出必要的过程。

229

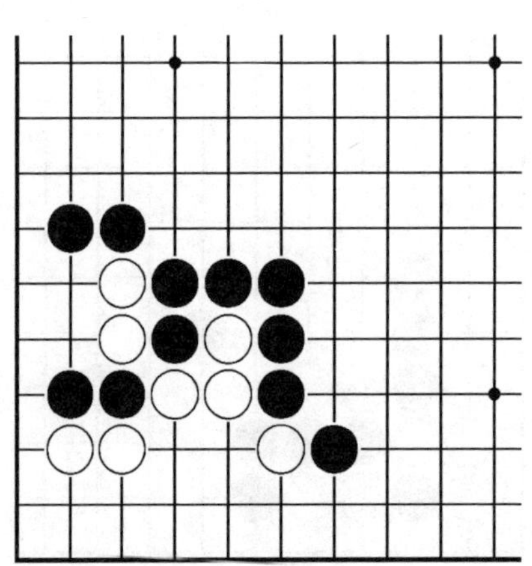

230

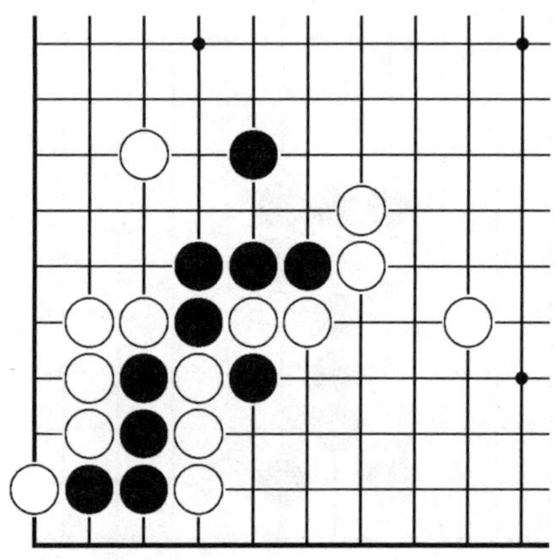

231

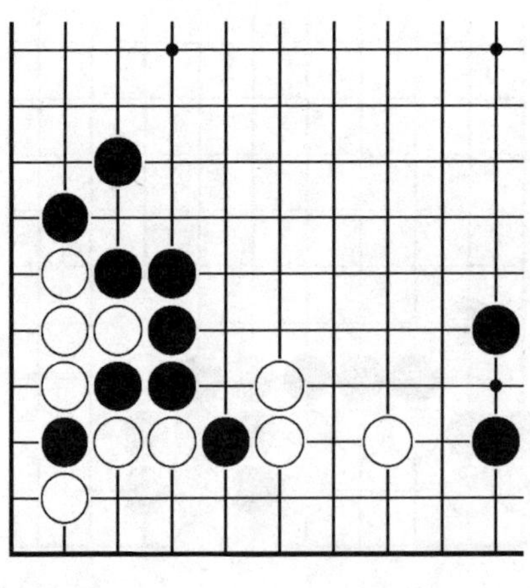

232

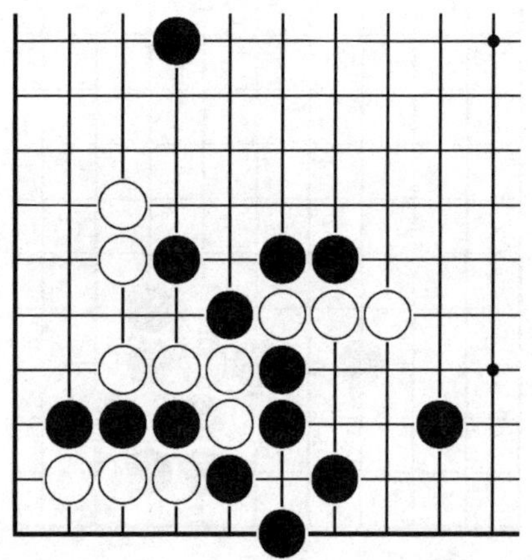

实用手筋汇编

学习日期	月　　日
检　　查	

黑先，写出必要的过程。

233

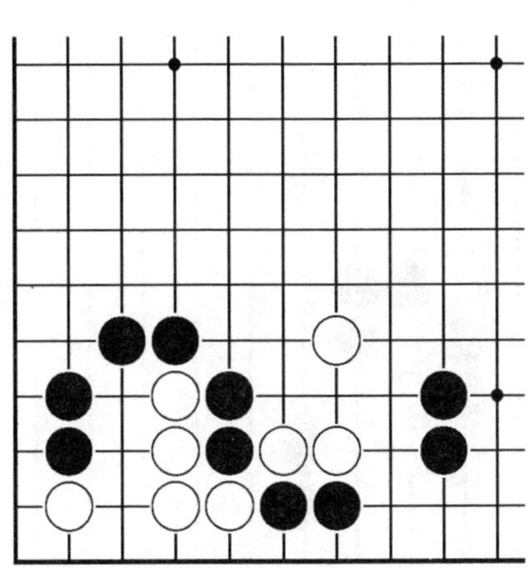

234

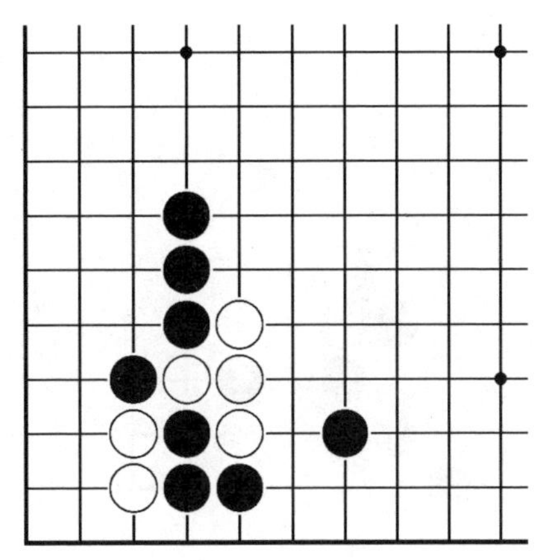

235

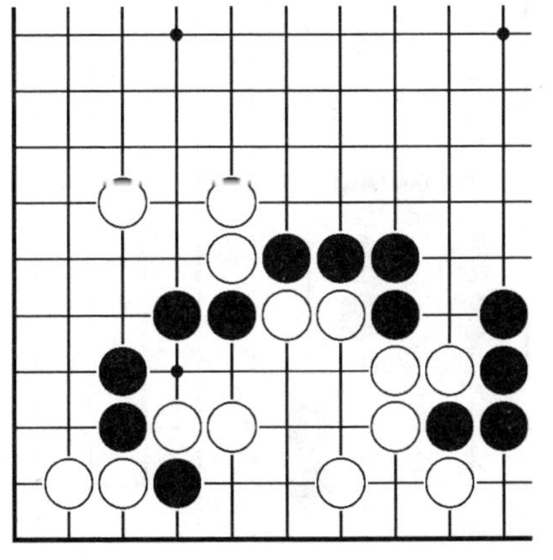

236

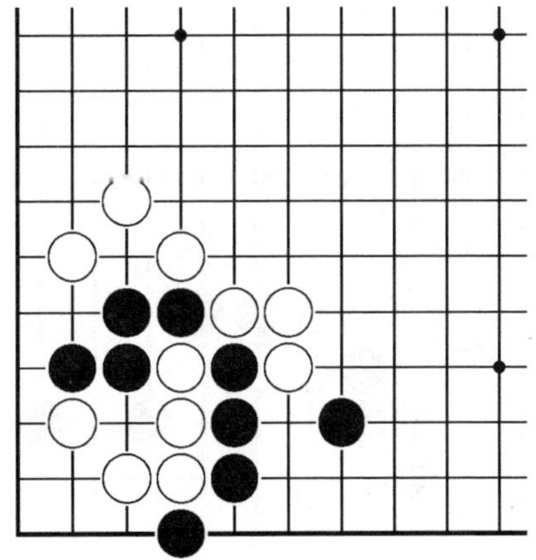

实用手筋汇编

学习日期	月　　日
检　　查	

黑先，写出必要的过程。

237

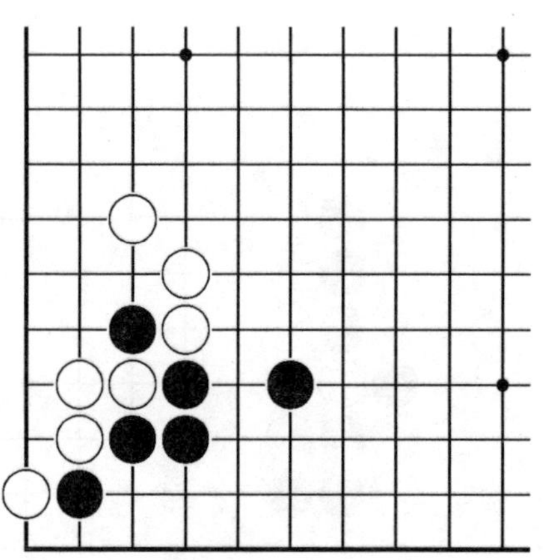

238

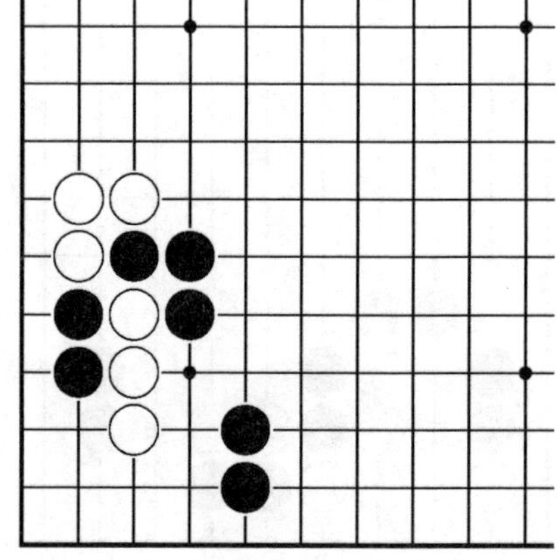

239

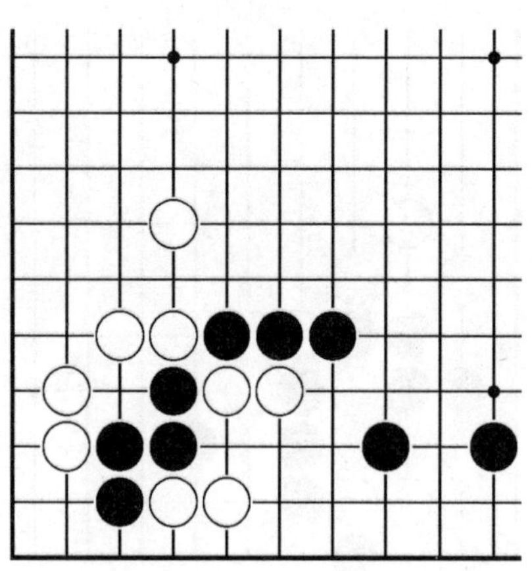

240

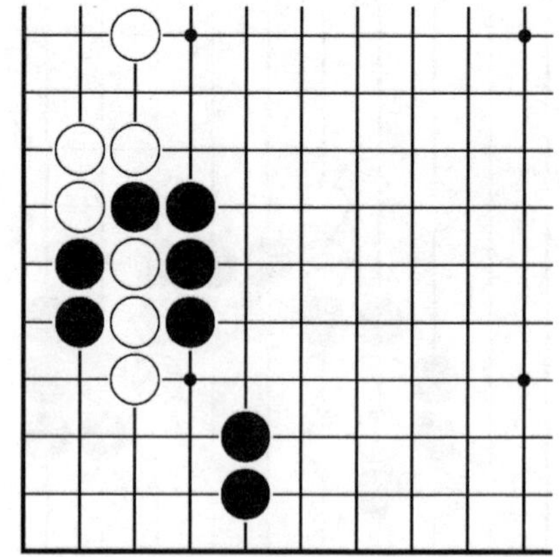

实用手筋汇编

学习日期	月　　日
检　　查	

黑先，写出必要的过程。

241

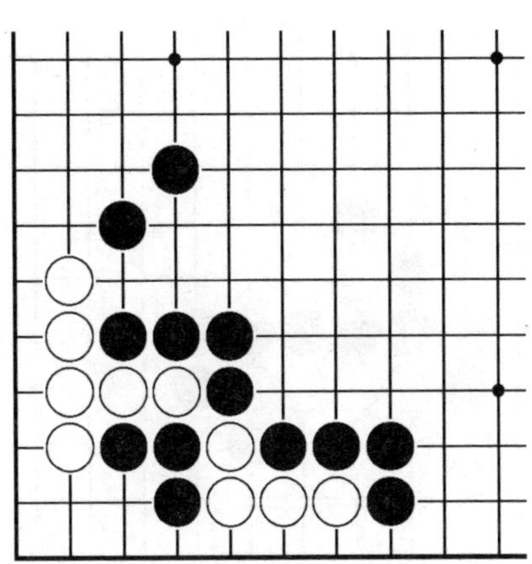

242

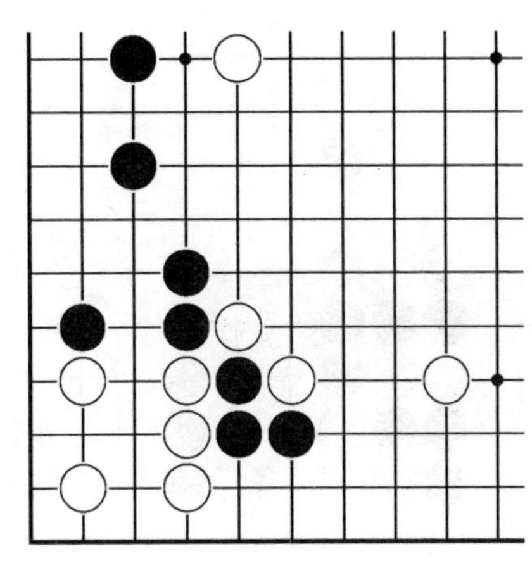

243

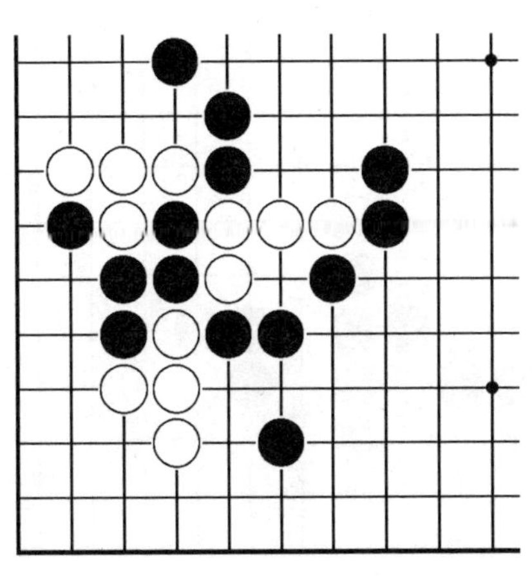

244

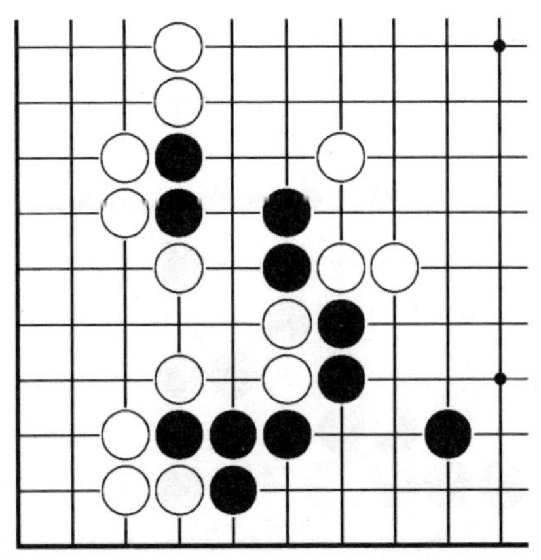

实用手筋汇编

学习日期	月　日
检　查	

黑先，写出必要的过程。

245

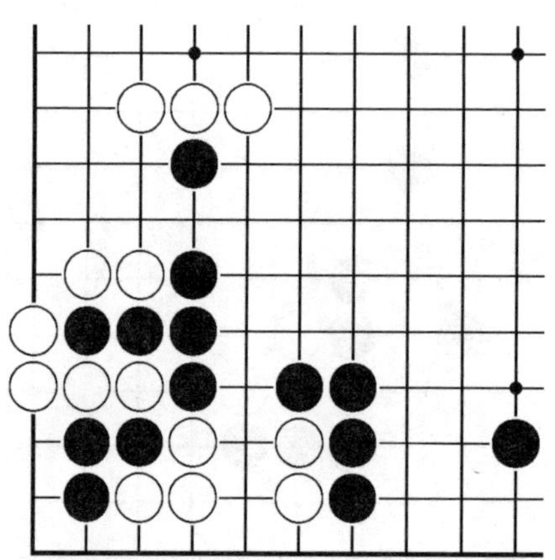

246

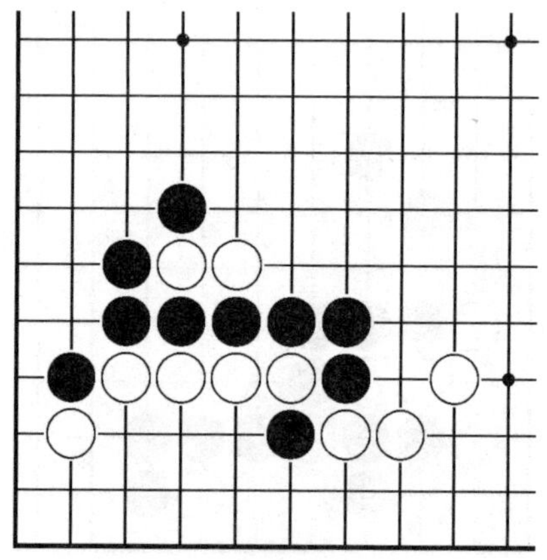

247

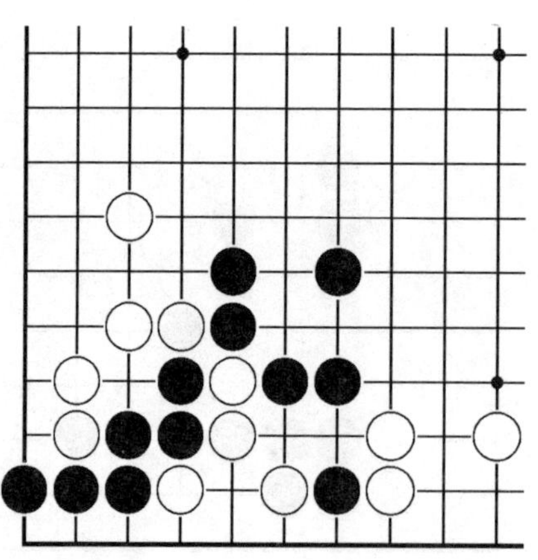

248

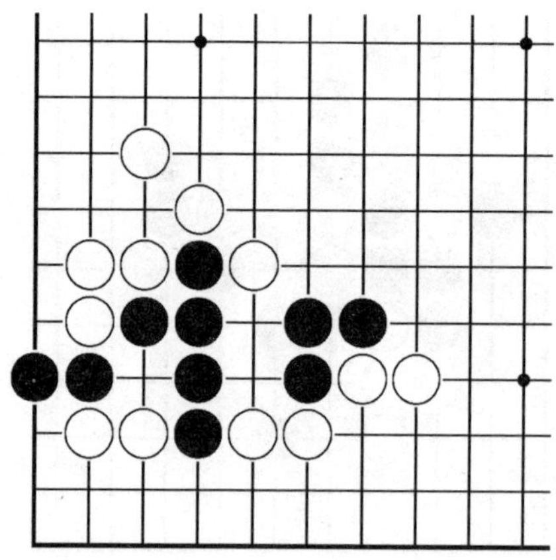

实用手筋汇编

学习日期	月　　日
检　　查	

黑先，写出必要的过程。

249

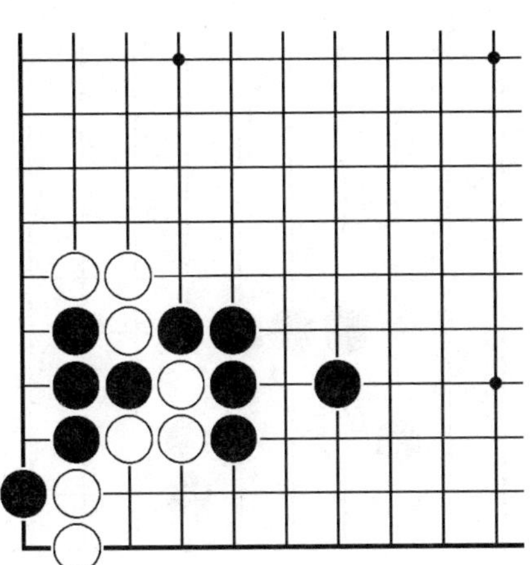

250

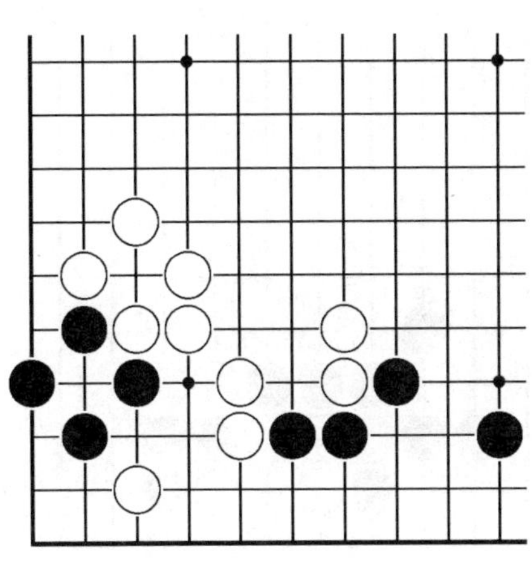

251

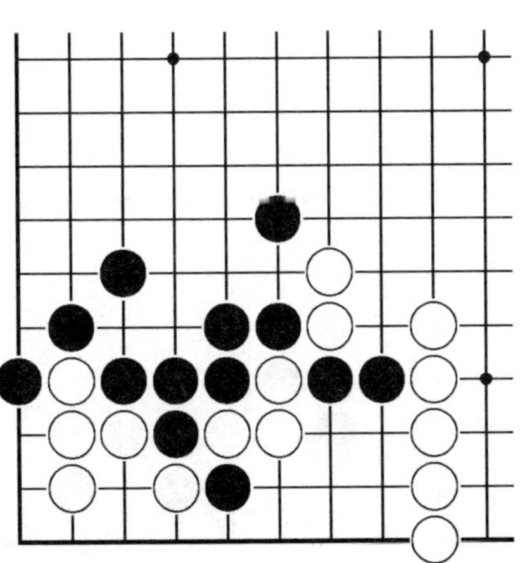

252

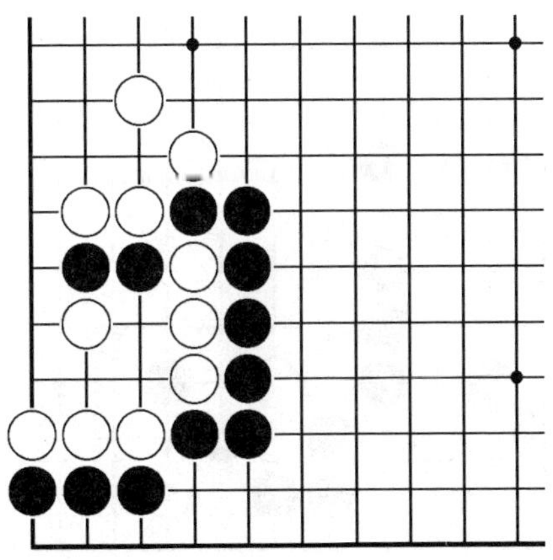

实用手筋汇编

学习日期	月　日
检　查	

黑先，写出必要的过程。

253

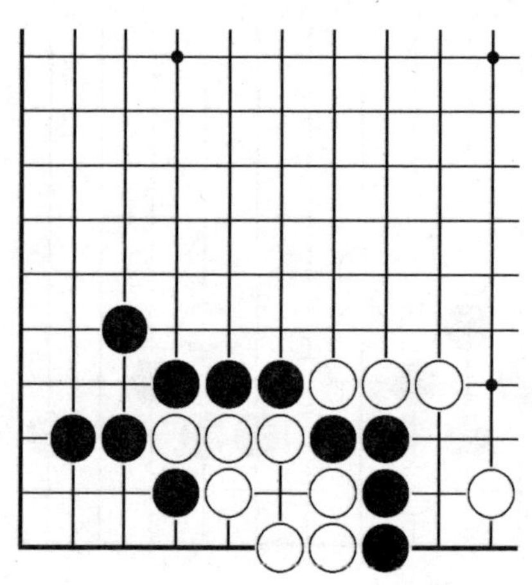

254

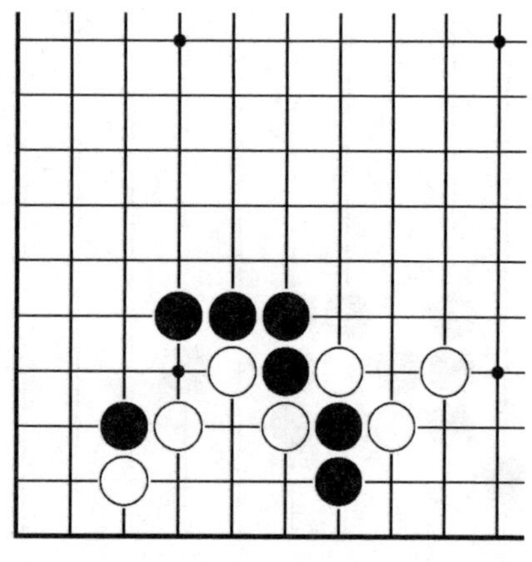

255

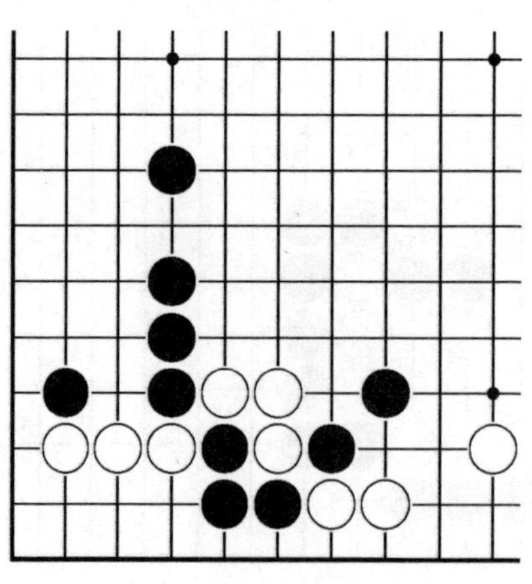

256

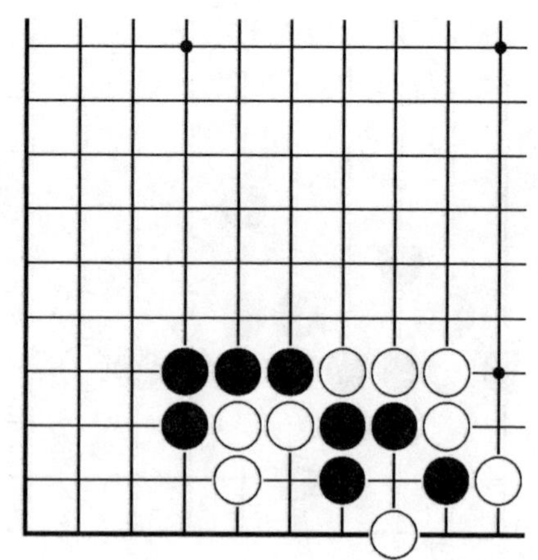

实用手筋汇编

学习日期	月　日
检　查	

黑先，写出必要的过程。

257

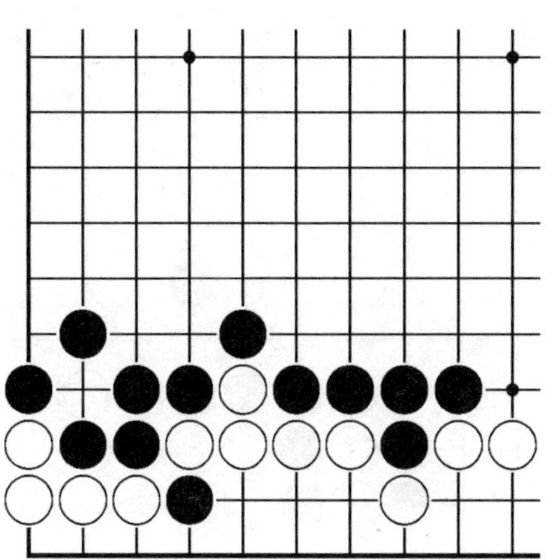

258

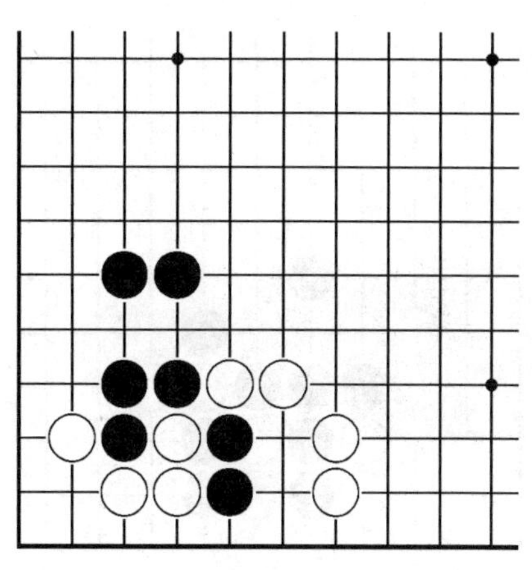

259

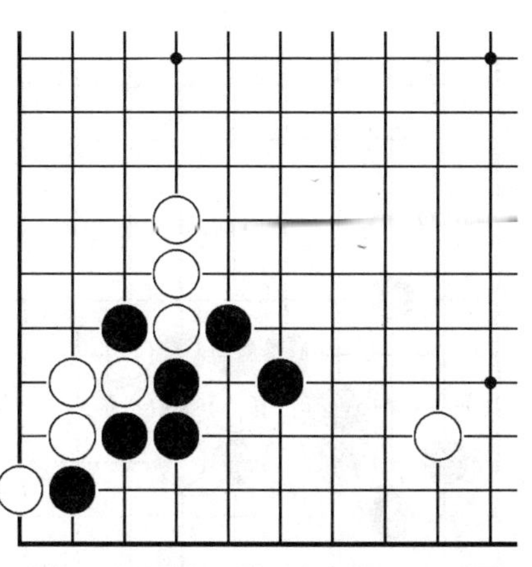

260

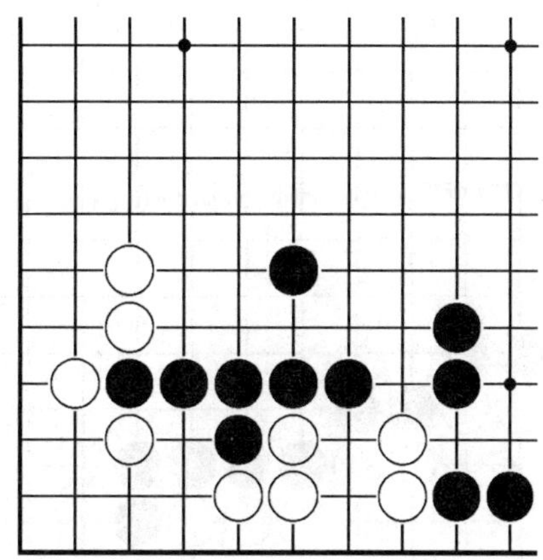

实用手筋汇编

学习日期	月　　日
检　　查	

黑先，写出必要的过程。

261

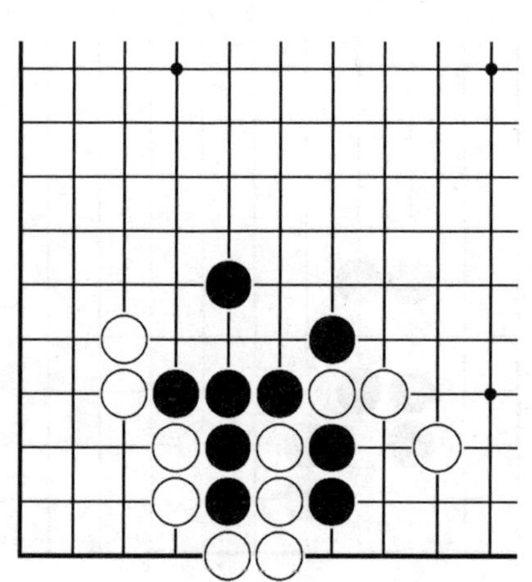

262

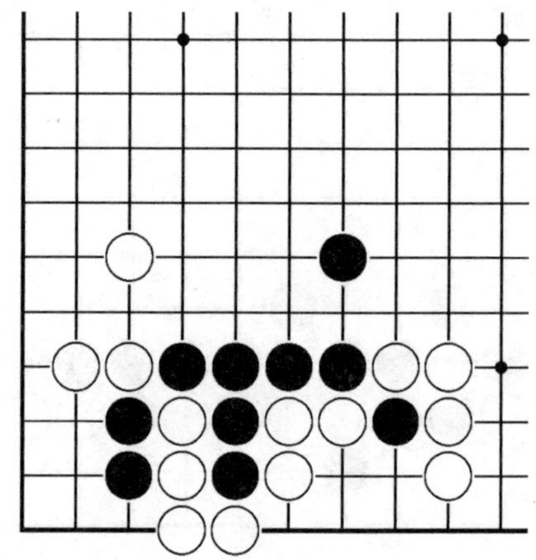

263

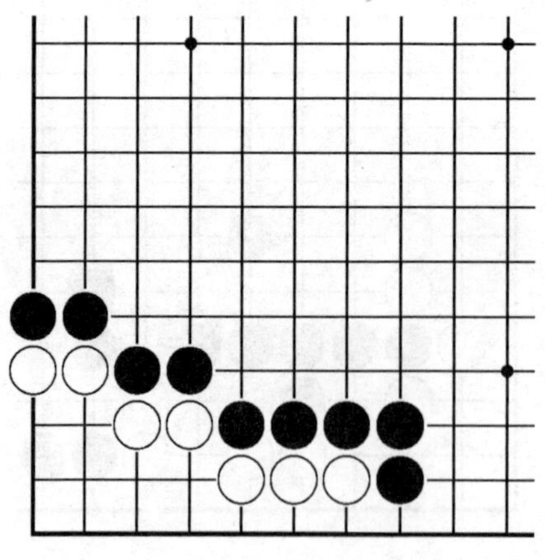

264

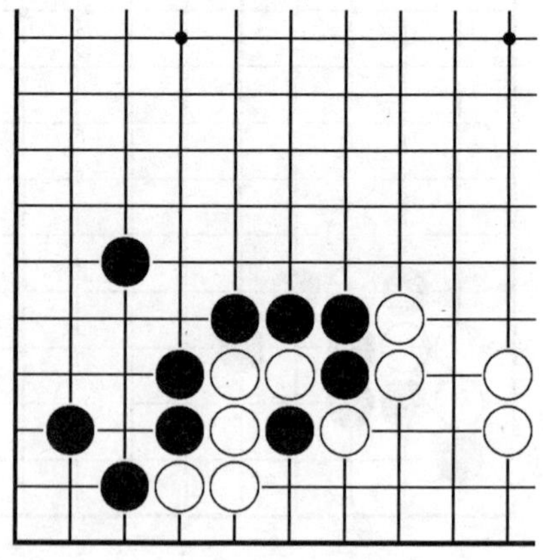

实用手筋汇编

学习日期	月　日
检　查	

黑先，写出必要的过程。

265

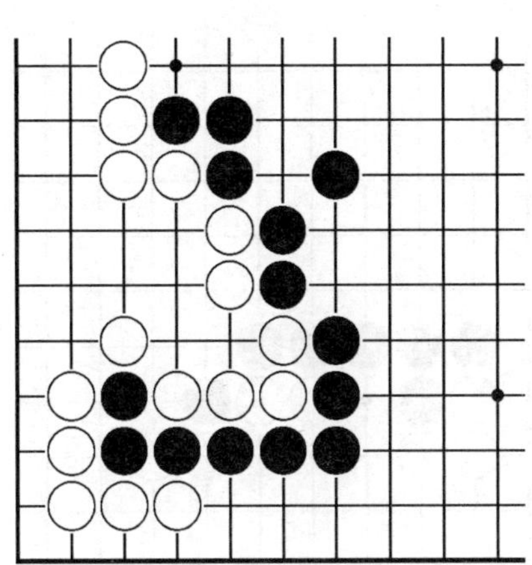

266

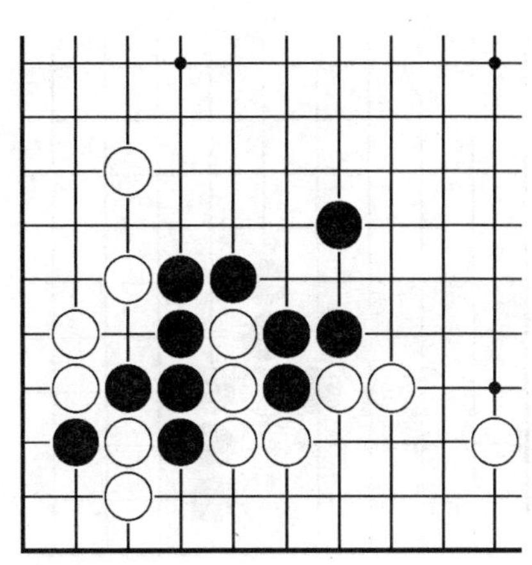

267

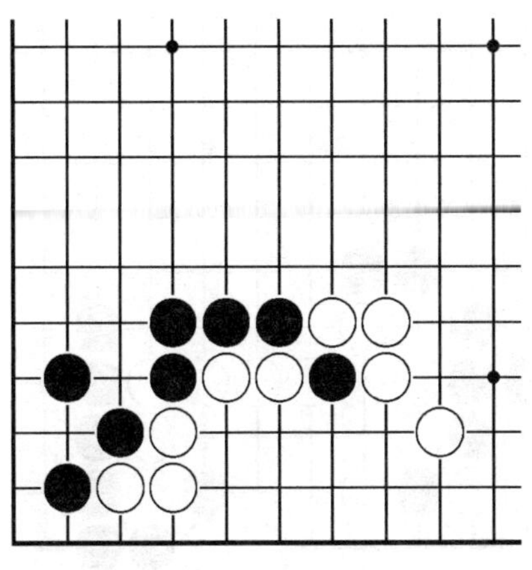

268

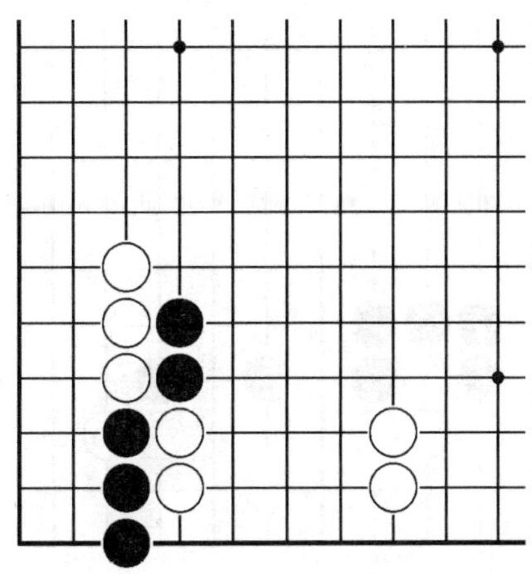

实用手筋汇编

学习日期	月　　日
检　　查	

黑先，写出必要的过程。

269

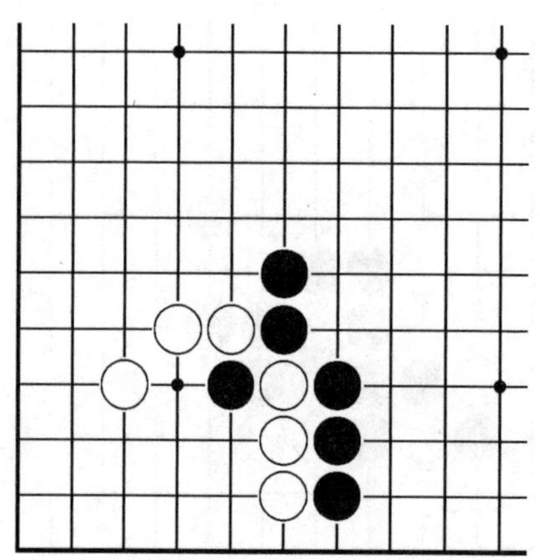

270

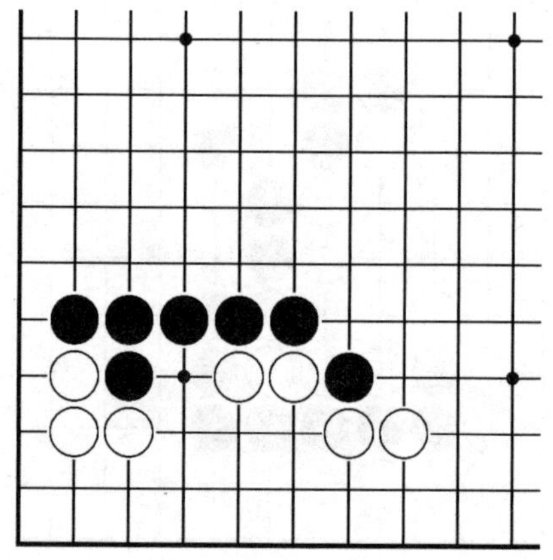

271

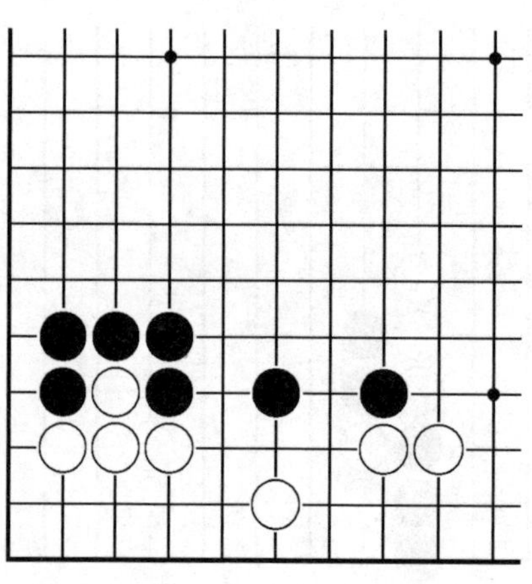

272

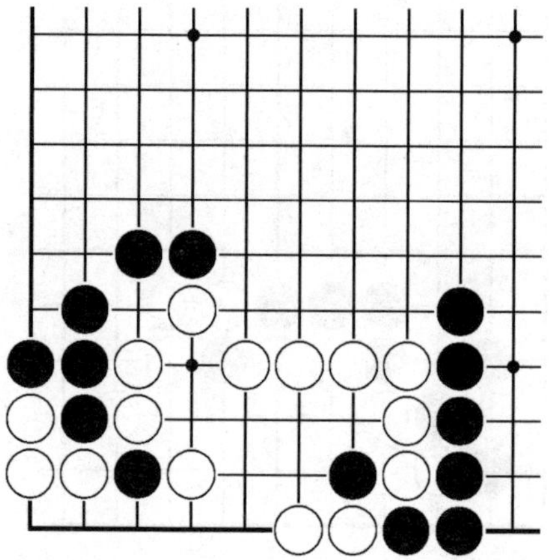

实用手筋汇编

学习日期	月　　日
检　　查	

黑先，写出必要的过程。

273

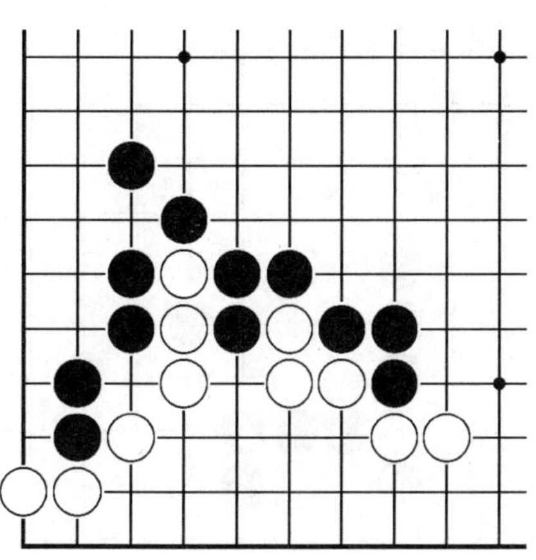

274

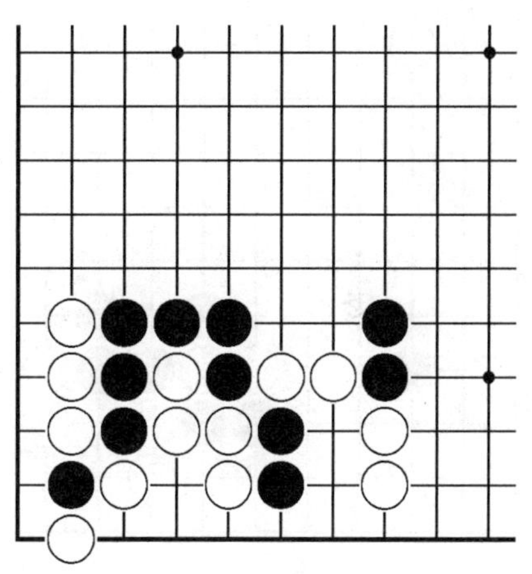

275

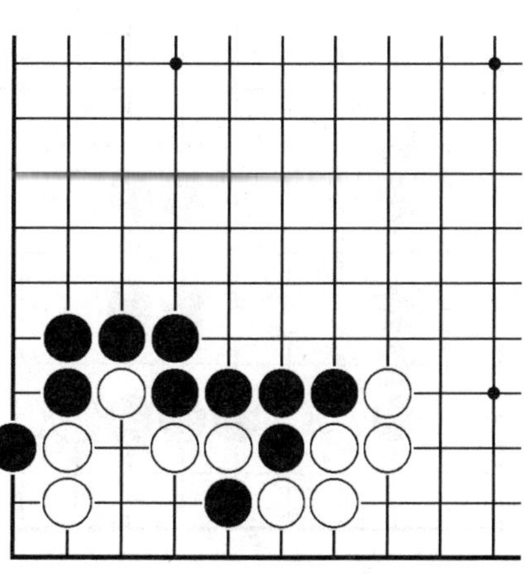

276

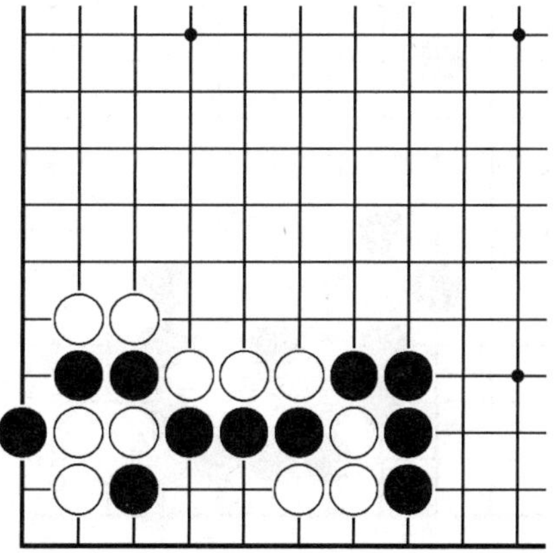

实用手筋汇编

学习日期	月　　日
检　　查	

黑先，写出必要的过程。

277

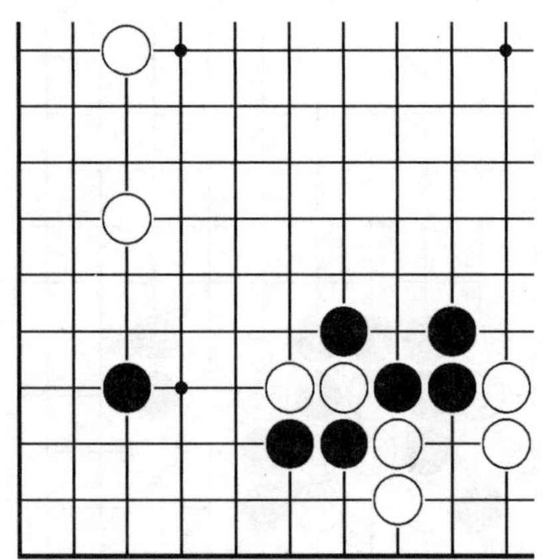

278

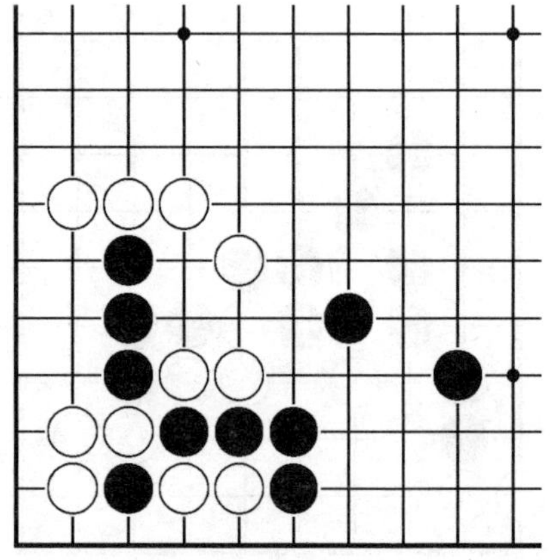

279

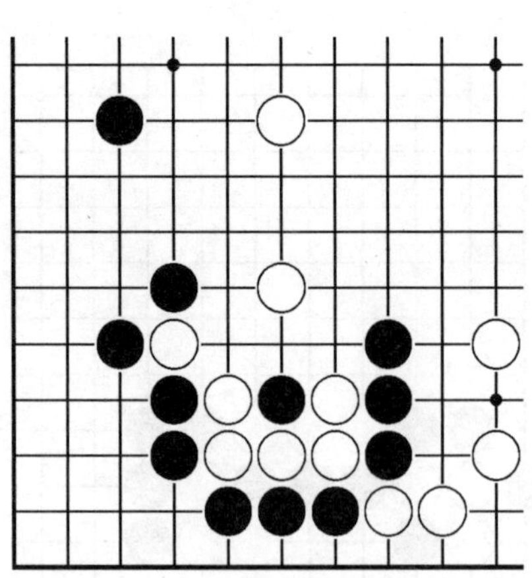

280

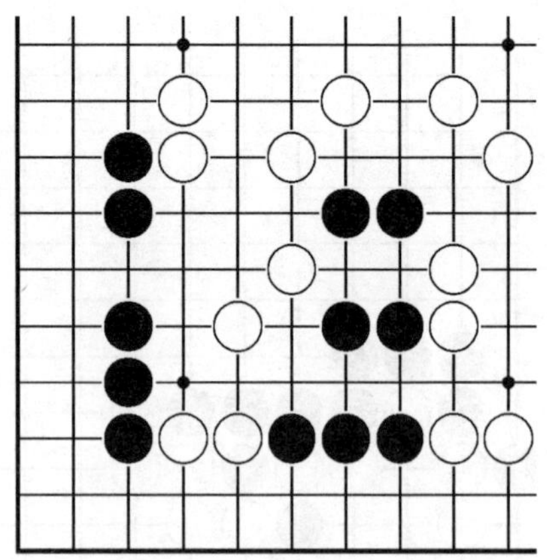

实用手筋汇编

学习日期	月　　日
检　　查	

黑先，写出必要的过程。

281

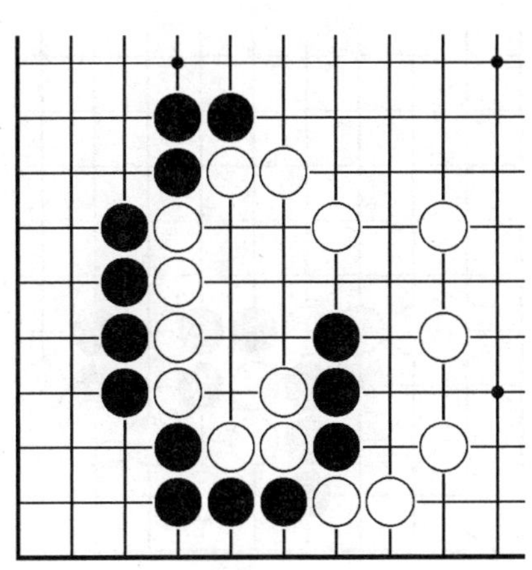

282

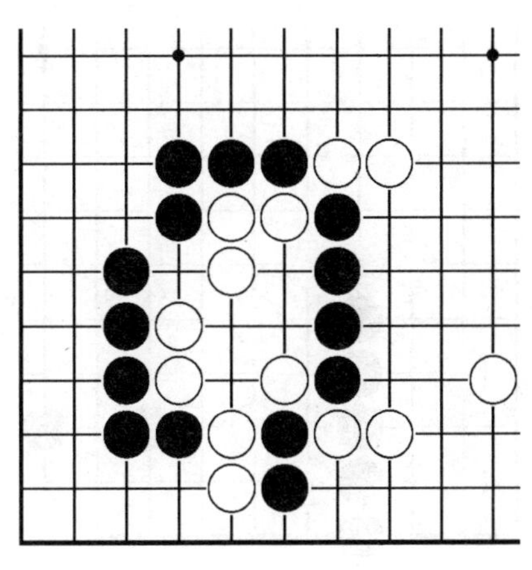

283

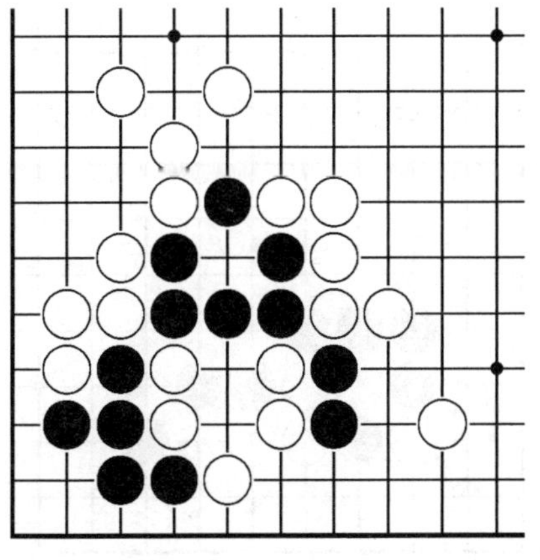

284

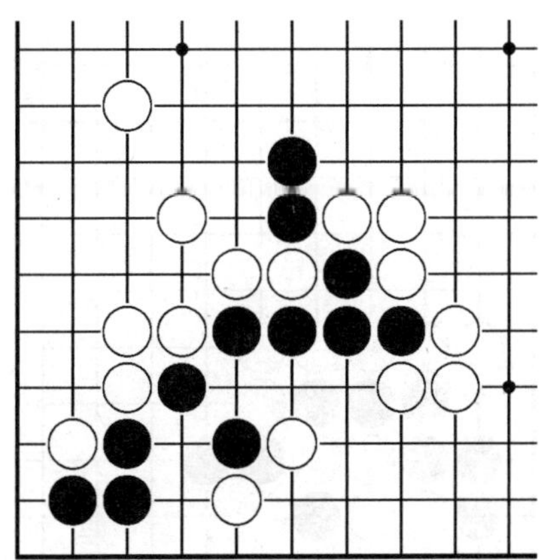

实用手筋汇编

学习日期	月　日
检　查	

黑先，写出必要的过程。

285

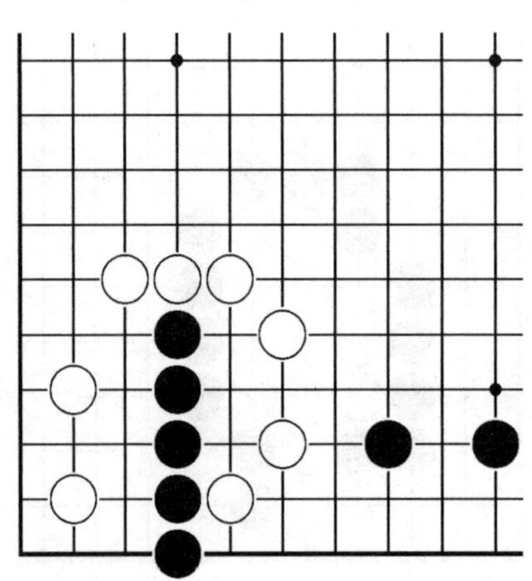

286

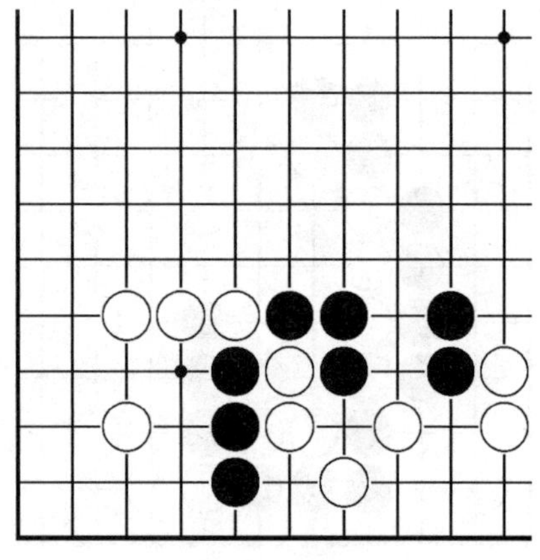

287

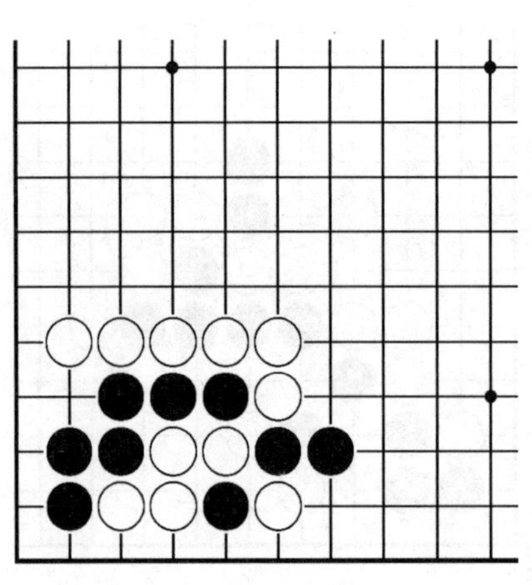

288

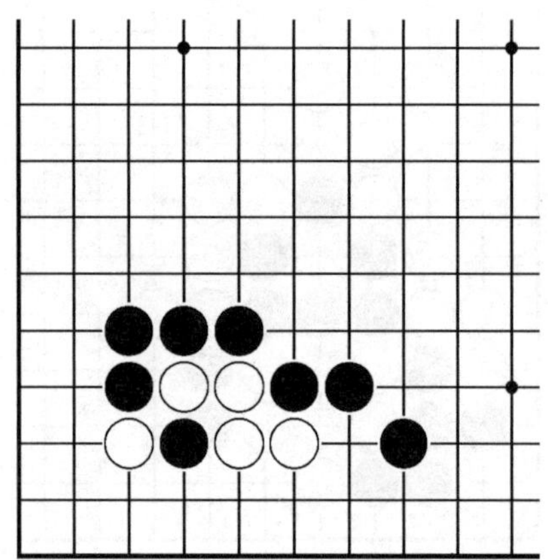

学习日期	月　　日
检　　查	

黑先，写出必要的过程。

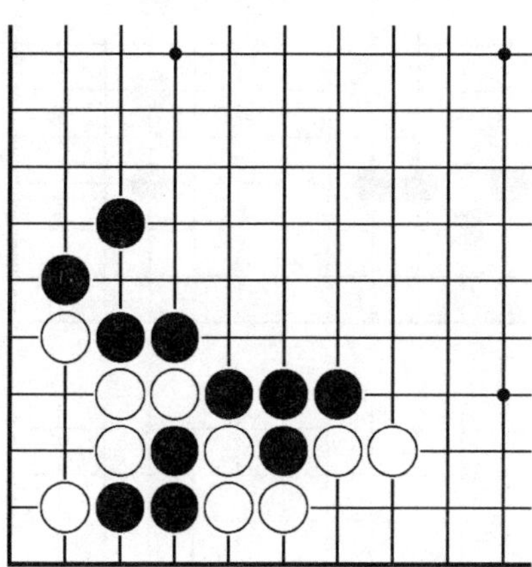

290

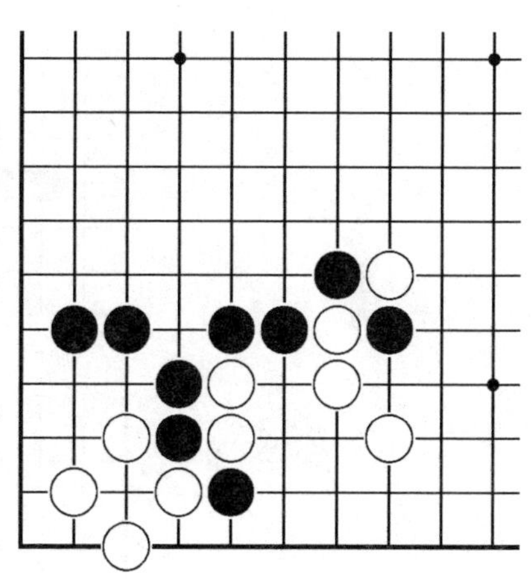

291

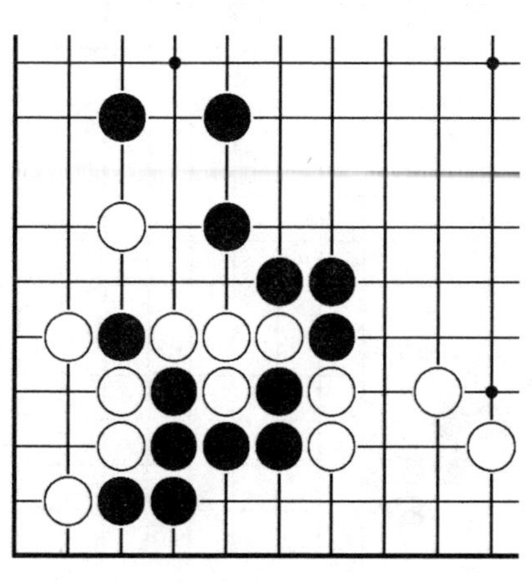

292

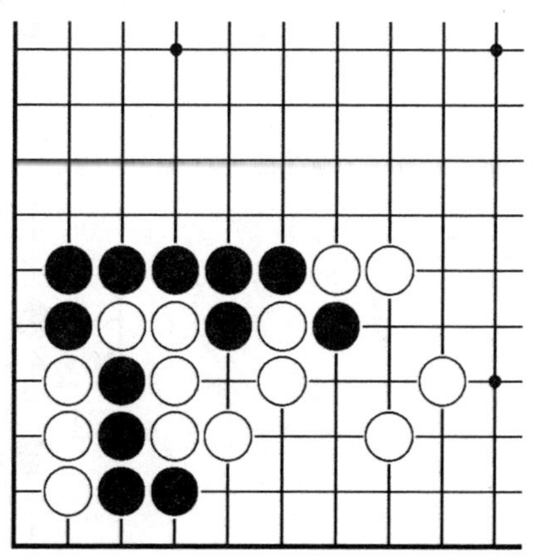

实用手筋汇编

学习日期	月　　日
检　　查	

黑先，写出必要的过程。

293

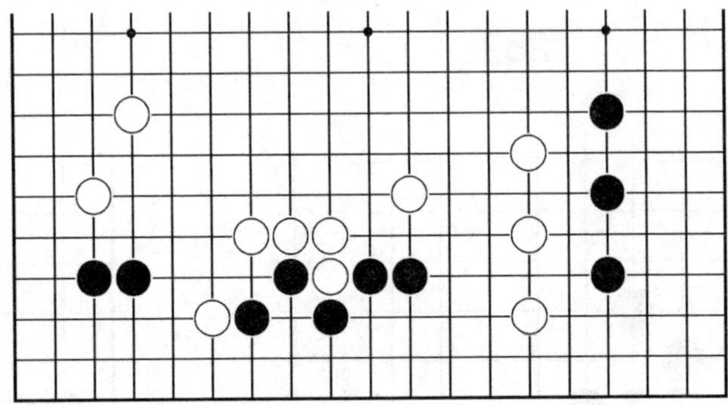

294

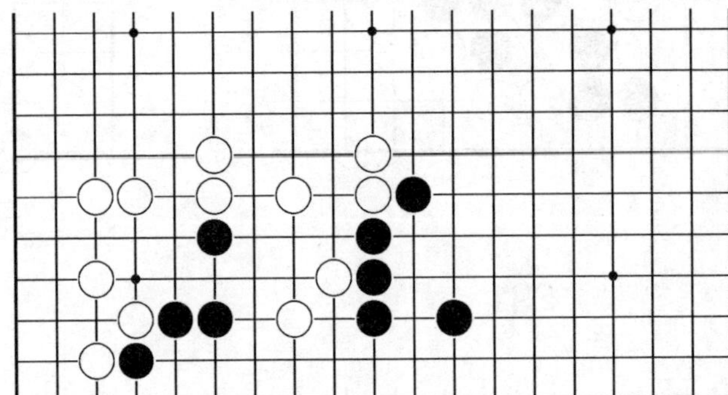

295

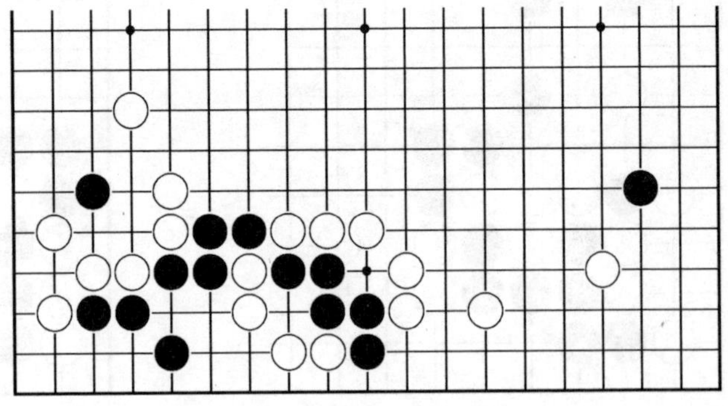

学习日期	月　日
检　查	

黑先，写出必要的过程。

296

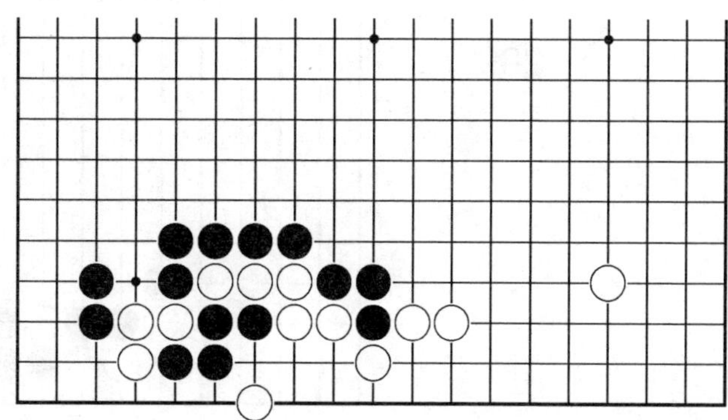

297

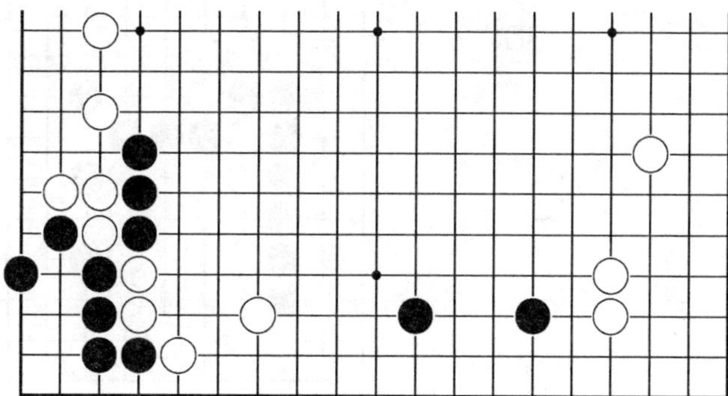

298

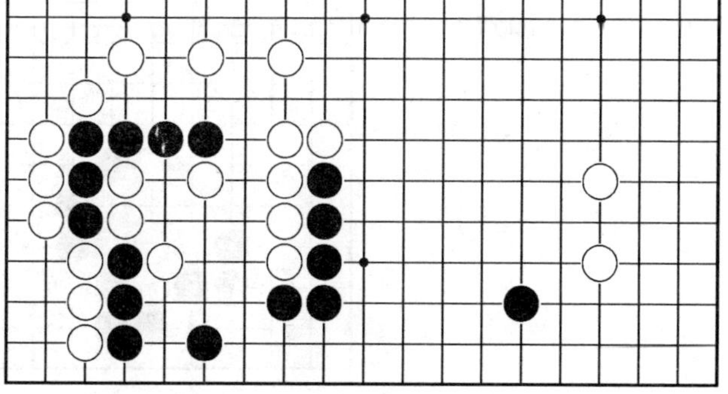

实用手筋汇编

学习日期	月　日
检　查	

黑先，写出必要的过程。

299

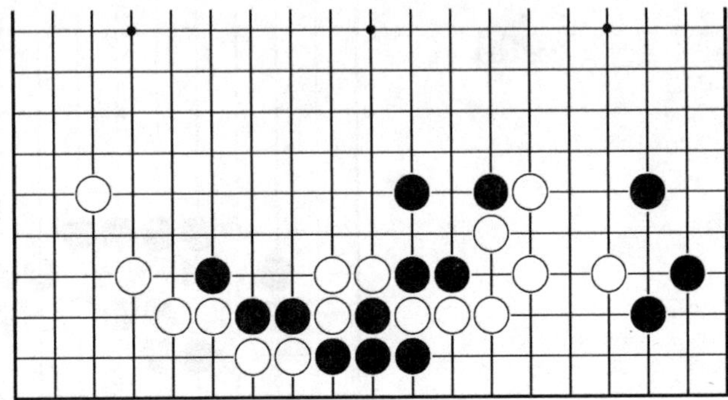

300

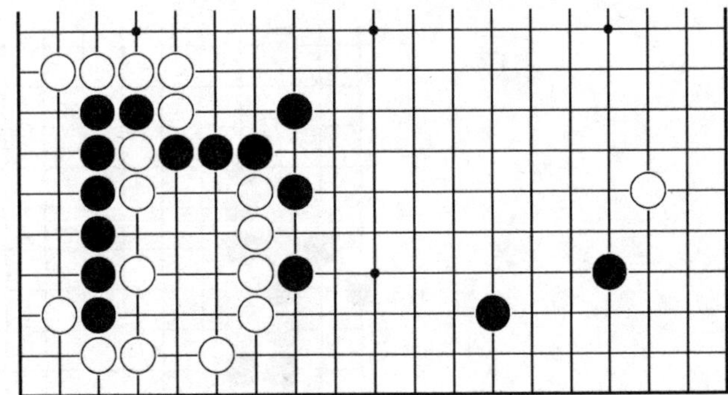

301

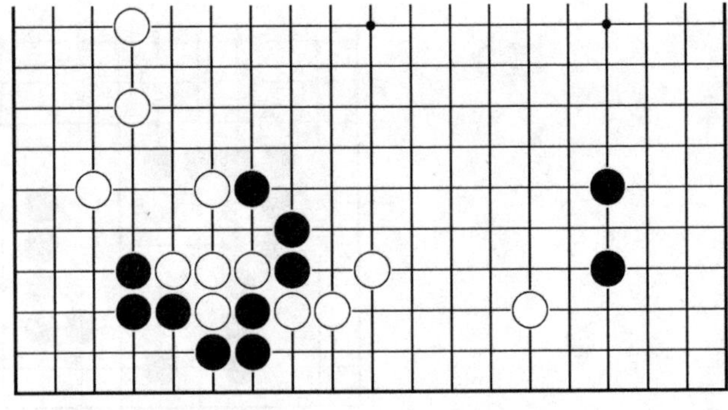

学习日期	月　　日
检　　查	

黑先，写出必要的过程。

302

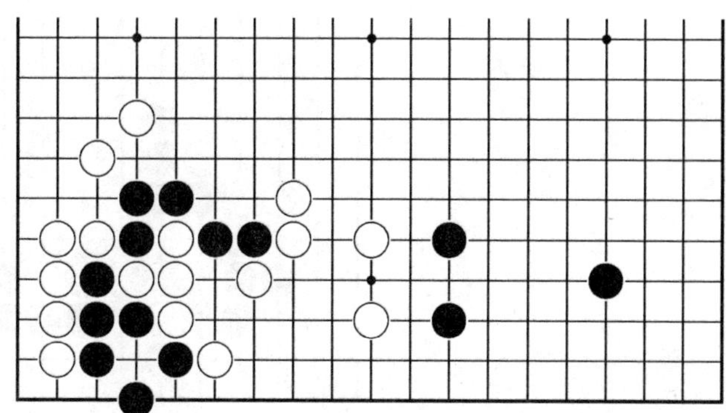

303

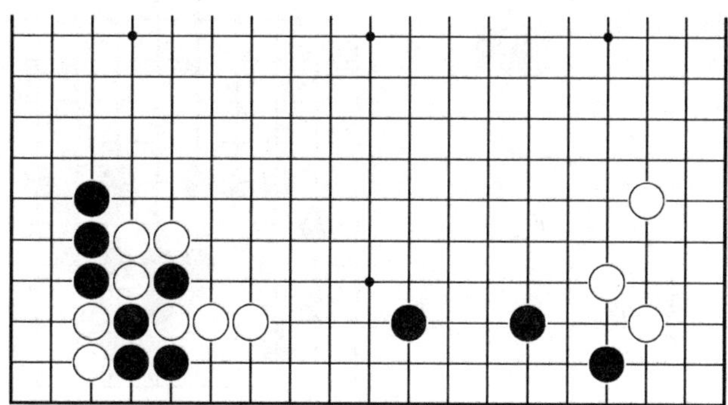

304

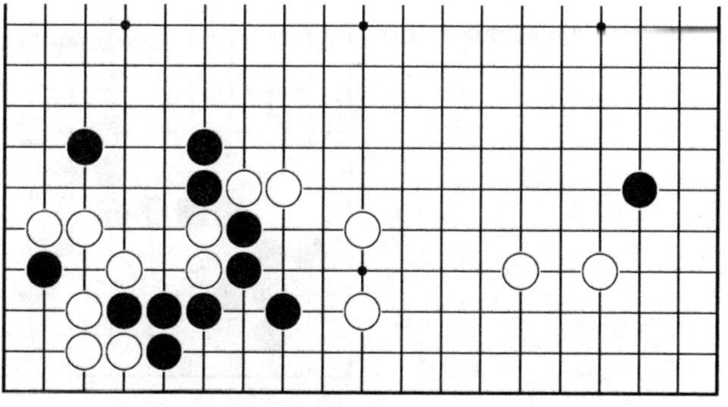

实用手筋汇编

学习日期	月　日
检　查	

黑先，写出必要的过程。

305

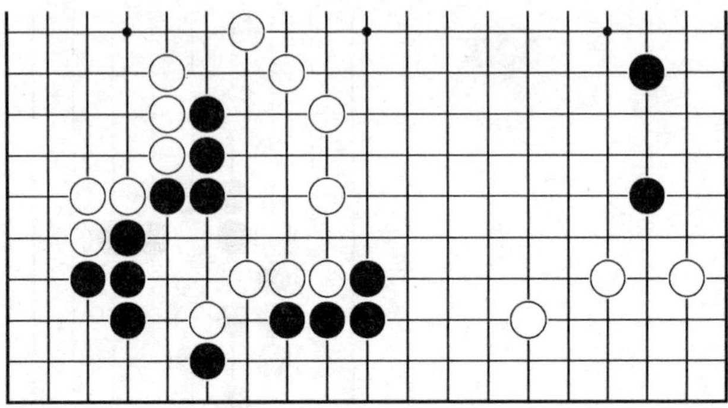

306

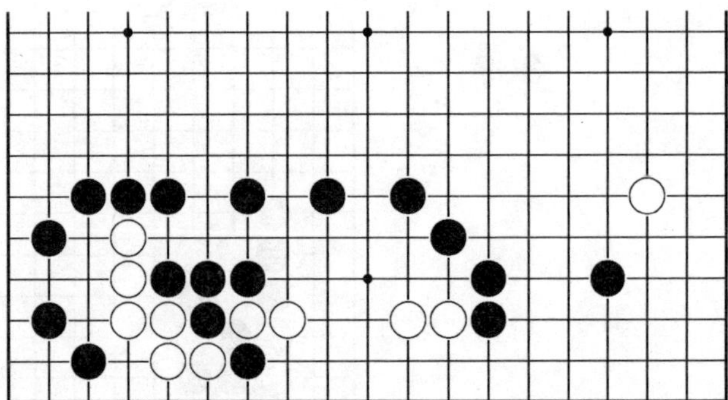

307

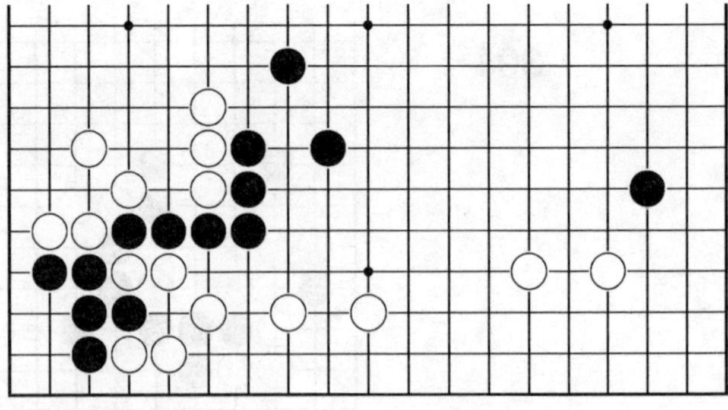

学习日期	月　　日
检　　查	

黑先，写出必要的过程。

308

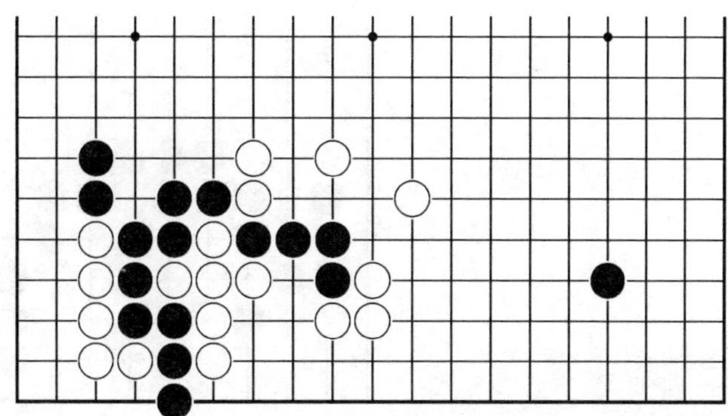

309

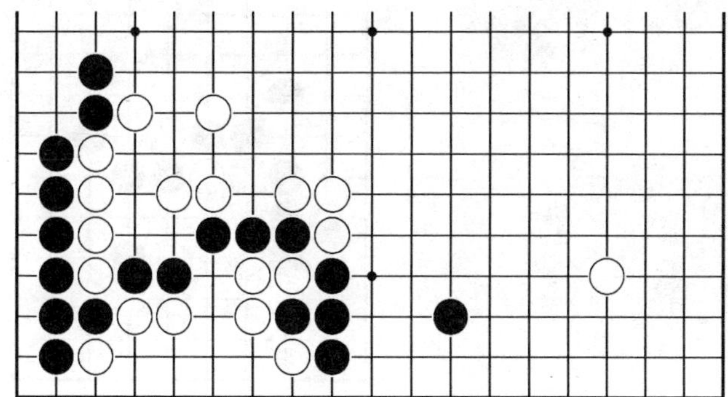

310

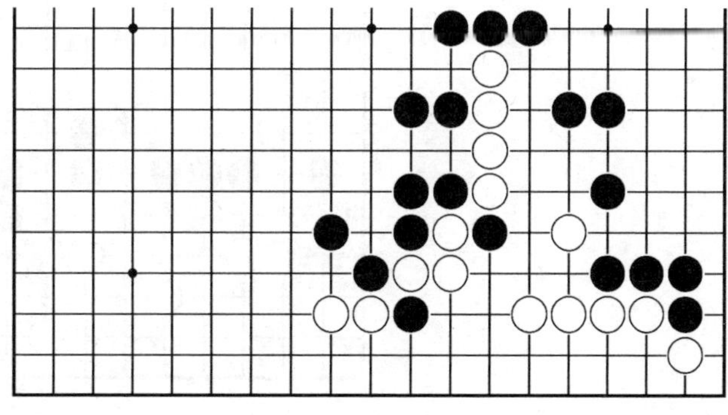

实用手筋汇编

学习日期	月　　日
检　　查	

黑先，写出必要的过程。

311

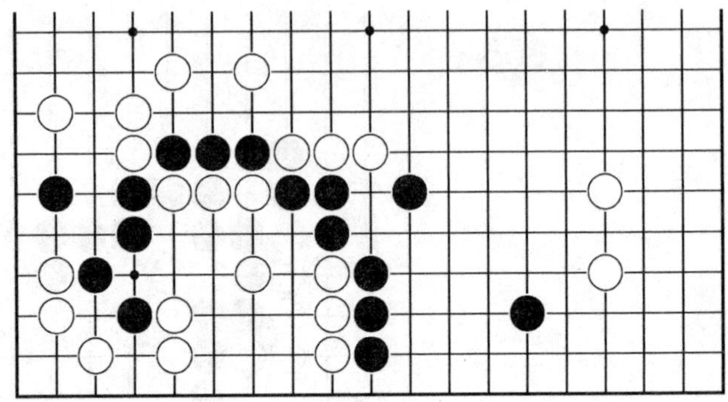

312

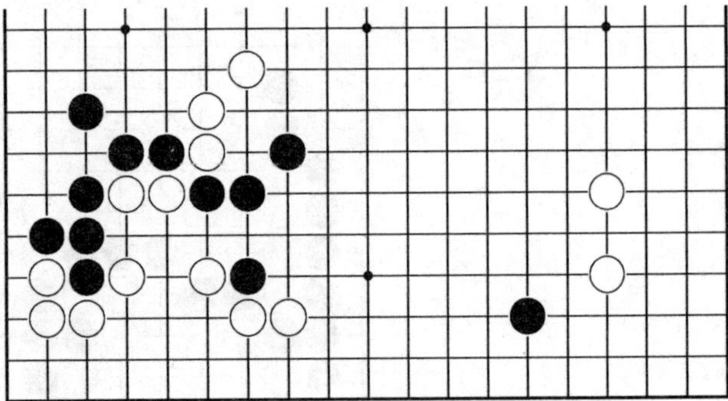

313

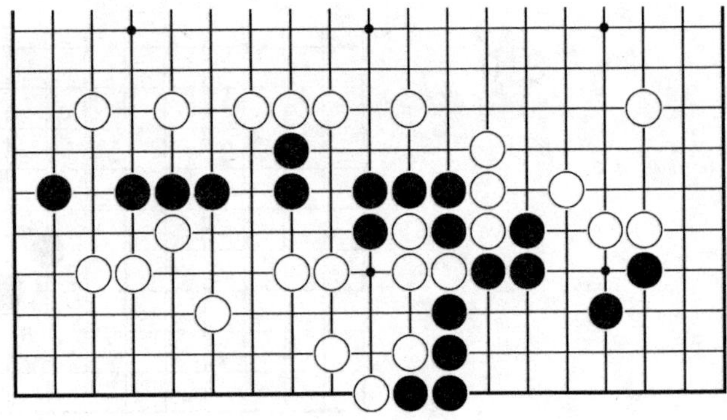

学习日期	月　　日
检　　查	

黑先，写出必要的过程。

314

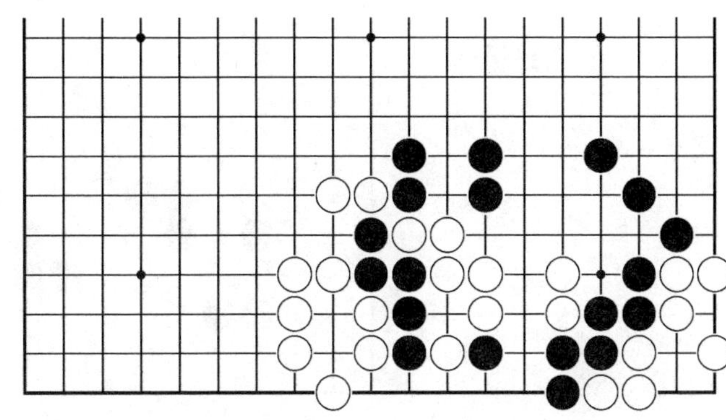

315

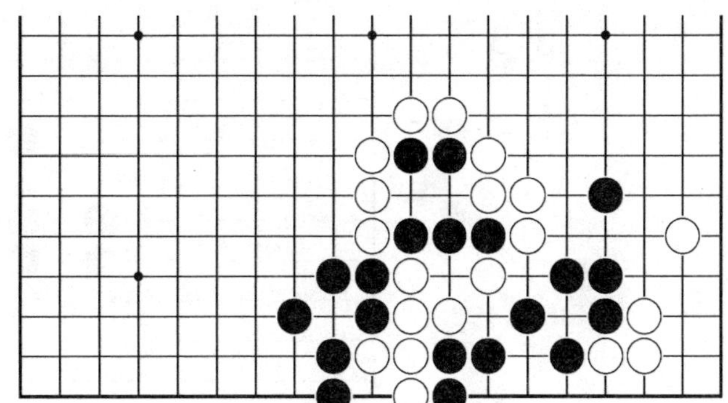

316

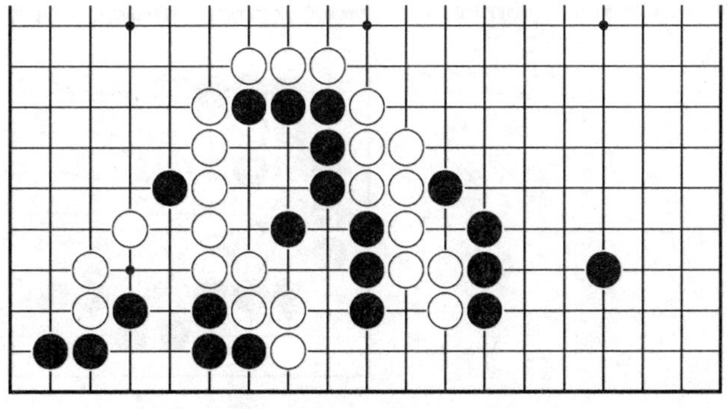

实用手筋汇编

学习日期	月　　日
检　　查	

黑先，写出必要的过程。

317

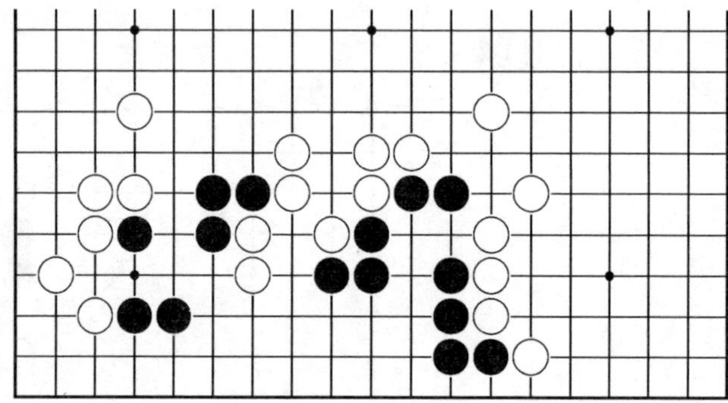

318

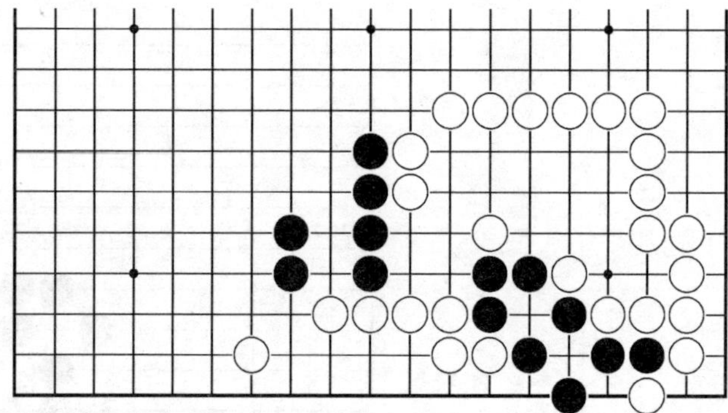

319

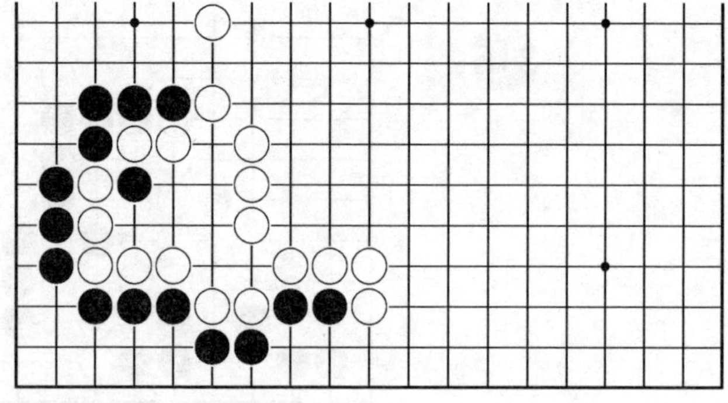

实用手筋汇编

学习日期	月　　日
检　　查	

黑先，写出必要的过程。

320

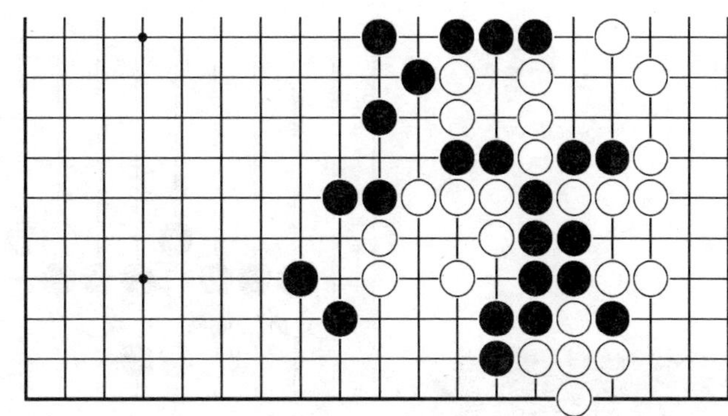

321

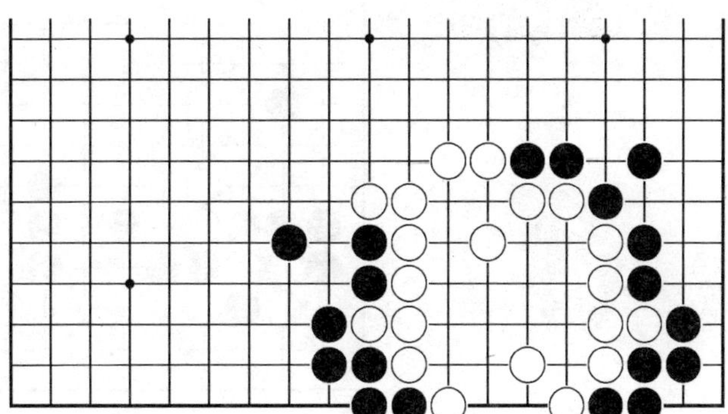

322

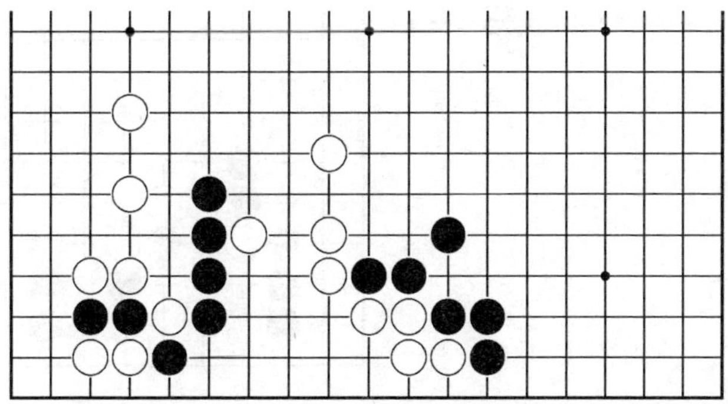

实用手筋汇编

学习日期	月　　日
检　　查	

黑先，写出必要的过程。

323

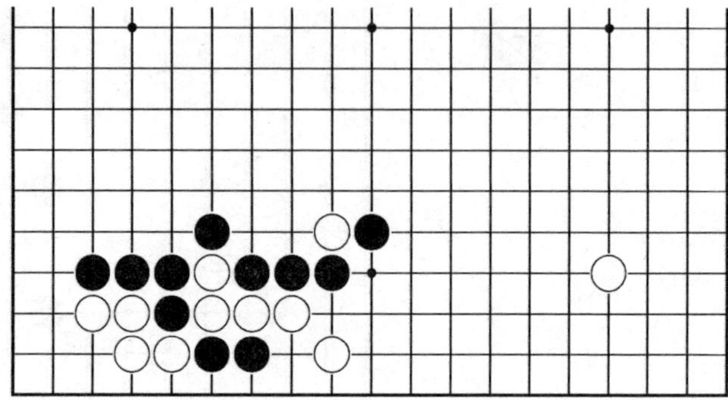

324

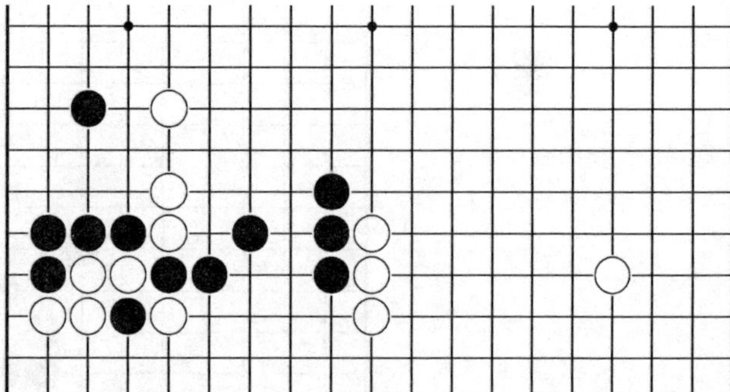

325

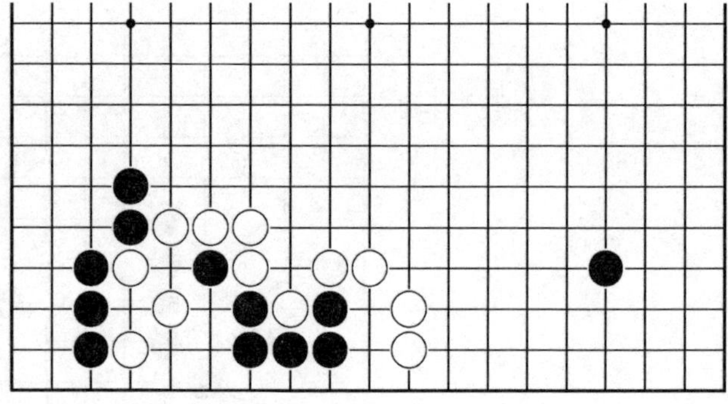

实用手筋汇编

学习日期	月　　日
检　　查	

黑先，写出必要的过程。

326

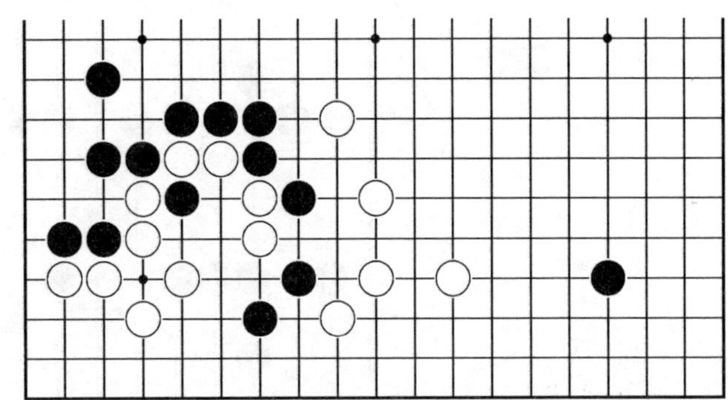

327

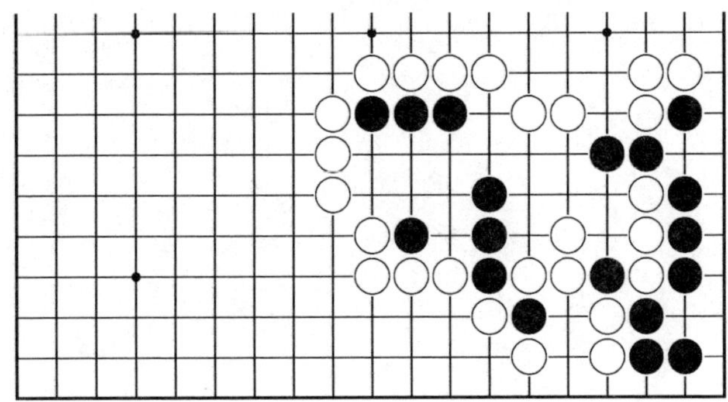

328

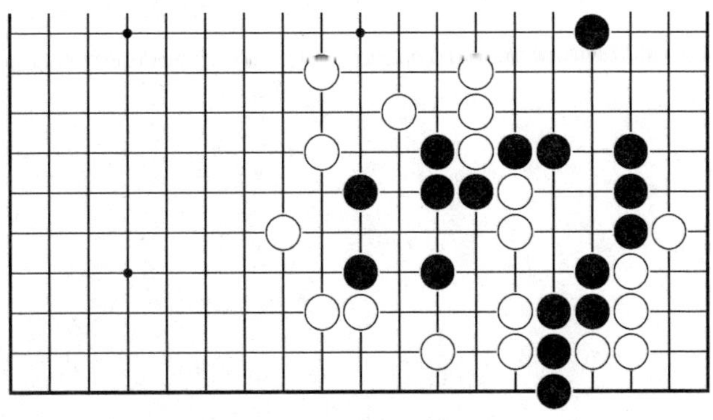

实用手筋汇编

学习日期	月　　日
检　　查	

黑先，写出必要的过程。

329

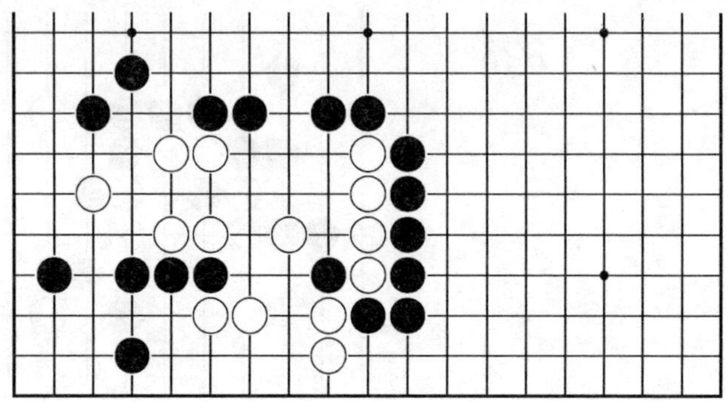

征子特训

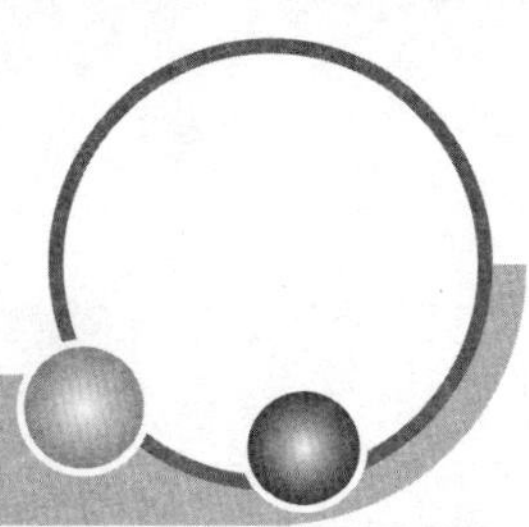

征子特训

学习日期	月　日
检　查	

黑先，如何吃掉画△的白子。

1

2

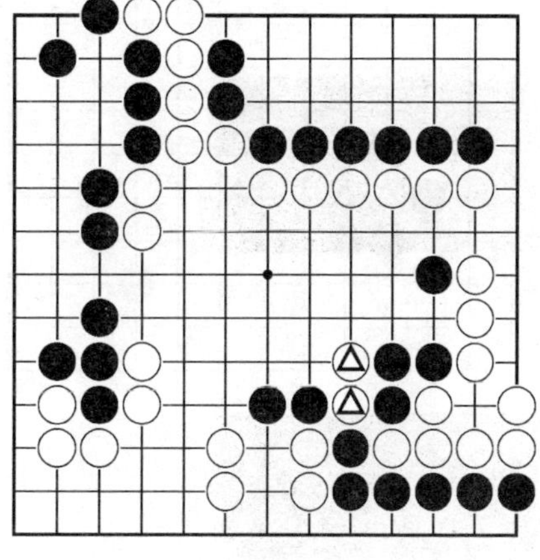

3

4

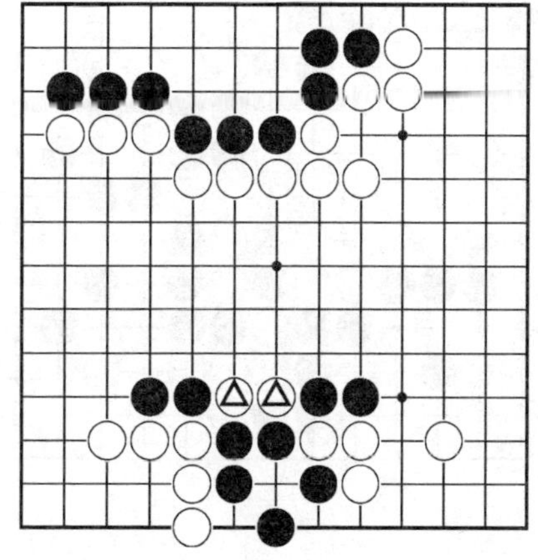

征子特训

学习日期	月　日
检　查	

黑先，如何吃掉画△的白子。

5

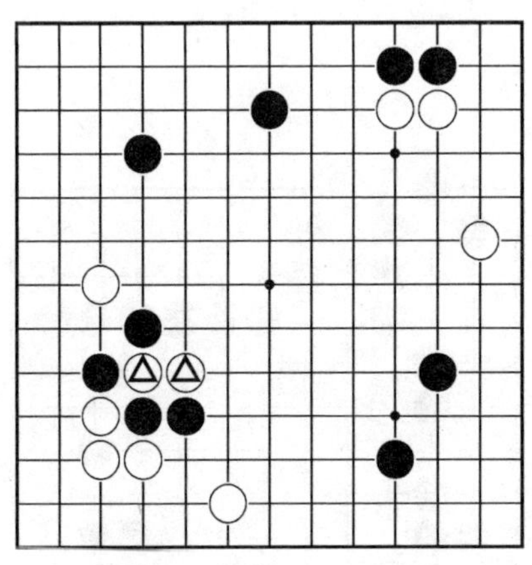

6

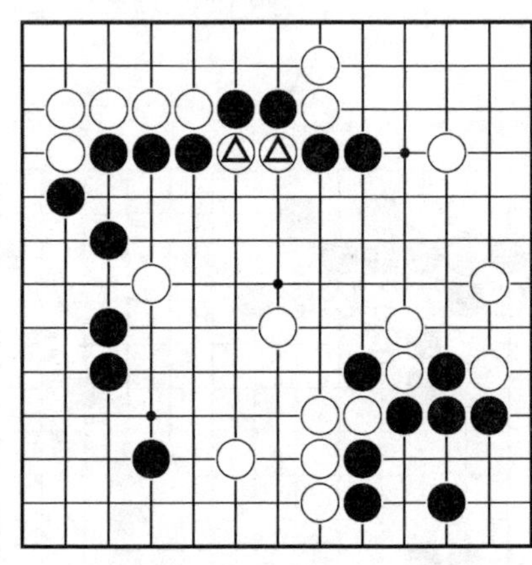

7

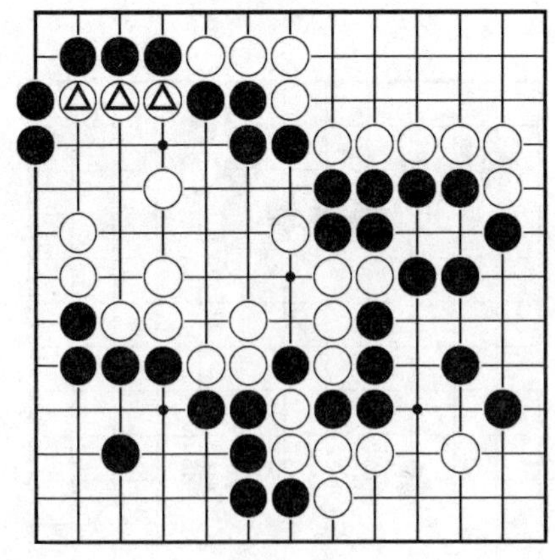

8

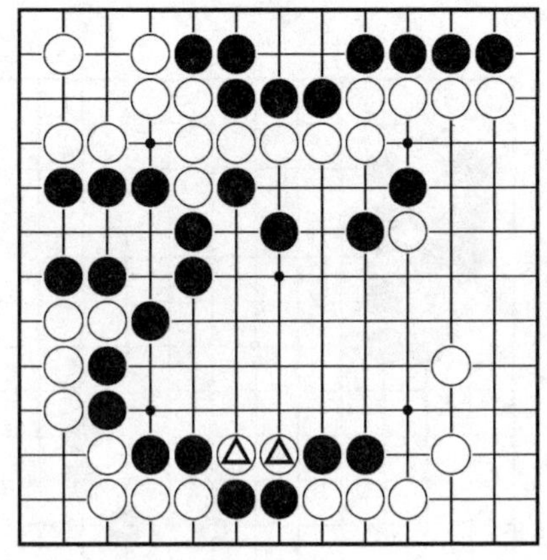

征子特训

学习日期	月　　日
检　　查	

黑先，如何吃掉画△的白子。

9

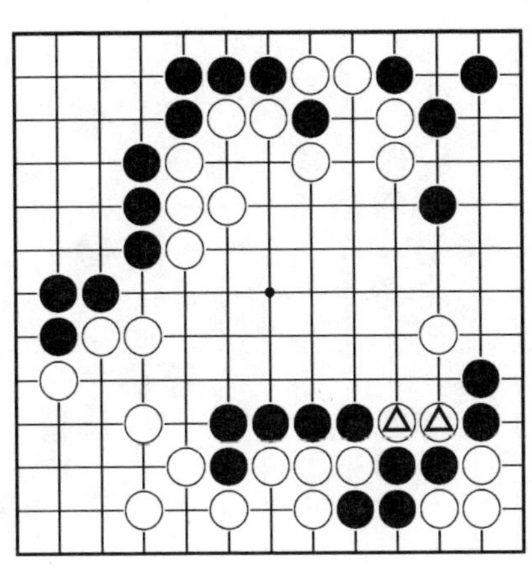

10

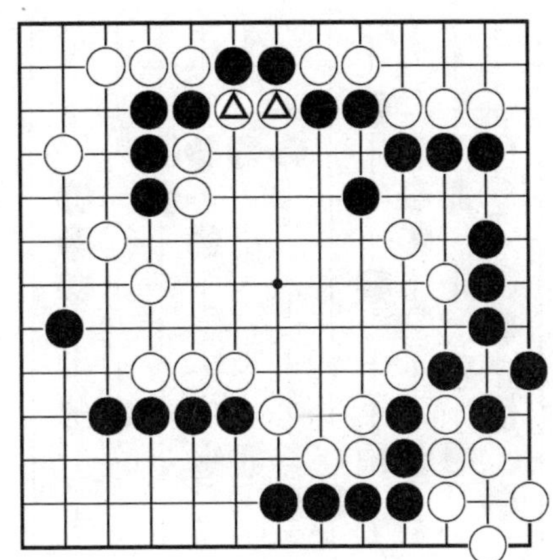

11

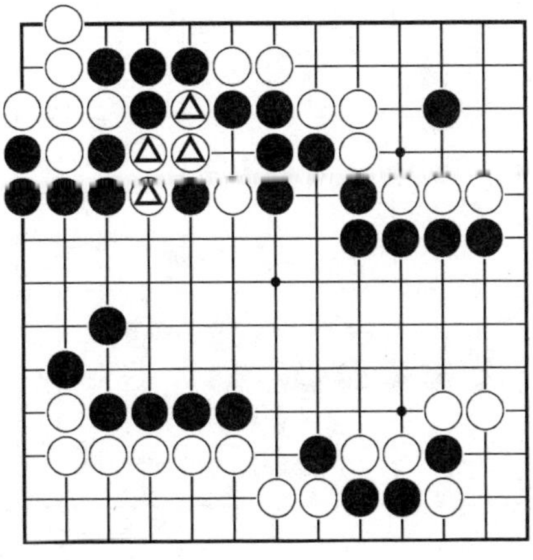

12

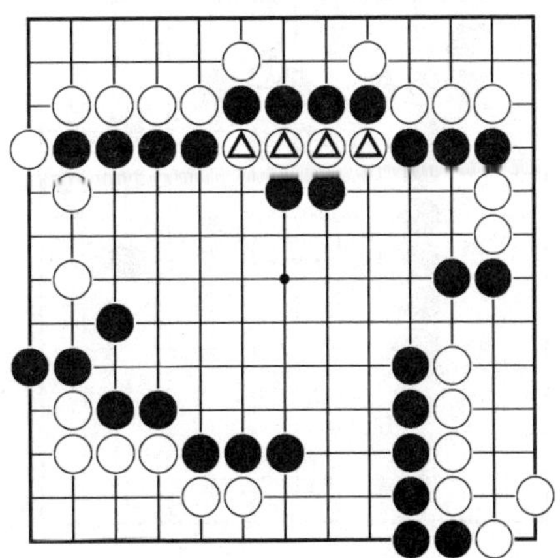

征子特训

学习日期	月　日
检　查	

黑先，如何吃掉画△的白子。

13

14

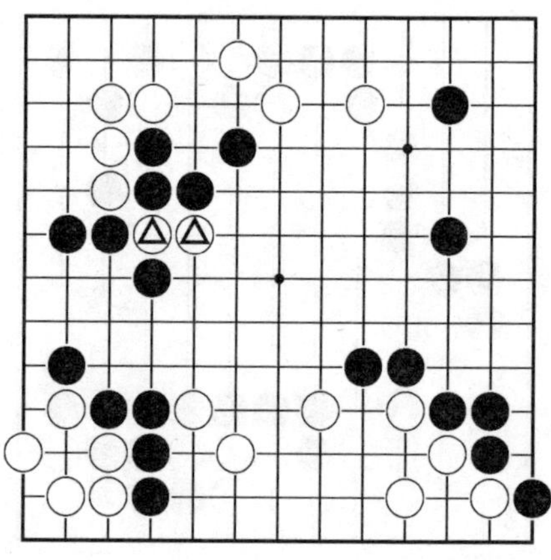

15

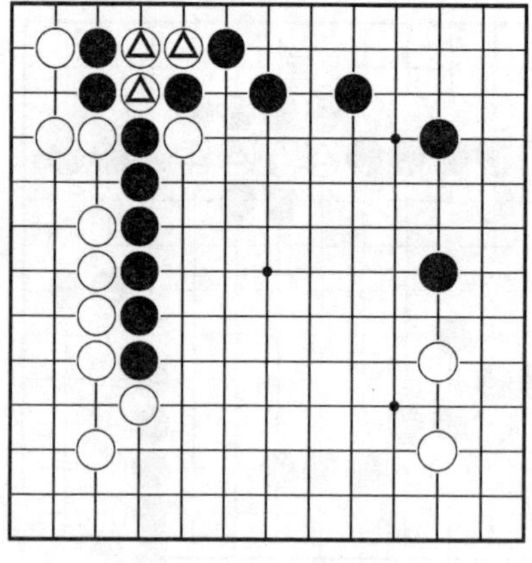

16

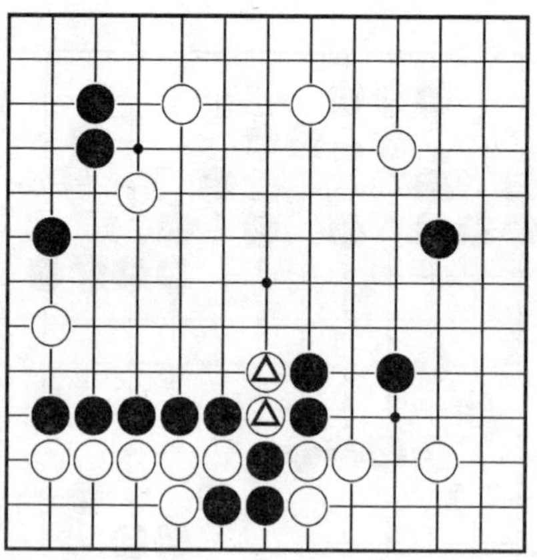

学习日期	月　日
检　查	

黑先，如何吃掉画△的白子。

17

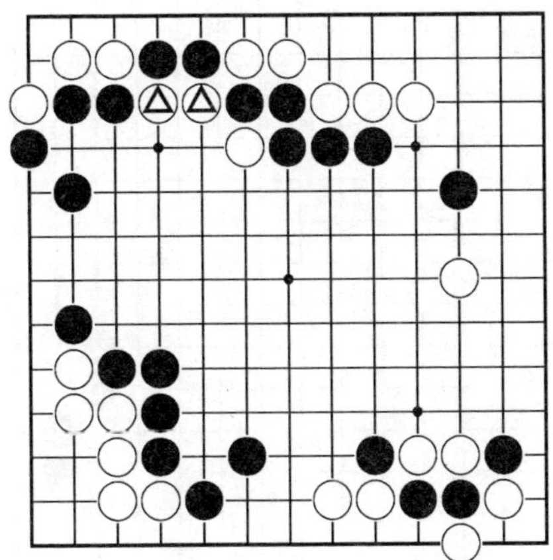

18

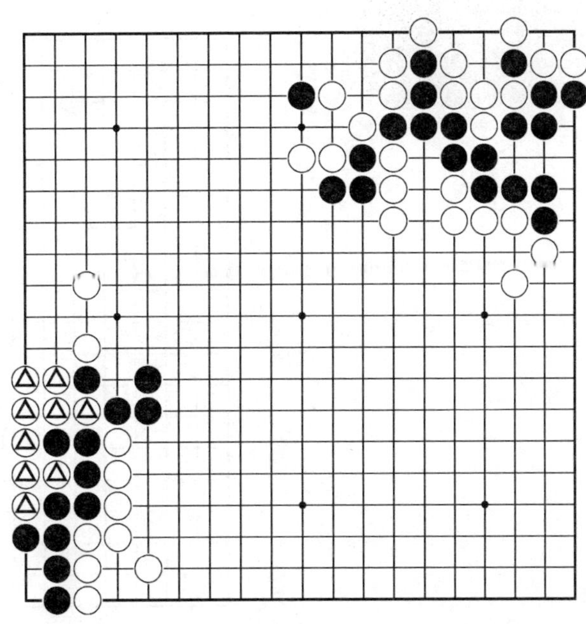

征子特训

学习日期	月　日
检　查	

画△的棋子可以逃吗？可以打√ 不可以打×)

19

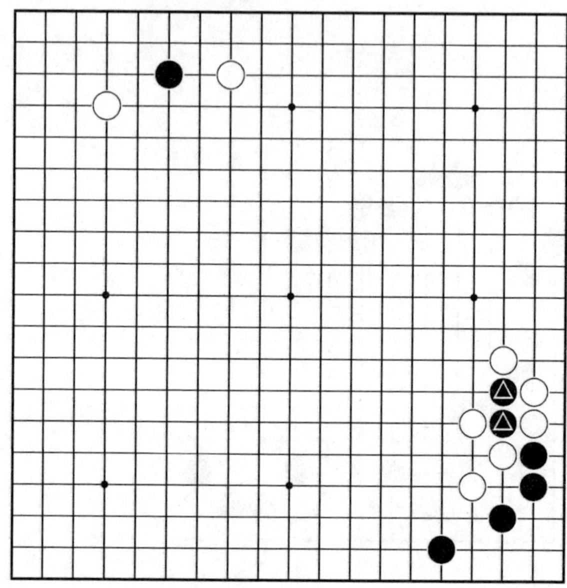

20

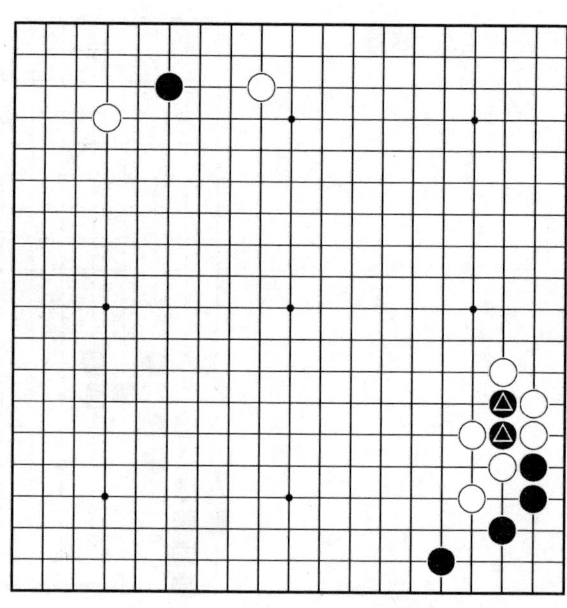

征子特训

学习日期	月　日
检　查	

画△的棋子可以逃吗？可以打√ 不可以打×)

21

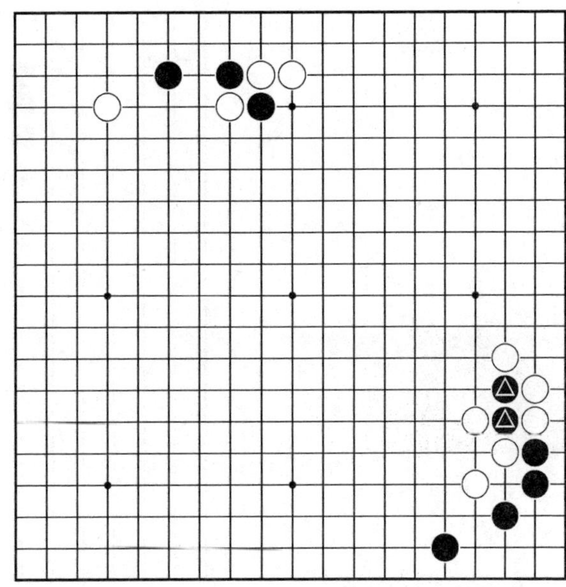

22

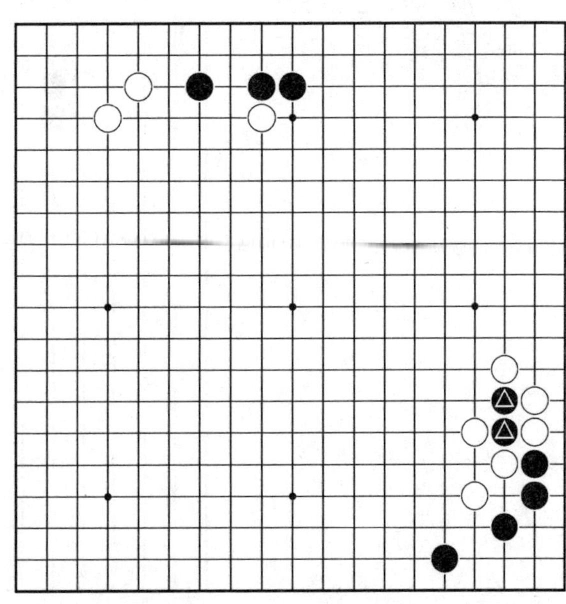

征子特训

学习日期	月　日
检　查	

画△的棋子可以逃吗？可以打√不可以打×）

23

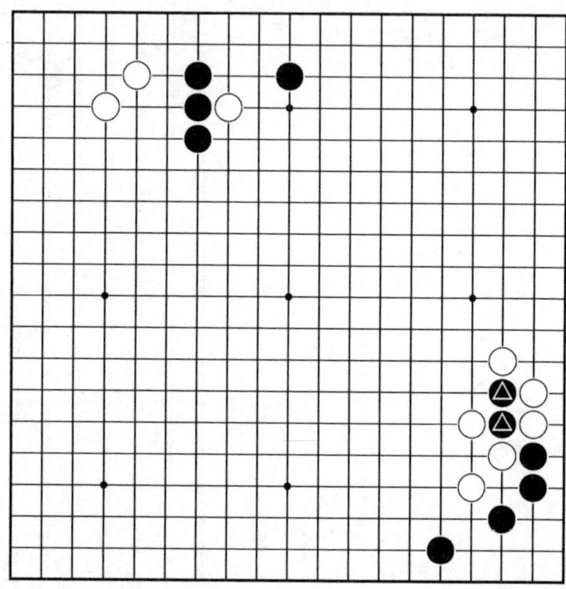

24

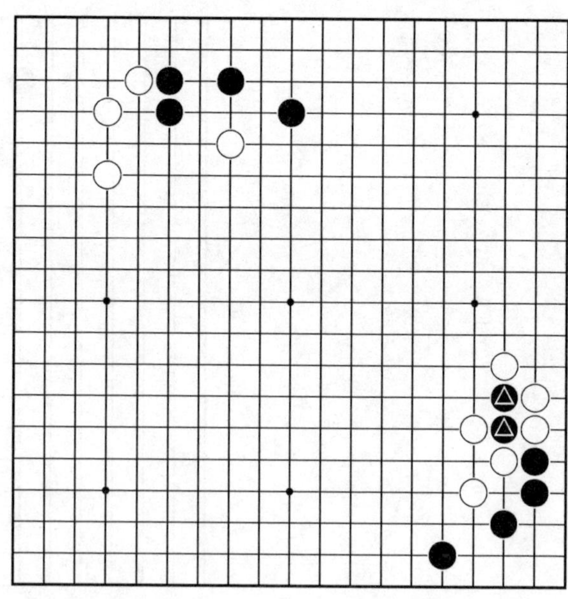

征子特训

学习日期	月　日
检　查	

画△的棋子可以逃吗？可以打√ 不可以打×）

25

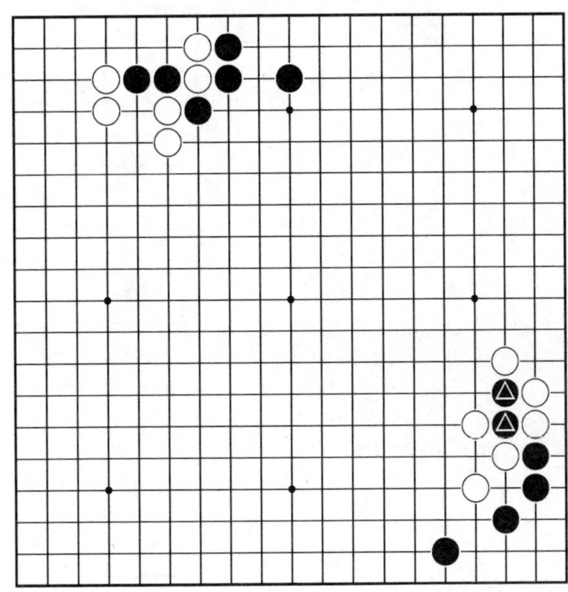

26

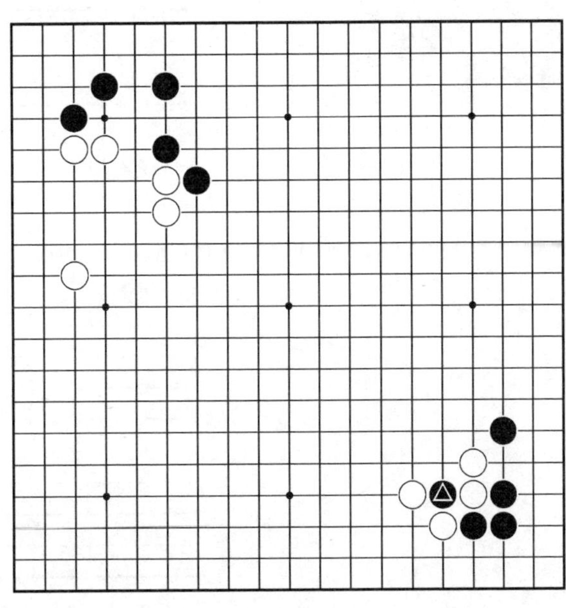

征子特训

学习日期	月 日
检 查	

画△的棋子可以逃吗？可以打√ 不可以打×）

27

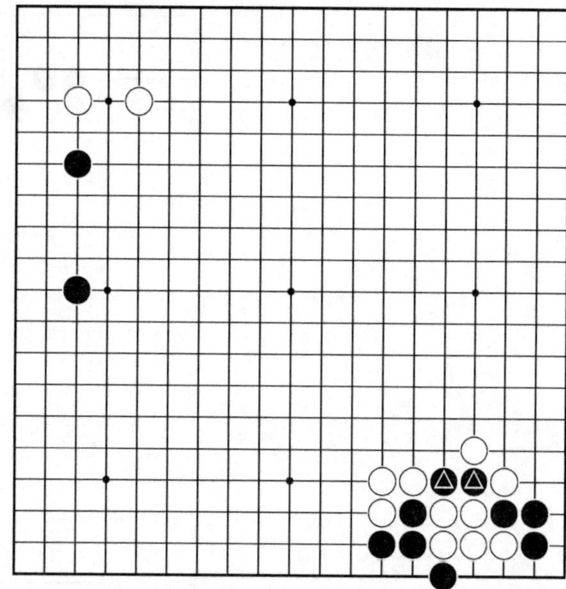

28

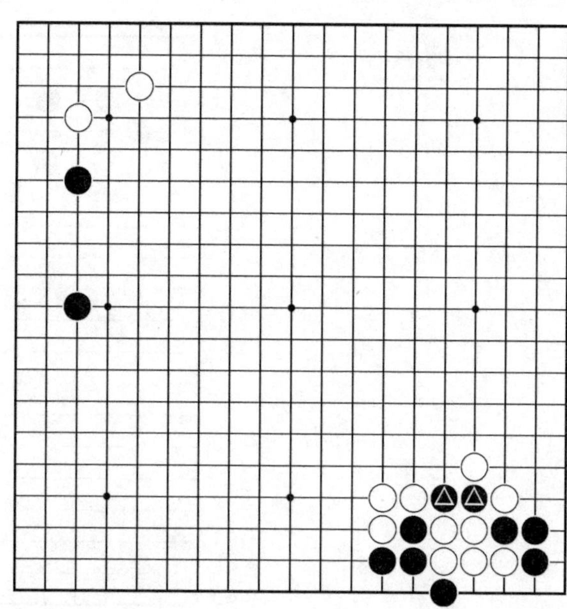

征子特训

学习日期	月　日
检　查	

画△的棋子可以逃吗？可以打√ 不可以打 ×）

29

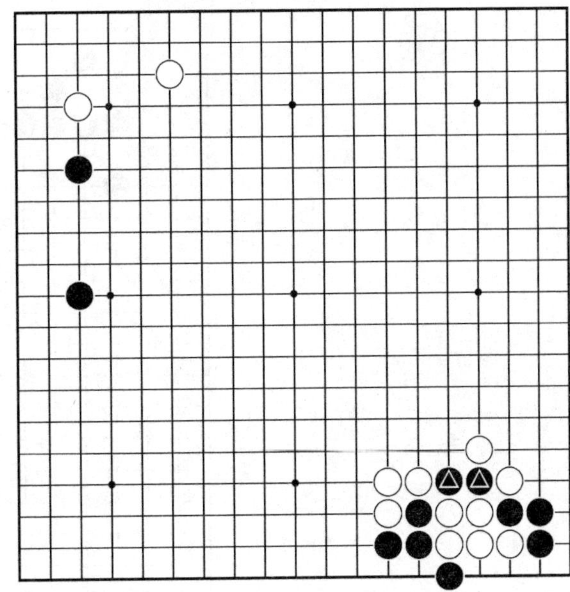

30

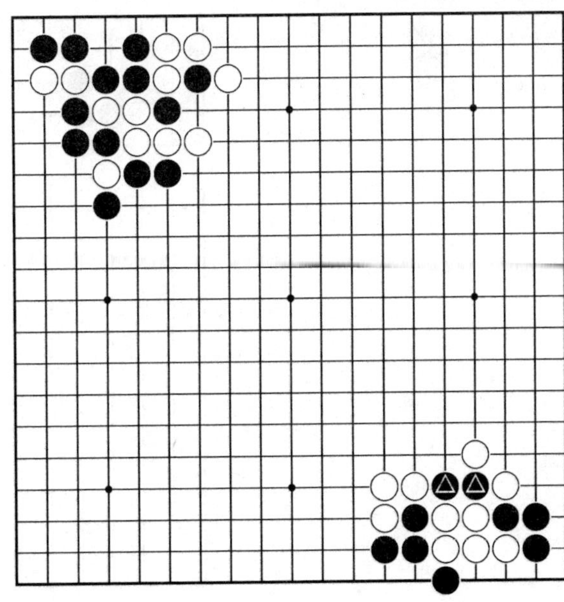

征子特训

学习日期	月　　日
检　　查	

画△的棋子可以逃吗？可以打√ 不可以打 ×）

31

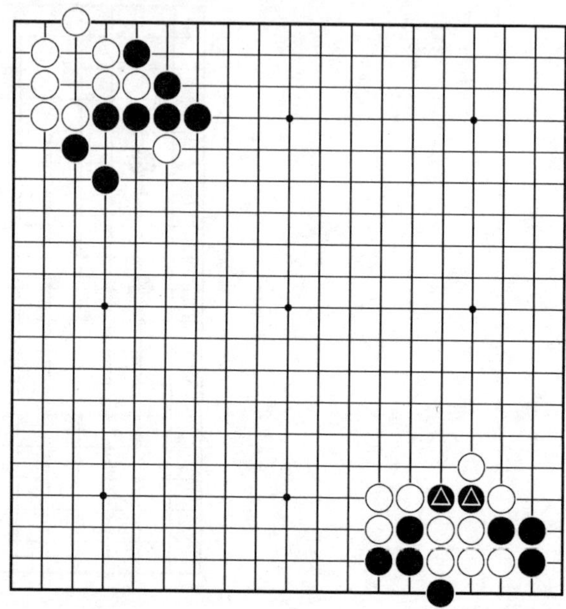

32

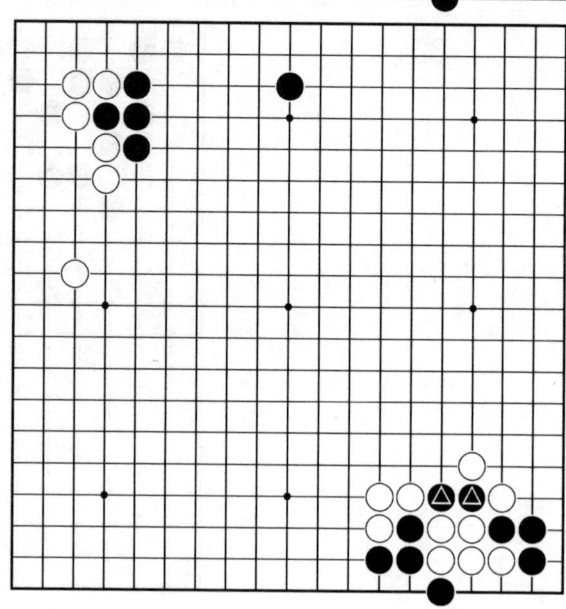

征子特训

学习日期	月　　日
检　　查	

画△的棋子可以逃吗？可以打√ 不可以打×）

33

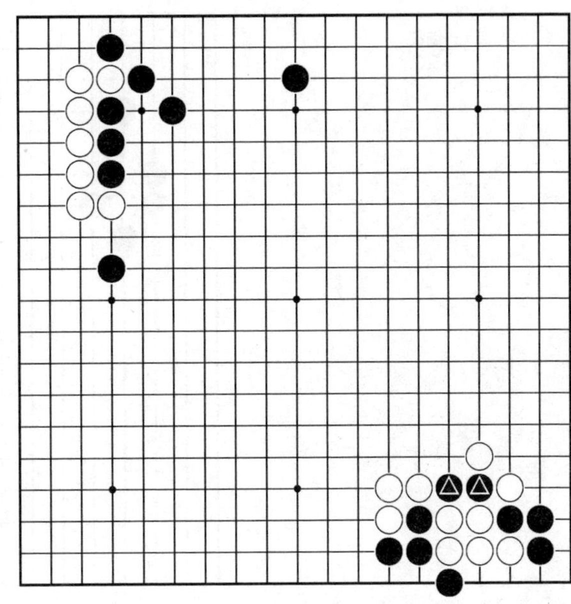

34

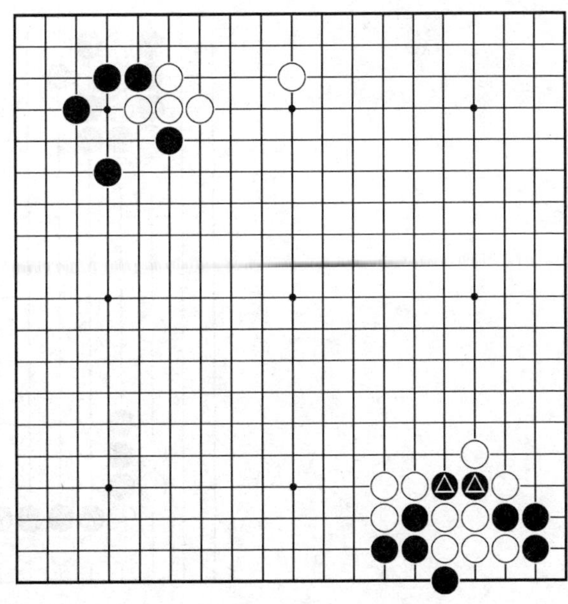

征子特训

学习日期	月　日
检　查	

画△的棋子可以逃吗？可以打√ 不可以打×)

35

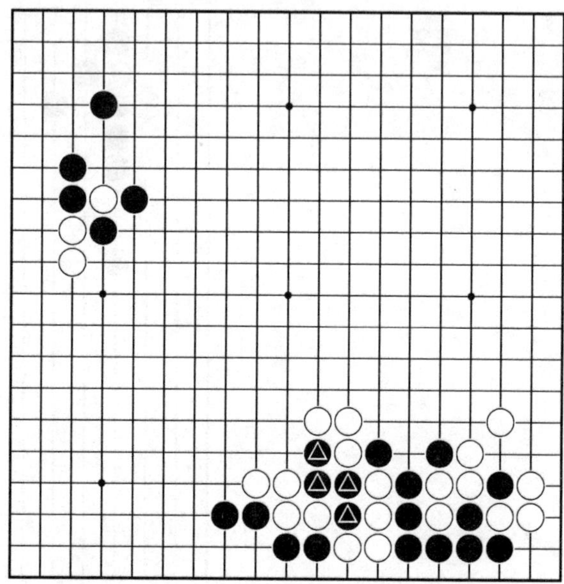

36

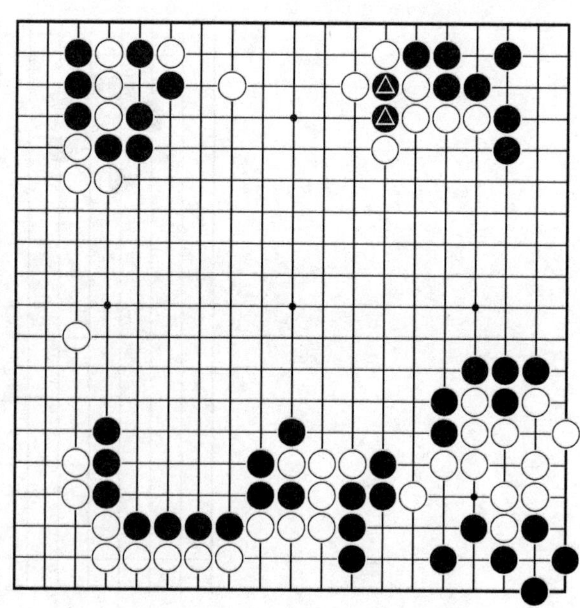

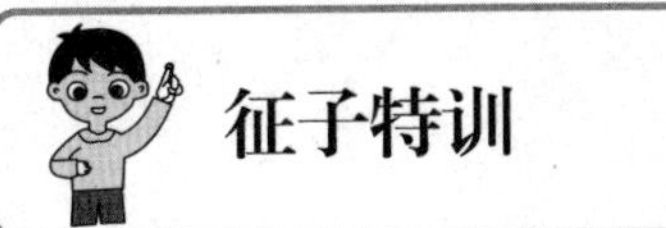

学习日期	月　日
检　查	

画△的棋子可以逃吗？可以打√ 不可以打 ×)

37

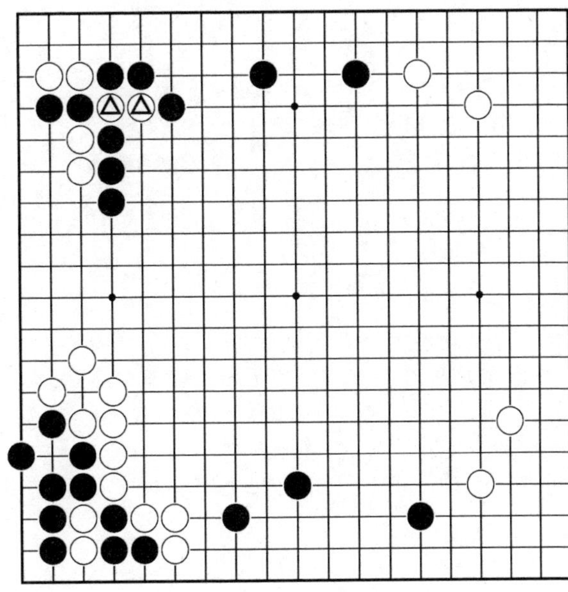

38

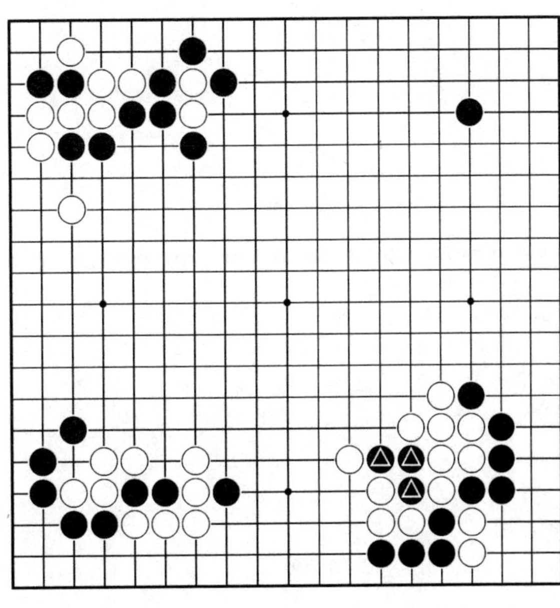